LETTRES & MÉMOIRES

MARIA CALLAS

LETTRES & MÉMOIRES

Textes rassemblés, traduits et annotés par Tom Volf

ALBIN MICHEL

Photographies : Fonds de dotation Maria Callas
Tous droits réservés

© Éditions Albin Michel, 2019

Being no poet, having no fame,
Permit me just to sign my name[1]

Mary Anna Callas (signature)

---

1. « N'étant ni poète ni célèbre, Permettez-moi de signer simplement mon nom », signé *Mary Anna Callas*. Ecrit par la jeune Maria, treize ans, sur l'album de son école à New York le 28 janvier 1937, quelques jours avant de partir pour la Grèce avec sa mère et sa sœur.

SOMMAIRE

Introduction   11
  par Tom Volf

MÉMOIRES (1923-1957)   19

LETTRES (1946-1977)   67

FRAGMENTS DE MÉMOIRES (1977)   541

Épilogue   573

Un chant d'un autre siècle   575
  par Teodoro Celli

Index des correspondants   601
Remerciements   603

Paris, 1ᵉʳ juin 2019

Chère madame Callas, chère Maria,

Je vous écris pour la première fois, et pourtant cela fait plus de cinq ans maintenant que je me suis embarqué à vos côtés dans ce voyage inattendu, qui a bouleversé ma vie. Cinq années que je parcours le monde sur vos traces, à la rencontre de vos proches – du moins de ceux qui sont encore parmi nous, car certains vous ont depuis rejointe au ciel, comme notre cher Georges Prêtre, ou votre fidèle Bruna. Toutes ces rencontres m'ont porté, inspiré et ont nourri cette « mission » dont le but a toujours été de trouver votre vérité, de vous montrer de façon authentique, loin des clichés et des ragots, de faire honneur à votre nom, de servir votre art et votre mémoire, de continuer à les faire vivre et les transmettre aux nouvelles générations. Je me suis dédié à cela cœur et âme, comme vous vous étiez dédiée à servir la musique et le génie des compositeurs que vous chérissiez.

C'est un soir de janvier 2013 à New York que tout a commencé. Ce jour-là, je venais de découvrir le bel canto. Joyce DiDonato chantait *Maria Stuarda* au Metropolitan dans la mise en scène de David McVicar (digne héritier de votre Visconti). Ainsi, c'est Donizetti qui m'a mené à vous, lorsque j'entendis pour la première fois, ce soir-là, sur internet, en rentrant dans ma petite chambre d'étudiant, l'air de la folie de votre *Lucia*, et tout de suite après la voix d'amour transi de votre Elvira dans votre tout premier enregistrement de *Puritani*.

Vous chantiez « Il dolce suono mi colpì di sua voce » (Le doux rêve de sa voix m'a frappée), et j'étais envoûté par ce rêve, « Spargi d'amaro pianto » (Répands des larmes amères), et je pleurais avec vous, « Ah, rendetemi la speme » (Ah rendez-moi l'espoir), et je ressentais cet amour languissant, « Qui la voce sua soave » (Ici sa voix douce m'appelait) et l'émotion m'envahissait. Un genre d'émotion que je n'avais jamais ressenti avec quelque musique que ce fût, quelque chose de céleste, qui faisait vibrer mon âme.

Je ne savais pas encore pourquoi on vous appelait *la Divine*. Terme au demeurant que vous n'aimiez pas beaucoup, car il sous-entendait que vous n'étiez pas humaine, or vous vouliez, ô combien, que l'on reconnaisse cette humanité – sans doute parce que l'on pardonne plus aux hommes qu'aux dieux, et que l'on vous a si peu pardonné… Et pourtant il y avait bien quelque chose de divin dans ce chant. Teodoro Celli l'a décrit mieux que moi, dans cet article que vous affectionniez tant, et que j'ai ajouté, comme vous l'auriez souhaité je pense, à la fin de ce livre. Aujourd'hui encore je ne saurais dire si c'était l'émotion de vos personnages qui me bouleversait, tant ils devenaient vivants au son de votre voix, ou si c'était la vôtre que je ressentais, celle de votre âme.

Joyce DiDonato m'a dit quelques mois plus tard : « C'est un monde qui s'ouvre à toi », et en effet vous m'avez fait découvrir tout un univers, magique et fascinant. Je suis tombé amoureux ce soir-là, comme par un coup de foudre artistique, musical, émotionnel, du monde merveilleux où vous m'aviez transporté. Celui de Norma, de Violetta, de Leonora, et de tant d'autres héroïnes que vous avez fait exister. Dans cette époque plutôt sombre de ma vie, vous avez amené la lumière.

Ce que vous m'avez apporté, j'appris bien vite que vous l'aviez apporté à tant d'autres, de toutes générations, de toutes cultures et origines. Et cela continuait depuis plus de soixante ans. J'ai entamé une correspondance avec John Donald, jeune Australien d'une vingtaine d'années, qui était jadis fan de hard rock metal, portait ses cheveux en *dreadlocks* jusqu'aux genoux, et avait une addiction à certaines substances néfastes, jusqu'au jour où lui aussi vous avait « rencontrée », à peine deux ans avant moi. Peu de temps après, il avait coupé ses cheveux, arrêté toute consommation illicite, et était devenu l'un des plus grands connaisseurs de vos enregistrements dits « pirates », ceux que vous affectionniez tant – les seuls que vous écoutiez chez vous au crépuscule de votre vie, ceux que vous réclamiez aux « pirates » eux-mêmes qui en étaient à l'origine, comme Dagoberto Jorge qui vous les faisait porter au Plaza à New York, ou à Paris avenue Georges-Mandel, ainsi qu'il me l'a raconté. John Donald avait passé des heures et des jours entiers à numériser ces vieux vinyles pressés en quelques exemplaires de façon artisanale par Dago et ses amis, quarante ans auparavant, pour les mettre à disposition de tous gratuitement sur internet. Je faisais partie de ceux, chanceux, qui en bénéficiaient. John était capable d'expliquer avec une précision d'orfèvre, dans ses emails, souvent de plusieurs pages, les exploits particuliers de certaines soirées à la Scala, les différences entre des représentations d'un même rôle à quelques années d'écart. Encyclopédie vivante de votre art, à des milliers de kilomètres de moi (nous ne nous sommes d'ailleurs jamais rencontrés), il fut un passeur de ces connaissances qui m'ont permis de pénétrer encore plus votre univers. Il disait : « She's out of this world, and second to none » (Elle est d'une autre planète, et n'a pas d'égale). Et il avait tellement raison.

Alors je crois que j'ai voulu à mon tour devenir « passeur » en quelque sorte. Pouvoir transmettre à d'autres ce que j'avais vécu, pouvoir offrir cette expérience me semblait être le plus beau des cadeaux, et faire découvrir votre vie et votre art à une nouvelle génération, la chose la plus gratifiante qui fût. J'ai entrepris alors ce que je réalise aujourd'hui seulement comme une mission. Retrouver vos proches fut en soi un parcours du combattant, rassembler les documents et archives perdus, ou jalousement gardés, sillonner plus de douze pays pour rassembler photos, films, et bien sûr vos lettres, tout cela dans le but d'un projet unique, multi-facettes (un film, une exposition, trois livres et des enregistrements inédits), mettant votre parole au centre de tout, car j'ai compris très tôt que c'est vous et vous seule qui étiez à même de nous parler de cette vie hors du commun – vous disiez cela en ajoutant : « After all I'm the one who's lived it » (Après tout c'est moi qui l'ai vécue).

Donner naissance à ce vaste projet, auquel personne ne croyait, ne fut pas chose facile. Et c'est non sans une certaine émotion que je vois s'approcher la fin de ce long voyage ensemble, dont ce livre est le point culminant. Vous avez été à mes côtés, quasi omniprésente, et dans les moments les plus incertains, face aux nombreux obstacles, il y eut toujours un signe, un petit miracle, qui me permettait de continuer. Cela, et le soutien constant et inconditionnel de vos proches m'ont donné le courage et la foi nécessaires, indispensables à une si folle entreprise.

Depuis le départ, j'ai abordé et poursuivi ce travail et les projets qui en découlent, avec infini amour, altruisme et humilité, suivant votre exemple : le don de soi pour quelque chose de plus grand que soi. Aujourd'hui, ces « œuvres » ne m'appartiennent plus. Le film *Maria by Callas* voyage dans plus de quarante pays, les livres sont entre les mains de leurs lecteurs. L'exposition éponyme fut comme un mandala tibétain : des milliers de grains de sable de toutes les couleurs assemblés méticuleusement, ayant existé pour un temps, puis effacés d'un souffle, sublime et impermanent. Tout cela je n'en tire ni profit ni crédit, si ce n'est celui d'avoir été l'« humble serviteur du génie », comme vous le chantiez dans l'air d'*Adriana Lecouvreur*, et si succès il y a, c'est évidemment le vôtre, avant tout et toujours. Si j'ai pu, par mon travail et mon dévouement, apporter une petite pierre à l'édifice, j'en suis déjà comblé. Nous avons créé une institution à votre nom, à Paris votre ville chérie, avec ceux qui vous étaient le plus proches, le plus chers. Le Fonds de dotation Maria Callas continuera de perpétuer la mission que j'avais initiée. La mienne arrive à son terme avec cet ouvrage, et j'ai le sentiment de l'avoir menée à bien, du moins aussi bien que j'ai pu, avec toujours à cœur l'intention de faire les choses telles que vous les auriez voulues, dans l'honnêteté et le respect.

C'est dans cet esprit que j'ai entrepris la dernière phase de mon périple, en rassemblant, traduisant et annotant l'ensemble de vos écrits qui me sont parvenus, parfois non sans efforts, durant ces six années. Ce fut pour moi un apogée en quelque sorte, une plongée dans votre intimité, et une découverte, avec surprise je dois dire, de choses que je n'avais pas perçues complètement jusqu'à présent. J'ai eu l'impression de toucher, à travers ces lettres, le plus profond de votre âme, et de mieux comprendre d'où venait votre chant. Bien sûr, on ne pourra jamais affirmer que ces correspondances sont l'« intégralité » de ce que vous avez écrit, mais je crois pouvoir dire que c'est ici un récit véritablement exhaustif, à la première personne, de quasiment toute votre vie. C'est pourquoi j'ai décidé de ne laisser presque rien de côté. Car je trouvais que même une lettre pouvant parfois sembler anodine avait quelque chose de révélateur. A nous de lire entre les lignes. J'ai eu à cœur de garder vos écrits *in extenso* afin de ne rien trahir de vos paroles et d'offrir au lecteur une authenticité absolue. Je me suis efforcé de les annoter, autant que possible, afin de guider le récit et pouvoir le suivre, vous suivre, pas à pas. Réaliser cet ouvrage fut, ainsi que pour le film, comme assembler un gigantesque puzzle d'archives et de documents, provenant des quatre coins du monde, de cartons, de caves, de greniers – des fragments préservés par miracle ou par vos proches, amis ou admirateurs, qui me les ont confiés au fur à mesure de cette quête. Et c'est un véritable privilège que de pouvoir transmettre cela aujourd'hui à votre public, ici vos lecteurs, afin de vous faire connaître, enfin, telle que vous étiez véritablement, artiste mais avant tout femme. Vous disiez : « Il y a deux personnes en moi, Maria, et la Callas dont je dois être à la hauteur. Mais si on m'écoute vraiment, on entendra tout de moi dans mon chant. » Eh bien, je crois, je l'espère en tout cas, que l'on trouvera tout de vous ici, dans vos écrits qui permettent pour la première fois de soulever un coin du voile, de nous laisser entrevoir peut-être un peu du mystère, sans rien enlever à la magie. Fanny Ardant, qui a prêté sa voix et donné vie à vos mots dans mon film, m'a dit : « Je crois que Maria Callas a été l'artiste qui m'a le plus aidée à vivre. » C'est là un des miracles que vous accomplissez.

Je sais, chère Maria, que vous aviez demandé à plusieurs de vos proches amis de vous aider à écrire cette autobiographie, qui ne vit jamais le jour. Vous aviez dit à Dorle Soria en 1977, année funeste : « Un jour, j'écrirai mon autobiographie, je voudrais l'écrire moi-même afin de mettre les choses au clair. Il y a eu tellement de mensonges dits sur moi. » Alors, cet ouvrage, je l'ai entrepris dans cet esprit-là, il est sans doute ce qui s'en rapproche le plus. Et c'est par volonté d'authenticité précisément que je me suis attelé à traduire vos écrits, en m'éloignant le moins possible de votre vocabulaire original et de vos expressions si particulières qui, même quand elles semblent maladroites, sont si révélatrices de votre personnalité, et de vos sentiments. J'ai veillé à rester le plus fidèle à vos mots, qu'ils soient dans votre anglais natal, dans le grec de vos origines ou dans l'italien que vous aviez adopté – le véronais précisément, dialecte typique hérité de votre mari. Vous maniiez les langues comme les *embellimenti* du bel canto, parfois de façon colorée et singulière, j'ai voulu aussi respecter cela. J'ai conservé au maximum votre ponctuation, vos majuscules, et votre manière de souligner certains mots. On vous lit souvent comme si on vous entendait nous parler. J'ai voulu également inclure quelques lettres et télégrammes qui vous avaient été adressés, afin de nous éclairer davantage sur certains épisodes de votre vie. Enfin, l'ajout de la chronologie intégrale de vos représentations, concerts et enregistrements de disques, me semblait essentiel pour suivre votre parcours, ou plutôt votre vol, tel Icare, vers le soleil.

Je voudrais, pour finir, exprimer un sentiment de gratitude, avant tout envers vous… et là les mots me manquent (comme disait Georges Prêtre : « Ce qu'il y a dans les silences ne peut s'expliquer »), et ensuite envers vos proches, qui m'ont accompagné avec une constante bienveillance et m'ont confié, pour beaucoup, les lettres présentées ici, dont la plupart n'avaient jamais été dévoilées.

Je souhaite aux lectrices et aux lecteurs un beau voyage à vos côtés, avec le bonheur et le privilège de vous découvrir, d'apprendre à vous connaître et à vous aimer.

Votre
Tom Volf

« Là où cesse la parole commence la musique, a dit le fantastique Hoffmann. Et véritablement la Musique est une chose trop grande pour pouvoir en parler. Mais on peut toujours la servir, cependant, et toujours la respecter avec humilité. Chanter, pour moi, n'est pas un acte d'orgueil, mais seulement une tentative d'élévation vers ces Cieux où tout est harmonie.

Maria Meneghini Callas » (1957)

MÉMOIRES

1923-1957

Traduits de l'italien original[1]

---

1. Dictés à la journaliste Anita Pensotti, entre fin 1956 et début 1957.

Ces derniers temps, j'ai reçu de nombreuses propositions de journaux italiens et étrangers, notamment les revues américaines *Time* et *Life*, pour publier mes mémoires. J'ai toujours refusé. Avant tout parce que les souvenirs s'écrivent seulement lorsqu'on est plus avancé dans la vie, ou quand, probablement, on n'a plus rien à dire. En second lieu, permettez-moi de le dire, je n'ai pas accepté car je suis une personne réservée. Je déteste parler de moi, à tel point que j'ai même refusé l'offre de publier les récits de mes voyages, pour éviter, ce qui aurait été impossible, toute allusion à mes succès, laissant toujours les autres parler librement sur mon compte, convaincue d'avoir affaire à des personnes intelligentes, bonnes et généreuses. Malheureusement à force de laisser parler les autres, je me retrouve au centre d'innombrables commérages qui ont fait le tour du monde. Et c'est justement pour corriger tant d'inexactitudes que je me décide aujourd'hui, bien qu'avec réticence, à clarifier les points les plus importants de ma vie privée et de ma carrière d'artiste. Ainsi, ce récit n'a aucune prétention, et encore moins – Dieu m'en garde – aucune intention polémique. Il demande à être suivi avec le même esprit que celui avec lequel je l'ai dicté.

Commençons alors par la naissance, comme il est de rigueur dans une biographie. J'ai vu le jour à New York, sous le signe du Sagittaire, un matin du 2 ou du 4 décembre. Je ne peux être, sur ce sujet, aussi précise qu'en toutes autres choses, car mon passeport indique que je suis née le 2 alors que ma mère soutient m'avoir mise au monde le 4 : vous choisirez la date qui vous plaît le plus. Moi je préfère celle du 4 décembre[1], d'abord parce que, naturellement, je dois croire ce que dit ma mère, ensuite parce que c'est le jour de sainte Barbara, patronne de l'artillerie, une sainte fière et combative qui me plaît d'une façon particulière. Année 1923. Lieu : une clinique de la Cinquième Avenue, c'est-à-dire véritablement dans le cœur de New York, et non à Brooklyn où, je ne sais pourquoi, certains journalistes veulent me faire naître à tout prix. Non qu'il y ait quoi que ce soit de laid ou de honteux dans le fait de naître à Brooklyn (je crois que ce quartier a donné naissance à beaucoup de personnes illustres) mais juste par amour de la précision.

J'ai été déclarée à l'état civil comme Maria Anna Cecilia Sophia Kalogeropoulos. Mes parents sont tous les deux grecs : ma mère, Evangelia Dimitriadou, qui vient d'une famille de militaires, est de Stilida, dans le nord de la Grèce, alors que mon père est un fils d'agriculteurs, natif de Meligalas, dans le Péloponnèse. Après leur mariage, ils s'installèrent à Meligalas, où mon père était propriétaire d'une pharmacie prospère ; et probablement ils n'auraient jamais bougé de là s'ils n'avaient pas éprouvé la grande douleur de perdre leur unique fils, Basile, à seulement trois ans. A partir de ce moment-là, mon père a commencé à être agité, à vouloir s'éloigner le plus possible du lieu où était mort son fils, et peu à peu grandit en lui la décision de déménager en Amérique. Ils partirent en août 1923, quatre mois avant ma naissance, emmenant Jacinthe[2], ma sœur aînée, qui avait alors six ans.

A New York aussi, mon père ouvrit une très belle pharmacie, et au début tout allait pour le mieux. Les affaires prospéraient, nous habitions dans un élégant appartement du centre. Puis surgit la terrible crise de 1929, qui frappa aussi notre famille ; la pharmacie fut vendue et, depuis cette époque, mon père a été peu chanceux. Je dois ajouter qu'il est peut-être trop honnête et galant homme pour se faire une place dans la jungle des affaires. En outre, il a toujours été désavantagé par une mauvaise santé. Aujourd'hui il travaille comme chimiste dans un hôpital de New York, il a un bon poste. Il ne quitterait l'Amérique à aucun prix car il y vit depuis trente-quatre ans et

---

1. Quelques années plus tard, elle changera d'avis et choisira finalement, jusqu'à la fin de sa vie, de fêter son anniversaire le 2 décembre, conformément à son acte de naissance.
2. Surnommée Jackie.

il s'y est parfaitement intégré ; en revanche, lors de mes tournées au Mexique et à Chicago, je l'ai emmené (une fois ma mère aussi s'est jointe à nous) et j'ai eu la joie de le voir chaque soir à l'opéra, assis à côté de mon mari, pendant que je chantais sur scène.

Revenons à mon enfance. Je n'ai pas de souvenirs particuliers, sinon la vague intuition que mes parents ne s'entendaient pas très bien ; d'ailleurs, ils vivent maintenant séparés, ce qui me peine beaucoup. Quant à ma vocation, il n'y a jamais eu de doutes. Mon père raconte que je chantais déjà dans mon berceau, lançant des vocalises et des aigus si insolites pour un nouveau-né que même les voisins en étaient stupéfaits. Ma famille maternelle, du reste, s'est toujours vantée d'aptitudes pour le chant. Mon grand-père, par exemple, avait une magnifique voix de ténor dramatique, mais il était officier de carrière et, de fait, n'a jamais pensé à la cultiver. Ne parlons même pas des femmes. Cela aurait été un scandale, un déshonneur insupportable d'avoir dans la famille une «femme de scène»! Ma mère pourtant était d'un avis différent et, dès qu'elle remarqua mes talents vocaux, décida de faire de moi, le plus vite possible, une enfant prodige. Et les enfants prodiges n'ont jamais une véritable enfance. Je ne me souviens pas d'un jouet, d'une poupée ou d'un jeu favori, mais des chansons que je devais répéter et répéter encore, jusqu'à l'ennui, pour l'examen final au terme de chaque année scolaire ; et surtout de la douloureuse sensation de panique qui m'envahissait quand, au beau milieu d'un passage difficile, j'avais l'impression tout à coup de suffoquer et je pensais, terrorisée, qu'aucun son ne sortirait de ma gorge nouée et devenue sèche. Personne n'était au courant de mon angoisse soudaine car, en apparence, je restais très calme et je continuais à chanter.

Après l'école primaire, mes camarades s'inscrivirent au collège ou dans d'autres écoles secondaires, et moi j'aurais tellement aimé suivre leur exemple, devenir une élève d'école supérieure. Mais j'en fus privée : moi – comme en avait décidé ma mère –, je ne devais pas voler une seule minute de la journée à l'étude du chant et du piano. C'est ainsi qu'à onze ans, je mis de côté les livres et commençai à connaître les anxiétés et attentes insoutenables des auditions pour enfants prodiges, auxquelles j'allais être régulièrement inscrite en vue de participer à des radio-crochets ou d'obtenir quelque bourse d'études. J'ai toujours pu étudier grâce aux bourses d'études. D'abord parce que après 1929 nous étions tout sauf riches ; et puis parce que j'ai toujours été pleine de pessimisme à propos de mes capacités. Aujourd'hui encore, même si on m'accuse d'être présomptueuse, je ne me sens jamais sûre de moi et je me torture de doutes et de peurs. Déjà enfant, je n'aimais pas les demi-mesures : ma mère voulait que je devienne chanteuse et moi j'étais bien heureuse de lui donner satisfaction ; mais seulement à condition de pouvoir être un jour une *grande* chanteuse. Tout ou rien : en cela je n'ai certainement pas changé avec les années. Ainsi le fait de remporter des bourses d'études représentait pour moi une garantie de mes capacités et me donnait la certitude que mes parents ne s'illusionnaient pas en croyant à ma voix. Confortée, je continuai à étudier le chant et le piano, avec une espèce d'acharnement.

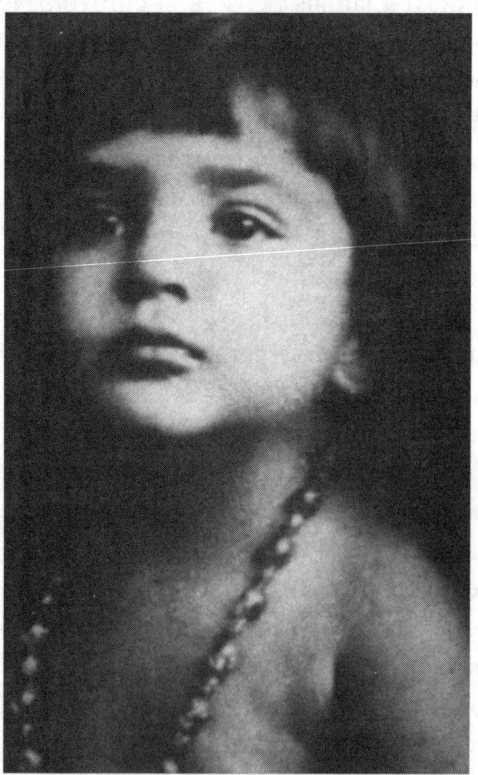

New York, 1924. Maria gardait cette photo d'elle sur sa table de chevet.

Vers la fin de l'année 1936, ma mère voulut retourner en Grèce pour revoir les siens, emmenant Jacinthe et moi. Ma sœur partit seule un peu avant ; nous l'avons rejointe en février 1937. En Amérique, par commodité de prononciation, mon père avait abrégé notre nom de famille, ne gardant que la première partie et transformant « Kalos » en « Callas », deux syllabes plus harmonieuses. Je ne sais pas s'il l'avait formalisé spécifiquement, mais je me souviens que, dès l'école, j'étais régulièrement appelée Mary Callas. En Grèce, cependant, je redevins Maria Kalogeropoulos. Quand j'arrivai à Athènes, j'avais tout juste treize ans ; mais j'en paraissais davantage parce que j'étais haute comme aujourd'hui, robuste et bien trop sérieuse, de visage et de manières, pour mon très jeune âge. Ma mère essaya dans un premier temps de m'inscrire au Conservatoire d'Athènes, le plus important de toute la Grèce ; mais ils lui rigolèrent à la figure. Qu'allaient-ils faire – disaient-ils – d'une fillette de treize ans ? Alors, feignant d'en avoir seize, j'entrai dans un autre conservatoire, le National, où je commençai à étudier avec un professeur probablement d'origine italienne, Madame Maria Trivella. Néanmoins, un an plus tard, je finis par atteindre mon objectif en accédant, après un examen brillamment réussi, au Conservatoire d'Athènes, où je fus confiée à la merveilleuse maestra qui eut une part essentielle dans ma formation artistique : Elvira de Hidalgo.

A cette illustre artiste espagnole – dont le public et les anciens abonnés de la Scala se rappelleront certainement la Rosine[1] inoubliable et inégalable, précieuse interprète d'autres rôles très importants –, à cette illustre artiste, je le répète le cœur ému, dévoué et infiniment reconnaissant, je dois toute ma préparation et ma formation artistique, scénique et musicale. Cette noble créature, outre me transmettre ses précieux enseignements, me donna tout son cœur, fut témoin de toute ma vie à Athènes, tant artistique que familiale. Elle pourrait parler de moi mieux que n'importe qui, parce que avec elle, plus qu'avec aucune autre personne, j'ai eu confiance et complicité.

Elle raconte que je me présentais à la leçon le matin à 10 heures et que je restais pour assister aux leçons de tous les autres élèves, jusqu'à 18 heures. Si je connais aujourd'hui un aussi vaste répertoire d'opéras, je le dois sans doute à cela, à cette soif infatigable de conseils

---

1. Rôle principal féminin du *Barbier de Séville*, de Rossini.

et d'enseignements, dont à l'époque je ne me rendais pas du tout compte. A cette période, en octobre ou novembre 1938, il y a donc dix-huit ans de cela, ont eu lieu mes débuts sur scène. Ainsi, à l'âge de quinze ans, je me présentais pour la première fois devant le public dans la position convoitée de la «primadonna»[1]. Mon rôle était celui de Santuzza dans *Cavalleria rusticana*, et tout s'est très bien passé. Mais j'étais désespérée car j'avais le visage gonflé et déformé par une terrible rage de dents. Cela a toujours été ainsi, à chaque moment important de ma carrière. Comme vous le verrez dans la suite du récit de ma vie, j'ai dû payer immanquablement et immédiatement, pour tous mes triomphes, par des ennuis ou un problème physique. Quoi qu'il en soit, ce premier succès m'a ouvert la voie à d'autres auditions et quelques mois plus tard je fus choisie pour chanter le rôle de Béatrice dans l'opérette *Boccaccio* à l'Opéra royal d'Athènes.

Je me souviens que ma seule préoccupation à cette époque était mes mains. Je ne savais jamais où les mettre, je les sentais inutiles et encombrantes. Par ailleurs, ma maestra [Elvira de Hidalgo] se plaignait – aujourd'hui je comprends qu'elle avait mille fois raison – de mon invraisemblable façon de m'habiller. Une fois, après m'avoir priée avec insistance de mettre mon vêtement le plus chic car elle devait me présenter à une personnalité importante, elle m'a vue apparaître avec une jupe rouge sombre, une chemisette à volants d'un autre rouge rutilant et, sur la tête, sous des tresses torsadées, un chapeau hideux ressemblant à celui de «Musette[2]». Moi j'avais l'impression d'être élégantissime et j'ai eu vraiment honte lorsque Madame Elvira m'arracha cette absurde coiffe en hurlant qu'elle ne me donnerait plus jamais de leçons si je ne me décidais pas à améliorer mon apparence.

Pour dire la vérité, je n'avais pas la moindre idée de mon aspect. C'est ma mère qui choisissait mes habits, et elle ne me permettait pas de rester plus de cinq minutes devant un miroir. Je devais étudier, je ne pouvais pas «perdre mon temps avec des bêtises»; et certainement je le dois à sa sévérité si aujourd'hui, à seulement trente-trois ans, j'ai une vaste et profonde expérience artistique. Mais, d'autre

---

1. Littéralement, en italien, «première femme», c'est-à-dire le principal rôle féminin d'un opéra. Callas comparait souvent le titre de primadonna à celui de premier violon.
2. Personnage extravagant de *La Bohème* (Puccini).

part, j'ai été totalement privée des joies de l'adolescence et de ses plaisirs innocents, frais, candides, irremplaçables. J'oublie de dire que, en compensation, je pris du poids. Avec l'excuse que pour bien chanter il faut être solide et plantureuse, j'en venais à me rembourrer, matin et soir, de pâtisseries, chocolats, pains beurrés et crèmes. J'étais ronde et rubiconde, avec quantité de boutons d'acné qui me rendaient folle.

Mais poursuivons dans l'ordre. Après *Boccaccio* le directeur de l'Opéra royal me choisit de nouveau pour *Tosca*. Les répétitions durèrent plus de trois mois, sans interruption, et m'ennuyèrent à tel point qu'encore aujourd'hui cet opéra occupe la dernière place dans l'ordre de mes préférences. Nous arrivons ainsi à la période la plus douloureuse de ma vie, aux années si tristes de la guerre, dont je n'aime pas parler, même avec les personnes qui me sont le plus proches pour ne pas toucher à des blessures qui n'ont jamais cicatrisé. Je me souviens de l'hiver 1941. La Grèce envahie par les Allemands, et depuis plusieurs mois la population réduite à la famine. Il n'avait jamais fait si froid à Athènes : pour la première fois depuis vingt ans les Athéniens voyaient la neige. Nous étions en répétitions pour *Tiefland* d'Eugen d'Albert, l'opéra considéré comme le *Cavalleria rusticana* allemand, et nous devions travailler dans la semi-obscurité des lampes à acétylène par peur des bombardements. De tout l'été je n'avais mangé que des tomates et des feuilles de chou bouillies, que je réussissais à trouver en parcourant à pied des kilomètres et kilomètres de campagne voisine, en suppliant les agriculteurs de me céder quelques légumes. On aurait pu être fusillé pour un petit panier de tomates ou de feuilles de chou, car les Allemands étaient impitoyables ; malgré tout je ne revenais jamais les mains vides. Mais en hiver 1941 un ami de la famille, alors fiancé à ma sœur, nous a apporté une petite bouteille d'huile, de la farine jaune, des pommes de terre ; et je ne peux oublier l'incrédule stupeur avec laquelle ma mère, Jacinthe et moi gardâmes ces biens précieux, quasiment avec la peur qu'ils puissent, par sortilège, disparaître d'un instant à l'autre.

Celui qui n'a pas connu les misères de l'occupation et de la faim ne peut savoir ce que signifient la liberté, et une vie tranquille et confortable. Durant tout le reste de mon existence je ne pourrais plus jamais dépenser inutilement et je souffrirais – c'est plus fort que moi – pour toute nourriture gâchée, même un peu de pain, un fruit ou un petit morceau de chocolat. Par la suite, lorsque les Italiens sont arrivés, les choses ont commencé à aller un peu mieux. Apitoyé par mon amaigrissement progressif, un admirateur de ma voix, propriétaire d'une boucherie réquisitionnée par l'envahisseur, m'a présentée à un officier italien chargé de la distribution des vivres aux troupes alliées. Une fois par mois il me vendait à un prix dérisoire dix kilos de viande et moi je m'attachais le paquet autour des bras et je marchais une heure sous le soleil, même les mois les plus chauds, légère et heureuse comme si je portais des fleurs. Cette viande était finalement notre plus grande ressource. Nous n'avions pas de réfrigérateur et ne pouvions la conserver. Mais on revendait le reste à nos voisins de palier et, avec les bénéfices, on pouvait s'en sortir en se procurant seulement l'indispensable. Puis les Italiens ont « réquisitionné » un groupe de chanteurs d'opéra, dont je faisais partie, pour quelques concerts, et on avait demandé en guise de salaire à être payés en vivres. Finalement, après environ un an, on a pu manger de nouveau du riz et des pâtes, et boire du vrai lait. Au fond, les Italiens ont toujours été bons avec moi. A cette période, Madame de Hidalgo insistait pour que j'apprenne l'italien. « Il te sera utile, me répétait-elle, parce qu'un jour ou l'autre tu iras en Italie. C'est seulement là-bas que tu pourras commencer ta véritable carrière. Et pour une bonne interprétation et expression, tu dois connaître la signification exacte de chaque parole. » J'ai suivi son conseil en essayant de ne pas me laisser impressionner. L'Italie et la Scala représentaient pour moi un rêve impossible, comme si cela se trouvait sur Mars ou sur la Lune, et j'en repoussais la moindre pensée au fond de mon esprit pour éviter les désillusions. Cependant, je pris le pari avec ma maestra qu'en trois mois je réussirais à converser avec elle en italien. Mais je ne savais pas par quel moyen. Je ne pouvais certainement pas me rendre au quartier général des fascistes, comme certains me l'avaient suggéré, parce que mes compatriotes, naturellement, m'auraient considérée comme une traîtresse. Je n'avais pas l'argent pour prendre des leçons particulières, alors je devins amie avec quatre jeunes médecins qui avaient étudié en Italie, et je ne sais par quel miracle – peut-être parce que la langue de Dante me plut tout de suite immensément –, trois mois plus tard, j'avais gagné mon pari.

Athènes, 1943.

A l'été 1944, j'eus mes premiers ennuis avec des collègues. Nous devions mettre en scène *Fidelio* et une autre primadonna qui avait beaucoup œuvré pour avoir le rôle réussit à l'obtenir; mais elle ne s'était pas du tout donné la peine de l'apprendre. Comme il était indispensable de commencer les répétitions immédiatement, on m'a demandé de la remplacer, et naturellement j'ai accepté, puisque je connaissais la partition à la perfection. Je vous raconte cet épisode pour démontrer que mon unique arme – arme très puissante et honnête – est d'être toujours préparée, car face à la bravoure, il n'y a pas d'obstacle qui tienne. Sur scène, avant le lever de rideau, on peut tout faire pour soutenir un artiste, mais, quand le rideau se lève, la valeur est seule à parler. On dit que je gagne toujours. Ce sont mes moyens : le travail et la préparation. Si vous considérez que ce sont des moyens « cruels », alors vraiment je ne sais que dire.

Juste après les représentations de *Fidelio*, qui furent données dans le merveilleux amphithéâtre de l'Hérode Atticus, à l'Acropole, vint la « libération », et c'est alors que commencèrent les attaques à mon égard de la part de mes collègues. Mais nous en reparlerons plus loin. Entre-temps, finalement la direction de l'Opéra royal me concéda trois mois de repos, et ma mère, sans perdre de temps, me trouva un travail près du quartier général anglais, où je fus assignée au bureau de tri du courrier secret allié. Je commençais le travail à 8 heures; mais je devais me lever à 6 heures et demie, car pour économiser le coût du tramway, je faisais tout le chemin à pied, et notre appartement, au 61, rue Patission, était très loin du bureau. A midi les Anglais nous offraient un repas abondant et moi, au lieu de rester au quartier général, je le mettais dans une marmite et l'emportais à la maison pour le partager avec ma mère. (A cette époque ma sœur Jacinthe ne vivait plus avec nous.) J'avais en tout une heure et demie de pause déjeuner, ce qui faisait que je ne réussissais pas à passer plus d'un quart d'heure à la maison. Ce fut ainsi jusqu'à la fin de l'hiver; et j'en veux encore aujourd'hui à ces efforts pénibles qui m'ont laissé en triste héritage un mauvais foie et une tension de 90 au maximum, les bons jours.

Excusez la parenthèse et poursuivons. Nous sommes en 1945 : arrive le moment de renouveler mon contrat avec l'Opéra royal, mais voilà que j'apprends par un oncle maternel, médecin auprès de la Maison royale (le professeur Costantino Luros), que Ralis, le chef du gouvernement grec de l'époque, avait reçu tous mes collègues. Ils étaient venus protester auprès de lui, en menaçant de grève totale si jamais j'étais de nouveau engagée comme primadonna à l'Opéra. C'était une honte : ils s'offusquaient qu'une jeune femme de vingt et un ans se mesure à des artistes de leur talent et de leur âge. Mon oncle ne savait que me conseiller; mais comme le Bon Dieu aide toujours ceux qui marchent sur le droit chemin et ne font de mal à personne, au moment où je m'y attendais le moins, le consulat américain m'offrit un billet pour retourner en Amérique. Je rembourserais, me dit-il, quand je le pourrais.

Le directeur de l'Opéra royal était très embarrassé lorsqu'il me fit appeler pour me dire que je ne pourrais plus être engagée comme primadonna. Je le laissai bégayer un tas d'excuses, puis je lui annonçai que je partais pour l'Amérique en ajoutant : « Espérons que vous n'aurez pas à le regretter un jour. » Mais avant de quitter la Grèce je voulais donner une ultime preuve de mes capacités en chantant *Der Bettelstudent* (*L'Etudiant pauvre*) de Millöcker, une opérette ô combien difficile pour une soprano : l'Opéra a été obligé de me l'attribuer car aucune autre n'était capable de la chanter.

J'embarquai à bord du *Stockholm* (le bateau qui le juillet précédent avait percuté l'*Andrea Doria*). Je n'avais pas écrit à mon père pour le prévenir de mon arrivée : ma mère me le déconseillait – je n'en connais pas la raison. Ou peut-être que je la connais, mais il n'est pas nécessaire d'en parler. Je ne savais pas ce qui m'attendait en Amérique. Je ne savais pas, après tant d'années, où vivait mon père ni avec qui. J'avais emporté trois ou quatre vêtements et je n'avais pas un sou en poche. Ma mère et ma sœur n'ont pas voulu m'accompagner au Pirée, disant qu'elles n'auraient pas supporté l'émotion. Vinrent cependant quelques amis, parmi lesquels le physiologiste Papatesta, qui habitait l'appartement en dessous du mien. Ils m'ont offert un déjeuner d'adieu. Je m'en souviens parfaitement. Il était 14 heures, quelques minutes avant l'embarquement. Ils me donnèrent des conseils chaleureux : « Attention à ne pas perdre ton argent, où l'as-tu mis ? – Il n'y a aucun risque, répondis-je, car je n'en ai pas du tout. » Ils ne voulaient pas me croire. Ils ont pris mon sac pour le fouiller et n'ont rien trouvé. Le *Stockholm* allait quitter le Pirée à 15 heures et à ce moment-là les banques étaient fermées. Aucun d'entre eux ne pouvait m'aider ; mais je les saluai gaiement. J'allais vers l'inconnu ; et pourtant je sentais avec une extraordinaire clarté que je ne devais pas avoir peur.

A vingt et un ans, seule et sans un sou, j'embarquai donc en direction de New York. Aujourd'hui, avec le recul de douze années, je me rends compte des gravissimes conséquences et dangers incroyables auxquels j'aurais pu être confrontée en retournant en Amérique à la fin d'une guerre mondiale, avec le risque de ne pas retrouver la trace de mon père ni celle de mes amis d'antan. Mais, comme je vous le disais, je n'avais pas peur, et il ne s'agit pas seulement de courage, ou d'une inconscience propre à mon très jeune âge, mais de quelque chose de plus profond : un instinct, une foi illimitée en la protection divine qui, j'en étais sûre, ne m'abandonneraient jamais.

Vous verrez par vous-même, en suivant mon récit, comment la main de Dieu a toujours été au-dessus de ma tête – permettez-moi cette expression – dans tous les moments les plus dramatiques de ma vie. J'en avais fait l'expérience pour la première fois lorsque j'avais six ans. Je me promenais accompagnée de mes parents et soudain je vis Jacinthe qui jouait à la balle de l'autre côté de la rue, avec la nounou et une cousine. Il m'arrive souvent – c'est un trait de caractère particulier de ma personnalité – d'être prise d'impulsions spontanées de tendresse, et d'en avoir honte immédiatement après, je ne saurais dire pourquoi, peut-être par excès de pudeur avec mes émotions. Ainsi à cet instant, apercevant ma sœur, je courus vers elle pour lui donner un baiser, puis je m'enfuis aussitôt, rougissante et confuse, et je traversai précipitamment la rue au moment même où une voiture surgissait à toute vitesse. Je fus renversée et propulsée au bout de la rue. Les journaux américains (ce fut la première fois qu'ils s'intéressèrent à mon cas) me surnommèrent à cette occasion « Maria la chanceuse », car je réussis à récupérer d'une façon quasi miraculeuse, après être restée douze jours inconsciente, et alors que tout le monde à l'hôpital, du médecin-chef au portier, me considérait mourante. Je peux bien dire que j'ai mérité ce surnom de « Maria la chanceuse » à une autre heure gravissime de mon existence, qui remonte à la période grecque. Le 4 décembre 1944 – je m'en souviens parfaitement puisque c'était le jour de mon anniversaire – éclata à Athènes la guerre civile. Je travaillais alors, comme je l'ai raconté, auprès du commandement anglais et mes supérieurs me recommandaient de ne pas quitter le quartier général, car j'avais occupé auprès d'eux un poste extrêmement délicat au tri du courrier top secret, j'aurais donc été fatalement victime des représailles communistes et soumise inévitablement à la torture. Néanmoins, nous habitions à l'époque dans la rue Patission, zone occupée par les Rouges[1], et je ne voulais pas laisser ma mère toute seule. Alors je me fis accompagner à bord d'une jeep et pendant plusieurs jours je restai enfermée dans ma chambre. J'étais dévastée de peur et, qui plus est, malade après avoir avalé une boîte de très vieux haricots, que je me suis résignée à manger par manque de quoi que ce soit d'autre (alors que j'ai une vraie allergie pour tout genre de légumineuses sèches). Dans ces circonstances, je n'étais pas en état de procurer des vivres à ma mère et moi, et je serais sans doute morte de faim (des gens en sont morts tellement à cette

---

1. Les communistes.

époque) si je n'avais pas eu l'aide de mon ami le docteur Papatesta, qui se priva pour me porter le peu de vivres dont il disposait.

Un jour, je reçus la visite d'un garçon pâle et mal vêtu – on aurait dit un charbonnier – qui affirma avoir été chargé d'une mission auprès de moi de la part d'un officier du commandement anglais. Terrorisée, suspectant un traquenard, j'essayai de le renvoyer dehors d'une façon peu polie ; puis, son insistance étant devenue insupportable et même quasi colérique, je me résignai à l'écouter. Il s'agissait en réalité d'un agent secret que les Anglais avaient envoyé pour me supplier de retourner auprès d'eux, ils avaient peur pour ma vie, épatés que les communistes ne m'aient pas encore arrêtée. Il lui fut très difficile de me convaincre, mais finalement il me persuada qu'il était absolument indispensable que je retourne dans la zone anglaise, et sans perdre de temps j'appelai le docteur Papatesta pour lui confier ma mère.

Notre appartement (ma mère et ma sœur y habitaient encore) donnait sur une très jolie avenue, spacieuse et tranquille, qui débouchait sur la place Concordia. Mais lorsque je repense à cette avenue, je la revois toujours comme je l'ai vue ce matin-là, gris et silencieux, entièrement couverte de vitres brisées et de toutes sortes de gravats qui s'étaient échappés des fenêtres suite aux mitraillages continus. Un horrible et suffocant silence qui durait soixante secondes chaque fois, interrompu toutes les minutes par les terribles « tirs à l'aveugle » des communistes, des tirs à intervalles réguliers qui pouvaient toucher n'importe qui et avaient pour but précis d'user les nerfs de la population. Encore aujourd'hui je ne saurais m'expliquer comment j'ai pu courir désespérément au milieu de cette dévastation, sous le feu, et arriver saine et sauve au quartier général anglais.

Je raconte cet épisode seulement pour démontrer que je n'exagère pas quand je répète – et vous me l'entendrez répéter souvent – que le Bon Dieu m'a toujours aidée. Et savez-vous justement qui m'attendait, au débarquement à New York ? Précisément la personne à laquelle je me serais le moins attendue : mon père, lequel avait appris la nouvelle de mon arrivée par un des journaux en langue grecque qui sont imprimés en Amérique. Vraiment, je ne saurais décrire le soulagement infini avec lequel je me serrai contre lui, l'embrassant comme s'il était un survivant et pleurant de joie sur son épaule. J'ai déjà eu l'occasion de vous dire que mon père n'était pas du tout riche ; mais durant cette année et demie où je vécus avec lui, il me traita comme une reine, en compensation de tout ce que j'avais souffert. Il m'a offert une nouvelle chambre, très jolie, des chaussures et vêtements élégants. J'étais heureuse, et je commençais petit à petit à reprendre confiance en moi car, chaque fois qu'un bateau grec jetait l'ancre au port, marins ou officiers se précipitaient chez nous pour saluer « la célèbre chanteuse Maria Kalogeropoulos » et raconter à mon père que beaucoup d'entre eux, du temps de *Fidelio*, se rendaient à pied du Pirée à l'Acropole (une chose folle pour qui connaît Athènes), bravant les « rafles » allemandes, seulement pour m'entendre chanter. Leurs paroles me faisaient du bien : à cette époque, comme vous l'avez vu, je ne pensais qu'à étudier et gagner des vivres en exploitant le don naturel de ma voix, sans même me rendre compte qu'entre-temps ma notoriété et ma popularité auprès du public grandissaient. Confortée par ces témoignages, je décidai, avec courage, de me conquérir un poste à New York. Après tout, me disais-je, j'étais une chanteuse qui avait derrière elle sept ans d'une intense carrière. J'espérais, ingénument, trouver des engagements. Mais qui connaissait, en Amérique, la pauvre petite Grèce ? Et qui voudrait prêter l'oreille à une jeune fille de vingt et un ans ? Je m'aperçus bien vite, avec amertume, que je devrais tout recommencer depuis le début.

En ces temps-là, n'ayant pas grand-chose à faire, je me rendais souvent à la pharmacie où travaillait mon père ; et c'est là qu'un jour je fus présentée, par la propriétaire du lieu, à une ex-chanteuse qui m'invita chez elle pour que j'entende ses élèves et que je lui donne mon avis. Je passais chez elle trois ou quatre heures chaque samedi ; et, quelquefois, je l'aidais en donnant des conseils à ses élèves. Je me souviens qu'un de ces samedis – Noël approchait – un certain Monsieur Edoardo Bagarozy vint saluer cette ex-chanteuse, son amie, et la féliciter. Je fus invitée à chanter. Après m'avoir attentivement écoutée, Monsieur Bagarozy me proposa de prendre part à la création de sa saison lyrique, qu'il voulait appeler « United States Opera Company ». Il me promit que je serais la primadonna dans *Turandot*, et peut-être aussi dans *Aida*.

Entre-temps, j'avais obtenu une audition au Metropolitan ; mais je ne m'étais pas mise d'accord avec la direction qui m'avait proposé des rôles que je trouvais alors inadaptés, précisément *Fidelio* (que je ne souhaitais pas chanter en anglais) et *Butterfly* que j'avais fermement refusé, étant convaincue d'être trop « grassouillette » pour le rôle[1]. Je pesais en réalité quatre-vingts kilos, et quatre-vingts kilos c'est beaucoup, bien que pas tellement pour une femme haute comme moi de 1,72 mètre[2]. J'avais reçu d'autres offres que je n'avais pas voulu accepter, et j'avais été recommandée par Elvira de Hidalgo à Romano Romani, professeur de la célèbre Rosa Ponselle[3], qui à ma demande de leçons répondit : « Je n'en vois pas la nécessité, vous avez surtout, et plus que tout, besoin de travailler. » M'avait également auditionnée le pauvre maestro Merola, de San Francisco, qui après m'avoir fait quantité de compliments, m'avait servi le vieux refrain habituel : « Vous êtes tellement jeune… comment puis-je avoir confiance… qui me garantira… ! » Il finit par conclure : « D'abord, faites carrière en Italie, ensuite je vous engagerai. – Merci, répondis-je, affligée et énervée, merci vraiment, mais quand j'aurai fait carrière en Italie, je suis certaine que je n'aurai plus besoin de vous. »

Je me souviens très bien qu'en cette période je passais d'un cinéma à l'autre, non pour voir les films, mais pour ne pas devenir folle par la pensée torturante de mon futur incertain. Puis, finalement, vint le moment où je devais chanter *Turandot* avec la United States Opera Company. Mais la saison fut annulée à la dernière minute par manque de financement. J'ai vu alors tomber dans la misère des collègues illustres comme Galliano Masini (au sommet de sa popularité), Mafalda Favero, Cloe Elmo, les ténors Infantino et Scattolini, le baryton Danilo Checchi, Nicola Rossi-Lemeni, Max Lorenz, les sœurs Konetzni, divers artistes de l'Opéra de Paris, le pauvre maestro Failoni, et d'autres dont je ne me souviens pas. Ils organisèrent à grande hâte un concert pour recueillir l'argent nécessaire à leur rapatriement et dès le lendemain tous les chanteurs italiens retournèrent en Italie, à part Rossi-Lemeni qui resta à New York, alléché par de vagues promesses de travail. En attendant des jours meilleurs, Nicola et moi étudiions ensemble, dans l'appartement de Bagarozy, car chez moi il n'y avait pas de piano, et c'est justement Rossi-Lemeni

---

1. C'était par souci de crédibilité, car dans l'opéra de Puccini, le personnage de Cio Cio San est une frêle adolescente japonaise.
2. Maria Callas en pèsera vingt-cinq de moins lorsqu'elle interprétera finalement le rôle de Madame Butterfly à Chicago, en 1955.
3. Notamment connue pour sa Norma au Metropolitan, dans les années 20, dont la jeune Maria écoutait les retransmissions à la radio étant enfant.

qui me dit un après-midi : « Je viens d'être engagé pour la saison prochaine aux Arènes de Vérone, et j'ai entendu dire que Giovanni Zenatello, le célèbre ténor, directeur des Arènes, n'arrivait pas à trouver une Gioconda qui lui plaise. Veux-tu que je lui demande de t'auditionner ? Il habite ici, à New York, et la chose est faisable immédiatement. » Je dis oui, naturellement. En ce temps-là, le nom de « Vérone » était pour moi privé de toute signification. Jamais je n'aurais pu imaginer que cette ville, qui m'est aujourd'hui si chère, verrait germer les événements les plus importants de ma vie. Comme je le raconterai par la suite, c'est en effet à Vérone que j'ai connu mon mari, à Vérone que j'ai obtenu mon premier succès italien, et toujours à Vérone que j'ai rencontré Renata Tebaldi.

J'allai donc chez Zenatello et j'obtins de lui un contrat pour *La Gioconda* avec un cachet de 40 000 lires[1] par représentation. Tout en sachant que mon père et moi ne roulions pas sur l'or – au contraire, nous avions du mal à boucler les fins de mois –, ma mère voulait absolument revenir à New York et, pour pouvoir lui payer le voyage, j'avais dû demander le prêt de l'argent à mon parrain, le professeur Leonidas Lantzounis, directeur adjoint de l'hôpital orthopédique de New York. Lorsque vint le moment de mon départ pour l'Italie, je fus contrainte encore une fois de me tourner vers lui.

Me voilà donc en train de reprendre la mer, toujours aussi pauvre (je n'avais que 50 dollars, tout ce qu'avait pu me donner mon père), toujours avec aussi peu de vêtements (j'avais laissé ma garde-robe hivernale à ma mère) ; mais avec – c'est le cas de le dire – un énorme bagage d'espérance, et la joie incrédule de ceux qui voient se matérialiser, presque dans la peur, un rêve pensé irréalisable. Je débarquai à Naples le 29 juin 1947, dans une chaleur infernale, accompagnée de Rossi-Lemeni et Madame Luisa Bagarozy, la femme d'Edoardo, qui voulait tenter une carrière de chanteuse en Italie. Nous avons laissé dans un entrepôt à Naples nos malles que nous récupérerions par la suite, et une fois allégés considérablement, nous avons pris le train pour Vérone. Nous n'avions trouvé qu'une seule place de libre, et nous nous sommes relayés sur ce siège toute la nuit, sans réussir à fermer l'œil, parce que les deux qui restaient debout n'arrêtaient pas de fixer impatiemment l'horloge en attendant leur tour. Le jour

---

1. Environ 120 euros (valeur de 2019).

de mon arrivée à Vérone, sont venus me voir à l'hôtel Accademia (où l'on m'avait réservé une chambre) le pauvre et très cher Gaetano Pomari, vice-directeur de l'Arena, et Giuseppe Gambato, adjoint au maire et amateur d'art. Ils étaient venus pour m'inviter à un dîner en mon honneur, qui devait avoir lieu le lendemain. J'y suis allée, naturellement, et là, vingt-quatre heures après avoir foulé le sol italien, je serrais la main de mon futur mari : Giovanni Battista Meneghini. Permettez-moi ici de raconter en détail la rencontre avec l'homme de ma vie : un chapitre que toutes les femmes, du reste, se rappellent avec un extraordinaire plaisir. A cette époque, mon mari vivait en cohabitation avec le pauvre Pomari, parce que son appartement avait été réquisitionné pendant la guerre ; comme c'était un passionné de lyrique, il participait volontiers aux grandes discussions qui précédaient chaque ouverture de saison véronaise. La veille de mon arrivée, il avait demandé en plaisantant : « Et à moi, quelle mission allez-vous attribuer à l'occasion de *La Gioconda* ? Laissez-moi, cette fois-ci, m'occuper des ballerines. – Certainement pas, lui avaient répondu les organisateurs, tu t'occuperas des primadonna, demain arrive l'Américaine, et nous avons justement pensé à te la confier. »

Battista en ces jours-là était très fatigué : la grande usine de briques qu'il dirigeait, et dont il était copropriétaire, occupait entièrement ses journées. Lorsqu'il quitta le bureau ce soir-là et que vint le moment d'aller au dîner, il décida qu'il valait mieux tout compte fait se reposer : le lendemain matin il devait partir très tôt, comme d'habitude. En montant les escaliers (son appartement se situait juste au-dessus du restaurant « Pedavena » où nous mangions), il croisa un serveur – Gigiotti, je me souviens même du nom – qui lui dit en véronais : « Venez, monsieur, sinon Monsieur Pomari va se fâcher. » « Titta » (c'est comme ça que je l'appelle) faisait semblant de ne pas entendre, mais, comme le serveur insistait, après quelques secondes d'hésitation – décisives pour ma vie –, il se tourna et redescendit rapidement les escaliers. Je me souviens que, lorsque l'on me l'a présenté, il était habillé en blanc, et je me disais : « Voilà une personne honnête et sincère, il me plaît. » Puis je l'oubliai, aussi parce qu'on ne m'avait pas assise près de lui à table, et n'ayant pas mes lunettes (comme vous le savez, je suis très myope) je ne le distinguais que confusément. Mais à un certain moment, Madame Luisa Bagarozy, qui était près de moi, me transmit une invitation de Meneghini. Battista voulait nous accompagner, elle, moi et Rossi-Lemeni, à Venise. Sur le coup j'acceptai ; mais le lendemain je changeai d'avis : ma malle n'était pas encore arrivée et le seul vêtement que j'avais, c'était celui que je portais. Rossi-Lemeni, cependant, en fit tellement qu'il réussit à me convaincre. Pour conclure, j'allai avec Battista à Venise, et durant ce voyage naquit soudain notre amour.

Je dois dire qu'à ce moment-là, Titta ne m'avait pas encore entendue chanter, ce qui arriva une vingtaine de jours plus tard, quand le maestro Serafin arriva de Rome pour me diriger dans *La Gioconda* – et j'en étais immensément fière. L'audition eut lieu au théâtre Adelaide-Ristori et se passa pour le mieux. J'étais très heureuse, Serafin était enthousiaste, et Battista encore plus que lui.

Mais, comme d'habitude, pendant la générale aux Arènes, je dus payer le prix fort de mon succès. Au deuxième acte, pour ne pas tomber dans la fausse mer qui entourait la scène, j'empruntai le passage par où autrefois les fauves entraient dans les arènes. Il y avait, par chance, une passerelle en bois, sinon je me serais cassé la tête sur les pierres. Je me foulai la cheville et, au lieu de me laisser poser un bandage immédiatement, je voulus continuer la répétition. (Souvent j'ai eu de ces accès de conscience professionnelle, et toujours à mes dépens.) Au terme du troisième acte, la cheville était si gonflée que je ne pouvais même pas poser le pied par terre. On appela un médecin ; mais il était déjà trop tard, et je ne pus pas fermer l'œil de la nuit à cause de la douleur. Je me souviens de la reconnaissance et de la tendresse que j'éprouvai ce soir-là envers Titta qui resta jusqu'à l'aube près de mon lit, assis sur une chaise, prêt à m'aider et me réconforter.

Ce simple petit épisode révélait l'âme de mon mari, pour laquelle je suis disposée à donner ma vie, immédiatement et avec joie : je compris alors que jamais je ne rencontrerais un homme plus généreux que lui, et que Dieu avait été très bon avec moi de l'avoir mis sur mon chemin. Si Battista l'avait voulu, j'aurais abandonné sans regrets ma carrière, car dans la vie d'une femme (j'entends une vraie femme), l'amour est plus important, sans aucune comparaison, qu'un quelconque triomphe artistique. Et je souhaite sincèrement, à ceux qui en sont privés, un quart, ou même un dixième, de mon bonheur conjugal.

Après la première de La Gioconda *à Vérone, entourée de Lord Harewood et d'un admirateur.*

Revenons à *La Gioconda*. Je débute donc aux Arènes avec une jambe bandée, me traînant avec peine sur cette énorme scène. Mais j'étais déjà rétablie lorsque, au Castelvecchio, je participai à une réception donnée en l'honneur de tous les chanteurs de la saison véronaise. En cette occasion je vis pour la première fois ma chère collègue Renata Tebaldi, que j'ai toujours admirée et admire encore énormément. Renata – je l'appelais ainsi du temps de notre amitié, et je ne sais pour quelle raison je devrais changer maintenant – avait chanté dans *Faust* et, sans doute par un manquement involontaire de nos hôtes, elle ne me fut pas présentée au cours de cette occasion. Mais je n'ai pas oublié la délicieuse impression que m'a faite cette belle jeune femme au visage harmonieux, gaie et cordiale.

A propos de Renata, j'y reviendrai plusieurs fois au cours des prochains paragraphes.

Après les représentations de *La Gioconda* à Vérone, je m'illusionnais en pensant que j'allais obtenir beaucoup d'engagements. En fait, je reçus une seule proposition de la part de l'agent théâtral Liduino Bonardi, pour chanter *La Gioconda* à Vigevano. Je refusai ; mais peu de temps après je l'ai regretté amèrement et finalement, faute de mieux, je me suis décidée à accepter cette proposition, mais il était déjà trop tard : on avait trouvé une autre solution. Entre-temps, la Scala m'avait convoquée pour une audition, et le maestro Labroca, alors directeur artistique du théâtre, me fit chanter des morceaux de *Norma* et *Ballo in Maschera*. Tremblante, j'attendais son jugement et je m'entendis dire que ma voix avait trop de défauts. « Essayez de les corriger, ajouta Labroca, et dans un mois je vous ferai appeler. Mais rentrez chez vous tranquillement, je vous assure que vous aurez le rôle d'Amelia dans le *Ballo in Maschera*. »

J'attendis un mois, deux mois inutilement (combien de larmes sur l'épaule de Titta) ; puis, le Bon Dieu voulut encore m'aider. Un jour, le maestro Serafin décida de mettre en scène *Tristano e Isotta* à la Fenice de Venise, et pour le rôle d'Isolde, il pensa à la jeune chanteuse américaine qu'il avait dirigée dans *La Gioconda* de Vérone. Il chargea le directeur de la Fenice, maestro Nino Cattozzo, de retrouver ma trace, alors Cattozzo téléphona à Vérone à une amie de mon mari (je préfère taire son nom) pour qu'elle lui communique mon adresse le soir même et lui dise si je connaissais le rôle et si j'étais prête à l'accepter. Evidemment je n'ai jamais été informée de tout cela. Mais le soir venu, guidé par un certain pressentiment, Battista me conseilla de retourner voir Liduino Bonardi le lendemain pour savoir s'il y aurait une quelconque possibilité de contrat pour moi. Et qui je trouve, à peine entrée dans l'agence ? Le maestro Cattozzo, lequel n'avait pas eu de réponse et se rendait à Milan pour chercher une autre Isolde. Il me salua avec une heureuse surprise : « Quel plaisir de vous voir, me dit-il, vous avez donc changé d'avis ? – Quel avis ? – Mais vous n'avez pas été appelée pour *Tristano* à la Fenice ? » Je suis descendue des nuages et j'ai alors tout compris, avec grande tristesse.

Cattozzo me dit que même Serafin viendrait à Milan le jour suivant pour l'audition et me demanda si je connaissais *Tristano*. Par peur de perdre cet éventuel engagement, je répondis oui sans hésiter et, quand Serafin arriva à Milan, j'allai avec lui dans la belle maison de Madame Carmen Scalvini, que je voyais pour la première fois et qui, à l'époque, fut très gentille avec moi. L'audition se passa bien et le maestro voulut me féliciter ; mais je ne pus me retenir de lui confesser la vérité, c'est-à-dire que j'avais appris de *Tristano*, il y avait longtemps, seulement un peu du premier acte. Serafin ne se découragea pas ; il proposa de me faire venir à Rome pour un mois, étudier l'œuvre avec lui. C'est ce que je fis, et je signai un contrat avec la Fenice, contrat qui ne comprenait pas seulement *Tristano*, mais aussi *Turandot*. Le cachet, non sans efforts, avait augmenté : pensez, des 40 000 de Vérone à 50 000 par spectacle ! Personne n'a protesté !

Un soir, après une représentation de *Tristano*, alors que je me démaquillais dans ma loge, j'entendis s'ouvrir la porte et, dans l'entrebâillement, soudain je vis apparaître la grande figure de la Tebaldi, qui se trouvait à Venise pour chanter, sans doute une des premières fois, *Traviata* avec Serafin. Comme je l'ai déjà dit, nous nous connaissions seulement de vue, mais cette fois-ci nous nous sommes chaleureusement serré la main, et Renata m'adressa tellement de compliments spontanés que j'en suis restée enchantée. Je me rappelle qu'une de ses phrases m'intrigua particulièrement, avec des mots curieux que moi, étrangère et depuis peu en Italie, n'avais jamais entendus. « Mamma mia, me dit-elle, si j'avais dû tenir un rôle aussi fatigant, ils m'auraient ramassée à la petite cuillère ! » Je crois que rarement, entre deux femmes du même âge et de la même profession, il pouvait exister une telle sympathie, aussi fraîche et immédiate que celle qui naquit entre nous. Ma sympathie pour elle devint une véritable affection quelque temps après, à Rovigo, où elle chantait dans *Andrea Chenier* et moi dans *Aida*. A la fin de mon air « Cieli azzurri », j'entendis une voix crier d'une loge : « Brava, Maria ! » C'était la voix de Renata. De ce moment-là nous sommes devenues – je peux bien le dire – de très bonnes amies. On se retrouvait souvent ensemble, nous échangions des conseils sur les vêtements, sur les coiffures, et enfin sur nos répertoires. Par la suite, malheureusement, nos obligations de travail ne nous permirent plus de profiter pleinement de cette amitié ; on se croisait seulement entre deux voyages, mais je pense, j'en suis même sûre, avec toujours autant de plaisir réciproque. Elle admirait en moi la force dramatique et la résistance physique ; et moi, son chant si doux. A ce propos je tiens à préciser que, si tant de fois j'ai assisté avec attention à ses représentations, c'est uniquement pour me rendre compte exactement de la manière toute particulière avec laquelle chante Renata ; et je suis infiniment triste de me voir attribuer des accusations ridicules, par exemple que je chercherais en fait à « l'intimider ». Le public, Renata, et encore plus les personnes dont elle se fait entourer ne peuvent-ils comprendre – je n'ai pas honte de le dire – que je trouve toujours quelque chose à apprendre des voix de tous mes collègues, pas seulement des célèbres comme Tebaldi, mais aussi des plus humbles et des médiocres. Même la voix de la plus modeste des élèves peut être un enseignement. Et moi qui me torture d'heure en heure à la recherche exténuante d'une continuelle amélioration, je ne pourrai jamais renoncer à écouter les collègues chanter.

Avant d'ouvrir cette longue parenthèse sur Tebaldi, je parlais de mes représentations de *Tristano* et *Turandot* à la Fenice. Bien que ce ne soit pas à moi de le dire, j'obtins avec les deux opéras le plus vif succès. Puis je chantai *Forza del Destino* à Trieste (où la critique, qui a toujours été plutôt sévère avec moi, m'accusa de ne pas savoir me mouvoir sur scène), *Turandot* à Vérone, à Rome, aux Thermes de Caracalla, et enfin, de nouveau, *Tristano* à Gênes, en mai 1948. Souvent lorsque je repense à ce *Tristano* génois, j'en ris aux larmes. Puisque le théâtre Carlo Felice, gravement impacté par les bombardements, n'avait pas été restauré, le spectacle eut lieu au théâtre du Grattacielo, c'est-à-dire dans un cinéma avec une toute petite scène. Pensez que dans la troupe il y avait moi, avec mes soixante-quinze kilos abondants (quinze de plus qu'aujourd'hui), Elena Nicolaï, très grande et robuste, Nicola Rossi-Lemeni, grand et robuste lui aussi, Max Lorenz, de la même taille, et le baryton Raimondo Torres, de taille non moindre.

Pensez, tous ces colosses se déplaçaient dans un théâtre minuscule, luttant avec une œuvre qui demande des gestes amples, solennels et absolument dramatiques. Je me souviens que, lorsque j'interprétais Isolde, j'ordonnais à Brangäne (interprétée par Nicolaï) de courir à la proue du navire avertir Tristan que je désirais lui parler, sans jamais réussir à garder un visage sérieux. En effet, n'ayant quasiment pas d'espace, Elena pouvait à peine s'écarter, au maximum de deux ou trois mètres et, pour occuper le temps du déroulement de l'action, elle continuait à faire des pirouettes sur elle-même, suscitant notre hilarité. Dans tous les cas, c'était un spectacle merveilleux que les Génois n'oublieront pas de sitôt.

Quelques mois plus tard, pendant qu'avec Serafin je préparais à Rome *Norma*, avec laquelle je devais ouvrir la saison du Teatro Comunale de Florence, je commençai à ressentir les premiers symptômes de l'appendicite. Je décidai de ne pas prêter attention à cette gêne; mais en décembre, pendant la première de *Norma* à la Fenice, je me rendis compte que les crampes à la jambe droite se faisaient de plus en plus insistantes, à tel point qu'il me faisait terriblement mal de m'agenouiller. Je dus me faire opérer, renonçant à l'*Aida* de Florence, et j'eus 41 de fièvre pendant trois ou quatre jours après l'intervention.

Battista eut peur pour ma vie. Je me suis remise assez vite; mais j'étais encore convalescente lorsque je commençai, avec le même acharnement, à préparer *La Walkiria*[1] pour la Fenice de Venise. J'aimerais éclaircir ici une pensée précise : il ne faut pas confondre devoir et ambition. Moi qui ai eu une longue carrière scénique, j'ai appris à la perfection cette loi inexorable : le spectacle continue, même si les protagonistes meurent; c'est pour cela que je suis aussi tenace dans mon travail, seulement parce qu'il s'agit de mon devoir, et non par ambition.

En cette période d'intense activité, ma plus grande désolation était d'être contrainte à m'éloigner trop souvent de Titta. Souvent, je haïssais ma carrière, parce que avec ses exigences elle m'obligeait à être séparée de lui, et je rêvais alors d'y mettre un terme.

C'est ainsi que nous arrivons en janvier 1949. J'étais occupée par les représentations de *La Walkiria* à Venise, et je vins à apprendre que Margherita Carosio, tombée malade avec la grippe, ne pourrait plus chanter dans *I Puritani* (toujours à la Fenice). Je me trouvais alors dans le hall de l'hôtel Regina avec la fille et la femme de Serafin, et à l'annonce de cette nouvelle je m'approchai, presque machinalement, du piano, et me mis à feuilleter la partition, en lisant à première vue et improvisant certains airs. Madame Serafin se redressa dans son fauteuil. « Dès que Tullio arrivera, me dit-elle, tu chanteras cela pour lui. » Croyant à une blague, je répondis oui tranquillement. Mais le lendemain à 10 heures – je dormais profondément – je fus réveillée

---

1. A l'époque, Wagner était chanté en italien.

par le téléphone de maestro Serafin, lequel m'ordonna de me précipiter en bas, sans même me laver le visage pour ne pas perdre de temps.

J'enfilai ma robe de chambre et je descendis encore somnolente, sans réussir à comprendre ce qu'on voulait de moi. Dans la salle de musique se trouvaient, outre Serafin, maestro Cattozzo et un maestro suppléant ; lesquels m'ordonnèrent, quasi en chœur, de chanter l'air des *Puritani*, que j'avais improvisé la veille. Je les regardai, abasourdie : je vous jure qu'à ce moment-là je les suspectais vraiment d'être tous devenus fous ; mais finalement je m'exécutai, je chantai et je restai même à les écouter sans battre un cil pendant qu'ils me proposaient de préparer *I Puritani* pour remplacer Margherita Carosio. Ils me donnaient six jours. Je ne connaissais pas du tout cet opéra ; et j'avais en plus les autres représentations à venir de *La Walkiria*. Cela me paraît encore invraisemblable, et pourtant, j'ai réussi. Ce même jour, un mercredi, j'étudiai quelques heures *I Puritani* et, le soir, je chantai *La Walkiria* ; le jeudi, encore quelques heures d'étude ; et aussi le vendredi, plus une représentation de *La Walkiria* le soir. Le samedi après-midi, avec une nervosité que j'espère compréhensible, je soutins la première répétition avec orchestre des *Puritani* ; le jour suivant, la dernière en matinée de *La Walkiria*, et la générale des *Puritani*[1].

I Puritani fut présenté au public comme prévu le mardi, avec un grand succès. Puis je chantai à Palerme *La Walkiria*, à Naples *Turandot*, à Rome *Parsifal* (je l'appris en cinq jours), et entre deux représentations je donnai à Turin mon premier concert radiophonique avec le programme suivant : la mort d'Isolde [*Tristano e Isotta*], « Cieli azzurri » [*Aida*], « Casta diva » [*Norma*], et un air des *Puritani*[2].

---

1. Passer de Wagner à Bellini est un véritable exploit que très peu de chanteuses sont en mesure d'accomplir. En effet, ce sont deux registres vocaux complètement différents, voire diamétralement opposés, et il était rarissime qu'une même chanteuse puisse chanter les deux dans une carrière entière. Et alterner les deux rôles, qui plus est la même semaine, était quasiment du jamais vu et réclamait des aptitudes vocales et interprétatives hors du commun.

2. « Qui la voce », un de ses airs préférés, qu'elle a d'ailleurs choisi de graver sur 78-tours l'année suivante, son tout premier enregistrement en studio (Turin, novembre 1949). Sur le même vinyle figuraient l'air de la mort d'Isolde, et « Casta diva ». Il n'y eut, pour cet enregistrement réalisé avec très peu de moyens, que deux prises par titre. Il reste un témoignage unique de la voix de Maria Callas à cette époque.

I Puritani, *à Florence, avec Tullio Serafin.*

Je vous raconte cela avec une minutie sans doute excessive car les gens, ou plutôt mes ennemis, m'ont souvent accusée de vouloir chanter tout. Comme vous avez pu l'observer, moi je n'ai jamais voulu quoi que ce soit : c'étaient le destin et l'insistance de mes amis, et non ma prétendue ambition démesurée, qui m'ont ouvert la voie à un répertoire aussi insolite et aussi riche.

J'ai dit que je n'étais pas sereine, malgré les succès grandissants. Je désirais en effet la chaleur d'une maison à moi et la tranquillité qui découle, pour chaque femme, d'un mariage réussi. J'aurais épousé Battista le jour où je l'ai rencontré, mais entre mon mari et moi il y a une importante différence d'âge, et Titta, en homme honnête qu'il est, ne voulait pas me pousser à franchir un pas que j'aurais pu ensuite regretter. Il voulait que je sois sûre, que je réfléchisse avec calme ; mais moi, au début de 1949, j'avais assez réfléchi. Je devais partir au printemps pour une tournée à Buenos Aires, et je préférais que sur mon passeport soit écrit Maria Meneghini au lieu de Maria Callas.

Nous avons ainsi décidé de nous marier, et nous avons commencé les démarches pour obtenir les documents indispensables. Appartenant à la religion orthodoxe, je devais obtenir une autorisation du Vatican ; mais un homme d'Eglise de Vérone, le professeur Mortari, assura à Battista qu'une fois que nous aurions tous les papiers, nous n'aurions aucun mal à résoudre ce problème, le Vatican ne faisant pas de difficultés de la sorte. Au mois d'avril, mes papiers étaient arrivés de New York et d'Athènes, et ceux de Titta étaient prêts également. Mon départ était fixé au 21 avril, et nous n'avions plus le temps d'organiser une cérémonie nuptiale avec beaucoup de fleurs, l'*Ave Maria* et une réception, comme je l'aurais aimé.

Pour cette raison nous nous sommes décidés à repousser le mariage au 15 août, le jour de ma fête, lorsque je serais rentrée d'Argentine. Néanmoins, mon mari, avec la prudence des hommes d'affaires, voulait avoir en main tous les papiers, qui entre-temps avaient été portés à l'archevêque pour l'apposition du tampon de validation du mariage, déjà obtenue.

Le matin du 21 avril, quelques heures avant de quitter Vérone, Battista envoie sa secrétaire retirer les papiers ; mais à midi celle-ci, habituellement efficace et débrouillarde, n'était pas encore revenue. Quand elle est finalement arrivée, son visage sombre nous a fait comprendre que des obstacles imprévisibles étaient apparus. L'archevêque, raconta-t-elle, lui avait assuré que les documents n'étaient pas prêts, ajoutant – lui semblait-il – qu'il devait y avoir derrière ce problème certaines oppositions de la famille. En réalité, nous avons appris par la suite que deux individus s'étaient donné la peine de se présenter à l'archevêque et de lui suggérer qu'il aurait été très opportun de la part des autorités religieuses d'opposer à mon mariage des obstacles insurmontables. Ni mon mari ni moi ne désirons révéler les noms des deux individus car ce sont des choses qui ne regardent que nos familles et leurs intérêts économiques. Quoi qu'il en soit, Battista ne perdit pas de temps. Il me dit (j'ai appris la nouvelle avec énorme surprise et joie infinie) de me tenir prête car à 15 heures nous allions nous marier à Zevio, près de Vérone, à la mairie. Puis il se précipita à Vescovado, où il supplia, d'un ton affligé et ferme, Monseigneur Zancanella de lui restituer tout le dossier car, vu que nous ne réussirions pas à nous marier à l'église, nous nous unirions en mariage selon le rite civil seulement.

Ses paroles furent évidemment très efficaces et tout aussi efficace a dû être l'intervention plus tôt cet après-midi-là d'un ami de Titta, l'ingénieur Mario Orlandi. Tout avait déjà été préparé à l'église Filippini de Vérone pour notre noce religieuse à 17 heures. Puisque je suis, comme je l'ai dit, de religion orthodoxe, le rite fut célébré dans une chapelle adjacente. Nous étions six en tout : le prêtre, qui prononça des paroles si émouvantes que j'en ai pleuré, le sacristain, les deux témoins, Titta et moi. Nous avons échangé nos alliances et nous sommes juré un amour éternel. J'étais habillée en bleu, sur la tête une dentelle noire. Je n'avais pas eu le temps de m'acheter un vêtement neuf. La cérémonie se conclut en peu de temps. Encore une fois, j'avais été privée des joies les plus chères au cœur et à la fantaisie féminine : les préparatifs nuptiaux, les cadeaux, les fleurs.

Le jour du mariage, après la cérémonie à Zevio.

Aucun préparatif, aucun cadeau, aucune fleur. Seulement un grand amour et une simplicité exaltante. Immédiatement après, je suis rentrée à l'hôtel pour remplir la malle qui me suivrait à Buenos Aires. Dans la nuit, Titta m'a accompagnée à Gênes et, le jour suivant, j'ai embarqué, infiniment triste et seule, sur le paquebot *Argentina*, en partance pour Buenos Aires.

Durant ce voyage solitaire et mélancolique, je suis tombée malade de la grippe au passage de l'équateur et il m'a fallu cinq semaines pour me rétablir. De fait, les représentations de *Turandot* et de *Norma* au Colón de Buenos Aires sont liées dans mon souvenir à l'exténuante fatigue qui me coûtait de me lever du lit, malgré la fièvre, et d'arriver, à force de volonté, à terminer le spectacle. La tournée en Amérique du Sud dura jusqu'au milieu de juillet et fut pour moi une longue torture car l'enthousiasme du public ne pouvait racheter la distance avec Titta, l'homme que j'avais épousé un après-midi trois mois auparavant et que j'avais dû abandonner le jour suivant le mariage.

Je retournai finalement en Italie auprès de mon mari, qui avait entre-temps aménagé un accueillant appartement au-dessus des bureaux de son entreprise, via San Fermo 21, juste derrière les Arènes. Mais la joie de la vie en couple fut ternie dès les premiers jours par beaucoup de problèmes familiaux, problèmes qui se sont fatalement mêlés à des raisons d'ordre financier et ont laissé malheureusement d'irréparables séquelles. Quoi qu'il en soit, je ne veux pas m'attarder sur cette affaire, trop délicate et personnelle. En décembre de la même année, 1949, j'inaugurai pour la première fois la saison lyrique du San Carlo de Naples avec *Nabucco*; puis on m'appela pour *Tristano* à l'Opéra de Rome et simultanément j'acceptai de chanter *Aida* à Brescia. Je me souviens que le maestro Serafin ne voulait pas que je me soumette à ce tour de force, d'autant que mon *Aida* serait suivie quinze jours plus tard par l'*Aida* de Renata à la Scala. Une telle coïncidence me laissait pourtant complètement indifférente et il ne me semblait pas opportun de renoncer, pour une raison aussi futile, à mon contrat avec Brescia. Je commençai donc à faire la navette – en train – entre Brescia et la capitale. En échange de cet énorme surmenage, je demandai à l'agence artistique milanaise une seule faveur : me procurer les costumes et perruques que j'avais déjà portés plusieurs fois pour les représentations d'*Aida*, et qu'elle avait l'habitude de louer chez un tailleur de Florence. J'obtins bien sûr les plus grandes promesses mais, le moment venu de la générale, les costumes n'étaient toujours pas arrivés. En revanche, Madame Scalvini, que je n'avais pas vue depuis longtemps, était là. Elle voulait connaître la raison de mon inquiétude évidente et me garantit – elle en prendrait, dit-elle, la responsabilité personnellement – de me faire parvenir les costumes. Mais deux soirs plus tard, lorsque j'arrivai au théâtre pour la première de l'opéra, je trouvai une pièce de soie couleur rouge brique, longue comme mon corps, avec un trou au milieu pour la tête et deux coutures sur les côtés. Tout cela est vrai, et je vous prie de croire que je n'exagère pas. Ne parlons même pas de la perruque, adaptée, au mieux, à un enfant. Furieuse – n'avais-je pas raison de l'être ? – je commençai à hurler et je criai à Madame Scalvini, apparue justement dans ma loge à cet instant : « Quels costumes vous ont-ils donnés ? Ils vous ont fait tourner en bourrique ! »

Cet incident malheureux n'a pas réussi à compromettre les représentations car comme toujours le désespoir me donna une excellente idée. Au dernier moment – le spectacle avait déjà une demi-heure de retard – je me suis souvenue que la chanteuse qui s'était vu attribuer le rôle d'Amneris (il me semble que c'était la Pirazzini) avait ses costumes à elle en plus de ceux du théâtre. Je voulus essayer ceux-ci et par chance ils m'allaient assez bien. Par chance aussi, je suis brune et pas blonde. Ainsi je pouvais interpréter ce soir-là *Aida* sans la perruque traditionnelle, rassemblant mes cheveux en un épais chignon. Mais les surprises n'étaient pas finies. Juste après la célèbre romance « Cieli azzurri », au moment où le public s'apprêtait à applaudir, une voix s'écria du poulailler, en dialecte brescien : « Silence, l'aria n'est pas terminée. » Il y eut, à l'orchestre, plusieurs secondes de perplexité, temps suffisant, vous l'aurez compris, pour me priver des applaudissements avant que le rideau ne se ferme. Mais chaque fois que je suis victime d'une injustice – maintenant je le sais d'expérience –, je finis par être récompensée à la fin par un vrai, chaleureux triomphe : et il en fut ainsi en cette occasion aussi. Néanmoins je retournai à Rome pleine de regrets de ne pas avoir, dans mon entêtement, suivi les conseils de Serafin.

Après *Tristano*, je chantai à Rome *Norma* et de nouveau *Aida* à Naples ; puis je m'embarquai pour une tournée au Mexique avec ma très chère collègue Giulietta Simionato, et ce fut un voyage plein de péripéties qui faillit coûter la vie à Giulietta. L'épisode eut une fin heureuse dont je peux aujourd'hui sourire, mais pendant longtemps il fut un cauchemar récurrent de mes nuits. Nous venions d'arriver à New York, moi et la Simionato, dans une chaleur infernale, épuisées par la traversée mouvementée. L'avion pour la ville de Mexico devait partir le soir, tard ; alors j'invitai mon amie à venir avec moi chez mes parents.

Personne ne m'avait avertie que ma mère était à l'hôpital (elle venait de subir une petite intervention à l'œil) et avec surprise je trouvai la maison vide à mon arrivée. Je n'eus pas le temps de réfléchir : Giulietta mourait de soif, alors je déposai à la hâte nos valises dans l'entrée et courus à la cuisine ouvrir le réfrigérateur. J'y trouvai une bouteille de « Seven up », une espèce de limonade américaine, et la donnai à Giulietta. Mais à peine avait-elle avalé d'un seul coup la moitié du liquide qu'elle se mit à vomir. Elle avait, me dit-elle après, un goût étrange : il devait s'agir – selon elle – de pétrole. Affolée et terrorisée, je me jetai sur le téléphone et j'appelai mon père à la pharmacie. Il me conseilla de faire boire du lait à Giulietta et de courir immédiatement à l'hôpital, dès que la Simionato se serait calmée, pour demander à ma mère quelle infâme mixture elle avait mise dans la bouteille. Je ne pourrai jamais oublier avec quelle déconcertante candeur ma mère répondit tranquillement : « Ce n'est pas du pétrole, c'est un insecticide. »

Les heures qui ont suivi ont été parmi les plus angoissantes de ma vie. La Simionato se sentait toujours mal, et moi j'avais complètement perdu la tête. Finalement je réussis à retrouver la trace de mon parrain qui, comme j'ai déjà eu l'occasion de le dire, dirige l'institut orthopédique de New York, et je lui racontai tout en lui demandant avec affolement des conseils. Mais, au lieu de me tranquilliser, ses paroles ne firent qu'amplifier ma terreur. Il m'apprit en fait que, si un malheur arrivait, je serais accusée d'avoir empoisonné ma collègue italienne, car au moment de l'incident il n'y avait personne d'autre chez moi qui pourrait témoigner du déroulement exact des choses. C'est seulement récemment, d'ailleurs, il y a quelques soirs, alors que nous étions assises ensemble à une table du Biffi-Scala[1], que je révélai à Giulietta la véritable nature de ce «désaltérant». Auparavant je n'en avais jamais eu le courage.

La saison de Mexico se déroula avec beaucoup de difficultés, à cause notamment du climat terrible. Je ne vous la raconte pas car, si je m'attarde sur chaque épisode de ma vie, je remplirais deux ou trois volumes !

Ici je dois ouvrir une parenthèse. A cette période, je n'étais jamais en bonne santé : j'avais sans arrêt la grippe, des nausées et des douleurs osseuses. Mais, comme toujours, j'avais continué à chanter. A mon retour du Mexique, je m'étais octroyé trois semaines de repos, et tout de suite après, j'avais accepté la proposition du maestro Cuccia de participer à un opera buffa de Rossini, *Il Turco in Italia*, proposition qui m'attirait particulièrement (j'ai bien le droit de m'amuser moi aussi quelquefois) parce qu'elle me permettait de sortir de mon registre, devenu habituel, des grandes tragédies musicales, et de respirer l'air frais d'une très comique aventure napolitaine.

Alors que je répétais à Rome, sous la direction du maestro Gavazzeni, cet opéra difficile, j'eus l'occasion de mieux connaître Luchino Visconti qui m'avait déjà auparavant fait bien des compliments ; mais nous n'avions jamais eu le temps de nous parler davantage. Je me souviens de mon étonnement à voir un homme de sa qualité assister attentivement à presque toutes les répétitions qui duraient au minimum trois ou quatre heures, deux fois par jour. Dès lors, Luchino Visconti m'est devenu proche, une admiration sans bornes et une amitié précieuse nous liaient. Et précisément de cette estime réciproque est née, ces dernières années, notre étroite collaboration.

Je disais que je n'étais jamais en bonne santé. Mon mari ne savait pas à quoi attribuer cet état qui était le mien, mais il l'a découvert par la suite, lorsqu'il a fait traduire, sans que je le sache, une lettre de ma mère, qui m'avait troublée au point que j'avais dû me mettre au lit. Il l'a lue et y a trouvé plein de reproches, d'accusations injustes

---

1. Célèbre restaurant à deux pas de la Scala, où les artistes avaient l'habitude de se retrouver après les représentations.

et d'injures blessantes. Il n'a pas su se dominer et a répondu de lui-même à ma mère, lui écrivant, entre autres choses, que pour m'épouser il avait dû s'opposer à sa propre famille, que mon bonheur était le but de sa vie et que de fait il n'admettait pas que justement elle, ma maman, fasse tout pour me blesser. A suivi un autre douloureux échange de lettres et nous en sommes arrivées, malheureusement, à la rupture de tout rapport.

Je demande pardon aux lecteurs pour cette longue digression qui m'a coûté énormément, et je reprends mon autobiographie. Nous sommes à la fin de 1950. Parmi mes obligations professionnelles j'avais *Parsifal* à la RAI de Rome, *Don Carlo* à Naples et à Rome, et puis le 15 janvier 1951 ma première *Traviata* à Rome. Je chantais *Parsifal* et en même temps préparais *Don Carlo* sous la direction du maestro Serafin. Mais pendant les répétitions de *Don Carlo* mon état de santé a empiré à tel point que je n'arrivais plus à avaler ne serait-ce qu'une goutte d'eau. Alors Battista ne voulut pas entendre raison et m'a contrainte à retourner à Vérone, où à peine arrivée je me suis mise au lit avec la jaunisse. Pendant quarante jours je fus immobilisée par cette ennuyeuse maladie et j'eus tout le temps pour réfléchir à mes problèmes familiaux et en conclure que je devais me préoccuper, avant toute autre chose, de ma santé et de la sérénité de mon mari.

Pour les représentations de Naples et de Rome je me suis fait remplacer ; mais je ne voulais pas renoncer aussi à la *Traviata*. C'est pourquoi, au lendemain de l'Epiphanie, tenant à peine debout (pendant près d'un mois je m'étais nourrie seulement de lait), j'ai rejoint Florence et commencé à étudier. Comme Dieu l'a voulu, arriva la générale et à cette occasion j'eus un désaccord avec le maestro Serafin qui me réprimanda, car j'arrivais au théâtre avec une apparence trop modeste, vêtue trop simplement ; en somme, selon lui, je n'avais pas l'air d'une « primadonna ». J'ai répondu que je n'aimais pas me comporter comme une « diva » et que je préférais être aimée de mes collègues (vaine illusion) pour ma simplicité, et pour la même raison des choristes, des musiciens de l'orchestre, et de tous ceux qui vivent autour de la scène (ça, ce n'est pas une illusion). Ce fut malgré tout un désaccord sans conséquence, et *Traviata* s'est passée à merveille. Immédiatement après j'inaugurais avec *Norma* la saison de Palerme et c'est là que j'ai reçu un coup de téléphone du directeur de la Scala, Antonio Ghiringhelli.

Il me priait de venir le rencontrer – et une fois rentrée à Milan c'est ce que je fis ; mais il n'avait qu'une seule proposition : « reprendre » l'*Aida* de la Tebaldi, car Renata était indisponible. Au mois d'avril précédent, à l'occasion de la Fête de Milan, on m'avait proposé de chanter *Aida* à la Scala, et j'avais, suite à beaucoup d'insistance de la direction, décidé d'accepter. Mais après ces représentations, comme cela m'était déjà arrivé auparavant, je n'avais plus aucune nouvelle, et aucune autre occasion de franchir le seuil du plus grand théâtre lyrique du monde ne s'était présentée. C'est pour cela que je répondis clairement et directement à Ghiringhelli que je considérais être une chanteuse digne d'avoir ses propres opéras à l'affiche, et pas juste utilisée pour « reprendre » ceux des autres.

Puis je suis allée à Florence pour *I Vespri siciliani*. Entre-temps, Toscanini ne réussissant pas à trouver une Macbeth qui lui plaise, avait évoqué mon nom pour une audition. Mais lorsque sa fille Wally a demandé mon adresse à une agence artistique milanaise, elle n'a pas pu l'obtenir. On lui dit en effet que j'étais une femme au caractère très difficile, hystérique ou presque, et qu'ils n'auraient jamais accepté de me faire auditionner par Toscanini. Heureusement, Wally ne s'est pas arrêtée à cela et m'a retrouvée d'une autre manière. Toscanini – j'évoque cet épisode avec infinie émotion, d'autant plus qu'aujourd'hui le Maestro a disparu –, après m'avoir auditionnée m'a offert le rôle de [Lady] Macbeth, que nous aurions dû faire à Busseto. Mais à la même période, comme les lecteurs s'en souviendront, il y eut les premières inquiétudes sur la santé du Maestro, qui fut contraint de s'octroyer un peu de repos. Et je perdis la merveilleuse occasion (pour finir, l'unique malheureusement) et très convoitée, extraordinaire privilège de pouvoir être dirigée par lui.

Alors que je chantais *I Vespri siciliani* à Florence, je reçus finalement une visite décisive pour ma carrière : celle de Ghiringhelli, qui cette fois-ci était venu m'offrir d'inaugurer avec les *Vespri* la saison lyrique 1951-1952 de la Scala. Mon contrat prévoyait en outre *Norma*, *Il Ratto del Serraglio*[1], et quelques représentations de *Traviata* qui n'ont finalement pas eu lieu pour des raisons que je ne connais pas ou ne

---

1. *L'Enlèvement au sérail*.

veux pas relater, car aujourd'hui ça n'en vaut pas la peine. J'acceptai avec joie, nul besoin de le dire et, dans l'attente de cet objectif espéré depuis longtemps, je pris part, bien qu'à contrecœur, à une tournée à San Paolo et à Rio de Janeiro. A San Paolo je devais inaugurer la saison avec *Aida*, et successivement chanter *Traviata*. Puis je devais aller à Rio, pour *Norma*, *Tosca*, *La Gioconda*, et *Traviata*. Toutefois, quelques jours avant mon départ, je reçus de San Paolo une nouvelle m'informant que j'allais certes inaugurer la saison avec l'*Aida*, mais que la première de *Traviata* avait été attribuée à la Tebaldi, alors qu'à moi avait été attribuée la seconde [représentation]. Je vous assure – et je vous prie de me croire – que je ne me faisais pas de mauvais sang pour cela, et je consentais même volontiers à « reprendre » pour deux représentations la *Traviata* de ma collègue.

Je suis arrivée à San Paolo, les jambes gonflées comme d'habitude (je vous raconterai plus tard les raisons de ces gonflements persistants) et tout sauf en bonne santé. C'est pourquoi après la générale de l'*Aida*, qui s'était pourtant passée à merveille, je fus obligée de renoncer à la première, avec grande désolation, et j'ai eu compensation seulement par le succès que j'ai obtenu dans *Norma* à Rio de Janeiro. Justement à Rio de Janeiro ont eu lieu les premières frictions entre Renata et moi. Nous ne nous étions pas vues depuis très longtemps et étions heureuses de nous retrouver (moi, du moins, je l'étais sincèrement). Je me souviens que nous étions toujours ensemble, dans les restaurants festifs de Rio : elle, moi, sa mère, Battista, Elena Nicolaï et son mari. Puis un beau jour, Monsieur Barretto Pinto, le directeur de l'Opéra (un homme plutôt original, mais assez puissant dans les domaines financier et politique, marié à une des femmes les plus riches du Brésil), invita les chanteurs à participer à un concert caritatif. Nous ignorions – et je l'ignore encore – en faveur de qui ou de quoi fut organisé ce concert ; mais quoi qu'il en soit j'ai accepté, et Renata a proposé – nous étions tous d'accord avec elle – de ne pas donner un seul bis. Mais lorsque vint son tour, une fois terminé sous un tonnerre d'applaudissements l'« Ave Maria » d'*Otello*, Renata attaqua, à notre stupeur, une romance d'*Andrea Chenier* et immédiatement après le « Vissi d'arte » de *Tosca*.

J'étais très mal en point (moi j'avais uniquement préparé mon morceau de bravoure habituel, le « Sempre libera » de *Traviata*), mais j'ai donné à ce geste de Renata le seul poids qu'on puisse donner au caprice d'une enfant. Seulement plus tard, durant le dîner qui suivit le concert, je me suis rendu compte que ma chère collègue et amie avait changé d'attitude envers moi. Elle n'arrivait pas à cacher, chaque fois qu'elle devait se tourner vers moi, une pointe d'amertume. Je me suis souvenue alors que peu de temps avant, un soir en entrant au théâtre, elle était passée devant moi sans un signe ou un bonjour, et que lors de ma *Norma*, me croisant dans le couloir à la fin du spectacle, elle m'avait dit d'un ton un peu rancunier «Brava, Callas», m'appelant pour la première fois «Callas», et pas «Maria». C'était un détail certainement, mais cela m'avait gênée. Puis – nous dînions à une table ronde et il y avait aussi avec nous la Nicolaï – Renata Tebaldi commença à parler de son prétendu échec à la Scala dans *Traviata*, me mettant en garde contre les difficultés que j'allais rencontrer, selon elle, à Milan. Je répondis plutôt brillamment et je me souviens que Titta me faisait souvent du coude pour que j'abrège la discussion. Mais tout se serait arrêté là, avec cet échange de points de vue, même un peu mouvementé, si n'était pas survenu l'incident de la *Tosca*.

Après le concert caritatif de Rio de Janeiro, Renata Tebaldi est partie pour San Paolo, où elle devait chanter *Andrea Chenier*. Moi je suis restée à Rio, en attendant la première de *Tosca*. Les discussions qui avaient eu lieu entre ma collègue et moi à propos de la Scala n'avaient pas laissé de séquelles : nos rapports étaient restés cordiaux, même si, sans doute, un peu moins affectueux. Mais durant mes représentations de *Tosca* survint un incident regrettable. J'avais à peine terminé la romance du second acte que j'entendis clairement au milieu des applaudissements crier le nom d'une autre chanteuse, Elisabetta Barbato, et je sentis une certaine opposition dans une partie du public. Je réussis à me contrôler, pour ne pas me laisser vaincre par le découragement et la panique, et à la fin du spectacle j'eus le réconfort d'une longue et chaleureuse ovation. Cependant, le lendemain, le directeur de cet Opéra, Monsieur Barretto Pinto, dont j'ai déjà eu l'occasion de parler, m'a convoquée dans son bureau et sans trop d'égards m'a annoncé que je ne pourrais plus chanter lors des soirées d'abonnés. En d'autres termes : j'étais «protestée», comme on dit dans le jargon théâtral.

D'abord prise par surprise, je ne pus prononcer un seul mot; et puis (je me rebelle toujours quand je me sens accusée injustement) j'ai réagi avec grande vivacité. J'ai crié que mon contrat prévoyait, en dehors de *Tosca* et de *La Gioconda* – ces opéras destinés aux seuls abonnés – deux représentations «hors abonnements» de *Traviata* et qu'il devrait me les payer, même s'il m'empêchait de les faire. Barretto Pinto se mit en colère. «Très bien, me dit-il (il n'avait pas d'autre issue), chantez donc la *Traviata*; mais je vous avertis dès à présent que personne ne viendra vous écouter.» Il fut un mauvais prophète car les réservations pour les deux dates furent complètes, tout comme les représentations elles-mêmes. Néanmoins il ne sut pas se résigner à sa défaite fracassante et tenta de me faire obstacle de diverses manières. Je me rappelle parfaitement, lorsque je suis allée le voir pour récupérer mon salaire, qu'il se tourna vers moi et prononça ces mots précis : «Avec le résultat que vous avez eu, je ne devrais même pas vous payer.» Alors là je ne voyais plus rien et je me précipitai à l'aveugle sur le premier objet à portée de main pour lui jeter à la tête. Si quelqu'un n'avait pas été assez rapide pour m'attraper le bras et me retenir, je ne sais pas ce qui serait arrivé.

J'ai raconté cet épisode désagréable de ma carrière car il est lié à d'autres événements amers. Comme je vous l'ai dit, pendant que je chantais *Tosca* à Rio de Janeiro, Renata chantait *Andrea Chenier* à San Paolo. Naturellement, puisque j'avais été «protestée» – et de quelle manière –, j'étais curieuse de connaître le nom de la soprano qui allait reprendre mon rôle dans *Tosca*. Et j'ai eu la douleur d'apprendre qu'il s'agissait justement de Renata, la chanteuse que j'avais toujours considérée comme une amie chère, plus qu'une collègue. Il se disait par ailleurs que la Tebaldi avait commandé une copie des costumes que j'avais portés dans *Tosca* chez le même tailleur qui les avait confectionnés pour moi; et pas seulement : on ajoutait qu'elle s'y était rendue elle-même pour les essayer avant de partir pour San Paolo, c'est-à-dire à un moment où personne n'aurait été en mesure de prévoir que j'allais être «protestée». Encore aujourd'hui, chaque fois que je repense à ces faits pourtant lointains, je me répète à moi-même que Renata n'a pas pu vouloir briser notre amitié de cette façon, et qu'il y a eu peut-être un quiproquo, malheureux et incompréhensible, à l'origine de tout cela. Et même si, selon elle et ceux qui l'entourent, les circonstances ne semblent pas défavorables, je cherche à me persuader que ce fut vraiment un simple malentendu entre nous, et je continue à espérer sincèrement qu'on aura un jour la possibilité de résoudre ce problème.

Après la parenthèse malheureuse de Rio, je suis retournée en Italie. J'étais déçue et blessée, et pourtant j'avais besoin de toute mon énergie et de tout mon enthousiasme : je devais inaugurer pour la première fois la saison lyrique de la Scala, et j'avais l'impression de n'avoir jamais eu de ma vie à passer un examen aussi difficile. Mais l'accueil du public milanais à mes *Vespri siciliani*, sous la direction du maestro de Sabata, suffit à me libérer de mes doutes. Lors des représentations suivantes j'étais déjà sûre de moi, fière d'avoir conquis le public le plus exigeant du monde.

Ensuite j'ai donné à Florence *Armida* de Rossini (j'ai dû l'apprendre en cinq jours), j'ai clôturé la saison à Rome avec *I Puritani* et je me suis embarquée pour le Mexique, où j'ai chanté, entre autres, *Lucia di Lammermoor*, un opéra très exigeant que je voulais « essayer » d'abord à l'étranger avant de l'insérer dans mon répertoire en Italie.

Au retour du Mexique, j'ai chanté *La Gioconda* et *Traviata* aux Arènes de Vérone, et puis, en septembre ou octobre, je me suis rendue à Londres pour quelques représentations de *Norma*. C'était ma première fois en Angleterre et je me souviens qu'au moment d'entrer en scène, j'avais l'impression que mon cœur s'était tout à coup arrêté de battre.

Il y avait eu à Londres une publicité incroyable, et j'étais terrorisée à l'idée que je pouvais donner un résultat inférieur à l'attente. C'est toujours comme ça, pour nous les artistes : nous bataillons pendant des années pour imposer notre nom, et quand, enfin, le succès finit par suivre chacun de nos pas, nous sommes condamnés à en rester toujours dignes, à nous surpasser nous-mêmes pour ne pas décevoir le public, qui attend de ses idoles des prodiges. Et nous, malheureusement, nous ne sommes que des êtres humains, avec les faiblesses de notre nature. Moi, par exemple, je suis considérée comme une actrice très sensible ; mais justement cette sensibilité complique de manière incroyable mon travail déjà éprouvant. Quand je chante, même si je parais tranquille, je suis tourmentée par la peur insoutenable de ne pas arriver à donner le meilleur de moi-même. Notre voix est un mystérieux instrument qui nous réserve souvent de tristes surprises. Alors il ne nous reste qu'à nous confier au Seigneur au début de chaque spectacle, et Lui dire avec humilité : « Nous sommes entre Tes mains. »

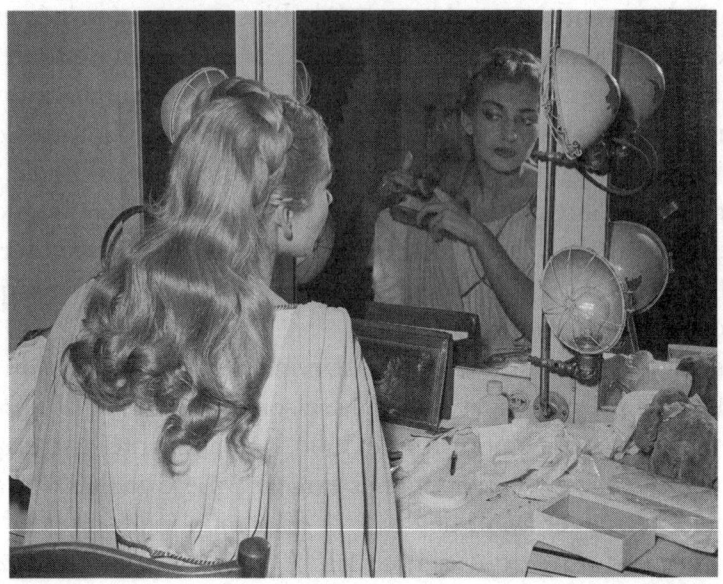

Chicago, 1954, dans sa loge avant la représentation de Norma : *devant elle son tableau fétiche,* La Sainte Famille.

Je ne suis pas superstitieuse, ou alors je le suis différemment des autres ; mais je ne sais pas me séparer d'une petite peinture à l'huile, attribuée à Cignaroli, représentant la Sainte Famille.

Ce petit tableau, qui me fut offert par mon mari à l'occasion de ma première *Gioconda* aux Arènes de Vérone, m'accompagne partout : malheur si je ne l'ai pas dans ma loge. Il s'agit peut-être de pures coïncidences ; mais à deux reprises j'ai oublié de l'emporter et les deux fois j'ai été obligée, non par ma faute, de renoncer aux représentations.

C'est pourquoi l'année dernière, quand je me suis aperçue que j'avais oublié la précieuse peinture (je me trouvais à Vienne pour *Lucia*), je me suis empressée de téléphoner à une de mes amies de Milan, et je l'ai suppliée de me rejoindre immédiatement en Autriche pour m'apporter la petite Madone.

Retournons à la première de *Norma* au Covent Garden de Londres. Malgré mes appréhensions, le spectacle s'est passé à merveille et j'ai reçu du public un accueil joyeux. Je suis retournée à Milan pour inaugurer la saison lyrique 1952-1953 avec *Macbeth* de Verdi. Mais lors de cette représentation, immédiatement après la dernière note de la scène du somnambulisme, j'ai entendu distinctement au milieu des applaudissements deux ou trois sifflements. Ce n'étaient pas les sifflements habituels que l'on fait avec les lèvres : il était évident que le perturbateur utilisait carrément un vrai sifflet. J'en étais malade, et le public formidable, impartial et généreux, a pris ma défense, transformant ainsi mon succès en triomphe. Néanmoins le siffleur solitaire ne s'est pas découragé et a voulu me faire connaître sa présence également aux représentations de *La Gioconda* et de *Trovatore*. Depuis, il n'est jamais absent lorsque je chante à la Scala. Désormais je m'y suis habituée : je dirais même plus, je me suis presque prise d'affection pour lui !

Une fois terminées les dernières représentations de *Trovatore* et après un tour de chant dans diverses villes d'Italie, j'ai chanté *Medea* de Cherubini à Florence. Comme d'habitude j'avais dû étudier la partition en huit jours, et cette fois-ci il s'agissait d'un rôle qui était un défi pour l'interprétation aussi. L'enthousiasme que je suscitai – ce fut une soirée vraiment inoubliable – me stupéfia et m'honora. Au mois de juin je suis partie de nouveau en voyage à Londres, où se déroulaient les cérémonies officielles du couronnement d'Elizabeth II. J'ai chanté *Aida*, *Norma*, et *Trovatore*. Puis je suis retournée en Italie et entre les représentations d'*Aida* aux Arènes de Vérone et celles de *Norma* à Trieste, j'ai pu me concéder un peu de repos. Mais durant les représentations de *Norma* j'étais contrainte de continuer à faire la navette entre Milan et Trieste : la nouvelle saison lyrique de la Scala approchait et la direction avait à un certain moment remplacé le *Mitridate* (qui devait avoir lieu entre *La Wally*, l'opéra d'ouverture, et *Rigoletto*) par la *Medea* de Cherubini. Le maestro [Leonard] Bernstein devait diriger l'opéra, mais il se montra, à mon grand étonnement, très réticent à en accepter la charge. J'appris finalement – et mon étonnement naturellement diminua – qu'il était conseillé par un groupe d'« amis » qui, pour l'effrayer, lui avaient parlé longuement de mon tempérament caractériel, de mes hystéries, et ainsi de suite.

Quoi qu'il en soit, la direction de la Scala me fixa un rendez-vous avec Bernstein et à peine m'entendit-il qu'il laissa de côté toute incertitude.

En ce temps-là, les journaux commençaient à parler, bien que de façon très détournée, d'une prétendue rivalité entre Tebaldi et moi, et je me souviens que justement à l'occasion de *La Wally* on pouvait lire dans les colonnes de l'*Europeo*[1] un sage conseil d'un ami cher, écrivain et critique musical, Emilio Radius. Pourquoi, écrivait Radius, ces deux chanteuses ne se serreraient-elles pas publiquement la main, pour faire taire les ragots et prouver avec éloquence qu'il n'y a aucune rancœur entre elles ? Depuis Rio de Janeiro je n'avais pas eu l'occasion de voir Renata et les paroles de Radius me donnèrent l'idée d'aller l'écouter dans *La Wally* qu'elle était en train de chanter, et de la saluer depuis la corbeille. Je pensais ainsi lui rendre hommage et j'étais convaincue que le jour suivant, lors de ma *Medea*, Tebaldi en ferait autant. Je me rendis donc à la Scala et j'applaudis chaleureusement, comme du reste elle le méritait, ma chère collègue. Je souriais souvent pour lui faire comprendre mes intentions et j'espérais d'elle une tentative de salut qui m'aurait autorisée à la rejoindre dans sa loge. Mais ce signe et ce salut ne vinrent pas ; et à la première de *Medea*, pas de Renata. Elle était présente, en revanche, à la troisième (ou la quatrième) représentation, car mon mari l'a vue entrer dans la loge de corbeille où il se trouvait lui-même, au moment précis où le rideau se levait. Battista l'a saluée courtoisement, lui a pris son manteau et lui a demandé des nouvelles de sa mère. Il reçut une réponse polie, mais encore aujourd'hui Titta est convaincu de ne pas avoir été reconnu. En effet, comme il me l'a raconté, peu après mon entrée en scène, Tebaldi s'est levée, nerveuse et irritée. Enfilant à la hâte son manteau, elle est sortie de la loge sans saluer personne et a claqué la porte.

Cette saison-là à la Scala ont eu lieu deux de mes plus grands succès : le premier dans *Medea*, et le deuxième dans *Lucia*. A propos de *Lucia*, je me rappelle qu'après le sextuor, j'ai fait en sorte que le ténor Giuseppe Di Stefano puisse recevoir à lui seul les applaudissements du public (il était encore déprimé par une production peu satisfaisante de *Rigoletto* et avait besoin de quelques injections d'enthousiasme). Je raconte cela non pas pour me donner un quelconque mérite, mais parce que je suis, comme vous le savez, constamment accusée de ne jamais permettre à mes collègues de partager avec moi la joie d'une ovation.

---

1. Magazine italien, équivalent de *Paris Match*.

Au mois d'octobre, après avoir chanté *Mefistofele* à Vérone, je suis partie pour Chicago où j'avais été engagée pour *Norma*, *Traviata* et *Lucia*, et à mon retour j'ai ouvert la saison 1954-1955 de la Scala avec *La Vestale*, en me confiant pour la première fois à la mise en scène de Luchino Visconti.

Immédiatement après *La Vestale*, le programme prévoyait *Trovatore*, mais le ténor Del Monaco refusa soudain de prendre part à la représentation car – disait-il – il venait d'avoir une attaque d'appendicite. *Trovatore* fut donc remplacé par *Andrea Chenier*, et c'est ainsi que je fus obligée d'apprendre en cinq jours cet opéra. En échange, naturellement, on vint m'accuser d'avoir provoqué moi-même cette substitution. Je montai donc en scène avec *Andrea Chenier* et, à l'aria du troisième acte, les habituels monotones perturbateurs se sont fait entendre, comme toujours. A la fin de la représentation d'*Andrea Chenier*, j'ai moi-même proposé que le ténor Del Monaco, qui devait partir pour l'Amérique, sorte seul pour recevoir les applaudissements : tout d'abord car il était le protagoniste de l'œuvre, et puis il s'agissait de sa dernière soirée de l'année à la Scala. Mario Del Monaco n'a jamais parlé de ce geste qui fut le mien. A été diffusée en revanche l'invraisemblable histoire du « coup de pied dans les tibias ». Comme vous le savez, selon ce récit fantaisiste, je lui aurais donné, moi, lors d'une représentation de *Norma*, un coup de pied dans les tibias, d'une violence à le faire gémir et boiter, afin de l'empêcher de se présenter avec moi devant le public lors des applaudissements !

Il vaut mieux que je continue mon autobiographie, qui maintenant s'approche du dernier chapitre. Nous sommes à la fin de 1955 et j'étais en train de me préparer pour la première de *Traviata*. Les répétitions se déroulaient de façon épuisante, à cause de la collaboration paresseuse de certains collègues, en particulier le ténor Di Stefano qui n'était jamais ponctuel. Le soir venu, nous devions l'attendre pendant des heures, car Di Stefano – comme il nous l'assurait d'un air candide – n'arrivait pas à chanter avant minuit.

Morts de fatigue nous sommes parvenus à la première et après avoir salué d'innombrables fois tous ensemble, sous les applaudissements, je me suis présentée seule devant le public, à l'invitation du maestro Giulini et de Luchino Visconti. Di Stefano s'en alla en claquant la porte de sa loge. Le lendemain il partit pour sa villa de Ravenne, et nous, à la veille de la seconde représentation, nous sommes restés sans ténor. Par chance Giacinto Prandelli a gentiment accepté de reprendre le rôle et nous avons été en mesure (personne n'est indispensable) de poursuivre les représentations.

J'oubliais de dire qu'à l'approche de *Traviata*, certaines lettres anonymes (j'en reçois moi aussi, ce n'est pas, hélas, un privilège de la Tebaldi seulement) m'avertirent à l'avance que j'allais être sifflée. Et pourtant, à ma vive stupeur, personne n'a perturbé ni la première ni la seconde, et j'étais particulièrement heureuse de cette trêve inespérée. Mais il s'agissait d'un stratagème pour rendre le piège encore plus périlleux. En effet, à la troisième représentation, juste après l'attaque du «Gioir[1]», j'ai entendu en provenance du poulailler une espèce de brouhaha. J'étais sur le point – prise par surprise – de couper court à la note et j'étais si révoltée que les spectateurs finirent par s'en apercevoir, je crois. Ce soir-là (étaient présents dans la salle de nombreux critiques qui avaient été avertis par lettres et appels anonymes de venir m'écouter car «il y aurait du divertissement»), ce fut justement moi – je le déclare ouvertement – qui demandai qu'aucun de mes collègues ne soit à mes côtés pour les saluts. Je voulais que le public me dise clairement et fermement sa pensée, et le public me l'a dit, avec une pluie bienfaisante d'applaudissements qui éteignirent ma fureur.

En septembre, après une période de repos, alternée d'intenses sessions d'enregistrement, j'ai interprété *Lucia* à Berlin, deux soirées, prenant ensuite, pour la deuxième année consécutive, la route de Chicago afin d'inaugurer la saison : ils avaient programmé *I Puritani*, *Trovatore* et *Madama Butterfly*, que je n'avais jamais chanté auparavant. Le soir de la dernière représentation de *Butterfly* se produisit un des incidents les plus regrettables de ma carrière. L'année précédente, alors que je me trouvais à Chicago, une action en justice avait été initiée à mon encontre par Monsieur Bagarozy ; et moi, pour

---

1. Notes suraiguës chantées par la soprano qui précèdent le grand air de Violetta, «Sempre libera», menant au triomphe habituellement escompté.

ne pas être perturbée par mes ennemis pendant les représentations, j'avais fait ajouter dans mon contrat une clause qui stipulait que les dirigeants du théâtre devaient me protéger de tout, jusqu'à la fin de mes prestations. Avec la dernière de *Butterfly*, qui fut exceptionnellement reprise une troisième fois, se concluait ma saison à Chicago. Mais alors que je saluais le public, m'inclinant sous les applaudissements, derrière les coulisses quelqu'un négociait – je n'ai pas de mots pour exprimer mon dégoût – ma « livraison » aux shérifs, c'est-à-dire ceux qui présentent les assignations.

Beaucoup de mes lecteurs se souviendront d'avoir vu dans les journaux les photos d'une Callas indignée et furibonde, qui menaçait et demandait justice. Je n'étais pas indignée contre ces pauvres shérifs qui, en fin de compte, ne faisaient qu'exécuter des ordres (en Amérique, une assignation n'est valide que si celui qui la délivre touche le destinataire physiquement), mais contre ceux qui m'avaient tendu un piège et trahie ignoblement.

Je suis retournée en Italie et j'ai ouvert pour la quatrième fois la saison lyrique de la Scala, avec *Norma*. Il y eut à cette occasion les habituels accompagnements des perturbateurs et les habituelles discussions avec les collègues. L'une, plus mouvementée que les autres, s'est passée entre mon mari et Mario Del Monaco, qui ne savait sur qui déverser sa nervosité incandescente à propos d'une fausse citation qu'on lui avait rapportée ce jour-là.

En janvier 1956, la Scala reprit les représentations de *Traviata*, et à ce stade-là je devrais parler du « drame des radis » ; bien que ce soit une très vieille histoire désormais. J'ai ramassé, il est vrai, à la fin d'une représentation, une poignée de radis que j'ai pris pour des fleurs, à cause de ma myopie. Quelques bottes tombèrent sur la scène et roulèrent jusqu'à arriver dans les mains de Luchino Visconti, qui se trouvait dans le trou du souffleur et qui était mort de rire. Il s'agissait de légumes hors saison, qui de fait ne pouvaient avoir été achetés dans un magasin juste avant le spectacle, mais révélaient un plan prévu d'avance, une préparation assidue. En effet, qui se rendrait au théâtre avec des bottes de radis dans la poche ? Quoi qu'il en soit, ces gestes mesquins se retournent toujours contre ceux qui les accomplissent, ou plutôt ceux qui les suggèrent ; et moi j'ai déjà depuis longtemps arrêté de me tourmenter à ce sujet.

Après l'«histoire des radis», j'ai chanté à Naples dans *Lucia*; puis de nouveau à la Scala dans *Barbiere*, et *Fedora*, et puis à Vienne dans *Lucia*. A Vienne, certains de mes collègues me firent les habituels ennuis. A la fin du spectacle je n'avais qu'une envie : me changer, me démaquiller et quitter le théâtre. Mais le maestro Karajan me pria de saluer avec lui, contrairement à l'usage viennois selon lequel le chef d'orchestre se présente seul devant le public à l'issue de la représentation. J'ai accepté, bien qu'à contrecœur ; et certains s'en sont plaints. Quoi qu'il en soit, on s'habitue à tout, et les caprices de mes collègues ne me perturbent plus. Et aujourd'hui, je le dis avec une fatigue infinie, je dois recommencer tout depuis le début, car l'entremêlement de bisbilles, de rancœurs, de reproches, de ragots est devenu de notoriété publique, au point de me pousser à cette confession : ouverte, droite et douloureuse.

En novembre dernier, comme vous le savez, je me suis rendue à New York pour chanter au Metropolitan. J'avais beaucoup entendu parler de Monsieur Bing et d'emblée j'avais été un peu mise en garde sur son compte. Et pourtant, j'ai trouvé en lui un parfait gentleman, un directeur exquis et prévenant. Alors que je préparais *Norma*, apparut dans la revue *Time* un article à mon sujet reprenant une quantité de lieux communs, pour la majeure partie purement imaginaires. J'aurais voulu démentir ces informations, mais j'ai pensé, comme toujours, que le temps serait le meilleur justicier. Néanmoins, cet article eut le pouvoir d'influencer défavorablement l'opinion américaine, vis-à-vis des conflits en cours[1], mais pas seulement : il fut immédiatement repris dans la presse italienne et devint une arme aux mains de mes ennemis, pour une ridicule et injuste campagne à mon encontre.

Malheureusement je suis maintenant contrainte à me défendre, à me justifier de fautes que je n'ai jamais commises. Ce n'est pas vrai que pendant la *Norma* au Metropolitan j'ai eu un deuxième épisode de «radis» : si j'avais reçu un hommage de légumes en Amérique aussi, je vous le dirais tranquillement, comme je l'ai fait à propos de la *Traviata*. Ce n'est pas vrai que j'aurais déclaré au journaliste

---

1. Notamment avec sa mère dont les propos, repris par le *Time*, comportant de nombreux mensonges sur sa fille, visaient à lui faire du chantage pour obtenir plus d'argent qu'elle ne lui en donnait déjà. L'autre conflit auquel Callas fait référence est celui avec Bagarozy qui la poursuivait en justice.

du *Time* : « Renata Tebaldi n'est pas comme la Callas, elle n'a pas d'épine dorsale. » Cette phrase, du reste, fut attribuée – et pour ceux qui lisent l'anglais il ne peut y avoir de doute – non à moi, mais à une personne tierce. Par ailleurs, je ne comprends pas pourquoi Renata s'est sentie offensée par ces paroles inoffensives. Que devrais-je dire alors, moi, d'un article qui traite de sujets qui ne devraient même pas être abordés en public, comme celui qui touche aux rapports entre ma mère et moi ? Et de l'accusation publique à mon encontre de Renata disant que je suis « sans cœur » ? Je me réjouis seulement que ma collègue, dans sa lettre au directeur du *Time*, ait finalement décidé de confesser qu'elle-même voulait rester loin de la Scala, dont l'atmosphère, expliqua-t-elle, lui est « irrespirable ». Et je m'en réjouis sincèrement, car jusqu'à récemment, parmi les autres innombrables inventions, je fus accusée aussi d'empêcher, avec mes sorts diaboliques, le retour de Renata Tebaldi sur la scène de ce théâtre qu'elle avait toujours aimé.

Mon récit est terminé : j'ai été sincère, même peut-être trop, mais il n'y a qu'une seule vérité et elle n'a pas peur des mensonges. Dans quelques jours je chanterai de nouveau à la Scala, d'abord *La Sonnambula*, puis – pour la Fête de Milan – *Anna Bolena* et enfin *Ifigenia* [*in Tauride*]. Je sais que mes ennemis m'attendent au tournant : mais je lutterai, autant qu'il est humainement possible, pour ne jamais décevoir mon public, qui m'aime et dont je ne veux pas perdre l'estime et l'admiration. « Attention, Maria », m'a souvent répété mon cher ami et illustre critique Eugenio Gara, « souviens-toi du proverbe chinois : "Qui chevauche le tigre ne peut en descendre." » Non, cher Eugenio, n'aie pas peur : je ferai tout pour ne jamais descendre du tigre[1].

Février 1957

---

1. Gara ajouta ces paroles prophétiques : « L'artiste qui a atteint les plus hautes cimes de son art se trouve précisément dans l'inconfortable situation de ne jamais pouvoir rétrograder d'un seul degré. »

LETTRES

1946-1977

1946

A Elvira de Hidalgo – *en italien*

New York, lundi 28 janvier 1946

Chère, très chère, Madame,
J'ai peur que vous n'ayez pas reçu ma lettre, car ma mère m'écrit que vous ne recevez pas mes lettres. Donc puisque je n'ai pas reçu de réponse, je pense que vous avez dû manquer ma lettre. Je vous écrivais toutes les nouvelles, donc je dois recommencer. Ma mère ou ma sœur vous porteront cette lettre, répétant donc tout ce que je vous écrivis dans la précédente.

Vous aviez complètement raison quand vous me disiez que le Metropolitan n'est plus rien. Je le répète et j'insiste – détruit. Dommage. Il n'a plus de voix, ni de personnalité – plus rien. Les seuls qui se maintiennent sont Baccalone, Pinza – et un ou deux autres, dont les noms m'échappent maintenant.

Je vous expliquerai même le pourquoi, ils veulent les faire étudier tous (les jeunes qui ne se sont pas encore fait un nom) à leur manière. Imaginez ! La manière <u>allemande</u>. Ce qui était arrivé aussi en Grèce. Avec la bouche large comme un four – et lorsque viennent les aigus ils n'arrivent plus à ouvrir car la bouche est déjà tellement grande ouverte dans les notes moyennes et graves qu'il est impossible de l'ouvrir plus encore. Ridicule.

Et puis, il n'y a plus de maestri[1] – ni Serafin, ni de Sabata, ni Toscanini – personne ! Bien sûr il y a Cimara, Sodero – je ne sais pas si vous vous souvenez d'eux. Mais Dieu qu'il règne au Metropolitan une germanomania, et ils ne doivent pas être les premiers. Et les représentations sont devenues horribles, car ils font – et tu as toujours peur qu'ils fassent – une cacophonie – ou que sais-je.

Il y a des élèves qui ont même payé pour entrer. Aucun espoir – vraiment aucun. Moi je n'ai pas l'intention de chanter ici, avant de m'être fait un grand nom ailleurs. Et puis ils me diraient à moi aussi, de chanter à la mode allemande. Ou française.

Figurez-vous qu'ils ont pour première soprano – Licia Albanese. Vous la connaissez sans doute d'Italie ? Si vous vous en souvenez, je peux vous dire qu'elle était bien meilleure en Italie. Elle s'est ruinée ici. Toutes les choses se ruinent ici car Monsieur Johnson[2], au lieu de s'occuper de son théâtre, s'occupe de chercher à ramener ici des artistes qui viennent d'Italie avec la belle méthode italienne, et les faire chanter – à l'allemande !

Je vous enverrai un de mes disques[3] et vous verrez la différence, car j'ai chanté comme vous me l'avez enseigné. Ils m'en ont fait tourner la tête avec leurs suggestions (c'est-à-dire, mes amis d'ici). Chanter plus au-dessus, plus léger, pointer la voix dans le nez pour arriver en haut et toutes ces stupidités. Vous me disiez toujours, vous – la bonne façon. Laisser la voix comme elle est. Par exemple la mienne qui est un peu sombre, qui a une certaine rondeur – n'est-ce pas ? Donc si je cherche à l'alléger je perds tout, même la facilité. Et au lieu d'être naturelle, elle devient une chose forcée et je perds les aigus. Vous vous souvenez ? Je dois ouvrir la bouche avec un sourire – et chanter. Ne pas penser – plus au-dessus, dans le nez, etc. !! Ma voix ne l'accepte pas. Ce qu'on doit avoir c'est le soutien de la respiration.

---

1. En italien, *maestri* peut vouloir dire à la fois chef d'orchestre et professeur de chant. A l'époque, les chefs tels que Serafin avaient souvent cette double casquette. Ainsi Serafin, entre autres, outre qu'il la dirigea de nombreuses fois, participa largement à la formation vocale et artistique de Maria Callas.

2. A cette époque directeur du Metropolitan – celui qui auditionna la jeune Maria et lui proposa *Fidelio* en anglais et *Madame Butterfly* (cf. Mémoires).

3. A cette époque, Maria n'avait encore réalisé aucun enregistrement officiel, mais on imagine qu'elle avait pu s'adresser à l'une des boutiques new-yorkaises où l'on pouvait enregistrer sa voix directement sur microsillon et ressortir avec le disque gravé.

Le diaphragme – n'est-ce pas ? Quand celui-ci est dur et fort la voix ne tremble plus. Et je dois vous remercier de la méthode de chant que vous m'avez enseignée. C'est tout ce que je peux dire. J'essaye de me souvenir de toutes les choses que j'ai apprises de vous. Peut-être que même moi certaines fois je ne vous ai pas comprise. Maintenant que je <u>vois</u> je vous remercie de tout cœur.

J'espère aller à la campagne ces jours-ci donc je me reposerai bien.

Je vous prie de lire à mes stupides camarades, là-bas, mes phrases sur votre méthode de chant, car ils sont vraiment tellement stupides. Même moi j'étais presque devenue comme eux, seulement j'avais plus de talent.

De Segurolla est devenu aveugle le pauvre. Il est encore à Hollywood. J'ai vu Romano Romani. Il n'est plus rien maintenant. Il donne des leçons et va une moitié de la semaine à Baltimore où se trouve Rosa Ponselle. Elle était son <u>amour</u> alors je ne sais pas mais pour l'instant je vais là-bas, chez lui, pour 4 jours. Le pourquoi ne m'intéresse pas, mais je vous l'écris à vous seulement parce que vous serez curieuse d'apprendre tout : Ponselle ne chante plus.

Je n'ai pu retrouver Frederic Star. J'ai fait la connaissance du fils de Bagarozy – vous vous rappelez ? Le manager d'antan. Soyez sûre que bientôt vous aurez de bonnes nouvelles de moi.

Figurez-vous que Johnson a dit que je dois chanter *Butterfly*, et Desdémone d'*Otello*. Pour l'amour de Dieu !! Je me suis tournée et j'ai dit « Pardon ? J'ai sûrement mal entendu parce que me faire chanter Butterfly serait ridicule, grande comme je suis. » Mais j'avais bien entendu, pauvre de moi ! Mieux vaut fermer la bouche et ne plus jamais chanter que chanter cette chose-là. C'est vrai.

Puis il me dit d'apprendre *Fidelio* en anglais – mais je ne veux pas de *Fidelio* pour un début. Et j'ai raison. J'espère faire mes débuts avec *Norma* peut-être, c'est-à-dire quelque chose qui me fera un nom. Une fois qu'on s'est fait un nom on peut chanter tout le répertoire qu'on veut. Mais je ne ferai pas un début comme ci comme ça. Dites-moi si j'ai raison ou pas ! Il n'y a pas urgence. Le repos me fera du bien, je suis très fatiguée.

Grâce à Dieu tout se passe bien avec mon papa, il ne sait comment me témoigner son amour – il m'a fait un cadeau : une chambre à coucher merveilleuse. Comme une princesse je suis !

Finalement Dieu m'a aidée, et maintenant que je dois avoir toute la tranquillité je l'ai, et aussi toutes les commodités. Je ne me divertis pas trop, car je veux préserver mes forces autant que possible pour le <u>grand moment</u>. Et mon devoir est de protéger cette voix que Dieu m'a donnée.

Je me souviens de ce que vous m'avez dit un jour : quand tu seras arrivée où tu veux (le plus haut possible) tu pourras penser à ta vie personnelle. Ma vie est pour le moment dédiée à la rigueur qu'est le chant. Je le jure.

Vous devez être contente que je me sente ainsi, n'est-ce pas ?

Ma chère, je vous laisse maintenant car je dois partir mais je vous écrirai bientôt. Je vous prie seulement de me répondre – cela me fera tant de bien. Et écrivez-moi toutes vos nouvelles mais aussi vos impressions sur ce que je vous ai dit. N'ayez pas peur de me faire du mal même.

J'attends une de vos lettres au plus vite et je vous espère en excellente santé et esprit.

J'espère que vous pensez à moi.

Toujours vôtre

Maria

1947

| AOÛT
2, 5, 10,
14, 17 | *La Gioconda* PONCHIELLI, dir. Tullio Serafin | VÉRONE
Les Arènes |

A EDDIE BAGAROZY[1] – *en anglais*

Mercredi 20 août 1947

Cher Eddie,
Ce matin, au bout de deux mois, nous avons enfin reçu une lettre de toi. Bien sûr, je dis <u>nous</u> – c'est que Louise et moi sommes presque une seule personne. J'étais vraiment heureuse d'apprendre que tu te sors de tes problèmes, Eddie, je te souhaite sincèrement tout le meilleur – je l'ai toujours souhaité et le souhaiterai toujours – malgré le fait que tu ne t'en sois <u>jamais</u> rendu compte.
Je sais que tu te plains que je n'écrive pas, mon cher, et tu as sans doute raison, mais tu n'as jamais compris qu'il doit y avoir une raison. En fait, j'avais commencé à t'écrire une longue et belle lettre, avec toutes les nouvelles, mais pour des raisons que tu comprendras plus tard, je l'ai déchirée et j'ai décidé de ne pas écrire. Mais cela ne veut pas dire «loin des yeux, loin du cœur!». Je refuse d'accepter cela et je te supplie de ne jamais le croire même si c'est ce qu'on te raconte – voilà tout, je te sais assez malin pour lire entre les lignes.
Au sujet de mes nouvelles je vois que tu es bien informé, je ne

---

1. Cf. Mémoires, p. 34.

m'embarrasserai donc pas avec les détails. Mon accident était grave et j'ai été blessée non seulement physiquement mais moralement. Je ne sais pas où j'ai trouvé le courage et la force de faire les 5 représentations[1] – c'était malencontreux ! Louise s'est montrée très gentille avec moi et je ne pourrai jamais vous oublier tous les deux.

Sebastian m'a écrit ici – et me supplie de lui écrire pour lui donner le programme de mes représentations en Italie afin qu'il puisse prendre des dispositions pour le Grand & Opera Comique. Tu as dit que je ne devrais pas accepter, alors je n'ai pas répondu.

Serafin est fou de moi et je suis presque certaine que, s'il va en Angleterre cet hiver, il me demandera – il me l'a fait comprendre. Ici, Liduino[2] a entendu ma quatrième représentation (et la meilleure) et a cherché à me parler. Je lui ai dit de passer à l'hôtel. Il est venu dans ma loge et m'a demandé si je restais. J'ai répondu que ça dépendait de ce qu'il avait à me proposer, que je choisirais. Alors il dit à Louise : *Ma, al principio non si può fare molto*[3], etc. (Heureusement pour lui que je ne l'ai pas entendu sans quoi les choses auraient pu se passer autrement !) Je l'ai donc vu à une réception au Castelvecchio et il m'a regardée, encore et encore, comme pour m'inviter à lui parler. Qu'il aille au diable ! Bon Dieu, j'en ai marre d'être payée trois sous pour mes interprétations. Ils veulent monter *Norma* mais il n'y a pas de soprano qui puisse la chanter. Alors s'ils veulent la monter, ils vont payer et bien payer. Ce ne sera pas mon interprétation ridicule avec une jambe à moitié cassée en étant payée un montant dérisoire. Tout le monde s'étonne que je ne leur aie pas fait de procès. Eh bien, oublions ça.

Je remercie le ciel de m'avoir donné cet être angélique[4] et pour la première fois de ma vie, je n'ai besoin de personne. Quant à l'épouser, j'y réfléchirai longuement, je te le promets, mais la vérité est qu'on trouve rarement *la* personne. Toi qui me connais, mon caractère et le reste, tu sais que si je dis que je suis heureuse avec lui, il est forcément tout ce que je désire. Il est un peu plus vieux que moi, beaucoup à vrai dire – il a 52 ans, mais il se maintient en forme à tous niveaux, et en d'autres mots – il est <u>moi</u> – si tu vois ce que je veux dire. Il est moi

---

1. Référence à la cheville foulée pendant *La Gioconda* aux Arènes de Vérone (cf. Mémoires, p. 38).
2. Liduino Bonardi, l'agent milanais (cf. Mémoires, p. 39).
3. « Mais au début on ne peut pas faire grand-chose. »
4. Battista Meneghini, son futur mari.

et je suis lui. Il me comprend parfaitement et je le comprends aussi. Après tout, cela compte plus dans la vie : le bonheur et l'amour, le véritable amour sobre, réfléchi et profondément ressenti – plutôt qu'une sale carrière qui ne te laisse rien d'autre qu'un nom. Et il y a toujours les affaires lumineuses et sombres. Même Serafin était fou de moi au début – et puis lui aussi a trouvé ma Gioconda trop lourde – je t'assure – peut-être aurais-je été plus heureuse en chantant Mezzo-Soprano. Ma voix est toujours trop lourde et trop grosse pour tout le monde. Mais bien sûr ensuite ils se plaignent qu'il n'y ait pas de Soprano Dramatique en dehors de moi, alors je te l'assure, je suis vraiment fatiguée de tout ce monde du chant. Pour la première fois, j'ai trouvé **mon** homme. Dois-je le quitter et être malheureuse pour le restant de mes jours ? Il a aussi tout ce que je peux désirer et il m'adore tout simplement. Ce n'est pas de l'amour, c'est quelque chose de plus que ça. Je t'en prie, écris-moi et dis-moi quoi faire. Tu es intelligent et inégoïste, dis-moi.

Pour le moment, je veux rester un temps sans chanter car cette jambe me fatigue énormément. Je vais sans doute aller avec Louise à Milan parce que je voudrais la conduire dans notre voiture, et peut-être que ma présence lui fera un peu de bien. Ce samedi, c'est son anniversaire, alors nous allons la divertir. Je vais aussi aller en Grèce pour un court séjour. Battista viendra peut-être avec moi s'il n'est pas trop occupé, et puis nous irons en Suisse. Il y a un tableau incroyable là-bas qu'il veut me montrer. S'il te plaît, ne répète pas tout ce que je t'écris. Je n'aime pas que mes affaires privées sortent d'ici – s'il te plaît.

Je suis heureuse d'avoir écrit cette lettre parce que j'ai eu l'impression de t'avoir parlé. J'ai l'impression que tu étais plus proche, beaucoup plus proche. S'il te plaît, ne m'en veux pas si je ne t'écris pas souvent. Je suis juste aussi mauvaise correspondante que toi. Et ne sois pas égoïste et incompréhensif avec moi. Je ressens toujours pour toi la même chose que lorsque je suis partie.

J'aimerais que tu m'écrives tout de suite, clairement et avec humour, non pas en tant qu'agent, mais en tant qu'Eddie mon ami.

Embrasse ma mère pour moi et dis-lui que dès mon retour de Suisse je la ferai venir. Raconte-lui toutes mes nouvelles pour que je n'aie pas à écrire trop – ma main me fait mal. Dis-lui que je l'aime toujours et la respecte, et que, si je ne lui ai pas écrit, c'est parce que la nouvelle de mon accident l'aurait mise dans tous ses états.

Aussi je n'ai pas écrit parce que je ne le <u>pouvais</u> pas – j'étais malade, fiévreuse et souffrante, et je ne me levais que pour les représentations. Je me demande encore comment j'ai réussi à les faire. J'imagine que j'ai ce qu'il faut.

Chéri, je t'ai assez fatigué avec cette longue lettre. Essaie de la lire sans t'agacer, jusqu'au bout, et essaie de te souvenir des bons moments que nous avons passés ensemble, pas les mauvais – moi je me souviens de tous les bons moments, et je suis toujours fière d'avoir une personne comme toi pour ami proche. Crois-moi, je vous aime tous deux, infatigablement. Embrasse de ma part ta famille et nos amis, et m... à tous nos ennemis pour moi et pour toi – (essaie de déchiffrer le mot et remplis les blancs !).

En attendant anxieusement ta lettre, j'espère que tu me considères toujours comme
ta Maria

A EDDIE BAGAROZY – *en anglais*

Mardi 2 septembre 1947

Très cher Eddie,
J'attends toujours ta réponse mais j'ai l'impression qu'elle ne va pas arriver avant un moment. Les communications sont plutôt nulles. Bien sûr, depuis que je t'ai écrit la dernière lettre j'ai changé d'avis. J'ai pesé le pour et le contre, j'ai réfléchi encore et encore, et j'en suis arrivée à la conclusion de ne pas me marier. Je serais stupide de faire ça maintenant, même si je l'aime ; je l'ai tel quel, quoi qu'il en soit : j'ai un homme riche et puissant qui me soutient, et je peux choisir de chanter où et quand je le veux.

On m'a proposé Barcelone, en Espagne, pour y chanter en novembre *Norma* et *Forza del Destino*. Je crois que je devrais accepter, non ? Quant à la Scala, la saison estivale n'a rien d'intéressant pour moi en ce moment. L'hiver prochain je crois que je chanterai dans la grande saison. On verra. On m'a proposé d'autres choses, mais pourquoi diable devrais-je m'acharner à chanter des opéras de seconde et de troisième zone alors que je pourrais chanter les plus grands – détendue et reposée – Dieu merci j'ai de la chance, je n'ai pas besoin d'argent et pour le moment j'essaye de calmer mes nerfs après l'accident et le mauvais sort d'avoir dû chanter 5 représentations dans d'horribles douleurs et misère. Mais je suis fière de moi, Eddie – car personne d'autre n'aurait pu faire ce que j'ai fait dans de telles circonstances. Bien sûr, maintenant, avec le recul je me dis : « Ai-je bien chanté 5 *Gioconda* ? Non, c'est impossible. » J'étais comme dans un état de stupeur, sans enthousiasme, comme si j'étais semi-consciente. Louise a ressenti la même chose.

À propos de Louise, elle t'a probablement écrit toutes les nouvelles et je crois qu'elle est contente. Sa seule inquiétude est que tu n'arriverais peut-être pas à faire en sorte qu'elle reste ici. Au fait, elle n'a presque plus de tocs, elle ne crie plus la nuit, etc. Crois-moi tout est dans la tête.

Mon chéri, que deviens-tu ? J'ai eu des nouvelles par Louise et j'en étais tellement heureuse. Continue comme ça mon gaillard ! Et ne crois pas une seconde que je t'oublie ou pourrais t'oublier. Seules les circonstances nous obligent à nous comporter autrement. Quand on se reverra un jour je te raconterai tout ! Mais sache une chose : Mary Anna[1] ne changera pas contrairement aux autres, même si tu m'as traitée assez durement les derniers mois avant mon départ. Je n'ai rien dit. J'ai continué à venir chez toi et Louise – mais je n'ai plus écrit et je suis un monstre, etc. Tu vois la différence – mais les choses sont ainsi.

Mon cher, je te laisse maintenant, et te souhaite tout le meilleur. S'il te plaît écris-moi immédiatement et réponds à toutes mes questions sur ma carrière, et dis-moi si je prends les bonnes décisions (je le crois). La seule chose est que nous ne vivons plus ensemble, Louise et moi. J'irai la voir ce week-end avec Battista.

Rends-moi un service s'il te plaît. Essaie de maintenir ma mère à l'écart. Je n'ai pas du tout envie de la voir en ce moment. J'essaie de me détendre ; avec elle, c'est impossible, tu le sais bien ! Ne lui dis pas cela bien sûr. Elle t'écoute toi, alors fais ce que tu veux, mais je ne veux pas d'elle ici !! J'espère qu'elle n'est pas déjà en route ! Reste en bonne forme et santé comme tu l'étais.

Je te prie d'excuser mon changement de caractère mais Battista est un peu réticent à ce que je dise des blagues. Tes blagues me manquent ! Bien sûr je joue aussi à l'ange – et que diable pourquoi pas !

---

1. Le prénom de Maria durant son enfance à New York.

Une autre faveur, s'il te plaît, ne va pas raconter tout ça & mes histoires & affaires personnelles à tous nos amis communs – je n'aimerais pas du tout ça – ni même à ton frère Guy ou Bob. Ne donne pas en pâture ma vie personnelle s'il te plaît, s'il te plaît !

Au fait, dis bonjour à toute la famille, embrasse ta mère et les filles pour moi, et mon affection à Guy et Bob.

Quant à toi tu as tout mon respect et mon affection,
Comme toujours
Maria

Le 17 septembre a lieu sa première audition à la Scala (cf. Mémoires) avec Mario Labroca, sans suite. Peu après, elle reçut la proposition de Serafin et commença à préparer *Tristano e Isotta* (Wagner).

A GIOVANNI BATTISTA MENEGHINI – *en italien*

22 septembre 1947

Mon cher Battista,

Hier j'ai déchiré ma lettre et aujourd'hui je t'en écris une autre. J'espère ne pas t'ennuyer.

Battista, je sens le besoin de te dire que mon amour pour toi est si fort et sincère qu'il me fait parfois souffrir. L'autre nuit et la journée d'hier ont été une torture. Te quitter aurait été une punition trop grande. Je ne crois pas que j'aurais pu résister ! La vie ne peut nous affliger de douleurs aussi fortes, et je ne crois pas mériter une telle douleur. J'ai tant besoin de toi, de ton amour. Hier, j'avais décidé de partir parce qu'il me semblait que je t'ennuyais, l'autre soir. Oui j'étais décidée, mais j'avais tant d'excuses pour ne pas me préparer complètement. Tant d'excuses pour ne pas partir et tant d'espoir que tu ne veuilles pas me voir partir, que je suis tout juste arrivée à remplir la moitié d'une valise et je l'ai laissée ainsi.

Si tu avais été plus malin, tu aurais compris que je n'attendais qu'un geste, une parole de ta part pour me retenir. C'était une mise à l'épreuve de ton amour pour moi, hier. J'avais besoin d'entendre, de voir que je ne suis pas un poids pour toi, que je ne t'ennuie pas. J'ai tellement, tellement souffert hier. Et je suis heureuse que tu sois resté avec moi de cette manière. J'aurais été tellement mal si tu étais parti dans la nuit. J'avais besoin d'être dans tes bras, de te sentir proche, comme je t'ai senti hier. Tu es tellement à moi et je t'en remercie. La seule chose que je demande est ton amour et ton affection pour moi.

Tu connais désormais mes défauts. Tu sais éloigner toute mauvaise pensée et tout désaccord entre nous. Tu es capable de me rendre si heureuse avec une de tes paroles, et en même temps si malheureuse avec une parole ou un geste. Tu es intelligent et fin. Tu me comprends. Et moi je te promets de faire de mon mieux pour corriger ce grand défaut qui est le mien. Je demande juste un peu de ta patience.

C'est ainsi que je vois tout cela aujourd'hui, « aujourd'hui » dépend de ta volonté. Si tu es fatigué de moi, dis-le-moi et je partirai immédiatement. Tu demandes ma décision, mais aujourd'hui je ne veux plus partir. Je crois que même hier je n'aurais pas pu partir. Hier je ne « pouvais » pas partir ; aujourd'hui je ne le « veux » pas.

Mon Battista tu as tout de moi, tout, du plus infime de mes sentiments, à la plus petite pensée. Je vis pour toi. Ta volonté est mienne, je fais tout ce que tu veux toi, mais ne prends pas cet amour pour l'enfermer dans ton armoire. Essaie de l'aimer. J'ai besoin de ta maison. Chaque maison a besoin qu'on en prenne soin. N'oublie pas qu'une femme pense, vit, et dépend de son homme. Tu es mon homme. Aucune femme, Battista, ne pourrait t'aimer plus que je t'aime moi. Tu as une obligation dans ta vie désormais. Vivre et être en bonne santé pour moi. Surtout en bonne santé. Fais ton travail sans trop d'efforts et moi j'essayerai de te donner un peu de joie, de satisfaction, si je le puis, il me suffira que tu sois avec moi. Tu m'as et m'auras pour toujours. Souviens-t'en. Je m'en suis convaincue hier, je ne peux vivre sans toi.

Chéri, cette lettre est très longue et te paraîtra si fastidieuse. Mais j'ai besoin de te dire ces choses-là. Je suis ton amie de cœur, ta confidente, ton soutien quand tu es fatigué, tout ce que j'essaye d'être en ce moment. Je voudrais être tellement plus, mais je ne sais comment. J'essaierai d'être celle que tu mérites.

Je voudrais savoir si tu veux de moi autant qu'avant

Ta Maria

A Eddie Bagarozy – *en anglais*

25 octobre 1947

Hey toi !

Mon chéri, je reçois tant de lettres de toi que je ne sais plus par laquelle commencer, voyou ! Et après tu as le culot de me demander d'écrire plus !

Eh bien, comment vas-tu ? J'ai appris que tes affaires marchent bien alors j'en suis ravie ! J'ai aussi appris pour Carmen – félicite-la pour moi, et dis-lui d'arrêter d'aimer Nicola [Rossi-Lemeni] parce que ... !! Il a le pire caractère que j'aie jamais vu. Crois-moi, Eddie, je ne pourrais même pas le regarder – encore moins l'aimer. Il est égocentrique à tel point qu'on aurait envie de le frapper, et en plus il n'a pas de graves ni d'aigus. A dire la vérité il m'a déçue énormément. Ou bien sa voix est allée au diable ou bien il n'est simplement pas un basse – là en bas rien – et en haut pareil. Et dans un opéra comme les Arènes [de Vérone] – mon garçon je te le dis – il était plutôt mauvais. Bien sûr nous en venons au thème de la chance. Il en a. Liduino aussi l'aime bien et le met partout où il peut. Mais ne le laisse pas t'avoir : il n'a même pas chanté une *Aida* depuis *Faust* – seulement de petits rôles. Eddie chéri – crois-moi, je ne parle pas ainsi parce que je n'aime pas sa famille ou son caractère, c'est l'absolue vérité.

Maintenant, quant à moi, je me prépare comme une folle pour *Tristano*. Dieu que c'est dur et <u>long</u>. Je ne sais vraiment pas si j'y arriverai à temps – d'ici la fin décembre – mais je vais sans aucun doute essayer de mon mieux, ça je te le promets. Je vais aussi faire à la fin de la saison, vers janvier ou février, *Turandot*. Alors je suis assez contente ! Pas toi ? Et ensuite je vais être coachée par Serafin dans *Tristano* – je devrai aller à Rome – et je déteste l'idée de devoir laisser Battista. Cette canaille. Je l'aime encore. Et je crains que lui aussi – le pauvre. Il est plutôt gentil tu sais ! Tu dois bien l'imaginer ainsi, connaissant mon caractère et mon tempérament. J'aurais aimé que tu le connaisses, il te plairait. Par exemple, à l'instant je viens d'avoir un petit mot de lui (m'envoyant de l'argent pour payer le transport et répondant aussi à un mot que je lui avais envoyé. En fait il vient d'avoir son propre bureau (je veux dire le bâtiment lui appartient) alors je lui ai envoyé 3 roses – un symbole entre nous – qui veut dire « je t'aime » – avec une carte lui souhaitant bonne chance, etc. Et il me répond ceci :

Ma chérie,
Tu as eu un petit geste d'une exquise finesse et gentillesse et j'en suis resté ému. Merci ! Battista

N'est-ce pas mignon ? Oh, il est plein de finesses comme cela.

Voilà, mon cher, c'est ce genre de chose que je voulais, et que tu n'arrivais pas à comprendre. Chéri, ces choses-là ne se demandent pas, elles arrivent naturellement. Lui et moi sommes faits l'un pour l'autre, voilà tout. Le drame de l'histoire c'est qu'il est d'âge mûr et que je suis ridiculement jeune. <u>Ridiculement</u> car tu sais que je suis bien plus âgée d'esprit et de caractère. Bon, espérons que tout se passe bien.

Dieu, qu'il fait froid ici, et le radiateur n'est pas allumé. Je gèle !

Quant à Louise, on ne vit plus ensemble et c'est bien triste, on est si bonnes amies, mais la pauvre fille n'a pas beaucoup de chance. C'est juste qu'ils n'aiment pas sa voix ici. Surtout après que Serafin l'a écoutée et dit qu'il ne l'aimait pas, tout le monde dès lors l'a ignorée. On dirait que nulle part ils ne s'intéressent aux voix sombres. Je dois même alléger la mienne. Grâce à Dieu je garde l'équilibre mais c'est très difficile. Eh bien, il faudra que je sois maligne. Pour en revenir à Louise, personnellement je ne pense pas que Liduino ait l'intention de lui donner quelque représentation que ce soit. Entre nous, ils font tous des promesses et disent « je vous aime bien », puis ils se retournent et disent l'inverse dans votre dos. Aucun cran pour dire directement ce qu'ils pensent de toi. Je suis folle de rage. J'aimerais bien l'aider – mais tout d'abord je ne suis moi-même (hélas) pas encore bien installée, je me suis fait un nom correct, <u>mais</u> pas encore assez fort ni le pouvoir qui va avec. Par ailleurs, bon sang, sa voix ne les intéresse <u>pas</u>, tout simplement. Et naturellement elle n'a pas fait d'efforts pour se faire apprécier, être populaire, etc. (tu connais le caractère de Louise, rien ne lui plaît…). Seulement Eddie je t'en conjure ne lui dis pas que je t'ai écrit cela, crois-moi je ne t'adresserai plus jamais la parole, je suis sérieuse. J'aimerais qu'ils la laissent un peu tranquille. Et bien sûr elle ne va pas se chercher quelqu'un de fort et avec du pouvoir, tu sais ce que je veux dire, mais j'imagine que c'est la chance, car je n'ai certainement pas cherché Battista. D'ailleurs j'ai même essayé d'échapper à deux reprises à sa rencontre, mais Louise et Nicola m'ont pratiquement forcée à aller à ce dîner, en plus mes jambes étaient gonflées après le voyage en train, et je n'avais pas de tenue décente, je te le dis j'étais une épave!!

Comment va ta famille? S'il te plaît passe-leur le bonjour. Dis à Guy qu'il n'a juste pas de chance. Ce n'était pas mon type – ha! (je blague bien sûr). Embrasse-le pour moi, et Bob aussi. Comment va-t-il? Embrasse ta maman beaucoup beaucoup de ma part. Bon sang, Eddie, ne sois pas cœur de pierre et va voir ton chien de temps en temps, tu sais qu'il t'aime.

Bon, je termine cette longue, longue lettre par un gros baiser sur tes deux joues – et mmmmm… peut-être un sur ta jolie bouche tentatrice – mais j'aurais peur d'être infidèle à Battista, car ce serait assez dangereux, alors je reprends celui-là : pas de baiser sur la bouche, mais un sur le front. Ciao et s'il te plaît, Eddie – considère-moi ta meilleure <u>meilleure</u> amie

Maria

A Giovanni Battista Meneghini – *en italien*

Jeudi 30 octobre 1947

Mon cher amour,
Aujourd'hui j'ai reçu ta lettre et j'étais si heureuse. Je t'envoie avec cette lettre une autre que j'avais écrite hier ou plutôt ce matin et que je n'ai pas eu le temps d'envoyer. Dans celle-ci je te donne de mes nouvelles.

En ce moment je suis bien fatiguée. Nous avons travaillé plus de deux heures et demie. Serafin m'a expliqué chaque parole l'une après l'autre. Chéri, si j'arrive à l'interpréter comme il me l'enseigne, ça ne pourra être qu'une merveille. Seulement j'ai beaucoup de travail, beaucoup à apprendre dans cet opéra, car je voudrais outre l'exécution l'apprendre par cœur en même temps.

Oui, mon Battista chéri, j'essaierai d'atteindre cet objectif, avant tout pour te rendre heureux. Et puis je n'ai pas que toi désormais, j'ai aussi Serafin. Je dois le rendre heureux aussi. Et moi, qui me rendra heureuse? Je fais tout pour que chacun soit heureux mais je reste seule avec la gloire et mes sentiments qui ne valent rien.

Bon, laissons la philosophie, car ça devient trop malheureux et triste. Je vois que toi, tu es justement amoureux de la Callas l'artiste, tu oublies mon âme. Par exemple ta lettre était très belle, et si chère, mais j'aurais voulu y trouver un peu de Battista et Maria, et pas Meneghini et la Callas. On verra si dans tes prochaines lettres je trouverai mon Battista.

Aujourd'hui mon amour ma jambe me fait si mal. J'ai voulu pleurer à un moment, tellement j'étais mal. Je suis descendue d'un bus qui avait une marche haute et la douleur que j'ai ressentie était vraiment horrible. Dieu, combien de temps la ressentirai-je encore ! Puis j'ai des maux de tête, tellement forts que parfois ils me perturbent. Je ne sais que dire : mais quand je suis loin de toi je vais très mal. Battista, tu me manques, tu ne peux imaginer à quel point. Il me tarde de te voir, de te sentir près de moi.

Je suis bien en voix, si cela t'intéresse, et je peux te dire que plus je chante *Tristano* plus je m'améliore. Et puis c'est un rôle impétueux, cela me plaît. Je ferai de mon mieux pour être celle que tu veux que je sois, je te le promets. Je te demande seulement de ne pas m'oublier. De penser un peu à moi. De m'aimer un peu. Amour, je me sens si seule ici.

Et toi, que fais-tu ? Comment vas-tu ? Je te prie de bien manger, je ne veux pas te retrouver plus maigre, et sois prudent !! Tu es allé à Milan ? Quoi de neuf ? Ecris-moi toutes les nouvelles. Je n'ai que tes lettres.

Mon cher amour, à cet instant, pendant que je t'écris, je reçois ton télégramme. Comme tu me rends heureuse. Je ne t'avais pourtant rien dit. Mais je voulais tellement recevoir de Padoue ton habituel télégramme. Je suis si émue, chéri, que je n'ai pas honte de te le dire : j'en pleure. Toi seul sais mon amour pour toi. Alors toi seul peux me comprendre.

Merci, merci et encore merci. Désormais je ne sens plus la fatigue ni rien. Je suis heureuse.

Tu sais, aujourd'hui Serafin m'a fait rire, en m'expliquant le passage où Isolde veut que Tristan meure parce qu'elle pense qu'il ne l'aime plus. Serafin m'a dit : « Dis à Battista de faire attention. Une femme comme toi, ou Isolde, est dangereuse. Imagine si un jour il ne t'aime plus, tu pourrais lui servir la potion qu'Isolde a préparée. Quelle triste fin pour Battista. »

Chéri, je te laisse maintenant. Je crois avoir assez écrit. Et puis comme j'écris mal, moi, j'imagine ton ennui.

Pense à moi comme je pense à toi. Et sois en bonne santé. Je vis avec la pensée de te revoir bientôt.

Je suis, j'étais et je serai toujours, toujours ta seule Maria.

PS : Si tu reçois des lettres pour moi, s'il te plaît envoie-les-moi. J'avais écrit à ma mère ton adresse, donc tu les recevras peut-être directement. Et encore une faveur : donne à Rodolfo ce billet inclus avec ma lettre, pour qu'il puisse récupérer ce fameux manteau que j'avais donné au teinturier. Ici il fait justement le temps qu'il faut pour le porter. Et si tu veux bien, tu peux me l'envoyer ou bien me l'apporter. Merci chéri.

Deuxième lettre du même jour

Jeudi 30 octobre 1947

Dearest Battista,

Avant tout je voudrais savoir comment tu vas et si tout va bien. Puis je veux te dire que tu me manques beaucoup – trop.

Hier c'était la première soirée où j'ai mangé seule. Je ne peux pas te dire comme je me sentais mal. Je ne serais même pas allée manger si je n'en avais pas justement besoin. Sache que depuis que je t'ai quitté je ne mange rien d'autre que de la salade verte et des œufs. Je n'ai juste pas d'appétit. Comment ferai-je plus tard si à peine quelques jours que nous sommes séparés je me sens déjà ainsi ?

Tu es très occupé n'est-ce pas ? Que fais-tu ? Ne me laisse pas sans nouvelles. Je t'en prie amour.

Et maintenant je te donne de mes nouvelles que tu es sûrement anxieux de connaître. Alors, hier j'ai eu ma première leçon avec Serafin et elle s'est très bien passée. Sa femme est sortie après pour venir me faire tant de compliments. Elle me dit que je suis merveilleusement bien, vocalement et physiquement, que je suis l'Isolde idéale. Puis elle demanda comment je faisais pour apprendre le rôle aussi vite alors qu'elle et tant d'autres avaient mis deux ans pour y arriver. Il est vrai que j'ai beaucoup de travail. Serafin dit que cela ne prendra pas plus de trois semaines. Moi j'espère moins, mais on verra.

Maintenant je te raconte le voyage. Il fut très inconfortable bien sûr, inutile de te le dire, tu l'as vu. Au matin, mes yeux étaient tout gonflés et rouges. Et je me suis dit : « Heureusement que tu ne m'as pas vue. » J'étais si laide ! Il pleuvait. Un ciel si gris que je suffoquais et je cherchais une auberge car celle que m'avait indiquée Serafin était complète. En résumé j'ai dû faire le tour de sept ou huit auberges, avant de trouver celle-ci. C'est une chambre assez mignonne, petite, un peu humide (j'espère ne pas prendre froid !) et malheureusement sans salle de bain. Je paye 900 plus taxes, etc. Au total près de 1 100 lires[1]. J'avais cherché des pensions mais elles sont chères et sans eau chaude ni salle de bain et ils donnent à peine à manger. Les autres pensions plus modernes reviennent à 3 000-4 000 par jour.

Je ne veux pas te dire de venir car tu sais que je déteste te forcer à faire une chose que tu ne veux pas. Mais je serais si heureuse, amour, si tu t'échappais. Ne m'abandonne pas ici. Je suis très seule, tu sais, tellement seule. Je te laisse à présent, et te prie de m'écrire. Et quand tu auras un peu de temps, si tu veux penser à moi un tout petit peu !!

Ciao, amour, sois en bonne santé et je t'en prie mange bien. Je ne voudrais pas te voir plus maigre que tu n'es. Toujours tienne, Maria.

PS : Sois tranquille je ferai Isolde. C'est certain !
PPS : Quand tu viendras, si tu viens, Serafin aussi voudrait te voir.

A GIOVANNI BATTISTA MENEGHINI – *en italien*

Samedi 1er novembre 1947

Dearest Battista mio,
je viens de recevoir ta lettre de jeudi et cela m'a fait tellement tellement plaisir. Ma joie et mon but dans la vie c'est de recevoir des lettres de toi et des félicitations du maestro.

Je pense tellement à toi, à ce que tu fais, si tu penses à moi, et tant

---

1. Environ 35 euros (valeur de 2019).

d'autres pensées. Tu connais tous mes sentiments et les comprends, donc il est inutile de beaucoup écrire. Et puis j'écris si mal !

J'ai beaucoup de plaisir à apprendre que Nicola pense du bien de moi. Moi aussi j'ai de la sympathie pour lui. Et puis c'est ton frère, le seul que je connaisse. Je lui écrirai aujourd'hui.

Et maintenant mes nouvelles. Hier Cattozzo a téléphoné à Serafin et le maestro lui a dit tellement de bien de moi que j'en ai presque pleuré. Il a dit que je suis auprès de lui depuis quelques jours, que nous étudions beaucoup et que je serai merveilleuse. Es-tu content amour ?

Après sa femme est venue me saluer et m'a fait tant de compliments sur la facilité de ma voix, etc. Puis elle m'a offert sa perruque d'Isolde, toute peignée et faite de vrais cheveux. C'est très gentil de sa part, tu ne trouves pas ? Bien sûr tu sais que tout le monde est contre le maestro parce qu'il fait chanter une étrangère (moi), etc. En somme, tout le monde est contre moi. En Amérique aussi on a écrit un article contre moi, Tucker (le ténor) et Serafin. Patience.

Chéri, ta vie ressemble, à peu de chose près, à la mienne. Je travaille. A 16 heures je vais chez Serafin, je rentre vers 18 h 30/19 heures, je mange et puis retourne à l'hôtel et à 21 h 30/22 heures je dors. Le matin je me lève à 8 heures et j'étudie. Voilà, ça te plaît ? Je pense beaucoup à toi et le matin je ne vois pas le temps passer car arrive le courrier avec une de tes lettres.

Je n'ai rien d'autre à t'écrire. Je ne sais combien de temps je resterai ici, mais je ne pense pas plus de deux semaines encore, et chéri, je ne connaîtrai pas encore bien le rôle à la fin des deux semaines. Je saurai ce qu'il veut lui [Serafin] et je pourrai tout faire avec la partition, mais je devrai encore l'apprendre par cœur. Voilà le grand travail. Et pour cela je n'aurai besoin que d'un piano et rien d'autre. Je suis satisfaite de l'auberge, elle est propre, ils changent les serviettes tous les jours, etc, mais la salle de bain me manque et j'en souffre. Je voudrais en changer mais cela coûte plus cher et tu me réprimanderais.

Rome est une grande belle ville, du moins le peu que j'en ai vu me plaît, seulement quand tu n'es pas là rien n'est beau.

Aujourd'hui, mon chéri, j'ai entendu un appel téléphonique. J'étais nue dans la salle de bain, et à côté j'entendais parler une femme qui pleurait au téléphone, etc. Moi, stupide, je restais là nue, avec le froid, à écouter la fin de la conversation, car on comprenait que son jeune homme voulait la quitter. Finalement, moi aussi presque en larmes je suis restée là plus d'une demi-heure. Une fois la conversation terminée elle appela immédiatement une de ses amies en rigolant. J'ai failli m'évanouir. Imagine-toi, elle feignait et lui le pauvre qui la croyait, à tel point qu'il s'est convaincu de ne pas la quitter. Je te le dis moi, malheur s'il t'arrive une femme comme ça. De ma vie je ne me suis sentie aussi stupide de tant de mensonges. Sainte Vierge !!

L'autre nouvelle est que Serafin, alors que je me reposais un peu, s'est rapproché et a tenté de me caresser la jambe, pauvre de lui ! Heureusement que j'étais dans sa maison et il n'a rien osé de plus ! Je te dis pas ! Alors, amour chéri, je te laisse, je t'embrasse tellement tellement et toujours je t'aime, peut-être même encore plus car tu es loin. Quand te reverrai-je ?

Ta Maria

PS : J'ai maintenant le téléphone dans ma chambre, mais à quoi me sert-il ? Envoie-moi l'argent à temps s'il te plaît.

Deuxième lettre du même jour

Samedi 1er novembre 1947

Mon amour,
je dois t'écrire ces quelques mots comme ça au moins j'ai l'impression de parler avec toi et je te sens plus proche.

Je suis à peine rentrée que j'ai ressenti le besoin très fort de te voir. Là, tu vois, je t'ai tout près et je ressens le besoin de te parler, d'entendre ta voix, je te téléphone, je viens à toi. Mais ici je suis seule, tu n'es pas là. Comme j'aimerais t'avoir tout près à cet instant. Parce que ainsi d'un coup je ressens ce désir d'être proche, t'entendre parler (tu parles si bien tu sais). Puis que tu me regardes à ta manière spéciale. Et que tu m'appelles de mon nom favori, tu sais ?

Je te laisse amour. Excuse-moi du dérangement, mais je t'aime tant, je t'embrasse tant, ta Maria pour toujours.

PS : Ecris-moi beaucoup beaucoup. J'ai déjà écrit et posté la lettre à Nicola, comme tu me l'as demandé.
PPS : Salue pour moi Madame Zanni, Gaetano, Ernesto, Bepi, etc.

Troisième lettre du même jour

Cher amour, voici la troisième lettre que je t'écris aujourd'hui. Je serais folle tu crois ?

Mais pour celle-ci il y a une raison de plus de t'écrire. C'est que je serai d'ici quelques jours près de toi ! Le maestro dit qu'il est inutile de se fatiguer plus pour le moment. Il va m'enseigner tout ce qu'il souhaite et puis dans quelques jours, selon lui trois-quatre jours, je retourne à toi et le 4 ou 5 décembre il sera lui à Venise pour son travail alors il me fera venir pour travailler avec lui et sera à ma disposition pour quelques jours supplémentaires. Puis je pourrai revenir à Vérone et je repartirai ensuite seulement lorsque commenceront les répétitions. Ainsi je ne me fatiguerai pas. Et il a raison. Car en trois-quatre jours, comme je te l'ai écrit précédemment, je connaîtrai bien le rôle, mais ensuite bien sûr il faudra que je l'apprenne par cœur. Ce sera mon travail seulement avec le piano ! Donc je suis contente.

Alors, chéri, comment dois-je faire pour le voyage ? Tu pourrais l'organiser de là-bas. Je préférerais. Ici je n'ai aucune idée. Ecris-moi comment je dois faire, amour. J'espère que tu n'es pas déçu de me voir aussi vite… ! Moi j'en suis justement heureuse, si heureuse que lorsqu'il me l'a annoncé je l'ai presque embrassé.

Sa femme a suggéré que je m'en aille parce que le connaissant lui elle a peur que je me fatigue trop. Parce que nous faisons deux heures et demie, trois heures, tous les jours, et ça ne plaisante pas du tout cet opéra.

Je n'ai rien d'autre à t'écrire : seulement qu'il me tarde de te voir. J'attends de tes nouvelles. Dis-moi comment faire pour mon retour. Pense à moi, amour, sois en bonne santé et aime ta Maria.

PS : Ma jambe me fait si mal que je ne sais que faire. A certains moments j'en pleure tellement la douleur est forte.

A Giovanni Battista Meneghini – *en italien*

Dimanche 2 novembre 1947
l'heure 5:00 p.m.

Mon Battista,
Amour, je suis heureuse ! Pendant que j'étudiais furieusement, et alors que toutes les quinze minutes retentit le clocher près d'ici, tu imagines bien le dérangement, m'arriva ton télégramme.

Battista tu es si gentil et plein de tendres pensées. J'apprécie tant cela. J'en suis si émue que j'en pleure. Je me sentais si abandonnée aujourd'hui car je n'avais pas de courrier de toi...

Le leçon était ce matin et nous avons fini à 12h30, du coup j'ai passé tout l'après-midi seule, seule à étudier. Ma tristesse aujourd'hui est infinie ! Une si belle journée, douce, ensoleillée, vraiment belle, et mon Battista si loin ! Mais j'espère que d'ici la fin de la semaine je serai enfin là où je veux être, près de toi !

Si je mets tout ce que je ressens pour toi dans mon Isolde, ce sera merveilleux ! Je ferai de mon mieux !

Chéri excuse le papier sur lequel je t'écris mais je n'en ai pas d'autre et les magasins sont fermés.

Je te salue, pense à moi, sois en bonne santé. Pense à moi encore et mange bien et après pense à moi encore
Ta Maria

A Giovanni Battista Meneghini – *en italien*

Lundi 3 novembre 1947

Mon cher Battista,
Merci pour la lettre que tu m'as transmise. Elle était de ma sœur. Puis j'ai reçu une des tiennes que tu avais écrite le premier novembre. Une lettre un peu triste, peut-être parce que c'était la Toussaint et peut-être parce que tu n'avais pas encore reçu de mes nouvelles. Mais chéri je t'ai écrit immédiatement l'autre jour, ce n'est pas ma faute mais celle de la poste, que je hais parce qu'elle nous joue toujours

des tours. Mon chéri, comment vas-tu ? Tu écris si peu et je voudrais tellement plus. Moi je t'écris beaucoup, je crois que tu ne peux pas me reprocher le contraire. Je n'ai jamais écrit autant qu'à toi en ce moment, et je le fais si volontiers car cela me donne l'impression que tu es plus près, que je te parle…

Je suis contente que ton bureau te plaise. J'aimerais moi aussi avoir une atmosphère aussi calme et propice à mon travail. J'imagine combien la cerbère se réjouit de mon absence. Tu me la salues bien et dis-lui de ne pas trop se réjouir, car elle me verra d'ici peu !

Le Maestro me demande toujours de tes nouvelles et quand il te verra. Mais tu sais, si je rentre en fin de semaine il est inutile que tu viennes ici, tu ne crois pas ? Et puis je pensais que ce serait bien si je pouvais partir jeudi avec l'avion et te retrouver à Padoue, pour que nous rentrions ensemble qu'en dis-tu ? Mais tu sais je n'aurai pas assez d'argent j'ai besoin que tu m'en envoies tout de suite.

Mon cher amour, je n'ai plus rien d'autre à t'écrire. Seulement que je te prie d'être en bonne santé et de penser à moi comme je pense à toi. Je t'aime et suis toujours seulement ta Maria.

PS : Isolde te salue, elle va bien, il y a encore beaucoup à travailler – de ma part – mais tu vois que je ne suis pas si stupide ! Aujourd'hui il fait un temps merveilleux, soleil, ciel bleu, pas froid, quel bonheur ce serait s'il faisait ce temps à Vérone. Mais on ne peut pas tout vouloir dans la vie. Tu es ma chaleur… et pas comme tu le penses !… ou peut-être que si…!! J'espère que tu n'as pas trop consommé ta chaleur. Et qu'il en restera pour moi à mon retour !!!

Deuxième lettre du même jour

Lundi à 9:00 p.m.

Mon cher Battista,
je me prépare maintenant à aller dormir mais avant je voulais te saluer. Amour, comment vas-tu ? Tu penses à moi ? Qui sait. Quoi de neuf ?

Aujourd'hui ce fut une journée de gratification pour moi. Serafin était plus content de moi que d'habitude. Il a dit que ça commençait à bien rouler et pourtant on est dans le deuxième acte, le plus difficile. Et il y avait avec lui un certain maestro Sampaoli qui est resté un peu m'écouter. (Serafin a voulu qu'il m'entende, ça se voyait parce qu'il est resté dans l'autre pièce et seulement après j'ai été présentée). Il était très enthousiaste et m'a proposé de chanter *Turandot* à Bari. Mais je ne pourrai pas car au même moment je devrai chanter la même chose à la Fenice. Mais néanmoins j'ai trouvé sa proposition très gratifiante.

Chéri que Dieu m'aide et me garde en bonne santé et esprit car c'est une grande occasion cette Fenice et encore plus grande responsabilité. Tu dois m'aider à aller bien et être de bonne humeur. Cela en dit beaucoup, n'est-ce pas ? Tu dois me rendre heureuse et ainsi j'aurai l'envie de bien chanter. Actuellement je suis bien vocalement, ça se voit. Mes aigus sont particulièrement libres et ils ne me fatiguent pas du tout. Et les notes graves ne manquent pas non plus. Je suis vraiment en forme vocalement, j'espère que je le serai aussi plus tard !

Je ne sais encore quand exactement je te verrai, mais je crois à la fin de cette semaine. J'ai tellement envie de rentrer, de te voir, je suis si seule ici. Parfois je me sens si triste que je commence à penser à tout avec pessimisme. Seuls tes lettres et télégrammes me tiennent compagnie. Chaque matin je guette l'heure quand viendra le facteur pour m'apporter une de tes précieuses lettres !

Tu sais j'ai envoyé une carte postale à Calabrese. Je pense que ça lui fera plaisir. Qu'en penses-tu ? Puis j'ai écrit à Nicola, et puis je t'écris beaucoup à toi. Tu vois combien ! Tu vas être lassé de recevoir tant de courrier et d'être obligé de le lire et de me répondre, n'est-ce pas ? Mon chéri, je te salue, je t'embrasse, je t'aime et suis à toi pour toujours Maria

A Giovanni Battista Meneghini – *en italien*

Mardi 4 novembre 1947

Cher Battista,
aujourd'hui j'espérais avec tant de joie une lettre de toi qui n'est pas arrivée, je ne sais pourquoi. Je ne veux pas croire que tu ne m'aies pas écrit. Je suis certaine que tu l'as fait mais que la poste nous joue

de ses tours. Cela m'a gâché toute la journée. Je ne suis plus de bonne humeur, je suis même très triste. Au moins quand je reçois de tes nouvelles je me sens bien, pleine de volonté, pour entamer une longue journée monotone d'étude et rien d'autre. Mais aujourd'hui je n'ai que la tristesse.

Comment vas-tu amour et que fais-tu ? J'espère qu'avec ton nouveau bureau tu ne m'oublies pas et que tu ne voudrais plus de moi. Aujourd'hui plus que tous les autres jours j'ai très envie de prendre le train et de rentrer. Mais il y a toujours dans ma vie, pour une raison ou pour une autre, le devoir, la responsabilité. Et alors que m'apporte cette vie à moi ? Je te salue, t'embrasse et j'attends avec tant d'impatience une lettre de toi.

Toujours ta Maria

A GIOVANNI BATTISTA MENEGHINI – *en italien*

Samedi 22 décembre, à 12 h 30

Cher amour,
j'ai voulu t'écrire ces quelques mots pour te remercier de ta bonté et de ta finesse. Avant tout pour le télégramme que tu veux envoyer à ma mère. Je n'ai pas de mots pour te dire le bonheur et plaisir que me donne ton geste ! Et aussi pour ta pensée envers Louise. Vois-tu, pour moi cela représente plus que ce que tu penses, parce que cela me démontre ta gentillesse et bonté, et surtout l'intérêt que tu portes à ceux qui me sont proches. Tu m'as rendue très très heureuse ! Je te remercie et je t'aime encore plus, si tant est que ce soit possible !

Je veux aussi te remercier d'avoir compris mes états d'âme et d'avoir voulu passer Noël avec moi. Amour tu mérites tout l'amour que je puisse te donner et sans doute je te donne trop peu.

Je te laisse, mon Battista et je te le répète encore : merci, merci, merci !

Eternellement ta Maria

1948

JANV. 2, 8, 11	*Tristano e Isotta* WAGNER, dir. Tullio Serafin	**VENISE** Teatro La Fenice
JANV. 29, 31 FÉV. 3, 8, 10	*Norma* BELLINI, dir. Nino Sanzogno	

A Giovanni Battista Meneghini – *en italien*

Udine, mercredi 10 mars 1948

Mon Battista,
je ne pouvais pas te parler au téléphone hier parce qu'il était littéralement au comptoir, sans cabine ni rien. J'étais très fatiguée car nous sommes arrivés ici à 17 heures et à 17 h 30 il y avait la répétition, jusqu'à 20 heures.

En somme tout le monde était enthousiaste à mon sujet (et encore je n'ai pas chanté fort parce que ça ne m'a pas paru prudent) et n'en revenait pas de ma <u>merveilleuse prononciation</u>.

Puis le soir, après le dîner, des journalistes sont venus me demander des informations sur ma vie et carrière, et j'ai tenu ainsi jusqu'à minuit. Ils m'ont complimenté aussi sur ma belle apparence. En somme j'ai eu une réception très chaleureuse. Et aussi, hier j'ai payé l'addition du déjeuner, je m'en suis presque évanouie. Imagine-toi : un risotto au beurre, deux œufs au beurre, fenouil, macédoine, pain et café, le tout pour 55 lires[1]. Je n'ai jamais payé une addition aussi petite.

---

1. Environ 2 euros (valeur de 2019).

Bon, demain j'ai beaucoup de travail : répétition à 12h30. Puis la générale le soir, et après-demain la première. Qu'as-tu fait hier et aujourd'hui ? As-tu bien mangé, dormi et travaillé ? As-tu pensé un peu à moi, à nous ? Je t'ai menti au téléphone. Je n'allais pas bien. Je sentais même mon cœur se serrer pendant que je te parlais, comme si j'avais un grand reproche à te faire. Alors maintenant tu sais ce que je ressens, mais ce n'est pas important.

Je voulais te dire aussi que ça ne sera pas pratique pour toi de venir ici, tu vas perdre beaucoup de temps et on se verra si peu. Je t'aime tellement – même plus qu'avant... c'est sans logique. Peut-être à la place, si tu ne peux pas venir, si tu veux envoie-moi Rodolfo je serai contente. Le spectacle sera en matinée, alors je pourrai peut-être rentrer dès le soir, comme tu diras.

Je voudrais t'écrire plus. Mais je ne saurais m'exprimer, alors je te laisse deviner ce que j'ai dans le cœur, ce que je pense et ressens. Je te salue, t'embrasse, t'enlace, et tant d'autres pensées que je t'envoie. Sois en bonne santé et pense à moi
Ta Maria

PS : Battista......... !

MARS 11, 14	***Turandot*** PUCCINI, dir. Oliviero de Fabritiis	UDINE Teatro Puccini

A Giovanni Battista Meneghini – *en italien*

Trieste, mercredi 14 avril 1948[1]

Mon Battista chéri,
Je ne peux même pas tenter de t'expliquer la douleur que j'ai ressentie quand tu es parti ce matin. Et tu sais combien je suis perturbée ces jours-ci. Et pour ajouter à mon anxiété, est arrivé à 11 heures ce matin un énorme paquebot. En grec on dit un Auroplanophore. Mon

---

1. Trois jours avant la première de *La Forza del Destino*.

Dieu, quelle angoisse, Battista, j'ai eu si peur ! J'admire ton calme et j'espère que ton assurance aura raison de tout.

Aujourd'hui à la répétition, tout le monde était content ! Barison m'a fait plein de compliments et Franci m'a fait beaucoup beaucoup de compliments aussi. Il dit que personne ici en Italie ne chante Verdi comme moi. Je voudrais le croire mais tu sais combien je suis pessimiste pour cet opéra ! Il me tarde d'être à samedi. Que je serais heureuse si tu étais là ! Tu n'as jamais manqué une première, jamais !!

Après la répétition un journaliste est venu m'interviewer et quand je suis rentrée à l'auberge j'ai retrouvé toutes mes affaires dans la nouvelle chambre et cela m'a fait tellement tellement plaisir. C'est une magnifique chambre avec une belle et grande salle de bain. Je viens juste de prendre un bon bain très chaud avant de t'écrire. J'en ai vraiment profité.

Cher amour, quand te verrai-je ? Mon Battista à moi. Je suis tellement malheureuse loin de toi. Tu penserais un peu à moi ? Puis, Battista, je te prie de te reposer. Et je te prie encore plus de manger. Tu en as tant besoin, avec tout ton travail. Amour !! Je te laisse maintenant chéri, et te prie de me téléphoner souvent, de m'écrire même si c'est juste quelques mots, si tu veux bien, et d'aimer et penser à ta, à toi seul, Maria.

PS : Je t'aime tellement tellement, de tout mon être, et je suis toute à <u>toi</u> !

A Giovanni Battista Meneghini – *en italien*
La veille de la première

Vendredi à 6 h 20
le 16 avril 1948

Mon amour chéri,

j'écris ces quelques lignes car ainsi je me sens un peu plus proche de toi. Tu vois que malgré les deux coups de téléphone d'hier je me sens très très triste et seule. Nous avons été tellement ensemble ces derniers temps, je me suis vraiment habituée à t'avoir tout près, comme tu le sais, que ça me laisse une sensation pas très agréable, c'est-à-dire de vide, tant de vide ! A toi certainement je ne manque pas tant car tu as beaucoup à faire et sans doute tu ne ressens pas le manque autant que moi. Et quand je pense que je vais devoir faire ma première de *Forza* seule, sans toi, ce n'est pas que mon cœur qui pleure mais tout mon être.

Aujourd'hui j'ai reçu ta lettre et t'en remercie. Moi aussi je t'ai écrit. Tu vois nous faisons la même chose en même temps. Je voulais tant que tu m'écrives car au téléphone on se parle mais c'est si bref, il se passe un moment avant que je t'entende bien. Alors que tes lettres je les ai avec moi, je les lis et les relis et quand je me sens seule je prends tes lettres et je te sens plus proche !

Ce soir nous avons la générale. Je ne sais ce qu'il en sortira car la scène du second acte nous ne l'avons pas encore jouée et je ne sais que faire scéniquement ! Et puis je me sens un peu déprimée, et faible car souffrante, et je n'ai pas de volonté.

Et puis je dois te dire, en parlant de saleté, que les costumes sont si puants de sueur que j'en viens à m'évanouir ! Comment arriverai-je à les enfiler, Dieu seul le sait !! Tellement puants que des collègues sont entrés et se sont plaints de l'odeur qu'ils sentaient dans toute la pièce ! Quelle horreur ! Juste après la première je t'écrirai pour tout te raconter. J'espère avoir de bonnes nouvelles.

Ainsi je te laisse mon Battista chéri, écris-moi, pense à moi et aime-moi, comme je t'aime. Toujours ta Maria.

PS : Qui m'enverra mes fleurs habituelles… ?

AVRIL 17, 20, 21, 25	*La Forza del Destino* VERDI, dir. Mario Parenti	**TRIESTE** Politeama Rossetti
MAI 12, 14, 16	*Tristano e Isotta* WAGNER, dir. Tullio Serafin	**GÊNES** Teatro Grattacielo
JUIL. 4, 6, 11	*Turandot* PUCCINI, dir. Oliviero de Fabritiis	**ROME** Terme di Caracalla
JUIL. 27 **AOÛT** 1, 5, 9	*Turandot* PUCCINI, dir. Antonino Votto	**VÉRONE** Les Arènes
AOÛT 11, 14	*Turandot* PUCCINI, dir. Angelo Questa	**GÊNES** Teatro Carlo Felice
SEPT. 18, 19, 23, 25	*Aida* VERDI, dir. Tullio Serafin	**TURIN** Teatro Lirico

A Elvira de Hidalgo – *en italien*

Jeudi 30 septembre 1948

Ma très chère Madame,
Vous devez m'excuser de n'avoir pas écrit plus tôt mais j'étais très prise par les répétitions d'*Aida* à Turin, qui s'est passée (comme vous le pensiez) magnifiquement bien – c'était même un <u>triomphe</u> ! Je n'ai pas pu chanter à Pérouse car c'était au même moment mais j'ai obtenu bien plus avec *Aida*. Ainsi <u>désormais</u> on dit que je suis la vraie voix verdienne, etc. ! etc. !

Pauvres malheureux que sont ceux qui n'avaient rien compris. Voilà pourquoi l'art se dégrade tant. On manque de gens qui savent juger correctement ! S'il n'y avait pas eu Serafin je ne <u>chanterais</u> déjà plus. Je devrais toujours me restreindre selon eux, parce que si une voix est puissante il leur paraît impossible qu'elle puisse chanter Verdi. Ils oublient les voix d'antan. Bref, en somme j'ai vaincu et c'est ça l'important !

J'ai beaucoup de travail pour cet hiver. Demain je vais à Milan pour signer plusieurs contrats. J'ai déjà signé pour *La Walkiria* à Venise, *Turandot* au San Carlo (les 3 seules de tout l'hiver, j'ai refusé toutes les autres !!!)[1] et hier m'a téléphoné Fersoni qui me veut à l'Opéra de Rome pour un opéra de Gomes – je crois que ça s'appelle «Guarany» ou quelque chose comme ça – il y aura le maestro Serafin et le ténor Lauri-Volpi, puis *La Fanciulla del West*[2].

Quand je rentrerai de Milan je vous écrirai les autres nouvelles et projets qui se seront manifestés. A la mi-octobre j'irai à Rovigo pour faire deux *Aida* avec le maestro Berretoni. Il y a aussi Palerme cet hiver avec *Walkiria*. Et il paraît que plein de choses de Verdi vont m'être proposées. J'espère que Serafin trouvera le ténor pour *Norma* et je livrerai ainsi ma dernière et définitive bataille, et j'aurai enfin créé ce nom que vous et moi désirions tant.

---

1. Turandot n'a jamais été un rôle très apprécié par Callas, elle y excellait mais ne l'aimait pas et disait qu'il était mauvais pour la voix (cf. «Un chant d'un autre siècle», p. 593). Elle essayait donc de s'en libérer le plus rapidement possible, pour privilégier les grands rôles de bel canto.
2. Finalement Maria ne chantera jamais ni Gomes, ni *La Fanciulla* de Puccini.

Ma chère, Dieu est avec moi, et je lui en suis reconnaissante. Je vous écrirai dès mon retour à Milan, et je vous salue et vous embrasse si chaleureusement !

Et votre pied ? Va-t-il mieux ?

Votre Maria

DE ELVIRA DE HIDALGO – *en italien*

Ankara, le 6 octobre 1948

Très chère Maria, ta lettre me remplit de joie, je voudrais t'embrasser pour ton succès dans *Aida*, bravo ma Maria. J'aurais tellement voulu être présente à ton triomphe. Les Turinois je crois se souviennent encore de mon *Barbier*. Je n'oublierai jamais les ovations du Teatro Regio. Maintenant sois tranquille et heureuse, tu as vaincu, comme tu le dis, donc tu vois que la bataille n'était pas si longue. Pense à tous les autres, combien d'humiliations et de larmes avant d'arriver à faire le tiers de ce que tu fais toi. Tu dois rendre grâce à Dieu, et ne pas oublier la personne qui t'est si proche [Meneghini] et qui t'aime tant, et qui t'est d'une grande aide morale, c'est pourquoi lui aussi contribue indirectement à ton succès. Transmets-lui mes salutations les plus chaleureuses. Je te prie de m'écrire vite, envoie-moi les coupures de journaux. Bravo encore une fois, avec un baiser affectueux.

Elvira

OCT. 19, 21, 24	*Aida* VERDI, dir. Umberto Berrottoni	ROVIGO Teatro Sociale

A ELVIRA DE HIDALGO – *en italien*

Mardi 9 novembre 1948

Ma chère Madame,

Cette lettre de moi vous apportera grande joie. Parce que le grand désir que nous avions vous et moi est sur le point de se réaliser.

C'est-à-dire, le 30 novembre je ferai mes début dans *Norma*, avec le maestro Serafin, à Florence au Comunale. Vous pouvez bien imaginer tout le travail que j'ai en ce moment, et quelle agonie jusqu'à ce que vienne la première, et qu'elle se <u>termine</u> et que j'en voie le résultat. Cela a été décidé il y a une semaine car je devais faire 4 représentations d'*Aida* et Serafin a dit : « Pourquoi ne pas faire deux de *Norma* et deux d'*Aida* ? » Ainsi ce grand maestro encore une fois m'ouvre la voie à un autre succès.

Ma chère, priez que ça se passe bien, priez que je sois en bonne santé car après cette représentation, si elle se passe comme nous l'espérions et en rêvions, je serai la reine du chant en Italie, pour ne pas dire de partout, pour la simple raison que j'atteindrai la perfection du chant et qu'il n'y aura pas d'autre *Norma* dans <u>le monde entier</u> !

Avec *Norma* et *Aida* c'est moi qui serai aux commandes. Déjà pour *Aida* tous les théâtres me veulent à tout prix et quoi qu'il en coûte, et si Dieu veut que *Norma* se passe bien la route s'ouvrira.

Ma chère, notre travail, et votre attention à ma voix, et vos précieux conseils me porteront là où nous avions toujours rêvé. Je mets, ces jours-ci, toute ma volonté et mes connaissances au service de *Norma,* et Dieu doit être bon et me garder en bonne santé.

L'autre nouvelle est que j'ai refusé Lisbonne car, tout d'abord, après un tel hiver de si intense travail je dois me reposer un peu – j'aimerais bien conserver ma voix ! Et puis le répertoire ne m'allait pas : ils m'offraient *Turandot*, 2 représentations, puis une de *Ballo in Maschera*, puis une de *Don Giovanni*, et puis encore un concert. *Turandot*, <u>ça suffit</u> ! *Ballo in Maschera* ne me plaît pas tellement, *Don Giovanni* je ne l'ai pas appris et de toute façon je devrai le faire avec Serafin l'hiver prochain.

Ecrivez-moi toujours à l'adresse habituelle pour être sûre que je reçoive car Battista m'envoie tout le courrier là où je me trouve. Il vous salue bien. C'est vrai qu'il est très bon et m'aime beaucoup.

Je vous embrasse très chaleureusement
Votre Maria

A Giovanni Battista Meneghini – *en italien*

Rome, mardi 11 novembre 1948

Mon très très cher amour,
aujourd'hui j'ai reçu trois lettres en même temps de ta part et c'était pour moi la plus grande fête qui existe. Bien sûr, cela aurait été une fête encore plus grande si tu étais arrivé ensemble avec les lettres, mais je sais combien tu as de travail et tu sais que je veux que tu fasses ton travail bien, comme j'essaie de faire le mien. Je t'aime trop pour être égoïste.

Chéri, j'ai bu tes lettres et c'était comme un grand baume désaltérant cette soif que j'ai de ta présence et proximité. Tu sais combien nous sommes liés et tout ce qui nous arrive de bon et d'honnête nous nous empressons immédiatement de nous le raconter avant tout l'un à l'autre. Tu vois, c'est la chose la plus belle et plus grande mais c'est aussi une torture plus grande quand on est séparés. Et maintenant j'arrête, autrement tu auras la grosse tête et deviendras orgueilleux.

Mes nouvelles sont très très agréables. Jamais je n'ai vu Serafin aussi content. Moi, en revanche, je ne le suis pas parce que j'exige trop de moi-même. Je suis comme toi, qui as toujours l'impression de mal faire ! Et puis j'ai ce coup de froid qui m'agace tellement. Je me suis réveillée et j'avais le nez tout bouché. Et la gorge derrière la langue et en dessous semblait toute gonflée. Je la sentais tellement lourde. La poitrine m'irrite et les os me font mal. Je pense avoir un peu de fièvre. Si je ne devais pas aller à Pise[1] je resterais au lit et demain j'irais déjà mieux, mais je n'ai pas le temps pour cela. J'espère que ma « Madonnina[2] » va m'aider. Tu n'as rien mis au-dessus du lit, n'est-ce pas ?

Chéri, excuse-moi si cette lettre est un désastre[3], mais je n'ai plus d'encre dans le stylo (que je n'aime pas !) et alors je continue au crayon. Je suis au lit. Je me suis juste arrêtée d'écrire pour prendre les gouttes pour le nez et « l'huile de ricin » en espérant qu'il fassent disparaître ce rhume carabiné.

---

1. Pour une représentation de *Turandot* le lendemain au Teatro Giuseppe Verdi, sous la direction d'Arturo Lucon.
2. Le tableau de Cignaroli offert par Meneghini (cf. *Mémoires*, p. 58).
3. La lettre est pleine de ratures et de gribouillis.

Mon Battista, quand te reverrai-je ? Qui sait ? Tu vois, après Pise je devrai revenir ici et continuer car il nous reste très peu de jours pour travailler et crois-moi si j'avais plus de temps cela serait tellement mieux pour le succès de la *Norma*. Car on n'étudie jamais assez *Norma*. Serafin a reçu ta lettre et il en était content. Je me suis arrêtée d'étudier pour relire tes lettres avant de t'écrire, je les aime tant ! L'unique plaisir et satisfaction ces jours-ci ce sont tes lettres et tes coups de téléphone. (Quand on arrive à entendre quelque chose.)

Ma jambe semble aller mieux. Mais aujourd'hui j'avais pris une aspirine alors sûrement la douleur reviendra. Petruccio ne te passe pas son bonjour, il ne parle même pas de toi. Il est très gentil et me soigne beaucoup le pauvre. Il dit qu'il serait heureux, le plus heureux du monde, s'il pouvait me soigner de tout et pour toujours. Tous les soirs nous dînons ensemble, cela te dérange ? Si tu ne veux pas et si cela t'ennuie écris-le-moi. Et tes coups de téléphone ? Maintenant tu peux recevoir des coups de téléphone sans crainte, je ne suis pas là pour critiquer.

La mauvaise et ennuyeuse nouvelle est que je devrai porter une perruque dans la *Norma*. Je dois être blonde rousse ! Quel mauvais goût ! Il faudra donc s'occuper de cela aussi ! En ce qui concerne le costume il paraît que pour l'instant cela n'importe pas. Serafin dit de faire la première ainsi et ensuite je pourrai faire comme je veux. Les costumes de Kundry dans *Parsifal* en revanche sont très simples. Je t'avertis dès à présent que j'aurai une espèce de soutien-gorge et le ventre à l'air. Et le reste du costume doit être très transparent. Je devrai mettre des collants. Ce ne sont pas des scènes comme *Aida*, pauvre de moi et pauvre de toi. Ils m'en font voir de toutes les couleurs !

Je te laisse. Je crois avoir écrit tout ce que j'avais à dire et t'avoir même fatigué. Je le répète, écris-moi beaucoup et souvent. Je pense beaucoup à toi. Tu es toujours près de moi et je t'aime encore plus quand je vois que tu me montres toute ton affection. Sache que plus tu me montres ton amour, plus je t'aime. Il me tarde de t'avoir près de moi, d'être cajolée, et de reprendre ma place[1]. Au revoir et prends soin de toi et de ta santé.

Je suis toujours ta Maria

---

1. Cette expression récurrente dans la bouche de la jeune Maria veut dire : auprès de son mari.

Rome, 1949, en costume de Kundry pour Parsifal.

A Giovanni Battista Meneghini – *en italien*

Rome, lundi 15 novembre 1948

Mon cher amour,
Ce matin j'ai eu le plus beau et le plus heureux des réveils : <u>tes fleurs !</u> Mon amour, je ne sais pas pourquoi, mais je me suis mise à pleurer stupidement, comme une enfant, de joie ! Je t'aime tant, je te le répète. Je ne saurais rien dire d'autre ! Je suis pleine, pleine de toi, et mon seul bonheur est d'être auprès de toi. Sache-le et aime-moi aussi et vis pour moi comme <u>je vis</u> et existe pour toi.
Sur le papier ces mots semblent stupides, exagérés et poétiques, mais toi, me connaissant et cherchant à <u>ressentir</u> plutôt que lire ces mots, tu comprendras combien de valeur et de poids ils ont. Je suis

à toi et je n'ai pas d'autre désir que d'être à toi ! Merci pour le télégramme.

J'ai reçu une belle lettre de Gurian et la bonté de cette femme m'émeut. Elle est si simple et extrêmement affectueuse, ne trouves-tu pas ?

Et toi, chéri, comment vas-tu ? Prends soin de toi, prends soin de toi, et quand tu te sens déprimé ou fatigué, pense que tu as une personne pour qui tu as l'obligation de vivre car sans toi cette personne ne saurait vivre. Et cette personne c'est moi.

Je pars maintenant chez Serafin pour travailler. Je te salue, et tu sais… ! Je suis toute, toute à toi, plus que jamais !

Ta Maria

A Giovanni Battista Meneghini – *en italien*

Rome, jeudi 18 novembre 1948

Mon cher amour,

Je t'écris deux lignes comme ça pour te saluer. Comment vas-tu ? Que fais-tu ? Il y a tant d'autres questions mais je te les poserai quand je te verrai. Heureusement ces jours-ci je suis en pleine forme. Je mange relativement bien et je mène une vie très tranquille. J'ai fait le tour des perruquiers pour la perruque mais finalement j'ai pu la trouver. Vois-tu, c'est une couleur difficile, car lorsqu'il s'agit d'une couleur rouge il faut faire très attention, cela peut faire mal aux yeux. J'en ai trouvé une à mi-chemin entre le blond-châtain et le rouge Titien, et elle est vraiment belle mais cela m'a fatiguée. Puis pour couronner le tout elle doit être très longue ! Jusqu'à la taille au moins ! Tu imagines : je suis très grande alors avec l'ondulation qui la raccourcit il faut une longueur de 90 cm, franchement j'ai été chanceuse de la trouver. Tu te souviens pour la perruque de *Tristano* je n'arrivais pas à en trouver une assez longue, et il s'agissait de 60 cm. Alors je suis contente parce que je peux désormais penser à la voix et rien d'autre ! Bien sûr inutile d'essayer de ne pas penser à toi, car tu es toujours tout près quel que soit le moment ou le lieu. Chéri, j'ai tellement envie te voir. Quand vraiment je n'en peux plus d'envie, je prends et relis tes lettres, ainsi je m'en contente pour un petit moment.

Serafin est très content et j'espère qu'il le sera aussi à la première, car comme il le dit je dois faire ce que personne d'autre ne pourrait faire. Je dois être toujours la meilleure ! Il m'aime beaucoup, n'est-ce pas ?

Amour, il me tarde que vienne dimanche. Viens à l'Anglo-Américain. Je pense que nous partons à la même heure. Mais si tu arrives avant moi, alors tu m'attends à la gare n'est-ce pas ? Ciao mon chéri, pense à moi tellement, tellement, tellement ! Salue pour moi Pia, Gianni[1], et ta pauvre maman.

Toujours ta Maria

A Giovanni Battista Meneghini – *en italien*
Deuxième lettre du même jour

Rome, jeudi 18 novembre 1948

Chéri, j'étais en train d'étudier *Norma*, après être rentrée de la première répétition avec la mezzo-soprano, et m'est venue une telle mélancolie que tu ne pourrais imaginer. A tel point que j'ai voulu t'écrire pour me sentir un peu plus près de toi et me soulager. Vois-tu, chéri, je suis tellement pessimiste et chaque chose m'afflige, me perturbe et chaque chose que je fais je suis convaincue de la faire mal. Alors je commence à m'énerver, à me décourager et parfois j'en arrive à invoquer la mort pour me libérer des tourments que j'ai tout le temps. Vois-tu, j'aimerais donner tellement plus dans tout ce que je fais. C'est-à-dire dans l'art tout comme dans mon amour pour toi. Dans le chant j'aimerais que ma voix obéisse <u>toujours</u> à <u>ma</u> volonté mais apparemment je lui en demande trop, et l'organe vocal est ingrat et ne te donne pas tout. Je dirais même qu'il est rebelle et qu'il ne veut être ni commandé, ou dominé plutôt. Il veut toujours s'enfuir et j'en souffre. A tel point que si cela continue ainsi tu auras une neurasthénique entre tes mains.

Aussi dans mon amour pour toi je souffre car je ne sais te donner

---

1. La sœur et le frère de Meneghini.

plus ! Je voudrais, je ne sais pas, pouvoir offrir toujours et toujours plus et je sais que ce n'est pas possible parce que je ne suis qu'un être humain. Je souffre de l'éloignement parce que je ne peux pas tout partager avec toi. Tes pensées, tes tristesses, tes joies, tes angoisses, te sourire quand tu es fatigué, rire avec toi dans les moments de joie, deviner ce que tu penses (chose tellement facile pour toi et moi) et tant, tant d'autres choses !

Et puis je suis seule ! Je n'ai pas d'amis, et je n'en veux pas. Tu sais quelle misanthrope je suis, et j'ai raison de l'être. Je vis seulement pour toi et pour ma mère – et je suis loin de tous les deux ! L'art, selon les autres, me donne tout. Selon moi, il ne me donne même pas un centième de ce que je voudrais. Le public m'applaudit mais je sais au fond de moi que j'aurais pu faire tellement mieux ! Serafin dit qu'il est archicontent de ma Norma, mais malheureusement moi pas du tout. Je suis convaincue de pouvoir faire cent fois mieux mais ma voix ne m'écoute pas et ne me donne pas ce que je veux !

Mon Battista, pourquoi dois-je être ainsi ? Je crois être la seule à avoir un tempérament aussi mécontent de soi. L'unique moment où je n'ai véritablement plus de désir d'avoir davantage que ce que j'ai, c'est quand je suis à ma juste place, auprès de toi. Tu le sais aussi. Je suis toujours bien quand je suis près de toi, et malheureusement la logique dit que je dois être séparée, je le sais !

Mais je ne suis pas du genre à prendre les choses comme elles viennent. Je veux ce qu'il y a de mieux en tout ! Je veux que mon homme soit le meilleur de tous, je veux que mon art soit le premier et le meilleur de tous. Je veux en somme avoir tout, je voudrais même que les vêtements que je porte soient meilleurs que les autres, si c'était possible. Je sais que ce n'est pas possible et je m'en tourmente tant. Pourquoi !? Aide-moi, Battista, et ne me crois pas exagérer. Je suis juste faite ainsi !

Chéri, je peux juste te dire que de la même façon que je veux tout je veux être à toi, et je le suis, toute à toi, toute ! Aime-moi et ne me fais pas de peine. Chaque peine que tu me fais me blesse tellement que si tu savais à quel point tu ne m'en ferais jamais. Je suis trop sensible et trop juste en tout, et je veux que tu le sois encore plus que moi, si possible.

Amour, je te laisse maintenant, et te demande de ne pas te moquer de moi, et te demande d'essayer de me comprendre et de m'aider.

Et je demande seulement que tu m'aimes le tiers de ce que je t'aime, et je serai contente. Je suis avec toi plus qu'ici, surtout dans ces moments-là !

Ta Maria

A Giovanni Battista Meneghini – *en italien*

Florence, lundi 21 novembre 1948

Chéri, chéri, chéri !

Il semble que je sois en train de me rétablir après ce stupide mais sévère coup de froid que j'ai eu à Rome et aujourd'hui je peux dire que la répétition s'est bien passée, très bien. Même Serafin dit que je suis revenue comme avant, car effectivement, après le coup de froid je sentais quelque chose, je ne sais quoi, qui m'empêchait de faire ce que je voulais ! C'est pourquoi j'étais aussi noire, nerveuse, et odieuse ! Mon amour, je te remercie de la patience, l'amour, et la tendresse que tu me montres. Je ne sais ce que je ferais sans mon Battista ! Hier je t'ai quitté avec... ... ... J'interromps et reprends avec le crayon car l'horrible stylo dégueulasse n'a plus d'encre. Je disais que hier je t'ai quitté avec beaucoup de tristesse. Puis j'ai senti que tu avais quelque chose qui t'ennuyait – je ne sais quoi mais je voudrais que tu me dises si j'ai bien deviné. Il y avait bien quelque chose qui te perturbait hier ou pas ? Je voudrais que tu me répondes – oui ou non. Peu m'importe de savoir quoi et si tu ne veux pas me le dire, je voudrais seulement savoir si je t'ai bien compris ?

Chéri, ma chambre semble être tout autre avec tes fleurs – et je suis heureuse parce que j'ai l'impression de t'avoir près de moi. Je te demanderais bien de te faire faire une belle photographie pour que je puisse t'avoir avec moi – et chaque soir quand je suis triste je lui parlerai beaucoup. Elle me tiendra compagnie. Ici je suis bien – la chambre est mignonne, et chaude – et l'eau est toujours <u>bouillante</u>, quel bonheur ! Et toi as-tu déjà allumé le chauffage ?

Mon Battista, je te laisse et te prie d'être en bonne santé et de penser à moi <u>beaucoup mais beaucoup</u> – de m'écrire beaucoup. Si tu savais mon bonheur lorsque je reçois une de tes lettres ! Salue pour

moi Gianni et Pia. Je leur ai télégraphié. Ciao mon amour, je t'aime toujours de mon plus grand amour – si on peut dire ainsi !
  Toujours, ta, ta, ta, Maria

NOV. 30 DÉC. 5	*Norma* BELLINI, dir. Tullio Serafin	**FLORENCE** Teatro Comunale

1949

D'Elvira de Hidalgo – *en italien*

Ankara, le 3 janvier 1949

Très chère Maria,
Ton télégramme est arrivé seulement dimanche soir. Tu peux imaginer la tristesse de ne pas avoir pu t'entendre au moins à la radio. Les coupures de journaux que tu m'as envoyées m'ont remplie de joie. Vois-tu, Maria, je ne m'étais pas trompée sur ton compte et les décisions que tu as prises[1] dans les derniers temps à Athènes, sans mon consentement, ne t'ont servi à rien à part ralentir l'arrivée de ton succès, qui devait bel et bien avoir lieu en Italie. Je suis vraiment émue de lire dans les journaux ton triomphe en particulier dans *Norma* que nous avions étudié avec tant d'amour. Notre rêve à toutes les deux, oui, est désormais réalisé. Avec un peu de retard, je te souhaite qu'en cette nouvelle année 1949 tu aies tous les triomphes et satisfactions que tu mérites.
Meilleures salutations et vœux à Battista et à toi un baiser affectueux. Envoie-moi toujours de tes nouvelles. Je voudrais te faire venir ici pour deux concerts et deux autres à Istanbul.
Elvira de Hidalgo

---

1. Allusion à la décision de Maria de retourner en Amérique en 1946.

JANV. 8, 12, 14, 16	*La Walkiria* WAGNER, dir. Tullio Serafin	**VENISE** Teatro La Fenice
JANV. 19, 22, 23	*I Puritani* BELLINI, dir. Tullio Serafin	
JANV. 28	*La Walkiria* WAGNER, dir. Francesco Molinari-Pradelli	**PALERME** Teatro Massimo

A Giovanni Battista Meneghini – *en italien*

Vendredi 28 janvier 1949

Mon chéri,
Je t'écris quelques mots ici, de Palerme qui me fait tant souffrir. Tout d'abord, parce que c'est loin. Ensuite, parce que je ne sais pas comment je vais arriver à étudier *Parsifal*[1]. Et enfin, la façon dont ils travaillent ici est un désastre. Hier c'était la générale. En résumé, je te dis pas le pétrin. Rien n'était prêt. Sur scène il y avait au moins trente ouvriers (pourquoi je ne saurais te le dire car ils ne faisaient rien d'autre que rester là debout à regarder!). Je n'avais pas le heaume[2], le bouclier n'était pas prêt, ni la lance. L'orchestre faisait des <u>grimaces</u>, le maestro parlait beaucoup et ne faisait rien. Le basse Neri ne connaissait pas le rôle! En somme, aujourd'hui ce sera un spectacle dont je me souviendrai longtemps! Penses-tu, moi qui suis habituée au travail propre et parfait, venir ici pour trouver un tel pétrin! L'unique chose est qu'on me traite bien, comme si j'étais une Déesse! Tout ce que je fais est formidable.

Cher Battista, vraiment ce Palerme je n'en voulais pas. C'est une perte de temps et vraiment pénible. Au moins j'ai la consolation que ce sera fini mardi et que je pourrai partir. Il serait mieux que tu ne descendes pas ici. C'est inutile. Et dire qu'on me disait que je trouverais le printemps ici. Il fait très <u>très</u> froid, un air <u>tellement sec</u>, et il souffle un vent à blasphémer s'il y avait un tel type de vent.

Je n'ai pas d'autres nouvelles, à part que j'ai un mal de tête depuis ce matin, je n'en peux plus. Espérons que d'ici ce soir il sera

---
1. Dont la première était prévue moins d'un mois plus tard, à Rome.
2. Casque de la guerrière Brünnhilde dans *La Walkiria*.

parti... ... ... J'avais interrompu la lettre car je n'avais plus d'encre, alors j'en ai profité pour sortir et prendre un <u>double</u> café, ainsi peut-être ce mal de tête partira plus vite. Par chance il fait beau, mais pas chaud... ... ... Autre pause dans la lettre. Le théâtre vient de téléphoner pour me rappeler que la représentation est à 9 heures moins le quart ! Penses-tu ! J'ai beaucoup ri. Il semblerait qu'ici les gens oublient les représentations et ont besoin qu'on leur remémore. Bref !!!

Je te laisse, mon chéri, et je t'écrirai demain pour te parler de la représentation, et pour te saluer. A te dire la vérité je me sens un peu fatiguée. Pas vocalement, mais physiquement. Comme j'apprécierais un bon repos, à <u>ma</u> place !

Battista, ciao, à te revoir vite, mange, dors, et pense à moi. Ecris quand tu as une minute, tu me rends heureuse quand je reçois une de tes lettres.

Ta Maria

A Giovanni Battista Meneghini – *en italien*

Palerme, dimanche 30 janvier 1949

Mon amour,

Aujourd'hui ton coup de téléphone était une surprise pour moi. Je ne pouvais même pas en rêver. Je dois te dire que même si je voulais t'oublier ou me mettre en colère contre toi je ne réussirais pas car tu es si affectueux et attentionné et tu connais ma faiblesse et gratitude pour ce don de toi qui pour moi est la vie et le bonheur.

Chéri, je t'ai écrit à peine avant-hier le jour de mon arrivée te faisant part de mes aventures horribles, mais les suivantes ont été pires encore. Figure-toi que les journaux traitent la Magnoni[1] comme si c'était elle la protagoniste et moi une figurante d'arrière-plan et le comble est qu'un journal a écrit « Maria Callas en Brünnhilde, qui a chanté avec des accents intenses et sa voix belle et d'un timbre agréable, n'arrive pas à être une barbare Walkyrie. » Quel imbécile ! Donc tu penses bien comme je me divertis ici ! Si seulement

---

1. Jolanda Magnoni tenait le rôle de Sieglinde dans *La Walkiria*.

je pouvais partir avec le premier avion. Aujourd'hui il fait un temps splendide ici. Ah j'allais oublier. Ce même journal dit « Giulio Neri (Wotan) parfait <u>musicalement</u> ». Je ne saurais et ne pourrais jamais dire toutes les bêtises et les fausses notes qu'il a faites. Sans exagération si l'opéra avait été mieux connu ils l'auraient fichu à la porte sans hésitation. Je jure et jure encore que je ne remettrai plus jamais les pieds dans la Basse Italie. Il paraît que je suis trop musicale et distinguée pour qu'ils m'apprécient. Ils veulent sans doute nous voir nous tirer par les cheveux sur scène ! Je suis vraiment indignée et épuisée !

Je n'ai pas d'autres nouvelles si ce n'est répéter ce que je t'ai dit par téléphone, que je ne sais comment je vais arriver à préparer en si peu de temps le *Parsifal* alors que je dois encore faire ces horribles représentations de Naples[1] ! C'est une période mauvaise et dure pour moi !

Chéri, je te laisse, et te répète tout ce que tu sais si bien. Quand tu viendras à Rome apporte-moi le courrier. Comment vas-tu, que fais-tu, manges-tu, vois-tu les amis de Pia et Gianni ? Tu penses un peu à moi et tu viendras vite à moi ?

Toute, toute, toute, à toi, ta Maria

FÉV. 10	*La Walkiria* WAGNER, dir. Francesco Molinari-Pradelli	**PALERME** Teatro Massimo
FÉV. 12, 16, 18, 20	*Turandot* PUCCINI, dir. Jonel Perla	**NAPLES** Teatro San Carlo
FÉV. 26 MARS 2, 5	*Parsifal* WAGNER, dir. Tullio Serafin	**ROME** Teatro dell'Opera
MARS 7	Concert radiophonique, dir. Francesco Molinari-Pradelli • *I Puritani* « O rendetemi la speme… Qui la voce sua soave » • *Aida* « O cieli azzurri » • *Norma* « Casta diva… Ah ! bello a me ritorna » • *Tristano e Isotta* « Dolce e calmo »[2]	**TURIN** Auditorium de la RAI
MARS 8	*Parsifal* WAGNER, dir. Tullio Serafin	**ROME** Teatro dell'Opera

---

1. Les quatre représentations de *Turandot* du 12 au 20 février, à peine quelques jours avant la première de *Parsifal* à Rome.
2. A cette période, elle signe son premier contrat avec Cetra pour enregistrer en studio, sur 78-tours, tous les airs ci-dessus, sauf celui d'*Aida*.

D'Elvira de Hidalgo – *en italien*

Ankara, le 15 mars 1949

Très chère Maria,

Avant tout je dois te dire combien tu m'as émue quand je t'ai entendue à la radio de Turin et puis le lendemain à la radio de Rome dans *Parsifal*. Brava, Maria ! Comme tu le vois j'avais raison en te disant de n'écouter personne parce que avec ma méthode tu pourrais un jour chanter quasiment tout opéra, alors que les autres se demandaient pourquoi je faisais chanter, à une soprano dramatique de 16 ans, *La Cenerentola,* et te faisais faire les gammes comme à une soprano légère : voilà pourquoi aujourd'hui tout le monde est surpris et s'émerveille que tu puisses chanter *Puritani* et *Parsifal*. Je suis vraiment fière de toi. Ici mes élèves sont fous de toi et me demandent ta photographie. Le lendemain du *Parsifal* je t'ai envoyé un télégramme à Rome, mais on vient de m'avertir qu'il n'a pu t'être remis car tu es partie hier sans laisser d'adresse. Je suis bien désolée car tu aurais pu croire à une indifférence ou un oubli de ma part alors que je pense tant à toi et parle beaucoup de toi.

J'ai passé 20 jours à Athènes. J'ai lu toutes les coupures de journaux que tu m'as envoyées. Les amis sont naturellement tous heureux de tes triomphes et les ennemis en ont fait une jaunisse de jalousie.

Salutations à Monsieur Battista et je t'embrasse avec toute mon affection.

E. de Hidalgo

A Henry Dardick[1] – *en anglais*

Vérone, vendredi 8 avril 1949

Très cher Henry,

Tu dois m'excuser d'avoir tardé à t'écrire, mais toutes sortes de choses se sont passées, Dieu merci – de bonnes choses. Tout d'abord,

---

1. Un ami proche, de New York.

je suis arrivée ici jeudi matin, et vendredi matin j'ai été surprise par l'arrivée de ma sœur. J'ai donc été bien occupée avec elle. Et puis Battista a décidé qu'on devrait se marier avant mon départ ! Surpris ? Mais, Henry, je dois te demander la plus grande faveur que tu puisses me faire. C'est que tu trouves le moyen de me faire parvenir mon certificat de naissance le plus vite possible. Vois-tu, je ne peux pas me marier sans ce bout de papier. Si je demande à ma mère de l'envoyer, elle ne le fera jamais à temps car elle ne sait pas trop comment les choses fonctionnent là-bas. Et je n'ai pas confiance en mes amis pour le faire immédiatement. J'ai peur qu'ils tardent. Je dois avouer que j'ai confiance en toi plus qu'en tout autre – sachant comme tu es énergique. Henry, pourrais-tu télégraphier immédiatement à quelqu'un à New York pour obtenir une copie photostatique ou l'original de mon certificat de naissance et l'envoyer par courrier aérien immédiatement ? Puis-je compter sur toi ? Je serais si heureuse si je pouvais me marier dès que possible ! S'il te plaît, Henry, tu me diras bien entendu tout ce que tu auras dépensé pour cet ennui. Tout ce que je veux, c'est avoir ce papier si possible sous 8 jours. Alors, voici les informations de mes papiers :

Sophie Cecilia Kalos (Kalogeropulos)
née le 2 décembre 1923 à l'hôpital Fifth Avenue
parents George Kalos (Kalogeropulos)
et Evangeline Dimitriadis.

Probablement qu'ils trouveront le certificat au bureau de l'état civil. Henry, je t'en prie – et mille fois je t'en prie –, fais cela comme s'il s'agissait de ton propre mariage. Tout dépend de ce papier et s'il n'arrive pas à temps j'en mourrai. Et je sais qu'il va arriver et qu'il le peut si quelqu'un s'en charge là-bas personnellement. Je suis dépendante de ta gentillesse, comme d'habitude. Je te supplie de me répondre vite et de télégraphier plus vite encore à New York. A bientôt, chéri – rends-moi heureuse et n'oublie pas de m'écrire ton rêve. Je préférerais que tu ne répandes pas encore la nouvelle me concernant s'il te plaît !
Embrasse Brooks !!!
Maria

A Henry Dardick – *en anglais*

le 15 avril 1949

Cher Henry,
J'ai reçu ton télégramme et je dois dire que tu es encore plus énergique que je le croyais. Merci. Merci et encore Merci. J'espère vraiment que nous aurons le certificat bientôt. Qu'en penses-tu ?
Dis-moi quoi de neuf ? Comment va Brooks ? Etiez-vous surpris ? Et tu ne m'as pas écrit ton rêve.
Je n'ai pas d'autres nouvelles – à part que je suis assez heureuse – Battista est plus que jamais tendre et aimant, et s'il continue comme ça après notre mariage je serai la plus heureuse des femmes. Il souhaite que je continue de chanter – bien sûr pas aussi intensément qu'avant. Seulement des choses qui en valent la peine et dans des lieux qui en valent la peine ! Il vous envoie ses meilleures salutations et vous remercie infiniment.
Ecris-moi vite, et dis-moi tout ce que cela a coûté. Je prie pour l'arrivée de mes papiers.
A bientôt, et merci. Embrasse Brooks.
Maria

A Elvira de Hidalgo – *en italien*

Vérone, lundi 18 avril 1949

Ma chère Madame,
Je vous écris quelques mots seulement pour vous remercier de vos belles paroles. Je suis plus que contente car j'ai pu vous rendre fière de moi. Maintenant, j'embarque dans quatre jours pour Buenos Aires, où j'ai un contrat avec le Colón. J'ai dû y accepter pour la dernière fois *Turandot* car ils me donneront ainsi *Norma* et probablement *Aida*. Je pense arriver là-bas vers le 14 mai. Si vous m'écrivez cela me fera plaisir, et vous pouvez m'écrire au théâtre Colón.
Ainsi je vous annonce ma bonne nouvelle. Je me marie avec Battista. Nous nous sommes décidés parce que nous nous aimons infi-

niment et nous nous entendons comme personne. Je sais que vous serez contente parce que vous m'aviez déjà parlé de votre mari. Ma chère – écrivez-moi beaucoup et je vous promets de faire pareil et de vous envoyer toutes les critiques. Espérons qu'elles seront bonnes ! Portez-vous bien et écrivez-moi.

Affectueusement, votre Maria

PS de G. B. Meneghini : Aux affectueuses salutations et souvenirs de Maria, qui pense toujours avec une infinie dévotion à celle qui lui a ouvert les voies de l'art en lui offrant des trésors de connaissance, je joins les miennes, pleines de respectueuse gratitude, à l'annonce que Maria et moi unirons nos cœurs et nos existences dans le mariage.

Votre dévoué
G.B. Meneghini

A Henry Dardick – *en anglais*

Gênes, le 22 avril 1949

Cher Henry,

Je t'écris, comme tu le devines, de Gênes – où, après mon mariage hier à 18 heures, nous nous sommes <u>enfuis</u>.

Tu as raison, mon cher, d'être en colère à cause de mon silence, mais avec les papiers pour le passeport et le mariage, j'ai cru que je deviendrais folle. Quant à mon <u>eczéma</u> – j'ai terriblement souffert. Il s'était répandu sur tout mon cou & mon nez & mes oreilles. Mais Dieu soit loué, il a fini par me laisser en paix – mais seulement depuis trois jours.

Les nouvelles des Arènes, je te les écrirai une fois à bord car nous avons encore de la paperasse insensée à faire. Par exemple pour les malles, la traversée, changer l'argent, etc. Je t'écrirai davantage la prochaine fois – bientôt ! Des milliers de mercis pour le certificat & ne sois pas en colère à cause de mes <u>silences</u>.

Battista va t'envoyer le remboursement des dépenses & il te remercie encore infiniment.

Toute mon affection à Brooks & à toi encore plus.
Maria

Partie ajoutée par Meneghini

Rome, 23 avril 1949

Eminent Monsieur, je vous remercie pour votre gentillesse envers nous. Nous nous sommes mariés le 21 et aujourd'hui Maria est partie pour Buenos Aires. Nous espérions vous rencontrer à Gênes, afin de remplir également nos obligations. Ferez-vous un arrêt par Rome ? Dois-je envoyer la somme à l'hôtel Ambasciatori ? Dans l'attente d'un mot de votre part, je me joins aux salutations de votre bonne amie.

G.B. Meneghini

A GIOVANNI BATTISTA MENEGHINI – *en italien*

A bord de l'*Argentina*, dimanche 24 avril 1949

Mon Battista chéri,
 de Barcelone je t'envoie un petit bonjour, pensant à toi plus que jamais en ces jours, qui devraient être les <u>nôtres</u>. Mais, comme je te l'avais dit il y a quelques jours, je suis partie avec l'âme tellement plus heureuse et ce voyage pour moi est peut-être, peut-être, le moins douloureux car mon bonheur de t'appartenir complètement me réconforte à un point inimaginable !
 Chéri, et toi !? Comment as-tu voyagé, comment es-tu reparti, et comment as-tu trouvé notre chambre ? Moi la seule chose que je puisse te dire est de ne pas t'irriter, de manger et de dormir beaucoup. Je t'en prie et t'en supplie. Vois-tu, autrefois tu n'avais personne d'autre que ta famille, mais désormais tu as ta femme qui vit pour toi et seulement pour toi. Imagine si tu devais, ou plutôt si l'un de nous deux devait disparaître… Alors si tu veux que je sois toujours heureuse, prends soin de <u>toi</u>, <u>toi</u>, et encore <u>toi</u> ! Tu es à moi, je suis à toi, et nous avons le plus grand des bonheurs. Penses-tu ! Je serai en bonne santé (si Dieu veut) pour toi je chanterai et j'aurai des gloires pour toi ! Tu dois être en bonne santé pour moi.
 Chéri, je réouvre la lettre pour te saluer encore avant de la refer-

mer et te l'envoyer. Nous sommes sortis un peu à l'escale de Barcelone et cela m'a plu immensément. Bien sûr c'est dimanche, tout est fermé, mais je dois te dire que les sacs et les écharpes sont à très bon prix. Penses-tu, des écharpes à 1 500-2 000 lires ! Et des belles !

Maintenant le bateau va repartir, d'ici deux heures. Amour, pourquoi tu ne m'as pas donné de nouvelles ? Pas même un télégramme ! Aujourd'hui je suis si nostalgique de toi. Je n'ai rien d'autre à te raconter. Seulement que j'ai posé au-dessus de mon lit notre Madone[1]. Je t'envoie chaque minute de la journée un baiser et un salut. Heureusement que j'ai les Serafin[2], et que je suis avec eux et les autres, je suis en bonne compagnie et ils ne me laissent pas m'attrister trop. On mange très bien et on est bien à bord. Très bien. Il fait beau et j'essaye de bouger beaucoup pour pouvoir maigrir un peu. Tout le monde ici te salue bien, et je te prie encore une fois d'aller bien. Ecris-moi tout, tout et vite.

Toujours ta Maria

PS : Tu sais tout ce que je voudrais te dire. Pense à moi comme je pense à toi.

A Giovanni Battista Meneghini – *en italien*

A bord de l'*Argentina*, mardi 26 avril 1949

Chéri, chéri, chéri,
Dire que ça fait seulement 4 jours que nous voyageons et je ressens déjà ton manque terriblement. Je n'ai pas de mots pour te dire comme j'en ai marre. Je prie seulement Dieu pour qu'il me fasse finir vite et retourner à toi, car c'est seulement près de toi que je me sens contente et heureuse. Même si tu travailles toute la journée peu m'importe !

Toi que fais-tu ? Comment as-tu trouvé la maison ? Que t'ont-ils dit ? Ta Maman que t'a-t-elle dit ? Et toi comment vas-tu ? Je suis un peu inquiète car je n'ai pas reçu de télégramme de toi. Tu devais me dire si tu étais bien arrivé, c'est tout. Ecris-moi beaucoup, c'est

---
1. Le tableau de Cignaroli, *La Sainte Famille* (cf. Mémoires, p. 58).
2. Elena Rakowska, l'épouse de Serafin, accompagnait souvent son mari.

ma seule consolation. Ici à bord on se divertit bien et on mange de façon exquise ! Il y a eu une soirée de courses de chevaux. J'ai gagné 6 pesos ! L'autre soir il y eut un bal, et encore un autre soir c'était cinéma. Serafin a eu une crise de foie alors nous n'avons pas encore étudié. Je dors comme ci comme ça. Et je vais te dire une chose étrange. Chaque matin à 6:30 ou à 7:00-7:30 je me réveille comme si quelqu'un me réveillait – j'ai l'impression que c'est toi chaque fois.

Au Colón ils ont eu un geste affreux qu'ils vont me <u>payer</u>. C'est-à-dire ils ouvrent avec l'*Aida*, mais pas avec moi ! Il paraît qu'<u>Ebrea</u> Minkus chantera !

Demain on arrive à Lisbonne à 5 heures du matin donc je dois me réveiller tôt si je veux voir quelque chose de la ville car on restera ancrés à peine quelques heures. Je crois que nous avons encore 15 jours au moins de voyage ! Comment vais-je faire je ne le sais pas !

Chéri, je n'ai pas d'autres nouvelles si ce n'est te répéter que je t'adore, plus encore que tu ne le crois. Tu es mon homme, devant Dieu et tous, et je suis fière que tu le sois, et je ne demande rien d'autre dans la vie que te rendre toujours heureux. Seul toi sais ce que j'ai dans le cœur et combien de choses j'ai à te dire. Pense à moi comme je pense à toi et aime-moi le <u>1/4</u> de ce que je t'aime.

<u>Mange</u>, <u>dors</u>, et ne t'énerve pas, c'est mauvais pour toi. Je voudrais savoir si je te manque comme tu me manques ?

Ta Maria

PS : Salue pour moi Pia et Iolanda et Gianni et Marco.

A Giovanni Battista Meneghini – *en italien*

A bord de l'*Argentina*, mercredi 27 avril 1949

Mon amour chéri,

Je t'écris car ainsi je te sens un peu plus proche. Mon chéri, ton télégramme aujourd'hui m'a rendue tellement heureuse car tu sais que quand je voyage j'ai toujours peur. Vois-tu Battista, quand on aime, et qu'on est heureuse comme moi, on a toujours peur de perdre ce bonheur. Il paraît trop beau pour y croire. Et moi je t'adore, tellement, tellement, souviens-t'en. Comme je désire t'avoir près de moi ! Comme je ressens le manque de toi, de tes attentions, caresses, des cloches qui sonnent le matin, (la salle de bain !), et enfin les petits anges !!

Nos cafés et mes coups de téléphone auxquels tu répondais toujours bien volontiers, comme si tu en avais tellement marre du travail et que ma voix soit un soulagement. Mon Battista, pourquoi m'as-tu laissée partir ? J'espère que tu ne me laisseras plus partir longtemps et loin de toi. Souviens-toi que je ne vis que quand je suis avec toi, mon homme !

J'espère que tu n'en auras pas marre de toutes ces lettres longues et ennuyeuses. C'est juste que de t'écrire me donne l'impression de me rapprocher de toi chéri. Que fais-tu, et comment vas-tu surtout ? Je te prie de m'écrire beaucoup chéri, je n'ai rien d'autre que tes lettres. En ce moment ils jouent la *Traviata*. Cela me rend encore plus nostalgique de toi. Ici à bord il n'y a personne de spécial, tous laids et horribles, des couples ou des familles. Les garçons me montrent beaucoup de respect et cela me fait plaisir. Aujourd'hui la mer est déchaînée, le bateau tangue pas mal, mais moi je ne suis pas malade. Plus tard il y aura le cinéma, en attendant ça fait passer le temps.

Chéri, je te donne la mauvaise nouvelle. Il semble que mon eczéma soit revenu. J'ai pensé à me passer la pommade de la Bice ! J'espère que ça me fera du bien. Je n'ai pas d'autres nouvelles à part te dire que nous avons fait escale à Lisbonne et que ça ne m'a pas beaucoup plu. Tout est cher, très cher et la ville n'est pas si belle. Après-demain on arrive à Ténérife d'où j'expédierai cette lettre.

Je te laisse maintenant, pour ne pas te fatiguer avec mes stupidités. Je te répète seulement de m'écrire beaucoup, beaucoup, et beaucoup de belles choses. Vois-tu je n'ai pas de fête et n'en aurai pas pour tellement longtemps, et tu sais quelle souffrance c'est pour moi.

Ciao, pense à moi et salue tout le monde pour moi.

Ta Maria

A Giovanni Battista Meneghini – *en italien*

A bord de l'*Argentina*, lundi 2 mai 1949

Chéri, Chéri, tant chéri !

On voit que Dieu veut encore me torturer dans mon amour. Pourquoi dois-je être séparée de toi quand je ne résiste pas à ton éloignement ?! Tant de fois je me demande si tu m'aimes, autant que moi, comment peux-tu résister ! Je jure que c'est la dernière fois que je m'éloigne de toi pour aussi longtemps et aussi loin ! Vois-tu, quand je suis en Italie et que j'ai envie de te voir, tu viens et ainsi je peux tenir ensuite 8 jours. Mais tu ne dois plus me demander de rester 8 jours sans toi ! Je ne peux être sans toi. Plus je rencontre et fréquente de gens, plus je suis fière de toi et plus je t'apprécie et je t'adore ! Je vois tant de stupidité et de frivolité que j'en ai la nausée !

Que fais-tu mon amour ? Que penses-tu de toute notre situation ? Je ne sais si tu es heureux de notre mariage. Tu me dis que oui dans tes télégrammes. Je l'espère. Mais moi je suis vraiment heureuse ! Et je ne regrette pas une minute. Peut-être même que cet éloignement est pour le mieux. Car vois-tu je suis toujours seule quand je suis en voyage. En ce moment par la force des choses nous sommes contraints à voyager tous ensemble, et je te jure que je vois tant de vulgarité et de banalité que je suis heureuse d'être comme je suis, et je remercie Dieu de m'avoir donné le compagnon que je voulais et tellement d'amour. Je ne sais que dire d'autre à part que je t'adore, t'estime, te respecte. Et chéri, je suis tellement fière de mon Battista !! Aucune femme n'est aussi heureuse que moi ! Je suis célèbre dans le chant et surtout j'ai l'homme de mes rêves ! Je défie toute femme d'avoir autant que moi !

Et maintenant les nouvelles ! Ici Serafin m'a entendue dans la *Forza* ! Et il dit que c'était un saligaud le type de Trieste – c'est-à-dire Barison ! Car il trouve que le rôle me va divinement, sans faire de compliment dit-il, et la Rakowska[1] dit pareil. Et le maestro est prêt à jurer que ce contrat avait été fait pour me détruire, pour qu'on dise que oui elle a eu du succès dans *Tristano*, mais elle est nulle dans Verdi. Et pour donner une gifle à Serafin.

Tu avais raison de dire que la *Forza* est bien pour moi ! Vois-tu comme ils sont répugnants [à Trieste]. Certainement ils s'étaient mis d'accord avec Ghiringelli[2] et Labroca[3].

Chéri, aujourd'hui c'est mardi 3 mai. J'en ai tellement marre. Et voilà que je commence à raturer. Tu sais que quand j'ai les nerfs je

---

1. Elena Rakowska, soprano d'origine polonaise, épouse de Serafin.
2. Directeur de la Scala (cf. Mémoires, p. 53).
3. Directeur artistique de la Scala, qui avait auditionné Maria sans donner suite (cf. Mémoires, p. 40).

ne sais plus écrire. Je te laisse pour le moment, je demande juste que <u>Dieu</u> doit me donner la force de résister. Je jure que je n'en peux plus, et dire que j'ai encore 2 mois!!

A Giovanni Battista Meneghini – *en italien*

A bord de l'*Argentina*, vendredi 6 mai 1949

Chéri, je t'avais abandonné. L'autre jour je n'étais pas capable de t'écrire un seul mot. Je sentais immédiatement les larmes monter! Et ne parlons même pas d'hier. Si l'âme qui est éloignée pouvait communiquer avec l'autre, tu te serais réveillé de mes cris pour toi. J'étais désespérée.

Ils ont montré un film d'horreur. C'est-à-dire un film de guerre, tortures, etc., et tu sais comme ça m'impressionne, donc je me suis effondrée en larmes et je n'arrivais plus à me calmer. Tant de fois je t'ai appelé. Ensuite je pensais aux phrases que tu emploierais pour me calmer et je me suis sentie pire encore! Pourquoi doit-on être séparés quand on s'adore de cette façon? Surtout maintenant que tu m'as donné tout de toi, le nom, l'honneur, la position, la confiance, l'adoration, et tout. Oui, chéri. Je t'aime encore plus pour ta confiance en moi. Je t'aime encore parce qu'en m'épousant tu as donné la plus grande preuve de ton amour. Je n'ai pas de mots pour exprimer mes pensées et sentiments d'absolue adoration et immense fierté de toi!

Mon chéri, je suis mille fois plus à toi en sentiments, car tu m'as tout donné, je ressens de la joie de m'être donnée comme j'ai su me donner à toi. Tu m'as donné la plus grande foi dans la vie.

Tu me comprends c'est vrai.

A Giovanni Battista Meneghini – *en italien*

A bord de l'*Argentina*, samedi 7 mai 1949

Chéri,
Ce jour m'a rendue heureuse. J'ai été réveillée par ton adoré télégramme. Mon amour, comme je te l'ai répété dans ma lettre du 5,

vers 23:30-minuit, je t'ai invoqué comme jamais. Ne te moque pas de moi, mais ton télégramme est arrivé comme une réponse. Chéri, qui peut s'aimer autant et se comprendre autant que nous ? C'est cela ma raison de vivre. C'est pourquoi prends soin te toi, pour moi si ce n'est pour toi, car vivre sans toi serait vivre sans mon âme. Mon âme tu l'as tout entière, mon amour, mais tellement que tu ne peux imaginer !

Je te prie d'écrire toutes les mêmes phrases que je t'écris, et peut-être cela te semblera exagéré. Mais si tu m'aimes comme je t'adore, et je sais que toi aussi tu ressens la même chose, tu me comprendras. Je te prie seulement de ne pas me laisser trop longtemps loin de toi. Je ne peux pas, c'est tout. Je suis ta femme, et j'ai aussi le devoir, et par-dessus tout la volonté et le désir d'être près de toi. Je chanterai oui, mais pas comme l'hiver dernier et cet été à se damner. Nous devons vivre ensemble, heureux, adulés et enviés du Monde entier pour notre bonheur et adoration !

A Giovanni Battista Meneghini – *en italien*

A bord de l'*Argentina*, mardi 10 mai 1949

Mon amour,
Aujourd'hui je suis très triste car j'ai attrapé, je ne sais où, un gros coup de froid ! J'étais si bien, en pleine forme. Mais quand tu recevras cette lettre je n'aurai plus rien.

Vendredi 13 mai 1949

Je n'ai pas pu continuer la lettre d'il y a deux jours car j'étais vraiment mal, tellement mal que je me suis immédiatement mise au lit et j'y suis restée jusqu'à aujourd'hui, c'est-à-dire trois jours alitée ! Tu imagines ma colère et tristesse. Je maudis le moment où je suis partie et je suis furieuse que tu m'aies laissée partir ! Je ne sais pas être sans toi c'est tout ! Et maintenant que tu le comprennes !

Donc, à Rio les gens de l'Opéra sont montés à bord et nous ont emmenés manger en ville. Ils m'ont dit qu'ils ont déjà un contrat avec la Barbato mais ils voudraient faire *Norma*. J'ai dit que je ne voulais pas parce que je devais rentrer en Italie. Maintenant si tu veux vraiment que je retourne près de toi, tu dois écrire à Serafin et à moi aussi de façon que je puisse montrer à Serafin que tu veux absolument que je rentre au plus vite autrement tu ne me laisseras pas chanter cet hiver, ou quelque chose dans ce genre. Immédiatement ! Car à Montevideo aussi ils me veulent. Tu dois dire que dans notre situation tu m'as permis de partir avec le pacte de retourner au plus vite et sans aucun autre engagement. Il faut écrire tout cela maintenant si tu veux que je rentre, sinon j'en déduirai que tu ne veux pas m'avoir près de toi !

Nous sommes arrivés avec un jour de retard et nous avons eu un voyage horrible. Le bateau tanguait comme un fou.

Je te laisse maintenant et je t'écrirai dès que j'aurai décidé où me loger. Je te répète seulement que je t'adore tellement et je vis avec ta pensée. Ecris-moi beaucoup.

Ta Maria

TÉLÉGRAMME DU 14 MAI 1949

BIEN ARRIVÉE TOUT REÇU HEUREUSE JUBILANTE MERCI
ÉCRIS HÔTEL CRILLON EMBRASSE TA MAMAN SALUE TOUS AMIS
TADORE, TA MARIA

A Giovanni Battista Meneghini – *en italien*

Buenos Aires, 14 mai 1949

Mon cher grand éternel amour,
je n'ai pas de mots, ils ne suffiraient pas à expliquer et raconter ce que j'ai éprouvé en lisant tes lettres. Amour, vois-tu, je n'ai pas ton don de pouvoir expliquer et écrire et parler aussi bien que toi. Mais si je te disais que tu fais de moi la femme la plus heureuse, la plus fière, la plus aimée du monde ! Je ne peux te dire ce que j'ai éprouvé car je ne saurais m'exprimer assez. Si tu m'aimes comme moi, alors tu auras éprouvé la même chose. Seulement j'ai dû attendre 20 jours de tes nouvelles. Imagine donc quelle joie immense et quel amour et tendresse <u>sublime</u> j'ai éprouvés pour toi à ce moment.

Chéri, est-il possible que mon amour puisse grandir. Il me semble t'avoir tout donné, et pourtant je comprends que chacun de tes mots et gestes d'amour fait augmenter encore ce paradisiaque amour que je ressens pour toi. Oui, chéri, ne te moque pas de ces mots car c'est bien ainsi. Jamais femme n'a eu un amour comme le tien. Jamais une femme n'a été plus fière de son homme que moi. Jamais une femme n'a eu d'amour réciproque dans toutes les formes qu'elle voudrait, comme je l'ai de toi. Tout ce que je désirerais tu le fais, sans que je te le demande jamais.

Mon Battista, à cette minute mon âme est avec toi. Et tu le sentiras c'est certain. Il y a des moments où je te sens en moi, dans mes pensées, gestes, tout, et je sais que c'est la même chose pour toi !

Je te remercie d'avoir satisfait mon désir de nous unir avant le départ. Tu vois ce que je voulais dire quand j'insistais. Tu vois à quel point tu sais mieux comprendre et sentir l'amour ? Tu m'as donné la première grande paix, l'impatience du retour, la fierté pour mon amour, foi en mon cœur et tout. Et je te le dis encore, mon amour pour toi a grandi. Tu as donné la plus grande preuve de ton affection, confiance et amour. Je t'en remercie. Et moi je vivrai dans le but de te rendre l'homme le plus heureux et fier du monde. On devra parler de notre amour dans le monde entier comme un symbole !

Amour, heureusement que je n'ai pas de répétitions demain car je continue à pleurer de joie toute la journée comme une enfant. Puis j'ai reçu une lettre de ta maman et j'ai pleuré encore plus de joie. Je suis heureuse !

J'ai oublié de te dire que dans l'armoire j'ai laissé, à sa place, ma belle chemise de nuit pour toi. Celle-ci appartient exclusivement à toi, c'est-à-dire que je la mets uniquement lorsque je suis avec toi. Je la mettrai la première nuit dès mon retour. Tu penses à cette nuit ?!!! Je ne saurai rien dire d'autre. Nous exploserons tous deux d'amour et de tendresse.

Aujourd'hui je t'ai envoyé une très longue lettre car à Rio je n'ai pas pu l'expédier et alors j'ai continué à écrire quasiment toute la journée. En revanche je ne me sentais pas très bien. J'ai eu cette espèce de grippe de l'hôpital. Tu te souviens, cette toux et le reste, trente-huit de fièvre, trois jours au lit. Mais grâce au bon ciel, aujourd'hui je vais mieux. Mais je n'ai pas du tout d'appétit. Je me force à manger au moins un plat sans soupe, mais je n'arrive pas à finir même cela. Mais ne t'inquiète pas. Désormais je suis sur la voie de la guérison. Je ne peux même pas tomber malade car cela aussi me donne une infinie quantité de souvenirs. Tout de moi et tant de toi, est lié et intensément ressenti, à tel point que chaque geste, chaque bêtise me fait penser à toi et je t'appelle.

Et maintenant la bonne nouvelle. Le 20 on inaugurera la saison avec la *Turandot* pour laquelle j'ai signé. Ils devaient ouvrir avec *Aida,* avec la soprano Rigal, le ténor Del Monaco, Rossi, etc. Mais le Bon Dieu m'aide toujours. Ainsi c'est moi qui ouvre la saison. Je t'envoie tout de suite les journaux !

Chéri, la vie est très chère ici. Cet appartement était trop petit pour le maestro, alors nous sommes partis. Et moi, puisque je ne pouvais pas rester, j'ai dû m'installer dans cet hôtel Crillon, joli, mais une minuscule chambre avec salle de bain, comme à Florence, 38 pesos par jour, sans repas. A midi j'ai essayé le restaurant de l'hôtel. Penses-tu, 16 pesos pour un bouillon, un petit filet, des légumes, macédoine et café. C'est trop. Je dois retrouver les autres pour voir où ils mangent. Ce soir j'ai mangé à un autre restaurant moins luxueux, mais une bonne nourriture et j'ai dépensé 7 pesos. Ce fut une belle différence. Les escrocs !!!

Malheur s'ils me font rester ici trois mois. Je vais les tuer. Il me tarde de rentrer. Je rentrerai en avion parce que perdre 20 jours ainsi, je ne m'en sens pas capable. Je deviendrais folle !

En revanche, tu me ferais une faveur : si tu as l'intention de venir, de ne pas venir en avion. J'ai trop peur. Peu importe s'il m'arrivait quelque chose à moi mais s'il t'arrivait quelque chose à toi je ne résisterais pas. Au moins ensemble, peu importe. Je meurs d'envie de te voir, mais je ne veux pas que tu fasses de longs voyages en avion.

15 mai 1949

Cher amour, trésor, chéri de Dieu !!!

Aujourd'hui j'étais furieuse ! Tu sais, devoir sortir manger, m'énervait plus que tout. Avec le coup de froid que j'ai, devoir justement *sortir* pour manger !! Donc, par chance les Serafin m'ont laissé un petit appartement qui leur servait avec une chambrette et un petit salon, une minuscule cuisine juste pour réchauffer le lait, le thé ou quelque chose, en particulier l'après-midi et après les représentations, une salle de bain, et un beau grand balcon. C'est tout petit mais l'important est qu'on peut y manger à la maison et je paie 1 400, c'est-à-dire ce que je payais pour seulement le logement avant. J'espère y être bien.

Je n'ai pas d'autres nouvelles. Seulement que Buenos Aires est magnifique, grand, et beau, voilà tout. Plein de grandes voitures qui ressemblent à des maisons, etc. De beaux magasins, belles rues, énormes, mais mon cœur est tout entier là-bas près de toi, que je ne vois pas, sans toi ça n'a aucun goût, aucune beauté. Tu sais que tu es la raison de mon existence ? Tu sais que je t'adore à vouloir en mourir dans tes bras.

Ecris-moi à Pellegrini House – C. Pellegrini (1520)

soir du 16 mai 1949

Chéri, toute la journée aujourd'hui j'étais affairée au déménagement et puis je n'étais pas très bien. A peine arrivée dans la nouvelle petite maison je me suis mise au lit. Puis j'ai fait avertir la Covier, celle qui m'avait écrit d'ici te souviens-tu ? Et je me suis mise d'accord avec elle pour que je lui donne quelque chose par mois et en échange elle s'occupera de ma garde-robe et sa fille me servira d'assistante pour m'aider pendant les répétitions et les représentations. Je suis contente de cette solution. Eux ne demandent rien, mais ils sont pauvres et je crois que je fais bien ainsi, n'est-ce pas ?

Chéri, le café est dégueulasse ici. Penses-tu ! Et d'après ce que je vois, l'élégance en Italie est bien supérieure. Les gens sont plus courtois et la vie me plaît beaucoup plus là-bas. Amour que fais-tu toi ? Est-ce que je te manque comme tu me manques ? Attends-tu avec beaucoup d'impatience mon retour autant que moi ? M'adores-tu autant que je t'adore et penses-tu à moi autant que moi à toi ? Je sens que personne n'a éprouvé la joie d'être épousée autant que moi. Si je devais le faire encore, je le referais mille fois. Et toi ?

Ecris-moi beaucoup chéri, car c'est la seule chose qui me nourrisse vraiment ! Chaque matin, à peine réveillée, je lis toutes tes lettres et pareil avant de me coucher. Elles me réconfortent tant. Même quand je me sens triste, je les prends et les lis. Cela aide tellement à me donner du courage.

Amour, salue tous les amis pour moi et cela me ferait plaisir que tu ailles les voir. Au moins je te sentirais moins seul.

Ciao mon trésor, écris et aime-moi, toute à toi, ta Maria

A Giovanni Battista Meneghini – *en italien*

Buenos Aires, mardi 17 mai 1949

Mon chéri, cher Titta adoré,
Presque chaque jour je reçois une lettre de toi et tu ne peux imaginer la joie et l'exaltation et la force et la bonne humeur que tu me donnes. Chéri, je vois, je lis entre les lignes que plus le temps passe plus tu ressens le besoin de ma présence. Désormais il me semble que tu commences à comprendre ce que j'ai souffert moi pendant deux ans, c'est-à-dire tout ce temps où je partais et te laissais. Pas seulement en ce moment, mais dès le premier jour je ne pouvais être sans toi. Tu te souviens ce jour où tu m'as laissée à Milan et deux jours après tu as dû revenir. Je ne le faisais pas exprès, sans doute maintenant tu peux comprendre ce que je ressentais. Je t'ai toujours aimé, adoré et pardonné. Parce que quand on aime on ne peut accuser.

Moi je t'ai adoré toujours, et aujourd'hui je peux crier à tous que mon cœur ne s'est pas trompé et je suis si fière de toi. Tant de fois je me disais, Dieu, tellement de choses qu'il vaut mieux ne pas y penser, mais j'ai tenu bon. Et c'est facile quand on aime, c'est une excuse de dire qu'on tient bon. Aujourd'hui, tous ont la plus grande preuve de notre sublime amour et ils pourront en parler et l'admirer toujours ! N'est-ce pas mon chéri ?

Dieu comme je t'aime, t'estime et te désire. Qui sait combien de temps ils me garderont ici. J'espère pouvoir m'échapper d'ici deux mois au maximum. Ensuite si Dieu veut, je prendrai l'avion et viendrai à toi, chéri. Tu me voudras n'est-ce pas ?

En attendant, ils m'ont dit aujourd'hui au théâtre qu'ils ont déjà pris toutes les dispositions au consulat argentin là-bas pour ton visa. Donc, si jamais, tout est prêt.

Ici, dans notre maison j'ai l'impression d'être bien. J'ai ma petite cuisine et justement il y a une minute j'ai dû me lever éteindre le gaz avec le lait dessus. Je bois un bon lait chaud, beaucoup de sucre et beaucoup de cognac pour pouvoir chasser cet insupportable coup de froid. Aujourd'hui, je vais peut-être mieux. Petit à petit. En revanche je me suis réveillée vers sept heures avec un mal de tête très étrange. J'avais l'impression d'avoir une tumeur. Je te jure. Tellement elle me faisait mal. J'ai dû me lever et prendre deux aspirines. Ensuite je n'ai plus dormi. La vérité est que je ne suis vraiment pas bien. Je te l'écris car d'ici à ce que tu reçoives cette lettre je serai déjà guérie, ou du moins j'aurai déjà chanté, bien j'espère. Espérons qu'ils fassent vite la *Norma* ainsi j'espère qu'ils me laisseront partir.

Je te prie d'écrire à Serafin lui demandant de me renvoyer à la maison vite, qu'ils ne me gardent pas après la *Norma* seulement parce que je suis sous contrat, ou s'ils veulent me faire faire un opéra à la fin de la saison demande-lui et rappelle-lui que nous sommes à peine mariés et que tu as le droit de m'avoir pour le moment. Je t'en supplie, écris tout de suite, prie-le bien bien, émeus-le, car il est vieux et peut-être après tant d'années de mariage il ne se souvient plus de la joie de deux personnes qui viennent de se marier et sont amoureux comme nous.

Je verrai si je peux me faire faire ici les costumes d'*Aida* et *Norma*, si le tailleur est d'accord, il est merveilleux. Pour les contrats, il serait opportun de ne rien faire jusqu'à mon retour. Laissons maturer les choses, n'est-ce pas? Au sujet du Metropolitan ça m'intéresse. Mais Serafin sera en colère, car il veut ouvrir avec *Trovatore* à Florence. Tu dois voir toi, pour les autres saisons. Bien sûr ce serait une belle chose si je pouvais ouvrir la saison du Metropolitan, mais nous verrons. Ecris-leur.

Chéri, je te laisse. Mais seulement par écrit. Car tu sais comme je suis proche de toi. Toi seul peux le savoir, car tu me sens, n'est-ce pas mon chéri? Ecris-moi des lettres plus longues, comme les miennes. Ne vois-tu pas que je n'en ai jamais assez!?

Ta, ta Maria. Tellement tellement toute à toi jusqu'à la mort.

PS : Les costumes de *Turandot* sont splendides. Je ferai faire des photographies, ils en valent la peine, ils sont magnifiques.

A Giovanni Battista Meneghini – *en italien*

Buenos Aires, jeudi 19 mai 1949
heure 12:00

Mon Titta chéri, mon trésor,
Il est maintenant minuit. J'ai bu 3 petits verres de cognac et miel, deux café-aspirine et je vais rester au lit en essayant de me sentir ivre de façon à pouvoir dormir et transpirer. Vois-tu j'ai une grippe terrible. Je suis sûre que personne avec un coup de froid comme le mien ne pourrait ni chanter, ni même ouvrir la bouche. J'ai été malchanceuse. J'avais raison de craindre le paquebot. Tu te souviens je te disais « Ne me laisse pas ! » Tu dois admettre que j'ai une âme supersensible qui a le pressentiment de certaines choses. Je sentais que j'allais souffrir dans ce paquebot !

J'étais au lit comme maintenant, et je lisais tes lettres comme d'habitude et j'ai senti un grand besoin de t'écrire pour me sentir plus proche de toi ! Chéri, chéri, comme tu me manques. Pourquoi dois-je avoir toujours l'âme en peine quand je ne demande qu'à être auprès de toi, de mon maître, mon homme, mon amour, ma consolation, mon cœur et cerveau, ma nourriture, tout, car tu es tout. Toujours, plus le temps passe plus je ressens, j'en suis convaincue, que tu es mon âme car tu es le seul qui ait su me comprendre, qui me comprend et qui me rend heureuse !

Chéri, je commence à perdre patience. Je n'arrive plus à être sans toi. Tu m'es nécessaire. Comme tu le dis, ce que l'oxygène est à l'air. Chéri, je ne sais plus y faire sans toi. Je ne sais plus lutter et je n'en vois plus la raison. Tu es mon mari (j'en viens à pleurer de bonheur et de fierté pensant que tu es à moi !) et je ne tiendrai plus longtemps sans toi. Je ne mérite pas de souffrir ainsi ! Je veux t'adorer, t'être proche, te caresser, te réconforter, te faire rire avec mes stupidités, avoir notre petite maison rangée pour te recevoir, mon amour, mon homme ! Bien m'habiller, me faire belle pour toi ! Pas pour les autres. Te faire des fêtes, tant de fêtes, tu sais. Te téléphoner quand je n'en peux plus, me soulager de mes nerfs et tu sortiras une de tes phrases pour me faire rire et faire tout passer. Je veux me mettre tout près, à ma place, te sentir, te voir lire ton journal, et les anges ! Chéri je n'en peux plus. Et pour couronner le tout être malade ! Car je le suis tu sais. Je ne voulais pas te l'écrire mais maintenant que tu recevras cette lettre la <u>première</u> sera passée. Que Dieu m'aide ! Chéri écris-moi beaucoup je t'en prie ! Cela fait 2 jours que je ne reçois rien et je suis abattue. C'est vrai que tu écris souvent, mais pas beaucoup. En rationant. Tu ne me vois pas ! Bien sûr je sais que je dis toujours les mêmes choses et peut-être les prends-tu pour des stupidités mais je les ressens tellement. J'ai tant de tendresse à te donner ! Tant ! Tu sais !

Aujourd'hui j'ai écrit à ta maman et demain à Pia. Salue-les pour moi. Et Gianni aussi. Pauvre Nelly, je suis infiniment désolée. Tu te souviens l'œuf de Pâques qu'on lui avait offert ! Vois-tu ce qu'est la vie ? Elle avait seulement 30 ans !

Aujourd'hui on m'a appelée du Colón, pour me dire qu'ils avaient donné les instructions au Consulat argentin de Milan pour ton visa et celui de Marchioni. Pauvre Serafin, il a immédiatement parlé à Grassi Diaz[1]. Alors quand tu veux, si tu veux, ils m'ont dit, tu peux prendre une place dans l'avion et venir.

Les gens de l'Opéra de Rio m'ont offert, c'est-à-dire plutôt à Serafin, un contrat pour *Norma*. Moi j'ai refusé. Dis-moi toi, car je ne veux rien faire sans ton consentement. Ecris-moi si j'ai bien fait ou pas. Moi j'ai envie de rentrer. L'hiver prochain je devrai travailler et je ne crois pas que ce soit juste pour nous deux d'être éloignés 5-6 mois. A Rio cela commencerait en août. Ecris-moi ton avis sincère. Car la Rakowska dit que tu voudras que je fasse Rio – et moi je dis que tu veux, et tu en as le droit, que je rentre. Donc écris avec sincérité ! Tout de suite !

Chéri je te laisse, façon de parler, car tu peux bien imaginer combien je suis proche de toi ! Aime-moi, pense à moi et adore-moi autant que je t'adore ! Ecris, mange, dors, et ne t'énerve pas pour ce qui n'en vaut pas la peine. Tu dois aller bien. Je veux te retrouver en forme comme un <u>taureau</u> !!

Je te donne tout, tout, tout comme toujours, et encore plus
Ta Maria

---

1. Directeur du théâtre Colón.

| MAI 20 | *Turandot* PUCCINI, dir. Tullio Serafin | **BUENOS AIRES** Teatro Colón |

A Giovanni Battista Meneghini – *en italien*

Buenos Aires, lundi 23 mai

Mon Battista chéri,
je t'écris du lit où je suis depuis avant-hier, c'est-à-dire après la représentation. Et où je suis restée tout le temps quand je n'étais pas aux répétitions. La cause est cette grippe qui ne veut pas me quitter. Tous ces jours par exemple, j'avais 38 et demi de fièvre. Ce matin, rien. Et j'étais contente car je me disais que désormais je n'aurais plus de fièvre, et pourtant maintenant que j'ai pris la température, et il est 16 heures, j'ai de nouveau 38 et demi.

Je ne voulais rien t'écrire, car je pensais que ça passerait vite, comme cela a toujours été le cas, et pour ne pas t'alarmer. Mais maintenant je te le dis car j'en ressens le besoin. J'ai un peu de tout. Je continue à avoir ce terrible mal de tête très étrange. Des rougeurs sur les cuisses, les hanches et les jambes, et sous les aisselles. Une fièvre qui ne veut pas s'en aller et en conséquence une faiblesse énorme. Alors je dois chanter et être bien. Pourquoi ? Cet hiver j'étais tellement bien. Chéri, pourquoi m'as-tu laissée partir sur le paquebot ? Je le sentais que je tomberais malade. Je dois être près de toi, de toi qui es tout pour moi, tout, même la santé. Personne ne peut se substituer à toi, personne ne sait me donner le réconfort et la vie que tu me donnes. Maintenant tu le comprends ? Moi, je l'ai su tout de suite, et puis plus tard, quand tu m'as donné l'anneau – « *Tristano*[1] » – je t'ai dit et j'ai juré en moi éternelle fidélité, pour moi c'était l'anneau de la fidélité. Tu ne dois plus me laisser seule et loin de toi. Bien sûr tu me demanderas, mais comment faisais-tu avant toute seule ? Et je te réponds que du moment où on aime on n'existe plus que pour cette personne, la gloire ne compte pas, rien ne te contente ni te console, on est perdu, fini. Moi je ne peux être éloignée de toi. Dieu, si tu étais

---

1. Référence à l'opéra *Tristan et Isolde*.

ici avec moi ! Je sais que je guérirais immédiatement immédiatement. Mais je sais que tu ne peux pas. Et je sais que j'ai peur pour toi en avion.

La représentation a eu du succès. La presse par chance a écrit de bonnes choses. Un seul journal dit que j'ai une voix petite et sans possibilité majeure. Mais ce journal ne vaut rien. Un autre a dit que j'étais souffrante et qu'ils attendaient avant de me juger mais pouvaient déjà voir que la voix était belle, etc. ! Tous les autres ont écrit de bonnes choses et en particulier celui d'Evita [Peron] – *La Democracia* – celui avec la belle photographie. Pourtant moi je ne sais pas comment j'ai pu chanter tellement j'étais mal. Les Serafin avaient une trouille terrible. Dieu m'aide toujours. L'Opéra de San Sebastian, Espagne, a écrit à Serafin pour savoir si j'accepterais deux *Norma* avec lui en septembre. Et j'ai cru opportun de dire au maestro que s'il y va lui j'irai moi aussi. Avec l'avion on y est vite, c'est près, et tu viendrais toi aussi, n'est-ce pas ?

J'ai refusé tout ici : Montevideo, San Paolo et Rio. Je veux revenir à toi. C'est plus important que tout.

Aujourd'hui j'espérais recevoir ton courrier, mais hélas rien. Si tu savais combien de joie et calme et amour me donnent tes lettres ! Ecris beaucoup car je vis avec l'espérance d'avoir de tes nouvelles. Je me réveille le matin toute tremblante et impatiente jusqu'à ce que j'en reçoive. Après je reste ici pendant des heures et je lis et relis, et je bois et j'essaye de lire et comprendre ce qui n'est pas écrit mais que tu penses, et j'embrasse, ne te moque pas, j'embrasse la lettre qui me semble être toi. Tu verras quand je serai rentrée, tu trouveras les lettres consumées ! Elles sont toujours entre mes mains.

Je te laisse, mon amour, mais façon de parler. Je suis toujours tellement proche, mais tellement ! Ecris-moi beaucoup de nouvelles. Tu écris si peu et moi tant. Ne te fatigue pas, mais sache que tu me donnes tout avec une de tes lettres.

Chéri, aime-moi comme je t'aime et t'adore et porte-toi bien, mange et repose-toi. Je t'en prie !!!

Embrasse la main de ta mère et salue les Cazzarolli. Je n'ai pas encore reçu cette fameuse longue lettre de Pia. Je l'attends tellement. Tu dis qu'elle me l'a écrite.

Ta, toute à toi, comme tu le sais, Maria

A Elvira de Hidalgo – *en italien*

26 mai 1949

Ma très chère Madame,

Certainement Battista vous a donné la nouvelle définitive car je vous avais déjà écrit celle de notre décision [mariage] mais j'ai reçu une lettre de Battista où il dit que vous n'avez pas de mes nouvelles. Comment est-ce possible, alors que je vous ai écrit déjà deux fois, vous communiquant aussi la nouvelle de mon contrat avec le Colón. Peut-être l'ont-ils perdue au Conservatoire ? Désormais je vous écrirai chez vous et espérons qu'il n'arrive pas la même chose.

J'ai eu, ma chère, un grand succès ici et même les critiques étaient très bonnes. Une seule a dit que j'étais formidable mais que je n'ai pas remplacé la mémoire des précédentes grandes *Turandot*. Mais c'est déjà beaucoup d'avoir toutes les autres parlant en bien, car comme vous le savez ils n'ont d'égards pour quasiment personne d'autre que les Argentines. Maintenant bien sûr je me prépare pour ma Norma où je montrerai toute la maîtrise du chant enseignée par vous et par Serafin.

L'Opéra de Rio m'a proposé et a insisté pour *Norma* mais cela m'est impossible cette année car pensez que je me suis mariée 1 jour avant de partir pour Buenos Aires. J'ai déjà été généreuse au maximum. Battista m'a laissée partir donc je dois absolument retourner en Italie. Il y a aussi l'année prochaine s'ils me veulent, et sinon, patience !

Il y a certaines choses qu'on doit éviter et puisque mon mari est un homme angélique, je n'ai aucune intention de l'attrister et le décourager plus que nécessaire. Toute cette année j'ai été partie ! Il a le droit de m'avoir pour ces quelques mois, non ?

Je n'ai pas d'autres nouvelles à part que le Metropolitan voudrait 8 représentations en novembre, disent-ils. Lesquelles je ne sais pas encore, mais j'accepterai seulement s'ils me donnent *Aida* et *Norma*. Ne pensez-vous pas vous aussi ? Ensuite il serait possible de faire d'autres opéras, c'est-à-dire les années suivantes, mais pour un début je voudrais mes opéras les plus beaux. Cette année j'espère faire *Trovatore* et *Traviata*, que je voudrais ajouter à mon répertoire. Il y a pas mal de choses que le maestro [Serafin] a en vue mais il ne dit rien jusqu'au moment venu. Je lui dois tout. S'il n'avait pas été là je n'existerais pas, et ne serais peut-être même plus en vie, car l'échec n'est pas pour moi. Tout est beau, mais le succès avant tout, et la satisfaction, n'est-ce pas ?

Ma chère, je vous laisse en espérant que vous restez en excellente santé et je vous prie de m'écrire. Carlos Pellegrini 1520 – B. Aires

Votre, si affectueusement, Maria

A Giovanni Battista Meneghini – *en italien*

Buenos Aires, 27 mai

Mon Battista chéri,

Toute la journée j'ai attendu ta lettre mais rien. J'espère demain ! Dieu, Battista, comment je vais tenir encore tout ce temps avant de te revoir ?! Chéri, ce n'est pas pour te rendre triste mais je commence à être vraiment malade de ton manque. Que dois-je faire ?! Si seulement j'étais très occupée. Ici ils font les choses stupidement. Il se passe 10 jours entre chaque opéra – <u>représentation</u>. Ils veulent varier et moi qui n'ai que 2 opéras je dois attendre mon tour comme les servants ! Je n'en peux plus. Je suis amaigrie car souffrante et j'ai le visage très très miné. Si tu me voyais tu deviendrais furieux. Je suis maigre, comment dis-tu ? Un visage de chaton ? Je ne me souviens plus comment tu dis. Pâlotte et déprimée !

Pourquoi m'as-tu laissée partir ? J'espère que ce sera une leçon pour toi, car je vois que maintenant tu comprends mon martyre des 2 dernières années ! Aujourd'hui je suis plus déprimée que d'habitude car même la Rossi m'a dit que j'ai l'air toute minée.

Et toi ? Que fais-tu ? Comment passes-tu le temps ? Vois-tu, je ne suis pas jalouse car quelque femme qui te regarde ne pourra jamais t'aimer comme je sais moi t'aimer, aucune ne pourra te donner la satisfaction que je t'ai donnée et te donne. Et toi tu n'es pas jaloux car tu me connais bien, et puis je ne sors jamais ! Pire que ça je ne pourrais imaginer ! Je <u>déteste</u> même Baires[1]. Oui, comme tu le dis, c'est l'ennemi de ma santé et de notre éloignement.

---

1. Buenos Aires.

Battista aide-moi à tenir jusqu'au retour. Au moins écris plus souvent. Si tu savais avec quelle angoisse j'attends tes écrits, tu m'en enverrais chaque jour. En ce moment je pleure tellement tellement, et t'appelle avec tellement de douleur, qu'il n'est pas possible que tu ne m'entendes pas même si tu es si loin ! Pourquoi dois-je toujours souffrir ? Je n'en peux plus. Ce soir il y aura l'*Aida* avec la Rigal, donc tu peux imaginer comment je me sens. Je te jure que depuis longtemps je n'ai pas été aussi mal, sans doute depuis Venise, à l'époque de *Tristano* ! Je souffre terriblement ! J'ai l'impression que tout en moi me fait mal, tellement je sens la douleur dans le cœur. Je me dis à présent « Si seulement Pia était avec moi ». Je suis si seule. Tous s'intéressent seulement à eux-mêmes, seul le maestro, au risque d'attraper la grippe, vient me voir deux fois par jour, c'est-à-dire à chaque fois qu'il va manger il fait un petit détour. Vois-tu, eux ne vivent pas ici, il n'y a pas de place. Je te l'avais écrit. Alors ils viennent seulement pour manger. Ainsi je suis vraiment seule. Il y a cette fille qui m'assiste beaucoup mais bien sûr ce n'est pas comme avoir quelqu'un de proche. Qui sait si tu souffres autant que moi. Mais toi au moins tu as tant à faire. Moi au contraire si peu, et je ne sais plus comment passer le temps. Dehors il fait beau, on dirait le printemps mais l'air est plein de charbon. Tu l'as dans les yeux, de partout, donc c'est plus un embêtement qu'un plaisir d'être dehors. Et puis tu sais que j'aime si peu sortir. Etre avec des gens encore moins, donc c'est un désastre !

Si Dieu veut, je termine ici, je prends <u>immédiatement</u> l'avion, et j'expédie les valises et malles. J'en prendrai juste une légère avec les vêtements d'été, car ce sera l'été là-bas, et c'est tout. Ici il y a une humidité épouvantable. A tel point que ma jambe que je ne sentais plus en Italie, ici recommence à me faire mal. On est tous toujours collants ! Vraiment dégueulasse. Une heure il fait chaud, et peu après, froid !

| MAI 29 | *Turandot* PUCCINI, dir. Tullio Serafin | **BUENOS AIRES** Teatro Colón |

A Giovanni Battista Meneghini – *en italien*

30 mai 1949

Cher Battista,
Aujourd'hui je suis très fâchée. Avant tout avec le Colón qui nous fait faire une représentation tous les 10 jours ! Dieu seul sait quand aura lieu la *Norma*. Je maudis l'instant où je suis venue ! Puis je suis encore plus fâchée avec toi ! Je ne trouve pas juste que tu écrives tous les trois jours une seule page de lettre, avec quelques mots. Moi, qui déteste écrire, je t'écris pourtant beaucoup et souvent. Et puis tu sais toi que je ne vis que pour tes lettres. Je sais que tu as tant à faire, mais j'espérais que tu considères qu'il soit plus nécessaire et obligatoire d'écrire à ta femme. Tu sais que je suis très seule, je ne sors presque pas car j'étais très malade et j'ai peur de retomber [malade] encore. Tu sais que je ne vois personne, étant loin de toi (et ne dis pas que je l'ai voulu moi, pas plus que le paquebot !!) et tu écris tous les 3-4 jours une page de lettre ! C'est le comble !

Assez, je n'écris pas davantage parce que j'en dirais de toutes les couleurs ! Je dis juste que j'en ai marre, fatiguée, et si je continue comme ça je retomberai de nouveau et dès maintenant malade !

La fameuse longue lettre de Pia je ne l'ai pas reçue. On voit bien qu'elle a été perdue. Toutes les nuits je les passe éveillée jusqu'à 4 ou 5 heures ! Et j'ai peur d'aller très mal ! Si tu continues comme ça je finirai par avoir une image horrible de toi !

Maria

PS : La Rigal était nulle ! Vraiment une chose horrible. Mais elle est adorée ici ! Elle est argentine !

A Giovanni Battista Meneghini – *en italien*

Buenos Aires, mercredi 1er <u>juin</u> !
(le temps ne passe-t-il jamais !!!)

Mon amour !
Chéri, chéri, chéri,
Je suis heureuse ! Je suis allée voir Grassi Diaz et il m'a dit « Vous

pourrez partir le 10 juillet». Imagine ! Donc ils regardent déjà pour me réserver une place dans l'avion, peut-être le KLM du 12, ou s'ils arrivent à en trouver un autre pour le 10, ils le réserveront ! Je n'ai pas de mots pour dire comme je suis contente ! Tu peux bien imaginer ! (je ne peux écrire ma joie !)

Chéri, les dates des représentations sont celles-ci :
11 – *Turandot*
17 – *Norma*
19 – *Norma*
22 – *Turandot*
25 – *Norma*
29 – *Norma*

Ensuite peut-être deux *Aida*, sinon je partirai plus vite ! Amour es-tu content ?

Aussi pour te faire rire : parmi les admirateurs que j'ai ici, voici la carte de visite de l'un d'eux qui demande une photo dédicacée. Lis et tu seras mort de rire ! Des compliments de toutes les couleurs ! Chéri je te laisse le soin de lui envoyer la petite photo.

J'écrirai demain encore !

Tout de moi – tu sais – et je t'embrasse jusqu'à te suffoquer !

Ta toujours – et toujours plus

Maria

A Giovanni Battista Meneghini – *en italien*

Buenos Aires, lundi 6 juin 1949

Mon Battista chéri,

Comme je suis triste et pleine de toi aujourd'hui ! Cela fait depuis vendredi que je n'ai pas reçu de lettres et je me sens très seule et abandonnée. Prends garde quand je rentre j'aurai tellement de câlins à faire que tu ne peux imaginer ! Je ne peux et ne pourrai jamais expliquer combien j'ai souffert tout ce temps à Baires. Seule, les Serafin sont ailleurs, je ne vois personne, et je n'en ai même pas envie. Je n'ai pas de radio, je n'ai pas de répétitions, <u>je ne t'ai pas toi</u>, qui es la chose la plus importante pour moi ! Que Dieu me donne la patience pour tenir.

Et toi, que fais-tu ? Comment vas-tu ? Je te manque ? Tu comprends mon tourment ou suis-je la seule qui souffre ainsi ?

Mardi

Encore une journée sans courrier. Je suis fatiguée, fatiguée de tout et en tout point. J'arrête d'écrire car si je continue je te rendrai infiniment triste et tu ne le mérites pas ! Je te répète seulement, je t'adore !!

Mercredi

Mon Battista !
Enfin j'ai reçu ton courier. Imagine-toi six lettres d'un coup. Quatre des tiennes, une de Pia, et l'autre de Bertatti. Bien sûr tu écris si peu et aucunes nouvelles, ni de toi, ni de ton travail, c'est peu, à peine deux pages !
Je termine de façon sûre le 12 juillet, je veux dire le 10, mais il y a un avion seulement le 9 et le 12. Si j'arrive à temps pour celui du 9 je le prendrai, s'il reste encore de la place, ils sont tous tellement pleins, mais celui du 12 est sûr. Donc pas besoin que tu viennes, car je te dis en vérité, j'ai peur pour toi ! Si je disparais moi c'est autre chose, ou au moins tous les deux ensemble, mais moi je te veux sain et sauf, et toujours à moi. Malheur s'il t'arrivait quelque chose. C'est pourquoi je te demande d'être attentif !
La *Norma* se jouera le 17, c'est-à-dire dans 8 jours demain, et je veux – si Dieu veut – être bien !! Vois-tu, dans la *Turandot* les gens ne peuvent pas apprécier mon art. Et puisque mes collègues ont eu la chance de ne pas chanter avec moi mais avec cette horrible Rigal, et ont eu un triomphe, ils ont donc pris la grosse tête, en particulier ce crétin de Rossi, qui m'est devenu très antipathique. Je t'expliquerai quand je serai là. Si l'occasion m'est offerte de leur donner une bonne leçon je le ferai volontiers. Et tu sais que ce n'est pas mon genre. Et puis, ils ont l'amour de cette autre, tout aussi crétine Vittoria, qui croit qu'elle commande l'univers entier. Et puis il paraît qu'elle a obtenu le *Don Carlo* à Florence qui ouvre la saison, avec Serafin, bien sûr exigé par la Vittoria. Pourtant ce serait la seule fois où je refuserai de chanter avec le maestro car je n'ouvre jamais une saison avec un second rôle (seul Don Carlos est important !) et pour couronner le

tout avec un antipathique ! On en reparlera dans la *Norma*, si je suis bien, et on verra quel grand triomphe fera l'imbécile. Il a créé tant de problèmes à la famille Serafin. Ils font figure de servants de Rossi. Pauvres vieux !

Mais ne dis rien à personne de tout cela, tu ne dois pas. Ce qu'on se dit doit toujours rester entre nous, n'est-ce pas ?

Je n'ai pas d'autres nouvelles. Je ne sors quasiment jamais, j'ai assisté à deux matinées seulement. Le soir je ne sors jamais, et tu me manques, à tel point que je n'ai pas de mots pour te dire combien. Juste que j'en ai marre de Baires, rien ne me plaît et il me tarde de retourner à mon homme, qui est l'unique qui me comprenne et m'adore.

Imagine-toi que quand j'étais malade, personne à part Serafin n'est venu me voir. La Vittoria n'a pas mis les pieds, ni téléphoné, alors qu'ils dînaient juste en bas. En somme, je suis complètement abandonnée de tous, à part le maestro qui est véritablement une sainte âme. Si je ne l'avais pas lui, je mourrais ici, de misères. Imagine-toi voir tout le monde se réjouir parce que je ne chante pas avec eux. Ils ont peur les pauvres ! Ils savent qu'avec moi sur scène ils deviennent tout pâles à côté. Je n'ai jamais été traitée ainsi par aucuns de mes collègues. Pauvre Nicolaï, quelle Madame, même Siepi, et ne parlons même pas de Tasso !

Il me tarde de retourner dans tes bras et retourner à la vie et fleurir, car tu sais me donner toutes les satisfactions que je veux, et tu me fais oublier tout !

Remercie ta maman pour ses lettres qui m'ont beaucoup émue, et dis-lui que je la verrai bientôt, ainsi nous serons tous heureux ! Embrasse pour moi Pia, Gianni et Orlandi et toi mon chéri, écris-moi, beaucoup, et prie que je chante bien, c'est la seule chose que je veux maintenant, ce sera ma revanche sur eux !

Je te répète encore que je t'aime désespérément et t'estime encore plus et te respecte ! Je te désire infiniment ! Je suis à toi éternellement
Maria

| JUIN 11 | *Turandot* PUCCINI, dir. Tullio Serafin | **BUENOS AIRES** Teatro Colón |

A Giovanni Battista Meneghini – *en italien*

Buenos Aires, 12 juin 1949

Mon Battista chéri adoré,
Cela fait quelques jours que je ne t'écris pas car j'étais très occupée avec les répétitions de Norma. J'ai eu beaucoup à faire pour me remettre en voix. Chanter tous les 12 jours ne fait pas du bien tu sais. Ainsi maintenant je suis quasiment prête. En revanche je suis très malheureuse pour Serafin. Il est très déprimé et ça m'ennuie infiniment. C'est vrai que le climat ici t'anéantit car même moi je suis très mal, je suis constamment endormie, je pourrais dormir tout le temps et je ne dors pas bien pourtant. Un temps dégueulasse ! Mais la raison du mal-être de Serafin est le comportement de la Vittoria. Elle est vraiment obscène. Et aussi cet imbécile de Nicola [Rossi-Lemeni]. Je dois dire que je n'ai jamais eu de sympathie pour lui. Il m'a toujours paru égoïste. Et si peu distingué non ! Je suis indignée ! Ils ne voient pas la douleur et la piètre figure qu'ils font à ce saint homme et martyr ! Je suis tellement dégoûtée avec les cochonneries du monde. Il me tarde de trouver refuge dans notre pur et si digne amour. La chose la plus grande dans mon amour pour toi est la distinction que je vois en toi ! Vois-tu, une femme, en particulier comme moi, doit être fière de son homme ! Et, mon amour, je suis si fière, et heureuse de posséder un homme aussi parfait !
Si Dieu veut je partirai le 12, ainsi je serai près de toi le 14. Si je termine le 8 j'essayerai de prendre l'avion du 9, s'il reste une place. Bientôt je serai avec toi. Le plus difficile est passé car je n'avais rien à faire et j'étais malade. Maintenant je vais mieux, je traîne les pieds (le climat) mais j'ai à faire, et puis les préparatifs pour mon départ. Ainsi le temps va passer vite.
Hier j'ai fait la première répétition d'orchestre avec Barbieri[1], le 2e et le 3e acte. Ils étaient stupéfaits ! L'orchestre a applaudi après les duos. Et les gens n'en revenaient pas ! L'aria est <u>très</u> ennemie ! A tel

---

1. La mezzo-soprano Fedora Barbieri, qui a souvent chanté avec Callas, notamment le rôle d'Adalgisa de *Norma*.

point que parfois surgit la voix [intérieure] qui dit que je suis malade et qu'ils doivent annuler le spectacle[1]. Et je réussis toujours lorsque je fais une bonne répétition ! Je fais beaucoup d'effet ça se voit ! Il suffit que je sois en forme et ils pourront dire ce qu'ils veulent. Ça me plaît de titiller les gens ! Demain j'essayerai d'aller à l'église orthodoxe ici. Faire une bénédiction me fera du bien non ?! Dieu est si bon avec moi. Il m'a donné le succès, la santé, un peu de beauté, intelligence, bonté et surtout toi. La raison de ma vie et ma foi en la vie. Je t'adore infiniment et chéri je te désire tellement. Tu sais, cette nuit j'ai cru que tu étais à côté de moi. Je suis sûre que toi au même moment tu pensais à moi ! Si souvent j'ai la sensation que tu es tout près. Ce sera ton âme qui t'amène à moi. Amour, je crois que l'émotion me suffoquera quand je te reverrai ! Tant de joie et tant de souffrance. N'est-ce pas ?

Chéri je te laisse, façon de parler. Tu sais tout ! Je suis en forme maintenant donc ne t'inquiète pas. Prie seulement que je chante bien. Ecris-moi, et souviens-toi que je vis pour toi seul. Je t'adore et suis toute toute à toi.

Éternellement ta Maria

Embrasse Gianni et Pia, ta maman, et les amis, et pour toi le plus sublime baiser !

Toutes les représentations sont retransmises [à la radio], essaye d'en écouter une.

A Giovanni Battista Meneghini – *en italien*

Buenos Aires, 17 juin 1949

Mon Battista chéri,

Je t'écris aujourd'hui, jour de la grande épreuve et de la grande leçon de chant que je veux donner à tous. Hier soir c'était la répétition générale. Tu imagines bien que tout le monde était plein de curiosité pour la *Norma*, pour moi, après la *Turandot*. A tel point que les critiques d'un journal m'ont téléphoné pour me conseiller et me

---

1. Ce qui arrivera précisément huit ans et demi plus tard, le soir du 2 janvier 1958 à l'Opéra de Rome…

prier de chanter fort[1] car ils feront la critique sur la répétition. Les crétins !!

Bien, donc la générale a épaté tout le monde, et au « Casta diva » ils pleuraient tous ! Ils exultaient. J'espère que la représentation se passera aussi bien que la générale et je serai contente, si Dieu veut.

Avant-hier je suis allée avec un journaliste grec et une dame à l'église grecque orthodoxe pour allumer une bougie pour nous et ma première *Norma*. Tu sais que j'avais envie d'aller à l'église orthodoxe. Vois-tu, notre église je la ressens plus que la vôtre[2]. C'est étrange mais c'est ainsi. Sans doute suis-je habituée, sans doute est-elle vraiment plus <u>chaleureuse</u> et festive. Ce n'est pas que je n'aime pas la tienne, qui est mienne aussi désormais, mais j'ai une forte dévotion à l'église orthodoxe. Pardonne-moi chéri, tu comprends, n'est-ce pas ? Donc, j'y suis allée et il me semble que cela m'a aidée car vraiment ceux qui étaient là hier ne savaient plus quoi dire de tant d'enthousiasme. Il y avait Scotto, le pauvre, qui d'après Rakowska ne tenait plus en place ! Il disait « C'est cela chanter, c'est cela le chant d'autrefois », et il s'émerveillait de mes pianissimo et du progrès que j'ai fait en ces quelques années. Ensuite, à la fin de la représentation, j'étais encore sur scène, quand Grassi Diaz m'a appelée et en courant il est venu m'enlacer et m'embrasser en disant « Quand je suis enthousiaste, je dois le montrer et aujourd'hui j'ai pleuré, ce que je ne fais pas facilement ». Puis j'ai entendu les choristes qui voulaient me faire une sorte d'hommage, un cadeau, tellement ils étaient enthousiastes. Les pauvres ! Eh bien ! Ma revanche notre Bon et Grand Dieu il la donne toujours. Et cela car nous n'avons jamais fait de mal à personne et avons tant travaillé pour tout ce que nous avons, n'est-ce pas, chéri ?!

Et toi amour, comment vas-tu ? Que fais-tu ? J'ai tant de tendresse à te donner. Je suis si pleine de toi, de ton âme fine, honnête, noble et tellement comme je le souhaite moi. Sais-tu une chose drôle, ça te fera rire, ou peut-être pas car tu fais toi aussi peut-être la même chose. Parfois je regarde tes photographies et je parle avec toi, ou bien j'éclate en mots tendres et affectueux comme si c'était toi en personne. Tu ne ris pas, n'est-ce pas ? Vois-tu, je t'aime tellement, et

---

1. C'est-à-dire « à pleine voix ». Habituellement lors des générales les chanteurs chantent à mi-voix, ou « marquent », afin de préserver leur instrument vocal pour les représentations en public.
2. Meneghini était catholique.

maintenant j'y ajoute mon plus grand respect et estime pour m'avoir fait tienne, alors tu peux bien imaginer à quel point mon amour est grand !

Amour, dire que d'ici un mois, Dieu voulant, on se reverra, et nous serons toujours ensemble, l'un prenant soin de l'autre, l'un aimant l'autre. C'est pourquoi notre amour est si grand. L'un offre à l'autre, et plus offre l'un, plus offre l'autre. C'est cela l'amour dont j'ai toujours rêvé. Maintenant je l'ai, et j'en prendrai soin comme la prunelle de mes yeux. Mais il a aussi besoin de ton aide.

Une nouvelle : mon parrain s'est marié avec cette très antipathique <u>ignoble Sally</u> (c'est son nom). On voit que mon mariage lui a donné le courage ! Et puis tu te souviens le Suisse qui m'a donné des coups de pied car il ne voulait pas de moi et à cause duquel je m'en suis prise à toi n'est-ce pas !? Eh bien, il m'a envoyé l'annonce de son prochain mariage le 21 mai. Il sera déjà marié maintenant. Mais il l'a envoyé à ta maman et c'est elle qui me l'a renvoyé, écrivant ironiquement « Ne pleure pas et pardonne-lui ! ». Alors, le pauvre, d'après ce que je comprends, il pense encore à moi amoureusement, parce que tu te rappelles à Vérone il a demandé à me voir et me parler avant de partir, il m'a dit « Si tu reçois mon faire-part de mariage cela voudra dire que tu n'auras jamais quitté mon cœur. Mais un jour je devrai me marier pour avoir des enfants. Nous sommes ainsi, nous devons créer une famille pour le nom de famille ». Le pauvre !!! Donc, j'ai écrit félicitations et j'ai envoyé une photographie. Maintenant qu'il est marié je peux le faire car si je l'avais fait avant (il l'avait demandé sur le paquebot avant de s'enamourer) il se serait fait des idées, n'est-ce pas ?

Puis Scotto dit que Bagarozy est en Italie depuis quelque temps et qu'il n'a pas le moral. Même maman écrit que mon père voit la Louise de temps en temps et qu'elle lui semble folle, tellement ils sont mal. Elle lui a dit qu'elle voulait voir maman mais elle a peur qu'elle commence à parler de moi donc elle ne veut pas la voir. Imagine comme elle doit me haïr. Dégueulasse !

Chéri, demain je t'écris et t'envoie les journaux. Je t'enlace, tu sais comment, et t'embrasse si affectueusement et passionnément ! Je te désire infiniment. Je pense tellement à toi. Ecris beaucoup et souvent. Embrasse Pia et Gianni et particulièrement ta maman

Maria

JUIN 17	Première de ***Norma*** BELLINI, dir. Tullio Serafin	**BUENOS AIRES** Teatro Colón
JUIN 19	***Norma*** BELLINI, dir. Tullio Serafin	

A Giovanni Battista Meneghini – *en italien*

Buenos Aires, 20 juin 1949

Mon chéri chéri !

Ces jours-ci tu dois me pardonner de n'avoir pu t'écrire souvent. J'étais si prise dans mon travail qui requiert tout de moi pour ma bataille ici. Comme tu l'auras compris j'ai été très combattue, et j'ai trouvé une ambiance très ennemie, à part Grassi Diaz, tous ! Donc je devais leur donner une petite leçon de ma supériorité et valeur uniquement en chantant bien. Et j'ai chanté bien ! A en faire tomber le théâtre ! Jamais il n'eut un tel succès. Même pas avec la Muzio[1]. Je ne peux rien dire de plus. Ils ont dû ravaler tout ce qu'ils avaient dit, les dégueulasses !

Et maintenant, si Dieu veut, une autre leçon avec *Aida* ! Et ensuite je rentre trouver réconfort, paix et amour dans tes bras, c'est ma seule aspiration.

Chéri, tu me manquais l'autre soir. J'avais pleuré toute la soirée d'émotion d'un tel triomphe ! J'ai pleuré parce que tu me manquais. Amour je ne sais plus comment résister sans toi ! Je rentre, chéri, je rentre car toi comme moi nous avons besoin l'un de l'autre. Et chéri, nous pouvons être fiers d'avoir le sublime amour si rare et inaccessible pour tous. Et nous, si Dieu nous a concédé cette chose suprême, nous devons l'acquitter en conservant et en vivant pour ce sentiment. Tu m'entends, amour ? Moi je ferai de mon mieux, comme je sais que toi aussi ! Souviens-t'en, je t'aime follement, follement parce qu'en raisonnant je sais et vois que tu le mérites, et toute ma raison de vivre

---

1. Grande soprano italienne des années 30, Claudia Muzio était surnommée « la Duse de l'opéra » pour son interprétation dans *La Traviata*, en référence à Eleonora Duse, l'illustre créatrice du rôle de la Dame aux camélias.

dépend de toi seulement. Tu sais et peux me rendre, me donner, me créer tout le bonheur.

Ne pas t'avoir, ou une déception de toi, me ferait perdre toute foi en la vie et ruinerait tout ce qu'il y a de plus beau en moi et je ne saurais résister. Je ne demande rien d'autre que seulement tu t'en souviennes. Tu es tout, tu représentes tout pour moi. Je vis pour toi, et je suis fière d'avoir un homme comme toi ! Heureuse que tu m'aies fait tienne et fière de m'appeler Meneghini ! Quand je rentrerai, nous vivrons tous nos rêves et nos espérances, n'est-ce pas chéri ? Il suffira d'avoir la santé.

Chéri, j'en ai assez d'être ici. Je déteste vraiment Baires. Le climat horrible, changeant et perfide. Trop de charbon de partout. Tu mets le nez dehors et tu as le visage noir de charbon. Et tu es toujours fatigué ! L'humidité au maximum. Et puis le fascisme au maximum ! Heureusement que j'ai refusé cette photo que Pasqua voulait m'envoyer et qu'il ne pouvait expédier disait-il. Dieu seul sait ce qui serait arrivé et je n'ai pas l'intention de me mettre dans le pétrin, pour aucune raison. Qu'en dis-tu ? Tous les fascistes de l'univers sont ici ! Et l'opéra est justement sous le commandement de la Evita[1].

Ils veulent *Puritani* pour l'année prochaine, et ils veulent dès maintenant ma confirmation semble-t-il. Que dois-je faire, dis-moi ? Si c'est jusqu'à la fin juin ? Qu'en dis-tu ?

Les ignobles dégueulasses, je dois verser des impôts il paraît, quinze pour cent !

Cela fait plusieurs jours que je ne reçois pas ton courrier. Mais il se peut qu'il m'en arrive 6 d'un coup.

Ciao amour. Et après le 5 n'écris plus ici. N'est-ce pas ? Dire que dans quasiment 20 jours je serai avec toi ! Pense à moi, aime-moi comme je t'aime.

Ta, toujours, Maria

JUIN 22	*Turandot* PUCCINI, dir. Tullio Serafin	**BUENOS AIRES** Teatro Colón

---

1. Eva Perón, femme politique argentine surnommée Evita.

A Giovanni Battista Meneghini – *en italien*

Buenos Aires, 22 juin 1949

Mon chéri adoré,
Je t'envoie les journaux qui <u>pour ici</u> écrivent merveilleusement bien. Mais je ne peux te dire l'enthousiasme du public pour ma Norma[1]. Ils semblaient devenir fous !
Aujourd'hui j'ai chanté, très bien, la dernière *Turandot* (si Dieu veut, assez avec celle-là). Maintenant je vais faire l'*Aida* et on en <u>reparlera</u> ! Je répète encore si Dieu veut. C'est lui qui commande n'est-ce pas ?
Je t'embrasse ardemment, et chéri tu ne sais pas combien je te désire, à la folie !
Pour toujours ta Maria

A Giovanni Battista Meneghini – *en italien*

Buenos Aires, 24 juin 1949

Mon adoré et sublime amour,
Aujourd'hui justement, jour de ta fête, je reçois 2 de tes magnifiques lettres, même les plus belles ! Je dois te demander pardon de t'avoir accusé d'écrire peu. Mais je vais te dire maintenant ! Ces deux-là arrivées aujourd'hui sont des 30 et <u>31 mai</u> ! Après avoir reçu ta dernière du 18 juin tu le crois ça ! Qui sait où elles étaient perdues. C'est à en devenir fou !
Mon amour, elles sont si belles tes lettres ! Je les ai déjà lu 3 fois et je les ai reçues à 1 heure et il est maintenant 2 heures de l'après-midi. J'ai mangé. Les Serafin t'embrassent et parlent si souvent de toi, et moi je me sens exploser de bonheur et fierté. Lors de la *Norma* ils ne faisaient rien d'autre que dire « Ah si Battista était ici ». Chéri, ils aiment d'une

---

1. Sont jointes à la lettre des coupures de journaux avec les critiques enthousiastes de la représentation de *Norma* du 17 juin.

façon invraisemblable ! Une obsession ! Elle, après le «Casta diva», à la générale, est venue en coulisses pleurant de joie et de satisfaction pour moi. Parce que les gens avaient été contre moi, et eux se sentaient mourir. Et le maestro après le premier acte, à la première, je suis allée le trouver, et je l'ai vu dans le couloir qui pleurait. Imagine l'amour qu'ils ont pour moi. Tu sais comment il m'enseigne, n'est-ce pas ? Tu as entendu à Rome chez lui le *Parsifal* ! De son âme à la mienne, car je lui réponds musicalement. Donc, il souffrait comme si c'était lui-même.

Hier la Rigal a fait sa dernière *Aida*. La prochaine c'est moi qui la ferai. Imagine quel amour a le Maestro, qui s'est battu à mort contre les autres qui étaient contre moi, qui hier jubilait de joie car la Rigal a eu la malchance de se planter sur *stella*[1] ! Elle tremblait vraiment dans «Cieli azzurri». Sa meilleure note. Car elle n'a que celle-là ! Et justement sa dernière représentation. Et moi qui reprends. Déjà hier Piccinato et le Maestro m'ont raconté que le chœur et les autres disaient «C'est étrange, elle ne plaît plus la Rigal».

Tu vois chéri, Dieu est grand. Il suffit de savoir attendre et de ne pas faire de mal. Imagine-toi, Serafin ce matin est allé en personne vérifier mes vêtements pour *Aida* ! Je suis vraiment émue par leur attachement et foi en moi. Il y a vraiment de quoi être reconnaissante ! Je leur dois tout n'est-ce pas ?

Donc, prie que je chante bien *Aida* et ainsi je laisserai mon autre carte de visite qui se doit justement de les épater tous ! Remercie Dieu, mon Titta, qui me protège comme personne !

Ce soir nous faisons la fête. J'ai invité les amis chers à dîner pour ta fête mon chéri adoré époux et Dieu ! Tu ne sais pas l'immense amour que j'ai pour toi. Si je pouvais donner ma vie pour te démontrer la moitié de mon amour, je le ferais volontiers !

Je t'adore ! Je t'invoque ! Et te supplie de m'aimer ! Je vis pour toi !

le soir

Après le dîner, nous avons beaucoup trinqué à toi, beaucoup parlé de toi, et moi beaucoup pensé à toi, je referme cette longue lettre en te répétant encore, je ne peux et ne sais plus comment te dire

---

1. Le mot *stella* compte une difficile note aiguë.

combien je t'aime, et que je vis et existe seulement pour toi ! Grand Dieu, combien j'ai d'amour pour toi. J'ai l'impression de m'évanouir parfois, tellement je sens le besoin de toi et de te le dire, si ce n'est en mots que je ne sais jamais dire comme je le voudrais, mais avec mes yeux que tu sais si bien lire. Mon chéri, imagine, d'ici 20 jours désormais je serai avec toi, si Dieu veut ! Chéri, chéri adoré, me veux-tu ?

Penses-tu encore à moi ? Me désires-tu ? Moi à en mourir !

Ta, ta, à la folie – Ta, qui t'embrasse… comme tu sais, Maria

JUIN 25, 29	*Norma* BELLINI, dir. Tullio Serafin	BUENOS AIRES Teatro Colón
JUIL. 2	*Aida* VERDI, dir. Tullio Serafin	

A Giovanni Battista Meneghini – *en italien*

Buenos Aires, 3 juillet 1949

Mon Battista chéri,

Cela fait quelques jours que je ne t'écris pas mais désormais je suis tellement prise par l'idée de rentrer qu'il me semble inutile d'écrire davantage. Cette lettre t'arrivera bientôt avec moi. Si Dieu veut, j'arrive le 14 ou 15 matin. Je te télégraphierai. J'ai déjà réservé la place pour le 12, et ils m'ont pris une place dans l'avion de 17 heures pour Venise. Si l'autre avion arrive à l'heure et s'il y a de la place, je prendrai celui de 8h30 pour Venise. Donc vois toi aussi pour avoir une place sur celui de 17 heures. Et si jamais on changera pour celui du matin.

Tu sais, Titta, je serai très fatiguée, tu sais comme le train me fatigue ! Donc je préférerais me reposer jusqu'à 17 heures à Rome, si nous n'arrivons pas à prendre celui du matin, pour faire seulement 1 heure ¾ d'avion et arriver à ma, notre, Venise. Et de là tu t'occupes du programme. Ou alors on reste une nuit à Venise, ce serait bien non ? J'aimerais bien passer notre première nuit à Venise. Et toi qu'en dis-tu ? Pense amour que je serai avec toi dans <u>11</u> jours ! Me veux-tu ?

En revanche, tu me trouveras peut-être un peu plus grosse ou pareille ! J'avais beaucoup perdu mais j'étais tellement mal que pour me remettre en forme j'ai mangé comme un loup. Donc, si tu ne veux pas me voir rapidement devenir grosse comme la Caniglia[1] tu <u>ne</u> dois pas me laisser manger beaucoup, seulement de la viande pour le fer, et des légumes crus, etc. ! Malheur à toi si tu insistes ! Seulement 3-4 semaines pour que je redevienne comme avant. Tu me promets ? Et pas de desserts !!! Mon Battista, je veux être belle pour toi tu sais !

Donc hier j'ai fait l'*Aida* finalement et ce fut un triomphe ! J'ai fait table rase ici. Le public m'adore. Et Grassi Diaz parle déjà de l'année prochaine. *Puritani* et autres. Pauvre Rigal !

Puis j'ai eu la chance de plaire au Ministre en charge de la Fête de l'Indépendance du 9 juillet. Pour la célébration, il ne voulait pas avoir le premier acte de *Norma* en entier, c'est-à-dire le duo et l'air d'Adalgisa et Pollione, car le ténor était nul. Au lieu de cela il me demande de chanter 2 parties sur les 3 qui auront lieu ! Je fais l'entrée de *Norma*, acte 1, « Casta diva » et ça se termine là. Puis ils font *Faust* l'air des bijoux chanté par une Argentine, la Liri ! Elle n'est pas méchante. Et puis je chanterai le 3ᵉ acte de *Turandot*. La Rigal ne chante pas car Evita n'en veut pas. Je serai chanceuse, non ? Dieu récompense toujours celui qui ne fait pas de mal. Moi je ne fais rien d'autre que chanter et rester à la maison. J'ai trouvé un environnement ennemi. J'ai bien chanté ma *Norma* alors ils ont dû me donner raison. Ma seule arme est le chant.

Tous mes collègues, en particulier Rossi, se réjouissaient qu'on ne parle pas beaucoup de moi. Puis est venue la *Norma,* et ainsi c'est moi qui ai fait payer ! Alors que j'étais très malade, pendant les *Turandot*, pas un être vivant à part Serafin n'est venu me voir ! Pas même un coup de téléphone !

Nous devons ériger un monument à Serafin. Il m'adore. Et nous lui devons tout ! Mais il n'est pas bien. Il a la colite. Mais ne le dis pas aux Véronais je t'en prie ! C'est cette Vittoria qui le torture avec ses attitudes ! Et la Rakowska avec toute sa bonté mais tant de manies qu'elle rendrait fou n'importe qui ! Dommage que ce saint homme qu'est Serafin doive souffrir ainsi !

Chéri, pourvu qu'on soit en bonne santé nous. Moi je le suis maintenant. Je suis juste inquiète car je grossis, et je ne le veux pas. L'opé-

---

1. Maria Caniglia, célèbre soprano italienne des années 30 à 50.

ration m'a fait beaucoup de bien à la voix mais m'a fait prendre du poids. Et je suis furieuse !

Je suis désolé pour Pia et Gianni, ils ne méritaient pas cela ! J'ai acheté la fourrure je ne sais pas si elle lui plaira. Elle est un peu ample mais elle pourra être ajustée. J'ai préféré l'acheter plus grande que petite, et puis j'ai préféré l'acheter toute faite. Ils la travaillent tellement bien ici. Là-bas [en Italie] non !

Je n'ai pas d'autres nouvelles, chéri. Seulement qu'il me tarde de me retrouver à ma place. Et pour la maison qu'as-tu fait ? As-tu trouvé quelque chose ? Tu ne m'as jamais rien écrit ? Mais maintenant j'arrive. On mettra tout en place, non ? Amour, cela fait 10 jours que je n'ai reçu aucun courrier. Tu me manques tellement, tu sais !

Et toi comment vas-tu ? Que fais-tu ? Je suis heureuse que le travail aille mieux. Moi avec cette saison du Colón je me suis fait mon équipement en fourrures. Ainsi pour plusieurs années je n'aurai pas à y penser, ni toi. Et j'ai aussi pris la doublure en ragondin pour toi. Ainsi cet hiver quand, mon trésor, tu iras dans le froid en voyage ou en voiture, tu seras beau et au chaud.

Je t'embrasse tellement, tellement. Je ne dis pas de belles paroles car dans 10 jours je te les dirai toutes personnellement ! Mon amour. Me veux-tu avec toi ?

Eternellement ta Maria

| JUILLET 9 | Concert, gala pour célébrer le 133ᵉ anniversaire du jour de l'Indépendance, dir. Tullio Serafin • *Norma* « Sediziose voci… Casta diva… Ah ! bello a me ritorna » • *Turandot*, acte III | BUENOS AIRES Teatro Colón |

A GIOVANNI BATTISTA MENEGHINI – *en italien*[1]

Rome, 12 septembre 1949

Chéri mon trésor adoré !!!

Ne t'étonne pas que je t'écrive sur la note du Quirinale, mais je n'avais rien d'autre sous la main. Et puis regarde en 2 jours com-

---

1. Lettre écrite au dos de la facture de l'hôtel Quirinale.

bien on dépense. Et une chambre simple, avec salle de bain, pas une double, qui coûte encore plus. Penses-tu !

Donc je t'écris pour te dire la bonne nouvelle. Le *Don Carlo* ne se fait pas !!! Siciliani[1] vient juste de me le dire. Tu vois, quiconque essaye de me faire du mal est puni. Mais pauvre Siciliani, il ne sait pas comment l'annoncer au maestro, il a peur qu'il refuse de diriger. Il ne faut le dire à personne.

Ici les répétitions continuent, très énervantes car c'est très difficile. J'en ai décidément archimarre ! J'ai tellement envie d'être avec toi dans ma petite maison. Et toi ? Je ne te manque pas ? Que fais-tu ? Comment vas-tu ? Viendras-tu ? Qui viendra ? Personne des nôtres ?

Chéri, je t'adore tu sais. Je suis heureuse d'être ton épouse et si je devais le refaire je le referais avec encore plus d'enthousiasme si tant est que cela soit possible.

Ta tout entière toujours pour l'éternité, Maria

A Giovanni Battista Meneghini – *en italien*

Pérouse, non daté (certainement le 15 septembre 1949)

Mon aimé chéri,

Hier je n'ai même pas pu entendre ta voix au téléphone car la communication a été interrompue. Je t'écris maintenant quelques mots pour t'informer de ma seule nouvelle. Comme tu l'as compris, hier nous sommes partis à l'improviste pour Pérouse à 15 heures, et nous sommes bien arrivés vers 18h30-19 heures. J'ai trouvé une chambre, pas belle mais qui a une salle de bain. J'ai pris la pension complète comme ça je n'ai pas à sortir pour les repas. Le maestro a l'air satisfait de *San G.B.*[2] mais moi pas ! Patience ! Hier j'ai vu Siciliani et nous avons parlé longuement de tout. Je pense que nous avions raison de penser qu'il allait devenir le nouveau directeur de la Scala. Il n'a rien dit mais je crois que ce sera le cas. Au moins il y mènera une dure bataille. Ne le dis à personne. Puis j'ai lu une lettre de Serafin qui dit qu'il travaille beaucoup et ira probablement à S. Paolo ! Belle stupi-

---
1. Directeur artistique du Maggio Musicale Fiorentino à Florence.
2. *San Giovanni Battista*, oratorio d'Alessandro Stradella.

dité ! La Vittoria a écrit une lettre aussi disant que ce fut un succès sans pareil, le public debout hurlant, du jamais vu, orchestre et balcons. Etrange alors que c'est arrivé à moi. Elle a probablement écrit cela en se rappelant de moi et de mon succès là-bas ! En résumé tout le monde le fait tourner en bourrique. Et puis tu imagines la colère de Rossi apprenant que tous les trois opéras dirigés par Serafin sont les miens ! Donc j'ai parlé avec Vitale qui veut que je lui promette de ne pas prendre d'engagements après le 20 janvier car il voudrait *Norma* ! Puis ils me mettaient *Turandot* pour me faire plaisir, pensaient-ils, et je l'ai enlevé et j'ai suggéré *Tristano* à la place ! Ce serait bien non ? Ensuite il aimerait un autre opéra, contemporain, je crois *Santa Cecilia*. Le chef-d'œuvre de la Muzio[1]. J'ai dit que si Serafin le dirige je le ferai, et sinon rien (je ne veux pas d'opéras contemporains !).

Et maintenant assez des affaires, parlons un peu de toi. Chéri, mon trésor, que fais-tu et comment vas-tu ? Tu sais combien tu me manques. Durant la nuit je continue à me réveiller, qui sait pourquoi. Et ça me semble si moche que tu ne sois pas près de moi. Je ne sais pas être loin de toi ! Et puis je suis inquiète pour tes affaires et pour ta santé. Dis-moi, raconte-moi ! Je ne te téléphone plus car la ligne est impossible. Essaye toi peut-être si tu arrives à obtenir une meilleure communication. Ecris-moi, Battista, et dis-moi si tu viendras. Bien sûr si tu as beaucoup à faire et si tu ne viens pas, je comprendrai, malgré ma volonté de t'avoir là. Dès que j'aurai d'autres nouvelles je t'écrirai.

Je t'embrasse avec toute ma tendresse et amour. Pense à moi. Porte-toi bien. Ecris-moi et salue tout le monde pour moi surtout ta maman.
Ta, ta Maria

A GIOVANNI BATTISTA MENEGHINI – *en italien*

Pérouse, non daté (certainement le 17 septembre 1949)

Mon aimé chéri,
Tu me manques tellement que tu ne pourrais pas y croire. Aujourd'hui particulièrement car le temps est moche : pluie donc

---

1. Claudia Muzio avait rendu célèbre *La Mort de Santa Cecilia* du compositeur Licinio Refice, dont elle avait été la première interprète en 1934 à Rome.

tristesse. On a eu trois répétitions en un jour. Et puis ça me perturbe d'être tous ensemble avec mes collègues, ce qui me donne beaucoup de difficultés, tu le sais. Patience !

La vérité est que je ne sais être sans toi plus d'un jour. Tout et tous me semblent stupides. Et pourtant je suis obligée d'être sans toi si souvent ! Et toi comment vas-tu ? Que fais-tu ? Je te manque ?

Je suis contente que tu viennes dimanche. Contente que ta maman et Pia viennent aussi.

Qui sait si elle a retrouvé mon costume noir, le long, en velours avec le taffetas rose. Et aussi la veste qui va avec. Je ne pourrais chanter sans. Et puis qui sait si tu recevras cette lettre à temps. Ensuite je te prierai de m'apporter une veste en fourrure, il fait froid ici et le soir je ne sais pas quoi mettre. Surtout dimanche. Apporte-moi aussi quelques bijoux, je veux dire le diamant et le collier avec les boucles d'oreilles. Excuse-moi je sais que je t'embête, mais tu vois que j'ai besoin de certaines choses, même si on est simple comme moi !

18 septembre 1949, à Pérouse, église San Pietro, le jour du concert.

Viens chéri, je n'en peux plus, et je ne veux plus être loin de toi !
Je t'aime tellement, chéri, et je t'estime tellement tellement. Chaque jour davantage ! Viens !

Moi je t'envoie tout tout de moi. Tu as tout et ce sera toujours ainsi. Comme nous nous aimons nous personne au monde ne s'est jamais aimé.

Je t'embrasse trésor adoré et je t'attends avec impatience.

Salut à Gianni, Pia, et un baiser à ta maman. A toi... tu sais.

Toujours ta Maria

PS : Il y a ici les maestro Pizzetti et Gui. Pizzetti est très gentil avec moi. Et Gui a fait des bras et des jambes pour faire ma connaissance et m'a fait un paquet de compliments. Il dit qu'il voudrait que je chante avec lui quelque part.

La saison à Florence va s'ouvrir avec *Trovatore*. Siepi dit qu'il était divinement bien à Mexico, et que la paye y est bonne.

Ciao !!!

Apporte-moi le vison platiné.

SEPT. 18	*San Giovanni Battista* STRADELLA, dir. Gabriele Santini	PÉROUSE Chiesa di San Pietro

A Elvira de Hidalgo – *en italien*

Dimanche 2 octobre 1949

Ma chère Madame,

Après tout mon long silence je vous écris cette brève lettre pour vous saluer et dire que je ne vous oublie jamais. J'ai été tellement désolée de ne pas avoir pu m'échapper pour venir vous voir ensemble avec Battista mais c'était impossible, pour tant de raisons et aussi car je devais arranger ma maison, et si je ne profitais pas de cette période je ne ferais plus rien. J'ai tant de travail cet hiver. Figurez-vous qu'en une seule saison j'ai deux nouveaux opéras. J'ouvre le Comunale de Florence avec *Trovatore,* et ensuite il y en aura un autre, je ne sais pas lequel (ils disent *Puritani* s'ils trouvent le ténor) et puis *Traviata* ! Serafin insiste pour que je la fasse et j'espère ne pas le décevoir. Donc vous comprenez combien j'ai de travail, et quel trac. Dommage que vous ne puissiez pas me voir sur scène. J'espère être à la hauteur d'une professeur de votre niveau. Si vous avez des suggestions (vous en aurez sans doute beaucoup) écrivez-moi.

Autres nouvelles, rien, à part que j'ai eu un triomphe sans précédent à Buenos Aires, et que j'ai une proposition pour Mexico l'été prochain. Ça me plairait d'y aller. On verra.

Ma chère, écrivez-moi, et pensez à moi avec la même tendresse avec laquelle je pense à vous et me souviens.

Je vous embrasse très affectueusement.

J'aurai peut-être le mois prochain un enregistrement de disques avec la Cetra[1]. Je vous écrirai quand je saurai avec exactitude.

Votre Maria

OCT. 31	Concert, dir. Umberto Berrettoni • *Norma* « Casta diva… Ah ! bello a me ritorna » • *Tristano e Isotta* « Dolce e calmo » • *I Puritani* « Qui la voce sua soave… Vien, diletto » • *Dinorah* « Ombra leggera » • *La Traviata* « Ah, fors'è lui… Sempre libera »	**VÉRONE** Teatro Nuevo
NOV. 8, 9, 10	Premier enregistrement pour Cetra, dir. Arturo Basile • *Norma* « Casta diva… Ah ! bello a me ritorna » • *Tristano e Isotta* « Dolce e calmo » • *I Puritani* « O rendetemi la speme… Qui la voce sua soave »	**TURIN** Auditorium de la RAI
NOV. 24	Concert en commémoration de Puccini, dir. Giuseppe Baroni • *Tosca*, acte III • *Manon Lescaut*, acte IV	

A Giovanni Battista Meneghini – *en italien*

Naples, non daté (début décembre 1949)

Mon très cher adoré,

Je viens juste de recevoir ta lettre et elle m'a remplie de joie et de confiance. Chéri, tu sens mon manque, n'est-ce pas ? Mais on sera

---

1. Maison de disques italienne.

ensemble plus vite qu'on ne puisse compter. Donc la première est le 20, c'est-à-dire mardi. La seconde le 22, puis la troisième le 27. Tu imagines, 5 jours de repos. Je ne reviendrai plus jamais ici n'est-ce pas ? Donc je pensais rentrer avec toi le 23, en avion, et le 26 au soir prendre le train de nuit puis le matin du 27 l'avion pour Naples. Ou bien l'avion de Venise le 27, s'il était sûr de partir. Bref, qu'en dis-tu ? Je ferai ce que tu diras !

Le temps ici est beau. Gui est content de moi. Moi pas de lui. Il parle tout le temps de lui-même. Et le metteur en scène ne sait pas ce que c'est *Nabucco* ! Scéniquement je peux seulement compter sur mes inspirations ! Espérons que tout se passe bien. Tu imagines si c'est ainsi qu'on fait des spectacles de nos jours, quelle horreur. Mais où est Serafin qui t'enseigne tout même la mise en scène. Pendant ce temps le théâtre est déjà ravagé.

Je suis contente pour Mexico. Mais comment ferais-je la *Traviata* sans Serafin. S'il ne me l'enseigne pas auparavant ! Parle-lui toi !

Rome, c'est-à-dire Vitale, m'a parlé, ils veulent *Norma* et *Tristano* et ne peuvent pas donner plus de 150. J'ai demandé pas moins de 175. Probablement qu'on ne conclura pas. Dommage.

Qu'entends-tu faire ? Tu viendras pour la première ? Je serais heureuse et ainsi nous partirons le 23, ou tu partiras seul. Comme tu veux. Tu décides !

Je te salue amour. J'espère être en forme. Pour le moment je suis très en forme. Que Dieu m'aide. Prie ! Il y a une grande expectative. Ecris-moi. Malheureusement le téléphone est cassé ici donc on ne peut pas se parler. Le second opéra après le mien est *Vatzek* (au moins j'espère que ça s'écrit comme ça[1] !!) le 26.

Ciao. Mange et pense à moi.

Toute toute à toi

Maria

---

1. *Wozzeck*, de Berg.

A Giovanni Battista Meneghini – *en italien*

Naples, 20/12/49

Mon chéri,
je suis ici, à table au restaurant où j'essaye d'avaler quelque chose avant la première représentation de ce soir. J'ai reçu tous les télégrammes de l'univers. De toi, ta maman et Pia et Gianni. Bien sûr, j'aurais aimé que tu sois présent ici, mais patience. En attendant je remercie Dieu d'être en forme et espérons que tout se passe comme je le voudrais. J'aurais voulu plus de répétitions. Encore patience.

Ici je ne sais pas quoi faire. Aller au cinéma toute seule m'embête car j'ai peur des sales types et des raseurs. Pourtant il fait beau on dirait le printemps. Un vrai enchantement. Je suis désolée qu'on ne puisse se parler au téléphone. La ligne ici est ruinée. Dommage. Je me sens seule, isolée mais par chance d'excellente humeur.

Je te signale : aucun bébé en vue !! J'ai été régulièrement <u>embêtée</u> le 18 ! Avec en même temps un mal de tête digne seulement de nos ennemis ! Aussi là patience !!!

Et toi comment vas-tu ? Que fais-tu ? Quand viens-tu ? Que vais-je faire ici 4 jours sans rien à faire !? Ecris-moi et je ferai ce que tu diras.

Le Maire est venu aux répétitions et a dit que l'année prochaine ils m'engageront. Naparia[1] ! (comment ça s'écrit ?)

Maintenant je te laisse car je dois manger.

Espérons que tout aille bien.

Je te signale que les ballonnements vont beaucoup mieux ! Et ça fait pas mal de temps depuis que je suis partie que je ne prends plus de médicaments. Assez. J'en ai marre de ces cochonneries.

Ciao mon âme. Viens et porte-toi bien. Tout de moi et toute ma tendresse et baisers
Ta Maria

PS : Remercie bien ta maman. Et aussi Pia et Gianni. As-tu expédié mes cartes de Noël ?

---

1. Expression véronaise sans doute.

DÉC. 20	Première de **Nabucco** VERDI, dir. Vittorio Gui	**NAPLES** Teatro San Carlo

A Giovanni Battista Meneghini – *en italien*

    Naples, non daté (certainement le 21 décembre 1949)

    Mon chéri unique… !!

Après avoir bien passé 2 heures à la Centrale en attente, finalement j'ai pu avoir la communication et entendre ta voix chérie, qui m'a apporté, comme toujours, tant de réconfort. Maintenant je suis ici, dans ma chambre et je t'écris ces quelques lignes pour te dire que je n'avais pas le moral, triste et seule très seule. Mais maintenant après le coup de téléphone je vais mieux.

Je suis contente que tu restes avec moi. Ainsi nous ferons nous aussi un peu les vrais époux, à se promener, etc. On pourrait voir tant de belles choses n'est-ce pas? Pompéi, etc. Et ainsi le 26 on ira à la première de *Wozzeck*, n'est-ce pas? On se fera élégants n'est-ce pas? Alors tu devras m'apporter ma veste longue, celle que tu veux, la noire ou la violette, peut-être la violette plutôt pour changer. Je te prierai de m'apporter une veste de mi-soirée, un soutien-gorge que Mathilde[1] a oublié et un haut court. Et un petit manteau. Mon Titta. J'ai fait des dépenses. J'ai acheté un miroir pour mettre sur ma coiffeuse. Un petit cadeau de Noël pour toi. Et un tas de petites choses pour ma cuisine. Puis un petit luminaire pour la table du téléphone, précisément comme je le voulais. Je suis contente! Comment ferai-je pour l'emporter, je ne sais pas. Entre-temps je vais remonter avec une grande valise et la boîte à chapeau noire. Ainsi je répartirai les choses. Excuse-moi chéri de te faire des difficultés. Et surtout viens, vite vite. Je n'en peux plus. Ça me pèse d'être seule, sans avoir personne à qui parler.

Au sujet du spectacle, tout s'est bien passé, jusqu'à l'acte II où ils ont allumé la machine à brûler au lieu de la vapeur et j'ai été prise

---

1. Mathilde Stagnoli, leur femme de chambre, à l'époque de Vérone.

de sécheresse à la gorge. Comment ai-je fait pour continuer je ne sais pas. Puis actes III et IV très bien. J'ai fait un duo splendide avec un *mi* bémol merveilleux. Mais personne ne s'en est aperçu du public ou des critiques, alors à quoi ça sert.

Ensuite, le Maestro [Gui] ne s'occupe que de lui-même et c'est tout ; le metteur en scène devrait aller se renier ; il ne comprend <u>rien</u> ! Bechi[1] fatigué et plein de flegme et les critiques en disent du bien ; la Pini[2] me fait pitié. Gentille fille mais une voix ignoble. Puis *Nabucco* est beau mais une grande <u>Barbe</u> ![3] [sic].

Viens viens, tu sais que je vis seulement pour toi. A toi t'ai-je manqué qui sait ?

Embrasse pour moi ta Maman et remercie-la pour moi.

Salue Pia et Gianni. Mon Diamant s'il te plaît.

Viens

Ta toujours Maria

| **DÉC.** 22, 27 | *Nabucco* VERDI, dir. Vittorio Gui | **NAPLES** Teatro San Carlo |

---

1. Gino Bechi, baryton italien qui avait le rôle titre.
2. Amalia Pini, mezzo-soprano qui interprétait Fenena.
3. Ennuyeux.

1950

JANV. 13, 15, 19	*Norma* BELLINI, dir. Antonino Votto	**VENISE** Teatro La Fenice
FÉV. 2	*Aida* VERDI, dir. Alberto Erede	**BRESCIA** Teatro Grande
FÉV. 6	*Tristano e Isotta* WAGNER, dir. Tullio Serafin	**ROME** Teatro Dell'Opera
FÉV. 7	*Aida* VERDI, dir. Alberto Erede	**BRESCIA** Teatro Grande
FÉV. 9, 19	*Tristano e Isotta* WAGNER, dir. Tullio Serafin	**ROME** Teatro Dell'Opera
FÉV. 23	*Norma* BELLINI, dir. Tullio Serafin	
FÉV. 25	*Tristano e Isotta* WAGNER, dir. Tullio Serafin	
FÉV. 26	*Norma* BELLINI, dir. Tullio Serafin	
FÉV. 28	*Tristano e Isotta* WAGNER, dir. Tullio Serafin	
MARS 2, 4, 7	*Norma* BELLINI, dir. Tullio Serafin	
MARS 13	Concert radiophonique, dir. Alfredo Simonetto • *Oberon* « Ocean! thou mighty monster » • *La Traviata* « Ah, fors'è lui… Sempre libera » • *Il Trovatore* « Vanne, lasciami… D'amor sull'ali rosee » • *Dinorah* « Ombra leggera »	**TURIN** Auditorium de la RAI
MARS 16, 19, 22, 25	*Norma* BELLINI, dir. Umberto Berrettoni	**CATANE** Teatro Massimo Bellini
AVRIL 12, 15, 18	*Aida* VERDI, dir. Franco Capuana	**MILAN** Teatro alla Scala
AVRIL 27, 30 **MAI** 2, 4	*Aida* VERDI, dir. Tullio Serafin	**NAPLES** Teatro San Carlo

> Le matin du 14 mai 1950, Maria arrive après avoir fait escale à New York, accompagnée de sa collègue et amie la mezzo-soprano Giulietta Simionato, à Mexico City où elle est accueillie par le directeur de l'Opéra « Palacio de Bellas Artes ». Le contrat, arrangé par l'agent Liduino Bonardi, prévoyait cinq opéras : *Norma*, *Aida*, *Tosca*, *Il Trovatore* et *La Traviata*. Serafin n'étant pas disponible, Maria proposa de remplacer *La Traviata* par *I Puritani*, mais l'Opéra refusa.

A Giovanni Battista Meneghini – *en italien*

Mexico, dimanche 14 mai

Mon chéri adoré,

Finalement je suis arrivée à destination après un voyage commode mais désagréable car je suis arrivée avec les chevilles épouvantablement gonflées. Puis arrivée à N.Y. on me dit que ma mère est à l'hôpital depuis 10 jours pour une infection à l'œil droit. Tu imagines le plaisir que j'ai eu à l'apprendre. Puis la Simionato est venue à la maison avec nous et elle avait soif, alors mon papa lui a donné à boire une bouteille qui se trouvait en fait être le poison contre les cafards. Elle pensait avoir bu du pétrole ! Malheur si ça se savait !

Eh bien, heureusement que cela n'a pas eu d'autres conséquences qu'un grand vomissement, un peu de diarrhée et un mal de tête. Du coup j'ai passé ma journée à courir de haut en bas à l'hôpital en soignant (morte de peur) la Simionato.

Je te parle du nouveau monde. Eh bien, à 13 h 15 chez nous et 8 h 30 heure des USA nous sommes arrivés à N.Y. C'est-à-dire avec 3 h 30 d'avance. Nous avons fait escale à Paris et sommes repartis à 9 h 40 heure USA pour Mexico et sommes arrivés ce matin à 9:00 (je ne sais plus quel fuseau horaire car ils changent continuellement, ils ont du bon temps ça se voit !). A l'aéroport nous avons été accueillis par le Directeur général de l'Opéra Monsieur Pani et aussi l'ambassadeur de Grèce avec des Messieurs qui m'ont offert 2 bottes d'orchidées et m'ont accompagnée dans la voiture de l'ambassadeur jusqu'à l'hôtel. Ainsi j'ai tout mis en place et puis j'ai pris un bain et j'ai dormi jusqu'à 13 h 30, réveillée par les fleurs de Pani de la part du théâtre. Ils semblent pleins de courtoisie, j'espère que ce sera toujours ainsi. Il fait une chaleur du diable (ils disent qu'elle est en train de se terminer et je l'espère bien) et je sens des difficultés à respirer, comme on m'en avait parlé, et pour couronner le tout des palpitations au cœur. Mais j'espère que ça va passer, tout passe n'est-ce pas ?

Je suis très inquiète pour maman. Je crois avoir besoin de calme et de soutien et au lieu de cela je suis seule et inquiète. De plus mon papa ne va pas bien, c'est-à-dire son cœur va mal, et pendant un mois il n'a pas pu travailler. Maintenant il a repris de nouveau mais entre-temps il a perdu un mois de salaire et maintenant maman est à l'hôpital. Pourquoi les maladies arrivent aux personnes qui n'ont pas d'argent et ne peuvent pas régler de telles dépenses !? Bref j'espère que d'ici quelques jours maman sortira de la clinique et peut-être d'ici 10 jours sera là avec moi. Maman sera-t-elle en forme ? Pourra-t-elle m'aider ? Mais !......... ! Je fais de grands efforts pour rester sereine. Mais je le dois avec tout le grand travail qui m'attend, n'est-ce pas ? Et aussi car je veux rentrer vite en forme et saine d'esprit pour toi, mon âme. Et je t'en prie plus jamais de longs voyages, c'est trop de fatigue et trop d'éloignement.

Toi, mon trésor, comment vas-tu ? Vendredi, quel odieux départ. Je n'ai même pas eu le temps de t'embrasser. Au moins tu as senti mon départ... ! Raconte-moi ton voyage de retour, seul ! Ça suffit les départs, ça suffit je n'en peux plus. Ecris-moi Battista, car c'est l'unique chose que j'ai ici.

Ici on commence le 23 et bien sûr comme d'habitude je suis souffrante. Cela semble être le destin n'est-ce pas ?

Je n'ai pas d'autres nouvelles. Ecris-moi toutes les tiennes, et j'espère que tu manges et restes calme et en bonne santé. Souviens-toi que nous devons vivre l'un pour l'autre. Moi je ne compte plus les heures de te revoir et être proche et c'est tout !! Je prie Dieu que tout se passe bien et que ma maman se rétablisse. En attendant je te prie de te dépêcher pour les costumes. Malheur s'ils n'arrivent pas à temps.

Embrasse bien pour moi ta maman et Pia, Gianni, et les garçons. Moi je te demande et te prie d'être en bonne santé !

J'ai oublié de te dire que je déteste N.Y. comme d'habitude trop bruyant et trop de trafic.

Dis à Rodolfo qu'il écrive ce qu'il veut car je ne me souviens pas bien. N'oublie pas que je t'adore plus que tout au monde donc prends soin de toi ! Je t'embrasse mon âme avec tant de tendresse et tout de moi. Pense à moi et mange !!!

J'attends de tes nouvelles. Ecris-moi à l'hôtel Prince Mexico D.F. Je t'envoie tout tout de moi.

Ta Maria

A Giovanni Battista Meneghini – *en italien*

Mexico, 19 mai

Chéri mon âme,

Aujourd'hui j'ai reçu ta seconde chère et adorée lettre. Je crois que tu as dû toi aussi recevoir la mienne où je te raconte autant que possible mon voyage, etc. bien sûr je n'ai plus de nouvelles car depuis le 13 quand j'ai fait escale à N.Y., j'ai écrit à maman et je n'ai rien reçu. Maintenant je vais télégraphier pour demander des nouvelles. Bien sûr c'est quelque chose. Elle ne va pas bien, elle a une infection à l'œil droit et pourtant continue à se tourmenter, je veux dire en pensées, si je n'écris pas moi, ou si ma sœur n'écrit pas ! En bonne mère elle pense toujours à ses filles au lieu d'elle-même. Elle ne s'entend pas avec mon père, pourtant lui ne va pas bien, il a toujours le diabète et maintenant le cœur qui ne va pas bien. Et je me dis, comment peut-elle l'abandonner maintenant alors qu'il est vieux et malade. Elle veut venir vivre avec moi. Battista, que Dieu me pardonne si pour le moment je veux rester seule avec toi dans ma maison, tu comprends. Pour aucune raison je ne compromettrai mon bonheur (et je le mérite) et le droit d'être seuls pour un petit moment. Non ? Mais comment faire pour expliquer cela à une personne que tu adores. Comment faire pour dire que tu l'aimes aussi mais que ce n'est pas l'amour de ton mari. Je lui laisserai de l'argent pour qu'elle aille se reposer si elle veut quelque part à la campagne ou à la montagne mais je ne crois pas qu'elle devrait laisser seul son mari, maintenant. Qu'en dis-tu ? Je te prie de ne raconter à <u>personne</u> ces choses-là. C'est entre nous et nous seuls, n'est-ce pas ?

J'ai fait changer le billet au nom de maman mais je ne sais pas quand elle viendra. Que veux-tu que je te dise. Elle se serait fâchée pour le refus indirect.

Ici l'opéra part dans tous les sens ! Je ne comprends plus rien. Imagine-toi que mardi on devait aller en scène et Baum[1] n'était toujours pas arrivé et nous n'avons pas fait une seule répétition avec chœur et orchestre ! Un truc de fous. Mais je ne me prends pas la tête. Il suffira que je fasse mes représentations bien et il suffira que je sois en forme. Par chance aujourd'hui je suis beaucoup mieux. Même une forme de taureau ! Bonne humeur, etc. C'est déjà ça que veux-tu. Je sais que je dois rester ici deux mois donc il est inutile de me mettre en colère. Ne crois-tu pas ? Et puis le climat t'abat tellement que tu n'as pas la force d'être furieux. Je te prie de m'envoyer vite les lettres où ils mentionnent 6 semaines car dans le contrat ici cela ne figure pas, ça a disparu et je ne voudrais pas qu'ils me gardent plus.

Et puis comme je l'avais prédit c'est un désastre pour la *Traviata*. Ils avaient protesté, souviens-toi, et Liduino avait télégraphié pour confirmer. On verra ce qu'ils feront. Moi en attendant je l'ai retirée du contrat et pour aucune raison je ne la ferai au risque de perdre deux représentations. On verra, moi j'insiste pour *I Puritani*.

En attendant toi ne prépare aucun passeport pour ici. Tu te tuerais. Je partirai directement d'ici sans passer par N.Y. car j'ai peur qu'ils me prennent des impôts étant payée en dollars et étant américaine et je n'en ai aucune envie. Déjà que je vais beaucoup dépenser avec la vie qui est chère ici. Et puis je déteste N.Y. et je n'ai aucun plaisir à être ne serait-ce qu'un seul jour là-bas. J'espère que maman viendra ici près de moi, et c'est tout. J'enverrai de l'argent à mon parrain et je partirai d'ici comme ça tu ne fais pas le voyage en avion. Je t'en supplie. Je suis terrorisée pour toi tu le sais, et je ne veux pas que tu voyages en avion. C'est mieux ainsi.

Et ils m'enverront le *Trovatore*, gare à eux sinon, et les 3 autres. L'ordre est le suivant : *Norma*, *Aida*, *Tosca*. Non, excuse-moi, maintenant en regardant le programme je vois que mes suivantes et dernières sont *Traviata* ou *I Puritani* ils ne savent pas, et ensuite *Trovatore*. Je n'ai pas d'autres nouvelles, sinon que je te prie d'être en forme. Je ferai de même car je veux rentrer saine et belle pour goûter à notre bonheur. Pense combien Dieu nous en a donné ! Chéri pense à moi, tu sais, et sois tranquille pour moi. Notre Dieu nous aidera comme toujours. Lui seul dispose de nous comme il veut, et je suis pleine de

---

1. Le ténor Kurt Baum.

confiance en Lui et de foi. Embrasse ta maman pour moi, et aussi Pia et tous. Rappelle-toi de m'envoyer les lettres de Caraza Campos[1], et surtout rappelle-toi que je t'aime incroyablement et je ferais n'importe quel sacrifice pour notre amour. Pense à moi et aime-moi. Ecris-moi surtout, tout et beaucoup. Je ne dirai pas à ma maman que je ne veux pas que tu viennes. Je dirai que tu as trop à faire, d'accord ?

Je te salue mon âme. Salue notre petite maison et dis à Mathilde que je la laisse chargée de tout. Ecris-moi, j'attends.

Je t'adore et suis toujours ta
Maria

Ici il fait une <u>chaleur à crever,</u> vraiment asphyxiante !!

Et puis Louise Bagarozy j'ai entendu dire est sans un sou. Ils n'ont pas de quoi manger. Penses-tu.

PS : Ici les prix sont ainsi : 30 pesos par jour chambre double, et on dépense environ 10-14 pesos par repas. Mais je ferai un bon déjeuner car le soir on ne peut manger que peu et léger, donc avec le petit déjeuner du matin j'en aurai pour 30 par personne au maximum. Le peso est à 8,60 pour un dollar donc fais le calcul. Si maman vient, la chambre coûtera 10 pesos de plus je crois, et puis encore 30 pour les repas, c'est-à-dire 60 pour moi et 40 pour maman ce qui fait 100 pesos par jour. Encore d'autres petites dépenses et tu verras que j'aurai la chance de m'en sortir avec 1 000 dollars en 2 mois. Il suffit d'avoir la santé !!!

A GIOVANNI BATTISTA MENEGHINI – *en italien*

Mexico, 20 mai

Mon Titta chéri,

Il est trois heures du matin et je n'arrive pas à dormir. Je ne sais pas pourquoi mais je me sens très agitée comme si j'avais peur de quelque chose. Toi, mon âme, tu vas bien ? Je suis toujours inquiète

---

1. L'administrateur de l'Opéra de Mexico, avec qui les termes du contrat avaient été discutés.

quand je suis loin de toi. Vois-tu, étant trop heureux on a toujours peur de l'être trop.

Mon chéri, aujourd'hui je t'ai écrit une longue lettre avec toutes les nouvelles. J'ai oublié de te dire de demander à Mathilde qu'elle mesure bien tous les tiroirs et armoires et tu me l'écriras tout de suite. Et puis je voulais savoir où en était la perruque pour *Aida* et les costumes. Je voudrais savoir tout de suite par quel moyen ils ont été expédiés car ici ils ont la manie de ne rien livrer avant d'en <u>mourir</u>. A tel point que pour ma malle et celle de la Simionato on a dû faire un dépôt de 100 dollars chacune. Penses-tu quelle bêtise !! Et nous ne les avons toujours pas. Si je dois être sur scène le 23 et que je n'aie ni costumes ni perruque ! Malédiction que je sois venue ! Par chance pour le moment je suis en forme. J'espère l'être toujours si Dieu veut.

Maintenant je viens de sortir mon agenda et je calcule combien de temps je dois rester ici. Je ne sais pas si c'est 6 semaines inclus les répétitions, ou si c'est 6 plus une encore. Envoie-moi immédiatement les lettres de Caraza Campos, pour que je sache m'organiser. J'ai calculé qu'ils font 2 représentations par semaine d'un opéra, et changent chaque semaine, et puisque je fais toutes les miennes d'affilée je devrais finir le 24 juin, ta fête. Prie notre <u>Dieu</u> que cela soit ainsi. Je ne sais pas quoi faire pour le voyage. Mais je demanderai à l'Ambassadeur Grec ici pour savoir de façon sûre. Toi, ma chère âme adorée, écris-moi et prends soin de toi. Aime-moi et pense à moi. Embrasse ta maman et Pia et Gianni, etc. Je n'ai pas de nouvelles de maman et je suis inquiète. J'ai télégraphié aujourd'hui. Je te prie de me dire immédiatement pour les costumes et la perruque. Moi je t'adore et je compte les jours pour mon retour. Au moins maintenant le travail dur va commencer et le temps passera plus vite.

Je suis éternellement tienne
Maria

| MAI 23, 27 | ***Norma*** BELLINI, dir. Guido Picco | MEXICO Palacio de Bellas Artes |

A Giovanni Battista Meneghini – *en italien*

29 mai 1950
heure <u>minuit</u>

Mon Battista chéri,
Comme d'habitude je n'arrive pas à dormir donc je t'écris. Demain nous avons la première d'*Aida*. Je te jure que je ne sais pas comment je vais finir ces maudites représentations tellement ils sont incapables de chanter ici. Au lieu de s'améliorer ils sont de pire en pire. Et encore moi j'ai de la résistance, imagine-toi la pauvre Simionato. Elle est vraiment à terre. Aujourd'hui nous avons eu une grande discussion avec Caraza Campos qui insiste pour *Traviata* et moi je reste ferme. Lui, dit que je fasse faire les costumes, et moi rien, je suis certaine car je ne me sens pas d'étudier deux nouveaux opéras. *Trovatore* me suffit et je ne veux pas laisser ma peau ici. Et ce maudit climat ! J'ai hâte de m'en aller. Donc, il dit que je devrais renoncer aux 2 représentations et moi j'ai répondu que je renoncerai seulement s'ils me laissent partir 2 semaines plus tôt c'est-à-dire en finissant vers le 17. Donc si Warren, le baryton de *Trovatore*, accepte de venir quelques jours avant, tout se passera comme je veux, et je partirai avec $1 700 de moins, mais ce sera aussi deux semaines de torture et de mauvaise santé en moins. Ils me rembourseront ton billet. Je crois que ce sera $600 environ et je tenterai de me faire payer le bagage de retour en avion. On verra !
Ma maman ne m'écrit pas. Que se passe-t-il je ne saurais le dire. Son billet à elle est à N.Y. depuis 10 jours. J'espère qu'elle n'est pas malade. Pourquoi dois-je toujours être inquiète ?
Essaye de demander s'il vaut mieux déclarer l'argent que j'emporte avec moi en entrant en Italie. Et s'il serait opportun d'acheter quelques <u>pacotilles</u> d'or. A quel prix ? Vois-tu j'espère pouvoir rentrer avec plus de $3 000, hors bien sûr ma dette à mon parrain et ce que je voudrais donner à maman, et mes dépenses que je ne voudrais pas faire dépasser les $1 000. Et bien sûr sans les deux représentations de *Traviata*. Mais Battista l'important est que je rentre à ma place. Je n'aime pas rester loin aussi longtemps. Crois-moi cela finira par nuire à notre amour. Du moins en ce qui me concerne ça ne va pas, et mon amour pour toi n'en bénéficie pas.

Il paraît que mes costumes sont arrivés aujourd'hui et demain je les verrai. J'espère qu'ils me plairont. Tu les trouves seyants n'est-ce pas ? J'imagine le reste… ! Crois-moi j'en ai marre de cet éloignement. Nos meilleures années se perdent ! Ça suffit, assez. Ainsi même si j'ai tant de belles choses je n'en profite pas du tout. En plus ici je ne porte rien car j'ai peur de les perdre. Ainsi tous les diamants font seulement briller le coffre-fort de l'hôtel. Les fourrures je ne les mets pas non plus, il fait une chaleur bestiale !

Je te laisse, mon adoré. Pense à moi, aime-moi et ne me laisse pas partir aussi souvent, ça ne me sert à rien. Embrasse ta maman et tous nos amis. Dis à Pia que si je continue à ce rythme j'arriverai avec une vraie <u>silhouette</u>. Reste à voir si je reprendrai ici les 3 kilos que j'ai perdus. Chéri, écris-moi et aime-moi car je mourrais sans toi qui représentes l'amour, la fidélité, la galanterie, la finesse, enfin toutes les choses idéales pour moi !

Eternellement ta Maria

MAI 30	*Aida* VERDI, dir. Guido Picco	MEXICO Palacio de Bellas Artes

A GIOVANNI BATTISTA MENEGHINI – *en italien*

Mexico, 1ᵉʳ juin 1950

Chéri, très chéri,
Si tu me voyais en ce moment tu prendrais peur. Je suis furieuse. Ils disent que le baryton ne peut être avancé et ainsi ils font *Tosca* et puis *Cavalleria* et puis *Trovatore* et ils veulent que je renonce à 2 représentations. J'avais dit que c'était possible s'ils avançaient de 2 semaines autrement rien. Puis je suis furieuse contre le ténor Baum. Il est pire qu'une femme jalouse. Il continue à m'insulter et il est furieux car j'ai fait le *mi* bémol aigu au final d'*Aida*[1]. En somme, il brûle de jalousie

---

1. Le contre-*mi* bémol n'était pas écrit dans la partition de Verdi, un véritable exploit pour les rares sopranos qui étaient capables de l'atteindre. C'est la première des deux seules fois, dans sa carrière, que Callas fit cette note

parce que le public est en délire pour moi et pas pour lui. Ensuite la façon de travailler est indigne ici. Maintenant il est 13 h 30 et on m'avertit qu'à 14 h 30 commence la répétition de *Tosca*. Imagine-toi, je n'ai même pas encore mangé et ils veulent tout au dernier moment. J'en ai marre et je suis très en colère. Maudit Mexico et malheur à toi si tu me laisses partir encore ainsi, plus jamais ! Je t'avertis, tu sais !

Puis maman a écrit une méchante lettre, disant que je suis égoïste de ceci, de cela ! J'en ai tellement marre que j'en suis presque à rompre toute relation avec elle si elle n'entend pas raison. Me voilà de nouveau ici seule comme un chien ! Heureusement que j'ai la Simionato et qu'on se tient compagnie. On ne peut même pas étudier car il n'y a aucune salle de répétition. Je t'assure c'est à se tuer !

L'*Aida* l'autre jour s'est passée à merveille. Le public est en délire bien sûr pour moi, puis pour l'Amneris[1], et rien pour les autres. Et ils sont hors d'eux car ils voient bien la préférence du public. J'espère ainsi être libre pour le 17 alors que jusqu'à présent c'était le 24. J'espère !

Chéri, je reçois ta lettre tous les jours et c'est mon unique consolation. Crois-moi, tu es au-dessus de tous pour moi. Que Dieu te garde car je crois que je mourrais immédiatement si tu disparaissais. J'ai vu le programme de l'Arène [de Vérone] et je veux voir tous les spectacles, et faire la madame pour une fois. Je fais un effort terrible pour ne pas laisser s'écrouler mes nerfs, sinon malheur, à moi, et malheur à tous ! L'idée du prie-Dieu me plaît. Je suis contente. Peut-être que tu pourrais aller faire réparer le cadre. Ce serait le comble. Ici il fait une chaleur à crever et je n'ai pas de vêtements d'été mais je n'achèterai rien ici car ils sont horribles. Chéri, je n'ai pas d'autres nouvelles, mais crois-bien que je suis comme un fil tendu, espérons qu'il ne se casse pas ! Je t'adore. Souviens-t'en et aussi qu'une déception de ta part me briserait la vie pour toujours. Je veux que tu le saches.

---

extraordinaire qui mettait le public en transe. Pour toutes ses autres interprétations d'*Aida*, après 1951, elle suivit la partition habituelle. Selon la légende, elle lança cette note à Mexico pour se venger du ténor Baum qui l'insultait et l'humiliait constamment pendant les répétitions. L'ovation, ou l'hystérie du public, a été telle (comme on peut l'entendre sur l'enregistrement *live* qui a été préservé) que le directeur de l'Opéra de Mexico demanda à Callas de reproduire cet exploit lors des représentations suivantes.

1. Rôle de mezzo-soprano interprété par Giulietta Simionato.

Ciao, âme chérie. Ecris-moi et soigne-toi les dents. Moi aussi quand je rentrerai. Embrasse ta maman, Pia, Gianni et les autres. Et à toi toute ma vie, foi, espérance.

Toujours ta Maria

A Giovanni Battista Meneghini – *en italien*

Mexico, 2 juin 1950

Mon chéri adoré,

Hier à minuit j'ai reçu ton télégramme disant que tu attends des nouvelles. Mais ne reçois-tu pas mes lettres ? Moi je reçois les tiennes, chaque jour. Bien sûr moi je n'écris pas aussi souvent que toi mais l'une des miennes fait quatre des tiennes, si tu l'as remarqué j'écris beaucoup chaque fois.

Ici le public est en délire pour moi. A la fin du second acte d'*Aida* j'ai ajouté (à la demande de Caraza Campos) au moment du final un *mi* bémol aigu (il me semble te l'avoir déjà écrit, non ?) et ils en parlent encore de cette note. J'espérerais finir le 24 et ainsi partir le 25 si c'est possible. Imagine que ma maman ne peut pas venir et donc je suis seule ! Je serai misérable ! Et puis comment vais-je lui dire maintenant que je ne viendrai pas à N.Y. Imagine !! Je n'ose pas lui dire pour le moment. Je lui dirai avant de partir. Et toi s'il te plaît écris-lui que tu ne viendras pas mais ne dis pas que je n'irai pas moi non plus, dis seulement que tu as trop à faire et que cela ne te sera pas possible.

Tu dis, chéri, que tu n'en peux plus. Et moi donc ? Mais Battista essaye de prendre patience et dis-toi qu'il ne me reste que 3 semaines encore si Dieu veut, ainsi après je redeviendrai pleinement Madame Meneghini, en <u>amante</u>, épouse et élégance ! Tout ! Veux-tu ?

J'espère que tes dents se réparent bien et j'espère que tu vas bien. Que fais-tu de beau ? Qui sait si tu es fidèle à ma pensée, etc......... ! N'écris rien. Il fait chaud là-bas ? Et tes affaires comment vont-elles ? Ecris-moi beaucoup. Moi, amour, je veux tellement de toi – et tout de toi. Je t'adore et je ne désire rien d'autre qu'être à tes côtés et partager tout avec toi. Bonne ou mauvaise chose qu'importe. Mais ensemble ! Je n'ai pas d'autres nouvelles, alors je te laisse. Je t'embrasse, et je te demande de manger et penser à moi, etc......... !!!

Ciao mon âme, écris-moi et embrasse infiniment ta maman, Pia, Gianni et les autres. Je t'adore.
Toujours ta Maria

PS : Mardi c'est *Tosca* – la semaine suivante rien pour moi et après, *Trovatore* et après fini j'espère !!!

JUIN 3	*Aida* VERDI, dir. Guido Picco	MEXICO Palacio de Bellas Artes

A GIOVANNI BATTISTA MENEGHINI – *en italien*

Mexico, 5 juin 1950

Chéri chéri trésor adoré,
Aujourd'hui j'ai reçu deux de tes lettres du mercredi 31 mai de Merano et je suis contente que tu te sois décidé à arranger ta bouche, comme je le ferai moi à mon retour. Mon pauvre Titta, quelles douleurs tu as eues. Je voudrais être proche pour essayer de te faire oublier un peu toutes tes douleurs. Et tu voudrais m'avoir proche de toi ? Sache que je suis très jalouse et plus jamais je ne resterai éloignée de toi ! Et toi ? N'es-tu jamais jaloux ? Ce n'est pas bien. Et ça ne me plaît pas. J'aimerais te voir et te sentir un peu jaloux de ta femme même si tu as confiance !
Eh bien patience comme on dit non ? Donc, aujourd'hui je suis au lit, comme hier aussi, avec un de ces fameux coups de froid. Ce climat qui t'assèche la gorge, alors ils ont reporté la *Tosca* à jeudi au lieu de mardi. Que veux-tu, serait-ce la *Tosca* qui me porte malchance ? Qui sait. Et en attendant je suis aphone.
Ici avec l'*Aida* ils sont devenus fous. Caraza Campos a demandé le *mi* bémol, je te l'ai dit, et alors ils sont tous devenus vraiment fous. Baum m'a presque assassinée, mais à la deuxième représentation il est venu s'excuser. Ça se voyait qu'il avait peur de se mettre trop à dos contre moi. Et puis je lui avais dit que s'il ne s'excusait pas je n'aurais plus jamais chanté avec lui, ainsi monsieur le « primadonna » est venu pour tout oublier, etc. !

C'est dégueulasse, ils sont morts de jalousie. Le public criait [pendant les saluts à la fin] « Aida seule » jusqu'à ce qu'après 10 autres fois comme ça j'ai dû sortir seule (à la colère des autres [collègues]). Mon unique satisfaction.

Mes costumes sont effectivement magnifiques. Surtout ceux de *Puritani*! Dommage qu'il ne se fasse pas! Ceux de *Trovatore* sont beaux aussi. Je ne les ai pas encore essayés mais je crois qu'ils m'iront bien. En revanche tu as oublié mon manteau noir de l'acte 4 de *Trovatore*. J'espère en trouver un ici, autrement j'aurai froid. Bah, au pire j'irai sans!

Je ne sais quoi dire à ma maman! Imagine-toi sa déception quand elle apprendra que je ne vais pas à N.Y. Oh Dieu, si seulement je pouvais être sûre que le fisc ne m'embête pas, j'irais pour 2 jours. Qu'en dis-tu ? Essaye de demander là-bas si étant Américaine et payée en dollars ils me demanderaient des impôts si j'y faisais escale pour 2 jours. En attendant, j'ai écrit à maman que tu ne penses pas pouvoir venir. Je n'ose pas lui dire que je ne viens pas non plus. Ecris-moi ce que tu penses que je devrais faire. Chéri, je t'embrasse, et te répète que je t'adore. Ecris-moi.

Ta Maria éternellement

A Giovanni Battista Meneghini – *en italien*

Mexico, 6 juin 1950

Chéri mon doux amour,

Après 4 jours d'attente amère j'ai reçu ta lettre du 2 juin, et je note tant de tristesse à l'intérieur. Mais chéri, c'est toi qui m'envoies toujours loin pour cette fameuse chose qui s'appelle l'orgueil. Tu sais ce que je veux dire et donc il est inutile d'expliquer. Pour le moment tu ne dois pas craindre la rivalité du fait que mon idéal soit un peu difficile à satisfaire, il est déjà pleinement satisfait par toi – toi que j'ai choisi pour homme de ma vie ne comprends-tu pas cela ?

Mais ces longs éloignements ne sont pas très bénéfiques, je te l'ai déjà dit. Ni pour toi, ni pour moi. Tant que nous sommes jeunes nous devrions profiter de cette chance que Dieu nous a donnée d'être ensemble, n'est-ce pas ?

Et maintenant, mes nouvelles. Puisque quand tu recevras cette lettre il sera quasiment temps de partir je te confesse que j'ai été très malade ici dans ce maudit Mexico. Je n'arrive pas à être bien comme d'habitude. Evidemment déjà qu'en Italie je commençais à sentir le poids de mon travail de tant d'années, elle le sait bien Pia qui m'a vue travailler péniblement à Naples. J'essayais de me donner du courage mais à la dernière *Aida* l'air conditionné, les nerfs, les colères mises ensemble et ainsi ma voix a fichu le camp me mettant par terre mon moral et mes forces à un point inquiétant. Aujourd'hui à la générale de *Tosca* j'ai cru m'évanouir. Et pour finir le coup de grâce c'est que je ne dors pas! J'arrive jusqu'à 6h30 et plus, sans avoir fermé l'œil de la nuit. Je prie Dieu qu'il m'assiste pour que je porte à bout ce contrat et ensuite j'essaierai de me remettre en état. Je veux arriver au bout coûte que coûte car je ne veux pas que mes collègues aient à se réjouir. Et puis je suis seule ce qui m'afflige énormément. Et je ne te dis pas le désir de t'avoir proche. Tu sais tout donc tu imagines.

Et puis j'ai une confession. J'ai un grand désir d'avoir un enfant à nous, je crois que ça me fera du bien même à la voix et à ma peau disgracieuse. Qu'en dis-tu? Tu ne veux pas encore?

Je n'ai pas d'autres nouvelles. Ecris-moi à propos de ton billet et ce que tu veux que je fasse. Ce serait une déception énorme pour ma maman si je n'y vais pas. Je ne sais vraiment pas quoi faire. Ecris vite. Je te salue mon âme avec tout mon cœur qui t'aime te désire t'estime et t'apprécie et te déclare que tu es son idole. Mon âme chérie prends soin de toi, aime-moi et aie patience. Je te verrai le plus vite possible. Je t'adore!!!

Embrasse pour moi tous les nôtres adorés. Ta maman a reçu ma lettre? Et toi, ne t'inquiète pas pour moi. J'espère finir le 24 juin.

Toute ta Maria

| JUIN 8 | *Tosca* PUCCINI, dir. Guido Picco | MEXICO Palacio de Bellas Artes |

A Giovanni Battista Meneghini – *en italien*

Mexico, 8 juin

Mon chéri adoré,
Aujourd'hui j'ai battu le record, imagine à 8h30 du matin je n'avais pas encore fermé l'œil. Je crois que je vais devenir folle ici à Mexico. Ils disent qu'à cette altitude il est difficile de dormir. Déjà que j'ai du mal à dormir chez moi alors imagine ici. Bref, patience. Puis la seule bonne chose est que j'ai maigri, beaucoup disent-ils. J'espère me maintenir ainsi pour quand je rentre, ainsi tu me trouveras plus belle.

On a fait la *Tosca* hier et cela a eu un grand succès. Au premier acte le public était mal disposé, ça se voyait, et ils n'applaudissaient presque pas. Mais à l'acte II j'ai eu une ovation. Plus que tout autre opéra, je crois qu'ils sont devenus fous avec « Vissi d'arte ». Je crois plus de 5 minutes d'applaudissements ! Ils voulaient un bis, mais bien sûr je ne l'ai pas fait. Heureusement que Dieu m'aide toujours !

Chéri, maman vient de me téléphoner pour dire qu'elle venait. Le docteur lui a permis. Comme ça je n'aurai pas besoin de passer par N.Y., j'espère. Mon père est désespéré car il espérait te voir. Mais ce sera pour une autre fois. Je suis triste car il n'est pas bien.

Liduino m'a écrit que Bing du Metropolitan voudrait *La Flûte enchantée* de Mozart. Il est fou ?

Toi, chéri, mon adoré, comment vas-tu ? Et tes dents et tout ? Chéri, je ne reçois pas souvent tes lettres, pourquoi ? Tu en as marre de moi ? Il me tarde de rentrer et de retrouver ma place, etc. ? Toi rien ? Ecris-moi, et dis-moi si tu me veux et me désires, etc. Je n'ai pas d'autre nouvelle si ce n'est que j'espère pouvoir partir le 25. Il me tarde. Je ne sais plus ce que veut dire une nuit de sommeil. Comment je tiens, seul Dieu le sait !

Je t'embrasse, te caresse et t'adore comme tu le sais. J'espère que ta santé est bonne.

Eternellement ta, et toute à toi, Maria

| JUIN 10 | *Tosca* PUCCINI, dir. Guido Picco | **MEXICO** Palacio de Bellas Artes |

A Giovanni Battista Meneghini – *en italien*

Mexico, 12 juin 1950

Mon chéri adoré,

Cela fait quelques jours que je ne t'écris pas mais j'ai eu tant à étudier avec *Trovatore* et je suis incapable d'apprendre quoi que ce soit ici à Mexico, on devient crétin, je te dis pas. Et pour couronner le tout j'ai une éruption sur le visage comme celle de Rome et pire. Et figure-toi que demain il y a une *Aida* de plus. Et sur tout ce délice de peau je dois mettre ce noir[1] !

Chéri, je ne tiens plus. Il me tarde de te revoir ! J'ai l'impression que ça fait un an que je ne t'ai pas vu. Et cela ne fait qu'un mois. Et toi, me veux-tu ? Et pour mon départ je ne sais encore exactement si ce sera le 25 ou le 29. Si Dieu veut, ce sera le 25. Mais pour l'instant il reste encore 2 semaines et j'essaye de me donner du courage !

Ma maman est arrivée lundi et nous sommes ensemble. Elle va un peu mieux, mais bien sûr je suis très nerveuse et je la torture, la pauvre. Je me trouve dans la période la plus dure de ma vie. Bref, il faut de la patience.

Chéri, je partirai avec l'avion qui va directement à Madrid et de là je prendrai la correspondance pour Rome ou Milan, celle qui sera la plus avantageuse. Es-tu impatient de me voir Battista ? Cela fait beaucoup de temps que nous sommes toujours séparés. Ce n'est pas possible ainsi, n'est-ce pas ?

Je n'ai pas d'autre nouvelle si ce n'est que j'ai maigri et que j'ai ce visage ravagé. Les nerfs pire encore. Les costumes sont très beaux. Dommage pour ceux de *Puritani,* et pour *Trovatore* je ne les ai pas encore essayés mais je crois qu'ils m'iront bien. Ceux de *Tosca* étaient très beaux.

---

1. A l'époque il était d'usage pour les chanteuses de se maquiller entièrement de noir, corps et visage, pour interpréter le rôle d'Aida.

Maria Callas envoie une photo d'elle, prise à Mexico, en costume de Trovatore, *dédicacée « Ton épouse, avec amour infini, Maria ».*

Mais moi tout ce qui m'intéresse c'est retourner à ma place et être chouchoutée par toi comme toi seul sais le faire. Mon âme, tu es le seul qui puisse être. Je t'adore.

Maman t'embrasse affectueusement et moi je te prie d'embrasser la tienne bien fort. Dis à Gianni que je le déteste. Il n'a même pas écrit. Le dégueulasse ! Je te laisse et t'adore, t'embrasse et te serre, te serre contre mon cœur ! Pense à moi !

Ta Maria

JUIN 15	*Aida* VERDI, dir. Guido Picco	**MEXICO** Palacio de Bellas Artes
JUIN 20, 24, 27	*Il Trovatore* VERDI, dir. Guido Picco	
	Retour en Italie	
JUIN 29 **SEPT.** 22	*Tosca* PUCCINI, dir. Angelo Questa	**SALSOMAGGIORE** Teatro Nuovo
SEPT. 24	*Tosca* PUCCINI, dir. Angelo Questa	**BOLOGNE** Teatro Duseo

SEPT. 27	Audition pour Arturo Toscanini	MILAN Scala
OCT. 2	*Aida* VERDI, dir. Vincenzo Bellezza	ROME Teatro dell'Opera
OCT. 7, 8	*Tosca* PUCCINI, dir. Riccardo Santarelli	PISE Teatro Comunale

A Elvira de Hidalgo – *en italien*

Rome, 11 octobre 1950

Ma chère Madame,

Seulement quelques lignes pour vous faire un salut très affectueux et pour vous communiquer une grande nouvelle. J'ai été choisie par Toscanini pour la Lady Macbeth de Verdi, un opéra qu'il n'a jamais dirigé et auquel il avait renoncé avant de m'entendre. Ainsi après que j'ai chanté pour lui il a décidé de le faire pour la commémoration de Verdi à Bussetto en septembre 1951. Etes-vous contente ?

Cet hiver j'ai énormément de travail. En ce moment j'étudie *Il Turco in Italia* de Rossini, un opéra joué pour la dernière fois en 1875 ou 45 je ne me souviens pas. Une chose très légère qui me montrera mignonne et j'espère épater le public. Je crois que ce sera retransmis le 19 octobre de Rome. Ensuite j'ai *Parsifal* à la radio le 21 novembre. Puis en décembre sera retransmis à la radio *Manon Lescaut*. Je vous communiquerai la date précise. Ensuite je vais à Naples pour l'ouverture de saison avec *Don Carlo* et je rentre avec celui-ci à Rome, avant de retourner encore à Naples pour *Trovatore*. Après il y aura *Norma* à Palerme, le 8 février et mars je le passerai à Rome avec *Trovatore* et je crois *L'Assedio di Corinto* de Rossini. Pour *Traviata* je ne sais rien encore. Patience !

Et vous comment allez-vous ? Figurez-vous que Kalomiris[1] est venu assister à une de mes *Aida* à Rome et il est presque devenu fou. Il voulait à tout prix que je vienne [à Athènes] ! Comment ferais-je ?

---

1. Manolis Kalomiris, compositeur grec et fondateur du Conservatoire national, où la jeune Maria avait brièvement étudié avant d'entrer au Conservatoire d'Athènes où elle rencontra Elvira de Hidalgo.

Je n'ai pas un seul jour de repos donc ce ne sera pas possible, aussi car Toscanini veut travailler l'opéra [*Macbeth*] avec moi en décembre. Ecrivez-moi, dites-moi si vous êtes contente de moi.

Je me suis disputée avec ma mère. Elle a écrit une lettre pleine d'insultes et Battista m'a vue avoir des crises nerveuses donc il a fait traduire la lettre et il n'en revenait pas. Donc, il lui a écrit d'arrêter ses offenses sans quoi on ne s'entendrait plus et elle ne recevrait plus alors d'argent de notre part. Voyez-vous, c'est probablement ma sœur qui lui souffle à l'oreille. Vous imaginez ? Elle dit à maman que je <u>baigne</u> dans l'argent alors qu'eux sont miséreux et que ce n'est pas juste ! Quel raisonnement ! Ne croyez-vous pas ? Bref, peu importe.

Ecrivez-moi vite ma chère, ici à l'hôtel Quirinale – Rome.

Je vous embrasse tendrement et énormément

Votre Maria

DE BATTISTA MENEGHINI À EVANGELIA KALOGEROPOULOS – *en italien*

Vérone, 28 septembre 1950

Estimable Madame et chère Maman,

J'ai malheureusement constaté, depuis longtemps déjà, que Maria en recevant des lettres de chez elle manifestait une extrême agitation et nervosité, et pour éviter une chose aussi désagréable et plus encore, destructrice, j'ai voulu me faire traduire par une personne de confiance la dernière lettre que vous avez expédiée.

J'en ai pris connaissance avec un très vif regret et je dois manifester ma désapprobation et mon amertume. Pardonnez-moi ma sincérité, si j'ose affirmer que certaines injures ne peuvent être dites, surtout par sa propre mère : vous avez couvert des pages et des pages, toujours sur un ton rancunier. Maria ne mérite absolument pas tout cela et je réfute en son nom toute attaque que vous lui portez. Et puisque je dois penser à sa santé et son intégrité, je vous le dis fermement : quelque autre lettre qui nous parvienne, je me ferai le devoir scrupuleux de me la faire traduire avant de la donner à Maria. Et si par hasard et malencontreusement elle contenait des mots ou des phrases insensées comme celles que j'ai lues dans cette lettre-ci, ou même à peine de quoi créer la moindre perturbation, soyez bien certaine que cette correspondance ne parviendra jamais dans les mains de Maria. Pensez-y et rappelez-vous, Madame, que j'ai aujourd'hui des devoirs grands et sacrosaints envers Maria et envers la Famille que j'ai constituée avec Elle (je laisse passer l'inutile anathème que Vous avez lancé contre nos enfants[1]...) et je ne tolérerai aucune intrusion de la part de quelqu'un qui s'emploierait à troubler notre vie, et rejetterai sans pitié de si douloureuses paroles comme celles que Vous avez utilisées. Vous avez été et vous êtes une mère sage et je ne crois pas, évidemment, que Maria puisse oublier ses sentiments et ses devoirs envers vous ; à présent néanmoins c'est moi, son compagnon, qui vous écris, et c'est donc moi qui assumerai la direction et la responsabilité de la Famille. Chez moi, Madame, avec tout l'amour que je porte à mon épouse, Celle-ci vient après moi.

Maria a fait jusqu'ici son devoir dans les limites de ses possibilités et encore récemment au Mexique, elle vous a donné une certaine somme d'argent, et pour cette année c'est tout parce qu'on ne peut pas plus : l'année prochaine on verra et je ne doute pas que notre devoir sera pleinement accompli. Mais aucune offense, aucune intimidation, aucun mot grossier et étrange, car en agissant ainsi, vous provoquerez certes un effet mais diamétralement opposé, nous obligeant – et ce ne serait pas notre faute – à rompre nos rapports, que je souhaiterais au lieu de cela voir subsister toujours. Voyez donc à présent la façon dont vous comporter et si vous voulez compréhension et affection n'imposez pas, ne menacez pas, n'insultez pas mais considérez plutôt les positions de chacun : notre vie, la mienne et celle de Maria, est remplie de difficultés, et n'est sûrement pas telle qu'elle peut apparaître à première vue d'un observateur simple et ingénu. Nous avons tous dans la vie notre bonne part de difficultés et de douleurs à affronter, et ma femme et moi, n'en sommes certainement pas épargnés.

J'apprends avec plaisir que vous vous trouvez bien avec Jackie, à laquelle nous avons offert, l'année dernière, notre hospitalité et la possibilité d'un voyage distrayant en Amérique du Sud ; offre non acceptée en raison des impératifs qui la retenaient semble-t-il en

---

1. Evangelia lui avait écrit en grec sa malédiction : « Tu n'es pas digne de devenir mère... Je t'ai embrassée beaucoup de fois, mon enfant, mais si je t'embrasse encore une fois ce sera comme une lourde chaîne autour de ton cou qui t'étouffera pour toujours... »

Grèce. Nous sommes prêts à Vous offrir la même hospitalité à Vous aussi pour le court séjour que vous vouliez passer en Italie. Pas dans l'immédiat car je suis en ce moment très occupé par de graves affaires et Maria commence sa saison épuisante. Nous ne pourrions pas Vous tenir compagnie et il faut donc en reparler pour une prochaine fois.

Je suis sûr que Vous saurez saisir le vrai sens de mes mots et que vous n'interpréterez pas mal ma franchise.

En cette occasion, je vous prie de recevoir mes salutations affectueuses,

Battista

OCT. 19, 22, 25, 29	*Il Turco in Italia* ROSSINI, dir. Gianandrea Gavazzeni	**ROME** Teatro Eliseo

A LEONIDAS LANTZOUNIS[1] – *en anglais*

3 novembre 1950

Très cher Leon,

J'ai reçu ta lettre et j'ai été désolée d'apprendre que tu étais fâché contre moi. Naturellement, tu as raison mais tu te souviens que ma mère était malade, alors imagine sa fureur quand elle a appris que je partais te voir en la laissant seule, donc pour la calmer j'ai promis de rester près d'elle. J'avais très envie de vous voir tous les deux, hélas les parents exagèrent dans leur amour et deviennent égoïstes. Je suis vraiment désolée, mais j'espère vous voir tous deux bientôt.

Et maintenant la grande nouvelle. Toscanini m'a demandé de participer à l'importante commémoration de Verdi en septembre 1951 avec l'opéra *Macbeth*. C'est un véritable honneur, non ? Comme tu le sais sans doute, il n'a jamais réussi à trouver la soprano pour Lady Macbeth jusqu'à ce qu'il m'entende. Es-tu content, cher parrain ?

---

1. Le parrain de Maria Callas, qui lui avait prêté de l'argent pour partir en Italie quatre ans auparavant (cf. Mémoires, p. 36), et dont elle restera très proche toute sa vie.

Cher Leo, il est vrai que nos vies sont très semblables. Tu es marié à une femme plus jeune, moi à un homme plus âgé – nous sommes tous deux heureux en ménage. Nous sommes tous deux devenus célèbres – toi médecin, et moi chanteuse –, nous avons tous deux travaillé dur et avons mérité notre bonheur et notre succès. N'ai-je pas raison ?

J'espère te voir bientôt. J'ai vraiment pensé venir passer au moins deux semaines avec mon mari mais maintenant avec le nouvel opéra et Toscanini, je n'ai plus du tout de temps car je dois étudier avec lui en personne, donc adieu temps libre. Bon, si vous deux ne venez pas l'année prochaine, c'est nous qui viendrons certainement. On avait refusé le visa pour les Etats-Unis à mon mari, c'est pourquoi il ne pouvait pas venir à ce moment-là.

1954, à la Scala, Maria entourée d'Arturo Toscanini et de Victor de Sabata.

Quant à ma sœur, j'ai essayé de faire de mon mieux, mais ça m'a seulement valu des insultes, alors au diable tout ça – il est grand temps qu'elle travaille – pas pour l'argent, mais pour qu'elle se réveille et comprenne que la vie n'est pas juste amour, larmes, et bons moments. Je t'expliquerai quand nous nous verrons, et seulement alors tu comprendras. Tout le monde, Leon, souhaiterait vivre sans travailler. Toi aussi peut-être, mais la vie n'est pas comme ça. Je crois aussi que son cerveau se réveillerait si elle utilisait son temps de façon un peu plus utile. Qu'en dis-tu ?

Quant à ma mère, je lui ai donné tout ce que j'ai pu cette année. Après tout, elle a un mari elle aussi. Si elle ne dépensait pas tout son argent en voyages, peut-être lui en resterait-il davantage pour continuer à vivre. Tu te souviens quand il y a 4 ans elle m'a ordonné de lui donner $750 – je n'avais pas un centime mais je les ai empruntés à toi, tu te souviens – tout ça pour l'entendre dire qu'elle souffre, et qu'elle ceci et qu'elle cela !

Après tout il est grand temps que chacun prenne sa vie en main comme je l'ai fait avec la mienne. Personne d'autre que toi, cher Leon, ne m'a aidée et ne m'a donné du courage à l'époque et je ne l'oublierai jamais. Comme je n'oublierai jamais quand j'ai dû honorer mon contrat pour Vérone et que je n'aurais pas eu l'argent pour partir si tu n'avais pas été là, très cher. Et non seulement, je n'avais que $70 en poche mais pas un seul vêtement d'hiver. Difficile à croire, mais c'est vrai. Tout l'amour de ma mère évidemment ne m'a pas beaucoup aidée. Je te supplie de ne pas le répéter, Leon, mais ma mère a écrit une lettre me maudissant, etc., sa manière habituelle (croit-elle) d'obtenir des choses, disant aussi qu'elle ne m'a pas mise au monde pour rien. Elle dit qu'elle m'a donné naissance afin que je subvienne à ses besoins. Ces mots, je suis désolée, me restent en travers de la gorge. C'est difficile à expliquer par écrit, Leon, quand je te verrai je t'expliquerai. Crois-moi j'ai fait et continuerai de faire de mon mieux pour eux, mais je ne leur permettrai pas d'exagérer. J'ai aussi mon avenir à assurer et je voudrais aussi avoir un enfant à moi.

S'il te plaît, aime-moi et crois en moi, nous nous ressemblons tant. Je ne t'oublierai jamais, et n'oublierai jamais comme tu t'es montré compréhensif avec moi. Et, Leon, je te souhaite tout le meilleur avec Sally, et s'il vous plaît écrivez-moi tous deux, car je vous aime sincèrement.

Meilleures salutations de la part de mon mari à vous deux, et moi je t'embrasse, ainsi que Sally très très fort. Ecris-moi s'il te plaît Maria

NOV. 20, 21	*Parsifal* WAGNER, dir. Vittorio Gui	ROME Auditorium de la RAI

Aucune des représentations suivantes n'eut lieu, ni *Manon Lescaut*, ni *Don Carlo*, ni *L'Assedio di Corinto*; car Maria eut la jaunisse et fut forcée de tout annuler juste après *Parsifal*, et ce jusqu'à l'année suivante. La collaboration avec Toscanini n'aboutira jamais car le maestro, tombé malade à cette période, ne dirigea pas *Macbeth*. C'est le célèbre chef Victor de Sabata, considéré comme le « rival » de Toscanini, qui dirigea finalement Callas dans cet opéra à la Scala de Milan en 1952.

1951

| JANV. 14 | *La Traviata* VERDI, dir. Tullio Serafin | **FLORENCE** Teatro Comunale |

A Elvira de Hidalgo – *en italien*

Non datée (certainement le 15 janvier 1951)

Très chère Donna Elvira,
Je vous écris après ma très longue et stupide maladie et un triomphe que je n'aurais jamais imaginé de *Traviata* à Florence.
Donc tout d'abord, vous vous souvenez quand l'été dernier je souffrais de nausées et maux de tête, etc. ? Ce n'était rien d'autre que la bile. De fait je me suis littéralement écroulée vers le 20 novembre avec la jaunisse qui m'a coûté l'ouverture de Naples avec *Don Carlo* et ensuite Rome avec le même. Par chance j'ai été guérie à temps pour *Traviata* à Florence avec Serafin, évidemment préparée en six jours ! Vous me croirez si je vous dis que je ne savais pas par où commencer ! Bien sûr aujourd'hui je bénéficie du fruit d'avoir tant étudié depuis enfant. Vous vous souvenez, n'est-ce pas ? Eh bien, je peux vous dire que je n'ai jamais eu une telle satisfaction. Le public était en extase après le premier acte, c'est-à-dire le *mi* bémol[1],

---

1. Note suraiguë non écrite par Verdi, qui clôt le célèbre air «Sempre libera», et qui est exécutée par tradition lorsque la soprano possède la note.

et après l'« Amami Alfredo[1] » ils voulaient à tout prix un bis, que je n'ai pas concédé évidemment. Je vous assure, Madame, que les gens pleuraient. Je ne l'aurais pas cru si je ne les avais pas vus. Machinistes, chefs, choristes, et des gens qui ont accouru vers moi dans les coulisses (des inconnus). C'est émouvant de voir les gens pleurer et tant de gentillesse de la part de tous. Imaginez-vous que l'orchestre m'a envoyé une corbeille de roses, et pour finir <u>Flora</u> et <u>Grenvil</u>[2] m'ont eux aussi envoyé des fleurs, ainsi que le Directeur de l'Opéra et le Maire. Ce soir je suis à un dîner donné par le Maire en mon honneur. Il y a ici tous les Marquis, Comtesses, etc., tous quasiment à mes pieds ! Dieu est bon avec moi. Et vous êtes-vous contente de moi ?

Ensuite, je partirai le 20 janvier pour Naples pour le *Trovatore*. Je suis en discussions avec le Metropolitan pour l'hiver prochain. Nous verrons. En attendant je voudrais vous demander une faveur. Je voulais vous la demander avant quand vous étiez avec moi à Vérone mais je n'ai pas eu le courage. Et maintenant je me sens digne de cette faveur. J'aurais aimé avoir vos bijoux de scène. C'est plus une satisfaction morale qu'autre chose. Je me sentirais pleine de fierté et de compétence d'avoir avec moi et porter sur scène dans les opéras les bijoux de la Hidalgo ! Ne croyez-vous pas que je sois la seule qui puisse en hériter ? Ne suis-je pas à la hauteur de ce don ? Si vous ne le voulez pas pour quelque raison que ce soit dites-le-moi sincèrement je ne m'offenserai pour rien au monde. Cela voudrait seulement dire pour moi votre pleine approbation et satisfaction de votre Maria.

Je vous enverrai de mes photographies pour vos élèves dès que je les aurai reçues de Mexico[3].

Je vous prie de m'écrire et d'être fière de Maria.

Au sujet de Mordo[4] je lui écrirai. Tout ce que je peux faire je le ferai

---

1. Air poignant de Violetta précédant sa sortie au début du second acte.
2. Rôles secondaires de *La Traviata*.
3. Maria Callas y fit plusieurs séances avec le photographe Semo, en costumes de différents rôles qu'elle interprétait à Mexico (cf. p. 177).
4. Renato Mordo, metteur en scène qui avait dirigé Maria au Conservatoire d'Athènes (cf. Mémoires). Elvira de Hidalgo avait demandé à Maria d'aider celui-ci à trouver du travail en Italie.

volontiers. Si vous voulez que je le présente à Ferroni et Liduino[1], j'attends de ses nouvelles immédiatement.

Je me suis disputée avec ma maman. Imaginez qu'elle raconte partout (en Grèce) qu'elle meurt de faim ! Pauvre Maria.

Tant de baisers
Maria

JANV. 16, 20	*La Traviata* VERDI, dir. Tullio Serafin	**FLORENCE** Teatro Comunale
JANV. 27, 30	*Il Trovatore* VERDI, dir. Tullio Serafin	**NAPLES** Teatro San Carlo
FÉV. 15, 20	*Norma* BELLINI, dir. Franco Ghione	**PALERME** Teatro Massimo
FÉV. 28	*Aida* VERDI, dir. Federico del Cupolo	**REGGIO DI CALABRIA** Teatro Comunale
MARS 12	Concert radiophonique, dir. Manno Wolf-Ferrari • *Mignon* « Io son Titania » • *Un Ballo in Maschera* « Ecco l'orrido campo... Madall'arido stelo divulsa » • Heinrich Proch « Deh ! torna mio bene » *Aria et variations*, op. 164	**TURIN** Auditorium de la RAI
MARS 14, 18	*La Traviata* VERDI, dir. Francesco Molinari-Pradelli	**CAGLIARI** Teatro Massimo
AVRIL 21	Concert, dir. Armando La Rosa Parodi • *Norma* « Casta Diva » • *I Puritani* « Qui la voce sua soave » • *Aida* « O patria mia » • *La Traviata* « Ah, fors'è lui... Sempre libera »	**TRIESTE** Teatro Giuseppe Verdi
MAI 26, 30 JUIN 2	*I Vespri siciliani* VERDI, dir. Erich Kleiber	**FLORENCE** Teatro Comunale
JUIN 9, 10	*Orfeo ed Euridice* HAYDN, dir. Erich Kleiber	**FLORENCE** Teatro della Pergola
JUIN 11	Concert, piano Bruno Bartoletti • *Norma* « Casta diva » • *Dinorah* « Ombra leggera » • *Aida* « O patria mia » • Heinrich Proch « Deh ! torna mio bene » *Aria et variations*, op. 164 • *Mignon* « Io son Titania » • *La Traviata* « Ah, fors'è lui...Sempre libera »	**FLORENCE** Grand Hôtel
	Départ pour une nouvelle saison à Mexico, mais cette fois-ci accompagnée par son mari	
JUIL. 3, 7, 10	*Aida* VERDI, dir. Oliviero de Fabritiis	**MEXICO** Palacio de Bellas Artes

---

1. Agents artistiques (cf. Mémoires).

JUIL. 15	Concert radiophonique dir. Oliviero de Fabritiis • *La Forza del Destino* « Pace, pace, mio Dio ! » • *Un Ballo in Maschera* « Morrò, ma prima in grazia »	**MEXICO** XEW Studios
JUIL. 17, 19, 21, 22	*La Traviata* VERDI, dir. Oliviero de Fabritiis	**MEXICO** Palacio de Bellas Artes

Départ pour le Brésil

SEPT. 7	*Norma* BELLINI, dir. Tullio Serafin	**SÃO PAULO** Teatro Municipal
SEPT. 9	*La Traviata* VERDI, dir. Tullio Serafin	
SEPT. 12	*Norma* BELLINI, dir. Antonino Votto	
SEPT. 14	Concert pour la Fondation Cristo Redentor, pianistes accompagnateurs Nino Gaioni, Enrico Sivieri • Maria Callas : *La Traviata* « Ah, fors'è lui… Sempre libera » • Renata Tebaldi : *Otello* « Ave Maria… Piangea cantando » Bis • Maria Callas : *Aida* « O patria mia » • Renata Tebaldi : *Tosca* « Vissi d'arte »	**RIO DE JANEIRO** Teatro Municipal
SEPT. 16	*Norma* BELLINI, dir. Antonino Votto	
SEPT. 24	*Tosca* PUCCINI, dir. Antonino Votto	
SEPT. 28, 30	*La Traviata* VERDI, dir. Nino Gaioni	

Retour en Italie[1]

OCT. 20, 23	*La Traviata* VERDI, dir. Carlo Maria Giulini	**BERGAME** Teatro Donizetti
NOV. 3, 6	*Norma* BELLINI, dir. Franco Ghione	
NOV. 8, 11, 13, 16	*I Puritani* BELLINI, dir. Manno Wolf-Ferrari	**CATANE** Teatro Massimo Bellini
NOV. 17, 20	*Norma* BELLINI, dir. Franco Ghione	
DÉC. 7, 9, 12, 16, 19, 27	*I Vespri siciliani* VERDI, ouverture de la saison dir. Victor de Sabata	**MILAN** Teatro alla Scala
DÉC. 30	*La Traviata* VERDI, dir. Oliviero de Fabritiis	**PARME** Teatro Regio

---

1. Signature avec la maison de disques Cetra pour l'enregistrement en studio de quatre intégrales : *La Gioconda, La Traviata, Manon Lescaut, Mefistofele*. Seuls les deux premiers verront le jour.

1952

JANV. 3	*I Vespri siciliani* VERDI, dir. Victor de Sabata	**MILAN** Teatro alla Scala
JANV. 9, 12	*I Puritani* BELLINI, dir. Tullio Serafin	**FLORENCE** Teatro Comunale
JANV. 16, 19, 23, 27, 29 FÉV. 2, 7	*Norma* BELLINI, dir. Franco Ghione	**MILAN** Teatro alla Scala
FÉV. 8	Concert piano Antonio Tonini • *La Traviata* « Ah, fors'è lui… Sempre libera » • *I Puritani* « Qui la voce sua soave »	**MILAN** Cercle de la Presse
FÉV. 10	*Norma* BELLINI, dir. Franco Ghione	**MILAN** Teatro alla Scala
FÉV. 18	Concert radiophonique, dir. Oliviero de Fabritiis • *Macbeth* « Vieni! t'affretta! » • *Nabucco* « Ben io t'invenni… Anch'io dischiuso un giorno » • *Lucia di Lammermoor* « Il dolce suono… Ardon gl'incensi » • *Lakme* « Dov'è l'indiana bruna »	**TURIN** Auditorium de la RAI
MARS 12, 14, 16	*La Traviata* VERDI, dir. Francesco Molinari-Pradelli	**CATANE** Teatro Massimo Bellini
AVRIL 2, 5, 7, 9	*Il Ratto dal serraglio* MOZART, dir. Jonel Perlea	**MILAN** Teatro alla Scala
AVRIL 14	*Norma* BELLINI, dir. Franco Ghione	
AVRIL 26, 29	*Armida* ROSSINI, dir. Tullio Serafin	**FLORENCE** Teatro Comunale
MAI 2	*I Puritani* BELLINI, dir. Gabriele Santini	**ROME** Teatro dell'Opera
MAI 4	*Armida* ROSSINI, dir. Tullio Serafin	**FLORENCE** Teatro Comunale
MAI 6, 11	*I Puritani* BELLINI, dir. Gabriele Santini	**ROME** Teatro dell'Opera

	Retour à Mexico pour la saison estivale avec quatre nouveaux opéras	
MAI 29, 31	*I Puritani* BELLINI, dir. Guido Picco	
JUIN 3, 7	*La Traviata* VERDI, dir. Humberto Mugnai	
JUIN 10	*Lucia di Lammermoor* DONIZETTI, dir. Guido Picco	MEXICO Palacio de Bellas Artes
JUIN 17, 21	*Rigoletto* VERDI, dir. Humberto Mugnai	
JUIN 26	*Lucia di Lammermoor* DONIZETTI, dir. Guido Picco	
JUIN 28 **JUIL.** 1er	*Tosca* PUCCINI, dir. Guido Picco	

	Retour en Italie, pour la saison estivale des Arènes de Vérone	
JUIL. 19, 23	*La Gioconda* PONCHIELLI, dir. Antonino Votto	VÉRONE Les Arènes
AOÛT 2, 5, 10, 14	*La Traviata* VERDI, dir. Francesco Molinarri-Pradeli	
SEPT 6, 7, 8, 9, 10	Enregistrement, *La Gioconda* PONCHIELLI, dir. Antonino Votto	TURIN Auditorium de la RAI

	Débuts en Angleterre	
NOV. 8, 10, 13	*Norma* BELLINI, dir. Vittorio Gui	LONDRES Royal Opera House
NOV. 17	Concert, Piano Count Saffi • *La Traviata* « Ah, fors'è lui… Sempre libera »	LONDRES Ambassade d'Italie
NOV. 18, 20	*Norma* BELLINI, dir. Vittorio Gui	LONDRES Royal Opera House
DÉC. 7, 9, 11, 14, 17	*Macbeth* VERDI, ouverture de la saison, dir. Victor de Sabata	MILAN Teatro alla Scala
DÉC. 26, 28, 30	*La Gioconda* PONCHIELLI, dir. Antonino Votto	

1953

JANV. 1er, 3	*La Gioconda* PONCHIELLI, dir. Antonino Votto	MILAN Teatro alla Scala
JANV. 8, 10	*La Traviata* VERDI, célébration du centenaire de la création, dir. Angelo Questa	VENISE Teatro La Fenice
JANV. 15, 18, 21	*La Traviata* VERDI, dir. Gabriele Santini	ROME Teatro dell'Opera
JANV. 25	*Lucia di Lammermoor* DONIZETTI, dir. Franco Ghione	
JANV. 27	Premier enregistrement test pour EMI, *Don Giovanni* MOZART, « Non mi dir », dir. Tullio Serafin	FLORENCE Teatro Comunale
JANV. 28 FÉV. 5, 8	*Lucia di Lammermoor* DONIZETTI, dir. Franco Ghione	
JANV. 29 au 6 FÉV.	Enregistrement, *Lucia di Lammermoor* DONIZETTI, dir. Tullio Serafin	
FÉV. 19	*La Gioconda* PONCHIELLI, dir. Antonino Votto	MILAN Teatro alla Scala
FÉV. 23, 26, 28	*Il Trovatore* VERDI, dir. Antonino Votto	
MARS 14, 17	*Lucia di Lammermoor* DONIZETTI, dir. Franco Ghione	GÊNES Teatro Carlo Felice
FÉV. 24, 29	*Il Trovatore* VERDI, dir. Antonino Votto	MILAN Teatro alla Scala
MARS 24, au 3 AVRIL	Enregistrement, *I Puritani* BELLINI, dir. Tullio Serafin	MILAN Basilica di Santa Eufemia
AVRIL 9, 12, 15, 18	*Norma* BELLINI, dir. Gabriele Santini	ROME Teatro dell'Opera
AVRIL 21, 23,	*Lucia di Lammermoor* DONIZETTI, dir. Oliviero de Fabritiis	CATANE Teatro Massimo Bellini
MAI 7, 10	*Medea* CHERUBINI, dir. Vittorio Gui	FLORENCE Teatro Comunale

MAI 16	Concert, dir. Oliviero de Fabritiis • *Il Trovatore* « Vanne, lasciami… D'amor sull'ali rosee » • *La Forza del Destino* « Pace, pace, mio Dio ! » • *Dinorah* « Ombra leggera »	**ROME** Auditorium di Palazzo Pio
MAI 19, 21, 24	*Lucia di Lammermoor* DONIZETTI, dir. Gianandrea Gavazzeni	**ROME** Teatro dell'Opera
JUIN 4, 6, 10	*Aida* VERDI, dir. John Barbirolli	
JUIN 15, 17, 20, 23	*Norma* BELLINI, dir. John Pritchard	**LONDRES** Royal Opera House
JUIN 26, 29 JUIL. 1er	*Il Trovatore* VERDI, dir. Alberto Erede	
JUIL. 23, 25, 28, 30	*Aida* VERDI, dir. Tullio Serafin	**VÉRONE** Les Arènes
AOÛT 3, 4	Enregistrement, *Cavalleria rusticana* MASCAGNI, dir. Tullio Serafin	**MILAN** Basilica di Santa Eufemia
AOÛT 8	*Aida* VERDI, dir. Tullio Serafin	**VÉRONE** Les Arènes
AOÛT du 10 au 21	Enregistrement, *Tosca* PUCCINI, dir. Victor de Sabata	**MILAN** Teatro alla Scala
AOÛT 15	*Il Trovatore* VERDI, dir. Francesco Molinarri-Pradeli	**VÉRONE** Les Arènes
SEPT. du 15 au 19	Enregistrement, *La Traviata* VERDI, dir. Gabriele Santini	**TURIN** Auditorium de la RAI
NOV. 19, 22, 24, 29	*Norma* BELLINI, soirée inaugurale de la saison lyrique, dir. Antonino Votto	**TRIESTE** Teatro Giuseppe Verdi
DÉC. 10	*Medea* CHERUBINI, dir. Leonard Bernstein	**MILAN** Teatro alla Scala

DE LEONARD BERNSTEIN – *en anglais*

Milan, 10 décembre 1953

Maria chérie,
Continue simplement à faire ce que tu fais, tu es la plus grande.
Affectueusement, et merci,
Lenny Bernstein

DÉC. 12	*Medea* CHERUBINI, dir. Leonard Bernstein	**MILAN** Teatro alla Scala
DÉC. 16, 19, 23	*Il Trovatore* VERDI, dir. Gabriele Santini	**ROME** Teatro dell'Opera
DÉC. 29	*Medea* CHERUBINI, dir. Leonard Bernstein	**MILAN** Teatro alla Scala

1954

JANV. 2, 6	*Medea* CHERUBINI, dir. Leonard Bernstein	**MILAN** Teatro alla Scala
JANV. 18, 24, 27, 31 **FÉV.** 5, 7	*Lucia di Lammermoor* DONIZETTI, dir. Herbert von Karajan	
FÉV. 13, 16, 21	*Lucia di Lammermoor* DONIZETTI, dir. Angelo Questa	**VENISE** Teatro La Fenice
MARS. 2, 4, 7	*Medea* CHERUBINI, dir. Vittorio Gui	
MARS 10, 15, 17	*Tosca* PUCCINI, dir. Franco Ghione	**GÊNES** Teatro Carlo Felice
AVRIL 4, 6	*Alceste* GLUCK, dir. Carlo Maria Giulini	**MILAN** Teatro alla Scala
AVRIL 12	*Don Carlo* VERDI, soirée inaugurale de la Fête de Milan dir. Antonino Votto	
AVRIL 15	*Alceste* GLUCK, dir. Carlo Maria Giulini	
AVRIL 17	*Don Carlo* VERDI, dir. Antonino Votto	
AVRIL 20	*Alceste* GLUCK, dir. Carlo Maria Giulini	
AVRIL 23, 25, 27	*Don Carlo* VERDI, dir. Antonino Votto	

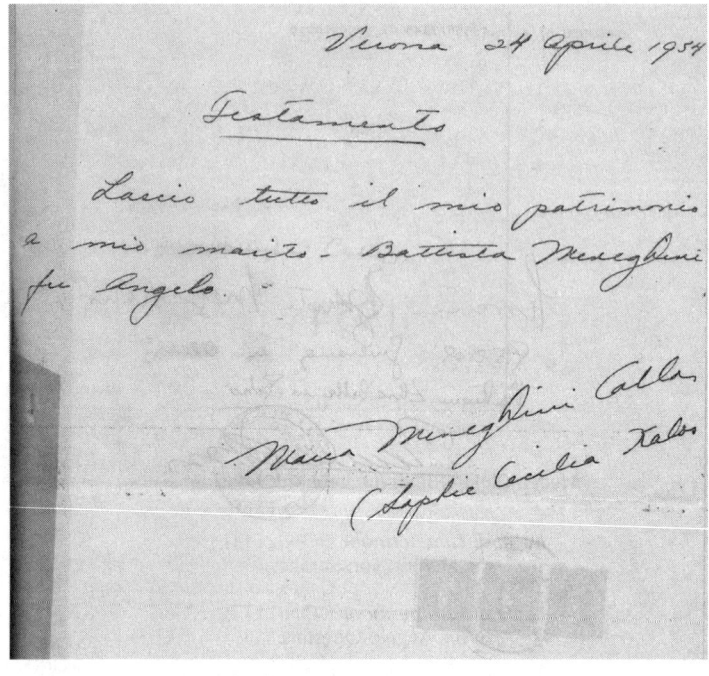

Vérone, 24 avril 1954

Testament[1]

Je lègue tout mon patrimoine à mon époux – Battista Meneghini fils de feu Angelo.

Maria Meneghini Callas
(Sophia Cecilia Kalos)

AVRIL 23 **au 3 MAI**	Enregistrement, *Norma* BELLINI, dir. Tullio Serafin	**MILAN** Cinema Metropole
MAI 23, 26	***La Forza del Destino*** VERDI, dir. Franco Ghione	**RAVENNE** Teatro Alighieri
JUIN du 12 au 17	Enregistrement, *Pagliacci* LEONCAVALLO, dir. Tullio Serafin	**MILAN** Cinema Metropole

---

1. Cette phrase écrite sur un bout de papier aura un rôle déterminant dans la succession de Maria Callas à sa mort vingt-trois ans plus tard, et alors qu'elle avait rompu tout lien avec son ex-mari. Nombre de ses biens seront réquisitionnés par Meneghini au titre de ce document, biens qui finiront dilapidés aux enchères après la mort de Meneghini en 1981.

TÉLÉGRAMME DE WALTER LEGGE

7 JUIN 1954

« Adorée Maria véronaise le lendemain du jour où je vous ai invitée à nous faire la grâce de participer à notre enregistrement du *Requiem* en chantant la partie mezzo soprano partie dont j'ai évoqué la moindre phrase avec de Sabata et nous sommes tous deux convaincus que personne ne la chanterait plus merveilleusement que vous stop hier soir et aujourd'hui à nouveau je l'ai lu du début à la fin avec le son de votre incomparable voix et art dans ma tête et je suis plus que jamais convaincu que vous devriez dans votre propre intérêt rendre le monde, de Sabata et votre dévoué Walter heureux[1]. »

JUILLET 15, 20, 25	***Mefistofele*** BOITO, dir. Antonino Votto	**VÉRONE** Les Arènes
	C'est la dernière fois qu'elle chante aux Arènes de Vérone	
AOÛT du 17 au 27	Enregistrement, *La Forza del Destino* VERDI, dir. Tullio Serafin	**MILAN** Teatro alla Scala
AOÛT 31 au 8 **SEPT.**	Enregistrement, *Il Turco in Italia* ROSSINI, dir. Gianandrea Gavazzeni	
SEPT. du 15 au 21	Enregistrement des albums *Puccini Heroines* et *Operatic Arias*, dir. Tullio Serafin • *La Bohème* « Donde lieta uscì » • « Sì. Mi chiamano Mimì » • *Gianni Schicchi* « O mio babbino caro » • *Turandot* (Liu) « Signore, ascolta ! » • *Turandot* « Tu, che di gel sei cinta » • « In questa reggia » • *Manon Lescaut* « In quelle trine morbide » • « Sola, perduta, abbandonata » • *Madama Butterfly* « Un bel dì vedremo » • « Con onor muore… Tu ? tu ? Piccolo iddio ! » • *Suor Angelica* « Senza mamma » • *Mefistofele* « L'altra notte in fondo al mare » • *Andrea Chénier* « La mamma morta » • *Adriana Lecouvreur* « Ecco : respiro appena. Io son l'umile ancella » • « Poveri fiori » • *La Wally* « Ebben ? ne andrò lontana » • *Dinorah* « Ombra leggera » • *I Vespri siciliani* « Mercè, dilette amiche » • *Il Barbiere di Siviglia* « Una voce poco fà » • *Lakme* « Dov'è l'indiana bruna ? »	**WATFORD** TownHall

1. Le 18 juin, Walter Legge, producteur des enregistrements de Callas chez EMI, commença l'enregistrement du *Requiem* de Verdi, dirigé par Victor de Sabata dont ce serait le dernier enregistrement. Le rôle de la soprano, de longue date promis à Callas, a été finalement attribué par Legge à son épouse Elisabeth Schwartzkopf. Entre-temps, devant le succès fulgurant des ventes de vinyles de *Lucia de Lammermoor*, *I Puritani*, et *Tosca*, Legge se rendit compte que le nom de Callas « faisait vendre ». Il s'empressa alors de lui proposer le rôle de la mezzo-soprano dans le *Requiem*. Callas refusa. Jamais elle n'enregistrera ni n'interprétera sur scène l'œuvre sacrée de Verdi qu'elle adorait pourtant.

OCT. 6, 9	*Lucia di Lammermoor* DONIZETTI, dir. Francesco Molinari-Pradelli	**BERGAME** Teatro Donizetti
	Débuts en Amérique	
NOV. 1er, 5	*Norma* BELLINI, dir. Nicola Rescigno	**CHICAGO,** Civic Opera
NOV. 8, 12	*La Traviata* VERDI, dir. Nicola Rescigno	

A LEO LERMAN[1] – *en anglais*

Chicago, 12 novembre 1954

Mon cher Mr. Lerman

Je dois vous remercier à nouveau pour le télégramme attentionné que vous m'avez envoyé le soir de la première de l'opéra.

Les Sorias [Dario et Dorle][2] et plusieurs autres personnes m'ont dit à quel point vous avez été enthousiaste au sujet de ma carrière depuis le début[3], et je voudrais que vous sachiez à quel point j'apprécie.

C'était si sympathique de vous rencontrer l'autre soir au Bal de l'Opéra, et j'espère que nous nous reverrons bientôt à nouveau.

Sincèrement
Maria Meneghini Callas

NOV. 15, 17	*Lucia di Lammermoor* DONIZETTI, dir. Nicola Rescigno	**CHICAGO,** Civic Opera
	Retour en Italie	
DÉC. 7, 9, 12, 16, 18	*La Vestale* SPONTINI, ouverture de la saison, dir. Antonino Votto, mise en scène de Luchino Visconti	**MILAN** Teatro alla Scala
DÉC. 27	Concert radiophonique, dir. Alfredo Simonetto • *Il Ratto dal serraglio* «Tutte le torture» • *Dinorah* «Ombra leggera» • *Louise* «Depuis le jour» • *Armida* «D'amore al dolce impero»	**SAN REMO,** Teatro dell'Opera del Casino Municipale

1. Écrivain et chroniqueur, intime de Marlene Dietrich, il entretiendra avec Maria une grande amitié et une correspondance des années durant.
2. Cofondateur de la maison de disques Cetra-Soria, et du label Angel Records, qui a publié de nombreux albums de Callas. Lui et sa femme Dorle étaient des amis proches de Maria.
3. Leo Lerman était l'auteur de l'une des premières chroniques sur Callas dans un magazine américain, au sujet de *La Traviata* de 1953 à Venise à laquelle il avait assisté avec son compagnon Gray Foy.

1955

JANV. 8, 10, 13, 16	*Andrea Chénier* GIORDANO, dir. Antonino Votto	**MILAN** Teatro alla Scala
JANV. 22, 25, 27, 30	*Medea* CHERUBINI, dir. Gabriele Santini	**ROME** Teatro dell'Opera
FÉV. 3, 6	*Andrea Chénier* GIORDANO, dir. Antonino Votto	
MARS 5, 8, 13, 16, 19, 24, 30	*La Sonnambula* BELLINI, dir. Leonard Bernstein, mise en scène de Luchino Visconti	
AVRIL 12	*La Sonnambula* BELLINI, soirée inaugurale de la Fête de Milan, dir. Leonard Bernstein	**MILAN** Teatro alla Scala
AVRIL 14, 18, 21, 23	*Il Turco in Italia* ROSSINI, dir. Gianandrea Gavazzeni, mise en scène de Franco Zeffirelli	
AVRIL 24, 27 **MAI** 4	*Il Turco in Italia* ROSSINI, dir. Gianandrea Gavazzeni	
MAI 28, 31 **JUIN** 5, 7	*La Traviata* VERDI, dir. Carlo Maria Giulini, mise en scène de Luchino Visconti	
JUIN du 9 au 12	Enregistrement de l'album *Callas at la Scala,* dir. Tullio Serafin • *La Sonnambula* «Care compagne… Come per me sereno», «Sovra il sen», «Oh! se una volta sola… Ah! non credea mirarti…», «Ah! non giunge uman pensiero» • *La Vestale* «Tu che invoco», «O nume tutelar», «Caro oggetto» • *Medea* «Dei tuoi figli la madre»	**MILAN** Teatro alla Scala
JUIN 29	Concert radiophonique, *Norma* BELLINI, dir. Tullio Serafin	**ROME** Auditorium del Foro Italico RAI
AOÛT du 1er au 6	Enregistrement, *Madama Butterfly* PUCCINI, dir. Herbert von Karajan	
AOÛT du 10 au 24	Enregistrement, *Aida* VERDI, dir. Tullio Serafin	**MILAN** Teatro alla Scala
SEPT. du 3 au 16	Enregistrement, *Rigoletto* VERDI, dir. Tullio Serafin	
SEPT. 29 **OCT.** 2	*Lucia di Lammermoor* DONIZETTI, dir. Herbert von Karajan	**BERLIN** Städtische Oper

Avril 1955, aux côtés de Luchino Visconti et Leonard Bernstein, pendant les répétitions de La Sonnambula, *à la Scala.*

A RUDOLF BING[1] – *en italien*

Milan, 11 octobre 1955

Cher Monsieur Bing,

Avec mon second télégramme j'ai voulu apaiser votre anxiété en ce qui concerne ma participation l'année prochaine à la saison du Metropolitan. Il me semble que vous pouvez être satisfait et heureux, comme je le suis aussi, de cette preuve d'amitié que je vous ai donnée, et de l'assurance que toute question relative à nos rapports serait toujours traitée et résolue dans le cadre de la plus grande cordialité. Vous noterez que j'ai passé sur un certain nombre de choses, je n'ai pas posé de question sur l'argent, j'ai concédé autant de temps que possible, j'ai satisfait vos demandes même si vous vouliez la *Flûte* – nous définirons ensemble les changements et précisions du pro-

---

1. Directeur du Metropolitan Opera de New York.

gramme – et pour finir j'ai passé sur la question du maestro Cleva[1]. Néanmoins, pour être sincère et précise, je dois dire que sur ce dernier point, mon intention est seulement de ne pas vous créer de difficulté ou d'embarras – et vous conviendrez de l'esprit amical qui m'anime – je n'entends pas pour autant considérer clos le désaccord qui est apparu entre moi et le maestro Cleva car je ne peux oublier, ni pardonner, un épisode qui n'est pas à l'honneur de celui qui l'a provoqué. C'est vous que je prie donc très vivement de superviser et valoriser cette très délicate situation qui s'est créée, dans le but d'éviter d'autres situations déplaisantes. Je Vous ai donné la preuve de ma plus grande compréhension, à tout point de vue, et j'ai même su m'imposer certaines choses et renoncer à d'autres, tout cela basé sur ma pleine estime et confiance que je place en vous. A notre collaboration donc et à nos conquêtes les plus ambitieuses !

J'arriverai avec mon mari à Chicago une dizaine de jours avant l'ouverture de la saison, et nous espérons vous y rencontrer pour reprendre nos discussions et définir chaque détail.

En attendant recevez mes meilleures salutations
Maria Meneghini Callas

OCT. 31 **NOV.** 2	*I Puritani* BELLINI, dir. Nicola Rescigno	**CHICAGO** Civic Opera
NOV. 5, 8	*Il Trovatore* VERDI, dir. Nicola Rescigno	

Après la représentation, Rudolf Bing se rend dans sa loge pour délivrer en mains propres le contrat de Callas, qui ouvrira la saison du Met l'année suivante. Une photo immortalise ce moment.

---

1. Fausto Cleva, un des chefs attitrés du Met.

| NOV. 11, 14, 17 | *Madama Butterfly* PUCCINI, dir. Nicola Rescigno | CHICAGO Civic Opera |

MA DÉFENSE[1]

En anglais

I. Comment puis-je me défendre quand je suis si loin de Chicago ? Tous mes témoins sont ici en Italie et naturellement ne peuvent venir à Chicago. Comment puis-je être jugée à Chicago alors que je ne suis pas résidente de Chicago ni même résidente américaine puisque j'y ai résidé seulement 8 ans avant la guerre, et pendant la guerre, précisément de janvier 1937 à septembre 1945 en Grèce, à Athènes, et depuis juin 1947 jusqu'à aujourd'hui en Italie et étant mariée à un Italien.

II. Je ne peux pas venir à Chicago car mon travail ne me permet même pas une semaine de repos et encore moins de faire un long voyage à Chicago et me fatiguer jusqu'à être inefficace pour mes futurs contrats. Jusqu'en octobre je n'ai pas eu un seul jour de libre et j'ai des représentations prévues un jour sur deux, en plus des répétitions. Toute la saison de la Scala est fondée sur mes représentations et ne me permettra jamais de partir ne serait-ce que deux jours ou en aucun cas de compromettre mes représentations. J'ai des contrats légitimes et je dois les honorer autrement je devrai faire face à toutes les conséquences qui découlent d'un calendrier non tenu. Donc je ne vois pas comment je peux être présente et me défendre.

III. La cour croit la parole de cet homme à propos du contrat mais personne ne songe à se demander si cette parole est valide. Je sais qu'elle ne l'est pas car cet homme, depuis le moment où j'ai été forcée de signer ce contrat, avait promis de tout faire pour ma carrière comme prévu dans le contrat (clause 1) mais n'a pas fait la moindre chose. La seule chose qu'il ait faite en 8 ans est de me faire un procès pour la somme prétendue. D'abord cet homme doit prou-

---

1. Communiqué écrit par Maria Callas en vue du procès Bagarozy après l'incident du 17 novembre (cf. Mémoires, p. 62).

ver, par des faits et tout ce qui va avec, qu'il m'a aidée en quoi que ce soit dans ma carrière ! Ensuite, il doit prouver qu'il est très apprécié et estimé (comme il le prétend) dans le monde de la musique. (Voyez le désastre de 1946 de la saison de Chicago, avec de célèbres artistes allemands, français et ITALIENS, chefs d'orchestre, etc., coincés à N.Y. et Chicago, obligés de chanter dans des concerts de charité afin de rassembler l'argent pour rentrer dans leurs pays, y compris moi-même.) Il n'est pas seulement connu pour être le responsable de cela (il en était le promoteur et l'instigateur) mais, en plus, il n'a pas un casier judiciaire vierge (il a été accusé de fraude 3 fois). Si cet homme est si estimé comme imprésario ou avocat pourquoi n'est-il pas connu en tant que tel ? Quelles affaires fait-il ? Est-il un avocat actif ? Pourquoi m'a-t-il abandonnée durant toutes ces années ? Pourquoi est-ce seulement aujourd'hui, alors que je suis devenue ce que je suis, qu'il réclame ce qu'il réclame et me diffame comme il l'a fait dans les journaux et gâche mes séjours (pas des voyages de divertissement, non, mais une lourde saison à Chicago et avec plein de responsabilités), dans le seul but de me faire peur pour que je lui cède ou disons plutôt que je le paie pour qu'il me laisse tranquille, comme le pauvre Rossi-Lemeni l'a fait ($ 7 500 qu'il lui a payés pour rien). Je peux témoigner qu'il n'a rien fait pour Rossi, il l'a même retenu aux Etats-Unis en lui promettant du travail et ne lui a rien donné d'autre que l'obligation de rester 6 mois à N.Y. sans occupation, en même temps qu'une autre soprano, Carmen Gracia.

IV. Je l'accuse de diffamation quand il dit que sa femme m'a formée pour ma carrière. Tout d'abord j'étais déjà une artiste ayant chanté 7 ans en Grèce à l'Opéra royal en tant que soprano principale. J'avais déjà auditionné pour le Met et j'avais décliné un contrat, demandez à Johnson, le directeur à l'époque.

V. Sa femme nous a suivis, Rossi-Lemeni et moi, en Italie dans l'espoir de faire carrière et bien sûr ce fut un échec complet bien que j'aie fait tout mon possible pour promouvoir sa carrière. Elle est restée plus d'un an en Italie et son père l'a rapatriée car son mari n'avait pas les moyens de lui payer le voyage de retour. (Cela je le jure en espérant que ma parole d'honneur ait une certaine valeur !)

VI. J'aimerais savoir pourquoi, quand cet homme a séjourné en Italie un an plus tard, il n'est pas venu me voir (je l'ai appris du ténor Galliano Masini qui peut en témoigner – ils le peuvent tous – mais évidemment pas à Chicago !). Je l'accuse de m'avoir abandonnée complètement sans un centime et endettée d'environ $1 000 que j'avais dû emprunter à mon parrain à N.Y., Leonidas Lantzounis, de l'hôpital orthopédique de N.Y. (merci à lui car sinon je n'aurais pas eu l'argent pour mon voyage à Vérone afin d'honorer mon contrat là-bas !). Cet homme a pris mon chèque pour le changer à la banque et m'acheter le billet du bateau en me racontant qu'il avait des connaissances et que j'aurais une grosse remise. Je n'ai jamais revu l'argent. Je ne sais même pas combien le billet a coûté (je suis certaine que c'était très peu car il a acheté un billet pour moi et sa femme et quatre autres femmes dans la même cabine sur un bateau russe, le SS *Russie* qui était horrible et où je suis presque morte de faim. Nous ne mangions tous que des pommes de terre avec du beurre ou d'autres pourritures. Il m'avait promis de m'envoyer mon argent immédiatement ! Je ne l'ai jamais vu. Donc j'étais coincée en Italie avec seulement les $50 que mon père m'avait donnés. Le Bon Dieu m'a présenté mon mari mais à ce moment-là il n'était qu'un ami et je ne pouvais pas demander d'argent, surtout à un homme qu'on aime. Je sais que j'ai été stupide de faire confiance et croire Bagarozy, mais j'étais jeune et j'imagine que j'ai eu de la peine pour lui qui allait être complètement en faillite après cette saison de Chicago, en faillite à tel point que j'ai souvent fait des courses pour lui, sa femme promettait de me rembourser. Je n'aime jamais raconter de telles choses mais c'est la vérité. Je n'ai pas vraiment calculé combien ce type me doit. Aujourd'hui pour moi ce n'est pas une grosse somme évidemment, mais à l'époque j'en avais vraiment besoin ! Je voudrais que la cour sache que, si je devais ne serait-ce qu'un centime à cet homme, je le lui donnerais, mais il me doit encore de l'argent, lui, n'est-ce pas bizarre qu'il réclame ce qu'il doit ! Je l'accuse aussi de vendre un prétendu contrat en cours à une tierce partie. Comment cela peut-il être permis ? J'en appelle à la cour au nom de la justice. J'ai été agressée par les officiers shérifs du County d'une façon ignoble et inouïe. Etant américaine j'ai moi aussi le droit d'être respectée surtout dans ma fonction particulière. La première fois, en 1954, ma chambre d'hôtel a été fouillée après effraction d'une façon inouïe. Je ne suis pas une criminelle. Mon nom est très honnête. Je respecte les autres comme je demande à être respectée et je répète qu'en tant qu'Américaine je ne peux pas être traitée ainsi. J'accuse Bagarozy de faire exprès afin que je sois terrorisée et que je paye. Cet homme ne se rendait pas compte que j'avais la <u>totale</u> responsabilité de la saison de Chicago 54/55, et j'aurais pu perdre ma voix avec le choc et la dépression nerveuse, que se serait-il passé alors ? Des centaines de milliers de dollars jetés par la fenêtre, parce que je ne peux pas être remplacée dans certains opéras et le public achète des billets pour mes représentations, autrement il veut être remboursé. Cette deuxième année, pour la dernière soirée j'ai offert une représentation supplémentaire gracieusement à l'Opéra de Chicago, impliquant que je reste 3 jours de plus et ayant retardé ainsi mon retour pour l'ouverture de la Scala. Tandis que je recevais encore les applaudissements j'ai été approchée par deux hommes en manteau et chapeau, alors que j'étais encore derrière le rideau de scène, qui m'ont tendu une enveloppe en disant ces mots précis : « Okay, alors voilà prenez ça ! » Tout cela semblait très suspect, aucun admirateur ne vient sur scène derrière le rideau vêtu d'un chapeau en disant ces mots étranges. Ne sachant pas de quoi il s'agissait je n'ai bien sûr pas touché le papier par instinct, mais je n'aurais évidemment jamais pu imaginer qu'une chose pareille puisse arriver. C'est comme un avocat qui serait en pleine plaidoirie dans le tribunal s'adressant au jury et le shérif adjoint surgirait soudain en lui tendant une assignation, ou un chirurgien au beau milieu d'une opération interrompu par le shérif qui lui tend une assignation ! C'est inouï ! Je n'arrive pas à comprendre pourquoi après un séjour de 3 semaines ou plus à Chicago je devais être assignée à la dernière minute (mon avion était prévu à 8 heures du matin) derrière le rideau de scène. On a dit dans les journaux que j'ai fui. C'est un mensonge. Les compagnies aériennes pourront en témoigner. J'avais déjà retardé mon retour du 15 au 18. Le shérif, ou adjoint peu importe comment on l'appelle, a vu que je refusais de toucher les papiers (je m'étais retournée évidemment), c'est alors que lui et les autres – ils étaient <u>10</u> en tout – m'ont agrippée et m'ont même griffée et ont jeté ces papiers sur moi. Mes collègues, voyant des gens qui essayaient de me frapper, m'ont naturellement protégée et m'ont escortée jusqu'à ma loge. Bien sûr j'étais furieuse et j'ai crié, oui crié – qui n'aurait pas fait de même après une lourde représentation avec toute son émotion et l'ovation du bon public de Chicago ? Je criais pour qu'on appelle la police et qu'on me protège. Qui n'aurait pas eu peur de voir autant d'hommes vous agripper et vous jeter des choses à la figure. Plus tard j'ai appris qu'il s'agissait de papiers d'assignation.

Comment ai-je pu être assignée dans un tel lieu à une heure pareille, vers 23 h 30, en coulisses, et comment puis-je prouver que je n'ai jamais touché l'assignation et que j'ai été pratiquement agressée – alors que je devais partir tout de suite. Comment puis-je me défendre d'une telle diffamation dans les journaux, comme celle de l'adjoint disant que j'ai refusé de prendre l'assignation parce que j'aurais soi-disant crié que « je suis la voix d'un ange et aucun être humain ne peut me toucher ! ». D'ignobles mensonges ont été répandus par les officiers du bureau du shérif. Je n'ai jamais rien dit de pareil. Ce n'est pas dans mon caractère et donne une piètre image de moi au public qui connaît ma modestie et mon caractère sérieux. Et d'où sont soudain sortis tous ces photographes ? Tout cela j'imagine est un coup monté par l'avocat de Bagarozy.

Dans les coulisses de l'Opéra de Chicago, juste après l'incident.

La première question sur laquelle j'insiste est celle-ci : est-ce possible qu'à cette heure, de cette façon, et dans ce lieu on assigne un artiste ou une personne ? La seconde c'est comment il m'est possible de me défendre depuis si loin, étant résidente de l'Italie depuis plus de 8 ans et étant une épouse italienne. Troisièmement, je souhaite que la cour – si elle insiste pour traiter ce cas – déclare avant tout si le contrat est valide ou pas, après 8 ans de silence complet et d'abandon de la part de cet homme. Et si oui, sur quel fondement et sur quelle preuve il aurait honoré sa partie du contrat, ce qui m'obligerait à honorer la mienne. Quatrièmement, j'insiste pour que soient condamnés cet homme et ses acolytes, etc., pour diffamation, pour avoir ruiné mes nerfs et ma tranquillité de travail, pour mensonges, des tas, et pour les dépenses engendrées par ma défense.

DÉC. 7	*Norma* BELLINI, ouverture de la saison, soirée de gala en présence du président de la République, dir. Antonino Votto	**MILAN** Teatro alla Scala

A LUCHINO VISCONTI – *en italien*

Milan, 9 décembre 1955

Cher Luchino,

Je te remercie pour tes vœux affectueux qui me sont parvenus alors que j'entrais en scène avec *Norma* et je t'en fais à mon tour au centuple pour le succès que ton nouveau travail va rencontrer. Après cette *Norma*, *Traviata* sera reprise je crois vers la mi-janvier. Je suis sûre que tu seras ici pour partager avec nous le succès. Je t'envoie mes meilleurs vœux pour les fêtes de Noël et je te prie de me rappeler au bon souvenir de Gianni et Lilla[1] ainsi que du reste de nos amis.

Un salut de tout cœur,
Maria

DÉC. 11, 14, 17, 21, 29	*Norma* BELLINI, dir. Antonino Votto	**MILAN** Teatro alla Scala

---

1. Lilla de Nobili, proche collaboratrice de Visconti, qui avait notamment créé tous les costumes de *Traviata* à la Scala.

1956

JANV. 1er, 5, 8	*Norma* BELLINI, dir. Antonino Votto	**MILAN** Teatro alla Scala
JANV. 19, 23, 26, 29 **FÉV.** 2, 5	*La Traviata* VERDI, dir. Carlo Maria Giulini, reprise de la mise en scène de Luchino Visconti	

A Rudolf Bing – *en italien*

Milan, 10 février 1956

Cher Monsieur,
Alors que je m'apprêtais à vous envoyer cette lettre j'ai reçu la vôtre à laquelle je voudrais immédiatement répondre pour vous tranquilliser sur les bruits qui courent à New York, des bruits inquiétants et pour autant évidemment puérils, pour ne pas dire pire, selon lesquels je ne viendrais pas l'an prochain, ou plutôt à l'ouverture de Votre prochaine saison, à New York. Je crois que Vous n'aurez certainement pas prêté l'oreille à ces bêtises, comme moi qui n'en tiens aucunement compte, malgré le fait que je reçoive de nombreuses lettres de personnes qui me demandent s'il est vrai que je ne viendrai pas au Metropolitan. Je ne peux imaginer d'où tout cela peut bien être parti, supposant cependant qu'il y a toujours des personnes malintentionnées qui pêchent en eaux troubles. Dans ce cas il n'y a rien à faire et rien à dire, poursuivons notre route qui est celle de nos accords et de notre parole. Dans mon télégramme je vous disais que

j'accède à votre prière d'avancer mon arrivée au 18 octobre. A mon tour maintenant de vous prier – et cela pour nulle autre raison que la plus grande tranquillité et efficacité dans notre travail – de bien vouloir déplacer ou exclure tout simplement les répétitions du matin pour moi. Merci !

Le procès [Bagarozy] suit son cours, je suis libérée des mains de certaines personnes de Chicago que pour le moment je qualifie seulement de déloyales. Nous continuons ainsi par voie de justice à mettre en pleine lumière ce qui est vrai et ce qui est faux dans les vaniteuses affirmations de celui qui n'a pas placé ne serait-ce qu'un centime dans ma carrière ou dans mon affirmation artistique, pas même la valeur d'un grain de sable. Les avocats qui en ce moment me défendent sont : Sidley, Austin, Burgess & Smith – II South La Salle St. Chicago. Dans ma prochaine lettre, que je vous enverrai sans tarder, vous trouverez les coordonnées d'une personne à New York dont vous pourrez obtenir toutes les informations que vous voulez et qui est le correspondant de mon avocat italien. Il n'est pas difficile pour une question d'argent de mener des actions d'ennuis et de nuisances contre moi à New York, comme cela a été fait inutilement à Chicago. Peut-être n'y aura-t-il pas besoin de prendre des mesures d'urgence, mais si cela était nécessaire nous en avons tout le temps et aussi les moyens.

Quoi qu'il en soit, quand notre excellent ami Bauer sera de retour, je me mettrai en contact avec lui pour résoudre toute chose qui pourrait survenir et solliciter une action de toute urgence. Et soyez totalement rassuré comme je le suis également. Ne voyez-vous pas à quel point les gens cherchent à me nuire ?

Sincère cordialité de ma part et celle de mon mari,
Bien à vous
Maria Meneghini Callas

FÉV. 16	*Il Barbiere di Siviglia* ROSSINI, dir. Carlo Maria Giulini	
FÉV. 18	*La Traviata* VERDI, dir. Carlo Maria Giulini	**MILAN** Teatro alla Scala
FÉV. 21	*Il Barbiere di Siviglia* ROSSINI, dir. Carlo Maria Giulini	
FÉV. 26	*La Traviata* VERDI, dir. Carlo Maria Giulini	

MARS 3, 6,	*Il Barbiere di Siviglia* ROSSINI, dir. Carlo Maria Giulini	
MARS 9	*La Traviata* VERDI, dir. Carlo Maria Giulini	**MILAN** Teatro alla Scala
MARS 15	*Il Barbiere di Siviglia* ROSSINI, dir. Carlo Maria Giulini	
MARS 22, 24, 27	*Lucia di Lammermoor* DONIZETTI, dir. Francesco Molinari-Pradelli	**NAPLES** Teatro San Carlo

A WALTER LEGGE – *en anglais*

Milan, 3 avril 1956

Cher Walter,
Enfin je trouve un peu de temps pour t'écrire. Je suis désolée que tu n'aies pas pu venir à Naples car j'ai chanté même mieux qu'à Berlin[1]. Malheureusement Karajan ne dirigeait pas et je n'arrive simplement pas à entendre cet opéra sans lui. Dis-lui qu'il me manque et que c'est dommage que nous ne travaillions plus ensemble, ne crois-tu pas ?

Ici les choses se passent comme d'habitude. Je me sens bien chez moi ici même si chaque représentation est un combat de taureaux ! Ils trouvent tous que ma voix s'améliore – je le sens aussi ! Serafin est furieux car tu ne fais pas appel à lui ni à son beau-fils. Je n'étais pas au courant d'ailleurs, et le problème est que [Mario] Rossi pense que c'est à cause de moi que son contrat n'a pas été renouvelé. Je suis désolée qu'il pense cela car ce n'est pas vrai, en ce qui le concerne, n'est-ce pas ? Comme tu l'as sans doute appris le Maggio Musicale [de Florence] ouvrira avec *Traviata* – Tebaldi & Serafin. Qu'est-ce que tu penses de ça ?

Quant à notre travail, on va essayer de faire tout ce qu'on peut, et aussi *Vestale* et *Sonnambula* en février. Walter, je dois être très vigilante sur les enregistrements car je ne peux avoir d'excuses pour quoi que ce soit. Pas avec la célébrité que j'ai. Essaye de comprendre

---

1. Allusion à une représentation de *Lucia di Lammermoor* à Berlin l'année précédente, dirigée par Karajan, devenue légendaire, grâce à l'enregistrement dit « pirate » qui a été préservé.

cela. S'il te plaît, écris-moi les précisions et toutes autres nouvelles. Au fait, *Parsifal* est reporté à plus tard ou l'an prochain. Aucun chef décent n'est libre. Quand je te verrai je t'expliquerai tout. C'est plutôt amusant avec Parafin [*sic*] !

Mon cher ami, embrasse Elisabeth [Schwartzkopf], et mes meilleures salutations à Karajan, et une grande accolade à toi, et quand viendras-tu ici ? On va faire encore six *Traviata*, imagine ! et juste avant, *Fedora*.

Webster[1] me supplie de faire *Traviata* en juin, bien sûr j'ai refusé car je devrai me reposer après Vienne[2].

Bien à toi
Maria

PS : Battista t'embrasse bien fort.

A RUDOLF BING – *en anglais*

Non datée (autour du 3 avril 1956)

Cher Mr. Bing,
Je trouve enfin un peu de temps pour répondre à votre lettre. J'ai été si occupée, et absente de Milan également – à Naples pour *Lucia*. Je voulais vous répondre avant mais j'attendais des nouvelles de mon procès, et l'unique nouvelle est que mes avocats réclament un non-lieu. Je vous autorise évidemment à demander à mes avocats toutes les informations que vous voudrez. Je vais leur écrire également. Bien sûr, ce Bagarozy a très mauvaise réputation, il a été inculpé à trois reprises pour fraude. J'espère bien que le juge verra à quel maître chanteur il a affaire et qu'il classera de nouveau l'affaire, définitivement cette fois. Ce genre d'individu est prêt à tout pour quelques dollars.

A présent, auriez-vous la gentillesse de me dire où il est mieux de se loger à N.Y. ? Pourriez-vous m'indiquer le meilleur endroit selon vous et le niveau de confort et le prix. Je vous en serais bien

---

1. David Webster, directeur du Royal Opera House à Londres.
2. Où elle donnait trois représentations de *Lucia di Lammermoor* sous la direction de Karajan.

obligée. J'aimerais avoir du confort mais que ça ne me coûte pas la peau comme on dit ici en Italie. Je me demandais si je pourrais trouver une secrétaire pour le temps que je passerai à N.Y. Il faudrait qu'elle parle aussi italien évidemment. Connaîtriez-vous une fille capable de faire ce travail précis ? Il s'agirait d'un vrai travail à plein temps.

Je change de page parce qu'on ne peut rien lire au verso, le papier est trop fin. Pardon pour cette façon bizarre d'écrire mais il est plus d'une heure du matin. Je n'ai pas sommeil et j'en profite pour vous écrire, donc excusez le manque de soin.

En ce qui concerne la télévision, je dois dire que j'ai beaucoup de réserves à ce sujet. D'ailleurs je n'y ai jamais rien fait à part quelques interviews et tout au plus chanté un seul air. Je déteste l'opéra fait sur petit écran par des gens sans le moindre goût. De ce que j'ai vu, en tout cas. Il va donc falloir que j'y réfléchisse très prudemment, et souvenez-vous, je ne chanterai rien en anglais. J'adore ma langue, mais pas en musique. En tout cas pour le moment. Quant aux deux *Lucia* supplémentaires, je crois que ça ne posera pas de problème. Tant que vous ne me demandez pas de chanter en alternance *Tosca* et *Lucia* – pour des raisons vocales. Bien entendu j'utiliserai mes propres costumes, n'est-ce pas ? En ce qui concerne *Norma*, est-ce l'ancienne production ou une nouvelle ? Et pour les autres ? Est-ce que N.Y. est impatient de m'entendre ? Que disent les gens ? Quel est l'idiot qui fait courir le bruit de ma non-venue ? A propos, Chicago me demande de les sauver en venant pour au moins 2 ou 3 *Lucia* – imaginez, après tous leurs sales coups. Vous êtes au courant bien sûr de leur scission.

Je serai heureuse de vous voir à Milan mais j'espère que ce sera un jour ou deux avant le 9 car nous irons à Vienne vers cette date, avec la Scala et Karajan. A propos, vous devez absolument venir à Vienne pour une des représentations – ce sera les 12, 14 et 16 juin.

Je crois vous avoir écrit toutes les nouvelles. J'espère vous voir bientôt et je compte sur votre venue à Vienne, mais d'abord ici à Milan. Mon seul programme en ce moment c'est *Traviata*. Nous en avons déjà donné quatre l'an dernier et 10 cette année, et nous allons encore en faire au moins six. C'est vraiment un record de nombre de représentations, n'est-ce pas ? J'aimerais que vous puissiez la voir et l'entendre. Cela en vaut vraiment la peine.

Bien, mon cher Mr. Bing, mes salutations les meilleures et mes amitiés à aussi tous nos amis en commun.
Sincèrement
Maria Meneghini Callas

PS : J'ai appris vos soucis avec mes collègues. J'en suis désolée.

AVRIL 5, 14, 18, 21, 25, 27, 29 **MAI** 6	*La Traviata* VERDI, dir. Carlo Maria Giulini	**MILAN** Teatro alla Scala
MAI 21, 23, 27, 30 **JUIN** 1ᵉʳ, 3	*Fedora* GIORDANO, dir. Gianandrea Gavazzeni	
JUIN 12, 14, 16	*Lucia di Lammermoor* DONIZETTI, la Scala en tournée, dir. Herbert von Karajan	**VIENNE** Staatsoper
AOÛT 3, 4, 6, 7, 8, 9	Enregistrement, *Il Trovatore* VERDI, dir. Herbert von Karajan	**MILAN** Teatro alla Scala
AOÛT 20 au 25 **SEPT.** 3, 4, 12	Enregistrement, *La Bohème* PUCCINI, dir. Antonino Votto	

DE FRANCO ZEFFIRELLI – *en italien*

Le 26 août 1956

Chère Maria,

Hier soir Marlene Dietrich, une de tes fameuses admiratrices, ne parlait que de toi. Elle disait que dans les hôpitaux américains ils jouent continuellement tes disques car ils ont découvert que ta voix fait du bien aux malades, leur donne la confiance, les calme, et les aide à guérir. Ce n'est pas une surprise ! Nous, nous l'avions compris depuis un moment déjà. Dietrich m'a aussi dit qu'elle avait réservé <u>sept mois</u> à l'avance sa place pour ton *opening night*[1] au Met, et elle a pu réussir à en avoir une, seulement grâce au fait qu'elle connaît bien Bing. Il est évident que ce soir-là tu auras non

---

1. Le soir de la première de *Norma* au Met.

un triomphe mais une apothéose ! Et cela aussi nous le savions depuis un moment.

Luchino [Visconti] est parti aujourd'hui pour Venise où sans doute vous vous verrez [lors du Festival]. Je suis désolé de ne pouvoir y être moi aussi, mais je ne vais pas réussir à m'échapper de Rome : j'ai quantité de projets et de propositions de travail auxquels je dois veiller de près, jour après jour.

Bien, je te laisse. J'espère que nous nous reverrons bientôt tous les trois à Milan, en attendant je t'embrasse affectueusement, et un salut affectueux à Battista.

Franco

29 octobre 1956, dans sa loge après la première de Norma *au Met, entourée de son mari et de Marlene Dietrich.*

| SEPT. du 4 au 12 | Enregistrement, *Un Ballo in Maschera* VERDI, dir. Antonino Votto | **MILAN** Teatro alla Scala |

A Nelly Failoni[1] – *en italien*

Milan, 19 septembre 1956

Chère Nelly,

Je te dérange pour une faveur de ton âme qui me connaît si bien. Comme tu le sais je suis en litige avec Bagarozy, qui prétendrait de moi des choses folles, racontant entre autres deux choses incroyables :

<u>Primo</u>, que j'ai été créée et instruite par sa femme et que lui a dépensé pas moins de $85 000 pour m'enseigner à chanter.

<u>Secondo</u>, qu'il a mis en place pour moi la saison de Chicago, mort-née comme tout le monde le sait bien, et toi encore plus que les autres.

J'aurais donc besoin d'une lettre de ta part exposant les choses qui concernent Bagarozy, que tu connais bien puisqu'on les a vécues ensemble avec l'inoubliable Maestro – ton mari. Je pars dans 15 jours pour l'Amérique et j'espère avoir de tes nouvelles.

Tant de salutations chaleureuses et embrasse Donatella[2] pour moi. Qui sait quand nous nous reverrons ?

Mon mari se joint à moi en salutations avec toute affection.

Ta toujours
Maria

SEPT. 27	Concert radiophonique, dir. Alfredo Simonetto • *La Vestale* « Tu che invoco » • *I Puritani* « La dama d'Arturo… Oh, vieni al tempio » • *Semiramide* « Bel raggio lusinghier » • *Amleto* « Ai vostri giochi… »	**MILAN** Studios de la RAI

Départ pour New York le 5 octobre

---

1. Epouse du chef d'orchestre Sergio Failoni.
2. Donatella Failoni, fille de Nelly, devenue pianiste réputée.

Couverture de Time Magazine, *29 octobre 1956. L'article cinglant du* Time *paraît le jour de la première au Met (Callas le découvre quelques heures avant d'entrer en scène). Le portrait qui est fait d'elle est à charge, rempli d'informations infondées et de rumeurs diverses. Les citations de Callas sont altérées, certaines même inventées, au profit de l'axe négatif de l'article, qui inclut par ailleurs un témoignage mensonger de sa mère, ouvrant leur conflit pour la première fois au public, dans le but d'obtenir l'attention (et surtout de l'argent) de sa fille.*

OCT. 29	*Norma* BELLINI, ouverture de la saison, dir. Fausto Cleva		**NEW YORK** Metropolitan Opera

MENSONGES DE L'ARTICLE DU *TIME*

En italien

1. Ce n'est pas vrai que je suis partie grosse de l'Amérique. J'ai grossi en Grèce après une cure d'œufs battus et un dysfonctionnement ganglionnaire que ma mère n'a pas eu la gentillesse de soigner.
2. J'ai passé un an seulement au Conservatoire national puis je suis passée au Conservatoire d'Athènes avec de Hidalgo.
3. Mensonges que je détestais tout le monde, pourquoi aurais-je dû ? Ce n'est pas vrai non plus qu'on ne m'aimait pas à l'école. Pure invention.
4. Nous n'avons jamais eu d'appartement « cheap » et si cela avait été le cas ma mère aurait eu honte de raconter une chose pareille, au détriment même de notre nom.
5. Ce n'est pas vrai que je mangeais du fromage. Je crois n'avoir jamais aimé le fromage, et en ce qui concerne les petits déjeuners je me souviens que j'arrivais à peine à descendre l'escalier de la maison car je partais le matin sans même un thé ou un morceau de pain.
6. La *Tosca* [à Athènes] fut mise en scène pour moi dès le début et d'ailleurs nous avons répété pendant plus de 3 mois. Dino Janopulos peut témoigner car il était le metteur en scène de l'opéra. Donc voilà tous les mensonges sur ma chemise déchirée et mon œil gonflé et le nez en sang de l'autre[1], et ce n'est pas vrai que les critiques en ont parlé excessivement bien. Ils n'en ont jamais parlé en bien.
7. Je suis restée en Amérique seulement d'octobre 1945 à la mi-juin 1947 donc même pas 2 ans, non que cela fasse une grande différence mais par précision.
8. Déjà en Amérique j'avais fait une cure pour maigrir et j'étais passée de 100 à 80 kilos et ensuite en Italie à 70 kilos. Précisément à l'époque de *Turandot*, et *Tristano*, *Norma*[2]. Après l'opération de

---

[1]. L'article raconte qu'elle s'est battue physiquement avec des collègues pour avoir le rôle.
[2]. En 1949.

l'appendicite j'ai grossi de 10 kilos et c'est ensuite seulement vers 1950-51 que j'ai grossi sans raison et c'est en fait le fameux ténia qui en était responsable[1].

9. Ce n'est pas vrai que je suis partie malheureuse et irritée d'Amérique car j'avais toutes les raisons d'être heureuse. J'avais un contrat pour la plus grande saison lyrique du monde à l'ouverture : les Arènes de Vérone pour *La Gioconda* avec Maestro Serafin.

10. Meneghini n'a jamais demandé à Serafin de préparer mes opéras. C'est le Maestro qui me les enseignait car il devait les faire avec moi.

11. Ridicule l'histoire des fleurs autour du lit.

12. Ce n'est pas vrai que Meneghini m'empêchait de chanter car s'il l'avait voulu j'aurais arrêté de chanter. Je n'ai jamais eu aucun démon qui me poussait, j'étais dans ce métier et je devais faire mon devoir.

13. Ridicule l'histoire de la Scala avec ma myopie, invention des habituels journalistes polémiques qui n'aiment pas que je sois à la Scala et écrivent de prétendues vraies citations de phrases que je n'ai jamais dites.

14. Ensuite la Scala ne m'a jamais rien proposé jusqu'à l'infortune de la Tebaldi. Ils m'ont demandé pour *Aida* à nouveau mais j'ai refusé car je n'étais pas dans le programme. C'est l'année suivante que je fus engagée pour l'ouverture de la saison avec *I Vespri*.

15. La Tebaldi n'a jamais été ma victime, c'est plutôt l'inverse.

16. Ce n'est pas vrai que je vis des conflits – je les déteste. Se défendre et sortir victorieuse n'est pas une faute, mais un bien. Cela ne veut pas dire que j'aime les batailles.

17. C'est vrai que ma mère me demandait de l'argent à cette époque et c'est vrai que j'ai refusé car deux mois auparavant j'avais payé (elle était avec moi à Mexico, à mes frais naturellement) près de mille dollars à l'Etat pour <u>mon</u> voyage de retour en Amérique depuis la <u>Grèce</u> et pour l'argent que j'avais emprunté à l'Etat, que naturellement j'avais donné à ma mère pour les dépenses de la maison, et après avoir acheté une fourrure 3/4 de vison (comme peut en témoigner le fourreur Hans de Mexico) et avoir donné mille dollars

---

[1]. Elle avait attrapé sans le savoir des parasites, probablement en mangeant de la viande crue. Une fois guérie, elle perdit du poids.

pour ses dépenses personnelles avec la promesse que cela devrait lui durer un an, j'ai vu qu'en réalité elle n'avait pas besoin d'argent puisqu'elle était restée avec mon père et avait mis de côté 1500 ou 2000 dollars!! Je suis partie de Mexico... car j'avais aussi restitué 750 dollars à mon parrain pour le voyage que j'avais payé pour ma mère de la Grèce vers l'Amérique. Et à ce moment-là je n'étais pas riche. Bien au contraire! Je ne voulais pas trop peser sur mon mari, car qui a la sensibilité comprendra que dans la première année d'un mariage on a honte de demander de l'argent à l'autre. Ensuite elle a voulu divorcer de mon père et c'est de ce moment-là que je me suis fâchée. A cet âge-là on ne divorce pas. Et pour comble elle a écrit des lettres offensantes à Battista.

18. Ce n'est pas vrai que j'ai éliminé Serafin des disques. C'est absurde de m'accuser de choses de ce genre.

19. Je n'ai jamais dit les phrases «Je comprends la haine et je respecte la vengeance», etc. Ce sont des phrases ridicules et qui ne correspondent pas à ma manière de m'exprimer. Je pourrais dire, et ils pourraient même me citer, que je déteste la vengeance ou qui la pratique et ne comprends absolument pas la haine. Ils ont cité une phrase qui n'a aucune signification, qui dit «Je comprends la haine, je respecte la vengeance. Tu dois te défendre. Tu dois être très très très forte. C'est cela qui te fait lutter». Cette prose n'a aucun sens.

20. Ce n'est pas vrai que j'essaye de sortir seule aux rappels. Tant de fois j'ai moi-même envoyé seuls pour les faire applaudir des collègues qui n'en avaient pas le droit, par exemple :
   1. Di Stefano dans *Lucia* première représentation à la Scala
   2. Infantino dans *Lucia* à Venise
   3. Del Monaco à sa dernière d'*Andrea Chenier* à la Scala.
Vous pouvez demander à ces trois-là et qu'ils osent mentir.

21. Ce n'est pas vrai que je fais tous ces massages avec les crèmes et huiles, etc., stupidités du genre, et peut en témoigner Elisabetta à N.Y. et Dora Bruschi ici!

22. Ce n'est pas vrai que je ne lave jamais mes gants. Et dois-je parler encore des gants blancs de la *Traviata*?

23. Ce n'est pas vrai que mon mari a dépensé une fortune pour ma carrière. Il a dépensé naturellement pour m'acheter des vêtements et des bijoux, mais on ne devient pas célèbre avec l'argent du mari.

24. Ce n'est pas vrai que j'ai dit cette phrase qui conclut l'article, c'est-à-dire après que j'ai dit (et ça je l'ai dit) «Les gens voudraient me voir tomber une fois» mais je n'ai pas dit ensuite «Eh bien je ne peux pas et je ne tomberai pas. Je ne donnerai jamais cette satisfaction à mes ennemis». Ce sont des phrases altérées et tournées différemment pour me faire paraître présomptueuse et sûre de moi. Et pourtant je suis pessimiste de nature.

NOV. 3, 7, 10	*Norma* BELLINI, ouverture de la saison dir. Fausto Cleva	**NEW YORK** Metropolitan Opera
NOV. 15, 19	*Tosca* PUCCINI, dir. Dimitri Mitropoulos	
NOV. 22	*Norma* BELLINI, dir. Fausto Cleva	
NOV. 25	*Tosca* (acte II) PUCCINI, transmission télévisée dir. Dimitri Mitropoulos	**NEW YORK** CBS Studio
NOV. 27	*Norma* BELLINI, dir. Fausto Cleva	**PHILADELPHIE** American Academy of Music
DÉC. 3, 14	*Lucia di Lammermoor* DONIZETTI, dir. Fausto Cleva	**NEW YORK** Metropolitan Opera
DÉC. 17	Concert, piano Theodore Schaefer • *Il Trovatore* «Vanne, lasciami… D'amor sull'ali rosee» • *Norma* «Casta diva» • *La Traviata* «Ah, fors'è lui… Sempre libera» • *Tosca* «Vissi d'arte» • *Lucia di Lammermoor* «Regnava nel silenzio»	**WASHINGTON** Ambassade d'Italie
DÉC. 19	*Lucia di Lammermoor* DONIZETTI, dir. Fausto Cleva	**NEW YORK** Metropolitan Opera

1957

A un destinataire inconnu[1]

Le bel canto est un lien parfait, un chant généreux et variable en style, c'est-à-dire Rossini, Bellini et Verdi – je ne parle pas de Mascagni et Puccini qui pour moi ne sont pas comparables aux trois premiers.
La voix doit être un instrument et se comporter en tant que tel.

JANV. 15	Concert caritatif pour l'Alliance française, dir. Fausto Cleva • *La Sonnambula* « Ah ! non credea mirarti » • *Dinorah* « Ombra leggera » • *Turandot,* « In questa reggia » • *Norma* « Casta diva » • *Il Trovatore* « Vanne, lasciami… D'amor sull'ali rosee » • *Lucia di Lammermoor* « Il dolce suono… »	**CHICAGO** Civic Opera
FÉV. 2	**Norma** BELLINI, dir. John Pritchard	**LONDRES** Royal Opera House

A Eugenio Gara[2] – *en italien*

Londres, 5 février 1957

Très cher Eugenio,
je ne peux que penser à toi dans ces grandes occasions, et je dis bien « grandes », car il s'agit vraiment de cela et je t'expliquerai pour-

---

1. Fragment de note manuscrite vraisemblablement écrite en 1957.
2. Critique musical italien et ami (Mémoires, p. 65).

quoi. C'est la troisième fois que je fais *Norma* ici, elle a énormément plu. Maintenant je fais 35 kilos de moins, ils devraient en être heureux, mais au lieu de me dire que j'ai été brave et courageuse on me le reproche. Les journaux racontent des tas d'âneries et il s'agit de battre un record, on dirait ! Comique, non ?

Eh bien, on a trouvé ma voix meilleure qu'avant, plus aisée et plus égale. Je l'ai senti aussi. Cher Eugenio, pourquoi suis-je – comme tu l'as déjà écrit – chaque fois soumise à l'épreuve ? C'est une usure des nerfs même si cela me maintient à coups de fouet.

Je n'ai rien d'autre à te raconter, sinon qu'il me tarde de rentrer chez moi, car sincèrement je n'en peux plus de tourner comme une toupie. Je serai chez moi vers le 14 ou 15 de ce mois – ensuite on fera ta bien-aimée *Sonnambula*. Jamais un cadeau ne fut autant apprécié que tes fleurs après la générale d'alors[1] ! Je ne l'oublierai jamais !!!

Cher ami, je t'embrasse affectueusement ainsi que ta chère Rosetta, et de la part de Battista aussi.

Toujours votre Maria

A LEO LERMANN – *en anglais*

Londres, Hôtel Savoy, 5 février 1957

Cher Leo,
Cela fait si longtemps que je n'ai pas eu de tes nouvelles. Ne m'aimes-tu plus ? Quelque autre soprano t'intéresse désormais ?

La dernière fois que je suis passée par New York je n'ai pas eu le temps de te voir et n'ai même pas réussi à te joindre au téléphone.

Tout s'est passé parfaitement bien depuis Chicago, c'est comme si l'allergie que j'ai eue à N.Y. m'avait guérie de quelque chose et je chante comme jamais, Dieu merci !

Ma Norma ici l'autre jour aurait été la fierté de tous mes admirateurs, toi le premier, cher Leo ! Je suis si heureuse ! Ils disent tous que je n'avais jamais fait une représentation de ce niveau jusqu'à présent. Demain c'est ma deuxième et dernière. Après ça j'enregistre le *Barbiere* jusqu'au 14 et ensuite j'enchaîne avec la Scala pour *Sonnambula*

---

1. En 1955 à la Scala.

le 23 février. Le 12 avril on a la première d'*Anna Bolena,* mon Dieu, et après *Ifigenia in Tauride* puis Vienne avec *Traviata* le 4 juin. Le 26 juin j'ouvre la saison radiophonique avec la transmission de *Lucia.* Et après autour du premier juillet, Cologne, en Allemagne, toujours avec la Scala. Puis quelques enregistrements de *Turandot* et *Manon* de Puccini, un peu de repos puis Edimbourg avec *Sonnambula,* San Francisco avec *Macbeth* et *Lucia,* l'ouverture de la Scala avec *Moïse* de Rossini et *Il Pirata* de Bellini et puis enfin New York si je suis encore en vie d'ici là !

Alors cher Leo, écris toutes tes nouvelles, et n'oublie pas ta chanteuse préférée si vite ! Ecris à propos de *Traviata* au Met et aussi à propos des costumes[1].

Toute mon amitié et affection, aussi de la part de Battista, cher Leo, et
Comme toujours
Maria

PS : dis à Marlene [Dietrich] que je trouve qu'elle est terrible avec moi. Elle aussi ne m'aime plus. Eh bien dis-lui que moi je l'aime, et que je l'admirerai toujours. Embrasse-la pour moi ! Et aussi de la part de Battista.

A WALTER CUMMINGS[2] – *en anglais*

Londres, Hôtel Savoy, 5 février 1957

Cher Walter,
Me voici à Londres, chantant plutôt bien, Dieu merci, nous avons terminé la première représentation magnifiquement, les critiques sont bonnes – j'aurais aimé que vous soyez là tous deux pour en profiter. Comment allez-vous tous à Chicago ? Comment va ton cher père et tes enfants et les amis et surtout ta si charmante Teedy ? J'aimerais que tu les embrasses tous pour moi, et y a-t-il des nouvelles

---
1. La nouvelle production créée pour Renata Tebaldi.
2. Son avocat de Chicago et ami, avec lequel elle entretiendra une longue correspondance des années durant.

pour nous, Walter[1] ? S'il y en a, tu me trouveras à Londres jusqu'au 14 et ensuite en Italie. Nous t'attendrons et j'étudierai attentivement le programme de ton voyage et j'étudierai mes dates pour voir si on peut arriver à passer un peu de temps ensemble.

Avec toutes les meilleures salutations de Battista
Maria

FÉV. 6	*Norma* BELLINI, dir. John Pritchard	**LONDRES** Royal Opera House
FÉV. du 7 au 9 du 11 au 14	Enregistrement, *Il Barbiere di Siviglia* ROSSINI, dir. Alceo Galliera	**LONDRES** Kingsway Hall

A JOHN ROBINSON[2] – *en anglais*

Londres, Hôtel Savoy, 7 février 1957

Cher John,

Laisse ton téléphone, j'aimerais que tu viennes me voir même pour quelques minutes.

Merci pour ta gentille pensée et tes magnifiques éloges. Tu n'imagines pas ce que ça représente après des années de travail comme une folle pour m'améliorer, d'avoir enfin des personnes comme toi, qui m'ont entendue si souvent et si bien, trouver que je me suis améliorée !

Alors laisse tes chiffres, et je t'appelle dès que je peux.

Bye bye et merci de la part de Maria

A cette période, elle termine de dicter ses premiers mémoires (1923-1957), ce qui suit n'y est donc plus évoqué.		
MARS 2	*La Sonnambula* BELLINI, dir. Antonino Votto	**MILAN** Teatro alla Scala
MARS du 3 au 6 8, 9	Enregistrement, *La Sonnambula* BELLINI, dir. Antonino Votto	**MILAN** Basilica di Santa Eufemia

---

1. A propos du procès Bagarozy, toujours en cours.
2. Directeur du département classique de la maison de disques EMI.

A Rudolf Bing – *en anglais*

Milan, 3 mars 1957

Cher Mr. Bing,

Pardonnez-moi s'il vous plaît de ne pas vous avoir répondu plus tôt. Avant tout, pardon pour le soir où vous nous avez si aimablement invités dans votre loge. Nous avions demandé à un de nos amis de vous téléphoner dès son retour à N.Y. (le lendemain du concert à Chicago) et je suppose qu'il a dû oublier ou quelque chose comme ça. Ce qui confirme bien sûr ce que je dis toujours – qu'il faut tout faire soi-même et ne jamais faire confiance à quelqu'un d'autre.

Je vous remercie également pour vos compliments à propos de Londres. Je suis désolée que vous n'ayez pas eu ces représentations. J'essaie encore de découvrir ce qui s'est passé à New York ! Je regrette seulement de n'avoir pu vous offrir personnellement ce qu'ont les autres salles. L'an prochain, j'espère. Hier j'ai chanté ma première représentation à la Scala. Cela s'est passé à merveille, même si je dois dire que j'étais mal à l'aise car il y avait une telle attente, mais je dois dire que cela s'est passé magnifiquement. Voyez-vous j'étais mal à l'aise car j'avais chanté cet opéra il y a deux ans avec un grand succès, et devoir répéter un succès est une chose que je n'aime pas. Je suis vraiment une pessimiste, non ? Je vais continuer sur une nouvelle feuille car vous ne pouvez pas bien lire.

Comme je le disais, *Sonnambula* est très difficile aussi parce qu'on doit tellement se contrôler soi-même et chanter très doucement tout du long. Je regrette que vous manquiez ces belles représentations, vous les adoreriez et les apprécieriez plus que bien des gens.

Quant à Larry Kelly[1] et autres rumeurs – ne vous inquiétez pas –, on m'a proposé *Medea* mais comme vous le savez mieux que personne, je suis terriblement occupée, et plutôt prudente au sujet des contrats.

---

1. Ancien directeur artistique de l'Opéra de Chicago, devenu depuis celui de l'Opéra de Dallas, qui espérait ouvrir la saison suivante avec Callas dans le rôle de Médée et de la Traviata.

Je vous félicite pour le succès de *Traviata*. A propos, pensez-vous que je devrais porter ces (vos) costumes ou les miens ? Selon moi, il faudrait en fabriquer de nouveaux (je suis trop mince). Mon costume du premier acte est un tulle vaporeux gris pâle et rose. Le second acte est une veste épaisse en taffetas gris-bleu avec un chemisier, je n'arrive pas à bien expliquer. Il faut que je fasse prendre des photos pour vous les envoyer. Le troisième acte est un velours vert avec du tulle noir et vert et des broderies dorées. Le dernier acte, l'habituelle robe de chambre unie sur fond de velours rouge. Quant aux opéras, si vous avez d'autres suggestions, je suis prête à changer. Avec quel opéra devrais-je commencer ? Quant à la Tournée, quand aurait-elle lieu, où allez-vous et quel montant prévoyez-vous ?

Quand allez-vous venir en Europe ? Pensez-vous être à Vienne pour notre *Traviata* avec Maestro Karajan et la mise en scène de Visconti ? Ce sera, je crois, le 4 juin, et jusqu'au 20 ou 21 juin. Si vous me dites que vous pouvez venir, je m'occuperai de vos billets, vous serez bien sûr mes invités, le soir qui vous plaira. Je vous indiquerai les dates exactes.

Cher Mr. Bing, je vous dis *au revoir* à présent, pardonnez-moi encore s'il vous plaît d'être une correspondante si paresseuse. Mes amitiés à votre épouse et votre cher bébé[1]. Mon bébé Toy[2] va très bien !

Mon bon souvenir à nos amis communs et à vous, toute toute mon amitié

Maria

MARS	*La Sonnambula* BELLINI, dir. Antonino Votto	MILAN
7, 10, 12, 17	reprise de la mise en scène de Luchino Visconti	Teatro alla Scala

---

1. Son chien adoré, un teckel qui était toujours avec lui.
2. Son petit caniche noir qu'elle adorait et qui voyageait partout avec elle.

A Leo Lerman – *en anglais*

16 mars 1957

Cher Leo,
Merci pour ta lettre <u>enfin</u>, et merci pour les nouvelles. Je me disais bien que ça ne pouvait pas être autrement, on a tous entendu sa *Traviata* même quand elle était en voix[1]. Ecris davantage de nouvelles. Tu me manques beaucoup cher Leo. Tu es une personne si chère et un ami si cher. Je suis désolée que tu manques ces jolies représentations, comme Londres et ici [Milan]. Le public était en folie et grâce à Dieu toute la mauvaise presse s'est calmée. Probablement ils ont trop exagéré et les gens ont compris.
Quand viens-tu ici ? S'il te plaît écris.
Très affectueusement
Maria & Battista

MARS 17, 20	*La Sonnambula* BELLINI, dir. Antonino Votto	MILAN Teatro alla Scala

A Rudolf Bing – *en anglais*

6 avril 1957

Cher Rudolf,
Je vous envoie ce contrat avec notre ami Dario Soria, et j'y joins mes meilleurs sentiments. Dès que j'aurai commencé mon *Anna Bolena* je vous écrirai plus en détail, alors excusez la brièveté de cette note.
J'espère vous voir à Milan, quand venez-vous ? Puisque je ne vais plus à Vienne[2] je vais sans doute me reposer. Dites-moi votre programme afin que nous ne nous rations pas et à cette occasion nous déciderons de tous les détails et d'une éventuelle tournée si c'est possible.
Avec toute mon amitié
Maria

---
1. A propos de Renata Tebaldi dans la nouvelle production de *La Traviata* au Met la même année.
2. Explications à venir dans la lettre ouverte du 4 novembre 1957.

AVRIL 14, 17, 20, 24, 27, 30 **MAI** 5	*Anna Bolena* DONIZETTI, dir. Gianandrea Gavazzeni mise en scène de Luchino Visconti	**MILAN** Teatro alla Scala
JUIN 1er, 3, 5, 10	*Ifigenia in Tauride* GLUCK, dir. Nino Sanzogno, mise en scène de Luchino Visconti	
JUIN 19	Concert, dir. Rudolf Moralt • *La Traviata* « Ah, fors'è lui… Sempre libera » • *Lucia di Lammermoor* « Il dolce suono… Spargi d'amaro pianto »	**ZÜRICH** Tonhalle
JUIN 26	Concert radiophonique, *Lucia di Lammermoor* DONIZETTI dir. Tullio Serafin	**ROME** Studios de la RAI
JUILLET 4, 6	*La Sonnambula* BELLINI, la Scala en tournée, dir. Antonino Votto	**COLOGNE** Großes Haus
JUILLET du 9 au 15	Enregistrement, *Turandot* PUCCINI, dir. Tullio Serafin	**MILAN** Teatro alla Scala
JUILLET du 18 au 27	Enregistrement, *Manon Lescaut* PUCCINI, dir. Tullio Serafin	

A LADY CROSFIELD – *en anglais*

Athènes, 30 juillet 1957

Ma chère Lady Crosfield[1],
Je vous écris pour vous demander de m'excuser si je ne viens pas ce soir. Voyez-vous le Maestro et moi avons une répétition à 18h30 qui se terminera assez tard (c'est la première que nous aurons) et je dois vraiment aller au lit tôt et essayer de parler le moins possible car nous avons deux répétitions demain, une le matin et l'autre le soir. Je suis certaine que vous comprendrez. Et si vous voulez toujours de moi après le concert je serai très heureuse de venir et d'être parmi vous. Je vous appellerai demain pour fixer une date.

---

1. Domini Crosfield, femme politique britannique appartenant au Parti libéral, joueuse de tennis, et bienfaitrice du monde musical et des relations anglo-grecques.

Ma chère, vous voyez j'essaye de faire tout mon possible pour donner ce concert de mon mieux – et je suis vraiment fatiguée.
Toute mon amitié comme toujours
Maria

D'ATHINA SPANOUDI[1] – *en grec*

Athènes, 2 août 1957

Monsieur le directeur,
Etant donné qu'aux *Nouvelles de théâtre*, votre journal avec lequel j'ai des liens sacrés, il y eut hier une référence à mon nom, parmi les personnes qui ont assisté à la répétition de Maria Meneghini Callas, et comme dans la même colonne il était écrit : « Des informations exclusives et fiables de notre journal confirment que la "maladie inattendue" de Maria Meneghini Callas est absolument fausse, et qu'elle a été inventée par le comité du Festival afin de justifier l'annulation du récital d'hier de Callas », je me sens obligée de déclarer ce qui suit.
La grande protagoniste grecque – absente de sa patrie pendant douze ans – est soumise, naturellement plus que tous, à l'épreuve de la chaleur épouvantable des derniers jours. Dès le premier jour de son arrivée elle s'est plainte de la sécheresse de sa gorge – vous savez qu'elle est maintenant habituée aux climats beaucoup plus humides. Mercredi matin donc, elle m'a téléphoné pour me dire qu'elle irait prendre les conseils d'un illustre laryngologue. Dans l'après-midi elle m'a appelée de nouveau pour m'informer que le médecin a constaté une légère irritation de ses cordes, ce qui serait voué à influencer sa performance vocale. C'est pourquoi elle m'a suppliée d'assister à sa répétition du soir. Elle a chanté dans le théâtre d'Hérode Atticus l'extrêmement difficile scène de folie d'Ophélie, de l'opéra *Hamlet* de [Ambroise] Thomas, et elle a constaté tout de suite que sa gorge ne « répondait » pas, selon sa propre expression, aux vastes exigences techniques de cette aria. Au même moment, nous aussi avons constaté un léger enrouement qui était évident dans les « vocalises » éblouissantes qui se suspendent aux notes finales de cette pièce,

---

1. Une journaliste grecque.

écrite pour le « registre » des sopranos légères et pour lesquelles on sait tous qu'une clarté cristalline est nécessaire.

Maria Meneghini Callas nous a exprimé sa volonté d'obtenir un report de son premier concert et, afin de justifier cette volonté, elle a elle-même répété l'air d'Ophélie à cause de sa propre conscience trop exigeante. Ensuite elle a déclaré qu'elle devait arrêter la répétition, pour éviter d'irriter sa gorge encore plus. Sa professeur même, Mme de Hidalgo, lui a dit qu'elle la trouve « roca » [rauque] – qui en italien veut dire plus qu'enrouée ! C'est vrai que la grande protagoniste a quitté le théâtre ce soir-là, ayant pris la décision de supplier le comité du Festival de reporter pour quelques jours, juste le temps que sa gorge retrouve son état absolument normal, son premier concert.

Permettez-moi d'ajouter que Maria Meneghini Callas est aujourd'hui un être unique pour notre époque – une époque si inadaptée à regarder la beauté –, un être enflammé exclusivement par le souffle irrépressible de l'art. Elle prouve avec fierté dans chaque représentation qu'elle a – même si elle est si jeune encore – une conscience absolue de sa haute destinée. Cette destinée l'oblige maintenant à nous offrir la magie du rêve et les frissons de la beauté avec les éclats de son chant divin, qui enchante depuis quelques années toutes les capitales musicales du monde. Vos lecteurs doivent, je crois, être informés – et d'une façon véritablement fiable cette fois-ci – que le report de son concert est dû exclusivement au fait que Maria Meneghini Callas, avec cette conscience artistique si stricte, veut de tout son cœur être entendue par le public de son pays dans la plus grande intégrité de sa performance non seulement artistique mais aussi vocale. Donc, il n'y a aucun doute que lundi prochain l'excellence de son art, qui s'élève au-dessus des vains débats des simples mortels, va unifier les opposants à sa personne avec ses admirateurs les plus passionnés. Car Maria Meneghini Callas est, pour le monde entier, une chanteuse grecque et car – comme le grand Romain Rolland l'a écrit : « La musique est la dernière religion de l'humanité. Ne frappez pas ses dieux... »

Je vous remercie pour votre accueil
Athina Spanoudi[1]

---

1. La copie carbone de cette lettre a été retrouvée parmi les archives personnelles de Maria Callas.

Athènes, août 1957, avec Elvira de Hidalgo, pendant les répétitions du concert.

AOÛT 5	Concert, dir. Antonino Votto • *Il Trovatore* «Vanne, lasciami… D'amor sull'ali rosee» • *La Forza del Destino* «Pace, pace, mio Dio!» • *Tristano e Isotta* «Dolce e calmo» • *Lucia di Lammermoor* «Regnava nel silenzio» • *Amleto* «Ai vostri giochi…» Bis • *Amleto* «Ed ora a voi canterò una canzon»	**ATHÈNES** Théâtre en plein air Hérode Atticus

LETTRE OUVERTE[1]

En italien

Avant de quitter la Grèce, je souhaite faire par voie de presse les déclarations suivantes :

1. Je suis fière et orgueilleuse d'avoir porté dans le monde entier le nom de la Grèce à travers le don du chant que la Providence m'a donné.

2. Je ne suis faite ni pour les insinuations vulgaires, ni pour les

---

1. Non datée, probablement le 7 ou 8 août 1957.

campagnes de bas étage, ni pour les scabreuses spéculations. Les questions politiques doivent être traitées par les politiques dans leurs lieux respectifs, les questions familiales se tiennent dans les consciences et se traitent à l'intérieur des murs de la maison – dans la pudeur et la dignité si cela existe.

3. Au début de cette année j'ai été priée et suppliée par Messieurs Joannidis et Mamakis de participer au Festival d'Athènes. J'ai fermement refusé car je manquais absolument de temps, étant toute l'année totalement absorbée par des engagements et des contrats. Il existait seulement une fenêtre de quelques jours au tout début d'août, entre les enregistrements à la Scala et le Festival d'Edimbourg. Lesdits messieurs ont tant fait et supplié que je me suis résignée à renoncer à un très maigre repos pour venir au Festival d'Athènes.

4. Lors de la signature du contrat, j'avais dit, avec mon mari, que j'avais l'intention de faire don à la charité grecque de l'intégralité de mon cachet. Lesdits messieurs refusèrent d'accéder à ma proposition, soutenant que le Festival n'avait besoin ni de subventions ni de charité. J'allais donc confidentiellement par la suite, sans inattendues et absurdes pressions, obéir à ma conscience de la façon la plus juste et appropriée, étant libre, comme nous le sommes tous et comme nous le voulons tous, de disposer librement.

5. La question du cachet est une question essentiellement personnelle et commerciale, et personne n'a le droit de s'immiscer dans les affaires d'autrui. Un contrat, on l'accepte ou on ne l'accepte pas : personne n'impose aux autres de signer un contrat. Mais une fois signé, un contrat est une chose ~~inévitable~~ [sic] inviolable et inattaquable. Dans mon cas, je n'ai certes pas employé la force pour obtenir la signature du contrat qui me liait au Festival d'Athènes dans une atmosphère qu'il était logique de supposer tranquille et sereine. Mais tous ceux qui veulent, à tout prix et à chaque moment, pêcher en eaux troubles, devraient ou plutôt auraient dû, avec prudence et honnêteté, examiner mon intervention au Festival d'Athènes également d'un point de vue de rentabilité économique, ce qu'ils font semblant d'ignorer totalement. Ils auraient constaté que les prix fixés pour mon concert, comparés aux prix des autres spectacles, produisaient des entrées <u>nettes</u> bien supérieures et d'un indéniable bénéfice à l'administration du Festival. Qu'est-ce qu'on voulait et qu'est-ce qu'on veut de plus ? Mais il n'est pas question ici de rester sur le

terrain de la logique ou du raisonnement : il s'agit ici de parti pris et d'une volonté de dire du mal coûte que coûte. Mais laissons donc dire, piétiner, déverser, et offenser même : les offenses subissent elles aussi la loi de la gravité.

6. Une fois terminés mes enregistrements à la Scala, le 27 juillet, avant mon départ pour Athènes le 28, me sentant éprouvée par un effort continu afin de remplir tous mes engagements, j'ai voulu consulter un médecin spécialiste, le docteur Arnaldo Semeraso, Monte Napoleone 5, Milan. Celui-ci a conclu qu'au vu de ma condition physique et l'état de mon organisme, il avait le devoir de m'obliger à prendre au moins un mois de repos absolu, me défendant de partir pour la Grèce.

7. A Athènes, outre me trouver dans un climat différent de celui de Milan dont j'ai l'habitude, pour lequel il était nécessaire d'avoir une période d'acclimatation et d'adaptation de l'organisme, je trouvai de surcroît une chaleur encore plus implacable qu'en Italie, un air sec et âcre et un vent impétueux incessant. Autant de choses – comme le saura quiconque connaissant un peu la gorge et le chant – qui sont des coups de poing aux forces et à la résistance des pauvres chanteurs, si mal observés et tout aussi mal jugés par ceux qui se posent en critiques et savants. Ajoutons à cela qu'au très accueillant hôtel où je loge, je suis au dernier étage, davantage exposé au vent et au milieu d'un chantier de démolition et construction. Sans même parler du bruit éprouvant, Dieu sait, et ceux qui chantent le savent aussi, ce que signifie pour la gorge toute cette poussière incessante que le vent emmène partout et fait entrer dans la gorge et dans les poumons.

8. La veille de la représentation j'ai par précaution consulté un spécialiste, le docteur Kotzaridas, qui a trouvé l'appareil vocal en bon état, bien qu'une corde vocale fût un peu irritée. Mais la répétition du matin et encore plus celle de la veille du spectacle m'avertirent que ma gorge et ma voix ne répondaient pas pleinement ni comme d'habitude. La chaleur, la sécheresse, le vent, la poussière avaient probablement entamé mes possibilités vocales qui se manifestaient avec une évidente difficulté : une difficulté qui ne pouvait pas me permettre de chanter comme j'ai l'habitude de le faire, et le devoir de le faire, par respect de soi-même, de son propre nom et du public. J'ai averti de tout cela le matin du premier août la Direction du Festival qui aurait dû prendre toutes les mesures de son ressort et en avertir le public. Ce qui évidemment n'a pas été fait, si tant

est qu'à vingt heures ce jour-là, c'est-à-dire peu avant le début de la représentation, on m'a suppliée de chanter. Naturellement tout cela ne pouvait pas me faire changer la décision que j'avais par nécessité prise avec grande tristesse et souffrance. Car il serait facile pour un artiste qui est depuis des décennies sur les planches du monde entier de compter sur la compréhension du public et de se fier aux astuces permettant de cacher ou rendre moins évidentes les imperfections vocales momentanées et empocher de la même façon son cachet. Mais pour moi cela n'aurait été ni juste ni honnête et je ne me prêterai jamais, quoi qu'il arrive, à paraître devant le public, pour quelque intérêt, dans de mauvaises conditions physiques.

9. En ce qui concerne les actes très vulgaires qui ont été accomplis ou les mots idiots dits par des personnes innommables, la méchanceté de certains autres, les lamentations de ceux qui découvrent aujourd'hui, seulement aujourd'hui, être de ma famille ou mes prétendus bienfaiteurs, ou mes soi-disant instructeurs ne prévoyant rien de moins que là où j'en suis arrivée, me soignant la gorge avec des œufs frais, à tous ceux qui sont mécontents ou insatisfaits ou juste de mauvaise foi je dis que je n'ai rien à leur dire. Que chacun examine sa propre conscience et en reçoive les réponses. Cela étant et ayant affirmé n'avoir rien à dire je suppose que certains d'entre vous voudraient me poser d'autres questions et il y en aurait une sans aucun doute qui concerne ma mère et ma sœur aînée de cinq ans de plus que moi, puisqu'elle est née le 4 juin 1918, malgré le fait qu'une certaine presse, toujours bien informée, écrit qu'elle est ma cadette. C'est douloureux et cela ne devrait pas être permis de laver son linge sale en public et je ne sais pas pourquoi la presse aime tellement cela et agite des questions de caractère absolument privé, et moi par conséquent je m'oppose à cela et aux ragots insensés. Que ma mère se tourne vers le chef de notre Famille qui vit depuis des années en Amérique. Il a la faculté, le droit et l'obligation d'intervenir et de disposer selon justice et équité. Que ma sœur en fasse autant.

Une autre question que l'on me poserait – bien sûr la plus intéressante de toutes et celle qui pourra intéresser le plus le public, est celle qui concerne ma carrière et ma préparation à celle-ci. Mais sur ce sujet celle qui parlera mieux que moi c'est ma Professeur, ma très chère et célèbre Maestra qui m'a tout donné : Madame Elvira de Hidalgo ici présente.

| AOÛT
19, 21, 26, 29 | ***La Sonnambula*** BELLINI, la Scala en tournée,
dir. Antonino Votto | EDIMBOURG
King's Theatre |

Le 3 septembre, Callas est remplacée par Renata Scotto (voir pages suivantes)

Août 1957, à Edimbourg, avec des admirateurs après une représentation de La Sonnambula.

A ELVIRA DE HIDALGO – *en italien*

Milan, 1ᵉʳ septembre 1957

Très chère Elvira,
Me voici ici [à Milan] de retour d'Edimbourg, de cet horrible pays froid et moche, mais où j'ai eu des gratifications remarquables, sans pareilles. Vois-tu, même s'il faisait froid et venteux et moche, il faisait aussi très humide et moi qui ai besoin d'humidité j'ai bien chanté.

Maintenant je suis ici [à Milan] pour enregistrer la *Medea* avec la Scala et la maison Ricordi[1]. Je vais ensuite à Venise où Elsa Maxwell[2] organise en mon honneur une fête que je ne peux pas manquer. Par ailleurs je dois abandonner San Francisco[3] car j'ai peur de ne pas tenir cet hiver si j'y vais. Les médecins m'avaient déjà, des mois avant la Grèce, prescrit du repos, y compris pour les nerfs.

Tu vois que, où que j'aille, il y a des « réjouissances ». Désormais il y a un nouveau scandale pour la cinquième représentation d'Edimbourg. Ils disent que j'ai posé un lapin aux Anglais, etc. Alors qu'en vérité c'est une embrouille de la Scala. Depuis le mois de mars déjà j'avais prévenu que je ne resterais pas après le 30 août[4], car j'avais San Francisco et je devais partir le 18 septembre, donc évidemment j'avais besoin de quelques jours de préparation et aussi pour la Fête de Venise qui était déjà prévue depuis longtemps. Pour sauver la Scala d'un éventuel procès j'ai été forcée de déclarer que j'étais souffrante, évidemment personne n'y a cru car j'avais trop chanté pour être malade. En somme toujours le scandale – c'est mon destin ! Tu dis que c'est tant mieux, n'est-ce pas ? Parler même en mal, pourvu qu'ils parlent !

Je n'ai pas d'autres nouvelles si ce n'est que je voudrais rester à bavarder tranquillement et beaucoup avec toi. Qui sait si tu ne ferais pas un petit séjour ici cet hiver. J'en serais heureuse, Elvira. Je voudrais tant que toi, qui saurais plus que quiconque m'admirer et m'apprécier, tu me voies au théâtre, sur scène, dans ce cadre unique qu'est la Scala.

Ecris-moi et aime-moi autant que je t'aime, je t'embrasse affectueusement et un baiser de ta Maria.

---

1. EMI n'était pas intéressé par l'enregistrement de cet opéra.
2. Célèbre chroniqueuse, journaliste et grande mondaine, elle sera à l'origine de la première rencontre entre Maria et Onassis, sur la plage de Venise, quelques jours plus tard.
3. Elle devait y chanter *Lucia di Lammermoor* pour l'ouverture de la saison le 27 septembre, puis *Macbeth*.
4. Lendemain de la quatrième représentation.

L'immense bal masqué organisé par Elsa Maxwell le 5 septembre à Venise, à peine quelques jours après Edimbourg, montrant une Callas joyeuse et chantant « Stormy Weather » accompagnée de Maxwell au piano, sema encore plus le trouble dans la presse et l'opinion publique, qui fit un amalgame en résumant : « Callas, capricieuse, annule Edimbourg pour aller faire la fête à Venise. » Un nouveau scandale basé sur un mensonge de la Scala. Et dans ce climat déjà tendu allait arriver deux jours plus tard l'annonce de l'annulation de San Francisco, qui entérina définitivement cette réputation sulfureuse, préparant un terrain explosif pour le drame de Rome quatre mois plus tard.

Avec Meneghini, Onassis et Elsa Maxwell, lors d'un déjeuner sur la plage du Lido au lendemain du bal.

SEPT. du 14 au 19	Enregistrement, *Medea* CHERUBINI, dir. Tullio Serafin	**MILAN** Teatro alla Scala

A RUDOLF BING – *en anglais*

30 septembre 1957

Cher Rudolf,
Juste quelques lignes car je suis au lit malade avec cette horrible grippe asiatique. Imaginez dans quel état je serai en me levant – que

peau et os – une vraie *Traviata* (touchons du bois seulement en apparence). Quant à San Francisco, j'ai été choquée de voir que de telles personnes existent. Est-il possible qu'un artiste ne soit jamais malade ? Doit-on être au lit mourants pour qu'on nous croie ? Quoi qu'il en soit, l'AGMA[1] a tous les documents [à l'appui] et je n'ai aucune crainte. La vérité gagne toujours. Je vous remercie de votre attention et bien sûr je me rends compte que je suis toujours, pour une raison ou une autre, attaquée, et je ne sais vraiment pas pourquoi. J'imagine que c'est mon destin.

Quoi qu'il en soit, je fais vraiment de mon mieux pour nos prochaines représentations au Met. J'attends les croquis de mes costumes pour *Traviata*. Je me demande si le rouge ou le noir serait mieux pour le 3ᵉ acte. Qu'en pensez-vous ?

On se verra probablement en novembre pour mon procès [Bagarozy], seulement gardez cela secret (si tant est que quoi que ce soit à mon sujet puisse rester secret). Je crains de devoir m'arrêter maintenant car écrire me fatigue à cause de la fièvre. J'ai des vertiges et je ne comprends pas bien ce que j'écris. Dès que je saurai la date de mon arrivée je vous en informerai, et en attendant mes amitiés à votre « enfant[2] » et chère épouse. Mes « enfants[3] » vont bien.

Amitiés
Maria

---

1. American Guild of Musical Artists, l'organisation saisie par l'Opéra de San Francisco après l'annulation des représentations de Callas. Quelques mois plus tard, l'AGMA jugea que Callas avait en effet enfreint son contrat en ne venant pas à San Francisco, mais accorda néanmoins des « circonstances atténuantes », son état de santé précaire, au vu de l'important dossier médical présenté par les avocats. La plainte fut classée sans suite, mais toute l'affaire contribua, une fois de plus – après Chicago, Athènes et Edimbourg –, à sa réputation, totalement infondée, de personne capricieuse et scandaleuse, aux yeux de la presse et d'une partie du public. Cet épisode fragilisa d'autant plus sa relation, déjà compliquée, avec Bing et le Met.
2. Son teckel.
3. Ses caniches Toy et Tea.

A Charles Johnson[1] – *en anglais*

Milan, 30 septembre 1957

Cher Charles Johnson,
Merci de m'aduler. Et je vous en prie, ne soyez pas désolé de m'avoir défendue. Il y a un défaut en moi, c'est l'honnêteté. Je suppose qu'il existe très peu de créatures honnêtes dans ce monde méchant. Je suis plutôt malade en ce moment, j'ai attrapé la fièvre asiatique. Donc j'écris ces quelques lignes de mon lit avec de la fièvre et tout ce qui va avec la grippe.
Je suis mortifiée de la façon dont j'ai été traitée par San Francisco et la diffamation de mon nom. C'est mon destin qu'on me donne la gloire en même temps que des coups incessants et des insultes. Je suis désolée mais je ne sais pas quoi faire.
L'année prochaine je dédirai beaucoup plus de temps à l'Amérique. Je vous le promets.
Maria Meneghini Callas

PS : Je n'ai pas refusé de chanter pour vous. Maintenant vous vous rendez compte que S.F. [San Francisco] a raconté des mensonges !? J'ai dû annuler car j'étais malade. Ne croyez pas toutes les bêtises qu'écrivent les journaux !

De George Callas – *en grec*

7 octobre 1957

Mes chers enfants Maria et Battista,
J'ai bien reçu vos lettres. Je suis content de tous les succès de Maria en Grèce, Allemagne et Ecosse. Mais je suis navré d'apprendre les problèmes de santé de notre Mary. Je suis sûr que toi Mary et toi

---

1. Admirateur et fondateur de BJR, un label artisanal réunissant trois amis new-yorkais, qui fabriquèrent les premiers vinyles, dits « pirates », enregistrements pris sur le vif, que Callas elle-même collectionnait – les seuls qu'elle continua d'écouter à la fin de sa vie.

Battista comprenez que la chose la plus importante dans la vie est de préserver la santé. Et si on en prend soin tout est humainement possible. Mais si on perd la santé c'est irrécupérable. Je suis très heureux avec ta dernière décision de donner plus d'attention à ta santé d'abord et tes affaires après.

Ma Mary, j'ai tardé à te répondre car j'attendais d'un jour à l'autre des nouvelles de nos « grands travailleurs » mère et fille, où elles sont et ce qu'elles font. Récemment j'ai appris que Jackie est retournée en Grèce après 3-4 semaines qu'elle a passées ici. Ce qu'elle a fait ici, je ne l'ai pas appris. Elle a raconté dans la maison où elle logeait, où ta mère vit toujours, qu'elle est allée passer une audition et qu'elle n'a pas aimé cela, et c'est pourquoi elle est repartie. Quant à la mère, elle va partir dans 2 semaines et malheureusement elle est encore là. Si j'apprends qu'elle part je t'écrirai immédiatement, je la surveille.

Ma Mary, il y a 2 semaines l'avocat Seroni a appelé et a pris ma déclaration à propos de ta mère, que je t'envoie pour que tu saches ce que j'ai dit la semaine dernière.

Maxwell [Elsa] m'a invité à son appartement et nous avons parlé pendant une heure d'un tas de choses et en particulier de toi, des fêtes qu'elle t'avait organisées, etc. Note Mary que j'ai obtenu le divorce de ta mère depuis février dernier.

Je t'envoie le rouge à lèvres que tu m'as demandé. Je ne sais pas si c'est la couleur que tu voulais, car tu ne m'as pas écrit quelle couleur tu voulais.

J'attends une lettre à propos de ta santé. Renvoie-moi la déclaration ne la perds pas. J'attends ta lettre. Je vous embrasse tous deux.

Votre papa, George

A Walter Cummings – *en anglais*

Milan, 13 octobre 1957

Cher Walter,
Seulement quelques lignes pour te dire bonjour et te demander de clarifier certaines choses pour moi. Tout d'abord et la plus importante, je dois savoir à propos de N.Y. si je dois venir ou pas, et quand aura lieu le procès [Bagarozy] ? S'il sera reporté et si oui à quand ?

Walter, je dois connaître ma vie future car je travaille et bien sûr je ne suis pas citoyenne américaine, donc on ne peut pas exiger que je reste là-bas indéfiniment à attendre que la cour se décide. Je dois savoir immédiatement.

J'aurais vraiment espéré en avoir fini avec cette affaire grotesque. Ne pourrais-tu pas t'en charger ? Et me dire en fin de compte combien je vais devoir payer, la dernière somme décidée[1].

Vois-tu, je te dis ça car Sereni[2] est très confus. Comme l'année dernière quand il nous a fait venir à N.Y. pour rien. Je détesterais que cela se reproduise, aussi parce que cela coûte cher, surtout pour les <u>nerfs</u>. Donc je me demande si tu ne pourrais pas trouver une façon rapide d'en finir. Mais s'il te plaît donne-moi <u>quelque</u> réponse immédiatement. J'irai de toute manière au Texas[3], mais je dois décider où faire escale et bien sûr les dates et toutes ces choses-là. Puisqu'il me reste très peu de temps je t'implore Walter de faire quelque chose. Essaye d'avoir le dernier centime d'un éventuel accord, sans faire de bruit mais vite.

Comment allez-vous tous ? Mes amitiés à Teedy et les enfants, nous vous embrassons très fort et de tout cœur.

Maria

PS : Pardonne mon anxiété mais comprends s'il te plaît ma position et dis-moi ce qui m'attend en arrivant. J'aimerais bien venir pour une fois en Amérique en paix et tranquillité. Peux-tu y arriver, Walter !

A WALTER CUMMINGS – *en anglais*

1ᵉʳ novembre 1957

Cher Walter,
Je viens de recevoir ton télégramme et je suis surprise que tu ne mesures pas l'importance de mon concert au Texas. Au risque d'un nouveau scandale je ne peux absolument pas reporter.

---
1. Bagarozy réclamait initialement 10 % de tous les revenus de Callas.
2. Angelo Sereni, l'autre avocat de Maria dans cette affaire.
3. Pour le concert du 21 novembre à Dallas.

Ainsi je dois être de retour ici le 23 novembre au plus tard pour des répétitions à la Scala[1]. Comment la cour ne peut-elle comprendre mon préjudice moral et aussi financier. Je me suis rendue disponible tout le mois de novembre pour le procès et aussi en avril.

Je ne peux pas continuer à rater des engagements ainsi. Tu imagines déjà le scandale qui découle de chacune de mes annulations pour maladie – alors imagine pour un procès. C'est hors de question !

Mon nom et ma carrière sont en jeu. Tu dois faire comprendre cela au juge La Buy et lui faire comprendre les sérieux dégâts que ce procès m'a causés. Le scandale qu'ils ont fait, la diffamation, et la perte financière. Qui me revaudra tous ces dégâts ? Bagarozy ?

Vois-tu, pendant des mois j'ai attendu et tout organisé en coordination avec le procès du 12 novembre. Je ne peux pas reporter la première de la Scala. Ne comprends-tu pas que ce serait ma ruine ? Je préfère encore, et ce serait moins coûteux, lui payer les 10 % de mes contrats.

Walter, tu dois mesurer la gravité de cette situation ridicule. Ne peux-tu pas convaincre le juge que nous avons affaire à des maîtres-chanteurs et qu'il faut les condamner.

Ne crois-tu pas qu'il vaudrait mieux à ce stade accepter de payer le pourcentage ? Bien sûr ils vont tenter de contredire toutes mes rentrées [d'argent] mais ce sont les vraies et ils ne peuvent prouver le contraire. Quoi qu'il en soit, Walter, trouve une solution ! Je ne peux pas vivre de cette façon ridicule. S'il te plaît occupe-t'en tout de suite et trouve une solution immédiatement. Je ne peux pas me permettre d'autres scandales en reportant des représentations.

Dis-moi si on peut proposer de payer le pourcentage plutôt que de continuer ainsi. Ils ne peuvent pas refuser, n'est-ce pas ? Et dans ce cas ils regretteront de ne pas avoir accepté l'accord à l'amiable car le montant est moins élevé. Je t'implore, Walter.

Embrasse Teedy – et dis-moi vite car mes valises et billets d'avion et réservations d'hôtels sont prêts. Rappelle-toi que je viens d'Europe, pas de Long Island !

Affectueusement
Maria

---

1. Pour l'ouverture de la saison avec *Un Ballo in Maschera*, le 7 décembre.

A Rudolf Bing – *en anglais*

Milan, 1ᵉʳ novembre 1957

Cher Rudolf,
J'aurais aimé vous répondre plus tôt et de façon affirmative, mais voyez-vous je n'ai pas arrêté de repousser parce que j'espérais savoir à quelles dates il faudrait que je sois à N.Y. pour préparer le procès de Chicago. Malheureusement, j'attends encore que la cour de Chicago me dise si oui ou non, et quand, ils vont juger mon affaire. Un mardi je reçois un télégramme m'annonçant que le plaignant avait soudain attaqué la juridiction et que la cour allait dans quelques jours prendre sa décision. Il se trouve que cela fait désormais un mois que j'attends cette décision. C'est étrange qu'en Amérique – un pays qui a pourtant le sens pratique – ils prennent ces choses-là à la légère, je n'arrive pas à comprendre.

Je viens à l'instant de recevoir un télégramme de mes avocats m'apprenant que le juge a fixé la date du procès au 18 novembre, par conséquent le concert au Texas, selon eux, devrait être repoussé. Comme si j'étais libre, et comme si ce n'était rien pour Dallas. Je vous jure que je les comprends encore moins. Pour l'amour du ciel que dois-je faire ? Repousser Dallas avec un nouveau scandale ? C'est impossible ! Je ne peux évidemment pas accepter cette date.

Donc vous voyez, cher Rudolf, quel est mon destin ! J'avais essayé auparavant de régler l'affaire, il y a environ 2 mois, et ils ont dit qu'ils voulaient $35 000. Ils ont perdu la tête !

Quoi qu'il en soit, dès que j'aurai décidé quelque chose, je vous le ferai savoir. S'il vous plaît, essayez de comprendre et d'attendre mon arrivée.

Toute mon amitié
Maria

P.S. Quant à l'AGMA, je suis légalement en règle. Je n'ai pas chanté une note depuis mon contrat avec S.F. du 20 septembre au 10 novembre. Quant au 7, j'ai été contrainte de partir à cause de la convocation de la cour pour le procès du 12 novembre. Si l'AGMA veut être contre moi, je n'y peux rien. Si Di Stefano et Simionato s'en tirent avec tout ce qu'ils ont fait, et sans avoir même été malades – et que moi étant malade je sois condamnée, alors je serai vraiment certaine que le monde est fou !

D'accord pour *Macbeth* – quoi d'autre ?

Maria

LETTRE OUVERTE

En italien   Milan, 4 novembre 1957

Cher Monsieur le Directeur [du journal],

En vue de mon prochain départ pour les Etats-Unis, sans savoir quand il me sera permis de rentrer, et si ce sera au moins à temps pour l'ouverture de la Scala le 7 décembre prochain, permettez-moi de vous demander un peu d'cspace dans votre journal pour toucher certains points jusqu'ici évoqués et discutés sous une forme non authentique d'exactitude et vérité.

Je me tourne aussi vers le public qui en décembre dernier, après mon retour d'Amérique et mon entrée à la Scala pour assister à une représentation d'*Aida*, m'a témoigné une si affectueuse et spontanée attention de sympathie. Nous étions alors en pleine campagne à scandale entre le soi-disant Ange d'une part et le diable de l'autre. Le diable, inutile de le dire, c'était moi.

Je me réfère aux débuts de la saison qui vient de se terminer. J'ai effectué l'année dernière, le 29 octobre avec *Norma*, l'ouverture du Metropolitan. C'était ma première apparition dans ce théâtre. Inutile de mentionner l'odieuse campagne de presse qui m'a précédée, inutile de répéter l'hostilité et les actions pas toujours légales et licites de ceux qui dormaient, le sommeil dérangé par mon apparition dans le plus grand théâtre lyrique américain, inutile aussi de s'attarder sur une certaine méchanceté et sur certaines ingérences inadmissibles de personnes sans rapport avec le théâtre ; inutile de se rappeler l'adversité du climat et de la saison : inutile car, contre tout cela, il y a la satisfaction, que personne ne peut rayer, née de mon triomphe dans ce théâtre.

J'ai dit ne pas savoir s'il me sera permis de rentrer car je suis liée à une affaire judiciaire qui traîne depuis longtemps et qui devait être enfin examinée en février dernier. Je devais venir à la Scala en mars. Je devais donc dans la deuxième quinzaine de février, après avoir fait la première de *Norma* à Londres et l'enregistrement du *Barbiere*, reprendre la route de l'Amérique pour être présente à l'audience de ladite affaire. Ce qui n'a finalement pas eu lieu grâce à un renvoi obtenu auprès de la cour américaine afin que je puisse me rendre à Milan, à la Scala, ce que je priais de pouvoir faire, puisque à la mi-février *La Sonnambula* devait absolument être jouée. Cet opéra cependant, comme on le sait, est apparu seulement le 2 mars car il y eut de graves difficultés pour le choix du ténor : en effet quatre artistes différents avaient été admis aux répétitions avec pour conséquence une grave perte de temps et l'inévitable report de l'opéra. Je n'ai donc pas pu être aux Etats-Unis en février dernier pour les raisons et obligations ci-dessus décrites, et je suis donc obligée d'y retourner maintenant, forcée par une convocation à la cour fixée au 12 novembre, puis repoussée au 18 novembre, ce qui implique une présence loin de Milan d'une durée pour le moment imprévisible.

Après *Sonnambula* qui m'a occupée une bonne partie du mois de mars, il y eut la laborieuse préparation d'*Anna Bolena* et *Ifigenia* : cette dernière devait se terminer avant la fin mai. Je voulais, une fois finie la Scala, me concéder un peu de repos : la seule période utilisable pour cela était le mois de juin. C'est pourquoi je n'ai pas accepté la proposition du théâtre de Vienne, lequel, à travers la Scala, m'avait proposé sept représentations de *Traviata* du 4 au 21 juin à des conditions, par ailleurs, qui n'avaient pas satisfait mes demandes. Je n'avais donc signé aucun engagement : le maestro Karajan est maître de gouverner son théâtre comme il l'entend, et moi je suis libre d'agir avec la même indépendance.

Le séjour manqué à Vienne a profité immédiatement à la Scala qui a reporté les représentations d'*Ifigenia*, allouées initialement à la deuxième quinzaine de mai, à la plus commode première quinzaine de juin, naturellement sans me prévenir ou me demander quoi que ce soit, me privant ainsi de ma seule période de repos. Patience ! Et après on raconte que je fais à la Scala ce que je veux !

De façon totalement arbitraire et tendancieuse j'ai été donc accusée d'avoir annulé Vienne pour des raisons économiques, qui, si elles avaient véritablement existé, auraient alors valu le même sort à Cologne et Edimbourg qu'à Vienne [ce qui n'a pas été le cas]. Et toujours la même Scala qui apparaît.

Et voici donc après le séjour caniculaire de Cologne[1], celui non moins caniculaire d'Athènes. Là, la Scala n'a pas de rapport. Nous sommes fin juillet, début août. Il y avait là grand bruit et grande animosité pour mon retour, après tant de chemin parcouru, un pays qui m'avait vue partir de nombreuses années auparavant, presque inconnue. La chance d'autrui ne fait pas plaisir à tous, comme la jalousie corrosive et débilitante ne laisse indemnes que les âmes privilégiées. Mes débuts à Athènes avaient même été associés à toute une cabale sur fond politique on cherchait à m'abattre, même un ministre et un ministère au complet, par manque de courage, ce qu'ils n'avaient pas réussi à faire auparavant. Le destin a voulu que je doive reporter le premier concert car je n'étais pas parfaitement bien. Il faisait à Athènes une chaleur oppressante et un vent sec implacable qui ne s'arrêtait jamais d'accomplir son œuvre délétère en soulevant des nuages de poussière. J'ai donc reporté le concert dirigé par le maestro Votto au 5 août et ce fut un succès retentissant. Ils en voulaient encore un autre mais je ne pouvais pas accepter car le voyage pour Edimbourg était imminent, où le 19 août nous avons inauguré avec *Sonnambula* le Festival.

Avant de partir pour Edimbourg j'avais reconfirmé une nouvelle fois le contrat pour lequel je m'étais engagée jusqu'au 30 août et il ne pouvait y avoir, pour aucune raison et pour aucune espérance secrète, possibilité d'extension à une éventuelle cinquième représentation qui, j'ai appris par des amis londoniens, avait été fixée au 3 septembre. J'avais eu l'assurance renouvelée à ce sujet – notez aussi que je devais partir juste après pour San Francisco – et donc la possible illusion qu'on viendrait me trouver à Edimbourg le 30 août me faisant accepter et rester jusqu'au 3 septembre était pour tous vouée à l'échec. Et tellement vouée à l'échec dans l'esprit de la direction de la Scala qu'ils étaient partis pour la cité écossaise ayant auparavant engagé auprès de l'Agence artistique Ansalone pour la cinquième représentation la soprano Renata Scotto. Malgré tout cela ils avaient promis au Festival d'Edimbourg non pas la participation de Madame Scotto mais la mienne. Ainsi, quand ils se sont trouvés au pied du mur et qu'ils ont

---

1. Toujours en tournée avec *La Sonnambula*.

dû dire la vérité, un tumulte a éclaté parmi les dirigeants du Festival, lesquels menacèrent de sanctions et de pénalités. J'ai alors œuvré par tous les moyens pour éviter à la Scala ces graves sanctions menaçantes, leur évitant également le danger de faire piètre figure.

Pour la gratitude que j'ai eue en retour, il aurait mieux valu laisser la Scala se charger de démêler son sac de nœuds, puisque même à mon retour [en Italie] la Scala elle-même n'a rien dit ni fait pour clarifier les choses déplaisantes et offensives écrites au sujet de mon retour, d'abord par la presse anglaise, puis italienne et étrangère, toutes selon lesquelles j'aurais fui Edimbourg au mépris de mon contrat en abandonnant la troupe scaligère[1]. Je conviens qu'il était très difficile pour la Scala de traiter et clarifier une polémique aussi controversée, mais je crois aussi qu'on ne peut pas, on ne doit pas, échapper à certaines obligations.

Le 2 septembre j'ai voulu solliciter l'avis et l'intervention du directeur de la Scala[2] pour résoudre cette situation extrêmement fâcheuse qui fut créée à mon égard. Il trouva extrêmement justes mes raisons, extrêmement justes mes plaintes, extrêmement juste et extrêmement logique ma demande. Tellement juste que j'obtins du directeur de la Scala la formelle et précise promesse que d'ici le mercredi suivant, le 25 septembre, il ferait un communiqué de presse pour clarification. Depuis le 25 septembre à aujourd'hui il s'est passé 40 jours. Qu'a fait monsieur Ghiringhelli durant toute cette période de carême de ce qu'il devait, non seulement, mais de ce qu'il s'était <u>engagé</u> à faire? RIEN.

Dans cette atmosphère, avec ces êtres, avec ces prédispositions et ces préjugés, après tant de labeur et d'adversité, nous voilà arrivés au dernier engagement de l'année : celui de San Francisco auquel je tenais particulièrement pour de nombreuses raisons. Mais après tant d'usure physique il était impérieux de ma part d'interroger un médecin sur ce qu'étaient mes réelles capacités à affronter un très long voyage et une dure saison en Californie où ce théâtre, pour couronner le tout, outre me demander deux opéras de registres différents (*Macbeth* et *Lucia*) pour les présenter l'un après l'autre, me les avait mis en alternance, comme si la voix avait un levier de commande[3].

---

1. De la Scala.
2. Antonio Ghiringhelli.
3. D'où la célèbre citation qu'on a attribuée à Maria Callas : « Ma voix n'est pas un ascenseur. »

La réponse du médecin fut nette : il était indispensable d'avoir au moins un mois de repos et abstention d'efforts intenses et surtout de voyages afin de restaurer mes forces, cette distension de travail en somme n'avait pas pu être mise en œuvre de toute l'année passée. Et du théâtre de San Francisco j'ai eu une autre déception : celle d'être considérée – malgré les certificats et analyses médicales prouvant le contraire – en parfaite santé. Conséquence directe du retentissement d'Edimbourg qu'on m'a fait endosser pour des erreurs et fautes qui ne sont pas les miennes. Qu'en jugent désormais les personnes avisées.

Et puisque nous sommes en conflit, il est peut-être bien d'évoquer aussi l'ouverture de la saison scaligère.

Je fus engagée il y a plusieurs mois pour chanter dans *Trovatore* et j'étais heureuse du choix de cet opéra car je l'avais déjà chanté et je n'étais pas soumise à l'étude qui aurait été requise pour un opéra que je n'aurais pas appris. Par ailleurs le temps m'aurait manqué à cause de la nécessité que je sois en Amérique. On m'avait assuré que le ténor qui n'avait pas chanté cet opéra deux ans auparavant, lui préférant *Chenier*, l'aurait chanté de façon sûre cette fois-ci. Mais il y eut sans doute un quiproquo car le contrat du ténor n'était pas limité au seul *Trovatore*, mais s'étendait aussi à d'autres opéras de son répertoire. Résultat : le *Trovatore* ainsi prévu vint à disparaître. Et officia alors un autre ténor mais, ce qu'on a dit ensuite et on a du mal à le croire, c'est que le premier Manrico aurait été engagé en compétition avec le second, auquel aurait été proposé à la place un opéra plus... léger, *I Puritani* ! J'ai eu connaissance de cela – toujours pour contredire la même histoire selon laquelle c'est moi qui commande à la Scala – par hasard, dans la rue, entendant deux personnes qui bavassaient à ce sujet. Brève fut donc la vie de cet opéra aussi, et il semblait à un certain moment qu'on allait le remplacer par *La Favorita*. Quand cette idée aussi vint à échouer on m'a proposé *Medea* que je ne voulais pas accepter car on aurait dit après que c'est moi qui l'avais voulu et imposé, en torpillant tout le programme préexistant, ténors y compris. Et voilà comment on voit apparaître le *Ballo in Maschera*, déplacé d'opéra de saison à opéra d'ouverture.

Croyez bien, monsieur le Directeur, en mes sentiments distingués
M.M.C

A LA DIRECTION DE LA SCALA – *en italien*

Milan, 9 novembre 1957

Comme entendu, après les péripéties arrivées jusqu'à présent, je vous confirme que, sauf imprévus, je serai de retour le 23 ou au plus tard le 24 des Etats-Unis où je m'apprête à partir demain. En rentrant je courrai pour commencer immédiatement mon travail de préparation de l'opéra inaugural *Un Ballo in Maschera*. Jusqu'au 30 je ne pourrai participer à aucune répétition, cette condition est indispensable afin que je puisse, avec le Maestro Tonini, mettre au point l'opéra. Mon engagement pour l'opéra est sujet et soumis au risque que je sois sommée de répondre aux exigences inhérentes au procès en cours dans lequel je suis engagée en Amérique avec Monsieur Bagarozy[1].

Les représentations pour la saison prochaine, toujours éloignées d'au moins deux jours l'une de l'autre, d'un commun accord, seront CINQ de *Ballo in Maschera*, du 7 décembre au 22 janvier, CINQ d'*Anna Bolena* du 9 au 23 avril, et CINQ de *Puritani* ou *Pirata* (selon celui qui nous mettra d'accord) avec expiration de la période contractuelle au 30 mai 1958.

Cordialement
Maria Meneghini Callas

NOV. 21	Concert, dir. Nicola Rescigno • *Il Ratto dal serraglio* «Tutte le torture» • *I Puritani* «O rendetemi la speme…Qui la voce sua soave… Vien, diletto» • *Macbeth* «Nel dì della vittoria… Vieni! t'affretta!» • *La Traviata* «Ah, fors'è lui…Sempre libera» • *Anna Bolena* «Piangete voi?… Coppia iniqua»	**DALLAS** State Fair Music Hall

---

1. Un accord en dehors des tribunaux sera finalement conclu et annoncé le 17 novembre, mettant fin à plus de deux ans de procédure et de scandales». Le montant versé par Callas restera confidentiel.

A LAWRENCE KELLY[1] – *en anglais*

Milan, 24 novembre 1957

Cher Larry,
Juste quelques mots pour dire bonjour et te demander de m'envoyer s'il te plaît les adresses de toutes les merveilleuses personnes que j'ai rencontrées là-bas [à Dallas] et qui ont été si gentilles avec moi, pour que je leur envoie un mot et mes vœux pour Noël. Si tu pouvais faire cela dès que possible et aussi m'écrire les nouvelles après mon départ, comment tout s'est passé, etc.
Force-toi et écris vite,
Affectueusement
Maria

A LEO LERMAN – *en anglais*

Milan, 26 novembre 1957

Très cher ami Leo,
J'étais vraiment navrée de n'avoir pas pu te voir lors de mes derniers séjours à N.Y. Toi plus que quiconque, car je sais et sens que tu es l'un de mes meilleurs, si ce n'est mon meilleur ami. Mais tu réalises les choses que j'ai eu à faire. J'espère que je n'aurai plus jamais besoin d'un avocat de toute ma vie !
Alors mon cher Leo, j'espère te voir beaucoup plus la prochaine fois, et s'il te plaît emmène-moi manger du chop suey[2] tu veux bien ? J'adore ça. Je serai à N.Y. d'ici le 18 ou 23 janvier, tout dépend si je prends l'avion direct pour Chicago (j'ai un concert là-bas le 22 janvier, comme l'année dernière) ou si je fais escale à N.Y., 2 ou 3 jours auparavant. Je te dirai de toute façon. Merci aussi de ton très gentil

---

1. Directeur du Dallas Civic Opera. Kelly avait été auparavant le directeur artistique de l'Opéra de Chicago et l'organisateur des saisons de Maria Callas en 1954-1955.
2. Spécialité chinoise-américaine.

télégramme au Texas. Tu ne manques jamais d'être présent dans mes moments difficiles, n'est-ce pas?

Quelles sont les autres nouvelles? Au sujet de nos amis? Au sujet de ma <u>chère</u> collègue [Tebaldi]? S'il te plaît écris-moi s'il y a du nouveau. J'étudie beaucoup pour ce *Ballo.* Ce doit être un succès. Pourquoi dois-je avoir à me <u>battre</u> tout le temps?

Et s'il te plaît transmets à Marlene [Dietrich] toute mon amitié et dis-lui que je suis navrée de l'incident postal qui lui est arrivé. Mais aussi je n'en reviens pas qu'elle n'ait pas reçu mon télégramme de Noël. Crois-tu que je n'ai pas la bonne adresse?

A rivederci presto [*sic*][1], cher Leo, et des tonnes d'affection de Maria et Battista

---

| DÉC. 7, 10, 16, 19, 22 | *Un Ballo in Maschera* VERDI, dir. Gianandrea Gavazzeni | MILAN Teatro alla Scala |

A ELVIRA DE HIDALGO – *en italien*

Milan, non daté

Chère Elvira,

Un merci du cœur de ta Maria, qui toujours se souvient de toi avec la plus grande affection et amour. Je suis triste que tu ne puisses jamais assister à une de mes représentations, mais je pense beaucoup à toi. Luis[2] et moi, ou plutôt Luis et nous, si nous ne nous voyons pas tous les jours on ne tient pas. Il est devenu un ami si cher pour nous et je crois tout autant nous pour lui.

Nous parlons souvent de toi, et je te remercie pour le Fetonte[3].

Je t'écrirai plus tard quand je serai au calme, et en attendant accepte mon affection inconditionnelle.

Ta Maria

---

1. Au revoir à bientôt, en italien.
2. Le frère d'Elvira.
3. Figure mythologique grecque apparentée à Apollon, probablement une statuette reçue en cadeau d'Elvira.

D'Elsa Maxwell – *en anglais*

15 décembre 1957

Maria,

Noël approchant, alors que « Paix sur terre et bonne volonté » doivent être les pensées qui nous guident, je me devais de t'écrire pour te remercier d'avoir été la victime innocente du plus grand amour qu'un être humain puisse éprouver pour un autre. Un jour peut-être nous comprendrons toutes deux cet amour et nous en souviendrons avec regret ou joie ! Qui sait – il n'existe plus – j'ai réussi à le *tuer*, ou plutôt tu m'as aidée à le tuer. Mort-né et aussi beau qu'il fût, il ne t'a apporté aucun bonheur et après quelques merveilleuses semaines il ne m'a apporté que souffrance. Ton rôle dans la vie (selon moi) est sur scène. Peu m'importe désormais si je ne te revois plus jamais, excepté sur scène où toi, un génie, tu peux dépeindre des rôles auxquels de médiocres mortels ne se sont jamais essayés auparavant. Tu as tué mon amour ce jour-là dans l'avion de Dallas – et c'est là que cette histoire a commencé car le commandant de bord en m'asseyant m'a dit « Votre amie Miss Callas sera à côté de vous » – « Mon amie Miss Callas » ne m'a pas adressé la parole une seule fois durant cinq heures de vol et cela m'a bien fait comprendre ce que je représentais pour toi... et pourtant je pense avoir une fois ou deux *presque* touché ton cœur. Mais le fait que j'ai pu tomber dans un tel état de folie et démence me remplit désormais de dégoût. Je ne t'en veux pas le moins du monde, à part de ne pas l'avoir arrêté avant qu'il ne soit trop tard. Maintenant c'est totalement oublié et une chose du passé. Lorsque nous nous verrons nous devons être aimables et gentilles l'une envers l'autre autrement le monde va se *demander* ce qui se passe. J'ai tenu ma promesse envers toi, j'ai été ta plus grande supportrice et je continuerai à l'être. J'ai combattu tes ennemis (mais, Maria, combien tu en as et tous désormais avec une seule idée en tête, nous séparer complètement), mais tant que tu seras un miracle selon moi sur scène et tant que je peux t'écouter et te voir, aucun être humain ne peut t'enlever à moi. Cela devait être dit. Quand je suis arrivée à Dallas, Miss Miller m'a appelée ce soir-là et m'a dit ce que je craignais déjà, que ton concert était rempli seulement à 50 %, les billets ne se vendaient pas, et il semblait que tu aurais chanté dans une maison à moitié vide. Elle m'a demandé désespérément ce que je pouvais faire. Alors toute la journée la veille j'ai parlé Callas, Callas, à la radio, TV, et en interviews. Je pouvais faire cela facilement car je t'aimais. Il n'est pas difficile de parler de quelqu'un qu'on aime, il est seulement difficile de ne pas le faire. Ce soir-là rien n'avait bougé, alors j'ai proposé d'acheter moi-même pour $2000 de billets, pour les faire distribuer à ceux qui aimaient l'opéra. Etudiants, professeurs, conservatoires... Je ne demande aucun crédit. Je suis un agent libre et si je choisis d'acheter des billets pour quelque artiste que ce soit, c'est mon affaire, mais évidemment ces choses-là viennent à se savoir, bien que j'aie demandé un maximum de discrétion. Il semble que l'incident soit désormais de notoriété publique. Par conséquent, lorsque divers amis en colère m'ont demandé des explications, tout ce que je pouvais faire c'était en rire. Tu étais la seule personne qui, j'espérais, ne l'apprendrait jamais (ce n'était vraiment pas grand-chose). Avec ton sens dramatique grec qui domine ton être tout entier, tu aurais même pu m'en vouloir pour tout ce que j'ai fait à Dallas. Même le fait que j'achète quelques places pour remplir un énorme auditorium insensible, c'était mon devoir de le faire, et tu étais si merveilleuse ce soir-là. Je te raconte cela seulement parce que quelqu'un d'autre pourrait le faire. Une autre chose que tu pourrais entendre dire... Je serai à Rome pour ton ouverture de saison avec *Norma*. Ne crois pas que je vienne seulement te voir toi. Ce n'est pas le cas. La duchesse de Windsor m'a invitée chez elle [à Paris] du 27 décembre au 1er janvier. Je viendrai à Rome le 2 pour voir *Norma* (oh ! tu as intérêt à être bonne, car je suis désormais dans un tel état de détachement qu'aucune amitié passée ou présente ne me permettrait de perdre mon intégrité en tant que critique. Mais je pense savoir que tu vas l'être...) Plus jamais tu n'auras à te soucier de ton Elsa. Je ne te verrai peut-être pas pendant mon séjour à Rome, tu seras occupée et moi aussi, à faire des plans pour la fin avril quand j'arriverai, si tu chantes *Anna Bolena*, à Milan. Autrement je ne viendrai pas. J'ai refusé de parler à Wally Toscanini après l'avoir entendu me dire qu'Ettore Bastianini était meilleur que toi dans *Ballo in Maschera* à la Scala. J'ai insisté pour qu'elle admette que tu es une plus grande artiste. Elle avait une lettre que Battista lui avait écrite avec des propos quelque peu flatteurs au sujet de son père. Je lui ai dit que je n'étais pas le moins du monde intéressée par ce qu'avait écrit Battista ; le fait est que tu es la plus grande et plus stimulante artiste que j'ai jamais connue. Ta *Traviata* à New York va les épater, tout est déjà presque complet. Les billets les moins chers sont partis comme des petits pains. J'ai donné plusieurs interviews, une en particulier au *Cosmopolitan Magazine* à ton sujet, après que le rédacteur en chef a promis de publier exactement ce que j'ai écrit. Partout je dis et réitère que nous ne nous sommes vues que quelques semaines par-ci et par-là, et que tu n'as ni amitiés ni attachements excepté ton mari. C'est maintenant très clair, ce sera plus simple pour nous deux. Je t'envoie à toi et à Battista mes meilleurs vœux de Noël et de Nouvelle Année. Je pense à toi toujours avec gentillesse et tendresse, Maria. Puisses-tu bien te porter, puisses-tu chanter magnifiquement et que Dieu te bénisse[1].

Elsa

---

1. Bien que sa lettre puisse laisser planer une ambiguïté, il est certain que les rapports entre Elsa Maxwell et Maria Callas, quoique affectueux, restèrent toujours purement platoniques. Leur amitié, malgré cette lettre, dura jusqu'au décès d'Elsa Maxwell en 1963, à l'âge de 80 ans.

1958

A Cohleen J. Bischoff – *en anglais*

2 janvier 1958

Chère Madame Bischoff,
Je n'ai pas les mots pour vous remercier de votre charmante lettre.
C'est vrai que la vie n'est pas facile pour moi et mon chemin est souvent jonché de grosses pierres qui parfois menacent de tomber sur moi et de m'écraser, mais Dieu est si grand que je parviens toujours à sauter par-dessus ces obstacles qui après vingt ans de carrière et de dévouement et de célébrité ne devraient pas exister.
Mais chacun de nous a son destin et nous devons en tirer le meilleur. Après tout le mien est vraiment merveilleux. Surtout mon mari. C'est ce qui compte pour moi. Le bonheur personnel qui procure une grande richesse d'âme.
Pardonnez-moi de me <u>dévoiler</u> un peu, mais votre lettre était charmante et je vous en remercie.
Maria Meneghini Callas

A Michael Carfora – *en anglais*

2 janvier 1958

Merci, cher Michael Carfora, pour votre gentille lettre. J'espère aussi que tout se passera bien pour moi cette saison. Priez s'il vous plaît pour votre pauvre Maria.
Sincèrement
Maria Meneghini Callas

JANV. 2	*Norma* BELLINI (acte I seulement), dir. Gabriele Santini	ROME Teatro dell'Opera

Le soir du 2 janvier 1958, Maria Callas monte sur scène à l'Opéra de Rome où elle inaugure la saison lyrique avec *Norma*, en présence du président de la République Gronchi, son épouse, et de nombreux dignitaires ainsi que toutes les célébrités italiennes de la musique et du cinéma. A la fin du premier acte, elle sort de scène et retourne dans sa loge. Elle n'en sortira pas. Aucune remplaçante n'a été prévue pour le rôle principal, la suite de la représentation doit être annulée. L'annonce de l'annulation crée un véritable esclandre dans la salle, où le public la siffle et la hue. Les gens quittent l'Opéra scandalisés. Des foules s'agitent devant l'entrée des artistes, attendant la sortie de Callas pour l'insulter et lui cracher à la figure. La police doit intervenir en nombre. Par sécurité, on fait emprunter à Maria et son mari un tunnel souterrain reliant l'Opéra à l'hôtel Quirinale afin qu'elle ne soit pas exposée à la foule hostile encerclant le théâtre. Elle se réfugie dans sa chambre d'hôtel où elle restera enfermée sept jours. Elle entend les hurlements et les insultes défiler jour et nuit sous les fenêtres de sa chambre. On trouve des graffitis sur les murs de la ville : «Dehors, Callas». Au même moment, le déchaînement médiatique s'intensifie, les journaux du monde entier titrent «Scandale», «Disgrâce», «Caprice», «Honte», «Tempête», «Affront», etc. Le 9 janvier, Callas s'apprête à quitter Rome. Dans le hall de l'hôtel Quirinale, elle est assaillie par les journalistes et photographes. Elle ne dira pas un mot. Une escorte de police l'emmène à la gare. De retour à Milan, elle écrira son récit précis des événements dans une lettre ouverte envoyée le 14 janvier.

LETTRE OUVERTE

En italien   Milan, 14 janvier 1958

La plus triste soirée de ma carrière fut précédée des meilleurs auspices : et cela vaut pour tous les «superstitieux» (il y en a tellement dans le milieu du théâtre) qui veulent toujours percevoir des présages fastes ou néfastes dans la moindre petite chose. Et cependant, même si j'avais été avertie depuis longtemps de prêter attention aux soi-disant « avertissements du sort » – et il y en eut cette fois-ci, de défavorables, de très défavorables –, jamais, non jamais je n'aurais pu prévoir l'onde de violence et cruauté qui s'est déversée sur moi, après cette représentation du 2 janvier, si douloureusement avortée.

J'ai été littéralement lynchée. Les journaux, non seulement de Rome et d'Italie, mais d'Europe et d'Amérique, sauf quelques exceptions, qui m'ont émue pour avoir été si rares, ont mis de côté, pour un, deux, trois jours, tous les événements politiques internationaux, tous les malheurs infinis qui affligent cette humanité tourmentée, et ont réservé leurs unes, leurs plus grands titres, leurs chroniques les plus minutieuses, à mon pauvre nom. C'était le moment opportun pour le traîner dans la boue. C'était l'occasion propice pour me faire payer cher tant d'années de succès. Ah, donc cette femme avait réussi à s'affirmer tellement fort dans le monde de la musique, avec pour seule aide sa voix ? Eh bien, qu'y avait-il, que pouvait-il y avoir de plus divertissant que de l'écraser et de bien la piétiner, justement au moment où de voix elle n'avait plus, pour pouvoir se faire entendre et se défendre ; que pouvait-il y avoir de plus drôle que de lui donner le coup de grâce, comme on le fait avec un être nuisible, désormais blessé à mort ?

Je n'en veux pas aux journalistes, ils font, comme ils le savent mieux que moi, un métier qui exige souvent de la dureté ; et quoi qu'il en soit j'écris à présent pour un journal qui m'a malgré tout été généreusement mis à disposition. Je n'en veux pas non plus à ces groupes de jeunes garçons et jeunes filles qui, pendant plusieurs jours, sont restés devant l'entrée de mon hôtel romain, en sifflant, pas une artiste qui avait mal chanté (j'aurais préféré ne pas chanter du tout), mais une femme malade réclamant à cor et à cri qu'on lui indique la voie de la guérison, au son des insultes. Non. Je m'en veux surtout à moi-même : car je me suis infiniment déçue de tout cela ; parce que je n'ai pas encore appris que la majorité préfère l'artifice à l'art, et la fourberie à la sincérité. Je m'en veux parce que je me suis toujours obstinée – et je m'obstinerai encore, avec l'aide de Dieu – à considérer le théâtre musical non seulement comme un « métier » mais comme un art digne du plus grand respect, et comme la raison de ma vie. Je m'en veux, oui ; mais il est désormais trop tard pour changer mon caractère. Je continuerai à être la même Callas qu'avant : avec une amère expérience en plus, bien entendu.

Tout avait donc bien commencé, superbement bien même. J'étais arrivée à Rome le soir de la Saint-Etienne [le 26 décembre], et le lendemain à midi, j'étais allée au théâtre et j'avais commencé les répétitions. J'étais heureuse de retourner, après quelque temps, à Rome ; cela je veux l'affirmer bien clairement, car parmi les nombreuses absurdités qui ont été écrites ces derniers jours, j'ai même lu celle selon laquelle j'aurais considéré le fait de me présenter à l'Opéra romain comme un «abaissement». Mais comment ça ? J'ai chanté à l'Opéra de Rome depuis longtemps, 1950, dirigée souvent par ce grand musicien et grand ami à moi Tullio Serafin ; j'ai chanté, depuis lors et dans les années suivantes, *Norma* (à deux reprises), *Parsifal*, *Turandot*, *I Puritani*, *Tristano e Isotta*, *Lucia*, *Traviata*, *Medea*, *Trovatore*, *Aida*, pour au moins une soixantaine de spectacles au total ; et nombreuses de mes soirées au théâtre romain sont parmi les plus belles satisfactions de ma carrière artistique. Comment aurais-je donc pu considérer *Norma*, annoncée pour le 2 janvier, autrement qu'une heureuse occasion de me présenter de nouveau devant un public qui m'avait donné tant de joie ?

Nous avons continué les répétitions pendant toute la journée du 28. J'étais assez contente de moi ; même si, tard dans la soirée, je ressentis une légère douleur à la gorge. Pendant ce temps, Fedora Barbieri, qui devait tenir le rôle d'Adalgisa, s'était mise au lit avec la grippe, et elle avait été remplacée par Miriam Pirazzini. Il valait mieux être prudent : une bonne partie du dimanche 29 décembre je l'ai passée dans ma chambre d'hôtel à me reposer. Le lendemain j'allais bien : le soir il y eut l'avant-générale, que j'ai chantée dans les meilleures conditions vocales. Tout laissait présager au mieux.

Le dernier jour de l'an, répétition générale. J'ai chanté le rôle à pleine voix, à tel point que le maestro Santini me suggéra avec bienveillance de ne pas m'appliquer à ce point, mais je ne l'écoutai pas : avant tout car je n'ai jamais accepté de faire des générales sans la même implication que je mets dans les représentations ; et ensuite parce que j'aime trop le personnage de Norma et je ressens trop son drame pour ne pas commencer à « le vivre » avec toute ma ressource vocale, chaque fois que l'opéra est joué, acte par acte, du début à la fin. La répétition générale se termina avec la satisfaction de tous. J'allai dans ma loge – une loge gelée, d'un théâtre resté fermé et désert pendant plusieurs mois. Il y avait des courants d'air, il soufflait un vent froid par de nombreuses fissures. Soudain je sentis un frisson, et les premiers symptômes d'un enrouement. Il était 8 heures et demie du soir. Je courus à l'auditorium de la télévision, où je devais chanter « Casta diva » pour une transmission à travers toute l'Europe. Et ensuite, non, chers amis, je ne suis pas allée danser toute la nuit, comme de nombreux journaux l'ont écrit : je me suis contentée d'ouvrir une bouteille, en compagnie de mon mari et de quelques amis, en l'honneur de la nouvelle année : la même chose, je crois, qu'au même moment faisait la majorité du commun des mortels. A 1 heure du matin, j'étais au lit ; j'ai dormi tranquillement jusqu'à 11 heures du matin. Je me suis levée, j'ai ouvert la bouche : mais pas un son, pas un mot ne sortait. J'étais totalement aphone, muette. Ma voix était partie. Et la *Norma* était annoncée pour le lendemain soir, à guichets fermés : les gens se préparaient à venir « entendre la Callas ». Je me suis sentie soudain envahie de terreur.

Souvenez-vous : c'était le 1er janvier, au lendemain du nouvel an, tout le monde était en vacances, même au théâtre il n'y avait personne. A 13 heures, mon mari, en se donnant beaucoup de mal, réussit à trouver un médecin, qui m'ordonna de faire des cataplasmes à la gorge pour diminuer l'inflammation désormais très violente. Je commençai à me soumettre au supplice et je continuai tout au long de l'après-midi jusqu'aux premières heures de la soirée. Après le dîner arriva enfin Sampaoli, le directeur artistique du théâtre, qu'on avait réussi à prévenir. « Comment vas-tu ? » me demanda-t-il. « Mal. Vous feriez sans doute bien, vous autres, d'essayer de me remplacer. Du reste, tu entends dans quel état est ma voix. – Te remplacer ? Brava ! Et par qui ? Et puis les gens ont payé pour entendre la Callas, tu sais ; il n'y a pas grand-chose à faire, il faut que tu chantes. »

Je devais chanter. Il ne restait que vingt-quatre heures avant d'aller en scène : j'avalai un somnifère et je plongeai dans le néant. Je dormis douze heures de suite. Quand je me réveillai (et je fus immédiatement prise à nouveau de terreur) j'essayai d'émettre un son, j'eus l'impression alors de commencer à rêver : je chantais ! La voix, ma voix était prête, pleine, et à ma disposition ! Je sautai du lit dans un élan de joie ; je commençai à penser à la belle soirée qui m'attendait ; je me consacrai aux mille petits préparatifs habituels nécessaires à une chanteuse qui doit se produire sur scène. A 2 heures de l'après-midi je déjeunai, je me reposai encore une petite heure ; mais ensuite je compris combien mon espoir avait été illusoire et ma joie fugace. La voix était en train de partir à nouveau. Maintenant, après coup, je sais ce qui s'est produit ce jour-là. Les cataplasmes répétés avaient momentanément désenflammé ma gorge ; mais pas guéri la vraie cause de ce mal, une bronchite, qui du reste ne pouvait être guérie dans un délai si court. Et ainsi, une fois terminé l'effet de ces palliatifs, c'était l'aphonie, et elle était encore plus inquiétante. C'est ainsi que commença ce début d'après-midi du 2 janvier, qui reste parmi les plus angoissants de ma vie. Me remplacer ? Impossible. Annoncer un report du spectacle ? Pas facile en une occasion comme celle-là : l'inauguration de la saison, en présence du chef de l'Etat. N'était-il pas mieux qu'une seule personne, au lieu de tant d'autres, aille au casse-pipe, et chante comme elle le pouvait, mettant en jeu sa réputation, conquise avec tant de dures années de carrière ; n'était-il pas mieux que cette Callas chante quoi qu'il en soit, tant bien que mal ? De toute façon, on sait que la plupart des gens viennent au théâtre surtout pour se promener dans les couloirs pendant les entractes et pour faire étalage de leur élégance ! Telle fut la pensée de plus d'un. Et moi, je regardais les aiguilles de l'horloge qui tournaient implacablement, en essayant ma voix qui partait en lambeaux, et je me sentais submergée par la peur. N'oubliez pas, s'il vous plaît, que je suis une femme.

On m'a donné le surnom de « tigresse », non seulement pour la passion avec laquelle je m'engage dans l'interprétation des personnages les plus dramatiques, mais aussi parce que tant de fois un critique musical qui me connaît et m'estime, Eugenio Gara, a rappelé, en écrivant sur moi, le vieux proverbe qui dit : « Qui chevauche le tigre ne peut en descendre. » Donc, ceux qui m'ont par la suite attribué le surnom de « tigresse » n'ont pas compris la parabole. Le « tigre » qu'un artiste chevauche est celui du succès, celui de l'enthousiasme qu'il suscite ; et pour finir la parabole, le tigre ce n'est pas le chanteur, c'est le public lui-même, celui qui éprouve cet enthousiasme et décrète ce succès. Alors, le soir du 2 janvier le « tigre » entra dans le théâtre splendide et effrayant, alors que j'étais moi dans la loge, déjà prête, maquillée, et quasiment sans voix. Pour tenir sous contrôle le « tigre » (continuons dans la parabole) il faut avoir le fusil à portée de main. Avec mon arme – ma voix – j'ai toujours réussi. Mais ce soir-là l'arme m'avait été retirée. Alors j'avalai de la quinine[1] et ensuite je me fis faire une injection excitante, une de celles qui comme on dit « ressuscitent un mort ». Je fis comme le boxeur affaibli avant une rencontre décisive ; j'utilisai sur moi-même le traitement qu'on réserve à certains chevaux qui <u>doivent</u> gagner une course, et ensuite, sans doute, s'écrouler.

« Norma viene : le cinge la chioma, la verbena ai misteri sacrata[2]... », chantait déjà le chœur. Et j'entrai en scène avec le courage du désespoir. C'était à moi. Je commençai : « Sediziose voci... » et puis « Voci di guerra[3] », qui sont en *si* bémol, *la* bémol et *sol*, des notes du registre central : j'entendis le résultat et je me dis à moi-même : mon Dieu. Le « centre » est déjà complètement parti. Espérons que le reste résiste. Je chantai « Casta diva » et à la fin j'en voulais mentalement à ceux qui m'avaient applaudie : ce n'était pas *mon* « Casta diva », je ne voulais pas d'applaudissements. Je chantai ensuite la *cabalette*, employant, avec une tension terrible, toute ressource technique, et enfin je sortis de scène. C'était terminé, ça ne pouvait qu'être terminé. Adalgisa et Pollione sur scène continuaient leur duo, qui clôt l'acte ; mais j'avais déjà pris ma décision, et je le répétai à tout va en coulisses : je ne continuerais pas. Le rideau tomba, ils vinrent me chercher pour me traîner sur scène, ils le firent contre ma volonté, parce que j'ai une trop haute conception de l'art, et je savais que je ne méritais pas d'applaudissements. Les gens applaudissaient, et moi je pensais avec douleur : « Maintenant je devrais rentrer chez moi, immédiatement. » Puis je m'enfermai dans ma loge.

C'est alors que commença la procession de ceux qui voulaient me persuader de continuer. « Chante quand même, chante d'une façon ou d'une autre, on ne peut pas renvoyer les gens chez eux, pense qu'il y a le président de la République ; pense que beaucoup ont chanté avec la migraine, avec la fièvre, avec une cheville foulée. » Mais je leur répondis non. C'est vrai, on peut chanter avec de la fièvre, on peut chanter avec des jambes douloureuses, avec la tête qui explose. Mais

---

1. Alcaloïde utilisé notamment dans le traitement du paludisme, très toxique pour le système nerveux.
2. « Norma arrive, la chevelure couronnée de lauriers, aux mystères sacrés... », précédant l'entrée de la soprano.
3. « Voix séditieuses... », « voix de guerre » : le récitatif précédant le célèbre air « Casta diva ».

on ne peut pas chanter sans voix. Prenez un pianiste, donnez-lui un coup sur la tête ; suffocant de douleur, il pourra quand même jouer. Mais prenez le même pianiste, coupez-lui les mains, et remettez-le devant son clavier, si vous y arrivez.

Il y avait dans le théâtre le président de la République et Donna Carla, c'est vrai. Au chef de l'Etat, qui déjà à Milan m'avait honorée de sa présence et de ses compliments, j'ai envoyé une lettre pour lui exprimer mon profond regret. Il n'était pas de mon ressort de faire différemment. Si les dirigeants du théâtre, lorsque j'ai déclaré promptement que je ne continuerais pas, n'ont pas fait le nécessaire pour prévenir le chef de l'Etat en bonne et due forme, cela concerne précisément ces dirigeants. Moi je n'ai pas offensé Giovanni Gronchi. Bien sûr, je me suis rappelé à ce moment-là, qu'il y avait dans le théâtre un autre personnage digne du plus grand respect, un personnage dont le nom a même été imprimé sur les affiches : Vincenzo Bellini. Je ne pouvais pas, pour sauvegarder les exigences fixées par le protocole, faire outrage à ce grand musicien, en gémissant les autres actes de sa *Norma*, au lieu de les chanter. Ainsi, le soir du 2 janvier, fut réalisé au théâtre de l'Opéra de Rome le premier acte de *Norma* : non de manière parfaite, si vous le voulez, mais correcte. Les autres actes n'ont pas été outragés.

Je rentrai à l'hôtel avec 38 de fièvre. Le jour suivant je me rendis compte que mon lynchage avait commencé, avec une violence inouïe. Et pourtant, je n'avais pas vilipendé ni le public ni les institutions, je n'avais pas fait d'affront au chef de l'Etat, je n'avais pas attenté à la vie du théâtre lyrique italien : j'avais juste une bronchite. Alors, je me remémorai les paroles de la *Traviata*, les paroles de ma Violetta, que Verdi a habillées d'une mélodie si amère : « Ainsi à la misérable, qui un jour est tombée, tout espoir de renaître est perdu à jamais ! Si même Dieu lui offre l'indulgence, l'homme avec elle sera impitoyable !... » Je décidai que plus jamais je ne chanterais.

Puis, les jours suivants, beaucoup de choses se sont passées. Des télégrammes de solidarité ont commencé à me parvenir en nombre, de l'Italie, de l'Europe, d'Amérique ; sont arrivées des lettres d'amis et d'anonymes : toutes émouvantes par l'affection et l'admiration qu'elles dégageaient. Sont arrivées des fleurs à en remplir ma chambre, des coups de téléphone de personnes illustres ; j'ai eu de touchants signes d'affection du Maestro Gavazzeni, de chères collègues comme Giulietta Simionato et Graziella Sciutti, et d'un homme de la valeur de Luchino Visconti, avec qui j'ai si souvent travaillé par le passé. Paolo Monelli[1], même après un plaisantin «procès», m'a envoyé dans les colonnes de *La Stampa*[2] un idéal bouquet de roses que j'ai immensément apprécié. Pour tous, même ceux dont je n'arrive pas à me souvenir dans l'immédiat, j'ai eu une pensée reconnaissante. Et Donna Carla Gronchi, une dame qui aime véritablement la musique et dont l'âme connaît la valeur des joies et des souffrances que la vie nous destine, a dit à mon mari, au sujet de la mésaventure qui m'était arrivée, des mots qui m'ont profondément touchée.

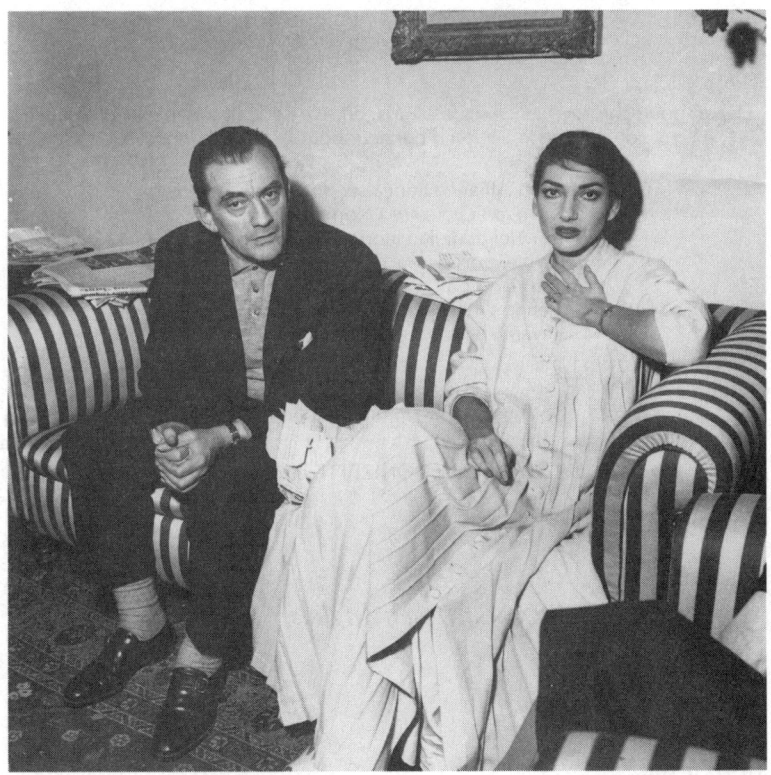

Recluse dans sa chambre de l'hôtel Quirinale au lendemain du «scandale», avec Luchino Visconti venu lui apporter son soutien.

---

1. Journaliste.
2. Grand quotidien italien.

Au même moment où ma bronchite commençait à être vaincue par les médicaments, la blessure de mon âme se cicatrisait. C'est alors que j'ai senti, avec une intime, indicible joie, que la voix me revenait : ma voix. Parce qu'une voix qui chante n'est qu'un son qui se remplit d'affections.

Avec cette voix qui m'avait quittée pendant quelques jours – chose qui est arrivée et qui arrive à tous les chanteurs du monde – et qui désormais est redevenue mienne, je continuerai à chanter, tant que Dieu m'en donne la force : avec toute humilité face à l'art, et avec une infinie reconnaissance pour ceux qui dans un moment triste ne m'ont pas abandonnée.

Maria Meneghini Callas

	Départ pour Chicago, avec escale à Paris, où se décide la soirée exceptionnelle du gala de la Légion d'honneur pour la fin de l'année.	
JANV. 22	Concert pour l'Alliance française, dir. Nicola Rescigno • *Don Giovanni* « Non mi dir » •*Macbeth* « Nel dì della vittoria… Vieni ! t'affretta ! » • *Il Barbiere di Siviglia* « Una voce poco fà » • *Mefistofele* « L'altra notte in fondo al mare » • *Nabucco* « Ben io t'invenni… Anch'io dischiuso un giorno » • *Hamlet* « A vos jeux, mes amis… »	**CHICAGO** Civic Opera
FÉV. 6, 10	*La Traviata* VERDI, dir. Fausto Cleva	**NEW YORK** Metropolitan Opera
FÉV. 13	*Lucia di Lammermoor* DONIZETTI, dir. Fausto Cleva	

A UNE DESTINATAIRE INCONNUE – *en anglais*

New York, 16 février 1958

Chère amie,

Je ne peux vous remercier assez pour votre charmante lettre. Je sais qu'il existe de belles personnes comme vous dans ce monde égoïste. Dieu merci, autrement ce serait vraiment horrible de vivre.

Très sincèrement

Maria Meneghini Callas

A Rino de Citio – *en anglais*

New York, 16 février 1958

Cher Ami,
Très souvent on a demandé ma permission pour former un club Callas – mais j'ai toujours dit que je ne pouvais pas personnellement y adhérer. C'est uniquement par modestie de ma part, peut-être difficile à comprendre. Mais si de tels clubs se forment j'en serais ravie même si je trouve cela assez embarrassant pour <u>moi</u> de donner une permission.
Je vous remercie et vous souhaite tout le meilleur
Maria Meneghini Callas

FÉV. 20, 25	*Lucia di Lammermoor* DONIZETTI, dir. Fausto Cleva	**NEW YORK** Metropolitan Opera
FÉV. 28 MARS. 5	*Tosca* PUCCINI, dir. Dimitri Mitropoulos	

A Herbert Weinstock[1] – *en anglais*

Milan, non daté, mars 1958

Cher Herbert,
Merci pour tes lettres et comme toujours très gentils mots. Je suis ici à la Scala en train d'étudier comme une folle le *Pirata* avec un assez vague sens de déception. Ce n'est vraiment pas une œuvre merveilleuse. Ça commence avec un très joli thème et ensuite ça reste tout le temps à moitié, ou pas du tout. Enfin quoi qu'il en soit, on devra travailler d'autant plus pour en faire un succès.

Quant à mes dates je crains de ne rien pouvoir dire. La Scala a une sale habitude de ne pas savoir même dix jours avant une représentation quand elle aura lieu. C'est une habitude des plus vexante et tout à fait ridicule. Encore une raison de ne plus chanter ici ! Jusqu'à pré-

---

1. Critique musical, biographe spécialiste de l'opéra et ami proche.

sent je sais seulement que peut-être le 9 avril on fera *Bolena* et autour du 15-16 mai *Pirata*. Dès que j'en saurai plus je te le dirai.

Toute mon amitié à vous deux et priez pour que j'aille bien car je n'ai qu'une seule arme et c'est mon chant.

Meilleures salutations de mon mari
Maria

MARS 24	Concert, dir. Giuseppe Morelli • *Norma* « Casta diva » • *Il Trovatore* « Vanne, lasciami… D'amor sull'ali rosee » • *Mefistofele* « L'altra notte in fondo al mare » • *Hamlet* « A vos jeux, mes amis… »	**MADRID** Cinema Monumental
MARS 27, 30	*La Traviata* VERDI, dir. Franco Ghione	**LISBONNE** Teatro Nacional de São Carlos
AVRIL 9	*Anna Bolena* DONIZETTI, dir. Gianandrea Gavazzeni, reprise de la mise en scène de Luchino Visconti	**MILAN** Teatro alla Scala

LETTRE OUVERTE

En italien   Milan, 12 avril 1958

Il m'a été demandé d'écrire brièvement mes impressions sur cette soirée spéciale de mon retour sur scène ici[1], alors les voilà. Je serai cependant brève, très brève car je crois avoir tout dit, du moins tout ce que peut et doit dire un artiste, sur la scène de la Scala : une scène « spéciale » ! La plus célèbre et la plus difficile.

Ma journée avait bien commencé. Je me suis réveillée d'excellente humeur, avec le sentiment d'être comme on dit « en forme », et j'étais heureuse car ainsi j'allais pouvoir donner satisfaction à mon public le plus cher, car c'est précisément à ce public que je dédie, dans le véritable sens du terme, cette saison tout entière, récompensée intégralement par leur affection et respect. Qu'avais-je donc à craindre ?

En cette journée-là je ne pouvais évidemment pas me préoccuper du traitement « spécial » que j'avais reçu les jours précédents de la

---

1. Elle ne s'était pas produite en Italie depuis la soirée du 2 janvier à Rome.

part de la Direction scaligère ou plutôt du Directeur lui-même, et que j'allais recevoir ce soir-là certainement aussi.

Je suis donc partie pour le théâtre et arriva le moment de mon entrée en scène. Il m'était difficile de comprendre et très douloureux de me rendre compte au moment où j'allais chanter ma première note, à quel point le public était méfiant, difficile, et qui sait pourquoi dubitatif. Je me demandais surtout pourquoi car le même opéra [*Anna Bolena*] avait été l'année précédente un triomphe. Moi-même j'avais eu, après la bronchite de Rome, de grands succès [à l'étranger] (et je déteste devoir parler de mes succès en général). Pourquoi donc cette méfiance envers une de leurs créatures comme ils aiment à m'appeler eux-mêmes et comme quelqu'un l'avait crié tantôt à Rome depuis le poulailler ? Quelle est la raison des habituels perturbateurs bruyants, ennuyeusement monotones et inexplicablement tolérés par ce théâtre et les deux cents, dit-on, agents de police qui étaient là ! Quelle est la raison de tout cela ? Que veut-on obtenir et où veut-on en venir, je ne le sais vraiment pas. Evidemment tout cela heurte les abonnés et à juste titre. Et la raison de tant de bavardages inutiles est-elle de me rendre toujours coupable de tout et de tous ? Tout cela ne mène à rien même s'il leur reste la joie de la victoire. A moi pourtant il aura fallu 3 jours après cela, c'est-à-dire jusqu'à aujourd'hui, pour me rendre compte que ce fut un tel succès, car j'étais trop fatiguée moralement, trop annihilée de devoir toujours lutter. De plus pour une chose que j'avais déjà obtenue l'année dernière. Mais même la façon dont j'ai été traitée par la Direction passa en second ordre quand le lendemain je reçus l'hommage floral du Professeur Ferrari, Maire de Milan et Président du conseil d'administration scaligère, signe de la plus haute reconnaissance, accompagné de paroles ô combien élogieuses.

Donc il ne me reste plus qu'à essayer, comme je l'ai toujours fait d'ailleurs, de rendre meilleur l'art que Dieu m'a donné et de l'offrir au public – avec le sacrifice de moi-même, et en avalant tant d'accusations injustifiées de fautes qui ne sont pas les miennes – et surtout avec une infinie humilité pour cet art si Grand, et en remerciant, pour conclure, justement ce public qui fut si dubitatif au départ et finit par décréter un de mes plus grands triomphes.

Et permettez que je puisse remercier vraiment ce bon Dieu qui me donne la force de résister et d'avoir, ou plutôt, de pouvoir simuler ce «calme effrayant» que Teodoro Celli[1] m'attribue dans son article; remercier le bon Dieu pour avoir donné et rendu justice à ces articles qu'écrit justement Celli au sujet de ma voix; et remercier tout ceux qui m'aiment, me respectent, et qui ne croient pas à tant de misères écrites sur moi.

M Meneghini Callas

AVRIL 13, 16, 19, 23	***Anna Bolena*** DONIZETTI, dir. Gianandrea Gavazzeni	**MILAN** Teatro alla Scala
MAI 19, 22, 25, 28, 31	***Il Pirata*** BELLINI, dir. Antonino Votto	
JUIN 10	Concert, centenaire du Royal Opera House, en présence de la reine Elizabeth II, dir. John Pritchard • *I Puritani* «Qui la voce sua soave… Vien, diletto»	**LONDRES** Royal Opera House

A Emily Coleman[2] – *en anglais*

Londres, Hôtel Savoy, 16 juin 1958

Chère Emily,

Je ne t'ai pas répondu plus tôt car tu sais quelle vie horrible j'ai eue ces derniers temps, et Dieu sait que j'ai traversé assez d'épreuves. Me voici à Londres jusqu'à la fin de ma saison, et ensuite juillet, août, septembre je serai à Milan, pour me reposer, me reposer vraiment.

J'étais si heureuse d'apprendre que tu écrivais une lettre à mon sujet; je peux imaginer qu'elle sera pleine d'«insultes». Quelque information que tu souhaites demande-moi Emily et je te promets que durant les mois de juin, juillet et août je te répondrai rapidement.

J'espère que ton dos va mieux et j'espère que tu penseras à ta chère amie Maria

PS : Battista t'embrasse.

---

1. Critique musical pour le journal italien *Oggi* (auteur du texte «Un chant d'un autre siècle», voir en fin d'ouvrage).
2. Journaliste américaine et amie de Maria Callas.

A Leo Lerman – *en anglais*

Londres, Hôtel Savoy, 16 juin 1958

Cher Leo,
Cela fait si longtemps que je n'ai pas de tes nouvelles. En Amérique on s'est vus si peu ; j'avais espéré que l'année suivante tu te rattraperais. J'espère que tu vas mieux maintenant ; j'espère que tout va bien pour toi. Que fais-tu ? Quoi de neuf ? Comment vont nos amis ?

Tu sais probablement tout sur moi. Plus je lis les journaux plus j'apprends de choses sur moi, et parfois j'en ris et parfois j'enrage devant les mensonges qu'ils continuent d'inventer comme d'habitude.

Je termine ma saison à la fin de ce mois-ci et je meurs d'envie d'aller dans ma maison de campagne pour me détendre[1]. Tu ne viendrais pas en Italie à tout hasard ? S'il te plaît dis-moi si c'est le cas. Pour le moment c'est tout et en juillet j'écrirai davantage. Si tu me réponds j'en serai plus qu'heureuse et s'il te plaît considère-moi ta meilleure amie
Maria

A Teedy Cummings[2] – *en anglais*

Londres, Hôtel Savoy, 16 juin 1958

Chère Teedy,
Je ne sais pas si tu pourras un jour me pardonner de ne jamais répondre à tes lettres, mais comme tu dois le savoir maintenant, j'ai été terriblement occupée et j'ai traversé tellement de situations très difficiles que je ne pouvais juste pas trouver le temps et l'énergie d'écrire ne serait-ce que deux lignes ; s'il te plaît pardonne-moi et comprends. Maintenant me voilà à Londres pour mon dernier bout de travail de la saison. Jusque-là tout s'est bien passé ; j'espère juste que mes nerfs tiendront jusqu'à fin juin.

---
1. La maison de Meneghini à Sirmione, au bord du lac de Garde.
2. Épouse de Walter Cummings.

Je suis désolée de ne pas pouvoir vous croiser cet été, mais je vois d'après votre programme que vous allez passer de merveilleuses vacances. Je vous écrirai plus en détail au mois de juillet ; un de mes mois de repos.

En espérant que cette lettre vous parvienne et espérant vous revoir tous très bientôt, bien sûr ce ne sera pas avant octobre au plus tôt, mais s'il te plaît considère-moi ta très chère amie et sache à quel point j'apprécie ton intérêt, amitié, et tes pensées, ne m'oublie pas, pardonne-moi de ne pas t'avoir répondu, mais tu sais que je ne suis pas douée pour écrire, pardonne cette lettre dactylographiée, mais je te promets qu'en juillet je t'écrirai une longue lettre et de ma propre main. Je vous embrasse tous deux et vos gentils garçons, tes encore plus gentils parents, et le père de Walter, et toute, toute, toute, toute, mon amitié
Maria

A Herbert Weinstock et Ben Meiselman[1] – *en anglais*

Londres, Hôtel Savoy, 16 juin 1958

Cher Ben, et Herbert !!!
Merci pour votre adorable mot et merci pour vos compliments après *Pirata*. Oui cela s'est vraiment passé magnifiquement, et aussi la Représentation Royale[2] fut un moment que je chérirai toute ma vie.

Le temps ici est plutôt froid et j'espère que je ne le sentirai pas trop. Je suis heureuse d'apprendre que *Medea* a reçu tant de commentaires enthousiastes. Je vous remercie aussi pour votre télégramme et j'espère vous revoir très bientôt en octobre, quand je retournerai en Amérique, si Dieu veut, après mes trois mois de repos.

Mes amitiés à vous deux, aussi de la part de mon mari, et je vous écrirai plus en détail quand j'aurai terminé cette dernière fatigue qui m'attend.

Comme toujours
Maria

---

1. Compagnon de Weinstock.
2. Le concert du centenaire du Royal Opera House à Londres le 10 juin, en présence de la reine.

JUIN 17	Concert télévisé, dir. John Pritchard • *Tosca* « Vissi d'arte » • *Il Barbiere di Siviglia* « Una voce poco fà »	**LONDRES** Chelsea Palace Theatre
JUIN 20, 23, 26	*La Traviata* VERDI, dir. Nicola Rescigno	**LONDRES** Royal Opera House

DE FRANCO ZEFFIRELLI – *en italien*

26 juin 1958

Chère Maria,

Je ne veux pas te déranger ces jours-ci en te parlant du film. Je ne sais pas si j'ai raison ou tort, quoi qu'il en soit, il m'était impossible de faire autrement étant donné mon habituelle réticence à agir comme les autres metteurs en scène, en général, c'est-à-dire faire le siège des vedettes qu'ils désirent voir prendre part à leurs projets. Et tu sais que j'ai pour toi trop d'affection et de respect pour te proposer des entreprises qui ne seraient pas dignes de toi.

Sois certaine que je comprends toutes les raisons de ton incertitude et de ta précaution. Je sais que tu es inondée de propositions et que tu les examines très méticuleusement, connaissant le sens de la responsabilité que as envers ton travail. Je comprends aussi que rien ne soit jamais assez attrayant pour toi, rien ne peut jamais te satisfaire. Et ce n'est pas parce que tu es désabusée ou difficile à satisfaire, comme d'autres pourraient superficiellement le présumer, mais parce qu'en te connaissant un peu je comprends que chaque nouvel engagement professionnel représente pour toi, plus que pour d'autres, un effort créatif titanesque. C'est compréhensible que chaque nouvelle expérience, comme le cinéma l'est pour toi (nouveau et plein d'inconnu), te met dans une position de prudence, même si au fond cela t'attire. Peux-tu imaginer que je ne comprenne pas tout cela !?

Néanmoins, je crois que notre projet de filmer *Traviata* est une entreprise très sérieuse et c'est pour cette raison que j'ai travaillé dur pendant si longtemps afin qu'il devienne une réalité.

Persónnellement (mais peut-être que c'est seulement mon problème), je crois que pour le reste de mes jours je me le reprocherai si nous ne réussissons pas à capturer maintenant, sur trois mille mètres de pellicule, ta *Traviata* ! Parce que la raison même de l'existence de ce film – et je n'aurai de cesse de me le rappeler – est née de cette exigence morale : avoir une preuve vivante et parfaite documentation d'une de tes plus grandes interprétations, une documentation du spectre de tes capacités en tant qu'immense artiste, dans tes années de splendeur en tant que femme.

Je veux que ce film fasse le tour du monde, vers des contrées lointaines ou presque oubliées, du Congo à la Patagonie, afin que tout le monde puisse le voir, et pour que demain (lorsque nous ne serons plus là) tu resteras, et les générations à venir auront ce que ni Eleonore Duse[1] ni Sarah Bernhardt n'ont pu laisser – la préservation sur pellicule de cette remarquable créature [Violetta] avec laquelle tu as secoué, ému, anobli et enchanté les spectateurs et individus de cette affligeante moitié du vingtième siècle !

Chère Maria, je ne sais pas si tu as besoin de me voir et d'en discuter avec moi avant de prendre ta décision. Comme je l'ai dit, je détesterais te harceler, mais je suis prêt à te rejoindre au moindre signe de toi. Et si tu as quelques réserves que ce soit, s'il te plaît dis-moi ce qu'elles sont, avec cette familière franchise qui est l'un des plus attachants aspects de ta nature. Je suis à Rome durant cette période et je n'ai aucun impératif ailleurs. Il est inutile de te dire à quel point j'attends impatiemment ta décision finale. Je t'embrasse affectueusement ainsi que Battista.

Franco[2]

JUIN 28, 30	*La Traviata* VERDI, dir. Nicola Rescigno	**LONDRES** Royal Opera House

---

1. Créatrice du rôle au théâtre de *La Dame aux camélias*, dont *La Traviata* est la version opératique.
2. Ce projet n'a finalement jamais vu le jour.

A Walter & Teedy Cummings – *en anglais*

Sirmione, 16 juillet 1958

Chers amis,
J'étais très triste d'apprendre que Teedy était malade. Comment cela se fait-il ? Est-elle rétablie maintenant ? Passez-vous de bonnes vacances dans votre maison au bord du lac ?

Je suis bien ici, en paix. Tous les photographes sont à l'extérieur et je les <u>défie</u> de venir me déranger. Jusque-là tout va bien. Evidemment j'ai encore des ouvriers à la maison car comme tu le sais ils te promettent de te faire un portail ou quoi que tu leur aies commandé et un mois plus tard tu ne l'as toujours pas. D'ici là tu es déjà dans la maison et alors ils viennent et te salissent tout avec les travaux sur les murs, etc. Je pourrais les assassiner !

J'espère avoir de vos nouvelles bientôt et je vous envoie toute toute mon amitié. Je n'ai rien décidé encore pour Chicago. Je n'aime pas l'idée du concert à moitié. Je verrai quoi qu'il en soit.

Je vous embrasse tous et *au revoir*
Maria

A Leo Lerman – *en anglais*

Sirmione, 18 juillet 1958

Cher Leo,
C'est un tel plaisir d'avoir de tes nouvelles de temps en temps.

Que fais-tu à présent ? Repos ou travail ? Penses-tu que nous nous verrons un peu plus l'année prochaine ? Au fait, j'étais si heureuse d'apprendre que tu arriverais à être au Texas pendant mon séjour là-bas[1]. J'espère que *Traviata* se passera comme je le souhaite. J'ai des idées seulement c'est dommage que ce soit pour le Texas, non qu'ils ne le méritent mais évidemment N.Y. reste N.Y.

Je suis ici à me reposer dans ma nouvelle maison au lac de

---

1. En octobre-novembre pour *La Traviata* et *Medea* à Dallas.

Garde. C'est paisible et grâce au Ciel les gens m'ont laissée un peu tranquille. Je serai aux Etats-Unis autour du 6 ou 7 octobre pour commencer ma tournée de concerts là-bas. Pas d'enregistrements du moins pour le moment car j'ai vraiment l'intention de me <u>reposer</u> !

Alors à présent je te laisse et te souhaite de merveilleuses vacances. Embrasse tous nos amis et écris de tes nouvelles de temps à autre.

Affectueusement
Maria

A Herbert Weinstock et Ben Meiselman – *en anglais*

Milan, 12 septembre 1958

Chers amis Ben et Herbert,

J'ai reçu régulièrement vos chères lettres et cartes et je suis abasourdie que vous n'ayez pas reçu les miennes. J'ai même écrit de Londres. Evidemment je suis un caractère terriblement paresseux s'agissant d'écriture, mais là j'en ai vraiment écrit au moins quelques-unes, et même récemment avec tout mon programme !

Quoi qu'il en soit nous nous verrons très prochainement car j'arriverai sans doute autour du six ou sept octobre [à New York].

J'espère que vous allez bien tous deux et s'il vous plaît priez que je sois en bonne santé car j'ai deux <u>durs</u> mois qui m'attendent. Ils devraient bien se passer car j'ai eu un très long et merveilleux repos, mais on dépend de tellement de trivialités qui peuvent nous créer des ennuis, comme les coups de froid par exemple !

Je vous embrasse fort tous deux et *au revoir*
Maria

SEPT. 19, 20, 21	Enregistrement de l'album *Héroïnes de Verdi*, dir. Nicola Rescigno • *Macbeth* « Nel dì della vittoria… Vieni ! t'affretta ! » « Una macchia è qui tuttora ! » « La luce langue » • *Don Carlo* (Elisabeth) « Tu che le vanità » • *Nabucco* « Ben io t'invenni… Anch'io dischiuso un giorno » • *Don Carlo* (Eboli) « O don fatale » • *Ernani* « Surta è la notte… Ernani, involami ! »	**LONDRES** Studio Abbey Road

SEPT. 23	Concert télévisé, dir. John Pritchard • *Norma* « Casta diva » • *Madama Butterfly* « Un bel dì vedremo »	**LONDRES** Chelsea Palace Theatre
SEPT. 24, 25	Enregistrement de l'album *Scènes de folie*, dir. Nicola Rescigno • *Anna Bolena* « Piangete voi ?… Coppia iniqua » • *Hamlet* « A vos jeux, mes amis… » • *Il Pirata* « Oh ! s'io potessi… O sole, ti vela »	**LONDRES** Kingsway Hall

A Herbert Weinstock et Ben Meiselman – *en anglais*

Londres, 23 septembre 1958

Chers amis,

Vous devez me détester de ne pas vous répondre pendant aussi longtemps mais j'ai été occupée et le temps passe même quand on est aussi déterminé à se reposer que je l'étais.

Je vous remercie pour vos habituels adorables mots à mon sujet. Vous avez toujours aimé et compris ma façon de faire de l'Art.

Bien sûr que nous ferons *Macbeth* [au Met], quoi qu'on raconte comme bêtises encore. Pour le moment mon programme est le suivant : une semaine d'enregistrement à Londres : *Les Scènes de folie de Callas – Lucia, I Puritani?, Hamlet, Anna Bolena,* et *Pirata*. Début octobre j'irai aux Etats-Unis. Je vous dirai exactement quand. La tournée de concerts commence à Birmingham le 11 octobre, puis Dallas fin octobre jusqu'au 9 novembre[1] et puis de nouveau en tournée jusqu'au 2 décembre. Ensuite à Milan tout le mois de décembre et puis en janvier le Met.

Donc vous voyez nous allons nous voir pas mal. Vous allez en avoir marre de nous !

J'espère que tous deux allez bien et que tout va pour le mieux. Amitiés et *a rivederci presto*.

Je vous embrasse
Maria

---

1. Nouvelles productions de *La Traviata* et *Medea* créées spécialement pour Callas par la jeune équipe du Dallas Civic Opera, dirigée par l'ami de longue date Lawrence Kelly, et par le chef d'orchestre Nicola Rescigno qui dirigera également Callas dans toute sa tournée de concerts de 1958 et 1959 (leur première collaboration remonte au concert de Dallas l'année précédente, qui avait remporté un grand succès).

A Rudolf Bing – *en anglais*

Milan, 27 septembre 1958

Cher Mr. Bing,
De retour de Londres, nous avons trouvé votre lettre du 22, dont nous prenons note et dont nous confirmons réception, cependant étant donné que nous serons à New York le 6 octobre pour la tournée de concerts organisée par Hurok[1], cela n'était pas absolument nécessaire. Nous serons donc heureux de vous rencontrer le 6 ou 7 octobre à New York, où nous discuterons du contenu de ladite lettre.
Au plaisir de vous rencontrer bientôt, avec nos plus amicales salutations,
Sincèrement vôtre
Maria

Départ pour New York le 5 octobre. Première tournée américaine, dir. Nicola Rescigno

OCT. 11, 14, 17, 21	Programme de chaque concert : • *La Vestale* « Tu che invoco » • *Macbeth* « Nel di della vittoria… Vieni ! t'affretta ! » • *Il Barbiere di Siviglia* « Una voce poco fà » • *Mefistofele* « L'altra notte in fondo al mare » • *La Bohème* (Musetta) « Quando m'en vo » • *Hamlet* « A vos jeux, mes amis… »	**BIRMINGHAM** Auditorium municipal **ATLANTA** Auditorium municipal **MONTRÉAL** Forum **TORONTO** Maple Leaf Gardens

---

A Rudolf Bing – *en anglais*

Dallas, 23 octobre 1958

Cher Mr. Bing,
J'ai reçu à Montréal votre lettre du 13 et voici ma réponse, vous remerciant de la proposition, mais je suis désolée de vous dire clai-

---

1. Sol Hurok, producteur des tournées américaines de 1958 et 1974.

rement qu'il ne me sera pas possible d'être au Metropolitan Opera pour la saison 1959-60. Trop de travail et trop d'ennuis m'attendent dans le futur proche dans ce théâtre autant qu'en tournée, dans des conditions facilement prévisibles, puisque nous les connaissons bien, les ayant vécues précédemment, et vous êtes mieux placé que quiconque pour en juger. Je ne me sens pas de continuer une activité qui est plus douloureuse que satisfaisante (par exemple je ne veux plus jamais – et je dis bien jamais – voir se répéter une chose comme cette *Traviata* la saison dernière).

D'un autre côté, s'il y a dans votre programme quelque chose de nouveau et d'intéressant à présenter au public, quelque chose qui puisse aussi satisfaire un peu l'artiste, je suis toute prête à examiner ma collaboration à vos côtés et coopérer modestement à atteindre les bons résultats que nous désirons tous. Mais pour les choses habituelles et celles qui ont déjà été faites, s'il vous plaît voyez si vous ne pourriez pas trouver le moyen d'engager des artistes aussi bonnes ou possiblement meilleures pour les rôles artistiques que vous comptiez me confier.

Avec mes salutations les meilleures
Maria Meneghini Callas

A RUDOLF BING – *en italien*

Dallas, 27.10.1958

[...] Vous m'avez dit que Tebaldi la saison dernière a exigé catégoriquement que je ne reprenne pas sa *Traviata*, autrement elle menaçait de ne pas retourner au Metropolitan. Vous m'avez dit aussi que vous aviez répondu avec grande fermeté et agacement à une si absurde requête, et Tebaldi devrait se plier à vos raisons et décisions. Néanmoins, vous m'avez aussi dit il y a quelques jours que Tebaldi avait refusé de chanter *Traviata* cette année, alors qu'elle s'y était pourtant engagée, et que vous avez accepté cela, pour avoir la paix. Il est donc logique que je n'interprète pas moi non plus ce rôle, étant donné que Tebaldi a osé vous imposer cette annulation...

J'aimerais évoquer encore un problème. Au printemps dernier, après mes représentations au Met, nous avons parlé de la saison prochaine. J'ai dit que parmi les rôles que vous m'aviez suggérés j'aurais aimé ajouter *Butterfly*. Pourquoi ne l'avez-vous pas fait ?

Le fait est que vous m'aviez assuré que vous le feriez. C'est peut-être parce que ma *Butterfly* dérangeait Mademoiselle Tebaldi, qui, bien que traversant un moment douloureux[1], vous a tout de même complètement laissé tomber la saison dernière, et il est sans doute possible qu'elle vous ait une fois de plus imposé sa décision, comme dans le cas de *Traviata* [...]

Dallas, octobre 1958, lors des représentations de La Traviata, *entourée de Franco Zeffirelli (à gauche), Nicola Filacuridi et Nicola Rescigno (à droite).*

A Cristina Gastel Chiarelli[2] – *en italien*

Dallas, 27.10.1958

Très chère Cristina,

Merci pour ton petit bonjour attentionné et affectueux, je saluerai de ta part Franco [Zeffirelli], avec qui nous travaillons en ce moment,

---
1. Elle venait de perdre sa mère.
2. Nièce de Luchino Visconti.

et toi salue bien tout le monde chez toi, ta maman et ton papa tout particulièrement. J'espère te revoir vite à mon retour, qui n'est pas très loin, mais pas si près non plus. J'ai déjà fait quatre concerts, avec, dit-on, beaucoup de succès. A présent j'ai ici *Traviata* et *Medea*, puis je poursuivrai encore avec les concerts jusqu'à la fin de novembre. Et immédiatement après je rentre en Italie. Ciao Cristina, je t'embrasse de tout cœur, ta Maria

OCT. 31 NOV. 2	*La Traviata* VERDI, dir. Nicola Rescigno, mise en scène de Franco Zeffirelli	**DALLAS** State Fair Music Hall
	C'est la dernière fois qu'elle chante *La Traviata*	

A RUDOLF BING – *en italien*

Dallas, 2 novembre 1958

Cher Rodolfo,
A propos de votre lettre du 29 octobre. Quant à vos excuses parce que vous ne vouliez pas parler à mon mari, je dois vous dire que c'est mon mari et lui seul qui s'occupe de mes affaires ; d'ailleurs je vous demande à partir de maintenant de vous adresser à lui et non à moi. Et quant au problème de traduction qui vous a tant contrarié l'autre jour au téléphone, il y avait une secrétaire disponible pour faire l'interprète.

Et maintenant au sujet du second paragraphe de votre lettre du 29 octobre. Je ne peux pas vous cacher mon dégoût que vous osiez écrire une phrase comme celle-ci : *J'ai reçu votre lettre de Dallas datée du 27 qui, si vous me permettez de le dire, ressemble plus à la Maria Callas au sujet de laquelle on m'avait mis en garde plutôt que la Maria Callas que je connais, aime et respecte.* Ici je soulève une question, est-ce que vous faites vos jugements avec le cerveau d'un petit imbécile ou bien avec votre propre cerveau, en vous fondant sur des faits et non des ragots ? Que je sois, selon vous, quelqu'un qui cherche à rendre les choses difficiles pour le simple plaisir de faire la difficile est un autre jugement totalement infondé.

Ce qui est le plus stupéfiant est que vous ne vous souvenez pas de ce que vous m'avez dit clairement à propos de la requête de Madame Tebaldi liée à ma reprise de *Traviata*. Ne pas se souvenir de certaines choses est grave, plus grave même que de les nier et cela n'est pas digne de vous, d'autant plus que je parle de déclarations qui m'ont été confiées dans la plus stricte confidentialité. Et le fait est que je n'ai jamais dit un mot, et pas un mot n'a filtré à qui que ce soit. Vous, en revanche, osez dire que j'ai utilisé cette information confidentielle contre vous.

Dans le troisième paragraphe vous assurez que Madame Tebaldi n'a jamais mentionné mon nom ; je suis désolée que désormais vous niiez cela aussi. Je n'ai aucune rivalité avec personne. Je m'occupe de mes propres affaires et je regarde droit devant. Et je crois n'avoir aucun besoin de parler de spéculations. Je pense bien, en revanche, que dire certaines choses et ensuite ravaler ses propres mots n'est pas un procédé qui fasse honneur à qui que ce soit et encore moins à vous qui occupez un poste si élevé.

Paragraphe 4 : Vous ne pouvez comprendre mon refus de chanter *Traviata* et vous pensez que c'est un acte inamical de ma part. C'est mal, très mal, de penser et de dire ça. L'année dernière j'ai été forcée d'accepter <u>cette</u> *Traviata*. C'est pourquoi je ne veux plus jamais en entendre parler. Et je crois qu'il n'y a aucun sens à remplacer cet opéra par les habituelles vieilleries qui ont été servies maintes et maintes fois. Donnez-moi une période de repos et ce sera la meilleure chose que vous puissiez faire pour moi.

<u>Butterfly.</u> N'en parlons plus jamais et ne revenons pas sur le sujet. Vous ne voulez pas toucher cette production qui a eu tant de succès et vous avez raison, car c'est vous qui dirigez le Metropolitan Opera et pas les autres.

Parlons maintenant de la prochaine saison. Permettez-moi de répéter que ce n'est pas du tout vrai la rumeur selon laquelle je ne souhaite pas ou ne sois pas intéressée de retourner au Metropolitan. Le fait est plutôt que je ne suis pas intéressée par ce que le Metropolitan a à me proposer. Comprenons-nous clairement sans la moindre possible ambiguïté. Je ne peux pas me mettre à la disposition du Metropolitan pour les vieilles routines habituelles, aussi pour les raisons très clairement exprimées par mon mari à votre traducteur hier matin au téléphone ; après tout le Metropolitan ne mourra pas de faim ni ne tombera en ruine, puisqu'il a soixante autres artistes auxquels il peut faire appel de la plus élevée et digne des manières. Je suis, je le répète à nouveau, à la disposition du Metropolitan pour des entreprises artistiques qui jusqu'à un certain point peuvent provoquer et augmenter l'intérêt du public à la musique ; un peu comme ce qui s'est passé ici à Dallas, si cette référence ne vous fâche pas. Mais qualifier de caprices d'enfant mon refus de reprendre une production exécrable de *Traviata,* voilà encore une déclaration qu'il aurait mieux valu ne pas faire.

En ce qui concerne mon retour au Metropolitan, ce ne sera pas (comme vous le dites) un caprice de ma part si je ne viens pas. Votre illustre établissement et moi ne travaillons pas avec les mêmes principes, donc il serait aussi bien que chacun continue sur son propre chemin, tant que l'amitié honnête qui nous a unis existe et certainement existera toujours, du moins pour ma part.

Je profite de cette occasion pour vous envoyer mes meilleures salutations
Maria Meneghini Callas

TÉLÉGRAMME DE MARIA CALLAS À RUDOLF BING
En italien

6 NOV. 1958

SIDÉRANTE VOTRE MANIÈRE HABITUELLE PRESSANTE, ET INACCEPTABLE JE LE RÉPÈTE ET J'INSISTE, ABSOLUMENT IMPOSSIBLE D'ALTERNER MACBETH OPÉRA LOURD AVEC QUELQUE AUTRE OPÉRA LÉGER[1]. JE PENSAIS FACILITER VOTRE TÂCHE EN ÉLIMINANT EXPRÈS DES OPÉRAS ÉVIDEMMENT INCOMPATIBLES ET CONTRASTANTS ENTRE EUX, MAIS AU VU DE VOTRE INCOMPRÉHENSIBLE INSISTANCE JE VOUS PROPOSE ALORS UNE RAISONNABLE SUBSTITUTION PAR UN OPÉRA DE RÉPERTOIRE ADÉQUAT. MARIA MENEGHINI CALLAS

---

1. Rudolf Bing proposait *La Traviata* ou *Lucia di Lammermoor.*

TÉLÉGRAMME DE RUDOLF BING

En anglais

NEW YORK, 6 NOVEMBRE[1]

PUISQUE VOUS N'AVEZ PAS CRU NÉCESSAIRE DE RÉPONDRE À MES TÉLÉGRAMMES DES 3 ET 5 NOVEMBRE OU DE FOURNIR CONFIRMATION COMME DEMANDÉ, VEUILLEZ CONSIDÉRER VOTRE CONTRAT AVEC LE METROPOLITAN POUR LA SAISON 58-59 ANNULÉ. RUDOLF BING, METROPOLITAN OPERA

NOV. 6	*Medea* CHERUBINI, dir. Nicola Rescigno	**DALLAS** State Fair Music Hall

Callas reçoit le télégramme (à sa droite, son ami Leo Lerman) juste avant d'entrer en scène avec Medea *à Dallas. Entre-temps Bing a déjà envoyé un communiqué de presse déclarant avoir licencié Callas. De retour dans sa loge après la représentation, elle est assaillie par les journalistes. La nouvelle fait rapidement le tour du monde et les journaux feront leurs grands titres avec «Bing vire Callas», ou «Callas virée du Met». Un nouveau scandale retentissant.*

---

1. Ces deux télégrammes du même jour se sont télescopés.

COMMUNIQUÉ DE PRESSE DU MET

« Le Metropolitan Opera a rompu son contrat avec Maria Meneghini Callas et la soprano ne se produira pas avec la compagnie cette saison », a annoncé aujourd'hui Rudolf Bing, directeur général. Cette action a été causée par le refus de Mme Callas de remplir les termes de son contrat. Leonie Rysanek, déjà annoncée dans le programme de cette saison, a accepté de chanter le rôle de Lady Macbeth dans la nouvelle production du *Macbeth* de Verdi qui sera donné au Metropolitan pour la première fois le 5 février.

DÉCLARATION DE RUDOLF BING

Voici la seule déclaration que je ferai au sujet de l'association, ou devrais-je plutôt dire dissociation, entre Maria Meneghini Callas et le Metropolitan Opera. Que ce soit du côté du Metropolitan Opera ou du mien, le sujet est clos. Je ne souhaite pas entrer dans un conflit public avec Madame Callas car je ne suis pas sans savoir qu'elle a bien plus de compétence et d'expérience que moi en la matière.

Madame Callas m'a dit il n'y a pas si longtemps qu'elle souhaitait arrêter de chanter. Peut-être les positions arbitraires qu'elle a endossées vis-à-vis du Metropolitan Opera, ajoutées aux autres événements récents de sa carrière qui ont beaucoup fait parler, avaient-ils pour objectif d'en arriver là. Qu'il en soit ainsi, je suis ravi d'avoir eu la possibilité de la présenter au public new-yorkais qui je crois mérite d'entendre tous les remarquables artistes du monde, et il n'y a pas de doute que Madame Callas en fait partie.

Je m'étonnerais que quiconque soit surpris à l'issue des événements actuels. Bien que les qualifications artistiques de Madame Callas soient un sujet de violente controverse entre ses amis et ses détracteurs, sa réputation de gérer ses affaires grâce à des talents histrioniques inégalés est connue de tous. Cela, ajouté à son insistance à revendiquer le droit d'altérer ou abroger un contrat à volonté et à coups de caprices, a finalement abouti à la situation actuelle, simple répétition de l'expérience que presque toute autre grande maison d'opéra a eue en ayant affaire à elle. Soyons tous reconnaissants d'avoir pu expérimenter son art durant deux saisons ; pour des raisons que la presse musicale et le public pourront aisément comprendre, le Metropolitan est néanmoins soulagé que l'association ait pris fin.

Le Metropolitan Opera n'a heureusement jamais été dépendant des talents, si grands soient-ils, d'un artiste individuel. Je pourrais même nommer un certain nombre de chanteuses très célèbres qui pensaient jadis être indispensables et aujourd'hui donneraient leurs yeux et leurs dents pour revenir au Metropolitan. Ainsi, ouvrons la saison !

LETTRE OUVERTE[1]

En anglais   Dallas, 8 novembre 1958

Rudolf Bing m'a tendu un piège espérant que je tombe dedans, mais nous verrons qui de nous deux va y laisser ses plumes. Il a abattu toutes ses cartes avec sa désormais célèbre déclaration aux journalistes, mais j'ai encore les miennes en main.

Je voudrais vous lire un extrait d'une récente lettre de Bing dans laquelle, à la fois implicitement et explicitement, on me garantit le droit de renoncer à certaines représentations. Mais même avant cela, au vu du fait qu'il a dit toutes ces choses sur moi qui ont été publiées dans les journaux, permettez-moi de vous dire ce que je pense de ce caporal prussien que les caprices du destin ont mené au poste jadis occupé par Gatti-Casazza[2]. Bing est un genre d'homme étrange et colérique qui utilise des méthodes d'homme fort pour cacher ses propres faiblesses en matière musicale. Laissez-moi vous donner un exemple. Dans une conversation à plusieurs, une fois les noms de D'Annunzio et Zandonai furent mentionnés, en lien avec leur opéra *Francesca da Rimini*. Bing se tourna vers son secrétaire pour demander qui cette Madame Francesca pouvait bien être. Après qu'il eut

---

1. Dictée par Maria Callas au téléphone au journaliste italien Leo Rea.
2. Giulio Gatti-Casazza, éminent directeur de la Scala, puis du Metropolitan, de 1908 à 1935.

été discrètement informé, il donna l'impression de connaître l'existence du poète et du compositeur comme si on parlait de cyclistes ou de boxeurs. Une autre fois, les gens parlaient de *Fedora*, qu'il ne connaissait pas non plus. Il serait tombé des nues si je lui avais parlé, n'imaginons même pas, de *Bolena*, *Armida*, et *Medea*. Et je pourrais continuer pendant un bon moment cette démonstration de ses compétences historiques et opératiques.

Bing essaye de justifier son poste, son salaire, et son autorité avec une montre en main. Comme tous les Allemands, il est un disciplinaire fanatique et il adorerait traiter les artistes comme des recrues à son commandement de sergent. Il joue les gros bras avec les faibles et il pleurniche avec les forts. Il y a trois ans, quand j'ai chanté *Norma* à Chicago, il était à mes pieds m'implorant de venir au Metropolitan car le succès des autres lieux d'opéra en Amérique l'avait énervé. Alors il a dû être d'autant plus énervé par les *Traviata* et *Medea* que nous avons faits à Dallas car cela a prouvé que même l'Opéra d'une ville de province pouvait faire mieux que l'Opéra de la métropole New York. C'est en réalité la raison basique de son embarras actuel, aggravé par le fait qu'on ait enfin vu clair dans son jeu et qu'on lui dise les choses en face, pas seulement moi, mais aussi tous les critiques musicaux d'Amérique qui en parlant de cet événement qui remplit l'actualité lui en font voir de toutes les couleurs, bien fait.

Devrions-nous reprendre dans l'ordre les faits qui ont mené au présent conflit ? A la fin de l'année dernière Bing m'a liée avec un contrat pour treize représentations à New York entre mi-janvier et mi-mars 59, avec en plus le même nombre de représentations au cours d'une tournée de mi-avril à la fin mai. De plus, il m'avait proposé un contrat pour la saison 59-60 sur une période de douze semaines. Cette proposition est contenue dans une lettre datée du 13 octobre 1958, et je vais vous la lire. Ecrivez-la mot à mot car dans cette clause figure la clé de toute cette controverse. Allons-y. « Je vous propose dix-sept représentations dont, en accord avec ce qui a été entendu pour cette année, vous ne serez censée en chanter que quatorze. Cela signifie que, en plus du cachet habituel pour ces quatorze représentations, le Metropolitan vous paiera aussi pour trois représentations. » La lettre est signée Bing et reconnaît mon droit « en accord avec ce qui a été entendu pour cette année », à renoncer à certaines représentations. Et cette lettre est suivie par les observations que j'ai faites à Bing dès mon arrivée à New York le 6 octobre quand, après avoir reçu mon planning, j'ai déclaré que les trois représentations de *Traviata* négligemment insérées au milieu de répétitions et représentations d'un opéra aussi dur que *Macbeth*, ne pouvaient être acceptées. Bing qui, comme je l'ai expliqué auparavant, n'est pas très porté sur les sujets musicaux, ne comprenait pas et m'a proposé de remplacer *Traviata* par *Lucia*. Ce qui serait sauter du coq à l'âne. La folie de la pauvre fille de Lammermoor n'est rien comparée à l'incompréhension obstinée de Bing. Selon lui, *Macbeth*, qu'il n'a sans doute jamais entendu, *Lucia*, *Sonnambula*, *Trovatore*, *Barbiere* et *Gioconda*, peuvent tous être parfaitement rangés ensemble, alignés sur le même plan et tous contenus dans le même cycle d'interprétation.

J'avais demandé à remplacer *Traviata* par un opéra de la même tessiture que *Macbeth* mais Bing ne comprend ni les arguments musicaux ni les raisons. C'est cette obstination qu'était la sienne qui m'a mise sur mes gardes quand vint le moment de discuter la saison 59-60, et je n'ai pas accepté les propositions de sa lettre du 13 octobre. Je lui ai aussi dit qu'il me semblait que le temps était venu pour lui de produire un opéra plutôt que spéculer avec l'opéra. Et comme toujours Bing n'a pas compris quoi que ce soit. Lorsque je lui ai dit de penser enfin à l'opéra, j'ai continué à le mettre en garde du fait qu'en ce qui me concerne, je n'avais pas l'intention de laisser ma carrière tomber dans la routine, que j'étais intéressée par produire du véritable art et pas le moins du monde intéressée par spéculer avec l'art.

Cette fois-ci il a bien compris mais il a agi comme s'il avait compris que je comptais me retirer de la scène pour de bon. Encore une erreur, Mr. Bing. Je quitterai l'opéra quand je le voudrai, ou lorsque mon mari le voudra, mais certainement pas pour vous satisfaire vous.

Mais revenons à notre histoire. Bing envoie son ultimatum en télégramme de 12:19 le 5 novembre. Son message arrive à Dallas quelques heures plus tard. Il stipule que je dois l'assurer de chanter trois représentations de *Traviata* ou *Lucia*, aux dates assignées sur mon planning, autrement je risquerais l'annulation de mon contrat. Et que ma réponse devait lui parvenir en main d'ici dix heures le lendemain matin, heure de New York. Il ne fait aucun doute que Bing ait été pris de délire et qu'il attendait, montre en main, que sonne l'heure. Evidemment, je n'aurais pas permis à ces choses-là de perturber la préparation de *Medea*. J'étais au théâtre tout l'après-midi et une partie de la nuit pour la générale.

Lorsque je suis rentrée à mon hôtel au petit matin du 6 novembre je n'ai pas pensé que Bing serait assis là, de l'autre côté du continent Américain, à attendre impatiemment et regarder tourner les aiguilles de sa montre avancer vers l'heure fatale. Mais Bing n'est pas homme à accepter les retards, et à dix heures pile il envoya son second télégramme stipulant qu'il se doit d'interpréter mon manquement de réponse comme une violation de notre accord et que mon contrat est ainsi annulé. Avant que je ne reçoive ce télégramme j'avais envoyé un autre télégramme à Bing dans lequel j'exprimais mon étonnement de son comportement et dans lequel j'ai à nouveau confirmé l'absolue impossibilité d'alterner vocalement un opéra aussi lourd que *Macbeth* avec n'importe quel opéra léger. J'ajoutais qu'il me semblait rendre les choses plus faciles en proposant de remplacer *Traviata* par un autre opéra de répertoire adéquat. Mais ma proposition conciliante était bien inutile : caporal Bing, à 10:01 heures de New York, a mis sa préméditation en action. Il avait déjà dans sa poche un communiqué de presse et il s'est hâté de l'envoyer. Le scandale avait commencé. Bing allait avoir son quart d'heure de célébrité simultanément au succès de la toute première représentation de *Medea* aux Etats-Unis. Cette coïncidence savamment orchestrée allait diminuer le retentissement du succès dont l'Opéra de Dallas était l'initiateur, mais le projectile s'avéra être un boomerang, selon les journaux pas seulement de Dallas mais de l'Amérique entière, en faveur de mon interprétation de Médée, et en défaveur de Bing. Les journaux de l'Amérique entière excepté, d'après ce qu'on dit, ceux de New York ; car chacun prêche pour sa paroisse même sous les gratte-ciel !

Tout cela me semble assez insignifiant en fin de compte.

NOV. 8	*Medea* CHERUBINI, dir. Nicola Rescigno	**DALLAS** State Fair Music Hall

A Eugenio Gara – *en italien*

12 novembre 1958

Cher Eugenio,

A toi et à ta chère Rosetta tant de choses affectueuses.

J'espère que vous m'aimez toujours et que vous pensez à moi de temps en temps.

Je suis convaincue de plus en plus que le monde est fou et je remercie le Père éternel du bon sens qu'il m'a donné.

A très bientôt. Je serai rentrée tout début décembre.

Baisers
Maria

Immédiatement après Dallas, Maria Callas reprit la tournée de concerts, y ajoutant une soirée spéciale et unique à Paris le 19 décembre.

NOV.	15		**CLEVELAND** Public Music
	18	Programme de chaque concert :	**DETROIT** Masonic Auditorium
	22	• *La Vestale* « Tu che invoco » • *Macbeth* « Nel di della vittoria… Vieni! t'affretta! » • *Il Barbiere di Siviglia* « Una voce poco fà » • *Mefistofele* « L'altra notte in fondo al mare »	**WASHINGTON** Constitution Hall
	26	• *La Bohème* (Musetta) « Quando m'en vo » • *Hamlet* « A vos jeux, mes amis… »	**SAN FRANCISCO** Civic Auditorium
	29		**LOS ANGELES** Shrine Auditorium
DÉC. 19		Gala de la Légion d'honneur, dir. Georges Sébastian • *Norma* « Sediziose voci… Casta diva… Ah! bello a me ritorna » • *Il Trovatore* « Vanne, lasciami… Miserere d'un'alma già vicina » • *Il Barbiere di Siviglia* « Una voce poco fà » • *Tosca* (acte II) avec Tito Gobbi et Albert Lance	**PARIS** Opéra Garnier (retransmission télévisée)

A un destinataire inconnu – *en italien*

Paris, Hôtel Ritz, 20 décembre 1958

Cher Monsieur,

Je lis l'article que vous avez écrit me concernant, envoyé par vos soins, avec une extrême gentillesse, ici à Paris. Je vous remercie de tout cœur pour ce que, avec tant de clarté, vous avez voulu écrire à propos de mon « affaire » de Rome, autour de laquelle on a fait tant de bruit et qui en fait encore, malheureusement ! Mais grâce à des hommes honnêtes comme vous ils réfléchiront que si l'on a fait couler tant d'encre à mon sujet, c'était pour m'insulter ou trouver des justifications aux actes d'autrui : dans le cas d'autres artistes, impliqués dans des affaires semblables à la mienne, personne n'a rien dit. Tout récemment à Bologne, au milieu d'une certaine représentation de *Trovatore*, le protagoniste a senti sa voix lui faire défaut et a quitté la scène, obligeant la direction du théâtre à rembourser les billets au public. Mais qui en a parlé ?

Il y en a qui ont perdu seulement leur voix mais d'autres ont perdu la mémoire... mais au-delà d'une allusion dans les faits divers, qui en a reparlé ?

Pardonnez-moi ce long bavardage et veuillez agréer encore une fois mes remerciements,

Votre très dévouée
Maria Meneghini Callas

A WALTER & TEEDY CUMMINGS – *en anglais*

Milan, 31 décembre 1958

Chers Walter et Teedy,
Seulement quelques lignes pour dire que je suis une horrible, impardonnable, et extrêmement mauvaise correspondante. Bien que vous réalisiez combien j'ai eu et j'ai encore à faire. Mais j'aurais vraiment dû trouver deux minutes, ne serait-ce que pour dire bonjour. Quoi qu'il en soit, me voilà seule ici, Battista a dû partir pour les impôts, etc., à Vérone.

Je vais bien, je ne pourrais être plus heureuse ! J'espère que cela va durer un moment car je mérite sans aucun doute un peu de tranquillité !

J'espère que vous deux et la famille allez bien, et je vous verrai probablement à N.Y., j'espère en janvier. Dès que j'arrive je vous passerai un coup de téléphone. Je pars de Milan, si Dieu veut, le 8 et arriverai à N.Y. au matin du 9. Je verrai si le 9 au soir il y a un train ou un avion pour St Louis car le concert est en matinée donc je ne veux pas risquer d'arriver en retard pour le concert. J'ai eu assez de scandales !

Voilà c'est tout pour le moment alors je referme cette lettre en vous souhaitant mes meilleurs vœux pour une heureuse Nouvelle Année et une bonne santé.

Affectueusement

Maria

1959

	Reprise de la tournée américaine	
JANV. 11	Concert, même programme, dir. Nicola Rescigno	**ST. LOUIS** Kiel Auditorium
JANV. 24	Concert, célébration du 102ᵉ Anniversaire de l'Academy of Music, dir. Eugene Ormandy • *Mefistofele* « L'altra notte in fondo al mare » • *Il Barbiere di Siviglia* « Una voce poco fà » • *Hamlet* « A vos jeux, mes amis… » • *La Bohème* (Musetta) « Quando m'en vo »	**PHILADELPHIE** Academy of Music

A Irving Kolodin[1] – *en anglais*

New York, 25 janvier 1959

Cher Mr. Kolodin,

J'ai téléphoné plusieurs fois mais toujours sans succès. Herbert Weinstock m'a même donné un numéro où l'on vous trouve habituellement l'après-midi mais encore une fois sans succès. Le temps ne me permet pas d'insister trop et je suppose que mes messages ne vous ont pas été transmis.

Bien sûr tout cela était lors de mon dernier séjour en Amérique, ou plutôt dernier avant celui-ci. Quoi qu'il en soit je veux vous remercier d'avoir publié les articles de Celli[2]. Vous avez toujours été un ami et je l'apprécie tellement.

---

1. Critique musical américain au *Saturday Review*.
2. Traduits en anglais par Herbert Weinstock. Voir p. 575.

J'essaierai de vous remercier pour le respect que vous portez à mes capacités artistiques par la seule manière que je pense devoir et pouvoir le faire – c'est-à-dire en chantant du mieux que je puisse afin que vous soyez tous fiers de moi.

S'il vous plaît téléphonez-moi si vous le pouvez. J'aurais aimé vous voir avant de partir mais je crains que ce ne soit trop tard car je pars jeudi pour Washington et vendredi pour Milan.

Très cordialement
Maria Meneghini Callas

PS : J'espère que ma lettre fait sens car j'ai été interrompue au moins dix fois en l'écrivant. Maria

JANV. 27	*Il Pirata* BELLINI, version concert, dir. Nicola Rescigno	**NEW YORK** Carnegie Hall
JANV. 29		**WASHINGTON** Constitution Hall

A Lola Beler[1] – *en anglais*

1ᵉʳ février 1959

Chère Lola Beler,
Je vous suis tellement reconnaissante pour votre très belle lettre et vos compliments.

Il est vrai que je fais de mon mieux pour donner le meilleur de moi-même à mon public, tout le temps, autant que possible, même si je crains que ce ne soit pas toujours compris et apprécié.

Quoi qu'il en soit, je continuerai à faire de mon mieux. Je suis touchée que vous me considériez parfaite.

Avec mes meilleures salutations et remerciements.
Sincèrement
Maria Meneghini Callas

---

1. Une admiratrice.

A Herbert Weinstock et Ben Meiselman – *en anglais*

Milan, 15 février 1959

Très chers Ben et Herbert,

Combien j'ai apprécié ces deux semaines chez moi, vous n'avez pas idée – je me suis reposée, j'ai fait les magasins et j'ai essayé de mettre de l'ordre dans la maison – j'ai fait tout sauf ne serait-ce que penser à chanter ou quoi que ce soit à ce sujet. Presque tous les soirs je suis chez moi dans ma <u>pièce de travail</u> à <u>boire</u> tout le bonheur créé par la liberté et l'absence de responsabilités.

Merci à tous les deux pour toutes vos lettres et, par-dessus tout, pour votre si précieuse amitié. Ne vous inquiétez pas pour Venise. C'est annulé. Ils s'y sont pris trop tard pour trouver une «Jeanne Seymour[1]» convenable, alors j'ai dit non car il est impossible que nous soyons en dessous de la Scala, autrement nous perdons tout le prestige.

Dimanche, nous allons pour deux jours à Londres pour voir et entendre *Lucia* dans la nouvelle production de Covent Garden – Mise en scène Zeffirelli – Maestro Serafin – Ténor Gibin ou quel que soit son nom – et Soprano Joan Sutherland. Je crois qu'elle le fera bien. Elle a étudié selon ma façon de chanter. Imaginez, elle a fait ses débuts avec moi il y a 6 ans en Clotilde dans *Norma* dans la première édition à Covent Garden.

J'y vais aussi parce qu'ils veulent que je le fasse en juin si j'aime la production, et entre nous, la soprano n'est pas meilleure que moi. Cela dit, elle est douée, et je l'aime bien.

Pour le moment, mon programme se résume à Paris et Londres, et des enregistrements – *Lucia* et un 33-tours de «variations et créations de Callas», ainsi qu'ils souhaitent l'appeler. Et c'est tout pour le moment.

Je savais que *Macbeth* ne serait pas bon. Ebert est quelqu'un de bien mais il est trop âgé et donc vieux jeu. Je ne connais pas la soprano mais je connais bien Warren et je continue de penser que ses jambes sont trop maigres pour son corps – si vous voyez ce que je veux dire. Il en faut beaucoup pour ramener Macbeth à la vie.

---

1. Rôle de mezzo-soprano dans *Anna Bolena*.

On vous embrasse Battista et moi,
Toujours votre
Maria

MARS du 16 au 21	Enregistrement de la seconde intégrale, *Lucia di Lammermoor* DONIZETTI, dir. Tullio Serafin	**LONDRES** Kingsway Hall

A WALTER & TEEDY CUMMINGS – *en anglais*

Milan, 9 avril 1959

Très chers amis,

Je viens de recevoir votre lettre avec votre programme. Et nous alors ? Vous n'avez pas de dates pas même <u>un jour</u> pour venir chez nous ! J'avais espéré que vous veniez nous voir aussi à la campagne ! Et vous repartez sans entendre ma *Medea* à Londres. On vient juste de le décider. Les dates sont, si Dieu veut, les 18-22-24-27-30 juin. La mise en scène est la même qu'à Dallas.

J'irai probablement à Ischia à la période où vous venez, autour du 20 ou 25 mai pour dix jours. Donc il faudra qu'on se voie là bas. Je suis tellement déçue.

L'article dans *Life*[1] va sortir je suppose autour du 20 de ce mois et leurs avocats disent que c'est de la dynamite. J'aurai probablement un procès de la Scala car la vérité a toujours été quelque chose que la Scala n'a jamais supporté. Ils peuvent ruiner un artiste, mais un artiste ne peut jamais les accuser de quoi que ce soit ! Pas même la vérité. Mais j'ai répondu « Allez-y publiez ». Alors j'espère que ça ira pour le mieux !

Je vous envoie toute mon amitié et j'espère vous voir bientôt. Comment vont les enfants, et Teedy ? Et tout le monde !? Je vais bien, reposée comme jamais je ne l'ai été, et <u>libre</u> comme un oiseau. Seulement un concert à Barcelone le 5 mai et le 3 ou 4 en Allemagne. C'est tout.

---

1. Un article sous forme de lettre ouverte envoyé par Maria au célèbre magazine américain *Life*, intitulé « Je ne suis pas coupable de tous ces scandales de la Callas ».

On vous envoie tous deux nos amitiés et écrivez-nous à nouveau, ne me haïssez pas si je suis une si terrible correspondante.
Affectueusement
Maria

ARTICLE POUR *LIFE*

par Maria Meneghini Callas, mars 1959

En anglais

Ces dernières années tant de choses ont été écrites sur moi et tant de gens ont utilisé ma personne comme cible pour leurs mépris, ironie et insultes incessants par divers intérêts, jalousies cachées et inavouable méchanceté ou n'importe quel autre instinct qu'on puisse nommer. C'est pourquoi j'ai finalement décidé – seulement pour ceux qui m'ont aimée et respectée en tant qu'artiste depuis toujours, qui ont mesuré et compris la personne et être humain que je suis, et à la demande de ce magazine – d'éclairer et résumer brièvement mes activités et faire la vraie lumière sur ces prétendus scandales.

Dernièrement on m'a posé cette question précise : « En réaction aux journaux et magazines, en entendant toutes sortes de commentaires, en parlant avec toutes sortes de personnes et ayant entendu toutes sortes d'opinions à votre sujet – totalement contradictoires entre elles, et en contraste avec l'art, la valeur d'un artiste qui touche le public, remplit les théâtres et donne naissance à des discussions animées – que pensez-vous personnellement et quelles sont vos réactions, impressions, et déductions ? Pourquoi cela arrive-t-il et pour quelle raison particulière tout cela a lieu ? »

Jamais on n'a autant parlé d'un artiste comme dans mon cas, jamais on n'a autant examiné, pénétré, condamné, médiatisé, même la moindre situation délicate et personnelle – chose qui n'a en réalité, et n'aura jamais, rien à voir avec l'art, la musique, et l'opéra ou le théâtre. Jamais il n'y eut un tel énorme gaspillage d'encre et de papier pour écrire des choses généralement fausses, et dans beaucoup de cas complètement inventées.

Je n'ai pas pas été critiquée ou accusée, je n'ai pas eu de procès, non ! J'ai été immédiatement et toujours condamnée, sans appel, coupable des plus grotesques absurdités et de ces prétendus « scandales », aussi retentissants qu'ils sont inventés <u>intégralement</u> ? Dans toutes les maisons d'opéra les plus célèbres du monde. J'ai été condamnée coupable d'abandonner plus de représentations que je n'en ai chanté, de ne pas respecter mes contrats, de me disputer avec tous les Directeurs, Maestros, Artistes, Costumières, Maquilleurs, etc., d'offenser des publics et des Présidents et Dieu seul sait quoi encore.

J'ai toujours évité de me justifier car premièrement je pensais n'en avoir nullement besoin n'ayant aucune raison de me justifier de quoi que ce soit puisque je n'avais rien fait tout simplement ; deuxièmement on ne gagne jamais rien à le faire ; et troisièmement le temps finit par prouver l'absurdité de toute la situation. Mais hélas, le temps n'a rien pu faire d'autre qu'exagérer les commentaires, etc., et faire de moi un monstre.

Cela n'est en aucun cas une justification mais seulement la vérité à propos de mes « scandales », que j'écris par souci de ceux qui veulent savoir ce qu'il en est vraiment et pour les journaux qui souhaiteraient corriger toutes fausses citations et informations erronées.

Prenons les deux dernières années seulement parce que durant ces années les « scandales » n'ont pas arrêté de grandir.

Chicago – Les procès ont habituellement lieu au tribunal ou entre les parties. Donc ça déjà c'est oublié et enterré dans le passé et ne concerne d'aucune façon la Musique et l'Art, alors devrions-nous plutôt poursuivre avec les Théâtres qui m'ont laissée tomber, ou dites-le comme vous voulez.

J'allais chanter dans cette grande ville [Chicago], et les journaux ont dédié tellement de pages pour parler de cette première qu'ils ont contribué à en faire un événement du monde lyrique 1954-55 de la plus grande importance Artistique et Culturelle. Après 1955 j'ai décidé de ne plus participer à leur saison quand les trois dirigeants se sont séparés : Carol Fox, Lawrence Kelly (directeur général), et Maestro Nicola Rescigno (directeur artistique).

Avec Carol Fox chaque année nous parlions du futur mais jusqu'à présent j'étais toujours occupée à la même période avec le Met ou la Scala, comme vous le savez tous. Même cette année nous nous sommes vues mais nous n'avons pas pu nous accorder sur les dates et autres détails à cause d'engagements précédents.

Avec Kelly et Rescigno j'ai aussi conservé, comme vous le savez tous, les rapports les plus amicaux – que ce soit en faisant des tournées de concerts avec Rescigno, ou des représentations à Dallas avec Kelly et Rescigno. Ils sont tous deux [respectivement] directeur général et directeur artistique à Dallas.

Pourquoi disent-ils alors que je me suis disputée et que je suis exclue de Chicago, je ne le comprends vraiment pas.

Vienne : Pour la première moitié de juin 1957 à la fin de la saison de la Scala on m'a proposé quelques représentations de *Traviata* à Vienne au nom de l'échange culturel entre la Scala et Vienne.

Je n'ai jamais signé aucun contrat et je ne l'ai pas déchiré ou abusé en demandant plus d'argent comme quelqu'un, je ne me souviens plus qui, l'a raconté. Nous ne sommes pas parvenus à un accord et j'ai pensé alors qu'il aurait été mieux de rester chez moi et me reposer. J'étais très fatiguée après une longue et éprouvante saison et je me devais un repos bien mérité avant de devoir remplir, peu de temps après, d'autres contrats.

Mais la Direction de la Scala – avec son attitude usuelle et sa façon habituelle de ne servir que ses propres intérêts – a repoussé de mai à juin toutes mes représentations d'*Ifigenia in Tauride* pour remplir entre-temps *son* théâtre avec nos représentations de *Traviata*.

La Direction de la Scala n'a pas pour habitude de se préoccuper de ses artistes car elle ne se préoccupe que de ses propres intérêts. Et j'imagine qu'elle peut se le permettre tant qu'elle trouve des artistes qui la laissent faire ainsi.

Donc voyez-vous, sur quoi était basé le scandale de Vienne ? Y a-t-il un scandale ?

Athènes : Après avoir travaillé pendant tout le mois de juin – avec *Lucia* à la radio, *Sonnambula* à Cologne en Allemagne avec la Scala (tiens pas de scandale – c'est bizarre !) avec cette terrible vague de chaleur, et devoir en plus enregistrer avec cette énorme chaleur à la toute fin juillet *Turandot* et *Manon Lescaut* – je suis allée ensuite à Athènes pour chanter le premier concert du 1er août. L'énorme chaleur et la sécheresse étaient telles que j'étais vraiment paralysée vocalement, et j'ai senti que je n'arrivais pas à chanter de quelque manière que ce soit. Alors j'ai dû y renoncer et chanter seulement le deuxième concert qui devait avoir lieu le 5 août, comme cela a été le cas.

Voyez-vous je ne pouvais pas m'exposer en Grèce, mon pays 8 ans plus tôt, dans le contexte politique qui a été créé autour de mon nom (je ne comprends toujours pas pourquoi !) et risquer une mauvaise représentation.

Je n'étais pas la première et certainement pas la dernière à annuler. C'est fait depuis la nuit des temps et très fréquemment, et je ne suis pas une exception. Je suis humaine.

On chante avec la gorge et si la gorge répond. Autrement ce n'est pas la peine d'essayer, de se forcer ou maltraiter ses cordes vocales. On pourrait décider de plus ou moins chanter, prendre son cachet et ne pas se demander <u>comment</u> était sa représentation. Mais tous les grands Directeurs et grands Maestros (chefs d'orchestre) sont sévères dans leurs conseils au chanteurs ! « Quand vous ne vous sentez pas capable de donner votre représentation standard – surtout quand vous êtes au sommet – arrêtez tout et rentrez chez vous, et préparez-vous pour la prochaine. Ne vous souciez jamais de rien d'autre que de votre devoir envers l'Art que vous servez. »

En tout cas le succès du 5 août – avec tous les plus hauts Dignitaires de Grèce présents ce soir-là – a racheté tous les mauvais traitements que m'ont infligés les journaux qui, après le concert, ont avoué que j'avais eu raison de ne pas chanter le premier concert si j'étais malade.

Au moment du départ, après la fête donnée en mon honneur dans la maison du Président Karamanlis, on m'a proposé un contrat pour l'année suivante mais j'ai dû refuser à cause d'engagements précédents.

A présent, y a-t-il là un Scandale ?

Edimbourg : Le corps humain était fatigué après tout cela. A la suite de tout le travail que j'ai accompli vous voyez par vous-même que c'était inhumain. Et j'avais encore tant à faire. La chaleur persistait et le médecin menaçait.

Le 7 août mon médecin – que je suis allée voir dès mon retour d'Athènes et qui m'avait déjà rendu visite avant Athènes, le Docteur Arnaldo Semeraro de Milan – écrit ceci : « En date du 7 août, je soussigné, docteur en médecine, en charge de M.M.C., certifie que M.M.C. présente les symptômes d'un épuisement nerveux et d'une dégradation organique sévère, causés par le surmenage et la fatigue. Je prescris par la présente, outre des traitements médicaux, une période de repos complet, pas inférieure à 30 jours à compter d'aujourd'hui. »

Mon mari dès le lendemain est allé à la Scala pour montrer ce certificat au Secrétaire Général Oldani en lui demandant de me remplacer pour les prochaines représentations d'Edimbourg dans *La Sonnambula* toujours avec la Scala.

Oldani ne voulait même pas en entendre parler et avoua que s'il fallait y aller sans Callas autant ne pas y aller du tout, car la base de leur contrat avec Edimbourg était Callas.

Que nous restait-il à faire ? Devrait-on essayer ? Risquer ? Espérant un miracle ? Ne pas écouter le médecin et aller vers un futur incertain dans un tel état ? Forcer le corps humain une fois de plus, deux fois plus ? Pour quelle raison ? Pour quoi ? Risquer et sacrifier pour qui et pour quoi[1] ?

Oldani a dit ce que la Scala disait toujours à cette époque : « Maria est capable de miracles. Elle peut tout faire. »

Finalement, contre les stricts ordres de mon médecin, j'ai accepté d'aller à Edimbourg, emportant dans mon cœur et mon esprit les mots d'Oldani : « La Scala te sera pour toujours reconnaissante, Maria, pour tout ton travail et tes sacrifices et surtout pour ce tout récent geste. » Cette éternelle gratitude allait durer moins d'un mois.

Mon contrat stipulait que je devais être à Edimbourg entre le 17 et le 30 août. Quand j'ai appris qu'une cinquième représentation de *La Sonnambula* avait été programmée pour le 1er septembre, j'ai refusé de la faire, car j'avais besoin de repos et de détente avant d'aller à San Francisco. Au début du mois d'août, la Scala avait en fait engagé une autre soprano, Renata Scotto, vu la forte probabilité que Madame Callas ne soit pas disponible pour la cinquième représentation. Comme le montrait mon contrat avec la Scala, je n'avais jamais eu la moindre intention d'être disponible pour la cinquième représentation, mais la Scala a choisi de ne pas en avertir Robert Ponsonby, le directeur d'Edimbourg.

Quand Ponsonby apprit la date de mon billet retour, il est venu me voir et m'a demandé comment je pouvais songer à quitter le pays alors que j'avais encore une représentation à chanter. Je lui ai révélé la situation et lui ai montré ce qui était censé être mon contrat. En

---

1. Fin du fragment manuscrit conservé, la suite a sans doute été remise en forme en vue de la publication.

colère, Ponsonby alla voir Oldani pour demander une explication, et peu après, je reçus une autre visite, celle d'Oldani. Le directeur de la Scala, Antonio Ghiringhelli, n'ayant même pas pris la peine de venir à Edimbourg avec sa compagnie. Alors Oldani prononça à sa place les mots magiques qui nous étaient si familiers : « Maria, tu dois sauver la Scala. » Cette fois, la magie n'opéra pas. J'étais trop tendue et épuisée pour sauver qui que ce soit.

Quand un chanteur met autant d'énergie et de détermination dans une représentation comme je le fais, c'est épuisant, à la fois physiquement et émotionnellement. Avant une représentation, je suis tendue par l'effort de me préparer à donner tout ce que je peux. Pendant cette phase, je suis dans une extrême maîtrise de moi, essayant de faire chaque note, chaque geste, exactement comme il se doit. C'est une épreuve immensément difficile, extrêmement fatigante, et il m'est impossible d'y arriver lorsqu'il ne me reste plus de forces. J'ai refusé la demande d'Oldani de « sauver la Scala » avec une cinquième représentation, ce qu'il me demandait bien sûr comme une faveur et pas parce que j'en avais une quelconque obligation. J'ai accepté cependant, pour le bien de la Scala, qu'on puisse dire que je ne pouvais pas chanter la cinquième représentation à cause d'une indisposition certifiée par un médecin.

Elsa Maxwell m'avait invitée à une fête à Venise, et je pensais que ce serait amusant et relaxant après le travail. Bien sûr, dès que je me rends à une soirée ou à une fête, ou que je m'amuse, les critiques disent : « Pourquoi Callas ne reste-t-elle pas chez elle à prendre soin d'elle ? » Eh bien, je n'ai que 35 ans et j'aime me détendre avec mes amis. Dois-je rester à la maison comme une nonne ? Si je restais à la maison tout le temps, je serais frustrée et nerveuse.

L'après-midi où j'ai quitté Edimbourg, le maire et sa femme sont venus me dire au revoir à mon hôtel, ce qui n'est pas vraiment la procédure habituelle avec quelqu'un qui rompt son contrat et « s'enfuit du pays ». Mais le temps que j'atterrisse à Londres, les gros titres des journaux hurlaient que j'avais abandonné Edimbourg. Les journaux relayaient aussi cette déclaration incroyable selon laquelle la Scala ne pouvait fournir aucune explication à mon départ soudain. Le temps que j'arrive à Milan, les journaux italiens étaient remplis d'articles les plus irrespectueux et insultants sur ce que j'avais fait. J'ai été condamnée sans même être entendue.

La Scala est très à cheval sur sa réputation sans tache. Personne ne doit jamais dire un mauvais mot sur la Scala, le blâme doit toujours être placé quelque part ailleurs. Mais même sans endosser directement la faute, la Scala aurait pu au moins dire que, du fait d'un malentendu entre les deux théâtres, la cinquième représentation à Edimbourg n'était pas possible avec Callas, mais que Callas était dans ses droits contractuels et n'en était pas responsable. Au lieu de cela, la Scala n'a rien dit qui me protège.

Sans cette façon dont j'ai été traitée par la Scala à Edimbourg, il n'y aurait eu aucun scandale à San Francisco. Je devais chanter à San Francisco du 27 septembre au 10 novembre de la même année, mais le 1er septembre, j'ai envoyé un télégramme au directeur Kurt Herbert Adler, l'avertissant de mon état de santé et lui suggérant de prévoir une remplaçante, juste au cas où. Puis mon médecin m'examina de nouveau et me défendit de quitter Milan, expliquant que je n'étais plus assez forte même pour voyager, et encore moins pour chanter. Deux semaines avant la soirée d'ouverture de San Francisco, j'ai averti Adler qu'il m'était impossible de me produire, mais je payais à présent les conséquences d'Edimbourg. Adler semblait penser que, ayant snobé Edimbourg, je snobais maintenant San Francisco. Pour aider San Francisco et parce que je voulais y chanter, j'ai proposé de venir pour le deuxième mois de la saison, mais la réponse fut que je devais venir selon les termes de mon contrat, ou pas du tout. Il fut alors déclaré que j'avais annoncé ma défection à San Francisco « seulement quelques jours » avant la soirée d'ouverture.

Après Edimbourg, j'étais furieuse contre la Scala et j'ai exigé du Directeur Ghiringhelli qu'il lave mon nom. J'étais en droit de le demander, car j'avais connu six années glorieuses à la Scala. Je suis profondément heureuse quand je travaille et, pour la Scala, j'ai travaillé dur et tout chanté. La mention *Esaurito* – « Complet » – était affichée encore et toujours sur les piliers de la Scala, et cela fait plaisir autant aux sopranos qu'aux directeurs d'opéra. Chaque année, Ghiringhelli m'offrait des cadeaux : une coupe en argent, un miroir en argent, un chandelier, des costumes, et beaucoup de mots sucrés et de compliments.

Mais désormais, à l'automne 1957, Ghiringhelli me considérait comme acquise. Il refusait de s'exprimer pour ma défense au sujet d'Edimbourg. Quand mon mari et moi sommes finalement allés le voir, il s'est confondu en excuses. Il a dit que j'avais raison, que ce n'était que justice de faire ce que je demandais, et il a téléphoné devant nous à Emilio Radius, rédacteur en chef du magazine le plus populaire d'Italie, *Oggi,* lui demandant d'envoyer un journaliste pour que Ghiringhelli puisse me disculper.

Plus tard, Radius me confia que Ghiringhelli avait fait attendre le journaliste deux heures, puis lui déclara qu'il avait changé d'avis et qu'il n'aurait pas besoin de lui. J'ai attendu des semaines que Ghiringhelli tienne sa promesse, mais il ne l'a jamais fait. Finalement, dans le bureau du maire de Milan, Ghiringhelli et mon mari s'accordèrent sur le fait que je devais écrire toute l'histoire. Ce que je fis, louant la Scala pour son excellence, mais soulignant qu'au cours des six années précédentes, je n'avais reporté que deux représentations sur 157, et que je n'étais pas responsable d'Edimbourg. Cela fut publié dans *Oggi* en janvier 1958.

A partir de ce moment, je n'ai plus vu ni entendu Ghiringhelli jusqu'au début du mois d'avril, où je l'ai rencontré dans le célèbre restaurant Biffi Scala, au coin de la maison d'opéra. Là, en public, il m'a délibérément ignorée. Depuis, il ne m'a pas adressé le moindre mot ni salut.

Malgré l'amour que j'avais pour la Scala, pour ses représentations, qui sont les meilleures du monde, je ne pouvais vraiment pas chanter dans de telles conditions. Un artiste est l'invité de la maison d'opéra dans laquelle il chante. Chaque représentation est une délicate et difficile affaire en soi, et l'esprit et le corps doivent être libres de se concentrer sur deux choses seulement : la voix et la représentation. Si le théâtre dont vous êtes l'invité ajoute à la tension le harcèlement continu et la grossièreté, l'art devient physiquement et moralement impossible. Pour ma propre défense et ma dignité, je n'avais pas d'autre choix que de quitter la Scala. La Scala ne m'a pas « relevée de mes fonctions » comme il a été dit, c'est moi qui ai démissionné. Et j'en resterai loin tant qu'elle sera sous sa direction actuelle.

En dépit de tout cela, je ne voulais pas m'en aller en plein pendant la saison et donner à la Scala l'occasion de dire : « Callas est partie, comme d'habitude. » Non que je manque d'esprit de provocation. On m'avait demandé de chanter *Anna Bolena* pour ouvrir la Fête de Milan le 12 avril en présence du Président. Pendant plusieurs semaines, il y eut d'obscures discussions à la Scala sur le fait de ne pas connaître la date exacte et les circonstances de la représentation, jusqu'à ce que finalement je découvre dans les journaux que la Fête de Milan allait s'ouvrir avec *Meurtre dans la cathédrale*[1]. Je n'ai pas reçu ne serait-ce que la courtoisie d'une explication.

Mes cinq dernières représentations pour la Scala ont été *Il Pirata*, que j'ai chanté de nouveau l'hiver dernier à Carnegie Hall et à Washington. C'est un opéra merveilleux avec un rôle de soprano magnifique et très exigeant. Le samedi précédant ma dernière semaine, je dus subir une opération douloureuse. Seuls mes médecins et quelques amis intimes étaient au courant, car j'avais appris désormais que Callas n'était pas autorisée à reporter une représentation – ni même à avoir un rhume. Durant six jours après l'opération je souffrais, car je suis allergique aux analgésiques et ne peux pas en prendre. Je ne dormais plus et ne mangeais quasiment rien. Le dimanche, au lendemain de l'opération, j'ai chanté *Il Pirata*. Le mercredi, je l'ai chanté de nouveau. Le samedi devait être ma dernière soirée, et j'espérais créer pour le public et moi-même un dernier souvenir chaleureux de notre longue association.

Pour cette occasion spéciale, un groupe de jeunes hommes décida qu'il voulait me lancer des fleurs à la fin de la représentation, et ils demandèrent la permission. Elle leur fut accordée. Mais ce soir-là quand ils arrivèrent avec leurs fleurs, les ordres avaient changé : interdiction de lancer des fleurs.

Quand je suis apparue sur scène, le public a applaudi, un événement rare à la Scala où traditionnellement il n'y a pas d'applaudissements, sauf à la fin d'un acte. C'était le début d'une magnifique représentation, mais peut-être que les applaudissements étaient de trop pour Ghiringhelli. Une fois l'opéra terminé, et une fois passés les longues ovations et les saluts, tandis que j'étais encore sur scène avec mes amis et le public dans la salle, le grand rideau coupe-feu en acier fut soudain abaissé. Je ne connais pas un seul acte, dans tout le répertoire des insultes opératiques, aussi brutal que celui-ci. C'est un signal de fer, abrupt qui dit : « Le spectacle est fini ! Dégagez ! » Mais au cas où mes amis et moi n'aurions pas compris le message, un pompier de la Scala apparut sur scène pour nous dire : « Par ordre du théâtre, la scène doit être libérée. »

---

1. Opéra contemporain (1958) de Ildebrando Pizzetti.

Le 31 mai 1958, sortant de la Scala, après la dernière de Il Pirata.

Telle fut ma dernière soirée à la Scala. Alors que je marchais pour la dernière fois hors du théâtre qui avait été ma maison opératique pendant sept ans, les jeunes gens sont venus dans la rue pour me lancer leurs fleurs. Ils avaient finalement trouvé un endroit où ils pouvaient me dire au revoir.

Cette année, je ne me suis rendue à aucune représentation de la Scala, et je n'ai remarqué aucune affiche sur les piliers annonçant «complet». Chaque fois que je passe devant la Scala, chaque fois que je passe devant ce superbe bâtiment, chaque fois que je pense à un opéra que je pourrais y faire, je suis blessée. J'aimerais pouvoir y revenir. Et j'y reviendrais si on me promettait de la courtoisie, des bonnes manières, une volonté de discuter des problèmes et de les résoudre ensemble. Mais je ne peux pas revenir tant que Ghiringhelli est là. Il aurait peut-être pu venir me trouver pendant cette dernière saison et me dire : «Ecoute, nous avons eu des différends, mais on a besoin l'un de l'autre. Essayons tous deux de travailler ensemble à nouveau. » J'aurais répondu oui, mais à présent il est trop tard, trop de choses ont été prononcées. J'ai entendu dire que Ghiringhelli avait déclaré au conseil d'administration que ma voix faiblissait et que je n'avais donc plus d'intérêt pour la Scala. J'espère que ces on-dit sont aussi faux que certaines histoires à mon sujet, mais Ghiringhelli ne les a pas démentis.

Mes relations avec Rudolf Bing et le Metropolitan Opera ont été très différentes de celles avec Ghiringhelli et la Scala. Nos désaccords ont été principalement d'ordre artistique, et si je dois être en désaccord avec quelqu'un, je préfère de loin que ce soit sur le plan artistique que personnel. Quoi que les gens racontent sur moi, je n'aime ni les bagarres, ni les disputes, ni les scènes.

Rudolf Bing a parfois été merveilleux avec moi. Il apprécie la rigueur, et il est serviable et gentil sans jamais être expansif. En 1956, deux jours avant mes débuts au Met, quelqu'un m'a apporté un article de magazine ravageur sur moi. J'étais déjà tendue et nerveuse à cause de cette première, non seulement parce qu'elle était d'une importance vitale pour une femme née à New York et qui y chantait pour la première fois, mais aussi parce que la mise en scène du Met n'était pas du tout à la hauteur. C'était l'une des vieilles productions du Met. Le décor était minable, et les costumes des autres étaient si minables eux aussi que mon propre costume me faisait passer pour une gravure de mode. Déjà troublée par tout cela, l'article du magazine m'a fait perdre confiance en moi. Rudolf Bing m'a énormément aidée. Il était compréhensif, courtois et valorisant, même quand nous étions en désaccord.

Cette année, bien sûr, Bing a annulé mon contrat pour 26 représentations, dont une tournée nationale, parce que je ne veux pas chanter les rôles qu'il voulait que je chante. D'une façon ou d'une autre, cela aussi est devenu un autre scandale Callas, seulement je pense que peut-être on l'a attribué à la mauvaise personne. Je ne comprends toujours pas le comportement de Bing, mais je crois que les difficultés ont commencé du fait que nous n'arrivions pas à nous mettre d'accord sur un programme pour la saison prochaine. Pour l'hiver prochain, Bing me proposait trois opéras : *Norma*, la même production minable ; *Lucia*, aussi une vieille mise en scène, incluant, dans la célèbre scène du puits, un puits monstrueux qui couvre la moitié du plateau et a l'air aussi romantique qu'un baril de pétrole ;

et *Il Barbiere di Siviglia*, qui pour le moment ne m'intéresse tout simplement pas.

J'ai dit à Bing que je ferais *Norma* et *Lucia* pour lui s'il me donnait de nouvelles productions, mais il a répondu : « Maria, si c'est vous qui chantez, je peux remplir la salle tout entière avec les vieilles productions. » J'ai dit que j'étais ravie de lui faire gagner autant d'argent mais que je pensais qu'il devrait en dépenser une partie sur de nouvelles productions pour moi, afin que je n'aie pas à avoir honte de ses mises en scène. J'ai suggéré *Anna Bolena*, un opéra dans lequel j'ai eu un immense succès en Italie. « Non, a répondu Bing, c'est un vieil opéra rasoir. »

Le fait que nous ne puissions pas nous entendre sur la saison 1959-60 peut avoir influencé Bing il y a cinq mois quand il a annulé mon contrat parce que je ne voulais pas chanter d'abord *Macbeth*, puis deux *Traviata*, puis *Macbeth* de nouveau. Etant donné que je suis la seule soprano capable de chanter à la fois Lady Macbeth et la Violetta de *Traviata*, cela m'autorise je crois à avoir un certain avis sur ce qu'il est possible de faire ou pas avec ces deux rôles.

Pour Lady Macbeth, la voix doit être lourde, épaisse et forte. Le rôle, et donc la voix, doivent avoir une atmosphère sombre. Violetta, en revanche, est une femme malade. Je vois le rôle, et donc la voix, comme fragile, faible et délicat. C'est une partition de funambule pleine de pianissimo insensés. Passer d'un de ces rôles à l'autre demande un changement de voix complet. Bing me demandait de traiter ma voix d'abord comme un coup de poing, puis comme une caresse, puis encore un coup de poing. Si je n'en étais qu'au début de ma carrière à l'opéra, je le ferais, mais à présent je ne risquerais pas la tension engendrée et les dégâts. C'est trop demander, à la fois mentalement et physiquement. Quand j'ai essayé d'expliquer tout cela à Bing, il a proposé de remplacer *Traviata* par *Lucia*, mais puisque c'est également une partition de funambule, je crains qu'il n'ait rien compris.

Le public du Met va me manquer, lui qui fait partie des meilleurs au monde, toujours avide d'entendre et d'apprécier quelque chose de nouveau, les rares occasions où cela lui est proposé. Mais les représentations du Met, elles, ne me manqueront pas, avec leurs décors et leurs costumes moyenâgeux. Le Met souffre aussi d'un manque de répétitions. On y répète un opéra sur scène uniquement lors de la première représentation de la saison. Cela pourrait suffire, sauf que le Met fait parfois des changements majeurs dans le casting sans nouvelles répétitions. C'est la seule maison d'opéra que je connaisse où cela se produit. L'année dernière, quand je suis arrivée au Met pour *Traviata*, je n'ai pas été autorisée à avoir une répétition sur scène. A la place, on m'a permis de travailler sur ce qu'ils appellent le plafond de scène[1], avec une table et une chaise pour tout décor et quelques marques au sol pour indiquer les limites de la scène. Ce n'est pas de l'art. En Italie, cela s'appelle *botteghino*, ou « boutique ».

Le Met dit qu'il ne peut pas se payer de répétitions. Je compatis, car l'opéra coûte cher, mais d'une façon ou d'une autre, il doit être mis en scène correctement. Il se doit d'être répété. Il ne suffit pas de marcher sur la scène, de planter un pied quelque part et de chanter. On doit donner l'impression d'avoir vécu dans ces lieux. Chaque geste, chaque action doivent avoir une signification si l'on veut convaincre le public, et seules les répétitions rendent cela possible. Le Met doit s'améliorer dans ce domaine s'il veut que son public ait les opéras qu'il mérite.

Il y a un dernier scandale Callas : mes honoraires exorbitants. Il est vrai que je demande des honoraires élevés, et je crois que j'ai mérité le droit de le faire. Mais aucun directeur d'opéra ou impresario ne peut se plaindre de mes tarifs. Enrico Caruso était, dit-on, le ténor le plus cher de tous les temps, mais le grand imprésario de Buenos Aires Walter Mocchi n'était pas de cet avis. « Caruso ne nous coûte rien, disait Mocchi. Nous augmentons simplement nos prix en conséquence, remplissons chaque siège et gagnons de l'argent. »

Quand j'ai chanté à Chicago l'année dernière pour l'Alliance française, on m'a dit qu'ils payaient mes honoraires, payaient l'orchestre, payaient toutes les dépenses et avaient encore un bénéfice d'environ $10 000[2]. Lors de ma soirée d'ouverture au Met en 1956, quand j'ai été payée moins de $1 500 la soirée, le Met a engrangé $ 75 000. Je ne crois pas que j'étais chère. Les spectacles chers sont ceux qui coûtent beaucoup d'argent à produire mais qui, pour une raison ou une autre, n'attirent pas le public. Les gens paient pour me voir parce qu'ils savent que je vais donner une représentation aboutie. Je ne dis

---

1. Salle de répétitions située sous les combles.
2. Environ 80 000 euros (valeur de 2019).

pas que je chanterai parfaitement, car c'est un rêve hors de portée même pour l'artiste le plus dévoué, mais je donnerai tout le meilleur de moi. C'est pourquoi j'ai beaucoup plus de demandes (à la fois des opéras et des salles de concert) que je ne peux en accepter.

J'ai perdu quelques grands opéras, et je le regrette. Je regrette les malentendus, et parfois la flagrante malhonnêteté et injustice de la part d'hommes supposés responsables qui ont créé ces situations. Mais je ne regrette pas mes décisions. On a dit que j'avais l'intention de prendre ma retraite, c'est ridicule. Je n'ai pas encore atteint le sommet de ma carrière, et il y a encore beaucoup de magnifiques opéras à chanter. J'ai programmé des représentations majeures dans les prochains mois à Barcelone, au Covent Garden de Londres et à Amsterdam, et je travaille sur des dates de concert à Genève, Wiesbaden et dans plusieurs autres villes. Je viens de terminer un enregistrement stéréophonique de *Lucia*, et j'ai d'autres dates d'enregistrement cet été.

Bien sûr, je ne vais pas chanter aussi souvent qu'avant. Ce serait de la routine, et c'est exactement ce que j'essaie d'éviter. Je choisis maintenant mes représentations avec un soin extrême, en chantant uniquement quand je sens que les hautes exigences de l'art lyrique sont remplies à tous égards. Je ne veux pas que le public pense que je suis devenue amère. Au contraire, je crois que je suis devenue plus patiente et plus attentionnée. J'aimerais que ce soit le cas pour les autres. Je ne peux pas faire grand-chose contre les attaques me concernant à part dire la vérité, chanter aussi bien que je le peux et espérer qu'avec le temps, on me traitera avec plus d'humanité – comme une artiste qui ne peut pas toujours être à son meilleur, mais qui fait toujours de son mieux.

Quand j'ai vraiment dit ou fait quelque chose, j'en endosse la pleine responsabilité. J'endosse la responsabilité de la vérité que j'ai écrite ici, même si la vérité blesse toujours la fierté de certaines personnes et rend furieuses d'autres. Je ne suis pas un ange et ne prétends pas l'être. Ce n'est pas un de mes rôles. Mais je ne suis pas un diable non plus. Je suis une femme et une artiste sérieuse, et je voudrais que l'on me juge ainsi.

A Leo Lerman – *en anglais*

19 avril 1959

Cher Leo,
Je n'ai pas écrit depuis si longtemps, pourras-tu jamais me pardonner ! Oui, j'en suis sûre. Tu dois savoir que j'ai été si occupée à me <u>reposer</u> et être aussi proche que possible d'une personne humaine normale, que le temps a filé et me voici pratiquement sur le départ (dans 10 jours) pour une tournée de concerts et vraiment je déteste l'idée de partir ! Qui a dit que je ne pouvais vivre sans mon travail !!!
   Quoi qu'il en soit voici mon activité future : si Dieu veut !!!
2 mai – Concert à Madrid
5 mai – Concert à Barcelone
10 mai – Concert à Wiesbaden
15 mai – Concert à Hambourg
18 mai – Concert à Stuttgart
21 mai – Concert à Munich
Repos !!!
18 - 22 - 24 - 27 - 30 juin – *Medea* – Covent Garden
Repos !!!
27 octobre – Concert – Kansas City
6 novembre – Dallas – *Lucia*
? novembre – Dallas – *Medea*
Peut-être le 18, et après on verra. C'est déjà beaucoup trop loin pour moi. Je déteste les longs contrats des années à l'avance.
   Je n'ai pas d'autres nouvelles à part que je me sens bien, reposée, ils disent que j'ai l'air jolie et rajeunie. As-tu aimé mon article de *Life* ? Que disent les gens, ou bien n'en ont-ils plus rien à faire ?!!
   Je t'embrasse et s'il te plaît écris
   Maria

		Début de la tournée européenne, dir. Nicola Rescigno	
MAI	2	Concerts incluant : • *Don Giovanni* « Non mi dir » • *Macbeth* « Nel dì dellavittoria… Vieni ! t'affretta ! » • *Semiramide* « Bel raggio lusinghier » • *La Gioconda* « Suicidio ! » • *Il Pirata* « Oh ! s'io potessi… O sole, ti vela » • *Don Carlo* « Tu che le vanità » • *Mefistofele* « L'altra notte in fondo al mare » • *Il Barbiere di Siviglia* « Una voce poco fà » • *La Bohème* « Quando m'en vo » • *Tosca* « Vissi d'arte » • *La Vestale* « Tu che invoco »	**MADRID** Teatro de la Zarzuela
	5		**BARCELONE** Gran Teatre del Liceu
	15		**HAMBOURG**[1] Musikhalle
	19		**STUTTGART** Liederhalle
	21		**MUNICH** Deutsches Museum
	24		**WIESBADEN** Kursaal Pfalz-Orchester
JUIN	17, 22, 24, 27, 30	**Medea** CHERUBINI, dir. Nicola Rescigno	**LONDRES** Royal Opera House
JUIL.	11	Concert, dir. Nicola Rescigno • *La Vestale* « Tu che invoco » • *Ernani* « Surta è la notte… Ernani, involami ! » • *Don Carlo* « Tu che le vanità » • *Il Pirata* « Oh ! s'io potessi… O sole, ti vela »	**AMSTERDAM** Concertgebouw
JUIL.	14	Concert, dir. Nicola Rescigno même programme	**BRUXELLES** Théâtre de la Monnaie

D'ELSA MAXWELL – *en anglais*

Monte-Carlo, non daté, juillet 1959

Chère Maria, je t'écris pour te souhaiter ainsi qu'à Battista un splendide voyage à bord du merveilleux yacht, avec ce merveilleux et intelligent hôte qu'est Ari [Onassis], et cet ex-homme d'État [Churchill] désormais malheureusement un peu en déclin, qui a sauvé le monde en 1940. De fait tu remplaces Garbo, désormais trop vieille, à bord du *Christina*. Bonne chance. Je n'ai jamais aimé Garbo, mais je t'ai aimée toi. A partir de maintenant profite de chaque instant de ta vie. Prends (et ceci est un art délicat) tout. Donne (ce n'est pas un art délicat mais important) tout ce que

---

1. Retransmission télévisée.

tu peux te permettre de donner : c'est cela la voie vers le bonheur véritable que tu vas devoir découvrir seule, dans le désert du doute. Je ne suis plus jalouse. Je n'éprouve plus d'amertume. Je n'éprouve même plus le désir de te voir. Le monde dira – en vérité il le dit déjà – que tu as seulement voulu m'utiliser. Cela je le réfute catégoriquement. Le peu que j'ai fait pour toi, je l'ai fait avec mon cœur et mon âme, et mes yeux bien ouverts. Tu es grande, et tu deviendras encore plus grande. Je pense à toi toujours avec gentillesse et tendresse, Maria. Puisses-tu bien te porter, bien chanter, et que Dieu te bénisse toujours.

PS : Hier Ari et Tina m'ont invitée à dîner avec toi ce soir. Je ne pouvais refuser.

A BRUNA LUPOLI[1] – *en italien*

A bord du *Christina*, 27 juillet 1959

Chère Bruna,
Un petit bonjour de ce <u>petit</u> bateau. J'espère que tu as réussi à bien te reposer. Moi je trouve finalement ici le vrai repos – aucun téléphone, rien, etc. L'air frais, le soleil et la mer.

Nous sommes allés de Monte-Carlo à Portofino où j'ai vu aussi la Fosca Crespi[2] sur son bateau, puis nous avons poursuivi vers Capri qui est vraiment magnifique. Et nous voici au deuxième jour de navigation pour la Grèce, où je ne me rappelle pas exactement sur quelle île nous ferons escale ce soir avant de poursuivre demain pour Athènes puis Rhodes, et Delphes, puis on verra. Je compte rentrer approximativement en même temps que toi. Pas avant je crois car même si je suis mieux chez moi c'est dommage de manquer une croisière aussi belle.

Eux ils continuent jusqu'au treize août. Je ne crois pas que j'arriverai à rester aussi longtemps à bord. Mais de toute façon je compte

---
1. Femme de chambre de Maria Callas de 1955 à 1977, sa plus proche confidente.
2. La fille de Puccini.

rentrer vers le 5, plus ou moins, on verra. Toi de toute façon tu as tous tes jours. Profites-en et reviens reposée et fraîche pour nos péripéties qu'au fond nous aimons. Nous sommes si habituées au mouvement, n'est-ce pas, Bruna ?

Alors porte-toi bien, et salue pour moi ta famille et à bientôt dans notre maisonnette.

Ta Maria

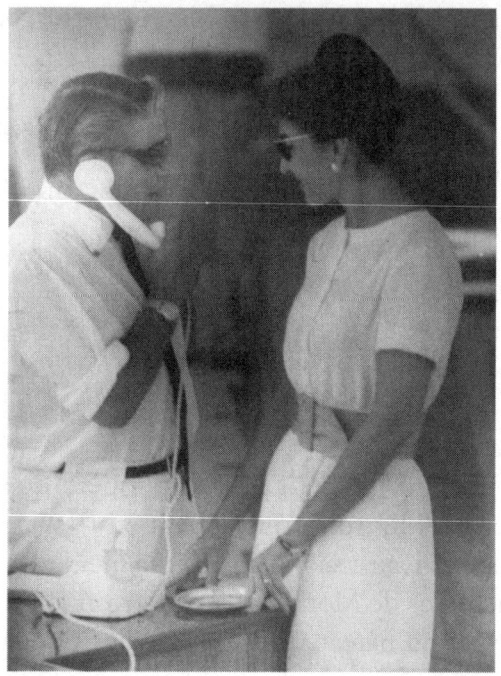

Été 1959, avec Onassis, à bord du Christina.

De Giovanni Battista Meneghini à Bruna Lupoli – *en italien*

Sirmione, le matin du 18 août 1959

Ma chère Bruna,
Tu sais, tu sais tout !
Incroyable cette terrorisante réalité ! Et toi qui seule connais l'âme de Madame, et *ma* Dame, rapproche-toi d'Elle avec ton cœur et dis-lui un mot, un mot seulement !

Je te supplie à mains jointes, et que Dieu te bénisse et te récompense.
Adieu Bruna, je me confie à toi
G. Battista Meneghini

A WALTER & TEEDY CUMMINGS – *en anglais*

Monte-Carlo, 28 août 1959

Chers Walter et Teedy,
Cela fait longtemps que je ne vous avais pas écrit, je vous demande pardon. Je suppose qu'à présent, vous me connaissez bien et m'aimez telle que je suis. J'ai passé un merveilleux séjour en croisière, et nous sommes rentrés une semaine plus tard que prévu. Il restait donc très peu de temps pour Sirmione. A présent je commence à travailler sur les nouveaux enregistrements de *Gioconda* avec l'orchestre de la Scala (pas de réconciliation en vue!).

J'ai bien peur de vous donner de mauvaises nouvelles qui vont vous choquer, je vous supplie seulement de n'en parler à personne pour le moment. Je connais votre profonde amitié pour moi et votre absolue discrétion. Je me sépare de Battista. Pour ce qui est des raisons, dans l'immédiat je peux seulement dire qu'elles sont d'ordre personnel et des désaccords. Plus tard je serai en mesure de l'expliquer mieux. Faites-moi confiance seulement, ce sont des raisons valables.

J'espère, chers amis, que cela ne va pas me tuer. J'ai traversé beaucoup d'épreuves, mais il y a beaucoup de désillusions ici et j'espère pouvoir tenir.

J'espère aussi que Battista essaiera d'agir comme il le doit : en gentleman, bien que j'en doute. Ne soyez pas alarmés par les journaux si et quand ils paraîtront. Il y aura des commérages.

Je vous écrirai plus dès que possible, et j'essaierai de vous rendre visite dès que je serai aux Etats-Unis, mais cela va être une longue attente jusqu'à la fin, vers octobre. J'aurais aimé que vous soyez ici pour m'aider, mais c'est ma bataille.

Dis-moi Walter, comment puis-je obtenir un divorce rapide et efficace aux Etats-Unis, étant citoyenne américaine. Cela aide-t-il ?

J'ai été mariée dans une chapelle catholique et à la mairie. Je suis orthodoxe. S'il vous plaît, gardez cela pour vous. Vous êtes les seuls à qui je l'ai dit.

Chers amis, priez pour moi et écrivez dès que vous le pourrez. A Milan.

Je vous embrasse tous les deux
Maria

SEPT. du 4 au 11	Enregistrement de la seconde intégrale, *La Gioconda* PONCHIELLI, dir. Antonino Votto	**MILAN** Teatro alla Scala
SEPT. 17	Concert, dir. Nicola Rescigno • *Don Carlo* «Tu che le vanità» • *Hamlet* «A vos jeux, mes amis…» • *Ernani* «Surta è la notte… Ernani, involami!» • *Il Pirata* «Oh! s'io potessi… O sole, ti vela»	**BILBÃO** Coliseo Albia

Quelques jours plus tard, la rumeur d'une romance entre Callas et Onassis occupe la une dans la presse, la nouvelle fait le tour du monde.

A Lady Crosfield – *en anglais*

A bord du *Christina*, 18 septembre 1959

Chère Domini,

Je vais faire de mon mieux pour vos billets[1], je ne sais rien à propos des loges. J'ai eu tant de choses à traverser ces dernières semaines que j'espère avoir encore le souffle et le courage de monter sur scène. Priez seulement que je me sente bien.

Je vous verrai bientôt ma chère et merci encore pour votre affection et amitié
Maria

SEPT. 23	Concert, dir. Nicola Rescigno • *Don Carlo* «Tu che le vanità» • *Hamlet* «A vos jeux, mes amis…» • *Macbeth* «Una macchia è qui tuttora!» • *Il Pirata* «Oh! s'io potessi… O sole, ti vela»	**LONDRES** Royal Festival Hall
OCT. 3	Concert télévisé, dir. Malcolm Sargent • *La Bohème* «Sì. Mi chiamano Mimì» • *Mefistofele* «L'altra notte in fondo al mare»	**LONDRES** Wood Green Empire

---

1. Ceux du concert de Londres le 23 septembre.

Kansas City, octobre 1959, avec Walter Cummings, après le concert.

OCT. 23	Concert, dir. Nicola Rescigno • *Don Giovanni* «Non mi dir» • *Ernani* «Surta è la notte… Ernani, involami!» • *Don Carlo* «Tu che le vanità» • *Hamlet* «A vos jeux, mes amis…»	**BERLIN** Titania Palace
OCT. 28	Concert, dir. Nicola Rescigno • *Don Giovanni* «Non mi dir» • *Lucia di Lammermoor* «Regnava nel silenzio» • *Ernani* «Surta è la notte… Ernani, involami!» • *Il Pirata* «Oh! s'io potessi… O sole, ti vela»	**KANSAS** Loew's Midland Theatre
NOV. 6, 8	***Lucia di Lammermoor*** DONIZETTI dir. Nicola Rescigno	**DALLAS** State Fair Music Hall

C'est la dernière fois qu'elle chante le rôle de Lucia. Le 14 novembre, elle retourne en Italie pour une tentative de conciliation au tribunal de Brescia après sa demande de divorce (que Meneghini lui refusa). Elle repart immédiatement après pour Dallas, assaillie par les journalistes.

NOV. 19, 21	***Medea*** CHERUBINI dir. Nicola Rescigno	**DALLAS** State Fair Music Hall

A Walter & Teedy Cummings – *en anglais*

30 novembre 1959

Très chers Teedy & Walter,
Je ne vous ai plus téléphoné car je n'ai simplement pas trouvé le temps, mais j'ai reçu les lettres de Walter. J'espère qu'il a reçu mon chèque que je lui ai envoyé pour Sydney, Austin, etc., de la part de Lodovico Bonini-Longare.

Comment allez-vous mes chers amis ? Comment vont vos petits anges ? Ils grandissent j'imagine comme seuls les jeunes le peuvent et le font. Embrassez-les pour moi.

Merci encore pour tes rapides réponses, Walter. Maintenant je réfléchis à quelle voie je devrai choisir. Bien sûr j'aurais immédiatement opté pour une dissolution auprès de l'Église catholique mais cela prend si longtemps. Je me demande si entre-temps je ne devrais pas demander un divorce américain. Evidemment je déteste avoir à perdre six semaines stupidement. Que ferais-je là-bas, je mourrais d'ennui ! J'ai aussi entendu parler d'une nouvelle loi, ou quoi qu'on l'appelle, permettant d'obtenir un divorce en un ou deux jours. Est-ce vrai ? Un ami commun a déclaré l'avoir obtenu ainsi. Quant aux remous que fait Battista, dans notre contrat légal, en cas de séparation, stipule une des clauses, il doit et est obligé de coopérer pour un divorce qu'il soit américain ou étranger, à mes frais. Et si dissolution en Italie les frais sont moitié moitié. Aussi dans la séparation nous avons séparé nos biens patrimoniaux comme on les appelle.

Je n'ai pas d'autres nouvelles, si ce n'est que la première partie de l'année prochaine je vais probablement me reposer. Je me le dois à moi-même ainsi qu'à ma voix. Je reprendrai à plein temps l'an prochain, mais dans l'immédiat je vais juste me laisser aller jusqu'à n'en plus pouvoir de me reposer et avoir de nouveau envie de travailler, et alors je travaillerai. J'ai vraiment perdu intérêt pour mon art avec toute la pression que mettait mon mari sur mon travail. Alors j'entends à présent aimer mon art en le désirant.

J'espère avoir de vos nouvelles et je vous embrasse tous
Maria

A Herbert Weinstock et Ben Meiselman – *en anglais*

Milan, 15 décembre 1959

Chers amis,
J'ai reçu il y a environ une semaine votre lettre vous plaignant que je n'écrive pas. Je me demande ce qui s'est passé avec mes lettres précédentes car je ne vous promets pas en avoir écrit dix mais au moins deux.

Je n'ai rien de spécial à écrire si ce n'est que je me repose en essayant de me remettre du choc de l'attitude de mon mari, etc. En somme, il est plutôt riche (avec mon argent) mais au moins je suis libre, ou relativement libre. Mais c'est un affreux personnage je vous l'avoue. Et Dieu qu'il est fou d'argent !

Que faites-vous tous les deux pour Noël ? Je vais peut-être rester à Milan ou aller à St Moritz. Seulement je déteste la confusion et les commérages et les regards béants des bons à rien !

Enfin on verra ! Je vais juste faire ce qui me plaît, pour changer !
Je vous embrasse tous les deux
Maria
et un très joyeux Noël et Bonne Année !

A Emily Coleman – *en anglais*

Milan, 15 décembre 1959

Chère Emily,
Juste quelques lignes pour te dire bonjour et que je pense à toi assez souvent. Comment vas-tu ma chère ? Que fais-tu pour les fêtes ? Tu vas probablement dans le Connecticut.

Je ne sais pas encore ce que je vais faire. Je vais peut-être rester à Milan ou aller à St Moritz, me reposer en essayant de me remettre du choc d'avoir un <u>cher</u> mari. Enfin, on ne peut pas dire que j'ai fait de mon mieux pour éviter la rupture. Mais quand je me suis rendu compte qu'il avait tout mis à son nom, et Dieu <u>seul</u> sait ce qu'il a fait de tout cet argent, à tel point qu'il ne pouvait pas expliquer où il l'avait mis ou ce qu'il en avait fait. J'ai appris qu'il était furieux parce qu'il devait payer de vieilles créances, mais d'un autre côté, il s'est acheté une nouvelle voiture, une Maserati ! Il veut devenir Stirling Moss ou Fangio[1] ! N'est-ce pas hilarant ! Seigneur il est fou !!!

Enfin, je cesse de t'ennuyer avec ces bêtises. S'il te plaît, écris-moi. New York doit être très beau en ce moment avec les fêtes de Noël.

Je t'embrasse et meilleurs vœux
Maria

---

1. Célèbres pilotes de Formule 1.

1960

A Walter Cummings – *en anglais*

Milan, 22 février 1960

Chers Walter et Teedy,
Merci pour les petites coupures de presse que j'ai reçues régulièrement. Les rumeurs continuent et en force, et des inventions de toutes sortes avec encore plus de force. Patience ! Vous les connaissez désormais.

Je souhaite vous informer que je suis en parfaite santé, et pas abandonnée par mes amis, comme le disent les journaux, mais au contraire débordée parce qu'ils sollicitent constamment ma compagnie – ce que, comme vous le savez, je n'aime pas beaucoup.

Tout avance très lentement, pas de progrès pour le moment, si vous voyez ce que je veux dire. Quant au personnage à qui nous avons affaire [Meneghini], il n'est pas du tout normal, par conséquent les procédures sont extrêmement difficiles et compliquées. Patience est nécessaire. Mais je vous le redis, chers amis, ne croyez rien de ce que racontent les rumeurs.

Je pense toujours à vous avec grande amitié. Il se peut que je vienne à Chicago l'an prochain, dans tous les cas je vous préviendrai. Je n'ai pas fait de programme pour cet été. Quels sont les vôtres ? Tenez-moi au courant, s'il vous plaît.

Walter, tu ne m'as pas répondu au sujet du divorce en Alabama ? Est-il valide ? Devrai-je y rester longtemps ?

A vous deux, à vos chers enfants et à vos parents, toute mon affection
Maria

A SON AVOCAT ITALIEN – *en italien*

Milan, 23 février 1960

Cher Maître,
Comme je vous l'avais déjà dit, il n'y a rien de juste à ce que mon mari ne respecte pas le contrat. Toutes mes dettes à date du 14 novembre c'est lui qui doit les payer en compensation de ce que je lui ai donné. Il n'a pas d'argent seulement parce qu'il veut garder tout et s'acheter une Maserati pendant que moi je me déplace en taxi.

Dans la vie s'il se trouve un jour en difficulté je l'aiderai toujours (comme je suis certaine qu'il fera de même pour moi) mais aujourd'hui ce n'est pas encore le cas. Je vous le demande, arrangez-vous pour qu'il ne me fasse pas porter le chapeau avec ses avocats. D'accord pour que l'avocat Anelli arbitre. On m'a parlé aussi de Beato Angelico. Venez à Milan au plus vite car on doit se parler,
Salutations cordiales
Maria Callas

A WALTER CUMMINGS – *en anglais*

1er mars 1960

Cher Walter,
Comment allez-vous tous ? Cela fait un bon moment que je ne t'ai pas écrit. Je vais bien, je me balade sans rien faire de précis mais en vivant au jour le jour. Le 21 juillet j'ai un Concert de Gala à Ostende. Le 21 août *Norma* en Grèce, à Epidaure (j'espère que je ne vais pas brûler). Juste après ça je vais enregistrer *Norma* à la Scala et ensuite le 9 décembre j'ouvrirai la saison de la Scala, soit avec *Norma*, ou bien *Medea*. Et après ça on verra !
A présent je crois que le temps est venu pour mon divorce. Je sais

que tu ne vas pas être content mais je ne peux faire autrement. Je ne peux juste pas supporter 6 semaines dans le Nevada alors n'essaye pas de me persuader. S'il te plaît prends contact avec l'avocat dont tu m'avais parlé en Alabama. Dis-moi combien cela va coûter et combien de temps ça prendra, si j'ai besoin du consentement de Meneghini ou si je peux faire sans. Et vois s'il peut tout préparer évidemment en secret afin que j'y aille pour le moins de jours possible. As-tu éliminé l'option d'un divorce mexicain, etc. ? Ou bien pourrais-je le faire peut-être par procuration ? S'il te plaît dis-moi et s'il te plaît comprends que je ne veux pas m'absenter pour plus d'une semaine. Et s'il te plaît ne pense pas que je suis folle. Je sais que je le suis !

Je vous embrasse tous
Maria

PS : Dis-moi dès que possible.

A WALTER CUMMINGS – *en anglais*

12 mars 1960

Très cher ami,
Merci pour ta réponse rapide, comme toujours. Je songeais à l'Alabama car j'essaye d'éviter de rester absente tout ce temps sauf si c'est absolument nécessaire. Je sais que ce divorce est absolument nécessaire. Quant à la dissolution ici, cela prend très longtemps et ma célébrité n'aide absolument pas.

Bien sûr, pour l'Eglise orthodoxe je ne suis pas mariée, mais en tant qu'orthodoxe je le suis, si tu vois ce que je veux dire. Et le combat est dur et sauvage, à essayer d'obtenir un accord financier et la garde partagée des enfants. C'est une triste affaire et j'essaye d'en maintenir mon nom éloigné autant que possible. Enfin, l'avenir sera peut-être meilleur. On a bien assez souffert dans la vie pour mériter un brin de bonheur.

S'il te plaît, garde tout cela pour toi. Ne dis rien à <u>personne</u> de tout ce que je t'écris.

Prie pour nous ce mois-ci, et que Pâques éclaircisse <u>même un tant soit peu</u> notre situation.

Je vous embrasse tous deux
Maria

A Herbert Weinstock – *en anglais*

Milan, 12 mars 1960

Cher Herbert,

J'ai reçu ton projet d'article et je l'ai trouvé très bien comme d'habitude. J'ai fait quelques corrections que j'espère tu comprendras. Un jour, bientôt, je déciderai d'écrire mon livre – biographie[1]. Mais j'ai besoin de quelqu'un qui fasse des recherches – de photos en Grèce, déclarations (vraies) et informations dont ma mémoire peut manquer. Tu sais comme je suis précise en tout. Du moins j'essaye de l'être du mieux que je peux.

Le cas de ma mère est une chose que je ne peux éviter. Elle est entre les mains de vulgaires agents véreux qui gagnent de l'argent sur le simple fait qu'elle est ma mère. C'est drôle que personne n'écrive sur mon père et les bonnes choses qu'il pourrait dire à mon sujet.

Mon mari passe pour un milliardaire alors qu'il n'a pas un centime à lui. Il a pris (mon amour de la paix…) tout ce que j'avais. Il me reste seulement cette maison et les bijoux. Par chance il a <u>dû</u> abandonner l'idée de 50 % de royalties sur mes disques. Un jour je te raconterai tout. Tout ce que je peux dire est que j'ai essayé de mon mieux pendant plus de 8 ans de faire fonctionner ce mariage. Quand j'ai découvert qu'il avait tout mis à son nom c'était la dernière goutte d'eau. Quoi qu'il en soit, mon ami, l'espoir est que j'arrive à prendre en charge mon avenir comme je le voudrais. Evidemment j'avais besoin du prétendu repos mais j'appelle ça plutôt guérir ses plaies. Plaies causées par mon mari et par <u>aucune</u> tierce partie comme il a été dit dans ces journaux pourris où ils inventent juste ce qu'ils veulent. Bien

---

1. Les mémoires de 1957 étaient restés inachevés et Callas cherchait de l'aide auprès de ses proches en vue de publier un jour le récit exhaustif de sa vie.

sûr tu dois avouer que je n'avais pas un visage très heureux avant, n'est-ce pas ? Même certains articles avaient fait référence à cela en se demandant pourquoi et ce qui n'allait pas chez moi.

Alors, Herbert, prie pour moi – et écris, ils me transféreront les lettres et je rentrerai probablement les dix premiers jours d'avril.

Embrasse affectueusement Ben et je t'embrasse aussi bien sûr
Maria

A Lawrence Kelly[1] – *en anglais*

4 juin 1960

Cher Larry,

Merci pour la lettre à propos de Rome. Je crois que tu dois la réécrire avec les bonnes dates, c'est-à-dire : le deux janvier était la première représentation, pas le premier. Ecris tous les détails dont tu peux te souvenir mais ne présente pas les choses de façon aussi lourde comme la phrase où tu dis que j'étais si malade qu'on a presque dû me porter en coulisses. Si tu peux l'écrire immédiatement et l'envoyer tout de suite à Maître Ercole Graziadei[2], Roma. Je n'ai pas son adresse, mince. Ou bien à l'avocat Caldi Scalcini, via Cernaia 15, Torino. Mais tout de suite.

Je t'embrasse
Maria

JUIL. du 13 au 15	Enregistrements, dir. Antonio Tonini • *Semiramide* « Bel raggio lusinghier » • *Armida* « D'amore al dolce impero » • *I Vespri siciliani* « Arrigo ! ah, parli a un core »	**WATFORD** Town Hall

---

1. Directeur artistique de l'opéra de Dallas, qu'elle avait connu à Chicago en 1954.
2. Célèbre avocat italien, chargé de rassembler les témoignages en vue du procès que Callas voulait intenter contre l'Opéra de Rome pour ne pas avoir prévu de remplaçante et l'avoir forcée à monter sur scène, avec préjudices pour sa carrière et sa réputation. Procès qu'elle gagnera quelques années plus tard. Il faudra néanmoins attendre 2018, soixante ans après, pour que l'Opéra de Rome présente officiellement ses excuses, à titre posthume, quand il organisa l'avant-première du film *Maria by Callas*.

A WALTER CUMMINGS – *en anglais*

17 juillet 1960

Cher Walter,
Merci pour ta lettre et les documents. En ce moment je fais profil bas, pour ainsi dire, à cause de la médiatisation de son[1] divorce.
Dieu sait ce que fera mon mari quand je lui enverrai les papiers à signer. Tu sais qu'il est incapable de la fermer. Il est absolument fou de médiatisation. Que se passera-t-il s'il dit à la presse que j'ai demandé sa signature, avant que je ne l'obtienne ? Comment pourrai-je entrer en douce au pays ? As-tu des idées ? Moi aucune ! Est-ce que je peux attendre un mois ou deux avant ? Comment allez-vous tous ?
En ce moment je travaille, et je ne peux que détester cela ! Mais tant que nous n'avons pas trouvé d'accord, je dois travailler, pour ma propre dignité. C'est peu évidemment, mais certain.
Quoi de neuf de ton côté ? Ecris s'il te plaît et pardonne mes lettres rapidement griffonnées. Je pense à vous deux toujours avec très profonde affection et amitié.
Je t'embrasse
Maria

A WALTER CUMMINGS – *en anglais*

29 juillet 1960

Cher Walter,
J'ai eu de mauvaises nouvelles à propos des papiers du divorce. J'ai eu une conversation avec mon mari au téléphone et il me fait du chantage pour sa signature. Alors si je peux faire sans sa signature ce serait mieux. Désormais la seule solution est probablement Mexico, car Reno je le ferai dans un second temps quand j'aurai la possibilité de m'absenter pour six semaines seule. Pour le moment on ne peut

---

1. Parlant d'elle à la troisième personne.

s'absenter pour aussi longtemps. Il [Onassis] ne peut pas encore venir en Amérique à cause de la médiatisation.

Comment le divorce mexicain est-il considéré aux Etats-Unis ? Il me semble qu'à N.Y. récemment il a été validé après le précédent désastre. Est-ce vrai ? Et après tout ce serait déjà quelque chose pour me libérer civilement de ce mari qui est le mien. Puis-je obtenir le divorce sans avoir à aller à Mexico ? Par procuration je crois ! Si tel est le cas pourrais-tu m'indiquer un honnête et rapide avocat là-bas ? Pourrais-tu faire de la même façon qu'avec l'Alabama ?

S'il te plaît conseille-moi aussi vite que possible. Et si cela peut être fait comme je le dis avance dans les procédures nécessaires. Dis-moi tout ce que cela coûterait comme tu l'avais fait pour l'Alabama.

Pardonne-moi de t'ennuyer autant Walter, aussi pour la partie financière mais tu sais que jusqu'au jour où je me marierai je ne pourrai compter que sur moi-même et n'accepterai jamais d'aide de sa part à lui [Onassis].

Embrasse pour moi ta chère famille et j'espère vraiment te voir bientôt. Quant à Louise[1] je préfère ne pas décider pour le moment, je lui ai écrit. S'il te plaît dis-moi ce que tu en penses et si c'est possible tu peux avancer.

Je t'embrasse
Maria

PS : J'ai attrapé une mauvaise trachéite à Ostende[2] mais il n'y a pas eu trop de médiatisation, je m'en suis assurée.

A Matilde Stagnoli[3] – *en italien*

Milan, 31 juillet 1960

Chère Matilde,
Je te remercie de tes pensées et bons vœux. Je pense souvent à toi avec l'affection que j'ai toujours eue pour toi et j'espère que tu vas bien. A présent tu es au courant de ma séparation et je crois que tu

---
1. Louise Caselotti, femme de Bagarozy.
2. Le concert fut annulé.
3. Son ancienne femme de chambre à Vérone.

t'y attendais. Evidemment c'est un petit homme et il me fait pitié et je le méprise pour son chantage constant.

Tous mes vœux les plus chers
Maria Callas

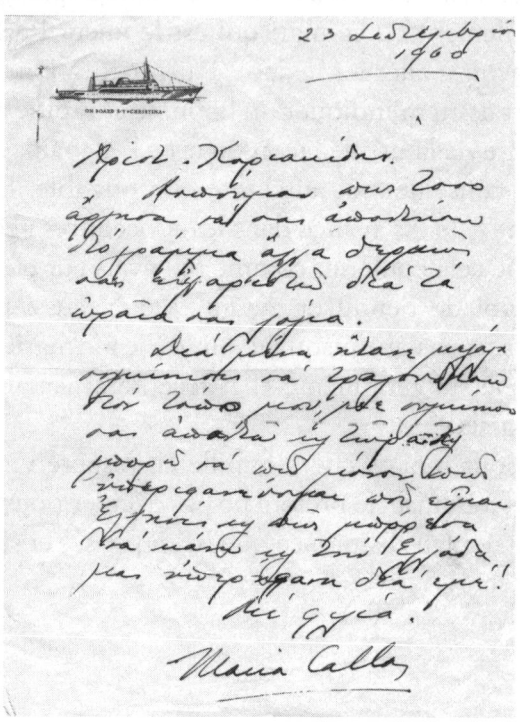

A Aristides Kyriakides[1] – *en grec*

A bord du *Christina*, 23 septembre 1960

Je suis désolée de répondre avec un tel retard à votre lettre.

Je vous remercie chaleureusement pour vos si belles paroles. C'est très émouvant pour moi de chanter dans mon pays et c'est émue que je vous réponds à présent. Je peux dire seulement que je me sens fière d'être grecque et d'avoir pu rendre la Grèce fière de moi aussi.

Je vous embrasse !
Maria Callas

---

1. Directeur du Conservatoire d'Athènes.

A Leo Lerman – *en anglais*

31 juillet 1960

Cher Leo,
Je n'ai pas écrit depuis très longtemps mais tu m'aimes quand même j'en suis sûre. Je n'ai pas de nouvelles particulières. Les journaux écrivent beaucoup de bêtises, comme d'habitude ! J'ai eu cette stupide trachéite qui m'a fait manquer le concert à Ostende et c'était vraiment dommage. Mais comme tu le vois tout s'est bien passé. Pas de scandale. Je sais mieux prendre soin de moi. Dieu, j'aurais mieux fait de laisser tomber ce maître-chanteur de mari plus tôt ! Quand je te verrai je te raconterai tout ! C'est pitoyable que j'aie gâché 12 années de ma vie pour rien si ce n'est un nom, entaché, et pas même un tiers de la fortune que j'avais gagnée ! On n'aurait jamais cru ça de ce mollasson !
A présent je me prépare à aller en Grèce pour *Norma* à Epidaure. J'espère que tout ira bien ! Je le souhaite et le désire comme tu ne peux t'imaginer !
S'il te plaît écris-moi et aussi toutes les nouvelles ! Je t'embrasse
Maria

AOÛT 24, 26	*Norma* BELLINI, dir. Tullio Serafin	**EPIDAURE** Théâtre antique en plein air
SEPT. du 5 au 12	Enregistrement de la seconde intégrale, *Norma* BELLINI, dir. Tullio Serafin	**MILAN** Teatro alla Scala

A Lawrence Kelly – *en anglais*

Milan, 24 octobre 1960

Cher Larry,
C'est vrai, je ne t'ai pas écrit depuis si longtemps ! Je suis ici à Milan, travaillant comme une folle sur le *Poliuto* et suis assez embê-

tée de ne pas être avec vous [à Dallas] cette année, mais je suis sûre que tout se passera à merveille. Votre saison a une si solide fondation, qu'elle continuera sans moi, j'en suis sûre ; ça commence à marcher maintenant, et je te souhaite vraiment Larry le plus grand des triomphes. Je serai là avec toi spirituellement.

Je t'embrasse
Maria

PS : Je viens d'accepter deux *Medea* à Epidaure la première quinzaine d'août.

A Tullio Serafin – *en italien*

Milan, 26 novembre 1960

Cher Maestro,
Juste un mot car je suis très occupée par le travail. Je vous avais envoyé un télégramme de Londres en réponse au vôtre, mais malheureusement il m'a été retourné.

Je suis heureuse que *Norma* vous ait plu. Ici je suis très prise avec le *Poliuto*, qui est tellement difficile, je ne plaisante pas. En outre, comme vous le savez sans doute, Luchino nous a laissés tomber[1] ; bref, je suis très occupée même psychologiquement.

A travers cette lettre je voulais seulement vous remercier et vous embrasser avec l'affection de toujours ; et faites vous aussi, cher Maestro, une prière pour moi car ce retour est très important pour moi, pour ne pas dire décisif.

Je vous prie d'embrasser tout particulièrement de ma part votre épouse pour les mots élogieux que, j'ai entendu dire, elle a eus pour moi. Je sais qu'Elena m'a toujours aimée et respectée, mais en ce moment si particulier je lui suis plus que jamais reconnaissante. Dès que j'aurai une minute de libre je lui écrirai personnellement pour la remercier. J'aimerais tellement pouvoir passer une demi-journée avec vous à Rome ; on verra si j'y arriverai.

---

1. Luchino Visconti, qui devait faire la mise en scène, s'est désisté à la dernière minute en raison d'un autre engagement.

Ecrivez-moi, cher Maestro, car j'ai besoin de soutien moral, comme toujours. Ici tout le monde est mignon avec moi, on ne veut que mon triomphe et on fait tout pour soulager mon attente, mais la responsabilité devient de plus en plus lourde, et se fait sentir toujours plus. Espérons pour le mieux.

Avec toute mon affection
Maria

Aux abonnés de la Scala – *en italien*

4 décembre 1960

Chers abonnés de la Scala,
Je ne vous connais pas mais je vous suis infiniment reconnaissante pour le médaillon que je garderai parmi mes cadeaux les plus chers.

J'espère être à la hauteur de votre estime le 7 décembre, ainsi vous aurez une juste raison pour votre affection à mon égard.

Je vous remercie encore,
Sincèrement vôtre
Maria Callas

DÉC. 7, 10	*Poliuto* DONIZETTI, ouverture de la saison, dir. Antonino Votto	MILAN Teatro alla Scala

A Tullio Serafin – *en italien*

Milan, 13 décembre 1960

Cher Maestro,
Avec l'aide de Dieu, tout s'est bien passé. Comme j'aurais voulu vous avoir près de moi ! Mais malheureusement cela ne fut pas possible. Je suis heureuse que la première vous ait plu[1]; la seconde représentation s'est passée encore mieux, car j'étais plus tranquille.

---
1. Serafin l'a écoutée en direct à la radio.

J'espère tellement pouvoir un jour passer par Rome, surtout pour pouvoir embrasser Elena. Ecrivez-moi, cher Maestro, et en attendant acceptez tout mon profond respect et mon affection.
Maria

A Costis Bastias[1] – *en italien*

Milan, 13 décembre 1960

Cher Costi,
Je te remercie de ton affectueux télégramme. Avec l'aide de Dieu, tout s'est bien passé. J'aurais tant aimé que tu sois là ! J'aimerais bien savoir ce qu'ont écrit les journaux en Grèce.
J'espère pouvoir te revoir bientôt. J'espère que ton épouse et ton enfant se portent bien et toi encore mieux.
A très bientôt
Maria

A Wally Toscanini[2] – *en italien*

Milan, 14 décembre 1960

Chère Wally,
je ne sais comment te remercier de l'affection que tu m'as témoignée ces mois-ci. Je peux seulement te dire que je suis malheureusement quelqu'un qui parle peu mais j'ai le cœur et l'esprit remplis et émus par toi. Toi aussi tu as beaucoup souffert dans ta vie personnelle, et c'est cela aussi qui nous lie encore plus.
Meneghini m'a refait un procès me déclarant coupable de la séparation et pour injure gravissime (pour avoir continué à me montrer en public avec Onassis, ce qui a gravement offensé son honneur et sa respectabilité !). Il a signé les papiers le 29 novembre en espérant probablement me gâcher le 7 décembre[3].

---
1. Ancien directeur de l'Opéra national d'Athènes et ami.
2. Fille du maestro et amie.
3. Date de la première de *Poliuto* à la Scala.

Mais le tribunal a gardé les papiers jusqu'au 9 décembre et je ne les ai reçus que le 12 décembre ! Tu penses quelle ordure ! Qu'en dis-tu ?!!

Je t'embrasse maintenant, et je te verrai peut-être bientôt soit aux Etats-Unis ou ici. Merci encore et tant de salutations chaleureuses à ta sœur et les amis

Ta Maria

DÉC. 14, 18, 21	***Poliuto*** DONIZETTI, dir. Antonino Votto	**MILAN** Teatro alla Scala

A WALTER CUMMINGS – *en anglais*

27 décembre 1960

Cher Walter,

J'ai reçu ta lettre du 10 novembre le 20 décembre. Imagine ! Dieu sait ce qui s'est produit ! Le courrier de Noël je suppose.

J'espère que tu as passé un joyeux Noël, je n'en doute pas car tu as ta belle Teedy et tes adorables enfants, le confort et tout le reste.

Mais je me demande s'il existe quelqu'un qui soit vraiment heureux et comblé ? J'en doute beaucoup.

Mes représentations se sont déroulées à merveille, Dieu merci. J'ai eu le plus fantastique accueil [du public] qu'il y ait jamais eu. Les journaux américains et londoniens ont écrit des « acclamations et sifflements pour Callas ». Je t'assure qu'il n'y en a pas eu un seul qui ait sifflé. Pourquoi ont-ils toujours besoin d'inventer des choses fausses ? J'en suis vraiment lasse !

Par ailleurs, Meneghini m'a de nouveau intenté un procès pour injure grave, sur la base de mes allées et venues avec Onassis. Sa dignité et sa respectabilité en souffrent tant. Sa dignité n'a pourtant pas souffert quand il a dilapidé mon argent l'année dernière.

Bref, il a signé l'action en justice le 29 novembre, en espérant que je serai assignée les jours précédant ma soirée inaugurale probablement pour gâcher ma représentation par les nerfs ou quelque chose comme ça. Comment les gens peuvent-ils naître si méchants ?

Donc il n'y a aucun espoir d'obtenir sa signature pour le divorce. Je déteste l'idée de devoir perdre six semaines à Reno. Que ferai-je là-bas ? Je mourrai d'ennui. Est-il vrai qu'on ne peut pas quitter Reno du tout pendant cette période ? Et quand pourrai-je commencer les procédures ? Quel est ton conseil ? Comment est la vie là-bas ? Tu me diras aussi ce qu'il en est au niveau des dépenses. Je suppose que c'est plus cher, etc. ! Quel dommage ! Enfin, organise un programme et je tâcherai de m'y tenir, si rien ne se passe entre-temps ce dont je doute beaucoup.

Je n'ai pas d'autres nouvelles. Les choses sont plutôt paisibles. J'espère que tout va bien de votre côté, embrasse-les tous pour moi. Au fait, cette Caselotti [Louise] ne m'a jamais enseigné une seule note ! Elle a commencé à enseigner après son retour aux Etats-Unis. Que dois-je faire à son propos ! Et tous ces livres qui sortent sur moi !? Pauvre de moi. Si seulement on voulait bien me laisser tranquille.

Embrasse Teedy
Maria

1961

A Paolo Barbieri[1] – *en italien*

Monte-Carlo, 22 janvier 1961

Cher Ami,
Je suis impardonnable de ne pas avoir écrit plus tôt cette lettre de remerciements pour l'enregistrement que vous m'avez offert[2].

Je vous suis infiniment reconnaissante car je peux m'écouter et ainsi pouvoir vérifier et me comparer au bon vieux temps. J'espère un jour pouvoir vous remercier personnellement. Mes meilleurs vœux et encore merci.
Très cordialement
Maria Callas

A Walter Cummings – *en anglais*

Milan, 9 février 1961

Cher Walter,
Je suis tellement fière de ma Teedy pour avoir été la plus élégante et plus belle des femmes comme toujours ! J'ai appris que tu rempla-

---

1. Un admirateur.
2. Certainement un des enregistrements *live* dits «pirates», des représentations de la Scala dans les années 50.

cerais le feu juge Parkison à la cour d'appel des Etats-Unis ? Si c'est vrai, je crois que c'est merveilleux. Je suis très fière de toi, Walter.

Quant à pauvre de moi, je suis toujours au tribunal avec ce satané Meneghini. Je n'ai pas encore décidé à propos de mon divorce à Reno, et après tout qu'est-ce que ça changerait ; comme tu le sais, vis-à-vis de la loi italienne je ne pourrai pas me marier de nouveau. Alors pour le moment, attendons et voyons. Quoi qu'il en soit, dès que j'aurai plus de nouvelles je t'écrirai encore.

Toute mon amitié. Je pense à vous fréquemment. Je t'embrasse
Maria

A Paul Hume – *en anglais*

Milan, 9 février 1961

Cher Paul,

Je voulais vous écrire depuis longtemps, mais bizarrement, j'ai honte de le dire, je n'y suis pas arrivée. Bien que je n'aie pas cessé de penser à vous. On m'a envoyé les articles que vous avez écrits sur le livre de ma mère, et je vous remercie pour leur humanité et leur justesse. J'aurais aimé que vous soyez là pendant les représentations de *Poliuto* ; elles vous auraient plu. Je vais bien et j'espère que vous aussi. J'avais l'espoir de venir aux Etats-Unis mais je n'y suis pas arrivée, effrayée par la terrible vague de froid. Je n'ai pas encore décidé quand je viendrai ; dans tous les cas, je vous tiendrai au courant.

Je n'arrive toujours pas à chasser de mon esprit les journalistes malhonnêtes ; ils adorent inventer et publier toutes sortes d'inepties à mon sujet. Mais que peut-on y faire ?

Ecrivez-moi s'il vous plaît ; j'aimerais avoir de vos nouvelles. Mes amitiés à votre famille, et je vous embrasse chaleureusement.

Très cordialement
Maria

Milano, le 10 Fevrier 1961

Cher Monsieur Julien,

  Je crois que il y a été un malentendu entre nous, bien que je ne reussis pas à comprendre de quoi il s'agit exactement et comment une telle chose a pu arriver.

  On m'a dit que vous avez demandé de moi à Monsieur Minotis cet Eté, et que vous vous êtes plaint de ne pas reussir à vous mettre en contact avec moi. Je dois vous avouer, cher Monsieur Julien, que cette affirmation m'a un petit peu surpris, car je ne me suis jamais cachée; tout le monde savait où je me trouvais, et tous ceux qui ont voulu se mettre en contact avec moi ont pu le faire sans aucune difficulté. En outre, j'ai une maison à Milano, où, si vous aviez quelque chose à me communiquer, vous pouviez bien m'écrire, et on m'aurait informé tout de suite.

  Mais il n'est pas pour revenir sur ces vieilles choses, qui appartiennent désormais au passé, que je vous écris aujourd'hui, mais seulement pour vous envoyer la copie d'une lettre que j'ai écrit le 8 Mars 1960 à Monsieur Le Bret en réponse à la sienne du 26 Fevrier. Comme vous pouvez voir, ma lettre concerne les spectacles de "MEDEE" à l'Opéra, que j'avais suggéré de renvoyer au mois de Janvier 1961. Après ça, je n'ai plus reçu aucune nouvelle de votre part à ce sujet.

  Si je vous envoie cette copie aujourd'hui, il n'est pas parce que je désire que vous me donnez maintenant une réponse à ce propos, mais seulement, comme j'ai déjà expliqué à Monsieur Le Bret, qui m'avait dit de n'avoir jamais reçu une réponse de ma part aux propositions qu'il m'avait fait dans sa lettre du 26 Fevrier, pour lui montrer que en effet je lui avais répondu. Et ça je le fait aussi surtout pour éviter d'inutiles malentendus entre nous.

  Veuillez agréer, cher Monsieur Julien, l'expression des mes sentiments les plus amicaux.

          Maria Callas

Monsieur A.M. Julien

M. Julien fut administrateur de l'Opéra de Paris de 1959 à 1962.

A Lawrence Kelly – *en anglais*

Milan, 21 mars 1961

Cher Gatti-Casazza[1],
Je suis ici, *en passant*, alors je réponds personnellement. Attends un peu toi le Texan[2] ! Je ne serai pas de retour avant le 8 ou 10 avril et après je ne sais pas encore ce que je ferai. Appelle-moi à Paris ces jours-ci. Je sais juste que *Butterfly* ou *Orfeo* ne m'intéressent pas. Essaye de faire sans moi cette année mon cher.
J'espère que tu vas bien, embrasse tous les amis pour moi. Je vais bien et suis en paix.
Je t'embrasse
Maria

MARS du 28 au 31 **AVRIL** 4, 5	Enregistrement de l'album *Airs d'opéras français*, dir. Georges Prêtre • *Orphée et Eurydice* « J'ai perdu mon Eurydice » • *Samson et Dalila* « Printemps qui commence » « Samson, recherchant ma présence… Amour ! viens aider ma faiblesse ! » « Mon cœur s'ouvre à ta voix[3] » • *Alceste* « Divinités du Styx » • *Carmen* « L'amour est un oiseau rebelle » « Près des remparts de Séville » • *Le Cid* « De cet affreux combat… Pleurez ! pleurez, mes yeux ! » • *Roméo et Juliette* « Ah ! Je veux vivre dans ce rêve » • *Mignon* « Ah, pour ce soir… Je suis Titania » • *Louise* « Depuis le jour »	**PARIS** Salle Wagram

---

1. Surnom donné par Maria en référence au grand directeur du Metropolitan de New York des années 30.
2. En réponse à ses propositions de chanter à l'Opéra de Dallas.
3. Cet air, dont Callas jugeait imparfaite une respiration à un endroit précis, ne fit pas partie de l'album et fut dévoilé au public seulement *post mortem* en 1982, avec l'aide de l'amie pianiste Vasso Devetzi, qui avait créé la Fondation Maria Callas, et qui autorisa la publication.

A Paul Hume – *en anglais*

Milan, avril 1961

Cher Paul,
Je suis heureuse d'apprendre que vous allez bien, et je souhaite beaucoup de succès à votre concert. Je vous écris juste quelques mots car je suis assez occupée, mais je veux que vous sachiez que je ne vous ai pas oublié.

J'espère venir chanter à Washington, d'ici la fin de cette année, ou l'année prochaine, je vous promets de faire tout mon possible. Peut-être un jour écrirai-je mon propre livre mais pour le moment je ne me sens pas encore tout à fait prête. A propos, quelle est la somme importante que les éditeurs dont vous parlez dans votre lettre seraient prêts à payer ?

Je vous embrasse ainsi que votre épouse
Maria

A Walter Cummings – *en anglais*

Milan, 9 avril 1961

Cher Walter, et Teedy,
Je t'avais écrit il y a quelque temps, mais tu n'as pas dû recevoir ma lettre. Je n'ai pas de nouvelles particulières, seulement le harcèlement des journalistes, qui te font vraiment perdre la tête. Aujourd'hui tout le journalisme est basé sur le scandale, et s'ils ne trouvent pas de scandale, ils le créent.

J'espère vraiment que tu auras ton poste à Washington. J'aimerais tellement vous voir. Je viendrai peut-être à New York dans peu de temps, et on pourrait se voir. Quant à mon divorce, le cher Meneghini a complètement perdu la tête ; il continue à faire des procès et ne pourrait être plus ignoble. Je ne sais vraiment pas que faire de lui. J'aurais seulement voulu que tous les papiers nécessaires pour le divorce en Alabama aient été prêts au moment de notre séparation, je les lui aurais fait signer ; malheureusement, le temps a passé, et lui évidemment s'en sert à son avantage désormais en étant malhonnête. Enfin, nous verrons, et je devrais revoir la situation dans les mois à venir.

J'ai vu ton frère à Paris, et on a parlé de toi aussi. Quant au Festival Grec [Epidaure], c'est confirmé. Ostende à l'inverse je ne crois pas que ça aura lieu, car la salle de concert est en rénovation et ne sera pas terminée à cette période.

Je t'écrirai de nouveau dès que j'aurai des nouvelles. Je vous embrasse tous deux, et dis à Teedy qu'il n'y a vraiment pas de quoi s'inquiéter. Je vais bien comme jamais, vocalement, moralement et la santé aussi.

Je t'embrasse
Maria

MAI 30	Concert caritatif pour la Fondation Edwina Mountbatten, piano Malcolm Sargent • *Norma* « Casta diva » • *Le Cid* « De cet affreux combat… Pleurez, mes yeux ! » • *Don Carlo* « Tu che le vanità » • *Mefistofele* « L'altra notte in fondo al mare »	**LONDRES** St. James Palace

A LADY CROSFIELD – *en anglais*

Milan, 23 juin 1961

Chère Domini,

On s'est vraiment tout juste aperçues à ce concert de Londres ! La prochaine fois j'espère vous voir davantage. Quant à vos master classes je dois dire que c'est une merveilleuse idée. Je vais y réfléchir et essayer de trouver le temps. La prochaine fois que je viendrai à Londres nous en parlerons.

Je vous envoie toute, toute mon amitié, en espérant vous voir bientôt
Maria

AOÛT 6, 13	*Medea* CHERUBINI, dir. Nicola Rescigno	**EPIDAURE** Théâtre antique en plein air

Au côté de son père juste après la première de Medea *à* Epidaure.

A HERBERT WEINSTOCK – *en anglais*

A bord du *Christina*, 17 août 1961

Cher Herbert,
En ces jours particulièrement j'ai senti ta présence et je suis sûre que tu as senti la mienne. Tu aurais été si heureux d'entendre ces représentations et de voir cette *Medea* dans un cadre idéal. Malheureusement mon meilleur admirateur et ami sincère était absent, en fait les deux, Ben aussi !

Comment vas-tu ? Quoi de neuf ? Je n'ai pas de nouvelles mais j'ai très bien chanté. Je n'ai pas été aussi détendue durant des représentations depuis très très longtemps. Tu sais, terminer une *Medea* aussi fraîche qu'avant, etc. !

On dit que j'ai l'air de mieux en mieux et si Meneghini arrêtait de me pourchasser (sa manie tu te souviens est la médiatisation !) je serais en effet une âme très heureuse.

S'il te plaît écris-moi ici à Monte-Carlo, et j'ai enfin commencé à lire ton livre *L'Opéra*. Il m'enseigne beaucoup. Si tu as d'autres livres à me recommander s'il te plaît écris-moi les noms ou envoie-les-moi. C'est mieux que des fleurs.

Je t'envoie mes sincères et plus profonds sentiments d'amitié, et bien sûr à Ben.

Je t'embrasse
Maria

A Walter Cummings – *en anglais*

Milan, 21 septembre 1961

Cher Walter, et Teedy,

Je viens de recevoir à l'instant tes coupures avec l'annonce de la mort de Mr Morrow, et je n'ai vraiment pas de mots pour dire ma tristesse. S'il te plaît fais-moi une faveur et transmets mes plus sincères condoléances à sa femme.

Quant à mes soucis, après-demain je pars pour Londres, et mes avocats iront plaider et me défendre au procès avec Meneghini. Ils essayent maintenant de démontrer l'incompétence de la cour de Milan. Je serai de retour à Milan autour du 26. Je ne crois pas que cet homme m'accordera jamais le divorce; pourrais-tu s'il te plaît m'expliquer précisément, au cas où je me décide pour Reno, comment je pourrais rester au pays incognito? Dans l'immédiat je ne pense pas avoir le temps, mais après la Scala[1] si rien n'a changé d'ici là, je pourrais trouver le temps. Pourrais-tu avoir la gentillesse de m'écrire en détail où je logerais, et comment je pourrais passer six longues semaines sans mourir d'ennui?

J'attends de tes nouvelles cher Walter. Je te remercie pour tes continuelles pensées. Mes amitiés à Teedy, et s'il te plaît transmets ma profonde tristesse à propos du décès de Mr. Morrow.

Je t'embrasse
Maria

---

1. Où devaient être données les représentations de *Medea*.

A Leonidas Lantzounis[1] – *en anglais*

Milan, 21 septembre 1961

Cher Leo,
J'avais préparé une belle lettre avec toutes mes réponses pour toi, et puis j'ai vu dans les journaux que ma douce mère commence une nouvelle carrière [en boîte de nuit]. Que puis-je dire, que puis-je faire pour cette pauvre femme folle ? Je n'ai vraiment pas de mots, et suis tellement dégoûtée quand j'en viens à penser que c'est elle que j'ai pour mère.

J'attends de tes nouvelles, en espérant qu'elles soient un peu meilleures. Je t'embrasse ainsi que ta chère épouse Sally
Maria

PS : Elle a l'air de très bien s'en sortir sans mon aide.

A Tullio Serafin – *en italien*

Milan, 21 septembre 1961

Cher Maestro,
Vous n'imaginez pas avec quelle joie j'ai lu votre lettre, et à quel point vous m'avez manqué à Epidaure[2] ; mais en compensation, j'étais en excellente forme, et les représentations se sont passées merveilleusement bien.

En ce qui concerne Turin[3], je voudrais tant pouvoir accepter, mais malheureusement je ne peux pas, car, outre la *Medea* à la Scala, j'aurai aussi l'année prochaine quelques autres représentations ou concerts à l'étranger, outre naturellement beaucoup de disques. J'aurais vraiment voulu moi aussi, croyez-moi, avoir, comme Vous le dites, la pos-

---

1. Le parrain de Maria Callas.
2. Pour les représentations de *Medea*. Serafin avait dirigé à Epidaure les représentations de *Norma* l'année précédente.
3. Serafin insistait pour que Callas y chante *Medea* ; il voulait également qu'elle chante *Salomé*, de Strauss.

sibilité de «faire de la musique ensemble», mais malheureusement les obligations déjà prévues ne me permettent pas pour le moment de satisfaire ce désir vif qui est le mien.

Si je passe par Rome, je viendrai vous trouver. Je vous prie d'embrasser particulièrement pour moi votre Elena, et naturellement Victoria et Donatella[1]. Combien de vérités sur Meneghini elles pourraient dire !

Comme je voudrais que vous ayez un jour la possibilité et le courage de déclarer comment les choses se sont passées véritablement, c'est-à-dire que Meneghini n'a contribué en rien à ma formation, car, comme vous le savez, seules votre sagesse de Maestro et ma volonté d'artiste m'ont créée. Personne mieux que vous n'est au courant de ces choses, vous qui connaissez bien le manque d'argent que j'avais au début de ma carrière en Italie, et qui n'avez pas hésité à Florence, à l'occasion de la *Traviata*, souvenez-vous, à me crier dessus devant tout le chœur, car avec mon apparence négligée je n'avais rien d'une prima donna, ni le luxe de m'habiller – cela est venu seulement plus tard –, et si j'ai pu me le permettre, ce fut seulement grâce aux sommes que j'ai pu gagner avec mon travail. Meneghini se vantait d'être millionnaire avec mon argent, comme vous le savez bien. Pauvre de moi ! Ne trouveriez-vous jamais l'occasion de dire la vérité ?

Je vous embrasse très affectueusement,
Toujours votre
Maria

A HERBERT WEINSTOCK – *en anglais*

Milan, 20 octobre 1961

Cher Herbert,
Juste quelques mots pour te dire que je pense à toi, même si je n'écris pas souvent. J'ai adoré ton livre, et, au lieu de m'envoyer des fleurs j'aimerais que tu m'envoies tout livre qui te semble intéressant pour moi. Tu me rendrais très heureuse.

En décembre je chanterai, si Dieu le permet, à la Scala, ensuite

---

1. Les filles de Tullio Serafin.

je n'ai pas de programme défini, mais je te dirai. Je voudrais que tu saches que je pense toujours à toi, et t'aime même si je n'écris pas.

Je vous embrasse tous deux
Maria

NOV. du 13 au16	Enregistrements, dir. Antonio Tonini • *La Cenerentola* « Nacqui all'affanno… Non più mesta » • *Guglielmo Tell* « S'allontanano alfine… Selva opaca » • *Semiramide* « Bel raggio lusinghier… Dolce pensiero » • *Lucrezia Borgia* « Tranquillo ei posa… Com'è bello » • *Il Pirata* « Sorgete… Lo sognai ferito, esangue »	**LONDRES** Kingsway Hall

A LEONIDAS LANTZOUNIS – *en anglais*

Milan, 27 novembre 1961

Cher Leo,
Je ne t'en voudrais pas d'être fâché avec moi.

J'ai répondu à ta lettre après avoir reçu la lettre de mon père, car il pensait que ce serait mieux que j'accomplisse mon devoir d'artiste en Grèce avant de me donner les mauvaises nouvelles concernant ma mère. J'ai trouvé sa lettre grotesque et folle comme malheureusement tu sais qu'elle l'est, et ce qui me blesse le plus c'est qu'elle va s'amuser, jouer, chanter, et quoi qu'elle trouve d'autre, en nous faisant honte à nous tous. Je crains de ne voir aucune issue, car lui donner de l'argent et la laisser continuer toutes ces absurdités serait évidemment ridicule, ne crois-tu pas ?

Quoi qu'il en soit, en ce moment je suis très occupée avec mes représentations à la Scala ; ensuite, j'y réfléchirai et je verrai ce qu'on peut y faire. Je t'envoie mon affection et embrasse ta chère Sally pour moi
Maria

DÉC. 11	*Medea* CHERUBINI, dir. Thomas Schippers	**MILAN** Teatro alla Scala

A Wally Toscanini – *en italien*

Milan, 13 décembre 1961

Chère Wally,

Je te remercie pour le très beau livre sur les roses que tu m'as donné et que seulement maintenant je peux feuilleter tranquillement, n'ayant malheureusement jamais eu jusqu'à aujourd'hui un seul moment de calme.

Pardonne-moi si je t'écris au lieu de t'appeler, mais ces jours-ci, après la tension de la première, je me sens un peu fatiguée. En outre, je souffre encore d'une forme gênante de sinusite qui m'a de nouveau affectée, et le médecin m'a vraiment recommandé de ne pas trop parler et de me reposer. Vendredi je dois à nouveau me rendre à l'hôpital pour une autre intervention au nez, en espérant que cela ne me gêne pas pour la représentation. Quoi qu'il en soit, même si c'était le cas, je ne peux malheureusement pas l'éviter, et donc *I have got to make the best of it*[1], comme disent les Anglais.

Un des premiers jours de la semaine prochaine je te téléphonerai ; j'aimerais tellement t'avoir à la maison et passer quelques heures en ta compagnie, seule et au calme. Je te remercie à nouveau pour ton affection de toujours, et aussi parce que tu es si gentille avec mes compatriotes grecs.

A bientôt. Je t'embrasse affectueusement
ta Maria

A Grace Kelly – *en anglais*

Milan, 13 décembre 1961

Chère Grace,

Merci de ton adorable télégramme, et vraiment désolée que tu n'aies pas été là. Je suis sûre que tu aurais aimé.

---
1. « Je dois faire au mieux avec. »

J'espère que tu vas mieux désormais. Je dois malheureusement encore m'occuper de mes sinus, et le 21 j'espère pouvoir m'enfuir d'ici et venir probablement à Monte-Carlo. Embrasse Albert et Caroline (Dieu sait ce qu'ils auraient pensé de moi s'ils m'avaient vue dans cet opéra ! J'adorerais entendre leurs commentaires).
Je vous embrasse tous deux
Maria

DÉC. 14	*Medea* CHERUBINI, dir. Thomas Schippers	MILAN Teatro alla Scala

A Emily Coleman – *en anglais*

Milan, 15 décembre 1961

Chère Emily,
Je te suis tellement reconnaissante de ne jamais m'oublier et je te souhaite tout le meilleur pour les fêtes qui arrivent ; et peut-être te verrai-je bientôt, qui sait ! Grâce au Ciel mes représentations se sont passées à merveille ; on dit qu'elles étaient mes meilleures. J'aurais aimé que tu sois là, elles t'auraient plu.
Mon affection à tous nos amis, et particulièrement à toi
Maria

A Eugenio Gara – *en italien*

Milan, 19 décembre 1961

Chers Eugenio et Rosetta,
J'aurais tant voulu vous remercier personnellement, mais malheureusement chaque fois que j'ai téléphoné vous n'étiez pas à la maison. Ces jours-ci j'essaie de me reposer un peu, car je ressens encore la tension nerveuse qui, comme d'habitude, accompagne chacune de mes premières, et j'avoue ne m'être toujours pas habituée à ces malé-

fiques perturbateurs payés pour déranger ; ils m'avilissent excessivement. Je ne sais pas ce que tu vas écrire, cher Eugenio, mais tu sais que je te laisse toujours faire ton devoir ; et quoi que tu puisses dire, je t'aime et t'aimerai toujours pareil.

Malheureusement vendredi je dois aller de nouveau à l'hôpital pour une autre intervention au nez à cause d'une fâcheuse sinusite qui me tourmente depuis quelque temps, et je devrai y retourner encore après la dernière représentation, c'est-à-dire le 21. Tu penses quelle joie !

Patience, prenons les choses comme elles sont. A part ça, je vais très bien, comme tu as dû l'entendre, je pense. Il me tarde de te revoir, et ne crois pas que si je ne donne pas de nouvelles c'est parce que j'ai pris la grosse tête ; non, c'est juste parce que je souhaite me reposer et économiser mes forces, de façon à pouvoir être en meilleure forme et donner à mon interprétation le mieux de moi-même.

Je vous embrasse avec l'affection de toujours, et je vous suis reconnaissante pour les fleurs et les belles paroles.

Votre
Maria

DÉC. 20	*Medea* CHERUBINI, dir. Thomas Schippers	MILAN Teatro alla Scala

1962

A Herbert Weinstock et Ben Meiselman – *en anglais*

Milan, 10 janvier 1962

Chers amis Herbert et Ben,
Je suis tellement heureuse que vous aimiez mon enregistrement, et je sais que vous l'aimez vraiment car s'il y avait quelque chose qui ne vous plaisait pas vous me l'auriez dit, étant donné que l'un de vos traits de caractère est la sincérité. La *Medea* s'est passé à merveille et nous la reprendrons au mois de mai, si Dieu le permet. A présent je pars pour un voyage[1], et je reprendrai mon travail fin février à Londres; j'ai un concert le 27 février au Festival Hall.
J'espère vous voir bientôt quelque part, et je vous envoie à tous deux ma plus grande affection
Maria

A Elvira de Hidalgo – *en italien*

Monte-Carlo, 13 janvier 1962

Très chère Elvira,
On m'a envoyé de Milan ta chère lettre et elle m'a fait tant de peine. Tu te plains que je t'ai tenue à l'écart, et peut-être que tu as

---

1. A cette époque, Maria passe beaucoup de temps avec Onassis, notamment en croisière sur le *Christina*, raison pour laquelle ils ne s'écrivent pas de lettres.

un peu raison, car effectivement ces derniers temps on s'est vues si peu ; en ce sens tu as raison, mais tu as tort, en revanche, quand tu attribues à ce fait une volonté de ma part, qui n'existe pas. Ce n'est pas que je t'ai tenue à l'écart, c'est que malheureusement quand je viens à Milan, habituellement je ne reste pas plus de deux ou trois jours, et en ces deux ou trois jours j'ai toujours tant de choses à faire que le soir venu je suis épuisée, et je ne réussis pas à voir ni même mes plus proches et chers amis comme toi. J'aurais pu t'avoir près de moi pendant la *Medea*, mais tu sais combien de tribulations j'ai eues durant cette période à cause de la sinusite, et tu sais aussi qu'à certains moments de souffrance on préfère rester seul ; connaissant mon caractère comme tu le connais, tu devrais comprendre ces choses-là, et me pardonner. Mais cela ne veut pas dire que mon affection et ma gratitude pour toi ont changé, ils sont même encore davantage renforcés en moi, car avec le temps qui passe, l'affection de mes vrais amis m'est devenue de plus en plus précieuse, et toi tu es pour moi encore plus qu'une amie, car c'est à toi que je dois ma base, mon épine dorsale vocale et scénique.

Même si nos chemins nous ont éloignées l'une de l'autre, spirituellement je suis toujours proche de toi. Je voudrais que tu ressentes cela, je voudrais que tu comprennes mon caractère, peut-être un peu étrange, et je voudrais que tu puisses lire en moi.

Je pars dans quelques jours pour un long voyage, mais dès que je rentrerai et viendrai à Milan je te téléphonerai, et alors nous resterons longtemps ensemble, car j'en ai envie moi aussi tellement.

Tu es toujours dans mon cœur et je t'embrasse affectueusement
Maria

FÉV. 27	Concert, dir. Georges Prêtre • *Oberon* « Ocean ! thou mighty monster » • *Le Cid* « De cet affreux combat… Pleurez, mes yeux ! » • *La Cenerentola* « Nacqui all'affanno… Non più mesta » • *Macbeth* « La luce langue » • *Don Carlo* « O don fatale » • *Anna Bolena* « Piangete voi ?… Coppia iniqua »	**LONDRES** Royal Opera House

A Walter Cummings – *en anglais*

Monte-Carlo, 2 mars 1962

Très chers Walter et Teedy,

J'ai reçu votre lettre et j'espère sincèrement que je ne vais pas vous rater à Monte-Carlo. Je suis heureuse d'entendre que tout va bien pour vous tous.

Je vais bien, à part mes problèmes aux sinus qui sont pour le moment parfaitement guéris et je me prépare pour ma tournée en Allemagne – si Dieu veut – 12 mars, Munich – 16, Hambourg – 19, Essen & 23, Bonn.

Mon concert de Londres s'est très bien passé, mais les critiques ont absolument tout détesté, y compris mon apparence !

Ils ont dit que j'avais l'air trop belle, élégante, gamine, et que le public m'adorait vraiment trop ! Qu'est-ce que vous dites de ça ?

Quant à Meneghini, il essaye d'obtenir un règlement à l'amiable, mais comme d'habitude, c'est tout en sa faveur, et sans aucune garantie qu'il me laisse tranquille et libérée de tout procès de sa part à l'avenir.

Donc nous nous battons encore ! Espérons le meilleur. Mais quoi qu'il en soit on est d'accord sur le principe. De quelle manière les papiers d'Alabama doivent être signés ? Tu avais mentionné quelque chose dans une de tes lettres mais je n'arrive pas à la retrouver et je ne me rappelle pas s'ils doivent être signés avec témoins ou quelque chose comme ça.

Je n'ai pas d'autres nouvelles à part que si les journaux voulaient bien arrêter d'écrire des mensonges stupides tout le temps, je n'aurais pas mon mari qui me court après de cette façon, et Aristo serait moins embarrassé étant un homme d'affaires sérieux et un homme point.

Ils adorent humilier les gens importants et aucune loi ne nous protège contre cela, comme tu le sais. Alors ils publient n'importe quelle absurdité qui passe par leur méchante tête ! Enfin, la vie est trop brève et jolie pour être ruinée par de telles ordures, ne croyez-vous pas ?

Je vous envoie ma plus grande amitié et j'ai tellement hâte de vous voir, tellement.

Je vous embrasse
Maria

MARS 12		MUNICH Deutsches Museum
MARS 16	Concerts, dir. Georges Prêtre • *Le Cid* « De cet affreux combat… Pleurez, mes yeux ! » • *Carmen* « L'amour est un oiseau rebelle » « Près des remparts de Séville »	HAMBOURG¹ Musikhalle
MARS 19	• *Ernani* « Surta è la notte… Ernani, involami ! » • *La Cenerentola* « Nacqui all'affanno… Non più mesta » • *Don Carlo* « O don fatale »	ESSEN Städtischer Saalbau
MARS 23		BONN Beethovenhalle

A LAWRENCE KELLY – *en anglais*

4 avril 1962

Cher Larry,

J'ai reçu ta jolie longue lettre et elle m'a plu énormément comme d'habitude.

Quant à tes idées et propositions, tu dois me laisser un peu de temps pour y réfléchir car en fait je suis assez occupée. Eventuellement ce serait pour l'automne l'année prochaine, et j'ai bien peur que Walter Legge en ait déjà préempté une grosse partie[2].

J'espère en tout cas te voir quand tu viendras en Europe en mai. Je serai les derniers dix jours de mai à la Scala avec *Medea*, donc je compte vraiment sur toi. Embrasse tout le monde pour moi,

Affectueusement
Maria

---

1. Retransmission télévisée
2. Pour des enregistrements de disques.

A Lena Savvidi[1] – *en anglais*

Londres, Hôtel Savoy, 7 avril 1962

Chère Lena,
Merci pour tes jolies fleurs, vraiment magnifiques ! Je suis très occupée avec les enregistrements (je déteste enregistrer) mais je t'appellerai dès que je le pourrai !
Toute mon amitié à ton mari et je t'embrasse
Maria

AVRIL du 9 au 13	Enregistrements, dir. Antonio Tonini • *Don Carlo* « O don fatale » • *Oberon* « Ocean ! thou mighty monster » • *La Cenerentola* « Nacqui all'affanno... Non più mesta »	**LONDRES** Kingsway Hall

A Kiki Morfoniou[2] – *en grec*

Londres, Hôtel Savoy, 15 avril 1962

Chère Kiki
J'ai organisé une audition pour toi avec le directeur de Covent Garden pour la fin du mois. Je leur ai dit que tu ne peux pas venir à tes frais, ainsi ils vont t'envoyer tes billets d'avion, etc. Ecris à David Webster, Directeur, Covent Garden Opera House et il va te répondre avec les détails. Ce sera peut-être pour le rôle d'Azucena dans *Trovatore* mais aussi peut-être pour du travail en général.
Prends soin de toi et étudie sérieusement toujours.
Je t'embrasse
Maria Callas

---

1. Sœur de l'éditeur grec Christos Lambrakis.
2. Mezzo-soprano qui chantait avec Callas à Epidaure en 1960 et 1961.

A LEO LERMAN – *en anglais*

24 avril 1962

Cher Leo,
J'étais heureuse d'avoir de tes nouvelles et tellement heureuse que tu prennes du bon temps.

Je vais à N.Y. pour quelques jours en mai. Le parti démocrate célèbre l'anniversaire du Président [Kennedy] à <u>Madison Square Garden</u> et je suis invitée à participer et chanter un air. Ce sera le 19 mai, et puis le 29 *Medea* à la Scala.

Amuse-toi ! Je t'embrasse
Maria

A EDWARD KONRAD[1] – *en anglais*

Paris, Hôtel Ritz, 8 mai 1962

Cher Edward,
Je vous remercie pour votre lettre et votre article.

Dieu m'a donné deux grandes croix à porter, le première, ma mère qui depuis que je suis enfant n'est pas tout à fait saine d'esprit, ayant tenté ce même geste mais à l'époque avec du vrai poison et on l'avait gardée à l'hôpital Bellevue pendant 3 mois ; et la deuxième, mon <u>cher</u> mari qui a dilapidé les trois quarts de mon argent et me diffame sans cesse. Lundi je dois me rendre au tribunal à Milan !

J'essaye de faire de mon mieux pour rester bien. J'ai de bons amis, mais mon âme seule sait combien je souffre.

Evidemment, c'est très dur de chanter dans de telles circonstances (les oiseaux malheureux ne peuvent pas chanter, n'est-ce pas ?).

Je serai à N.Y. juste 2 ou 3 jours car j'ai la Scala ensuite mais je vous téléphonerai.

Toutes mes amitiés et merci, cher ami
Maria

---

1. Un admirateur.

MAI 19	Concert caritatif à l'occasion de l'anniversaire du Président John F. Kennedy, piano Charles Wilson • *Carmen* « L'amour est un oiseau rebelle » « Près des remparts de Séville »[1]	**NEW YORK** Madison Square Garden

A Emily Coleman – *en anglais*

23 mai 1962

Chère Emily,

Tu n'imagines pas le plaisir que j'ai eu à recevoir ton adorable cadeau et comme j'étais furieuse que tu aies dû t'absenter !

J'ai rapporté ton champagne avec moi [à Milan] et je le boirai, si Dieu veut, après la *Medea* le 29. Quand vais-je te voir ?

C'est dommage que tu manques ces *Medea* et je ne sais pas quand je serai de retour aux Etats-Unis. J'ai encore 2 *Medea*, le 29 mai et 3 juin et ensuite du 20 au 30 juin l'enregistrement de *Tosca*[2]. Ensuite je vais me reposer tout l'été et me concentrerai uniquement sur le soleil et la relaxation !

S'il te plaît écris-moi et j'aurais aimé que tu sois là pour que nous ayons une longue discussion et que tu voies mon chez moi et que tu déjeunes ici avec moi.

Je t'embrasse et merci encore, chère Emily. Tu es une amie chère et c'est bon de le savoir.

Maria

MAI 29 JUIN 3	*Medea* CHERUBINI, dir. Thomas Schippers	**MILAN** Teatro alla Scala
	C'est la dernière fois qu'elle chante *Medea*, et sa dernière apparition à la Scala	

---

1. Callas apparaissait juste avant Marilyn Monroe et son fameux « Happy Birthday Mr. President » (Jackie Kennedy n'était pas présente au concert).

2. Deuxième enregistrement en studio de *Tosca*, cette fois sous la direction de Georges Prêtre.

A Walter Cummings – *en anglais*

21 juin 1962

Cher Walter,

S'il te plaît envoie-moi les papiers du divorce. J'espère que mon mari va les signer, bien que dans l'accord de séparation il s'engage à coopérer pleinement. Je dois payer les frais. Pour la dissolution italienne c'est moitié-moitié. C'est assez compliqué d'obtenir cela ici en Italie. Je suis trop célèbre et l'Eglise est très tatillonne. La présence de mon mari en Alabama est-elle nécessaire ?

Alors envoie les papiers et on verra quand, peut-être, après des mois il les signera ! Tu sais à quel point il est lent et difficile.

Je vous embrasse tous
Maria

NOV. 4	Concert télévisé, dir. Georges Prêtre • *Don Carlo* «Tu che le vanità » • *Carmen* « L'amour est un oiseau rebelle » « Près des remparts de Séville »	LONDRES Royal Opera House

A Gertrude Johnson[1] – *en anglais*

9 novembre 1962

Chère Gertrude,

Je ne vous ai pas vue après cette folle soirée télévisée (je panique tellement les soirées comme celle-là), je n'ai donc même pas pu vous dire à quel point j'ai été heureuse de vous voir et vous remercier d'être toujours si affectueuse avec moi.

Je ne suis pas très douée pour les mots, mais vous comprendrez ce que je veux dire. Depuis dix ans vous avez toujours été si gentille avec moi et j'en suis si reconnaissante.

---

1. Soprano australienne des années 20, professeur de chant d'Albert Lance, le ténor australien qui avait chanté avec Callas à Paris en décembre 1958.

Je vous embrasse tendrement avec toute mon affection du plus profond de mon âme et de ma mémoire.

Je voudrais que vous transmettiez mes amitiés au monsieur de l'entrée des artistes, j'oublie son nom. Remerciez-le aussi. J'espère que son œil va mieux. La prochaine fois j'espère profiter de vous tous un peu plus, et en paix. Concert et télévision sont insoutenables pour mes nerfs.

Meilleures salutations, chère Gertrude, et passez le bonjour à Albert [Lance] pour moi.

Je vous embrasse
Maria Callas

A Fred Wildsmith[1] – *en anglais*

A bord du *Christina*, 9 novembre 1962

Je vous remercie cher ami pour une si gentille lettre et vos mots qui me touchent au cœur. Je les chérirai pour toujours.

J'espère que je pourrai toujours vous satisfaire, j'essayerai toujours de mon mieux, cela je vous le promets. C'est ce que j'ai fait et que je continuerai à faire toute ma vie, bien que cela ne soit pas toujours facile, n'est-ce pas ?

Très sincèrement
Maria Callas

A Ben Meiselman – *en anglais*

Milan, 26 novembre 1962

Cher Ben,

Je suis si heureuse de recevoir ta lettre et que tu te souviennes encore de mes représentations. Je suppose que Dallas devra venir en Europe, c'est tellement loin !

Je suis heureuse d'apprendre le projet du livre de Herbert sur Donizetti. Cela doit être extrêmement intéressant.

---

1. Un admirateur.

Trovatore à Covent Garden malheureusement ne se fera pas car la Scala n'a pas donné la permission à Corelli[1] de chanter, et sans Corelli ça ne vaut pas la peine de faire un nouveau *Trovatore*. Nous le reporterons probablement à une autre période. Dans l'immédiat je prépare quelques enregistrements de 33-tours. J'écrirai davantage dans mes lettres suivantes lorsque j'aurai plus de nouvelles.

Embrasse Herbert pour moi s'il te plaît. Avec mes sentiments les plus cordiaux
Maria

A LAWRENCE KELLY – *en anglais*

Milan, 26 novembre 1962

Cher Larry,

J'aime tes lettres toujours *piccanti* et pleines d'humour. Je suis heureuse que ta saison ait l'air d'être un triomphe. Je suis malheureuse de ne pas être là, mais que puis-je y faire ? Je vais bien pour le moment. Je ne suis pas intéressée par *Carmen* ; merci beaucoup, en tout cas, et vraiment je ne peux te donner aucune nouvelle pour l'année prochaine encore. Quel est ton programme ? As-tu l'intention de venir en Europe ou pas ?

Je suis si heureuse des nouvelles au sujet de David Stickelber[2]. Je lui souhaite le meilleur pour son mariage, et que Dieu lui vienne en aide. S'il te plaît transmets-lui toute toute toute mon amitié. Embrasse aussi pour moi Maria Reed, je suis heureuse d'entendre qu'elle est plus mature, etc.

Je n'ai aucune autre nouvelle pour le moment. Cette année je ne chanterai pas à la Scala, mais je ferai quelques enregistrements. *Trovatore* à Covent Garden n'aura pas lieu car Corelli ne peut pas, alors nous le reportons à une autre date.

Embrasse fort tout le monde pour moi et surtout toi, « Gatti-Casazza »
Maria

---

1. Franco Corelli, célèbre ténor qui avait chanté avec Callas à Trieste en 1953, et à la Scala dans *Poliuto* en 1960.
2. Ami et mécène de l'Opéra de Dallas.

A Teresa D'Addato[1] – *en italien*

A bord du *Christina*, 28 novembre 1962

Chère Teresa,
merci pour tes fleurs et les petits chocolats. Je te remercie par-dessus tout de ton affection et respect. Tu sais que je ne suis pas de celles qui parlent beaucoup ni ne sais écrire comme je le voudrais mais je te suis reconnaissante du plus profond de mon cœur. Cela me fait du bien de voir qu'il existe des personnes comme toi, idéalistes et romantiques. J'ai eu tant de coups et de morsures (bien sûr aussi la gloire) que la femme en moi se <u>rebelle</u>. Malheureusement je suis tellement femme et le monde me voit si différente.
Reste comme tu es Teresa, et j'espère qu'un jour tu rencontreras un homme qui saura te rendre heureuse. C'est tout pour une femme ! Mais c'est si difficile, n'est-ce pas ?
J'espère te voir bientôt mais pardonne-moi si je suis si peu expansive, je suis une timide qui se cache derrière cette apparence de fierté.
Chaleureusement
Maria Callas

A Giacomo Lauri-Volpi[2] – *en italien*

Monte-Carlo, 11 décembre 1962

Très cher et illustre Collègue,
Cela fait deux ou trois jours que je suis rentrée de Grèce, et me parvient de Milan votre gentille lettre, ou plutôt votre article qui fait office de lettre[3].

---

1. Sa secrétaire milanaise.
2. Célèbre ténor italien, qui a notamment chanté avec Callas à Naples dans *Il Trovatore*, en 1951.
3. Il s'agissait en fait d'une lettre ouverte de Lauri-Volpi à la presse s'insurgeant contre «l'horrible indifférence» face à l'art vocal et protestant avec grande véhémence contre les critiques réservées à Callas et leur incapacité à reconnaître son immense talent.

Cher ami, vous avez toujours combattu vous aussi, comme moi. Je trouve votre article magnifique et je vous remercie d'avoir pensé à moi à l'occasion de Serafin à Rome[1].

Serafin est pour moi – et sera toujours – *mon* Maestro, et je serai toujours prête pour lui. Mais vous savez qu'il y a un procès avec l'Opéra de Rome, procès que je ne voulais pas faire car je ne crois pas qu'il existe de justice pour cette terrifiante soirée de la *Norma*. Mais mon mari insistait en ce temps-là, et moi j'ai cédé. Mario Missiroli[2] connaît toute l'histoire, c'est un ami cher et un gentleman, chose très rare de nos jours.

Ainsi donc, cher ami, j'aimerais tant avoir votre plume, pouvoir m'exprimer comme vous, mais je ne le peux, pardonnez-moi.

Comment ferais-je, même si le procès s'arrange, pour trouver la force de me présenter dans l'arène aux lions, où désormais le public n'attend plus de l'art mais de dures et cruelles batailles, n'est-ce pas ?

Je voudrais avoir quelques heures avec vous. Je voudrais que vous sachiez que j'ai un passé beau mais rude à la Scala. Le journalisme mensonger, injuste. Le mari. Vous verriez alors une grande plaie, malheureusement encore sanglante, qui peut-être jamais ne pourra guérir. Vous direz que j'exagère. Peut-être. Mais pour qui s'est dédié à la musique comme moi, croyant en un monde musical, mais surtout idéal comme la vraie musique, et me trouver éternellement dans une arène aux lions – vous comprendriez un peu. Si je passe par Rome ces jours-ci je vous téléphonerai et nous nous retrouverons.

Je vous embrasse maintenant et saluez de ma part votre épouse. Je me rappelle toujours avec honte pour mon mari ce qu'il vous avait écrit. Je ne sais pas exactement. Je l'ai appris par le docteur Di Maria.

Voyez-vous j'étais tenue dans l'ignorance de tout ce que faisait Meneghini, et qui sait encore de combien de choses humiliantes je n'ai pas connaissance. C'est peut-être mieux.

Chaleureusement
Maria Callas

---

1. Lauri-Volpi organisait un concert de soutien pour nommer Serafin à la direction de l'Opéra de Rome.
2. Célèbre journaliste italien, rédacteur en chef du *Corriere della Sera*.

1963

A LEONIDAS LANTZOUNIS – *en anglais*

Monte-Carlo, 9 janvier 1963

Cher Leo,
  Ma chère mère en a encore après moi avec ses frasques. Je t'ai donc envoyé sa pension. Pardonne-moi de t'ennuyer. Je veux que tu leur dises que je n'ai jamais refusé de l'entretenir comme tu le sais, mais je refuse son chantage permanent et être diffamée publiquement. Ce qui évidemment continuera quelle que soit la somme d'argent que je lui donne. Elle a trouvé de soi-disant amis qui l'ont mal conseillée et l'ont utilisée pour des apparitions télévisées et le livre[1], etc., et puis les représentations en boîte de nuit comme tu t'en souviens.
  A présent, Leonida, dis-lui que je lui verserai une pension (l'assistance publique dit qu'elle a besoin de $65 toutes les deux semaines !) mais elle doit vivre une vie paisible (<u>décente</u>, pour changer !), la boucler définitivement et ne pas être une constante source de honte pour sa famille et ses amis. Les vrais amis, comme toi et les autres. Pas les maîtres chanteurs qu'elle fréquente récemment. Je t'enverrai $200[2] par mois à lui donner, et elle doit arrêter de déblatérer contre nous autrement je cesserai de lui donner de l'argent et <u>aucun chan-</u>

---

  1. Sa mère fit une apparition dans une célèbre émission de 1962, le « Johnny Carson Show », dressant un portrait au vitriol de sa fille, de même que dans son livre paru en 1960, *Ma fille Maria Callas,* avec beaucoup de ragots et parfois de pures inventions.
  2. L'équivalent de 1500 euros (valeur de 2019).

tage ne me fera changer d'avis. S'il te plaît dis-lui que si elle avait été une vraie mère pour moi, il y a bien longtemps, je l'aurais chérie et elle aurait eu tout bénéfice de ma part. Mais avec ses folles manières, menaces et conduite honteuse, elle a elle-même ruiné sa propre vie et la nôtre, nous faisant honte à tous.

Vois ce que tu peux faire, Leo, et fais-le-moi savoir tout de suite. Si elle est malade (mentalement) dis-moi s'il est nécessaire de la mettre dans une bonne maison [spécialisée] peut-être en Europe, où ça coûte moins cher. Je ne sais pas, mais je t'en prie, aide-moi.

Souviens-toi, Leo, je suis indépendante. Je gagne ma vie, et je ne veux d'argent de personne. Tu connais mon caractère à présent, seulement, je ne suis plus si jeune et ma santé ne me permet pas de travailler aussi dur qu'avant. S'il te plaît ne le dis à personne, Leo.

Mon mari continue de me harceler après m'avoir volé plus de la moitié de mon argent en mettant tout à son nom depuis que nous nous sommes mariés. Il a alors créé des scandales et s'en est servi pour me garder dans les tribunaux et ainsi conserver mon argent.

L'Italie n'est pas l'Amérique, j'ai été une imbécile de l'épouser en Italie et encore plus imbécile de lui avoir fait confiance.

Mais le fait est que je dois entretenir mon père, en plus ma mère et sans doute aussi ma sœur. Je vieillis et ne peux plus travailler comme avant. Je ne veux pas d'autre argent que le mien, alors qui pensera à moi le jour où, Dieu m'en garde, je serai dans le besoin ?

Un jour, Leo, nous passerons un moment juste tous les deux pour parler, et tu apprendras beaucoup de choses dont tu n'as pas idée.

Je prie seulement Dieu que mes nerfs tiennent le coup. Je suis un peu fatiguée d'avoir à me battre toute ma vie et surtout maintenant que je devrais pouvoir profiter de la paix et du confort.

Rappelle-toi s'il te plaît que ces détails intimes doivent rester entre nous et nous seuls car je te parle comme à mon père. Mon propre père je ne veux pas l'importuner.

Tout mon amour, cher Leo, ainsi qu'à Sally, et vois si tu peux faire cesser cette sale histoire d'une manière ou d'une autre.

Ecris-moi s'il te plaît, et pardonne-moi de te déranger, mais pour moi tu es mon deuxième père.

Bien à toi
Maria

A Elvira de Hidalgo – *en italien*

A bord du *Christina*, 12 janvier 1963

Chère Elvira,
J'ai eu une année difficile. Je n'ai plus la sinusite mais elle m'a laissé tant de complexes et tant de doutes que peut-être tu peux comprendre. Je l'ai quasiment vaincue mais pas encore tout à fait. Je dois tant travailler pour me rétablir, aussi moralement. Grâce à Dieu tout s'est passé splendidement. J'ai repris mon ancien répertoire et j'ai vaincu.

Comme je voudrais avoir ton tempérament. Je suis née trop sensible, trop fière mais trop fragile. Etrange histoire. Meneghini m'a coûté plus que je n'aurais pu imaginer. Et si au moins il me laissait tranquille ? Non. Il veut me détruire. En tout cas je remercie le Père éternel de m'avoir faite saine de nerfs et d'esprit sinon je serais déjà devenue folle.

Ma chère, ne t'inquiète pas si cette lettre te semble triste. Un exutoire, à toi qui m'es si chère
Toujours ta Maria

A Giacomo Lauri-Volpi – *en italien*

Milan, 25 janvier 1963

Très cher et illustre Collègue,
J'ai reçu vos chères lettres auxquelles j'aurais voulu répondre plus tôt, mais malheureusement j'ai été empêchée par une opération de la hernie à laquelle je me suis récemment soumise. Rien de grave, mais je savais que je devais la faire, et cela, tout comme les diverses raisons que je vous avais déjà exposées dans ma lettre de Monte-Carlo, ne m'a pas permis de venir offrir à mon Maestro adoré ce soutien que Vous me suggériez.

Je n'ai pas, cher Ami, la force physique d'affronter l'arène et les lions. Tous me garantissent, tous essayent de me rassurer, vous le Maestro, les critiques, mais moi je ne pourrai jamais oublier cette soirée à l'Opéra de Rome et combien j'ai souffert.

Peut-être, si j'avais vingt ou trente ans, mon attitude pourrait être différente, peut-être pourrais-je même ne pas accorder d'importance à ce qui s'est passé alors, et la joyeuse audace de l'esprit – comme vous dites – m'aurait aidée à oublier et aller de l'avant. Mais je ne suis plus capable de risquer, surtout risquer d'éventuelles nouvelles cruelles blessures à l'âme que rien ne pourrait alors vraiment plus cicatriser. C'est du moins ce que je pense aujourd'hui. Il se peut que dans le futur cet état d'esprit qui est le mien puisse changer, mais pour le moment je n'en sais rien, et ne suis pas capable d'anticiper quoi que ce soit.

D'une chose pourtant je voudrais que vous soyez certain, que sincèrement, du plus profond de mon cœur je vous suis reconnaissante pour ce que vous avez écrit sur moi et pour le respect que vous me portez (et cela ne pourrait être autrement car vous avez souvent souffert et avez dû batailler pour votre Art) ; je voudrais que vous sachiez que je ne l'oublierai jamais. Je remercie aussi votre épouse et j'envie votre famille, car il n'y a pas de richesse plus grande sur la terre.

Très chaleureusement
Maria Callas

A WALTER CUMMINGS – *en anglais*

Milan, 26 janvier 1963

Cher Walter,
J'espère que tout va bien de ton côté et que tu n'es pas alarmé par les nouvelles de mon opération. Tout va bien maintenant, et j'espère d'ici une semaine être de retour à Monte-Carlo, où je ferai une bonne et longue convalescence.

Quant à Carol Fox[1], je lui ai répondu que je ne pouvais pas prendre de décision pour le moment. Elle devra attendre, étant donné que je n'ai rien décidé encore au sujet de concerts ou opéras aux Etats-Unis.

Cher Walter, j'y vais doucement pour le moment et n'en fais pas trop.

---

1. Directrice de l'Opéra de Chicago.

Mon mari est toujours une maudite nuisance. On est encore au tribunal, et il ne veut juste pas entendre parler de divorce, en répétant les absurdités habituelles. Patience ! Je verrai ce que je ferai.

Je suis heureuse que tu aimes les airs français[1]. J'espère que vous allez tous bien. Je pense à vous très souvent, et bien que je ne sois pas une bonne correspondante, je t'en prie ne pense pas que j'oublie mes amis. Je vous embrasse tous fort
Maria

A LAWRENCE KELLY – *en anglais*

Milan, 26 janvier 1963

Cher Larry,
Merci pour ton télégramme. J'aimerais pouvoir te dire où je serai en février mais je ne le sais pas encore.

J'espère que tout se passe bien pour toi. Tout va bien de mon côté maintenant, même si la convalescence est assez longue. Une opération pas romantique du tout, je dois dire, mais patience ! C'est fait et bien fait à présent.

Embrasse tous les amis pour moi, en particulier David Stikie [Stickelber], et surtout Gatti-Casazza. Au fait, as-tu toujours 30 ans ou vas-tu sur tes 29 ?
Affectueusement
Maria

AU CLUB LES AMIS DE MARIA CALLAS À NICE – *en français*

Milan, 26 janvier 1963

Chers amis,
Je vous remercie infiniment de vos gentils souhaits. Je suis beaucoup mieux maintenant et j'espère la prochaine semaine pouvoir revenir à Monte-Carlo.

Je suis beaucoup émue des sentiments que vous avez pour moi,

---

1. Album enregistré à Paris sous la direction de Georges Prêtre.

de votre estime et admiration, et je vous prie de croire, mes chers amis, que rien ne me donnerait plus de joie que de venir chez vous pour vous remercier personnellement : mais, hélas, je sais que, malheureusement, je ne pourrai jamais le faire, car je suis trop timide et toutes manifestations en mon honneur m'embarrassent terriblement. Je voudrais trouver les mots pour mieux vous expliquer cet état de mon âme, qui me fait souvent souffrir, mais je ne suis pas particulièrement douée comme écrivain ; je me confie à votre compréhension et à l'amour que vous avez pour moi comme artiste, sûre que votre cœur qui comprend et aime mon art saura comprendre aussi et pardonner cet aspect si peu connu de ma personnalité.

Je vous prie de croire que c'est seulement à cause de ça que je ne viens pas. C'est drôle, mais je pense que si je venais, je serais tellement embarrassée que je ne saurais même pas trouver les mots pour vous exprimer cette gratitude qui est si vive dans mon cœur pour vous tous. Excusez-moi, je vous prie, et acceptez-moi comme je suis.

Je voudrais bien vous donner quelques renseignements précis sur mon activité future, mais pour le moment je ne suis pas à même de le faire, n'ayant encore pris aucune décision définitive à ce propos. J'aurai beaucoup d'enregistrements à faire, et je ne manquerai pas en tout cas de vous informer sitôt qu'il y aura quelque chose de plus défini.

Encore une fois, merci, chers amis. Vous êtes très chers à mon cœur. Je vous prie d'accepter l'expression de mes sentiments les plus amicaux.
Maria Callas

A LEONIDAS LANTZOUNIS – *en anglais*

Monte-Carlo, 5 février 1963

Cher Leo,
J'ai reçu ta lettre aujourd'hui et j'y réponds aussitôt. Je me porte mieux à présent, l'opération s'est bien passée, mais la convalescence est longue en raison du plastique interne. Tu sais.

Merci de t'occuper de mon éternel problème avec ma <u>chère</u> Mère. Je t'enverrai l'argent. Fais attention avec les dettes. Il y a beaucoup de pourritures autour d'elle comme tu le sais et je n'aime pas ces histoires de dettes. Les impôts et le reste, patience. C'est ce Kalminoff qui lui a donné le travail en boîte de nuit et il a probablement aussi organisé son passage à la télévision. Il m'a écrit l'année dernière. Le chantage habituel. Je continue de penser qu'en Grèce avec $200 elle vivrait bien mieux qu'aux Etats-Unis et elle s'en tirerait avec beaucoup moins de chantage. Qu'en penses-tu Leo ?

Quant à revenir à ce que nous étions autrefois, c'est tout à fait hors de question. S'il lui reste encore la moindre particule de bon sens elle devrait prier que je ne la revoie jamais, pour son propre bien ! Leo, je ne veux pas être harcelée au point de devoir dire à ma mère ce qu'elle nous a fait. Car si elle retrouvait ses esprits le temps d'une minute après cela, elle pourrait vraiment se suicider.

Elle est juste folle au point de ne pas savoir ce qu'elle a fait et continue de faire à un tel âge et à une telle fille. Sans compter la ruine qu'elle a faite de ma sœur. Il y a beaucoup de choses que tu ne sais sans doute pas mais c'est mieux ainsi. C'est juste une femme irresponsable. Le médecin de l'hôpital m'a écrit disant qu'elle a une personnalité instable. Le mot est faible.

En tout cas, je t'envoie tout mon amour, embrasse ta femme pour moi, et encore merci. Σε φιλώ[1]

Maria

Date	Programme	Lieu
MAI du 3 au 8	Enregistrement de l'album *Callas à Paris*[2], dir. Georges Prêtre • *Manon* « Suis-je gentille ainsi ?… Je marche sur tous les chemins » « Je ne suis que faiblesse… Adieu, notre petite table » • *La Damnation de Faust* « D'amour l'ardente flamme » • *Werther* « Werther ! Des cris joyeux » (air des lettres) • *Faust* « Il était un roi de Thulé… Ah ! je ris » • *Iphigénie en Tauride* « O malheureuse Iphigénie ! » • *Les Pêcheurs de perles* « Me voilà seule… Comme autrefois »	PARIS Salle Wagram
MAI 17	Nouvelle tournée européenne, dir. Georges Prêtre	BERLIN[3] Städtische Oper
20	Programme de chaque concert : • *Semiramide* « Bel raggio lusinghier »	DÜSSELDORF Rheinhalle
23	• *Norma* « Casta diva… Ah ! bello a me ritorna » • *Nabucco* « Ben io t'invenni… Anch'io dischiuso un giorno »	STUTTGART Liederhalle
31	• *La Bohème* « Quando m'en vo » • *Madama Butterfly* « Tu ? tu ? Piccolo iddio ! » Bis • *Gianni Schicchi* « O mio babbino caro »	LONDRES Royal Festival Hall

---

1. En grec, « Je t'embrasse ».
2. Ce fut sa dernière collaboration avec Walter Legge.
3. Retransmission télévisée.

A JOHN ROBINSON – *en anglais*

Paris, Hôtel Ritz, 2 juin 1963

Cher John,
Merci pour tes jolies fleurs. J'espère que tu as aimé le concert. Je suis vraiment de retour, ne trouves-tu pas ?
Très affectueusement
Maria

A LEONIDAS LANTZOUNIS – *en anglais*

Paris, Hôtel Ritz, 2 juin 1963

Cher Leo,
Je t'ai envoyé $600 pour régler la note de l'hôpital. Merci de la peine que tu t'es donnée et d'avoir bien fait comprendre à mère que c'est la seule façon pour que je continue à envoyer les chèques, sinon tant pis pour elle. J'ai travaillé dur mais bien, Dieu merci. A présent j'ai hâte de prendre un peu de repos si tout se passe bien.
Je vous embrasse fort, Sally et toi, et j'espère que nous pourrons nous voir à un moment donné.
Affectueusement
Maria

| JUIN 5 | Concert caritatif pour l'ordre de Malte, dir. Georges Prêtre
• *Semiramide* « Bel raggio lusinghier »
• *La Cenerentola* « Nacqui all'affanno… Non più mesta »
• *Manon* « Je ne suis que faiblesse… Adieu, notre petite table »
• *Werther* « Werther ! Des cris joyeux » (air des lettres)
• *Nabucco* « Ben io t'invenni… Anch'io dischiuso un giorno »
• *La Bohème* « Quando m'en vo »
• *Madama Butterfly* « Tu ? tu ? Piccolo iddio ! »
Bis • *Gianni Schicchi* « O mio babbino caro » | **PARIS**
Théâtre des
Champs-Elysées |

A Cristina Gastel Chiarelli – *en italien*

Copenhague, 8 juin 1963

Chère Cristina,

Comme j'étais désolée de ne pas avoir pu te voir à Paris. J'étais trop fatiguée, et j'avais, imagine-toi, une seule répétition à 18 heures au théâtre des Champs-Elysées, le jour même du concert. C'est fou, non ? Maintenant je suis ici pour la dernière de la tournée en espérant qu'elle se passe bien, car je suis un peu fatiguée à présent et il fait chaud ici. Quand je viendrai à Milan vers le 20, je te téléphonerai.

Je vois que tu apprends la vie peu à peu. Mais ne te rends pas triste. Toi tu es jeune et forte. Ne te fais pas de fixations et d'obsessions. Reste <u>normale</u>, saine, jeune. Il y a du beau dans la vie. Reste bonne et attends dans la joie que le bonheur vienne à toi, si tu fais partie de celles qui ont cette chance. Sinon, tu dois te dire que tu sauras tout supporter dans la vie. Il suffit de ne pas devenir mauvaise.

Je t'embrasse et à bientôt.
Embrasse ta famille pour moi.
Votre
Maria

JUIN 9	Concert, dir. Georges Prêtre • *Semiramide* « Bel raggio lusinghier » • *Norma* « Casta diva… Ah ! bello a me ritorna » • *Nabucco* « Ben io t'invenni… Anch'io dischiuso un giorno » • *La Bohème* « Quando m'en vo » • *Madama Butterfly* « Tu ? tu ? Piccolo iddio ! »	**COPENHAGUE** Falkoner Centret

A WALTER CUMMINGS – *en anglais*

A bord du *Christina*, 12 juin 1963

Cher Walter,

Je t'écris du bateau comme tu le vois. Je viens juste de terminer ma tournée, qui s'est passée à merveille, et j'ai terminé un disque français, mon deuxième. Maintenant j'ai jusqu'au 18 ou 20 juin pour me reposer et après je dois refaire un disque italien que j'avais déjà enregistré il y a deux ans mais que je n'avais pas pu terminer à cause de mes sinus. Cela se passera les 26-27-28 juin, et le premier et deux juillet. Après ça j'aurais vraiment besoin d'une période de repos.

J'ai reçu tes différentes coupures et la dernière au sujet de Sun Valley, Idaho[1]. Comment y va-t-on et que peut-on faire là-bas ? C'est très chaud en juillet août (?) Puis-je avoir la paix et répéter là-bas ? J'aimerais que tu puisses me le dire dès que possible.

Meneghini ne signera pas les papiers. Cet homme est la plus grande nuisance au monde. Comment ai-je même pu l'épouser, Dieu seul sait, et Dieu sait que je l'ai payé et je continue à le payer cher, et je veux pas dire seulement financièrement.

J'aimerais pouvoir te voir, te parler, te demander conseil à propos de tant de choses. C'est difficile aussi car j'essaye de garder mon indépendance financière et n'ai pas la force de travailler comme avant. Ça m'a presque tuée de travailler comme je le faisais avant ma séparation.

Cher Walter, ne dis ces choses-là à personne, car je te considère mon meilleur ami.

Je quitte Milan. J'ai vendu la maison à un bon prix, sauf que je n'arrive pas à en trouver une qui me plaise à ce prix-là et je ne veux pas piocher dans mes économies, qui sont bien maigres après le vol commis par mon mari !

Je dois aussi entretenir ma Mère, mon Père, avec en plus de gros impôts à cause des magouilles de Meneghini. J'ai trois merveilleux domestiques qui sont uniques et que j'adore et je ne m'en séparerais pour rien au monde. J'ai besoin d'eux.

Quoi qu'il en soit, je verrai ce que je ferai. Je ne veux pas non plus

---

1. Option envisagée pour le divorce.

déranger mes amis parce qu'ils sont très occupés et ont leurs propres ennuis.

Que fais-tu de beau ? Comment va ta chère Teedy et les enfants ? Que faites-vous cet été ? Je ne sais pas encore ce que je ferai.

Peut-être si Sun Valley n'est pas trop chaud et ennuyeux je pourrais me décider à y aller. Ecris-moi pour me dire si tu peux, et aussi combien je dépenserais en 6 semaines.

Je suis désolée de t'embêter Walter, mais je sais que tu m'aimes et me respectes beaucoup, et tu ne m'en veux pas trop.

Autour du 20 juin je serai à Milan et autour du 25 juin jusqu'au 3 juillet je serai à l'hôtel Savoy à Londres. Si tu peux m'écrire j'adorerais avoir de tes nouvelles.

S'il te plaît embrasse tout le monde pour moi, et merci pour tout Walter.

Affectueusement
Maria

A Paul Hume – *en anglais*

Milan, 27 juin 1963

Cher Paul,

Je viens juste de voir votre lettre ayant été absente pendant longtemps avec la tournée de concerts et les enregistrements, et je regrette de vous dire que je ne chanterai nulle part cet été. Je me repose, afin d'être en forme pour l'hiver.

Je suis contente que mes disques vous plaisent et j'espère que vous aimerez le nouveau que j'ai fait à Paris récemment[1].

Je sais que je dois prendre une décision pour les Etats-Unis un jour ou l'autre, et dans ce cas je vous le ferai savoir, ou bien vous l'apprendrez probablement par les journaux.

Je pense à vous toujours comme à l'un de mes meilleurs et plus sincères amis.

Toute mon affection à vous deux,
Très cordialement
Maria

---

1. Le second disque des airs français, sous la direction de Georges Prêtre.

A Mr. David Bicknel[1] – *en anglais*

Milan, 21 juillet 1963

Cher M. Bicknel,
Tant de temps a passé depuis la dernière fois que nous nous sommes vus et nous n'avons pas communiqué depuis ; et c'est vraiment dommage, pas seulement au regard de l'amitié qui existe entre nous, mais aussi pour la connaissance de certaines complications qui ont pu et se sont développées au cours de ces années.

Ces deux dernières années, j'ai été à la disposition de votre Compagnie et je me suis rendue libre à diverses périodes afin d'enregistrer des opéras qui ont été malheureusement repoussés, une fois seulement par moi, précisément *Tosca*, à cause de mon problème de sinus, et toutes les autres fois à la suite de problèmes rapportés par Mr. Legge vraisemblablement du fait de l'impossibilité d'engager la bonne équipe à la bonne période. Par conséquent, j'ai perdu des contrats en me gardant disponible, j'ai perdu l'occasion d'enregistrer ces opéras pour d'autres maisons, en plus de la mauvaise publicité étant accusée d'avoir été la cause majeure des reports de ces enregistrements.

Cette semaine j'ai appris indirectement que vous alliez enregistrer en septembre prochain la *Messa da Requiem* [de Verdi] sans moi. Je vous informe qu'à la suite de conversations téléphoniques et d'une lettre de Mr. Legge datée du 1er janvier 1962, j'ai été convaincue de chanter la *Messa da Requiem* pour votre Compagnie l'automne dernier. Cependant, aucun enregistrement n'a eu lieu ; l'excuse était que Mr. Legge ne pouvait obtenir la disponibilité de la bonne équipe, etc. Par conséquent, la nouvelle de votre enregistrement de la *Messa da Requiem* sans même me consulter à ce sujet, m'arrive avec un certain choc.

Je collabore avec votre Compagnie, comme vous le savez, depuis plus de 12 ans et j'ai fait une énorme quantité d'enregistrements ; nous avons eu une merveilleuse collaboration et je suis très malheu-

---
1. Directeur général de la maison de disques EMI à Londres.

reuse que de tels malentendus et événements se produisent. Ce qui m'ennuie surtout c'est que pour chaque opéra reporté, des rumeurs ont surgi prétendant que c'était moi qui ne pouvais pas ou ne voulais pas enregistrer, ou qui avais reporté au dernier moment.

Je vous répète à présent, Mr. Bicknel, que depuis 12 ans que nous travaillons ensemble, le seul enregistrement inachevé a été un 33-tours d'arias italiennes, qui n'a pas été terminé à cause de mon problème de sinus l'année dernière[1]. En ce qui concerne les autres, je ne sais rien de plus que ce que je vous ai dit ci-dessus. Par conséquent, je crois que le moment est venu de devoir vous le faire savoir, même si ce n'est qu'une généralisation de faits.

Je voudrais souligner que Mr. Legge m'a dit que le nom de l'interprète qui allait chanter le rôle de soprano de la *Messa* serait choisi par la Compagnie; mais Mr. Legge a oublié probablement de vous dire qu'il m'avait initialement proposé ce rôle, enregistrement prévu pour novembre 62 et ensuite annulé pour des raisons qui lui sont propres.

La seule chose qui me console et rend la blessure moins forte c'est que mon rôle dans la *Messa da Requiem* a été donné à une de mes très chères amies, Madame Schwarzkopf, que j'admire énormément. Mais cela ne change rien à la situation actuelle[2].

Je préférerais dorénavant, s'il y a quelques désirs de la Compagnie, que ce soit discuté directement entre vous et moi, en espérant, ainsi, qu'il n'y ait plus d'autres malentendus.

En espérant avoir de vos nouvelles bientôt pour toutes questions ou clarifications que vous voudriez,
Je reste,
Sincèrement vôtre
Maria Callas

PS : Vous pouvez m'écrire : Hôtel Ermitage – MONTE-CARLO
cc : Sir J. Lockwood
   Mr. W. Legge

---

1. Les sessions dirigées par Antonio Tonini.
2. C'est la deuxième fois, dix ans plus tard, que Legge avait choisi de faire enregistrer la partie de soprano du *Requiem* de Verdi à son épouse Elisabeth Schwarzkopf au lieu de Maria Callas (cf. télégramme de Legge du 7 juin 1954). Ce deuxième enregistrement fut effectué cette fois sous la direction de Carlo Maria Giulini, qui avait de nombreuses fois dirigé Callas à la Scala.

De Jacqueline Kennedy – *en anglais*

15 juillet 1963

Ma chère Madame Callas,
J'écris pour vous demander si vous feriez quelque chose qui non seulement serait un grand honneur et une grande fierté pour la Maison Blanche, mais aussi une grande joie pour tous ceux qui vous entendront chanter à l'un de nos dîners d'Etat à la Maison Blanche l'hiver prochain. Celui pour lequel j'aimerais particulièrement vous demander d'être présente est notre premier dîner de l'automne pour l'Empereur Haïlé Sélassié d'Ethiopie le premier octobre. J'espère vraiment que vous pourrez être libre à cette date, sinon cela peut être plus tard dans l'année. Comme je suis consciente de la tension et de l'organisation nécessaire pour un concert, je pense que vous pourriez être inquiète que la Maison Blanche ne soit pas équipée, je vais vous donner quelques détails.

Le concert ne devrait pas durer plus d'une demi-heure ou quarante minutes. Il aurait lieu dans l'East Room qui fait la taille d'une grande salle de bal et a une acoustique remarquable. Nous avons reçu Jerome Hines et Roberta Peters et Grace Bumbry qui ont chanté un extrait de *La Flûte enchantée.* Il n'y a pas de place pour un orchestre dans cette salle lorsque la grande scène est installée (*La Flûte enchantée* qui était prévue pour l'extérieur, a été jouée dans le hall), mais le chef d'orchestre pouvait voir et être vu à la fois par les chanteurs et les musiciens. Je ne sais pas quel accompagnement vous souhaiteriez. Il y a certainement assez de place pour un petit orchestre si notre scène n'est pas installée. Nous ferons tout pour que cela soit parfait pour vous, et commencerons les préparatifs à l'avance quand vous le souhaiterez. Tous ces détails peuvent être décidés plus tard. Mais le principal, bien sûr, est de savoir si vous pourrez venir cet hiver. Cela serait vraiment un moment historique pour cette grande maison. Le Président et moi vous admirons énormément, cela nous rendrait tellement heureux si vous pouviez venir.

J'espère vraiment avoir de vos nouvelles, et si vous adressez votre réponse en mettant A l'attention de Miss Nancy Tuckerman (elle est ma Secrétaire Sociale) [*sic*] – sur l'enveloppe, je serai certaine de la recevoir.

Avec tous mes chaleureuses salutations,
Sincèrement
Jacqueline Kennedy

A JACQUELINE KENNEDY – *en anglais*

Milan, 21 juillet 1963

Ma chère Madame Kennedy

Je serais enchantée de chanter pour vous à l'occasion du dîner d'Etat en l'honneur de l'Empereur Haïlé Sélassié d'Ethiopie le 1er octobre, mais je crains d'être prise à cette période par des enregistrements. Ainsi, si vous pouviez me soumettre d'autres dates, je serais plus qu'heureuse de les étudier.

Quant à l'accompagnement, ne serait-ce pas merveilleux si nous avions Leonard Bernstein pour m'accompagner soit au piano ou avec un petit orchestre en lui demandant de participer ? Je le connais très bien et nous avons de l'admiration l'un pour l'autre. Evidemment ce ne sont que des suggestions, et je suis sûre que ces détails pourront être réglés plus tard.

Je vous remercie d'avoir pensé à moi et surtout, étant Américaine, je serais plus qu'heureuse et profondément honorée de chanter à la Maison Blanche.

Je remercie le Président et vous-même pour votre admiration qui me touche profondément, et je suis impatiente de vous rencontrer puisque l'année dernière à Madison Square Garden[1] vous n'étiez pas présente.

Avec mes sentiments les meilleurs,
Sincèrement
Maria Callas

---

1. Pour l'anniversaire de JFK où Callas avait chanté l'air de *Carmen*.

DE JACQUELINE KENNEDY – *en anglais*

29 juillet 1963

Chère Madame Callas,
J'ai été bien déçue de recevoir votre lettre et découvrir que vous ne pourriez pas chanter à la Maison Blanche le 1er octobre. Le Président et moi espérions tellement que cette date puisse vous convenir, mais inutile de dire que nous comprenons vos engagements antérieurs.
J'apprécie tellement votre gentille proposition de venir à Washington dans le futur. Dans l'immédiat nous avons organisé les dîners d'Etat pour l'automne et le début de l'hiver seulement, néanmoins, je vous écrirai de nouveau lorsqu'une occasion se présentera. Cela sera probablement en mars ou avril, et j'espère que vous pourrez être libre à ce moment-là. Votre idée d'être accompagnée par Mr. Bernstein est excellente, et je vais lui en parler au cas où vous accepteriez de venir.
Encore une fois, permettez-moi de dire à quel point ce serait un honneur de vous entendre chanter à la Maison Blanche, et je sais que ce sera un événement vraiment inoubliable.
Sincèrement
Jacqueline Kennedy[1]

A UN DESTINATAIRE INCONNU – *en italien*

Milan, 21 juillet 1963

Cher Professeur,
Moi aussi je ne vous oublie pas, *don't fish for compliments*[2]. Le fait est que je ne suis pas un professeur de Belles Lettres et, de plus, j'ai la vilaine habitude de ne pas écrire, ce qui est un grave défaut. Je suis

---
1. Cela n'aura finalement pas lieu, et Maria Callas ne rencontrera jamais Jackie Kennedy.
2. « N'allez pas à la pêche aux compliments. »

par ailleurs souvent hors de mon environnement, et je vous assure que je vais très bien sans intrigues, ragots, etc.

Quant aux nouvelles que vous me demandez, les voici brièvement :
– A la Scala et en Italie cette année je ne chanterai pas
– Je ne me suis pas mariée avec Onassis, car je suis encore mariée avec Meneghini
– Il n'y a pas de réconciliation avec ma mère, si ce n'est que je l'entretiens, et voyez l'effet que produit un peu d'argent !

Je suis assez heureuse, comme vous le dites, et la vraie raison pour laquelle je ne chante pas en Italie est due non seulement aux continuels ennuis judiciaires que me procure mon mari, mais aussi à ces vilains et non moins pénibles agitateurs dont je fus l'objet, des diverses « galleries » [poulaillers] des théâtres d'Italie et de Milan en particulier. Je le regrette tant, mais après des années et années de lutte contre quatre chahuteurs, je ne crois plus que cela en vaille la peine. Ainsi je m'en vais chanter à l'étranger, où même si un soir je ne suis pas très en forme, ils savent comprendre et vous traiter comme un être humain.

Je pense à vous comme toujours, et pardonnez-moi si je ne suis pas une bonne correspondante.
Salutations cordiales
Maria Callas

A Leonidas Lantzounis – *en anglais*

22 juillet 1963

Très cher Leo,
Tu as probablement reçu les $600 que je t'ai envoyés pour rembourser les dernières dettes de ma chère mère. A propos, elle donne encore, volontairement ou non, des interviews à des magazines italiens. Je viens d'en lire une dans *Gente*. Rappelle-lui que encore une de plus, et toi et moi on en aura fini avec elle. Je ne veux <u>aucun</u> article, bon ou mauvais. Et Leo, plus de dettes. Je refuse de payer davantage. Tu dois m'aider à lui faire entrer <u>un peu</u> de bon sens dans la tête, et lui faire comprendre sa position, et qu'elle veuille bien boucler sa jolie bouche.

Quoi qu'il en soit, c'est comme un cancer. Je ne serai jamais débarrassée d'elle et des conséquences.

Comment vas-tu, cher Leo ? Je ne t'ai même pas vu depuis N.Y. Que fais-tu ? Vas-tu bien ? Et Sally aussi ?

Je m'apprête à partir pour des vacances entre la Grèce et Monte-Carlo. J'étais très fatiguée à la fin du mois de juin, j'ai fait une petite dépression nerveuse, je me suis surmenée de travail cet hiver et me suis juste effondrée à la fin. Mais Dieu merci, tout s'est bien passé. Nous avons une vie difficile. Nos peurs, doutes, nerfs rendus fragiles par des tensions constantes durant ma longue et difficile, bien que glorieuse, carrière. Et je crains d'en ressentir la fatigue. J'avoue que c'est un combat de maintenir une carrière et pourtant je le dois, pour mon indépendance financière. Les impôts sont élevés. Je ne peux rien cacher.

J'ai une amitié merveilleuse avec qui tu sais [Onassis], mais je crois que j'ai traversé trop de choses et j'ai commencé à travailler trop tôt dans la vie pour ne pas me sentir fatiguée et il ne me reste plus d'enthousiasme pour quoi que ce soit. Même ma vie personnelle après l'expérience avec mon mari ! M'avoir pris pratiquement tout mon argent et ne me laissant toujours pas tranquille. Nous sommes toujours en procès.

Alors tu vois ce que les autres ne savent pas, et je ne souhaite pas qu'ils sachent que j'ai des problèmes. J'espère qu'un jour je finirai par trouver la paix. S'il te plaît ne répète cela à personne Leo, mais je t'aime et te considère mon deuxième père. Si tu veux m'écrire, adresse tes lettres à l'hôtel Hermitage, Monte-Carlo.

A propos, j'ai vendu mon appartement de Milan. J'ai eu l'impression d'avoir une bonne offre, et je voulais me séparer des mauvais souvenirs. Seulement je n'ai pas encore trouvé de maison à mon goût, c'est peut-être pourquoi je suis déprimée. Je dois tout emballer et mettre au garde-meubles, ou vendre.

Ma plus grande affection à toi et Sally, écris-moi quand tu pourras.
Je t'embrasse
Maria

A Walter Cummings – *en anglais*

Monte-Carlo, 25 juillet 1963

Cher Walter,
Je reçois toutes tes lettres et ne sais comment te remercier. Le problème est que je n'ai toujours pas décidé quand et où aller pour mon divorce. Je sais que je vais m'ennuyer où que ce soit, mais tôt ou tard il faudra que je me décide à y aller. Mais je n'ai pas compris si l'Idaho peut aussi me donner un divorce par décret sans la signature de Meneghini ou si c'est seulement le Nevada. (Il refuse tout y compris toute signature, il est vraiment fou.)

Je crois vraiment que je serais plus heureuse dans un hôtel plutôt qu'un ranch, car je ne pourrais pas faire voyager mes domestiques, et ça coûte cher aussi. A l'hôtel tu peux faire ce que tu veux, tu as la télévision, etc. Est-il mieux de vivre à Las Vegas ou à Reno. As-tu été là-bas ? Ça me fait tellement peur de rester dans un endroit sans personne pendant presque deux mois. J'exagère je sais, mais c'est un calvaire pour moi.

Je te suis si reconnaissante pour ton aide, Walter. Si seulement tu n'étais pas aussi loin. Je serais certainement bien avec de merveilleux amis comme vous deux. Si seulement je pouvais te parler. T'ouvrir mon cœur. Je devrai attendre de te voir. Où ?

Je vais beaucoup mieux maintenant. Mes nerfs perdent de leur tension et je suis plus stable. J'ai trop travaillé. Les choses sont trop grandes pour moi. Trop de responsabilités. Je n'en suis plus capable.

Je veux être indépendante mais je n'ai pas l'énergie de travailler comme avant. J'ai eu des factures de médecins pendant deux ans d'affilée entre mes sinus et mon opération de la hernie. Je paye d'énormes impôts sur le passé avec l'argent que je gagne maintenant. Ça fait mal. Meneghini profite de mon argent. Trois quarts de ce que j'ai gagné. Honnêtement. Comment ai-je pu lui faire confiance. Walter je n'arrive toujours pas à m'en remettre. Et si au moins il me laissait tranquille.

Quoi qu'il en soit, j'espère que vous tous allez bien. S'il te plaît embrasse ta merveilleuse famille pour moi, et pardonne mes longues lettres de temps en temps. Je vous considère vraiment mes plus chers amis.

Affectueusement
Maria

A Costis Bastias – *en anglais*

Milan, 20 septembre 1963

Cher Costi,
J'ai signé un document en faveur de Christos Lambrakis[1] et l'ai rendu légal à notre Consulat grec, et je voudrais que tu coopères avec mes souhaits. Sachant que tu es très occupé et ne peux donc avoir tout le temps et la patience nécessaires, j'aimerais que Christos Lambrakis prenne en charge, évidemment avec ta collaboration, cette bourse d'étude[2]. C'est un excellent musicien, je lui fais confiance et je suis sûre qu'il fera les choses objectivement. Cette bourse d'étude doit commencer immédiatement, donc ta collaboration est plus que nécessaire. J'ai donné tout pouvoir à Lambrakis afin qu'on traite avec lui comme si on traitait avec moi. Il se chargera de tous les détails légaux et artistiques.

En espérant avoir de tes nouvelles et espérant que tu vas bien je t'embrasse ainsi que Helen et votre enfant
Maria

A Christos Lambrakis – *en anglais*

Milan, 4 novembre 1963

Cher Kristos,
Je réponds à ta lettre et t'avoue que j'ai été navrée de ne pas te voir cette année. Mais qui sait, nous nous verrons peut-être l'année prochaine, ou peut-être viendras-tu me voir à Paris.

---

1. Grand éditeur grec et ami.
2. En 1960 et 1961, Callas reversa l'intégralité des cachets de ses représentations d'Epidaure à la création d'une bourse pour jeunes artistes à Athènes, sur une idée de Costis Bastias. La bourse continua sous le patronage de Christos Lambrakis, Arda Mandikian (camarade de classe de Maria au Conservatoire) et la pianiste grecque Vasso Devetzi.

Maintenant en ce qui concerne la bourse, l'année dernière j'ai signé un document que Bastias m'a envoyé. Je ne me souviens pas à présent de quoi il était question précisément, mais tu peux le demander et le regarder.

Quant à tes quatre points :

1. Donner à la bourse une forme qui ne soit pas trop complexe et qui puisse avoir des entrées d'argent, je suis d'accord avec cela.

2. Bastias a dit que l'argent était sur un compte en banque à mon nom, par conséquent les intérêts ont dû être cumulés. Regarde cela de plus près si tu veux bien.

Je suis d'accord également sur les autres points, en particulier sur le fait qu'il ne devrait pas y avoir un comité d'« intéressées ». Je veux des gens qui verront le vrai talent. Je suis d'accord pour avoir Maria Rally. Quant au reste, tu sauras trouver les bonnes personnes.

Je déménage à Paris maintenant, donc si tu souhaites m'écrire, à partir du 10 ce sera à cette adresse : 44, avenue Foch, Paris[1]. Tel. Kleber 5695.

Beaucoup beaucoup d'affection à ta mère et ta sœur, et [en français] *à très bientôt, j'espère.*

Je t'embrasse
Maria

A LAWRENCE KELLY – *en anglais*

Milan, 4 novembre 1963

Cher Larry,

Je regrette vraiment que tu n'aies pas eu le courage d'insister pour que je fasse *Norma* cette année. Souviens-toi, un grand imprésario comme toi, Gatti-Casazza, devrait toujours insister même si tu reçois 10 000 non en réponse.

J'espère que ta saison aura un immense succès, et quand as-tu l'intention de venir en Europe ? Je déménage la semaine prochaine à Paris. Une amie à moi me prête un appartement pour quelques mois jusqu'à ce que je trouve ce que je veux. A partir du 10 je serai à cette adresse : 44, avenue Foch, Paris. Tél : Kleber 5695.

---

1. L'appartement parisien d'Onassis était situé au 88, avenue Foch.

Si, quand tu as le temps tu m'écris, j'aimerais beaucoup avoir de tes nouvelles en détail. Je sais que tu seras très occupé avec tes opéras, mais essaye de trouver le temps et si tu n'as rien à faire pour ta saison et que tu es d'humeur à dépenser un peu d'argent, viens à Paris et dis-m'en plus à propos du film de *Médée* et ta future *Norma* à Dallas l'année prochaine.

Je t'embrasse très fort
Maria

PS : Je voulais écrire à David Stickie, mais je suppose qu'il sera avec toi à Dallas, alors s'il te plaît, lis-lui cette lettre puisque vous êtes de si bons amis. Et pourquoi ne venez-vous pas tous les deux à Paris ? En tout cas, toi ou David, s'il vous plaît, écrivez-moi dès que possible. Je vous embrasse

A Elvira de Hidalgo – *en italien*

Non datée, autour du 10 novembre 1963

Chère Elvira,
Avant de quitter Milan je voulais passer te saluer mais l'émotion était trop forte. J'aurais aimé pouvoir te dire tellement de choses. Et aussi te demander conseil mais c'est peut-être mieux ainsi pour le moment. Tu sais comment je suis, fermée et bizarre peut-être.

Dans tous les cas, je t'envoie mon adresse à Paris où je resterai environ six mois le temps de trouver une maison à moi. C'est 44 avenue Foch, téléphone Kléber 5695.

Si tu devais passer par là, je serais la femme la plus heureuse. Mais je crois que ça va être très difficile pour toi. Ce sera plus facile pour Luis peut-être. Néanmoins si tu m'écris tu me rendras heureuse.

J'ai beaucoup de travail. J'ai deux disques à faire en décembre. Ensuite *Tosca* à Londres. Trois programmes télévisés, toujours à Londres. Ensuite *Norma* à Paris en mai et juin.

J'attends de tes nouvelles et aime-moi. Surtout en ce moment.
Je t'embrasse fort et aussi Luis et ta sœur
Ta Maria

A Walter Cummings – *en anglais*

Paris, 17 novembre 1963

Cher Walter,
J'ai déménagé de Milan et suis ici à Paris avec un temps affreux. Pluie glaciale alors que je dois enregistrer d'importants airs italiens. Je reste beaucoup chez moi et mène une vie monotone. La vie d'une chanteuse qui essaye d'être à la hauteur de son nom. Seulement avec quelques années de plus et des complexes supplémentaires. Sans parler des doutes et peurs !
 Quoi qu'il en soit je commence à enregistrer le 4 décembre et finis le 30. Donc comme tu peux le voir un Noël de travail.
 Mon adresse pour les six prochains mois est Ave Foch 44, Paris, téléphone Kleber 5695.
 Après mes enregistrements je vais à Londres pour *Tosca*. J'y serai le 8 janvier en répétitions, si Dieu veut.
 J'ai annulé la tournée de concerts en Amérique car je préfère faire de l'opéra d'abord. Je pense que je ferai Dallas et aussi Chicago si Carol Fox me paye assez. Dallas est prêt à payer. Dis à Carol de faire un effort et j'adorerais venir.
 Je t'envoie, ainsi qu'à Teedy, toute mon affection, et écris-moi quand tu pourras, et embrasse les enfants pour moi
 Maria

PS : J'ai abandonné Reno pour le moment. Je suis trop occupée. J'aurais dû y aller cet été. Mais ils ne me laissaient pas partir. Alors voilà je ne suis toujours pas une femme libre !

A Teresa D'Addato – *en italien*

Paris, 1ᵉʳ décembre 1963

Chère Teresa,
 J'ai reçu ta lettre avec tant de retard. Au point que je me demandais ce qui t'était arrivé car tu es si rigoureuse avec le courrier et tu

sais écrire si bien. J'ai trouvé moi aussi que les menuisiers avaient exagéré. Il faudrait leur demander s'ils ont mis à notre charge aussi le démontage des autres armoires et bibliothèques, etc., celles qui ont été vendues.

Mes renseignements sont

1. Numéro de passeport : ZIO 7772 (drôle de numéro, n'est-ce pas ?)[1]

2. Délivré le 19 juin 1962 à Milan

Tout le reste est correct.

J'étais désolée d'apprendre que tu ne te sentais pas très bien. J'espère que tu vas mieux maintenant. C'est dommage que tu ne sois pas avec nous. En vérité il n'y aurait pas la place, mais ! Par chance, il n'y a pas beaucoup de travail avec le courrier. Comme s'ils comprenaient qu'il vaut mieux ne pas me déranger. Le courrier arrive pourtant.

Je suis beaucoup plus sereine ici. Je revis presque. Peut-être que Milan m'irritait vraiment. Je dors bien, je chante très bien, ce qui est plus important que tout. Et le 4 décembre, si Dieu veut, je recommence à enregistrer. On verra ce que j'arriverai à faire cette fois-ci. J'espère vraiment que ce sera réussi parce que je n'ai jamais chanté si bien, comme jamais.

Ecris-moi dès que tu peux et je t'embrasse très affectueusement
Maria Callas

PS : Les garçons te saluent[2] !

DÉC. du 4 au 30	Enregistrements, dir. Nicola Rescigno • *Guglielmo Tell* « S'allontanano alfine… Selva opaca » • « Ah ! perfido » op. 65 (Beethoven)	PARIS Salle Wagram

---

1. « Zio » veut dire « oncle » en italien.
2. Probablement Nicola Rescigno qui dirigeait ces enregistrements, et sans doute Ferruccio, son majordome/chauffeur.

A Giovanna Lomazzi[1] – *en italien*

6 décembre 1963

Chère Giovanna,
Je te remercie de tes jolis vœux. Je voulais t'appeler avant de partir mais j'étais triste et fatiguée et je ne voulais pas me rendre encore plus triste. Tu me comprends, n'est-ce pas ? Je suis maintenant à Paris depuis presque un mois et j'avoue que je vais très bien. Je suis paisible, j'ai bien étudié, et j'ai commencé à enregistrer ici. J'ai déjà fait l'air de *Guillaume Tell*, très bien et « Ah Perfido » de Beethoven extrêmement bien. Je crois que tu en serais enthousiaste. J'ai retrouvé mon ancien courage. Ça se voit quand je sens que la voix est bien et je me lâche comme autrefois. On verra si je continue ainsi. Mais la voix est vraiment très très bien. Tu verras !
Comment vas-tu ? Je te prie d'embrasser ton père et ta mère pour moi, très chaleureusement. Toutes mes salutations chaleureuses à toi et à ton mari
Maria

A Leo Lerman – *en anglais*

15 décembre 1963

Cher Leo,
Merci beaucoup pour ton télégramme. J'étais malheureuse que tu viennes en Europe et que je ne t'aie pas vu. J'ai appris que tu étais devenu une star de cinéma ! Tant mieux pour toi !
Je suis assez heureuse ici à Paris. J'ai loué l'appartement d'une amie à moi et je vis assez paisiblement. En tout cas je suis contente d'être loin de Milan. J'ai enregistré assez bien les suivants : *Guillaume Tell*, *Semiramis*, « Ah Perfido » de Beethoven, « Ocean » d'*Oberon*. Les deux airs de Donna Anna [*Don Giovanni*]. Je pense – j'espère –

---

1. Son amie de Milan qui avait assisté à toutes ses représentations à la Scala et l'avait accompagnée dans plusieurs tournées américaines.

qu'ils te plairont. En tout cas la voix va assez bien. Ensuite je dois faire plus d'enregistrements. Quelques airs de Verdi. Puis je ferai *Tosca* à Londres. Encore des enregistrements en avril et ensuite *Norma* à Paris. Et puis l'enregistrement de *Carmen* (complet).

Comment vas-tu ? Quand tu auras le temps s'il te plaît écris quelques nouvelles.

Beaucoup d'affection de ta
Maria

| DÉC.
du 9 au 30 | Enregistrements, dir. Nicola Rescigno[1]
• *Semiramide* « Bel raggio lusinghier »
• *Don Giovanni* « Or sai chi l'onore » « Crudele ?... Non mi dir »
« In quali eccessi, o Numi !... Mi tradì »
• *Oberon* « Ocean ! thou mighty monster »
• *Otello* « Mia madre aveva una povera ancella...
Piangea cantando... Ave Maria »
• *Don Carlo* « O don fatale »
• *La Cenerentola* « Nacqui all'affanno... Non più mesta »
• *Le Nozze di Figaro* « Porgi, amor »
• *Don Carlo* (Elisabeth) « Non pianger, mia compagna »
• *Aroldo* « O cielo ! Dove son io... Ah, fuggite il mio terrore » | **PARIS**
Salle Wagram |

---

1. Tous les enregistrements des sessions dirigées par Nicola Rescigno à la salle Wagram entre 1963 et 1965 furent répartis sur différents albums. Certains feront partie de l'album *Airs de Rossini et Donizetti* paru en 1964, d'autres sur l'album *Mozart, Beethoven, Weber* paru la même année, et enfin *Airs de Verdi* (dit « Verdi II ») paru en 1964 également. D'autres airs dont Callas considérait l'interprétation pas assez aboutie seront repris lors de sessions d'enregistrement ultérieures, jusqu'en 1969, et sortiront finalement sur l'album *Callas by request* en 1972 (dernier album paru de son vivant). Certains des enregistrements, ou prises alternatives, furent dévoilés au public sur les albums posthumes *The Unknown Recordings* 1987, et *The Callas Rarities* 1992, incluant également les sessions de 1960 à 1962, dirigées par Tonini.

1964

JANV. 4, 6, 8	Enregistrements, dir. Nicola Rescigno • *Un Ballo in Maschera* « Ecco l'orrido campo… » • *La Cenerentola* « Nacqui all'affanno… Non più mesta » • *Semiramide* « Bel raggio lusinghier » • *Aroldo* « O cielo! Dove son io… Ah, fuggite il mio terrore » • « Ah! perfido » op. 65 (Beethoven) • *Le Nozze di Figaro* « Porgi, amor » • *Don Giovanni* « Or sai chi l'onore » • *Oberon* « Ocean! thou mighty monster »	**PARIS** Salle Wagram
JANV. 21, 24, 27, 30	*Tosca* PUCCINI, dir. Carlo Felice Cillario, mise en scène de Franco Zeffirelli	**LONDRES** Royal Opera House

A WALLY TOSCANINI – *en italien*

Londres, Hôtel Savoy, 1ᵉʳ février 1964

Très chère Wally, Chère amie,
Je te suis reconnaissante d'avoir compris mon âme à travers la voix. Toi, avec ta sensibilité, tu peux comprendre combien de souffrances ces années passées. Je crois que tu sais ce que je veux te dire. Il n'y a que par la voix que je puisse parler. Mon cœur, mon âme se voient à travers elle. Toi tu l'as vue et je t'en suis éternellement reconnaissante.

Je t'aime tant. Nous nous parlons avec le cœur et l'âme. Pardonne-moi si je ne sais m'exprimer quand je suis avec toi mais mon <u>fond</u> est une grande timidité et j'ai peur qu'on voie l'intérieur de mon âme qui est si sensible et <u>vulnérable</u>. C'est ma défense.

Merci ma chère, merci
Ta Maria

FÉV. 1ᵉʳ, 5, 9	*Tosca* PUCCINI, dir. Carlo Felice Cillario, mise en scène de Franco Zeffirelli[1]	**LONDRES** Royal Opera House
FÉV. 20, 21	Enregistrements, dir. Nicola Rescigno • *Aroldo* « Ciel, ch'io respiri !... Salvami, salvami tu gran Dio ! » • *Don Carlo* (Elisabeth) « Non pianger, mia compagna » • *I Vespri siciliani* « Arrigo ! ah, parli a un core » • *Semiramide* « Bel raggio lusinghier » • *Don Carlo* (Eboli) « O don fatale »	**PARIS** Salle Wagram

A EUGENIO GARA – *en italien*

Paris, 21 février 1964

Cher Eugenio,
Je t'écris seulement quelques lignes pour te dire que je vais bien. Je suis contente de mon travail. J'ai fait un magnifique disque, et même deux et demi. L'un d'airs classiques, et l'autre de Verdi. Premier disque : « Ah perfido » de Beethoven, *Oberon* « Ocean » (en anglais), Donna Anna, « Non mi dir » et « Or sai chi l'onore », Donna Elvira, « Mi tradì » avec le récitatif et « Porgi amor » des *Nozze di Figaro*. Le Verdi, « Salice » et « Ave Maria » d'*Otello*, les deux airs d'*Aroldo*, le dernier avec la cabalette. *Don Carlo* – Elisabetta, « Non pianger mia compagna » et « O Don fatale », Eboli.

Le troisième, c'est *Semiramide*, « Bel raggio », *Guillaume Tell*, récitatif et air, et *Cenerentola*. On terminera en avril. Le maestro n'est pas libre avant. Je pense qu'ils te plairont. J'ai beaucoup travaillé pour me débarrasser des défauts accumulés en chantant avec la sinusite.

Je t'avais dit que je n'avais pas dit mon dernier mot. Je veux dire comme soprano. Je suis et je serai toujours une soprano, et je suis têtue. Je n'abandonne pas tant qu'il y a du souffle. Tu m'as sous-estimée, je crois.

Je pense toujours à toi avec affection et me souviens toujours.
Je vous embrasse tendrement, toi et ta chère Rosetta
Maria

---

1. Retransmission télévisée de l'acte II.

A Walter Cummings – *en anglais*

Paris, 16 mars 1964

Cher Walter,
Je suis navrée de n'avoir pu décider favorablement pour Chicago. J'ai aussi des enregistrements le même mois, *Don Carlo* intégral et aussi peut-être *Traviata,* donc tu vois c'est un peu difficile. Mes dates de *Norma* sont 22, 25, 31 mai, 6, 10, 14, 19, 24 juin. Dis-moi quand tu viens. Je verrai pour les billets.
J'ai tellement hâte de vous voir tous deux. Cela fait si longtemps !
Embrasse Teedy pour moi et les garçons. Rappelle-moi s'il te plaît au souvenir de ta famille et amis mutuels.
Affectueusement
Maria

A Herbert Weinstock – *en anglais*

Paris, 21 mars 1964

Cher Herbert,
Je serai à Paris en train de me préparer pour *Norma* à cette période et je serai impatiente de te voir. Reste en bonne forme et pardonne-moi la brièveté car il est tard – 2 h 30 du matin – et je suis fatiguée.
Demain c'est une grosse journée (j'enregistre les airs de Verdi).
Affectueusement et *à bientôt.* Mon téléphone est KLEBER 5695.
Maria

PS : J'ai reçu ton livre.

AVRIL
7, 8, 10, 13, 15, 21

Enregistrements, dir. Nicola Rescigno
• *Attila* « Liberamente or piangi… Oh ! nel fuggente nuvolo »
• *I Lombardi* « Te, Vergin santa, invoco !… Salve Maria, di grazia il petto »
« O madre, dal cielo soccorri… Se vano è il pregare »
• *Un Ballo in Maschera* « Ecco l'orrido campo… »
• *Aroldo* « O cielo ! Dove son io… Ah, fuggite il mio terrore »
• *Lucrezia Borgia* « Tranquillo ei posa… Com'è bello »
• *Il Trovatore* « Tacea la notte placida… Di tale amor »
• *I Vespri siciliani* « Arrigo ! ah, parli a un core »

PARIS
Salle Wagram

A Leonidas Lantzounis – *en anglais*

Paris, 21 avril 1964

Cher Leo,

Mon père a donné mon adresse à l'hôpital Lenox et par conséquent j'ai reçu la facture. S'il te plaît prends ceci avec toi en tant qu'autorisation pour t'occuper personnellement de tout ce dont mon père a besoin, sous ton contrôle, et fais en sorte qu'il n'y ait personne d'autre que toi personnellement qui communique avec moi. Je ne veux rien avoir à faire avec les médecins ou avec sa nouvelle famille.

J'ai un moment très délicat de ma vie, chanter dans 20 jours *Norma*, je ne peux pas être importunée avec des lettres et factures.

Je ne supporte pas l'idée qu'il soit malade en Amérique avec à son chevet une inconnue plutôt qu'à Athènes où ma sœur ou moi pourrions lui faire une visite rapide, mais pas sur l'autre continent. Je le hais de me faire ça. Pardonne-moi d'avoir l'air si cruelle mais je ne pourrais être plus mécontente de cette odieuse situation. Je t'autorise à prendre en charge la situation en mon nom, comme si j'étais là. Dis à mon père de ne pas donner mon adresse aux gens. Je suis bien suffisamment occupée sans avoir davantage de choses à gérer.

Si mon père a été assez fou pour se remarier – alors qu'il est malade, âgé, et à ma charge – sans avoir la décence de m'en informer, il n'a qu'à continuer comme ça et ne plus m'importuner. Financièrement tu me diras et je t'enverrai directement l'argent. Je suis indignée qu'il reste en Amérique, avec tout l'argent qui va avec aussi. On avait déjà parlé de tout ça il y a longtemps. On a fait des dépenses, des voyages, une nouvelle maison, etc. Et maintenant quoi !

Tu es diplomatique, tu me connais et me comprends, mes bons et mes mauvais côtés, mais dis-leur tout ça en douceur quand tu pourras, précisant que tu parles en mon nom. Dis-lui de te demander personnellement ce dont il a besoin, car si je reçois d'autres lettres, ma femme de chambre a ordre de me les dissimuler. Avant ma première je ne dois pas avoir de soucis quels qu'ils soient et habituellement même le théâtre ne donne pas les télégrammes.

Cher Leo, je suis navrée d'offenser les Papajohn[1], en tant qu'amis tout va bien, mais en tant que belle-mère, etc., je ne veux pas avoir quelque relation que ce soit. Je suis trop âgée pour de telles absurdités. Il a désormais son épouse pour s'occuper de lui. Il l'a choisie (à un tel âge!) et elle est aisée semble-t-il. Je ne la connais pas ni elle ni sa famille.

Encore une fois, je suis désolée de te déranger. J'espérais qu'après la situation de ma mère j'aurais la paix mais je n'ai pas de chance avec mes parents. Dommage. Alors, cher Leo, fais-lui bien comprendre. Il a choisi d'autres personnes, qu'il les garde, moi j'en ai fini pour de bon.

Essaye d'éviter toute mauvaise publicité, mais explique-lui que je ne peux accepter sa nouvelle situation. Je suis effondrée qu'il soit malade et à N.Y. Je ne lui pardonnerai jamais. Sa place était à Athènes auprès de sa fille. Il s'est <u>entiché</u> d'une femme, à son âge, <u>franchement</u>!

Je dois me dépêcher, je suis fatiguée, beaucoup de répétitions, etc., contrariée par cette situation, et embarrassée aussi. Essaye de me comprendre je t'en prie. J'en ai marre de l'égoïsme de mes parents et de leur indifférence à mon égard, et des conséquences qu'a leur conduite sur ma carrière et ma vie personnelle et mes sentiments.

Mon devoir est de lui donner ce dont il a vraiment besoin et après ça je ne veux plus avoir aucune relation. J'espère que les journaux ne vont pas s'enflammer, parce que alors je maudirais vraiment le fait même d'avoir des parents. Et il est malade à présent c'est un crime. Mais apparemment ils ont un talent pour ça.

Je t'embrasse, affectueusement
Maria

AVRIL 22, 24	Enregistrements, dir. Nicola Rescigno • *Un Ballo in Maschera* «Morrò, ma prima in grazia» «Ecco l'orrido campo… Ma dall'arido stelo divulsa» • *Aida* «Ritorna vincitor!»[2] • *Il Trovatore* «Vanne, lasciami… D'amor sull'ali rosee» • *Aroldo* «O cielo! Dove son io… Ah, fuggite il mio terrore» • *L'Elisir d'amore* «Prendi, per me sei libero» • *La Figlia del reggimento* «Convien partir» • *Attila* «Liberamente or piangi… Oh! nel fuggente nuvolo» • *I Lombardi* «O madre, dal cielo soccorri… Se vano è il pregare»	PARIS Salle Wagram

1. Amis grecs de la famille Kalageropoulos, eux aussi émigrés à New York. Le père de Maria épousa en secondes noces Alexandra Papajohn, que vraisemblablement Maria n'a jamais rencontrée.

2. Cet air, qui n'était pas prévu au départ, fut enregistré spontanément, en une seule prise, lorsque Callas entendit, pendant une pause, la version

A Leonidas Lantzounis – *en anglais*

Paris, 29 avril 1964

Cher Leo,
je me demande ce qui s'est passé ces derniers jours, si tout va bien, etc. Je suis terriblement occupée avec les répétitions pour *Norma* plus les costumes, les photos, les perruques et tout ce qui va avec. Je ne digère toujours pas l'immense égoïsme et la stupidité de mon père. En tout cas, j'espère qu'il va mieux, mais je voudrais savoir ce qu'il a exactement. Je n'entends que des mauvaises choses à son sujet. S'il va vraiment très mal, fais-le-moi savoir par télégramme ou par téléphone, et si un jour il arrive à sa fin, fais en sorte qu'il meure dans de bonnes conditions, parce que s'il meurt entre de mauvaises mains ou quelque chose comme ça, c'est moi seule qui serai accusée. Je t'enverrai à partir de maintenant $200 supplémentaires pour lui aussi. Mais rappelle-toi je n'entretiens aucune épouse. Personnellement je ne souhaite aucun rapport avec cette famille. Ils étaient de bons amis (je suppose?) mais les considérer comme ma famille, enfin c'est différent! Je ne suis pas égoïste, c'est juste que je n'aime pas ce genre d'absurdité de la part d'une personne suffisamment âgée pour avoir de la sagesse. Il m'a beaucoup déçue. Peut-être pire que ma mère.

En tout cas, fais en sorte que je ne sois pas mêlée à des ragots. Et s'il te plaît, agis en mon nom, avec sagesse, comme toujours, et en mon intérêt. J'aurais aimé t'avoir toi pour père.

Toute mon affection à toi et Sally
Maria

PS : S'il te plaît tiens-moi au courant et ne le laisse pas mourir dans des conditions où je pourrais être critiquée. Je n'ai pas confiance dans les Papajohn. Ils ont écrit à ma sœur qu'il est en train de mourir du cancer dans un horrible hôpital plein de nègres, etc.

---

enregistrée quelques jours auparavant par la cantatrice française Régine Crespin. Elle aurait dit alors à Rescigno : «On dirait une marche funèbre! Ce n'est pas du tout ça. Montrons-leur!»

A Jacques Gheusi – *en français*

Paris, 29 avril 1964

Cher M. Gheusi,
Que j'ai aimé le portrait de « Pasta[1] » et je vous assure que je le garderai comme porte-bonheur de mes futures *Norma* en espérant de chanter comme je désire.
Merci encore. Votre sincèrement
Maria Callas

A Leo Lerman – *en anglais*

1ᵉʳ mai 1964

Cher Leo,
J'aurais aimé que tu puisses être là pour *Norma* en espérant que tout aille bien !
J'ai reçu ton télégramme. Je verrai Bing en juin. Il m'a déjà écrit. J'écouterai d'abord ce qu'il a à dire et ensuite je déciderai[2]. Comment vas-tu mon cher ami ? Moi je suis très heureuse ! Touchons du bois. Je suis en forme comme un cheval (aussi fort que possible car je n'ai jamais été un cheval fort, même quand j'étais grosse). Je suis un pur-sang. Plutôt délicat et sensible ! Mince alors !
Je t'aime, et écris-moi
Maria

MAI 22, 25, 31 JUIN 6, 10, 14	*Norma* BELLINI, dir. Georges Prêtre, mise en scène de Franco Zeffirelli	**PARIS** Opéra Garnier

1. Giuditta Pasta, célèbre cantatrice italienne du bel canto, pour qui les rôles de *Norma*, *Anna Bolena* et *La Sonnambula* avaient été créés au début du XIXᵉ siècle, et qui fut la première à les interpréter.
2. Le retour de Callas au Met avec *Tosca*, l'année suivante, était alors en pleine discussion.

JUIN 17	Enregistrement de l'album *Callas & Corelli duos*, dir. Georges Prêtre • *Aida* « Pur ti riveggo, mia dolce Aida »[1]	**PARIS** Salle Wagram
JUIN 19, 24	*Norma* BELLINI, dir. Georges Prêtre	**PARIS** Opéra Garnier
JUIL. du 5 au 20	Enregistrement, *Carmen* BIZET, dir. Georges Prêtre	**PARIS** Salle Wagram

A Leonidas Lantzounis – *en anglais*

17 juillet 1964

Cher Leo,

Je ne t'ai pas répondu avant parce que j'étais très occupée mais aussi parce que j'ai reçu tes lettres en retard. Ma femme de chambre craignait de me rendre nerveuse et elle ne comprend pas l'anglais. Je ne peux assez te remercier pour tout ce que tu as fait et continues à faire pour mes ennuis. J'espère te voir bientôt peut-être à Athènes.

Quoi qu'il en soit, je vais donner des ordres plus précis à ma banque. Dès que tu dois dépenser de l'argent, si tu peux l'avancer et me l'écrire, je te l'enverrai aussitôt pour te rembourser. A ta convenance, Leo. Ecris-moi à partir de maintenant à Athènes c/o Olympic Airways[2] Πλατεία Συντάγματος [place de la Constitution].

Dis à ma mère que je refuse qu'elle fasse ce voyage. Je ne veux plus le moindre voyage ou argent jeté par la fenêtre. Je suis <u>catégorique à ce sujet</u>, Leo. Et dis-lui d'arrêter d'ennuyer ma sœur avec ses lettres stupides.

Je dois me dépêcher pour une session d'enregistrement maintenant, la dernière. Alors je vous embrasse fort, toi et Sally – et souviens-toi, jusqu'à fin août, de cette adresse à Athènes.

Ta Maria

---

1. Seul le duo d'*Aida* fut enregistré, et le projet d'album fut avorté, après une supposée mésentente entre Prêtre et Corelli.
2. Siège de la Compagnie aérienne appartenant à Onassis, d'où le courrier était redirigé lorsqu'il était en croisière sur le *Christina*.

Le 30 août, à la demande d'Onassis, qui voulait faire plaisir à des politiques locaux avec qui il était en affaires, Callas se produit « à l'improviste » sur la scène du village de Lefkada (non loin de Skorpios) lors du dernier soir du festival de musique folklorique. Elle chante «Voi lo sapete o mamma» («Vous le savez ô maman», l'air de *Cavalleria rusticana*) accompagnée d'un pianiste local, Kiriáco Sfétsas. On notera qu'elle choisit un air qu'elle n'a jamais interprété sur scène depuis ses jeunes années en Grèce, et qui fut son premier rôle à l'Opéra d'Athènes à l'âge de treize ans.

A BRUNA LUPOLI – *en italien*

A bord du *Christina*, 10 septembre 1964

Chère Bruna,

Deux mots pour te dire que je vais bien, et que j'ai si envie de te voir mais aussi si envie de rester ici. On y est si bien. J'ai failli rentrer car Aristo devait rester à Athènes 2-3 jours et j'en avais marre d'être seule. Mais le lendemain, au lieu d'aller à Athènes directement de Ioannina où il était allé voir quelqu'un, je suis rentrée avec lui et nous sommes partis pour Athènes. Je ne lui ai pas dit que je voulais rentrer, il ne le savait pas, mais il était si content d'être de retour que ça ne valait pas la peine de lui dire.

Maintenant je ne sais pas quand je rentrerai. Peut-être la semaine prochaine, peut-être à la fin du mois. Pour le moment il ne veut pas que je m'en aille et je prends la vie avec calme tant que le bonheur est de passage, ne crois-tu pas? J'ai refusé tout travail jusqu'à janvier ou février. Je voudrais dédier un peu de temps à moi-même et à la maison, etc.

Comment allez-vous? Etes-vous tristes? Essayez de ne pas l'être si possible car si vous saviez mon bonheur <u>vrai</u> de vous savoir toujours là et partout <u>avec moi</u>, comprends-le bien Bruna. Je sais que c'est égoïste de ma part de dire cela mais pour moi vous êtes ma <u>vraie famille</u>. Je vous prie de ne jamais me donner de désillusions.

Je t'embrasse avec l'affection que tu sais. Embrasse Ferruccio et Elena.
Votre
Maria Callas

A Leonidas Lantzounis – *en anglais*

19 novembre 1964

Cher Leo,
Je suis désolée de ne pas avoir répondu à tes lettres. J'étais partie en vacances à nouveau. J'ai passé un excellent été. Beaucoup de repos, d'air frais, beaucoup de sport, et <u>aucune inquiétude</u>.

Quant à mon père, vraisemblablement tu ne lui as rien dit de mon désaccord quant à son mariage, etc. Du coup il a téléphoné <u>enragé</u> à plusieurs amis d'Athènes en disant qu'il <u>exige</u> de me voir, qu'il est sans argent, etc. Je dois dire que je suis extrêmement chanceuse avec mes parents ! Παρε τον ενα και χτυπα τον αλλο [expression grecque « l'un pire que l'autre »]. Quoi qu'il en soit, je lui ai envoyé un ami à moi et j'espère qu'il comprendra cette fois-ci. Je lui donne ses $200, point.

Tu as oublié de me donner l'adresse de ma mère en Grèce, alors j'ai quand même envoyé l'argent à sa banque et j'ai demandé à ma sœur qu'elle lui dise d'aller le récupérer. J'espère que je ne vais pas être à nouveau harcelée par eux car je commence à travailler et j'ai une lourde saison.

Je viens à N.York pour deux *Tosca* en mars. J'aimerais que Sally et toi assistiez à la première représentation. Je vais vous garder des billets et dès que j'arriverai nous nous verrons et j'espère que vous aurez envie de venir à la première, si Dieu veut.

Toute mon affection ainsi qu'à Sally et merci pour tout ce que tu fais pour moi.
Ta Maria

DÉC. du 3 au 31	Enregistrement de la seconde intégrale, *Tosca* PUCCINI, dir. Georges Prêtre	**PARIS** Salle Wagram

1965

JANV 8, 20, 22, 25	Enregistrements, dir. Nicola Rescigno • *I Vespri siciliani* « Arrigo ! ah, parli a un core » • *I Lombardi* « O madre, dal cielo soccorri… Se vano è il pregare » • *Il Trovatore* « Tacea la notte placida… Di tale amor » • *Un Ballo in Maschera* « Ecco l'orrido campo… Ma dall'arido stelo divulsa »	**PARIS** Salle Wagram

A Walter Cummings – *en anglais*

Paris, 5 février 1965

Cher Walter,

Je crains que ce soit honteux de te répondre si tard, mais comme d'habitude, tu me connais désormais. L'article de *Life*[1] n'a pas été écrit par moi. C'était supposé être un article sur « Le monde de Maria Callas » et ça s'est transformé en interview. Mon représentant à Londres, Mr. Gorlinsky, est en train de leur écrire pour protester, car j'ai trouvé l'article des plus indigne et cela m'a fait beaucoup de problèmes avec Meneghini.

Je ne sais pas encore si je ferai partie de la prochaine saison du Lyric de Chicago ; en tout cas je déciderai plus tard.

---

1. Article intitulé « Mon monde solitaire, une femme cherchant sa voix », paru le 30 octobre 1964, à propos de son retour prévu au Met avec *Tosca*, en mars 1965, sept ans après son licenciement par Bing. L'article reprend un certain nombre de confidences que Callas avait faites à son ami le critique musical Peter Dragadze, notamment sur sa vie personnelle et ses problèmes vocaux.

Je vous envoie à tous beaucoup d'affection
Maria

A Elvira de Hidalgo – *en italien*

Paris, 18 février 1965

Chère Elvira,
Je t'embrasse si affectueusement. Tu trouveras un chèque attaché mais ma gratitude pour ton affection est sans mesure. Tu me connais, je suis timide et plutôt bizarre. Mais tu sais m'aimer comme je suis.
    La répétition s'est passée magnifiquement bien. Avec des aigus comme autrefois ! Au troisième acte j'ai eu un moment de panique et de fatigue mais j'ai quand même fait le contre-*ut* du «lama[1]», bien, et même la dernière fois splendidement.
    Si j'arrive à me dominer demain, je devrais pouvoir faire tout bien. J'étudie toujours, et je pense à toi avec tant d'amour et de respect
Ta Maria

FÉV. 19, 22	***Tosca*** PUCCINI, dir. Georges Prêtre reprise de la mise en scène de Franco Zeffirelli	**PARIS** Opéra Garnier

A Herbert Weinstock – *en anglais*

24 février 1965

Cher Herbert,
L'article est très bon[2]. Je pense beaucoup à toi, mais j'ai été extrêmement occupée à étudier et travailler. J'ai eu un check-up de mon ancienne et seule enseignante Elvira de Hidalgo et elle a trouvé d'où venait mon problème. Je chante extrêmement bien ces jours-ci.

---
    1. Passage difficile du troisième acte : «Ah ! Franchigia a Floria Tosca».
    2. «Le retour de Callas», écrit par Weinstock pour le magazine américain *Opera News*.

Comme dans les meilleurs bons vieux jours ! Heureuse. Je te verrai à N.Y. Maintenant je suis pressée. Pardonne-moi.
Je vous embrasse fort, Ben et toi
Maria

FÉV. 26 MARS 1ᵉʳ, 3	*Tosca* PUCCINI, dir. Georges Prêtre	PARIS Opéra Garnier

De Herbert Weinstock – *en anglais*

3 mars 1965

Chère Maria,
Outre être une très grande artiste, tu es aussi un vrai amour ! Merci beaucoup, beaucoup, pour ta lettre du 24 février et pour m'avoir retourné le brouillon de mon article si rapidement. L'article n'a pas encore été dactylographié, et sera publié dans *Opera News* la semaine de ta première *Tosca* au Met.

Les échos de deux amis qui t'ont récemment entendue à l'Opéra [de Paris] font plus que confirmer ta déclaration selon laquelle tu chantes extrêmement bien ces jours-ci. Comme nous sommes heureux Ben et moi de l'apprendre. Tu n'as bien sûr fait aucune allusion à notre invitation de venir passer une soirée ou un dimanche après-midi avec nous durant ton séjour ici. Mais nous réitérerons cela lorsqu'on te verra.

Ben et moi projetons d'embarquer le 29 avril à New York sur le France, allant directement à Paris. Ensuite, après quelques jours là, nous poursuivrons vers l'Italie – où je dois mener de nombreuses recherches pour ma biographie de Rossini. Nous te verrons donc bientôt – et t'entendrons aussi. Quelle excitation ! Merci encore pour ton aide précieuse.

Ben se joint à moi pour t'embrasser, comme toujours, bien fort.
Tante belle cose[1]...
Herbert

---

1. En italien : « Tout le meilleur... »

MARS 5, 8, 10, 13	*Tosca* PUCCINI, dir. Georges Prêtre	**PARIS** Opéra Garnier
MARS 19, 25	*Tosca* PUCCINI, dir. Fausto Cleva	**NEW YORK** Metropolitan Opera
MAI 2	Concert télévisé, *Les Grands Interprètes*, dir. Georges Prêtre • *Manon* « Je ne suis que faiblesse… Adieu, notre petite table » • *La Sonnambula* « Oh ! se una volta sola… Ah ! non credea mirarti » • *Gianni Schicchi* « O mio babbino caro »[1]	**PARIS** Studio de l'ORTF
MAI 14, 17, 21	*Norma* BELLINI, dir. Georges Prêtre reprise de la mise en scène de Franco Zeffirelli	**PARIS** Opéra Garnier

Paris, Opéra Garnier, mai 1965, après une des dernières représentations de Norma.

---

1. Il aurait été envisagé qu'elle chante également *L'invitation au voyage* de Duparc, mais cela n'a pas lieu.

A Christian Robier – *en français*

21 mai 1965

Cher Christian,
J'ai beaucoup aimé votre dessin. C'est la première fois que j'aime un dessin de moi. Merci pour tout, surtout pour votre discrétion. J'ai besoin qu'on m'aime sans me bousculer.
Sincèrement
Maria Callas

Dessin de Christian Robier, 1965.

A Grace Kelly – *en anglais*

Paris, non datée

Chère Grace,
Je voulais te répondre plus tôt, mais j'ai été très occupée à rassembler mes nerfs et mes forces pour contre-attaquer lors de la prochaine représentation. Elle s'est déroulée parfaitement, Dieu merci. C'est beaucoup de travail, n'est-ce pas ? Il y a toujours un ennemi prêt pour un moment de faiblesse. Je meurs d'envie de terminer mon travail pour pouvoir prendre un bon repos. J'en ai certainement besoin.
J'espère tellement te revoir ainsi que Rainier très bientôt, et merci chère Grace pour tes jolies fleurs et lettres.
Toute mon affection
Maria

PS : Aristo vous embrasse tous les deux.

MAI 24, 29	*Norma* BELLINI, dir. Georges Prêtre	PARIS Opéra Garnier

Lors de cette cinquième et dernière représentation, Callas est à bout de forces. Elle achève péniblement les deux premiers actes et pendant l'entracte qui précède le troisième elle perd connaissance dans sa loge. Un médecin est appelé en urgence. Elle n'est pas en état de continuer. On annonce l'annulation du reste de la représentation. La majeure partie du public, ce soir-là, applaudit. C'est la dernière fois que Callas interprétait ce rôle de Norma, qu'elle appelait son « cheval de bataille », dans cet opéra, son préféré, qu'elle chanta plus qu'aucun autre, plus de quatre-vingt-dix fois, dans huit pays.

A Elvira de Hidalgo – *en italien*

A bord du *Christina*, 4 juin 1965

Chère Elvira,
Il y a longtemps que je veux t'écrire mais je n'ai pas trouvé le temps ou plutôt l'énergie. Comme tu l'avais déjà compris, et me le disais, j'étais

fatiguée. Travailler de nouveau la voix, changer de technique pendant les représentations n'était pas pour mes nerfs déjà tendus depuis des années. Conclusion – les choses se sont assez bien passées à l'exception de quelques fois où je suffoquais plus de peur et de découragement.

Après New York[1] mon corps s'est écroulé. C'est-à-dire la tension est descendue à 70 au maximum et 50 au minimum. Alors tu imagines dans quel état j'étais. Je me suis reposée environ un mois mais ça se voyait que mes nerfs n'étaient pas encore solides pour un travail aussi dur que *Norma*, un programme télévisé et 5 *Norma* plus répétitions en 20 jours.

Ainsi ma fatigue est infinie, et ma rage encore plus de ne pas avoir pu résister jusqu'au bout. J'ai fait beaucoup de progrès mais comme tu l'avais dit toi-même, on ne peut pas tout faire en trois mois.

A présent je suis là en croisière. Nous allons vers l'Egypte et peut-être l'Arabie Saoudite. J'espère m'en tirer pour la *Tosca* de Londres. J'en ai quatre en juillet, les 2-5-8-12 juillet. Je rentrerai à Paris le 25 juin, j'irai voir le médecin et prendrai une décision. Dès maintenant dis-moi quelle décision tu prendrais si c'était toi ?

A propos, quand je suis rentrée fin mai à Monte-Carlo, j'ai téléphoné plusieurs fois chez toi mais je n'ai jamais eu de réponse. Tu étais en voyage ? Après trois, quatre réponses négatives de l'opératrice, je me suis fatiguée et remise au travail, je me suis perdue et ne t'ai plus appelée.

Et toi comment vas-tu ? J'aurais voulu passer par Milan mais je n'étais pas bien. Quel est ton programme ?

Écris-moi à Paris – et ainsi je verrai que faire de moi –, écris clairement car parfois je me fatigue à comprendre ta calligraphie.

Je t'embrasse fort et donne-moi ton conseil.

Ta Maria

Les représentations de *Tosca* à Londres furent annulées, à l'exception d'une seule :

JUIL. 5	*Tosca* PUCCINI, représentation caritative en présence de la reine Elizabeth II, dir. Georges Prêtre, mise en scène de Franco Zeffirelli	**LONDRES** Royal Opera House

C'est la dernière fois que Maria Callas chante *Tosca*, et sa dernière apparition sur une scène d'opéra. Ce sera également sa dernière collaboration avec Prêtre et Zeffirelli.

---

1. Elle fait allusion aux représentations de *Tosca* en mars 1965.

A Leonard Bernstein – *en anglais*

A bord du *Christina*, 16 août 1965

Cher Lenny,
J'ai mis tellement longtemps à te répondre, mais je sais que tu comprendras. J'ai été assez occupée à essayer de me retrouver et prendre une décision quant à ta proposition. Malheureusement je vais devoir décliner, et Lenny, tu sais combien j'aurais aimé venir et pris du plaisir à faire de la merveilleuse musique, comme tu dis. Je serai occupée à cette période. Probablement à tourner un film de *Tosca*[1]. Mais ne m'oublie pas dans le futur. Même en tant qu'ami. Tu connais mon adresse : Av Foch 44, Paris – téléphone Kleber 5695. S'il te plaît reste en contact. Nous avons tant de choses à nous dire. Nous avons vécu tant d'expériences. Ce sera bien d'échanger nos impressions.
Comment vas-tu et la famille ? Quand vous reverrai-je ?
S'il te plaît transmets à Felicia toute ma tendresse, et je t'embrasse sincèrement et affectueusement.
Bien à toi
Maria

A Lawrence Kelly – *en anglais*

A bord du *Christina*, 16 août 1965

Cher Larry,
Je suis navrée de ne pas avoir répondu à tes fréquentes et passionnantes lettres, mais tu me connais et aussi j'étais vraiment occupée et pas très en forme. Merci d'avoir pris la peine d'acheter le maillot de bain d'Aristo. Il te remercie infiniment.
Que fais-tu de toi ? Comment va David ? Prenez-vous tous du bon

---

1. Projet de Franco Zeffirelli, qui ne verra finalement pas le jour.

temps ? Moi oui, à part que j'étais tellement épuisée que je ne m'en suis toujours pas remise. Je n'ai pas de nouvelles particulières. S'il te plaît écris-moi les tiennes. J'adore tes lettres, Gatti-Casazza, je les trouve très drôles, alors prends la peine de m'écrire, au nom du bon vieux temps. On ne sait jamais, tu pourras peut-être arriver à m'engager un jour. N'abandonne jamais !

Je t'aime et tu le sais, grand Gatti-Casazza !
Très affectueusement,
Bien à toi
Maria

A Cristina Gastel Chiarelli – *en italien*

A bord du *Christina*, 18 août 1965

Chère Cristina,

Je ne crois pas t'avoir jamais remerciée pour ton cadeau, si gentil et tant apprécié. J'étais fatiguée, désemparée par l'effort de soutenir ces représentations, trop rapprochées, avec ma pauvre tension basse-basse, ils ont dû m'emmener de force pour me mettre au repos. On n'a pas encore compris ce que j'avais. On a dit que j'ai trop tiré sur la corde pendant trop longtemps et je ne résiste plus à travailler autant. Cela je le savais depuis 1957 que j'étais irrémédiablement fatiguée mais je ne voulais pas m'avouer vaincue. A présent je dois tout doser. La vie est dure, ma chérie, désormais tu le comprends toi aussi, et malheureusement c'est une constante, peut-être pour le meilleur peut-être pour le pire, mais on doit continuer à se défendre. Moi j'ai commencé quand j'avais treize ans, maintenant j'en ai 41 ! Je ne me plains pas mais c'est beaucoup d'années. L'âme se consume, et l'énergie aussi.

Je te souhaite, chère Cristina, que la vie te donne beaucoup de joie et de sérénité. Cherche-la toi-même, en toi-même, car les autres ne peuvent le faire pour toi malheureusement. Et essaye de ne pas être trop sensible. Tu te fais seulement mal à toi-même. Moi je le suis et c'est pour cela que je te dis de te faire une armure solide si c'est possible. Je voudrais que tu embrasses pour moi ta chère mère et je la remercie pour la broche, et tous les autres de ma part.

Si tu viens à Paris, viens me trouver. Tu connais mon téléphone n'est-ce pas ? Je te salue si chaleureusement et pardonne-moi si je ne réponds pas souvent. Tu me connais désormais. Mais ne crois pas que je t'aie oubliée pour autant.

Ta Maria

1966

A UN ADMIRATEUR – *en français*

4 avril 1966
[ave. Foch]

Cher Ami,
Que je suis contente avec mon jolie cadeau. Les deux amours avec une si jolie cage. J'aime bien, bien. C'est vrai que j'écris si peu et des fois j'ai honte. Hélas j'ai pas le don et la facilité d'écrire. Vous pourrez me pardonner et comprendre ? Voilà que je suis égoïste de nouveau. Cette fois j'ai pas écrit parce que j'ai eu beaucoup à faire avec mon appartement de G. Mandel. Je dois tout décider avant Pâques et mon Dieu, le temps passe si vite !
Je suis bien, contente (il me faut très peu au fond) et je sens mes admirateurs si près de moi. Nos gentilles amies viennent souvent. Des fois rarement, je les reçois quand je suis là. Même des fois en robe de chambre et démaquillée.
Maintenant je vous laisse, c'est tard et j'ai sommeil. Je voudrais que vous sachiez combien je suis sensible à votre affection et amour pour moi Maria Callas et Maria. Comprenez-moi et je vous embrasse affectueusement.
Pardonnez-moi mon pauvre français, vous qui pouvez si bien écrire et vous exprimer.
Votre Maria Callas

PS : Portez-vous bien pour moi si non pour votre famille.

A Elvira de Hidalgo – *en italien*

Paris, 22 avril 1966

Chère Elvira,
Je ne t'ai pas écrit depuis si longtemps mais tu as tant de patience et tu sais bien que j'ai mes raisons. J'étais si fatiguée, je vais mieux ; je suis encore fatiguée mais je vais beaucoup mieux, je ne fais pas d'efforts qui n'en vaillent la peine. J'ai trouvé un appartement et je m'y dédie pour le moment, comme ça je ne me fatiguerai pas trop avec des difficultés vocales et appartementales [*sic*] ! J'espère pouvoir venir à Milan pour quelques jours, peut-être dans deux semaines, mais n'y compte pas trop. J'aurais besoin de te parler, mais j'ai tant à faire, justement pour ce petit appartement.

Je pense à toi avec beaucoup d'affection, je pense à nos conversations, je pense que tu avais raison à cent pour cent et que jamais je ne t'ai écoutée. Je suis beaucoup plus tranquille, tranquillité qui n'a rien à voir avec le bonheur, mais qui sert toutefois à remettre mon système nerveux, qui était le vrai coupable de tout, comme tu l'avais dit une fois.

Je t'écrirai dès que je pourrai, mais j'espère encore mieux te voir bientôt. Toujours ta Maria

PS : Réponds-moi si tu en as l'envie, mais je t'en prie écris très clairement (pardonne-moi).

A Eugenio Gara – *en italien*

Paris, 22 avril 1966

Cher Eugenio,
Comment pourrais-je me faire pardonner un tel retard. Toi qui es un ami si cher et qui l'as toujours été, tu comprendras. Tu n'imagines pas le plaisir que me procure chacune de tes lettres. Tu n'imagines pas dans quel triste état peut se trouver l'art lyrique aujourd'hui, ou plutôt tu le sais bien car tu le vois souvent, peut-être tous les soirs. Je ne dis pas que nous faisions la perfection mais au moins il y avait tant

de sincérité, de sérieux, d'humilité et de dévotion. Aujourd'hui il y a tant de vanité, de prétention et ne parlons pas du reste.

J'espère que vous allez bien, moi je vais assez bien, je me suis bien rétablie mais je ne veux pas prendre d'engagements tant que je ne me serai pas remise complètement, et cela n'arrivera certainement pas avant l'automne prochain.

Je te remercie de tes vœux pour la nouvelle année, on verra si le temps est un vrai galant homme, mais je suis beaucoup plus disciplinée et plus tranquille qu'autrefois. Il faut espérer que cet état d'esprit dure. Je vous embrasse avec toute mon affection de toujours
Maria

A UNE ADMIRATRICE – *en français*

10 mai 1966

Chère Susana,
Quelle jolie lettre vous m'avez écrite – et je voulais toujours vous appeler, mais je rentrais tard la nuit et n'étais pas seule la plupart du temps, quand je n'étais pas en train de faire des courses, une chose si fatigante !

Chère amie, je suis heureuse de pouvoir vous donner tant de bonheur. Comment – je ne le comprends pas. Je ne suis pas un fanatique d'opéra, je crains. Je cherche trop la perfection, et l'opéra est, de tous les lieux, le dernier pour cela. Mais il y a tant d'admirateurs à moi, qui écrivent la même chose – peut-être est-ce mon âme qui vient à vous tous. Je m'efforce de communiquer un message de « bontà », comme disent les Italiens, de loyauté, à laquelle s'ajoute la dévotion envers les sentiments, la sensibilité, etc. Sans employer de grands mots, mais tout de même très définitivement : je vénère l'amour – amour dans le joli sens du mot. Toutes les bêtises que nous disons dans l'opéra, je les éprouve et je les exalte ; mais, hélas, la vie n'est pas comme cela. Mais peut-être est-ce parce que vous sentez mon intégrité que vous tenez tant à mon art ? Il y a probablement un espoir que, quelque part, il existe toute cette merveilleuse pureté et cette solidité du sentiment – je veux dire : des pensées saines.

Eh bien, si vous voulez vraiment venir à Paris, je profiterai égoïstement de vous. Je ne vous occuperai vraiment pas autant, et vous aurez assez de loisirs pour vos violons d'Ingres. Quand viendrez-vous ? S'il vous plaît, pardonnez-moi de ne pas avoir répondu sans attendre à une si belle gentillesse, mais vous comprenez que, quelquefois, mon temps est tout à fait pris.

Chère Susana, portez-vous bien ; merci, et donnez mes amitiés à tous mes amis et admirateurs, en particulier à vous-même.

Sincèrement à vous
M. C.

A WALTER CUMMINGS – *en anglais*

Paris, 9 juin 1966

Cher Walter,
Merci pour ta lettre. Il n'y a rien de vrai dans les rumeurs qui disent que je vais chanter *Medea* au Met.

J'aurais été ravie d'aller à Palm Beach avec vous tous et je regrette d'avoir trop à faire avec mon nouvel appartement dans lequel je vais vivre à partir de septembre (36, avenue Georges-Mandel).

Rien de neuf à mentionner. Je t'embrasse, ainsi que Teddy et les enfants.

Affectueusement
Maria

A UN DESTINATAIRE INCONNU – *en anglais*

A bord du *Christina*, 19 septembre 1966

Cher Mr. Been,
Je crois en la foi, car je suis une créature du destin. Je crois en la justice bien que j'en voie trop peu autour de moi. Mais si nous ne croyons pas, que nous reste-t-il ?

Je vous admire d'avoir une telle force. Je compatis pour ce qui vous arrive mais je ne peux le mettre en mots de façon adéquate. Puisse Dieu être toujours avec vous, toujours.

Bien à vous
Maria Callas

1967

A Teresa D'Addato – *en italien*

13 janvier 1967

Chère Teresa,
 Mille mercis aussi à Nino Costa[1] pour le livre. Il est très beau. Merci ma chérie. Je voudrais faire un cadeau à un ami. M'en achèterais-tu un autre exemplaire et me l'enverrais-tu ici ? Tu le mets sur mon compte.
 A propos de livres, je ne sais pas si tu te souviens de ceux que j'avais (bien peu), mais récemment on m'a offert Hemingway et Shakespeare, œuvres complètes, deux grands livres sur Michel-Ange (excuse les calligraphies, je suis distraite par la musique de Wagner que j'ai mise sur la platine) mais j'en profite pour t'écrire comme ça je te les envoie, autrement tu sais comme je suis pour l'écriture, je n'aime pas écrire tu le sais ! Pour les auteurs français, je peux les acheter ici si tu me dis lesquels à part les normaux.
 Je n'aime pas la poésie, même si c'est une honte de ma part.
 Pour le reste tu choisis, ma chérie, et tu me dis combien je te dois, je t'enverrai un chèque et aussi pour les comptes s'il te plaît.
 Mon amitié tu l'as tout entière ; tu le sais depuis bien longtemps. En revanche tu fais du tort à Bruna[2] en pensant qu'elle m'influence à ton propos ou à d'autres.

---

 1. Responsable de l'archive photographique de la Scala.
 2. Sa femme de chambre depuis 1955, qui vécut à ses côtés jusqu'au bout. Tout comme Ferruccio, son majordome et chauffeur.

Teresa, tu dois savoir que Bruna a été avec moi en toutes situations, subissant évidemment parfois des situations dures et ingrates (je ne fais pas référence à toi ou autre, ce n'est pas ton cas). Elle a subi <u>mes</u> décisions, faiblesses, maladies; toujours là sans dire <u>un</u> mot, muette, fidèle; sans doute <u>sans</u> m'approuver mais, ma Teresa, c'est là sa qualité unique. Elle m'aime et me sert avec simplicité et dévotion, plus <u>unique</u> que rare. Et crois-moi je lui ai rendu la vie souvent impossible mais elle a su me laisser faire ce que je <u>voulais</u> et prendre <u>mes</u> décisions <u>quand</u> et <u>comme</u> je le voulais, s'adaptant de quelque manière au péril de sa santé et de ses nerfs aussi, sans rien me dire. C'est là qu'elle <u>me</u> fait du tort. Teresa, souviens-toi que je n'en ai toujours fait qu'à ma tête. Bien ou mal – patience. Et tant de fois à mon tort. Mais qui m'aime véritablement me supporte et a confiance en moi. Bruna <u>jamais</u> ne se permettrait de me conseiller. Même si je lui demande, elle hésite. C'est pour cela qu'elle me convient bien. Elle reste toujours à sa place, et moi à la mienne, malgré tout notre vécu ensemble, difficile et souvent ingrat.

Toi tu ne peux pas le faire. Le destin ne nous a pas amenées ensemble de cette façon, et tu n'as pas su m'être proche *malgré tout*. Bruna a seulement pensé à moi, toujours, en se sacrifiant souvent crois-moi. C'est pour cela que je ne pouvais pas t'avoir comme secrétaire. Tu n'es pas solide et simple comme elle. Tu es nerveuse, tu as des coups de tête. Tu es habituée à être indépendante. Moi j'ai besoin d'une personne forte, solide, pas sensible comme moi. J'ai assez de moi-même pour avoir d'autres susceptibilités que les miennes.

Tu vois, Teresa, que c'est moi seule qui suis entre toi et moi. Bruna ne fait qu'exécuter mes ordres quand je lui commande de le faire. Tous les reproches je les mérite mais pas elle.

Ne te mets pas en colère. Lis cette lettre plus d'une fois, et avec calme. Comprends ce que je t'écris vraiment, et sois assurée que tes lettres ne sont jamais ouvertes que par <u>moi</u>, toujours.

Tu peux écrire ce que tu veux, personne ne le voit. Je n'ai pas de secrétaire que j'appelle et à qui je dicte ce que je veux, comme avec toi autrefois.

Teresa, aime-moi comme je suis. J'ai assez souffert. J'ai tant travaillé. Je suis si fatiguée. Désormais je suis un peu tranquille (tant que ça durera évidemment). La vie a été dure avec moi, mais il y eut aussi tant de satisfactions. Mais je suis fatiguée, ma chérie, et j'ai besoin de temps pour me reprendre, si j'y arrive un jour.

Bruna est là, proche, utile, muette, travaillant pour moi ici dans l'appartement. Moi je suis là, travaillant seule, etc. Tout ici. Et elle se dit « elle se prépare à travailler, etc. » et elle sort sans un mot. C'est là sa force et humilité, et Teresa, tant d'amour et de respect.

Je t'embrasse et tu as toute mon amitié. Personne d'autre ne l'a autant crois-moi, si tu la veux garde-la.

Bien à toi
Maria Callas

A Bruna Lupoli – *en italien*

A bord du *Christina*, 16 février 1967

Chère Bruna,
Je t'envoie le chèque ci-joint de 195 000 nouveaux francs. Prends un reçu naturellement.

Dis à Monsieur Grandpierre que tu voudrais qu'il monte les deux lampadaires dans le salon et la salle à manger pour mon retour. Dis-lui que si je les trouve beaux je me déciderai peut-être.

Et j'espère vraiment trouver le petit salon <u>mieux</u> éclairé. Rappelle-lui de changer les lampes chinoises. Et les abat-jour par terre. Je lui avais déjà demandé mais pour rappel. Et demande aux jardiniers de se <u>dépêcher</u> pour les balcons. Evidemment je voudrais des choses belles, des pots <u>beaux</u> et durables. Et je ne voudrais pas trop trop attendre pour faire grandir les plantes vertes ou le lierre. Je voudrais qu'ils me cachent la rue et qu'on ne voie rien d'une façon ou d'une autre mais élégante. Et pas trop cher surtout mais solide et beau. Téléphone à Tarika pour le prier de faire en sorte que le tapis soit <u>très solide</u>, et beau. Et qu'il commande les dessous de pied pour le piano, les tables et les autres meubles, afin de préserver le tapis.

Rappelle à Capitanakis que Monsieur Gogo doit envoyer les <u>quatre</u> cadres pour la fin du mois.

Que t'a-t-on dit à propos de la pendule du salon ? La serrure du coffre-fort a bien été changée, j'espère ?

Demande à Hanlet d'accorder le piano un demi-ton plus haut, et une fois que tout le monde sera parti il faudra faire tisser un tapis pour le couloir et peut-être aussi un petit pour le studio. Le canapé dans le studio je dois le retrouver moelleux comme avant et pas plein de boulettes. Avant il m'allait mieux. Donc je ne sais pas quel chemin nous allons prendre mais je crois que d'ici le 30 mars nous voyagerons jusqu'à Porto Rico. Nous attendons les autres pour décider. Alors je rentrerai après ou bien je passerai par New York avant. Je te téléphonerai.

Le 18 avril nous avons le procès Vergottis[1] à Londres, quelle joie !

Vous me manquez, mais le temps passera vite. Les chiens sont en pleine forme.

Plein de bonnes choses et à bientôt. Divertissez-vous si vous pouvez. Si la perruque courte avec la tête n'est pas là, peut-être à Glifada ?

Si Giorgio téléphone à la maison, il saura. Sinon il faut la chercher chez « Alexandre » [salon de coiffure]. Ils devraient l'avoir et l'auraient mis quelque part. Demande à Monsieur Gérard de Van Cleef [& Arpels] combien il veut pour les boucles d'oreilles en diamants (cascade). Et demande ce que veut ce bijoutier de Victor Hugo [l'avenue] pour une montre en or comme la mienne et s'il peut être payé par mandat.

Ta Maria

PS : Salue Consuelo[2] pour moi. Achète-moi ce liquide de chez Jones. Il est merveilleux pour se nettoyer les yeux.

PS : Range ma coiffeuse, tiroirs, etc. Ecris-moi tout en détail !

---

1. Procès intenté par Panaghis Vergottis, philanthrope grec, qui poursuivait en justice Callas et Onassis pour les parts d'un pétrolier qu'ils avaient acquis ensemble, à l'époque où Onassis et Vergottis étaient très amis.
2. Femme de chambre en second.

A Teedy & Walter Cummings – *en anglais*

Paris, 3 avril 1967

Chers Teedy & Walter,
J'étais tellement contrariée de vous manquer à Miami. J'ai reçu votre message le jour où je partais pour la journée de Miami à Palm Beach. Le jour suivant j'ai appelé ou plutôt j'ai essayé de vous trouver mais on a répondu que vous n'étiez pas là à notre opératrice. Après cela j'ai dû rentrer à Paris.

Comment allez-vous tous ? Vous me manquez. Votre famille doit avoir bien grandi depuis le temps. Quels sont vos projets ?

Je serai à Paris jusqu'au 12 ou 13 avril, ensuite je pars pour un sale procès à Londres jusqu'au 20 ou 22. Et après je serai de retour à Paris. Je n'ai pas d'autre projet que d'étudier et voir comment mon énergie se maintient pour travailler à l'avenir. J'aimerais reprendre et je le <u>dois</u> financièrement mais je dois m'efforcer de redevenir résistante si possible.

J'espère le meilleur. Et à nouveau félicitations pour ta nomination [Walter].

Je vous embrasse tous et puissiez-vous me donner des nouvelles dès que possible.
Comme toujours
Maria

A Tullio Serafin – *en italien*

Paris, 24 août 1967

Cher Maestro,
Comment allez-vous ? Vous êtes si souvent dans mon esprit. Je voudrais passer par Rome et ainsi venir vous voir cet automne. Je suis en train de reprendre doucement le travail, n'ayant pas une force physique comme quand j'étais plus jeune. Je n'ai jamais été si forte. J'avais tant de volonté et de <u>foi</u>, comme vous l'écrivez dans votre dédicace. Mais la vie use. Ecrivez-moi si vous le pouvez ou faites-moi donner de vos nouvelles.

Je suis si affectueusement votre Maria

Portrait de Tullio Serafin dédicacé en 1954 : « A Maria Callas – Meneghini – Voix unique – Artiste qui sait donner Toutes les émotions – Créature qui m'est particulièrement chère qui a affronté Toutes les difficultés et épreuves pour sa Carrière Artistique avec la foi seulement en soi-même et en sa valeur. Avec l'affection de toujours. Tullio Serafin. » (Cette photo dédicacée était, avec une photo d'Elvira d'Hidalgo, les deux seuls cadres posés sur le piano de Maria, où qu'elle habite, jusqu'à la fin de sa vie.)

A Giulietta Simionato[1] – *en italien*

Paris, 5/9/67

Chère Giulia,
Cela fait longtemps que je pense à toi et j'aurais tant voulu être quelque part près de toi. Ressentir ton bonheur enfin et bien mérité. J'espère que tout se passe bien pour toi et ton époux. J'exulte de te savoir heureuse. Tu as été une collègue et amie si chère pour moi. Où êtes-vous, que faites-vous ?
Je suis ici à Paris, je recommence à étudier et c'est si dur, mais si Dieu le veut je me rétablirai moralement et physiquement, j'espère. Si tu étais plus près de moi, j'aurais eu tant besoin d'une amie.
Ecris-moi si tu peux ton programme pour les prochains mois.
J'irai peut être samedi 9 en Hollande chez une amie[2] pour 10 jours. Je reviendrai ensuite ici. Donne-moi de tes nouvelles. Et aime-moi comme toujours.
Embrasse de ma part toute ta famille et nos amis et tout particulièrement ton mari. Je t'embrasse très affectueusement et tendrement
Ta Maria de toujours

A Elvira de Hidalgo – *en italien*

New York, Hôtel Pierre, 11 novembre 1967

Très chère Elvira,
Je t'ai rendue folle, n'est-ce pas ? Tu vois ce que fait l'amour ! Je suis contente d'être venue ici. On m'a fait tant de fêtes et Aristo est un amour avec moi. Je t'embrasse fort et te remercie d'être aussi compréhensive et gentille avec moi.
Je rentrerai à la fin du mois et te téléphonerai. Le pianiste viendra à partir du 7 décembre jusqu'au 20 environ. On verra bien ?

---

1. Mezzo-soprano qui a chanté avec Maria Callas de 1949 à 1961.
2. Maggie Van Zuylen, une de ses amies les plus proches à cette époque.

Je t'embrasse si tendrement et te prie de pardonner mes folies. Nous en avons toutes fait n'est-ce pas ?

Ne trouves-tu pas qu'Aristo a beaucoup changé, en mieux ? A bientôt chère Elvira, et porte-toi bien.

Ta Maria

A John Ardoin[1] – *en anglais*

Paris, non datée, probablement fin 1967

Cher John Ardoin,

Je suis vraiment impardonnable de ne pas vous avoir répondu plus tôt mais j'étais vraiment occupée et après deux mauvais coups de froid je suis partie pour de délicieuses vacances, alors pardonnez-moi.

Je suis heureuse que vous aimiez Dallas et votre travail là-bas.

Quant aux enregistrements, j'aimerais beaucoup en avoir quelques-uns si cela ne vous ennuie pas[2]. Je n'ai pas l'*Andrea Chenier* (Scala), *Norma-Traviata-Puritani-Trovatore-Rigoletto* (Mexico) ni *Trovatore* (Naples), *Barbiere di Seviglia* (Scala), *Vestale* (Scala).

J'adorerais les avoir si c'est possible.

Au fait, ma nouvelle adresse est dans l'en-tête de cette lettre.

Je vous envoie mon amitié et écrivez quelques nouvelles si vous avez le temps ?

Bien sincèrement
Maria Callas

---

1. Critique musical de *Dallas Morning News*, grand amateur de lyrique.
2. Ardoin possédait de nombreux enregistrements pirates des représentations de Callas captées sur le vif ou enregistrées lors de transmissions radio en direct.

1968

A Eliana de Sabata[1] – *en italien*

Paris, 20 janvier 1968

Chère Eliana,
Que cela m'a fait plaisir de t'entendre – et savoir que tu vas bien et que tu es heureuse. Cela fait des siècles que nous ne nous sommes pas vues ni parlé et qui sait combien de temps passera encore. Mais je pense beaucoup à toi – ton père est souvent avec moi avec les bandes de *Macbeth*[2]. Sa disparition m'a fait beaucoup de peine. Il m'aimait tant et il a été le premier à m'apprécier à la Scala, te souviens-tu ? Mon Dieu que le temps passe ! J'ai l'impression que c'était hier tout cela.
Je vais bien, chère Eliana, je suis en train de travailler et si j'y arrive on enregistrera *Traviata* avec Giulini à Rome. Mes plus chères salutations aux amis, s'il y en a, et toi je t'embrasse très chaleureusement
ta Maria

---

1. Fille du célèbre maestro Victor de Sabata, décédé un mois plus tôt.
2. L'enregistrement pirate de 1952 à la Scala, dirigé par Victor de Sabata.

A Elvira de Hidalgo – *en italien*

Paris, 20 janvier 1968

Chère Elvira,
Je ne t'ai pas écrit avant parce que je n'avais aucunes nouvelles à part l'habituel train-train. J'étudie seule (le pianiste est allé en Amérique) et il y a à peine une semaine j'ai trouvé un nouveau chemin, ou plutôt, j'ai retrouvé l'ancien. Je suis en train de tout reconstruire. Nous verrons. De toute façon avant ça n'allait pas. Donc je n'ai rien à perdre à ce stade. C'est un travail long mais j'ai beaucoup de patience. Je suis tranquille ici à la maison. J'ai mes disques qui m'enseignent ce que je faisais autrefois, et mon enregistreur me renvoie ce que je fais maintenant, ou ce que je ne dois pas faire. Et la langue a tant à faire là.

J'ai beaucoup pensé à toi, et j'ai conclu qu'il valait mieux que tu ne viennes pas avec nous pour cette traversée. La route est longue jusque là-bas et tu n'es plus si jeune. Je n'ai pas le droit de te demander cela. Si c'était l'île en Grèce [Skorpios], ce serait autre chose. Là-bas le bateau reste stable. Là-bas il y a des médecins et tout. Alors remettons plutôt ta venue à l'été prochain. Ainsi tu auras tes vacances, tu te divertiras et tu ne perdras pas le travail que tu as d'ici là. Moi je me débrouillerai comme je me suis débrouillée jusqu'à maintenant. Si ça passe, tant mieux, sinon je laisserai tout tomber. Au fond j'ai Aristo, que demander de plus ?

Tu vas bien ? Qu'as-tu de nouveau ? As-tu reçu les radios pour ton neveu ? Et de ma banque ? Je te tiendrai au courant de mon travail, et progrès s'il y en a. Je ne sais pas quand on partira. Peut-être à la fin du mois ou début février. Aristo t'embrasse bien fort, et Maggie [Van Zuylen] aussi. Moi, tu sais comme je pense à toi, même si c'est dans mon étrange manière, affectueusement et tendrement
Ta Maria

A ARISTOTE ONASSIS – *en anglais*

Paris, 30 janvier 1968

Aristo mon amour,
Je sais que c'est là un maigre cadeau d'anniversaire mais je dois te dire que je suis – après 8 ans et demi, avec tout ce que nous avons traversé – heureuse de te dire du plus profond de mon cœur, que je suis fière de toi. Je t'aime corps et âme et mon seul souhait est que tu ressentes la même chose.

Je me sens privilégiée d'avoir atteint le plus haut niveau d'une dure carrière et d'avoir eu la grâce de Dieu de te trouver – toi qui as traversé l'enfer aussi et conquis les hauteurs – et de nous avoir réunis ensemble comme nous le sommes.

Essaie, oh je t'en prie essaie, de nous garder unis à jamais car j'ai pour toujours besoin de ton amour et ton respect. Je suis trop fière pour l'admettre mais sache que tu es tout mon souffle, mon esprit, mon orgueil et ma tendresse. Et si tu pouvais lire dans mes sentiments pour toi, tu te sentirais l'homme le plus fort et le plus riche du monde entier. Ceci n'est pas la lettre d'une enfant. C'est une femme blessée, fatiguée, éprouvée qui te donne les sentiments les plus frais et jeunes jamais ressentis. N'oublie jamais cela et sois toujours aussi tendre avec moi que ces derniers jours car tu fais de moi la Reine du monde – mon amour – j'ai besoin d'affection et de tendresse.

Je suis à toi – fais de moi ce que tu voudras.

Ton âme

Maria

Une des dernières photos de Maria Callas et Aristote Onassis avant leur séparation.

A Rudolf Bing – *en anglais*

Paris, 7/2/68

Cher Rudolf,

J'ai bien réfléchi à votre idée et j'ai décidé de ne pas le faire. Je vois le ballet plutôt en film (étrangement) que sur scène. Je préférerais chanter mes rôles réguliers que *La Voix humaine*[1] pour le moment.

J'imagine que vous avez reçu à présent le livre que je vous ai renvoyé. Merci en tout cas d'avoir pensé à moi, et j'espère avoir de vos nouvelles bientôt avec d'autres bonnes idées. Bien affectueusement et meilleures salutations,
Sincèrement vôtre
Maria

---

2 février 1968 : décès de Tullio Serafin

TÉLÉGRAMME DE VITTORIA SERAFIN

En italien 7/2/68

Ensemble avec mes fleurs et les cendres de ma mère, seul ton télégramme sera par ma volonté enterré dans la tombe au côté de mon père qui jusqu'au dernier moment se rappelait et même cherchait sa créature Maria.
Je t'embrasse,
Ta Vittoria

---

1. Tragédie lyrique de Francis Poulenc.

A Bruna Lupoli – *en italien*

A bord du *Christina*, 4/3/68

Chère Bruna,
J'ai reçu ta chère lettre avec infini plaisir. Nous avons fait un séjour merveilleux, après les épreuves du voyage. Il a fait tout de suite chaud, chaud. Je suis déjà noire sans même avoir été au soleil, tu imagines. J'ai fait le régime, sage-sage. J'étais si gonflée. On verra si ça dure.

Je chante de temps en temps mais il y a trop de gens ici et j'ai perdu la volonté. Je ne sais pas quand je rentre. Monsieur veut que nous allions à NYork vers la fin du mois. Je pense peut-être y aller. Ainsi j'étudierai avec l'excellente pianiste du Metropolitan et Dallas[1]. Je n'ai pas encore décidé. Je t'écrirai pour les vêtements au cas où.

Sors, divertis-toi un peu, on ne sait jamais, peut-être que je viendrai aussi. Rappelle-toi de dire à Tarika de réparer dès maintenant le tapis du salon. Je t'écrirai bientôt. Tant de tendre affection
Maria

PS : Les chiens vont très bien, ils adorent la mer, c'est incroyable !

A cette époque, Onassis fréquente déjà, secrètement, Jackie Kennedy, « la veuve la plus célèbre du monde », après avoir fréquenté sa sœur Lee Radziwill. Maria n'en saura rien jusqu'en mai 1968 où Onassis convie Jackie à une croisière sur le *Christina*, sans Maria, qu'il prie de rester l'attendre chez elle à Paris. Maria refuse et lui demande de choisir, Onassis s'obstine, et Maria décide de mettre fin à leur relation. Onassis part sur le *Christina* avec Jackie.

A Elvira de Hidalgo – *en italien*

Paris, 16 juin 1968

---

1. La pianiste/accompagnatrice Alberta Masiello.

Chère Elvira,

Je vais assez bien compte tenu des circonstances – mais c'est comme si j'avais pris un coup énorme, et je n'arrive toujours pas à respirer. J'ai eu trois appels au téléphone. Une fois je ne l'ai pas pris. Les deux autres j'ai répondu et ce fut un désastre pour moi. Comme je te l'avais dit c'est un irresponsable et donc c'est vraiment dégoûtant pour moi.

Je suis à Paris et je vais essayer de mettre un peu d'ordre dans ma tête si douloureuse. J'essaie de survivre ces mois-ci. Je ne fais pas trop d'efforts car je n'ai pas trop de forces mentales et par conséquent physiques. Je ne saurais vraiment pas où aller pour un peu de repos. Je suis tellement perdue après tant d'années de travail puis de sacrifices pour un homme, que je me trouve sans savoir où aller, c'est le comble. Je verrai. Quoi qu'il en soit, si tu veux écris-moi ici. Au moins chez moi je me sens bien pour l'instant.

Je t'embrasse si tendrement et j'espère que tu ne t'inquiètes pas trop pour moi. Dieu m'a toujours guidée, il me montrera encore mon chemin et j'espère qu'il me donnera encore la force de surmonter cette crise aussi.

Ma chère, douce amie de toujours

ta Maria, pour toujours

A JOHN ARDOIN – *en anglais*

Paris, 16 juin 1968

Cher John Ardoin,

Je voulais vous répondre il y a longtemps mais les événements, etc., ont pris le dessus.

J'espère maintenir mes projets pour *Traviata* en septembre si Dieu veut, et oui j'aimerais beaucoup une copie d'*Armida*[1].

La *Norma* de Souliotis[2] n'était pas mal du tout mais j'ai été terrifiée par la façon dont elle utilise son capital [vocal] au lieu de l'intérêt[3] et son quasi total manque de technique. Dommage, parce que

---

1. Enregistrement *live* de 1952 à Florence.
2. Elena Souliotis, soprano d'origine grecque, étoile montante dans les années 60 en Amérique. Certains l'appelaient la « nouvelle Callas ». Callas avait assisté à la première *Norma* de Souliotis à Carnegie Hall en novembre 1967.
3. Expression souvent utilisée dans le domaine lyrique américain, *capital instead of interest* veut dire consommer tout son capital vocal au risque de ne

la voix est sublime. J'espère qu'elle va commencer à étudier sérieusement. Ce n'est pas prudent de chanter sur la seule puissance de la jeunesse.

J'ai aimé le livre sur [Sarah] Bernhardt et aurais aimé avoir sa force. J'ai déjà la biographie de Rossini, Weinstock me l'a envoyée.

Merci beaucoup et meilleures salutations
Maria Callas

D'Elvira de Hidalgo – *en italien*

Milan, 24 juin 1968

Ma très chère Maria,

Je suis allée à Desenzano [lac de Garde] pour trois jours et j'y suis restée une semaine, le lac était si beau ! En rentrant j'ai trouvé ta lettre. Je m'illusionnais. Je croyais que ton silence était dû à une douce paix, alors qu'en fait ta tristesse et ton tourment continuent, ma chère Maria que comptes-tu faire ? Comme je voudrais te sentir forte et décidée comme autrefois, je prie la Madone pour qu'elle t'illumine et te donne la force de prendre une décision quelle qu'elle soit pour ton bien, et te donne la sérénité que tu mérites. Il est encore temps, Maria, tu ne peux continuer à lutter avec quelqu'un qui a vraiment une forte personnalité.

Il y a deux chemins : ou tu plies et te soumets à sa volonté, ou bien tu reprends ta route tant qu'il est encore temps. Je te considère et t'aime comme ma fille, c'est pour cela que je t'écris ainsi. Pense à ta santé, et en t'embrassant tendrement je te souhaite de pouvoir être heureuse et continuer l'opéra triomphalement, que tu as si vite mis de côté.

Toujours à toi
Elvira

---

pas avoir assez de réserves pour terminer une représentation ou enchaîner sur les représentations suivantes.

A Teedy Cummings – *en anglais*

Paris, non datée (probablement début juillet 1968)

Chère Teedy,
Je réponds rapidement à ta lettre que je reçois toujours avec tant de plaisir. Je vais essayer de dire un mot en ta faveur au club Old Beach de Monte-Carlo, mais je n'ai plus de rapports avec eux. Encore moins avec l'ex-actionnaire [Onassis].

Je traverse une période éprouvante pour la millionième fois en 10 ans au moins. Franchement je fais de mon mieux mais ce n'est pour l'instant pas du tout gratifiant. Je sais que la vie a toujours été difficile pour nous tous mais cela fait assez longtemps pour moi. Je ne crois pas pouvoir arriver à te voir lors de ton séjour. Je ne sais pas encore ce que je vais faire de moi-même. Je sais juste que je dois faire des séries d'enregistrements complets (*Traviata* intégrale, en septembre-octobre). Donc il faut que je me reconstruise, que je trouve du sens et que je fasse de la musique.

Je vous envoie toute mon affection à vous tous. J'aurais tellement besoin de quelqu'un sur qui m'appuyer, pour changer. Ne t'inquiète pas. Je vais me débrouiller. Je le dois.
Maria

Alors que le monde entier apprend la nouvelle et scrute le couple Onassis-Jackie qui passe l'été ensemble en croisière et à Skorpios, Maria essaie désespérément d'échapper aux photographes et aux journalistes, et à l'humiliation publique (et personnelle). Elle part pour l'Amérique rejoindre des amis, entre autres Larry Kelly et John Ardoin, en espérant s'éloigner d'une actualité qui la poursuit néanmoins où qu'elle aille.

A Teresa D'Addato – *en italien*

Los Angeles, 15 août 1968

Chère Teresa,
Je suis ici avec de bons amis et je passe mes journées agréablement mais je ne peux pas surmonter mon infinie tristesse pour tout ce qui

m'arrive. Je rentrerai, si je suis assez forte, à Paris début septembre et j'essayerai de faire quelque chose de ma vie.

Comment vas-tu ? Je n'ai pas répondu à tes gentilles lettres car j'avais peu de volonté pour quoi que ce soit, pardonne-moi. Je pense à toi et je te remercie pour toute cette affection et respect que tu m'as toujours portés. J'espère qu'on se parlera en septembre au téléphone ou par lettre.

Comprends-moi, des manières aussi dures après neuf ans d'espoir et de sacrifices, je pensais mériter mieux.

Je serai à l'hôtel Fairmont, San Francisco, jusqu'au 25 août, puis avec des amis nous irons une semaine à Cuernavaca. Je ne connais pas l'adresse encore.

Qui sait ce que disent les journaux en Italie. Conserve-les et envoie-les-moi si tu peux à Paris, si tu veux bien.

Je t'embrasse tendrement,
A bientôt
Maria Callas

A Bruna Lupoli – *en italien*

Los Angeles, 17 août 1968

Chère Bruna,

Comment vas-tu ? J'espère vraiment bien et qui sait peut-être reposée. Je pense rentrer début septembre pour terminer peut-être le disque de Verdi. Si Dieu veut. Et toi quand rentreras-tu ?

Je serai jusqu'au 25 août à l'hôtel Fairmont de San Francisco et puis au Mexique, Cuernavaca où Maria II[1] a loué une maison jusqu'au 1er septembre. Le 2 ou 3 septembre je rentrerai directement de Mexico City avec Air France, j'espère à Paris, si j'ai de la force pour affronter les batailles. En tout cas ici ils sont tous mignons avec moi et ils se démènent pour me distraire. Je vais plutôt bien mais certains jours sont plus durs, naturellement.

On m'a volé ma broche et les deux colliers de perles de Birmanie,

---

1. Surnom de son amie Mary Mead Carter.

les charognes ! Je t'embrasse tendrement et aussi ta mère, et je te reverrai avec joie comme toujours
MCallas

A Lawrence Kelly – *en anglais*

San Francisco, non daté, autour du 23 août 1968

Cher Larry,
Il est six heures du matin et je suis encore debout ! S'il te plaît pardonne-moi pour hier, mais tu sais ce que je ressens pour toi, je te considère comme un ami très proche, mais je suis trop sincère parfois. Tu m'as fait tellement de bien ces derniers mois. Comprends-moi et aime-moi comme avant.
Maria I[1]

De John Coveney[2] à Peter Andry[3] – *en anglais*

« CONVERSATIONS MEXICAINES AVEC MARIA CALLAS »

3 septembre 1968

Cher Peter,
Cette lettre servira de résumé à ce que je t'ai dit ce matin.
Maria Callas veut définitivement faire l'album des airs de Verdi lorsqu'elle rentrera à Paris. (Ce sera une sélection toute nouvelle, de Verdi période milieu et tardive, à ne pas confondre avec le projet, avorté il y a un ou deux ans, des airs de Verdi jeune.)
Cependant elle a changé ses plans et maintenant au lieu de retourner à Paris aujourd'hui, comme prévu initialement, elle va à Dallas pour une semaine ou dix jours, et sera l'invitée de Lawrence Kelly,

---

1. Allusion au surnom de leur amie commune « Maria II ».
2. Directeur artistique de la maison de disques américaine Angel Records.
3. Directeur de la maison de disques EMI à Londres.

directeur de l'Opéra de Dallas. Elle sera joignable par téléphone chez lui à Dallas au LA 8-6347.

Norberto Mola de la Scala est en ce moment à Dallas avec la troupe en tournée, en tant que maestro en chef des répétitions et on avait pensé qu'il serait idéal pour Maria de répéter avec lui chez Larry pour l'album. (Kelly a un piano et une énorme collection de partitions.) Cependant, à la réflexion, Maria a décidé qu'elle ne serait pas à l'aise, étant donné que Mola se souviendrait forcément de l'époque où elle chantait à la Scala et lui donnerait le sentiment d'être trop intimidée chaque fois qu'elle n'arriverait pas tout à fait à faire une note ou deux.

J'ai du mal à lui trouver un autre Maestro de répétitions de son calibre. Alberta Masiello du Met est la personne idéale, mais avec son travail au Met, il lui est impossible de se rendre à Dallas pour dix jours dans l'immédiat.

Tu as suggéré Guadagno, l'homme qui travaille avec Corelli, et c'est une excellente suggestion qui restera en suspens jusqu'à ce que Kelly contacte Rescigno. Il rentre à Rome aujourd'hui de vacances. Rescigno a gardé ouvertes les dates du 16 septembre au 5 octobre pour les sessions à Paris. Cependant, puisque Maria a retardé son retour, il faudra désormais voir s'il peut travailler avec elle à Paris jusqu'au 15 octobre, moment auquel il doit partir pour la saison de Dallas. Néanmoins, puisqu'il avait prévu de s'enfermer du 5 au 15 octobre pour la première d'*Anna Bolena* à Dallas, ces dates risquent de poser problème.

Autour du 13, Maria prévoit de venir à New York où elle rejoindra Glenn[1] et Dorothy Wallichs à leur invitation au Sherry Netherland [Hotel]. Lundi soir, le 16, elle assistera à l'ouverture du Met avec moi, et deux ou trois jours plus tard retournera à Paris. Les Wallichs ne pourront pas se joindre à nous pour l'ouverture du Met car ils ont accepté l'invitation du gouverneur des Bermudes pour un séjour commençant le 15. Ils voulaient que Maria se joigne à eux, mais elle a opté pour la soirée d'ouverture. Donc, idéalement, si Rescigno pouvait commencer à travailler avec elle disons le 20, et commencer à enregistrer le 1er octobre ou avant, nous devrions pouvoir boucler l'album des airs assez facilement. Nous en saurons davantage dans les

---

1. Cofondateur de la maison de disques Capitol.

tout prochains jours, puisque Kelly va appeler Rescigno aujourd'hui ou demain et me dire ce qu'il en est.

Les projets de Maria pour l'année prochaine sont les suivants (selon les propositions qu'elle a reçues). Elle ouvrira la saison de l'Opéra de San Francisco le 11 septembre 1969 dans *Norma*, ouverture suivie de quatre ou cinq représentations. Elle poursuivra avec Dallas où elle sera du 21 octobre (sa première répétition) au 12 novembre (sa dernière représentation). L'œuvre est encore incertaine car ils ont déjà promis *Norma* à Souliotis. Kelly pense qu'il peut convaincre Souliotis de changer pour autre chose et laisser ce rôle à Maria. Si Maria finit par obtenir le rôle, il y aura encore des difficultés car elle ne souhaite pas chanter avec Shirley Verrett qui a déjà été engagée pour Adalgisa. En tout cas, elle chantera quatre représentations de quelque chose à Dallas. Il pourrait y en avoir une cinquième avec l'Opéra de Dallas au Chicago Auditorium qui vient d'être rénové.

Elle viendra ensuite à New York pour dix représentations au Met entre le 1er décembre et la fin de février. L'œuvre sera *Medea*, une nouvelle production dans la mise en scène de son compatriote Michael Cacoyannis (qui a fait un début opératique remarqué au Met en mettant en scène il y a deux saisons *Le deuil sied à Electre*).

Après cela, Adler lui a demandé de retourner en Californie au printemps (c'est-à-dire 1970) pour participer à la saison de printemps que l'Opéra de San Francisco donnera à Los Angeles. Cependant elle est hésitante car elle n'aime pas le Shrine Auditorium. D'un autre côté, elle a montré un intérêt à l'idée de se produire au printemps 1971 à Los Angeles car à ce moment-là la compagnie [Dallas] commencera à utiliser le plus petit Music Center (je crois que ça s'appelle le Dorothy Buffin Chandler Pavillion). Je dois insister sur le fait qu'à ce stade RIEN n'a été signé. Elle laisse la question financière de la proposition de San Francisco entièrement entre les mains de Gorlinsky à qui elle enverra un télégramme de Dallas. (Depuis six semaines elle n'a eu aucun contact avec lui.)

Lorsqu'elle sera à New York, elle essayera d'arriver à un accord financier avec Bing. Chantera-t-elle seulement à Dallas, si San Francisco et New York tombent à l'eau, ou bien chantera-t-elle dans deux des villes si la troisième ne satisfait pas ses demandes, c'est une question que je n'ai pas posée dans la mesure où présentement elle a l'air persuadée d'assurer toutes les trois.

Elle parle ardemment de se remettre au travail, et on doit cela à l'influence de Larry Kelly qui mérite la couverture de *Time* et *Newsweek* pour son exploit. Ce qui se passera lorsqu'elle devra affronter l'atmosphère émotionnelle de Paris à son retour est évidemment une autre question préoccupante, étant donné qu'elle est très, très amère vis-à-vis de la tournure que sa vie personnelle a prise. A un moment donné je lui ai demandé si elle ne préférerait pas faire une nouvelle *Medea* pour EMI plutôt qu'une *Traviata*, au vu de son agenda proposé au Met. Mais elle a emphatiquement répondu que *Traviata* était l'opéra qu'elle voulait enregistrer par-dessus tout et a évoqué des possibilités au printemps prochain. Je parlerai davantage avec elle évidemment à New York, mais je pense que tu es d'accord que l'album des airs est d'une importance immédiate, et que les discussions de dates des sessions de la nouvelle *Traviata* devraient suivre une fois cet album accompli. Au passage, Mark Stern me dit qu'il y a un ou deux appels de clients chaque jour, s'intéressant à la progression des sessions de sa *Traviata*.

Au sujet de ses choix d'œuvres pour chaque ville, elle est inquiète à l'idée de chanter un rôle qu'elle a déjà chanté auparavant dans l'une de ces villes (par exemple *Medea* à Dallas, *Tosca* à New York, *Traviata* à Dallas ou New York, *Norma* à New York, et ainsi de suite). Selon ses propres mots, elle ne veut pas être comparée à elle-même. Une attitude peut-être pas tout à fait saine, mais c'est ainsi.

Meilleurs sentiments,
Sincèrement
John Coveney

A Teresa D'Addato – *en italien*

Dallas, 10 septembre 1968

Chère Teresa,

Dans quelques jours je partirai pour New York où j'irai à la première du Metropolitan le 16[1], et je pense rentrer vers le 20-21 à Paris. J'ai été ici si bien entourée de bons amis qui ont tout fait pour me distraire et je me suis en effet bien reposée, si ce n'est qu'à Cuernavaca, Mexico, je suis tombée sur le côté gauche, ou plutôt le sein gauche, et je me suis cassé un peu de cartilage autour des côtes. C'est douloureux, long à guérir et cela va m'empêcher de travailler pendant un mois. Patience.

Je vais beaucoup mieux. Je suis juste terrorisée à l'idée de me laisser prendre à nouveau par de sombres idées pessimistes à Paris. J'espère néanmoins pouvoir me dominer une fois rentrée. J'aurais tort car j'ai tant de bons amis proches pour me soutenir dans ces moments difficiles. Je ne voudrais pas qu'il [Onassis] me téléphone et recommence à me torturer. C'est ma seule peur. Il est si persuasif et destructeur cet homme malgré son génie. Mais je dois être forte comme depuis tant d'années et je dois y arriver.

Ne t'inquiète pas trop, chère Teresa, je survivrai et cela me passera. C'est juste qu'on se demande la raison de tout cela, alors que la vie pourrait être si belle et facile. J'ai eu tant de malchance dans ma vie personnelle, n'est-ce pas ?

Je t'écrirai dès que je pourrai. Je t'embrasse tendrement
A bientôt,
Ta Maria Callas

---

1. *Adriana Lecouvreur*, avec Renata Tebaldi dans le rôle-titre.

TÉLÉGRAMME À LA MAISON HARRY WINSTON[1]

En anglais   DALLAS, 11 SEPTEMBRE 1968

AURIEZ-VOUS L'AMABILITÉ DE METTRE À MA DISPOSITION POUR LA SOIRÉE D'OUVERTURE DU METROPOLITAN LE 16 SEPTEMBRE UNE PARURE DES PLUS MAGNIFIQUES AVEC DES BOUCLES D'OREILLES, UN COLLIER, UNE BAGUE ET SI POSSIBLE DES BROCHES D'ÉMERAUDE. SERAI À NEW YORK AU SHERRY NETHERLANDS LE 15 SEPTEMBRE. CONTACTEZ-MOI, JE COMPTE SUR VOUS POUR CETTE SOIRÉE. MEILLEURS SENTIMENTS
   MARIA CALLAS

Retrouvailles de Tebaldi et Callas le 15 septembre 1968 (au centre Rudolf Bing, directeur du Met).

---

1. Joaillier situé sur la Ve Avenue à New York.

De Renata Tebaldi – *en italien*

New York, 20 septembre 1968

Estimable Maria,
Merci de ton télégramme qui, je ne sais pourquoi, m'a été délivré seulement le lendemain de la représentation, mais en tout cas bien reçu. J'ai été contente de te revoir après tant d'années et te remercie d'être venue me saluer. Meilleurs vœux pour tout ce que tu souhaites et meilleures salutations.
Renata

A John Ardoin – *en anglais*

Paris, 30 octobre 1968

Cher John,
Merci d'être si attentionné et un ami très cher.
Il y a une chose qui me soucie à présent. J'ai accordé un court entretien à Virginia Page du *Time Mag.* à propos de leur histoire de couverture sur *Tosca* Corelli-Nilsson[1] à New York.
Cela s'est transformé, je crois, en interview et je n'aime pas qu'on l'appelle ainsi. Je crains de ne pas savoir s'ils vont la publier, ni quand ni comment. Elle a quitté son poste entre-temps, m'a-t-on dit.
Je ne me souviens pas, John, de ce que je t'ai raconté durant notre, disons, interview[2]. Tant de choses se sont passées et sincèrement je réagis très bien en apparence, j'imagine. Mais je suis à l'intérieur sous

---

1. Le ténor italien Franco Corelli et la soprano suédoise Birgit Nilsson.
2. Quelques jours auparavant, alors qu'elle était à Dallas, elle accepta d'enregistrer une émission de radio locale avec John Ardoin, chez lui. A l'issue de l'interview d'une heure (portant essentiellement sur la musique, l'art lyrique et le travail de l'artiste), elle demanda de mettre une autre bande vierge. Elle dit à Ardoin : «Ce sera pour tes notes», et dicta de façon informelle un certain nombre de réflexions, toujours en vue de son projet biographie/mémoires qu'elle voulait écrire avec l'aide de certains amis. Elle y évoque sans détour différents épisodes de sa carrière et confie sa douleur vis-à-vis d'Onassis. Cet enregistrement ne fut jamais rendu public.

énorme pression et j'essaye désespérément de garder le contrôle. Bien sûr je considère tout cela comme une libération. Mais il me reste si peu de foi avec laquelle vivre. Un instant je suis pleine de confiance en moi et le suivant très peu. Je lutte contre ce dernier, parce que ce n'est pas chrétien ni noble, et mes sentiments sont essentiellement purs et tout ce qui va avec.

Mais John, quelle vie solitaire je vois venir. Aucun travail que je puisse faire ne sera ce à quoi j'étais habituée, et aucun homme n'est à la hauteur de mes attentes ou au niveau, et je ne parle pas là de situation financière. Est-ce trop demander à quelqu'un que d'être loyal, honnête, fidèle et passionné ? (Toujours dans une heureuse moyenne bien entendu ?)

Je suis découragée de ne pouvoir compter que sur moi-même et personne d'autre, passé, présent ou futur. Suis-je une si étrange créature ? Et pourquoi ?

Pardonne cette lettre étrange, mais je suis dans un étrange moment.
Toute mon affection
Maria

A JOHN ARDOIN – *en anglais*

Paris, 27 septembre 1968

Cher John,
Merci infiniment d'être un ami si chaleureux et affectueux. Tu n'imagines vraiment pas quelle force tu me donnes. Puisse Dieu te récompenser de tout pour un tel amour et respect envers moi.

Je suis rentrée assez épuisée, trop d'émotions je suppose. Je suis fragile sous cet apparent contrôle. Je voudrais tellement être digne de vous tous, et de moi-même bien sûr. Il reste encore une longue vie à vivre et je dois être digne de tout ce qui m'a été conféré. Cet après-midi le médecin (des poumons) me dira ce que je dois faire, etc. Je continuerai ceci plus tard.

Me voilà de nouveau. Il paraît que mes côtes vont bien mais évidemment je dois être encore vigilante pendant 10-12 jours. Je commencerai à m'exercer [chanter] le 9 octobre et verrai ce qui se passe. Ici tout est calme et mes amis sont charmants comme d'habitude. Je vais bien pour l'instant et je sors fréquemment. Pour le moment je n'ai pas d'autres nouvelles si ce n'est te remercier à nouveau pour toute ton attention et affection.

S'il te plaît écris autant que tu peux. Cela me fait tant plaisir et porte-toi bien.

Ton affectueuse
Maria Click[1]

A Elvira de Hidalgo – *en italien*

Paris, 3 octobre 1968

Chère Elvira,

Cela fait longtemps que je ne t'ai pas écrit mais j'étais très loin. En voyage à travers l'Amérique et Mexico avec de bons amis. Tu as sans doute appris par Manolo les nouvelles me concernant, rien de nouveau. A présent je me remets d'une chute il y a un mois. Résultat : le cartilage de la deuxième côte de la poitrine cassé. Long à guérir et très pénible – Pas commode pour une chanteuse. Mais il faut prendre la vie comme elle vient. Je vais très bien, d'excellente humeur. Je suis libérée d'un cauchemar qui s'appelait amour destructeur à tous points de vue. Je sors presque tous les soirs avec des amis et dans une semaine je pourrai recommencer à étudier, petit à petit. J'espère que tu vas bien comme toujours, et donne-moi de tes nouvelles.

Embrasse les tiens de ma part et si tu as le temps passe un coup de téléphone à Manolo pour lui passer mon bonjour. Et à Biki aussi. Je ne bouge pas de Paris jusqu'à Noël.

Plein d'affectueux baisers de ta <u>gaie</u> Maria !

---

1. Surnommée ainsi par ses amis américains depuis sa chute et le bruit que faisait le cartilage de ses côtes quand elle marchait.

Le 18 octobre 1968, la presse annonce le mariage de Jackie Kennedy et Aristote Onassis. La cérémonie a lieu deux jours plus tard, sur l'île de Skorpios, dans la petite chapelle de Panayitsa, que Maria adorait. Le même soir, Callas apparaît, resplendissante, à une première au théâtre Marigny, accompagnée d'Elizabeth Taylor et Richard Burton. Elle ne fait aucun commentaire.

TÉLÉGRAMME DE LUCHINO VISCONTI

En italien   19 OCTOBRE 1968

COMME TOUJOURS TU LES DOMINES TOUS AVEC TA GRANDE CLASSE DE FEMME ET D'ARTISTE ET TU DONNES À TOUS UNE LEÇON DE STYLE. JE T'ENVOIE MON AFFECTUEUSE PENSÉE SOLIDAIRE ET MON ADMIRATION INALTÉRÉE. COMPTE TOUJOURS SUR MA GRANDE ET SINCÈRE AMITIÉ DE TOUJOURS. JE T'EMBRASSE. LUCHINO

D'Irving Kolodin – *en anglais*

New York, 21 octobre 1968

Chère Maria,
« La grâce sous pression » est une remarque d'Ernest Hemingway[1] souvent citée pour décrire la qualité qui distingue les gens de substance des autres. Vous avez été sujette au plus cruel genre de pression et d'après ce que j'ai pu lire dans la presse vous avez répondu avec le genre de grâce qui vous honore (en particulier parce que je ne doute pas que les émotions intérieures sont plutôt contraires au contrôle apparent). Tant mieux pour vous... et pour vous, tout le mieux !
J'espère que nous vous reverrons ici sans trop tarder, et bien que je n'ose espérer qu'on vous entende également « sans trop tarder », j'espère que ce sera aussi vite que compatible avec les exigences artistiques. En fait, je pourrais même aller plus loin et vous exhorter et vous conseiller que ce soit le plus vite possible.
Avec toute mon estime
Irving

A Irving Kolodin – *en anglais*

Paris, 26 octobre 1968

Cher Irving,
Si jamais une lettre pouvait être encourageante et belle, ce serait la vôtre. J'ai toujours eu une très haute opinion de vous mais votre lettre le confirme encore plus. Je suis fière que tant de gens et amis apprécient mes qualités, si tant est qu'il y en ait, et votre lettre restera pour toujours profondément gravée dans mon âme et esprit, cher ami.
Je vous écrirai ultérieurement à propos de futurs projets ou décisions. Dans l'immédiat j'essaye de me maîtriser, et réparer mon cartilage cassé – entre autres choses.
Vôtre très affectueusement
Maria

---

1. « Le courage, c'est la grâce sous pression » (*Le Vieil Homme et la mer*).

D'Elvira de Hidalgo – *en italien*

Milan, 24 octobre 1968

Très chère Maria,
L'autre jour après un déjeuner chez nous avec Manolo et d'autres amis, j'étais très anxieuse d'avoir de tes nouvelles. Manolo a téléphoné et Bruna lui a dit que tu étais sortie, que tu étais tranquille et sereine. Tu n'imagines pas ma tristesse ces jours-ci ! Combien tu m'es chère et combien je t'aime ! J'ai pensé accourir près de toi au moindre petit signe de ta part. Dans ta lettre tu disais « que tu t'es complètement libérée du cauchemar qui s'appelait amour destructeur ». Ma Maria chérie je n'aurais pu imaginer que tout finisse aussi brutalement dans un mariage du reste indigne même d'une opérette !! Je te prie très chaleureusement, donne-moi des nouvelles et si tu crois que ma compagnie pourrait t'être d'un quelconque soulagement je suis prête à me mettre en route. Tout le monde ici t'aime tant et on prie Dieu que tu puisses redevenir la Maria sublime que tu as toujours été. En cette occasion ton digne silence t'a rendue encore plus grande et tu as la solidarité, l'admiration et l'affection de tous. On t'embrasse tous, et un baiser maternel de ma part.
Elvira

A Elvira de Hidalgo – *en italien*

29 octobre 1968

Chère Elvira,
Merci de ta gentille lettre. C'est cruel, n'est-ce pas, mais ils le payent tous les deux, et ils payeront, tu verras.
Le pire c'est qu'il ne m'a rien dit de son mariage. Je pense qu'il me le devait après neuf ans près de lui, au moins que je ne l'apprenne pas par les journaux. Mais je le considère comme un fou, et en tant que tel je le liquide de mon esprit. Je vais devoir travailler dès que je

le pourrai, après mon cartilage. Dans tous les cas je ne pourrai rien faire jusqu'à l'année prochaine au moins.

Je vais assez bien, au vu des circonstances, et je te remercie de tant d'affection pour moi. Je t'écrirai bientôt pour te parler de mes projets éventuels car je n'ai encore rien décidé.

Toute mon affection et respect de toujours
Ta Maria

De Luchino Visconti – *en italien*

Rome, 4 novembre 1968

Très chère Maria,

Merci pour ta gentille lettre. Après beaucoup de temps, et un long silence, elle m'a fait infiniment plaisir. J'ai naturellement pensé très souvent à toi ces derniers temps, et toujours avec la même admiration que je t'ai exprimée par télégramme, car le témoignage de mon sentiment te parviendrait plus rapidement que par une lettre. Tu l'as parfaitement compris.

Crois-moi, dans la vie (j'en suis de plus en plus convaincu), la vraie classe apparaît dans les moments périlleux. Et toi, comme d'habitude, tu as démontré à tous, à ceux qui vivent dans ce monde futile et arriviste, et à tous les autres, des autres « milieux », des autres catégories [sociales], ce qu'est une femme de classe et une artiste de haut niveau – moral et esthétique.

<u>Tu leur as fermé la bouche à tous !</u>

Mais n'en parlons plus. Tout cela est déjà le passé, et je suis sûr que toi aussi tu le considères déjà comme tel. Seul l'avenir compte. Le présent et l'avenir. Et tout est entre tes mains. Je sais que déjà tu regardes vers l'avant et loin devant, et nous qui croyons en toi, sommes <u>avec toi</u>. Comme dans les beaux jours de bataille.

On entend beaucoup de voix, beaucoup de piaillements, si tu veux. Je suis sceptique sur toutes les intentions que l'on t'attribue. Je sais que tu es une femme extrêmement consciente et prudente et habile, et je ne crois jamais aux ragots qu'on entend à droite et à gauche. Je sais que tu reprendras ton travail. Et personne ne s'en réjouit plus que moi. Il y a longtemps, Dallas m'avait demandé si je ferais un spectacle avec toi, et précisément *Traviata*. Puisque la proposition venait du théâtre et non de toi personnellement, je suis resté un peu perplexe. J'ai répondu à peu près en ces termes : avec Maria Callas – toujours. Mais j'ai aussi demandé de plus grandes explications et détails. Avant tout, j'attendais une confirmation de ta part. Mais celle-ci n'est jamais venue, donc j'ai pensé qu'il ne devait y avoir rien de véritablement concret.

Dernièrement, j'ai lu dans les journaux d'ici, d'une façon très ostentatoire, que tu avais accepté de tourner un film de Pasolini, comme Médée.

La nouvelle aussi bruyamment diffusée a produit sur moi un effet un peu étrange. J'ai pensé : mais comment ? La Maria se jette corps et âme à interpréter un personnage, au cinéma, comme si elle avait renoncé à continuer sa carrière de chanteuse, comme quelqu'un qui, me disais-je aussi, aurait perdu ses dons de grande interprète vocale, pour se donner au cinéma, à un cinéma un peu avant-gardiste, à la Pasolini, un peu comme une Ira [von] Fürstenberg ou pire une Soraya détrônée. J'ai pensé que cela n'était pas malin de ta part, ni extrêmement digne. J'ai pensé : « Ce ne sont que des ragots ! » Et peut-être que tout cela n'est pas vrai, ce ne sont que des bavardages, le désir du producteur de se faire une publicité sur ton nom, ou pire, pour obtenir (avec ton nom) des crédits. Excuse-moi de te parler aussi franchement, mais je crois que toi aussi tu considères la véritable amitié comme une raison, l'unique raison, de pouvoir parler clairement.

Je te connais pourtant très prudente, alors sois attentive, Maria. Recommence à chanter. Retourne à ton public qui t'attend et qui ne veut pas être déçu. Après, si jamais la chose t'attire, tente le cinéma, mais avec beaucoup de circonspection. Le cinéma est une bête féroce, qui peut nuire à une femme comme toi, même si parfois il peut faire la fortune des gens sans talent. C'est une arme à double tranchant !

Je suis toujours à ta disposition pour te dire tout ce que mon expérience peut suggérer, et pour être près de toi et, si tu veux, te conseiller. Mais le premier conseil que je te donne est : reviens avant tout et surtout à être Maria Callas. Sur ce (en espérant ne pas t'avoir ennuyée) je t'embrasse avec toute mon amitié.

Luchino

A Max Lorenz – *en anglais*

Paris, 14 novembre 1968

Cher Max,
J'espère que vous vous souvenez de moi depuis les jours étranges où nous chantions ensemble. J'espère que vous allez bien, satisfait de la vie, Max. Je poursuis la mienne aussi bien que possible.
Je me demande s'il est vrai que vous possédez une bande de notre *Tristan* ensemble[1]. On m'a dit que vous en aviez une, et je serais si heureuse si je pouvais avoir une copie pour mon plaisir personnel. Pourriez-vous m'écrire si c'est le cas, et quoi qu'il en soit j'aimerais avoir de vos nouvelles.
Affectueusement et bien à vous
Maria Callas

A Nino Costa – *en italien*

Paris, 20 novembre 1968

Cher Nino,
Merci de ta gentille lettre et pensée. De temps en temps je regarde mon album photo de *Medea* Scala. Il est si beau et fait avec tant d'amour. Je t'en suis si reconnaissante.
Puis-je demander une faveur ? J'aurais besoin de quelques copies de la photo de *Traviata* Dallas. Celle embrumée, pour laquelle tu as aussi fait le cadre que <u>tous</u> admirent.
A bientôt, qui sait, et merci cher Nino.
Chaleureusement
Maria Callas

PS : De grande taille [la photo] et des petites aussi.

---

1. Transmission radio de Gênes en 1948, sous la direction de Tullio Serafin.

L'une des photos préférées de Maria, elle s'en servait souvent pour l'envoyer avec une dédicace. C'était la seule photo d'elle posée en évidence dans son appartement.

DE LEONTYNE PRICE[1] – *en anglais*

18 décembre 1968

Chère Madame Callas,

Vous avez été très présente dans mes pensées ces jours-ci, alors ce mot vient pour vous souhaiter un Joyeux Noël et une Nouvelle Année remplie de tout ce que vous souhaitez.

Je prie constamment pour votre santé et votre bonheur, et je voudrais que vous sachiez que la plus merveilleuse expérience pour moi en 1968 a été de vous avoir rencontrée chez vous à Paris. Je n'oublierai jamais votre bienveillance envers nous. Que Dieu vous bénisse.

Avec mon Profond Respect et Admiration

Leontyne Price

---

1. Célèbre soprano américaine.

1969

A Robert Crawford[1] – *en français*

Non daté (probablement début 1969)

Compte tenu du fait que je suis dans l'impossibilité de suivre la gestion du navire et de la société qui le possède, ne pensez-vous pas qu'il serait plus sage que je rende ma part à Mr Onassis qui en assure la gestion ? La formule serait plus simple pour lui et pour moi. Puisqu'il connaît mieux que quiconque tous les éléments du problème, ne pourrait-il, s'il était d'accord sur le principe, faire une offre ? N'ayant pas envie de discuter avec lui ce genre de question, nous pourrions convenir des conditions de cette cession par l'intermédiaire d'un ami commun. Voulez-vous lui faire cette suggestion ?
Je vous remercie

A Teresa D'Addato – *en italien*

Paris, 2 janvier 1969

Chère Teresa,
Merci pour les fleurs. Je les ai reçues mais je n'ai pas pu en profiter à cause de mes yeux. Heureusement que tu n'es pas venue, chère

---

1. Directeur financier de la société Artemission, gestionnaire du pétrolier dans lequel Maria Callas et Onassis avaient investi.

Teresa, car tu m'aurais vue souffrir tellement et j'aurais été de si mauvaise humeur. Si quelqu'un te raconte que c'est une opération de rien du tout je t'autorise à le frapper. C'est une gêne atroce. J'ai passé un Noël et Jour de l'An triste et contrariée, naturellement la raison principale était les yeux. Patience. Tu vas bien à ce que je comprends et j'en suis heureuse. Moi j'attends la maturation de plusieurs projets et je t'avoue qu'attendre n'a jamais été mon fort. Heureusement j'ai du *self-control* et je ne le montre pas aux autres.

Je t'embrasse et à bientôt j'espère. Je ne crois pas que je viendrai à Milan. L'hiver y est horrible comme climat.
Tendrement
Maria Callas

De Walter Legge – *en anglais*

20 janvier 1969

Chère Maria,
J'ai écouté hier notre enregistrement de *Tosca* avec de Sabata et il m'est apparu très fortement combien il est ridicule que deux personnes hautement intelligentes – toi et moi, qui avons ensemble fait des contributions immortelles, à travers le disque, à l'histoire artistique de notre temps – aient rompu toute communication et rapports. Ne trouves-tu pas ? J'étais sur le point de t'écrire ou te téléphoner une douzaine de fois durant ta crise émotionnelle mais je me suis retenu seulement car tu étais certainement trop préoccupée pour avoir de mes nouvelles « à l'improviste ».

Maintenant que cela est derrière toi, j'espère que ça t'amuserait et te plairait de dîner avec moi la prochaine fois que je suis à Paris. Naturellement je viendrais exprès à Paris pour le seul plaisir de te voir, mais pas avant la fin février car je vais à New York à la fin de la semaine pour deux ou trois semaines.

Donne-moi de tes nouvelles.
Mon affection pour toi comme toujours.
Walter

A Walter Legge – *en anglais*

Paris, 18 mars 1969

Cher Walter,
Avais-tu besoin d'écouter l'enregistrement de *Tosca* avec Sabata pour comprendre que c'est et c'était ridicule que deux personnes hautement intelligentes (comme tu dis, toi et moi) ensemble ayant fait des contributions immortelles, à travers le disque, à l'histoire artistique de notre temps – aient rompu toute communication et rapports.

Dommage que tu n'aies pas écrit ou appelé la douzaine de fois durant ma crise émotionnelle, comme tu dis, car c'est justement là que les amis doivent se manifester. La vie est très longue et compliquée, je sais que tu as traversé beaucoup d'épreuves, moi aussi. Bien sûr, je n'oublierai jamais ce que nous avons accompli ensemble, comme je n'oublierai jamais les choses bizarres aussi. Néanmoins, cela m'a fait plaisir de recevoir ta lettre.

Je suis à Paris, et tu peux m'appeler quand tu le souhaites. Mon numéro est KLEBER 25.89 et s'il te plaît, transmets à ma chanteuse préférée, Elisabeth ton épouse, mes amitiés les plus affectueuses.

Bien à toi, comme toujours
Maria

FÉV. du 20 au 5 **MARS**	Reprise des sessions d'enregistrement interrompues en 1965, dir. Nicola Rescigno (*Airs de Verdi*) • *Il Corsaro* (Medora) « Egli non riede ancor... Non so le tetre immagini » « Verrò... Ah, conforto è sol la speme »[1], (Gulnara) « Né sulla terra... Vola talor dal carcere... » • *I Lombardi* « Te, Vergin santa, invoco !... Salve Maria, di grazia il petto »[1] • *I Vespri siciliani* « Arrigo ! ah, parli a un core » • *Attila* « Liberamente or piangi... Oh ! nel fuggente nuvolo »	**PARIS** Salle Wagram

Plus de 5 heures de prises ont été conservées de ces sessions de 1969, on peut y entendre une Callas enchaîner les prises, faisant preuve d'immenses efforts pour garder le contrôle de sa voix, qui tour à tour lui échappe ou retrouve toute sa splendeur d'antan.

---

1. Ces deux airs, jugés inachevés (ou du moins imparfaits) par Callas, ne firent pas partie de l'album *Callas by Request* paru en 1972, et ne furent dévoilés au public que *post mortem*.

A Giacomo Lauri-Volpi – *en italien*

Paris, 24/3/69

Cher Giacomo Lauri-Volpi,
Pardonnez-moi pour le long silence mais j'ai eu divers contretemps et n'étant pas forte malgré les apparences je me perds parfois. A présent je réponds à votre aimable et gentille lettre. Je reprends mon chemin avec le chant et peut-être le film de *Médée*[1] (non chanté). Et j'ai pensé aux *Pêcheurs de perles* [Bizet]. Pardonnez-moi mais je ne le trouve pas adapté pour Franco [Corelli]. Il est un merveilleux ténor mais il n'a pas cette intonation limpide tendre que requiert le rôle. Sa diction aussi est peu précise. Il n'a pas pu encore surmonter certains défauts. Pardonnez ma franchise mais je porte trop d'affection à Corelli pour vouloir mettre en péril son succès.

Combien de fois je pense à notre beau passé. Et je ne pourrai jamais oublier la joie et le privilège d'avoir travaillé avec vous. Je vous embrasse chaleureusement ainsi que votre épouse.
Comme toujours votre
Maria Callas

A Elvira de Hidalgo – *en italien*

Paris, 26 mars 1969

Chère Elvira,
Beaucoup de temps a passé depuis ta dernière lettre et j'ai eu tant de choses à surmonter (comme d'habitude). Je ne t'ai pas écrit (je crois ?) pour te remercier de ton affection de toujours. Je vais assez bien. J'ai des hauts et des bas, évidemment. Mais je vais y arriver, je le dois. Comme tu dis je suis encore jeune et le monde me voit comme un exemple d'intégrité.

Pendant ce temps j'ai une hernie de l'estomac (résultat des *soucis* !) et naturellement mon état physique n'aide pas car j'ai les globules qui sont bas. Mais j'essaye de vivre avec mes *défaillances* et faire

---

1. Réalisé par Pier Paolo Pasolini (en 1969).

du mieux que je peux. Il est quasi certain que je ferai le film *Médée* (pas opéra) et j'espère en Dieu pour qu'il me donne satisfaction. Je le prends comme une diversion et une nouvelle porte (peut-être) qui s'ouvrira, à part le chant que toujours je garde vivant. J'ai fait une couverture de disque entre-temps. Je m'exerce toujours. Et j'espère que le chemin s'ouvrira finalement. Je dois admettre, au prix de travail constant et de courage.

Comment vas-tu, que fais-tu ? Je voulais venir à Milan mais j'ai trop de travail et voyager en ce moment m'attire peu.

Je pense beaucoup à toi. Je pense à combien tu dois souffrir pour mes peines. Mais je pense avec orgueil que tu m'admires pour mon comportement et ma dignité ! Je suis ainsi et je ne pourrai changer, Elvira. Je suis une femme courageuse, comme on dit, et j'en suis fière, mais cela ne me console pas. J'ai compris en voyant les autres aller de l'avant avec des moyens douteux.

Je t'embrasse ma très chère
Ta Maria

A Elvira de Hidalgo – *en italien*

Paris, 24 avril 1969

Chère Elvira,
La télévision fut un succès[1]. J'ai entendu tant d'éloges. Tu as triomphé, je te le jure. Ils t'ont trouvée d'une vivacité et d'une personnalité énormes. Bien sûr à la fin, après <u>deux heures et demie</u> d'émission, ils m'ont demandé pourquoi j'avais arrêté de chanter, et j'ai répondu en toute honnêteté que je n'étais pas contente de moi, et que j'ai repris le travail pour remettre les choses en place. Ensuite ils ont demandé comment il se faisait que j'avais des doutes alors qu'on m'a fait des triomphes, et j'ai répondu que je sais avant <u>tous</u> si je chante comme je le dois. En somme, j'étais belle aussi, et je te remercie pour l'interview que tu as donnée.

---

1. L'émission de l'ORTF «L'Invité du dimanche» dont Callas était la vedette. Au cours de cette émission fut diffusée une interview filmée d'Elvira de Hidalgo, tournée chez elle à Milan quelques jours plus tôt.

Elvira ce serait le moment de jeter sur papier quelques souvenirs de mon enfance, travail, etc. D'ici peu je commencerai ma biographie et j'aurais besoin de choses dont toi seule peux te souvenir et parler. Lorsque tu ne seras pas si occupée, écris quelques souvenirs et envoie-les-moi. Je les conserverai pour le moment venu. Je dois rétablir tant de vérités sur moi, et toi tu es un personnage clé de ma vie. Serafin et de Sabata sont partis sans que j'aie pu avoir aucune parole d'eux à mon sujet et c'est dommage. Excuse-moi de te demander ça, ma chérie, mais tu ferais une grande faveur, à la Maria et à la Callas,

Toi comment vas-tu ? Splendidement d'après ce que je vois mais j'espère en réalité aussi. Moi je vais mieux. Je suis plus sûre. J'ai un peu grossi et suis très optimiste. Je travaille toujours et ça se passe bien. En mai je commencerai à tourner le film. Que Dieu m'aide. Je veux que ce soit une réussite. C'est un personnage que je connais bien. Et puis c'est la première fois que je le ferai sans chanter, c'est ce qui me fascine !

Voilà longtemps que je n'ai pas de tes nouvelles. Ecris-moi s'il te plaît. Je pense beaucoup à toi tu sais.

Mille tendresses

Toujours ta Maria

De Lawrence Kelly – *en anglais*

Dallas, 28 avril 1969

Chère Maria,

Je suis revenu à Dallas ce week-end pour des auditions de choristes, à ce moment-là John Ardoin m'a remis de la part de John Coveney une très belle photo en couleurs de toi. C'est un portrait trois-quarts avec une expression qu'on pourrait qualifier d'espiègle. Celui qui l'a réalisée est très doué et le sujet comme toujours très beau[1]. Parmi les autres ennuis, j'espère que le contexte politique avec de Gaulle ne sème pas le trouble dans Paris…

Dallas va bien, juste la routine habituelle. Mary [Mead] ne peut pas aller en Europe à cause d'un problème de sa fille, et Betty est

---

1. Il s'agit probablement de la série réalisée avenue Georges-Mandel à l'automne 1968 par le photographe américain Christian Steiner.

en train d'organiser un grand bal caritatif prévu pour le 7 mai. Le Metropolitan vient en tournée ici le 16 mai, amenant une nouvelle production de *Trovatore* que j'ai vue à New York et c'est atroce. Leontyne [Price] n'est pas Leonora. Leonora doit être une soprano dramatique alors qu'elle est une lyrique. La voix est belle.

J'ai essayé de clarifier et mettre par écrit les raisons qui font que tu souhaites te retirer du *Requiem* de Verdi et de Dallas.

1. La presse française a identifié ta participation prévue dans un *Requiem* comme étant motivée par une sorte de vengeance du fait que la veuve du Président a épousé Mr. Onassis qui est ton ami de longue date. La date de l'assassinat de Kennedy à Dallas était le 22 novembre 1963, ce qui pourrait avoir un rapport avec le début des représentations du *Requiem* le 26 novembre 1969. Il se trouve que la saison de l'Opéra de Dallas a lieu au mois de novembre et je l'ai délibérément fait dépasser jusqu'en décembre pour te permettre dix jours de répétitions après la dernière de *Don Giovanni* prévue le 16 novembre. Cela veut dire que la scène serait entièrement à toi pour dix jours sans aucune autre œuvre jouée pendant cette période. Cela dans le but de te garantir le meilleur contexte artistique que nous pouvons fournir, et à ma connaissance il n'y a pas eu d'articles aux Etats-Unis commentant un quelconque lien entre le Président Kennedy et toi. On pourrait bouger les dates mais elles seraient inévitablement en novembre et début décembre du fait de la disponibilité du théâtre et de l'orchestre dont les contrats sont faits au moins un an à l'avance.

2. Tu t'es sentie offensée par ma déclaration à une agence de presse disant que pour le moment tu n'avais pas d'autres engagements aux Etats-Unis pour la saison 1969-70. La question à laquelle j'ai répondu était : « Emmènerez-vous ce *Requiem* dans d'autres villes durant cette période ? » et j'ai évoqué (inconsidérément) qu'à la fois New York et Chicago t'avaient offert des représentations mais que tu n'avais pris aucun autre engagement aux Etats-Unis pour le moment. Naturellement, vu la façon dont ceci est paru dans la presse, il n'a pas été fait mention de New York ou Chicago et tu t'es sentie offensée. Dans le milieu de la musique – et Sandor[1] m'appuierait sur ce point – les saisons de concerts et opéras ont lieu de septembre à mai, et en parlant de la saison 1969-70 c'est précisément à cette période que je

---

1. Sandor Gorlinsky, le manager anglais de Callas.

faisais référence. Evidemment j'espère que tu chanteras en octobre, novembre, décembre, etc. Tu sais que je l'espère ne serait-ce que pour la seule raison très personnelle que j'ai envie de t'entendre.

3. Bien que le répertoire ait été décidé à Paris lors de nos discussions avec Rescigno, il n'y a pas de contrat signé. C'est peut-être une présomption de ma part mais j'ai toujours eu l'impression que lorsqu'un accord était conclu un contrat signé n'était pas vraiment nécessaire. Si un artiste n'a pas envie de chanter, il est très facile de trouver une excuse, donc son consentement à interpréter une œuvre est le seul élément vraiment nécessaire. Un bout de papier n'a que très peu de valeur.

4. Le *Requiem* est une œuvre très difficile et exposée, sans le bénéfice ou la possibilité de jouer [jeu d'acteur] comme dans un opéra. C'est sans aucun doute difficile et exposé mais après les sessions d'enregistrement [à Paris avec Rescigno] où tu as montré une telle beauté, brillance et complète solidité du haut registre [aigu] et dans des airs extrêmement difficiles, les difficultés du *Requiem* semblaient comme lointaines.

5. Tu n'étais pas contente que je n'aie pas attendu un peu plus longtemps avant d'annoncer le répertoire. L'année dernière, lorsque tu étais à Dallas, il y a eu une merveilleuse agitation lorsque tu as annoncé que tu participerais à une production de Dallas en 1969. Du fait qu'aucune décision de répertoire n'avait été prise j'ai tenté de prévoir et budgéter avec mon conseil d'administration une *Traviata* qui semblait plus que logique. A mon retour de Paris, après la dernière visite que je t'ai rendue, j'ai dû re-budgéter, et expliquer à ceux qui soutiennent la compagnie financièrement, le nouveau *Requiem* et l'abandon de la production de *Traviata* prévue. Lorsqu'on parle à une poignée de personnes de Callas, « la rumeur court ! ». Pour cette raison il était nécessaire de faire une sorte de communiqué avant que la presse et le public n'entendent un paquet de ragots. Nous avons par ailleurs engagé divers artistes pour le *Requiem* et naturellement le monde de la musique parle.

6. Tu as évoqué au téléphone le fait que tu ne puisses pas relancer ta carrière à Dallas. Cela, j'ai l'impression, revient au point 1. Raison qui est l'association que tu fais et que la presse française a faite entre l'assassinat de Kennedy, toi, l'actuelle Mme Onassis et M. Onassis. En tout cas tu as été, et continueras à l'être j'en suis sûr, invitée à

chanter n'importe où, n'importe quand, et tu peux relancer ta carrière comme tu le souhaites.

7. Tu as aussi dit que tes nerfs ne pourraient pas soutenir la présence de la presse du monde entier et la focalisation mise sur toi lors des représentations du *Requiem* de Dallas. Je crois sincèrement que, où que tu chantes, la presse du monde entier sera présente. Callas est un nom tellement magique que la presse du monde entier irait au pôle Nord pour te voir et t'entendre lorsque tu choisiras de remonter sur scène.

8. Tu as évoqué le fait que Rescigno n'est pas capable de diriger un *Requiem* qui serait au niveau d'une telle attention mondiale et aussi te soutenir à travers ce travail difficile. Je pense qu'il l'est, mais si toi tu ne le penses pas, comme je te l'ai dit Nicola est tout à fait prêt à renoncer au *Requiem* et laisser la place à un chef qui te donnerait davantage confiance. Je ne pense pas que ce serait juste étant donné les nombreuses représentations que vous avez faites ensemble où il a dirigé avec amour et attention et t'a donné ce qui m'apparaît comme un authentique soutien. Néanmoins, il serait tout à fait compréhensif dans la situation actuelle.

Je crois que c'est là une analyse attentive de tes sentiments et au moins quelques remèdes partiels à tes peurs.

Si le *Requiem* représente trop de désagréments pour toi, nous pourrions certainement changer. Si les dates ont une mauvaise connotation pour toi, nous pouvons les bouger un peu plus tard ou plus tôt. Je peux essayer d'ajuster les contrats des autres artistes impliqués d'une façon qui les satisfasse puisque naturellement nous devrions annuler le *Requiem* proposé initialement. Néanmoins, à la lumière de tes déclarations de septembre et octobre derniers à la presse, disant que tu participerais à la saison de Dallas, aucune des huit raisons ci-dessus ne me semble tenable sur un communiqué de presse, qui sera scruté et examiné, visant à assurer au public que Callas fait le bon choix en annulant le *Requiem*. Je suggérerais qu'aucun communiqué de presse ne soit fait tant que ta décision même de chanter ou pas à Dallas ne soit définitive, et tant que nous n'avons pas organisé les raisons [de l'annulation] d'une façon qui ne mette pas le Civic Opera ou moi-même dans la position de devoir réfuter des raisons qui ne sont ni sympathiques ni compréhensibles pour le public, et qui montreraient sous un mauvais jour une compagnie et une administration qui t'aiment.

Pour autant que ta décision au sujet du *Requiem* semble irrévocable, je suggérerais que nous mettions en place une belle *Tosca* car même à cette date tardive il est possible d'avoir un casting et une production de très haut niveau. Un tel changement serait séduisant pour le public et ne contredirait pas tes précédentes déclarations à la presse. Cela ne donnerait pas, par ailleurs, une si mauvaise image de cette compagnie d'opéra qui a essayé de satisfaire de toute manière possible tes souhaits.

Je sais que tu réfléchiras bien à tout cela et essayons de trouver une solution qui ne fasse pas de mal à qui que ce soit. Je sais que ton système nerveux n'est pas fort mais si tu souhaites chanter, il n'y a aucun endroit ni autre compagnie au monde qui te donnera plus de soutien sous toutes ses formes que celle-ci.

Je t'embrasse,
Larry

A JOHN ARDOIN – *en anglais*

Paris, non datée, fin avril 1969

Cher John,
L'autre jour Weinstock a téléphoné de Madrid pour dire bonjour, etc. Il m'a demandé quel était mon programme à venir et j'ai dit que j'allais être «L'Invitée du dimanche», une émission de trois heures consacrée à ce que j'aime, extraits de films que j'aime, et pourquoi je les aime, et que nous allions aussi y recevoir des invités qui étaient Francesco Siciliani[1] (l'homme qui a eu mes premières *Norma*, *Lucia*, *Medea* et *Armida* [Rossini] à Florence) et Luchino Visconti. C'était un très agréable après-midi. On m'a vue sous le jour que tu me connais. Ils m'ont même demandé pourquoi j'avais arrêté de chanter il y a 4 ans. Ma réponse était que je n'étais pas contente de ma voix, ma vie, etc. Alors j'ai pris la décision d'éliminer toute chose qui aurait pu me heurter et reprendre le travail sur ma technique. Ils étaient très étonnés et n'en revenaient pas de mon honnêteté et intégrité. Incroyable! J'aurais pensé qu'on était tous ainsi. En tout cas, quoi qu'il en soit, j'ai dit à Herbert que je ferai le film [*Médée*] et je ne

---

1. Directeur artistique du Maggio Musicale de Florence.

ferai pas Dallas. A cela il a crié sa joie, et j'ai appris qu'entre-temps tu avais écrit un article condamnant ma rentrée de cette façon. Eh bien, nous avions tous deux raison sans le savoir.

J'ai réfléchi très attentivement et j'ai décidé que, vu l'importance qui a été donnée aux déclarations de Larry[1], de bonne foi j'en suis sûre, mais néanmoins assez déplaisantes pour plusieurs raisons, je ne pouvais faire face au *Requiem* de Verdi dans ce lieu particulier, date, et......... tu imagines.

J'étais bien malheureuse que Larry, plus que quiconque, même sous une pression terrible, me fasse un tel coup. Je suis aussi navrée que cela cause de la déception tout autour, mais mon bon sens me dit de rester éloignée des corridas et, oh de tellement de choses dont tu te rends compte. Je ne savais rien de ton article[2] et ni <u>toi</u> ni aucun ami ne me l'avez envoyé.

Ecris-moi, John, et toute mon amitié
Maria

A WALTER CUMMINGS – *en anglais*

Paris, 19 mai 1969

Cher Walter,
Merci pour ta lettre. Je suis désolée de te confirmer que je ne me produirai pas à Dallas pour les raisons que tu lis dans les journaux, c'est-à-dire annonce prématurée de mon engagement et fausses informations. Les choses ont changé comme tu le sais, et j'ai maintenant un autre engagement à remplir puisque je joue dans un film italien. A partir du 15 juin je serai au Grand Hôtel à Rome. En attendant je t'envoie mes amitiés. Embrasse ta famille pour moi.

Affectueusement
Maria

---

1. Voir les détails dans la lettre précédente.
2. Dans le *Dallas Morning News*, John Ardoin avait relaté l'annulation de Dallas.

| de MAI à AOÛT | Tournage du film *Medea* réalisé par Pier Paolo Pasolini. | TURQUIE, ITALIE |

Avec Pasolini sur le tournage du film Médée.

Lettre de Pasolini à Callas – *en italien*

Non datée (pendant le tournage du film)

Chère Maria,

Ce soir, ayant à peine fini de travailler, sur ce sentier de poudre rose, j'ai senti, avec mes antennes, en toi la même angoisse qu'hier, avec tes antennes, tu as sentie en moi. Une angoisse légère légère, pas plus qu'une ombre et pourtant invincible. Hier en moi, il s'agissait d'un peu de nervosité : mais aujourd'hui en toi il y eut une raison précise (précise jusqu'à un certain point, naturellement) à te sentir oppressée, avec le soleil qui s'en allait. Tu avais le sentiment de ne pas être du tout maître de toi, de ton corps, de ta réalité : d'avoir été « utilisée » (et encore plus avec la fatale brutalité technique qu'implique le cinéma) et ainsi d'avoir perdu en partie ta totale liberté. Ce serrement de cœur, je l'éprouve souvent, durant notre œuvre : et je le sentirai moi aussi avec toi. C'est terrible d'être utilisé, mais aussi d'utiliser.

Mais le cinéma est fait ainsi : il faut briser et morceler une réalité « entière » pour la reconstruire dans sa vérité synthétique et absolue, qui la rend ensuite plus « entière » encore.

Tu es comme une pierre précieuse qui arrive brisée en mille morceaux pour pouvoir être reconstruite d'une matière encore plus durable, celle de la vie, c'est-à-dire la matière de la poésie. C'est justement terrible de se sentir brisé, sentir qu'à un certain moment, à une certaine heure, un certain jour, tu n'es plus tout à fait toi-même, mais un petit fragment de toi-même : et cette humiliation, je la connais.

J'ai aujourd'hui capté un instant de ta splendeur, et tu aurais voulu me la donner toute. Mais ce n'est pas possible. Chaque jour une lueur, et à la fin tu l'auras tout entière, intacte luminosité. Il y a aussi le fait que je parle peu, ou bien je m'exprime en des termes un peu incompréhensibles. Mais il ne faut pas longtemps pour y remédier : je suis un peu en transe, j'ai une vision ou plutôt des visions, les « Visions de la Médée » : dans ce contexte d'urgence, tu dois avoir un peu de patience avec moi, et m'arracher un peu les mots avec force. Je t'embrasse,
Pier Paolo

DE VASSO DEVETZI[1] – *en grec*

3 juillet 1969

Ma chère Maria,
Voilà la lettre que j'ai apportée pour toi de Moscou. Madame Furtseva[2] m'a demandé d'embrasser de sa part *la Maria qu'elle admire et qu'elle aime tant* ! Là-bas on t'attend… les bras ouverts !!

---
1. Pianiste grecque et amie de Maria.
2. Ekaterina Furtseva, ministre de la Culture de l'URSS.

En ce qui concerne le « récital », comme tu liras dans la lettre, il s'agira de « scènes d'opéra » comme tu me l'avais suggéré toi-même. Bien sûr tu pourrais choisir la *Traviata*. A mon avis, tu auras tout ce que tu voudras, tant que tu restes d'accord pour les dates 1-15 avril 1970. Madame Furtseva et le Chef d'orchestre seront à Paris début décembre et tout sera organisé selon tes désirs[1]. Je suis à ta disposition pour tout ce que tu voudras et je t'appellerai au cas où tu aies besoin de quoi que ce soit.

Ma Maria, mes vœux, mon admiration et mon amour sont avec toi.
Je t'embrasse
Vasso

A PAOLO BARBIERI – *en italien*

Paris, 18 septembre 1969

Cher Paolo,
Me voici finalement un peu tranquille à Paris et je vous écris deux mots pour vous saluer affectueusement.

Je vais bien et suis contente de mon travail dans le film. Ma collaboration avec Pasolini fut très belle. C'est un homme qui travaille d'une manière qui me saisit. Nous avons fini vite et bien. En ce moment ils font le montage, puis je ferai le doublage[2] et je pense que vers décembre il sortira.

Et vous comment allez-vous ? Donnez-moi des nouvelles si vous avez une minute. Vous pouvez aussi me téléphoner si vous voulez, cela me fera plaisir. Les journaux exagèrent dernièrement, ne trouvez-vous pas ? Ils publient des interviews de moi que je n'ai jamais données et des témoignages faux. Mais ! Patience.

Plein de bonnes choses l'ami Paolo, et à bientôt j'espère
Maria Callas

---

1. Le concert n'a pas eu lieu, mais elle se rendra cependant à Moscou pour être membre du jury au concours Tchaïkovsky.
2. Maria a tourné le film en anglais, mais devait le doubler pour la sortie italienne. Finalement son doublage n'a pas été retenu, du fait de son accent véronais, et c'est une autre voix qui a fait le doublage du film en italien.

1970

Le premier semestre de l'année 1970 est consacré à la sortie et la promotion du film *Médée* de Pasolini, qui sera malheureusement un échec commercial. Callas ne tournera pas d'autres films. En revanche, son amitié avec Pasolini se poursuivra jusqu'en 1971. Ils passent ensemble une grande partie de l'été 1970 sur l'île grecque de Tragonissi, dans l'archipel de Petalli en mer Egée, où ils étaient les invités de leur ami Perry Embiricos. Elle se rend à Moscou en juin pour le concours Tchaïkovsky, en compagnie de son amie la pianiste Vasso Devetzi et du baryton Titto Gobbi (le célèbre Scarpia des *Tosca* de Callas). En août, elle assiste aux funérailles de son amie Maggie Van Zuylen, qui avait joué un rôle essentiel dans les rapports entre elle et Onassis, avant mais aussi après la rupture de 1968.

LA PRÉVOYANCE[1]

Tu ne fus pas, en débarquant
marquée par les stigmates qui réduisent à la répétition
si merveilleuse, si inestimable, celle
de toutes les filles de la ville ou de la campagne
Et les trente ans passèrent bientôt
Ni la De Hidalgo ni Serafin ne t'avaient enseigné
ce que c'est qu'une fille, et dépourvue de cette connaissance

---

1. Poème de Pasolini dédié à Maria Callas. Le titre italien est « La prevedenza ». Traduction française de Flaviano Pisanelli, professeur des universités en études italiennes à l'université Paul-Valéry Montpellier 3, spécialiste de la poésie italienne contemporaine, et notamment de l'œuvre de Pier Paolo Pasolini. Le terme « prevedenza » est une variante du terme littéraire « prevvidenza ».

Le pas impétueux d'un vent qui se lève
et embouche la première voie ouverte qu'il trouve, en se perdant.
Et je sais que le mystère de ta voix
si c'était celui des anges –
Pour toi l'ange a les cheveux blonds et les joues rosées
comme la fille des grands magasins
douceur de l'homme, fraîche jusqu'à sa dernière molécule,
sotte et divine, et pourtant saine :
en imitant cette fille du rêve tu chantais,
et appartenait à cet ange ta voix,
et avec elle, comme un dragon noir, désireux de sang
adulte, connaissant ton devoir-faire –
car tu as tout appris sauf l'inutile
Tu étais une fille de la réalité,
et ton horizon était pratique,
la poésie s'appelait vie et service de l'art ;
Mais tu ne savais pas que les filles n'ont pas de freins,
et les gros bassins, les bras ronds, les joues pleines,
les cheveux comme des écheveaux noirs filés par les aïeules,
ne relient pas à la terre, mais y flottent, telles des méduses,
et un rien suffit pour qu'elles perdent tout souvenir
et disparaissent dans le gouffre
que les hommes frôlent prudents ;
les fuites sont soudaines, au moins autant
que les sentiments demeurent inconnus
En débarquant tu n'étais pas une fille brune qui aurait voulu être blonde,
tu étais une fille en chair
et affamée de réalité tu as exclu comme une illusion la contemplation
à laquelle un peu de connaissance t'avait amenée,
auditrice de canaris,
sincère et appréhensive observatrice des phases de la lune
Mais la fille réelle, elle se défend de ce qui n'est pas social
Quand les sentiments se forment et existent,
eux, les asociaux, poussent la fille au-delà des remparts de la cité,
où coulent les fleuves vaseux ou s'ouvrent les ravins ;
car le pas de la grande jambe est rapide
et l'élan est irréfrénable –
et puis la ville derrière toi fait ce que tu connais bien,

elle ne pardonne pas les sentiments qui emportent,
Mais, je te le répète, rien ne plie ce que sont les filles
Les filles ne savent pas avoir de la pitié hormis celle
de la famille et de l'église
Leur but est normal ; elles ressentent, plutôt,
le beau temps et la pluie ; pendant les journées bleues au ciel sec
elles arrosent les fleurs, non mécontentes d'être en désordre
avec des vêtements pauvres, et elles chantent ; la pluie aussi les
    retrouve
à peine liées à la vie qui est une captivité résignée ;
les heures de liberté sont établies
entre le jour bleu de chaleur, étouffé par les tilleuls,
et la nuit chaude mais proche du ciel
Elles n'ont pas d'autres vérités,
hormis celles fausses et profondément enracinées
et le but pratique du vivre, avec ses règles
Dans leur tête se forme un code rigide
et plus est incertaine leur existence corporelle,
leur grasse et faible chair
leur sexe invisible entre leurs cuisses serrées,
leur sueur pécheresse, leur art de se coiffer
plus tout cela est incertain, qui conduit au gouffre,
plus certaine est la loi
qui privilégie les choses utiles
Les hirondelles estivales sont leurs compagnes
ou les bêtes domestiques
le voisinage est le royaume dont chacune est la reine ;
rien n'est plus enraciné à leurs vies, comme les tilleuls des boulevards,
le café désert au coin, l'odeur de la mer,
et pourtant rien n'existe de plus labile,
leur disparition ne laisse pas de trace –
mais parfois le désir furibond les prend de laisser des traces
    douloureuses.
C'est ainsi ; à moins qu'elles ne décident, un jour,
de s'occuper uniquement des canaris, ou de la lune,
d'abandonner les lois pour la contemplation,
d'avoir un amour désintéressé pour le monde ;
mais ça aussi, avouons-le, à quoi cela mène-t-il ?

De Shirley Verrett[1] – *en anglais*

17 juillet 1970

Chère Madame Callas,
Ce mot juste pour vous dire que je me souviendrai et chérirai longtemps ces quelques heures passées dans votre joli appartement et avec la belle personne que vous êtes.
Vous avoir rencontrée valait certainement la peine de venir jusqu'à Paris, puisque j'avais espéré une occasion de vous voir depuis le moment où je vous ai entendue pour la première fois sur scène[2].
Merci pour la magnifique photo à laquelle je ferai une place d'honneur sur le mur de ma pièce d'étude, et mille mercis pour votre chaleur humaine.
Bien sincèrement,
Shirley Verrett

A Herbert Weinstock – *en anglais*

Paris, 9 octobre 1970

Cher Herbert,
Si je trouve des photos qui pourraient t'être utiles je les emporterai avec moi car je vais essayer de venir autour de la mi-novembre. Je te dirai à ce moment-là. Je crois que nous devrions parler de ma biographie quand je viendrai.

---

1. Célèbre mezzo-soprano américaine.
2. C'est en voyant Callas dans *Norma* en 1956 au Met que Shirley Verrett, alors âgée de 25 ans, décida de devenir chanteuse d'opéra. Durant sa carrière, fulgurante dans les années 60, elle fut souvent appelée la «Callas noire» et reprit plusieurs rôles rendus célèbres par Callas dans la décennie précédente, notamment Lady Macbeth. Elle dira des années plus tard, dans une interview au *New York Times* : «Norma en 1956 était un choc. Ce n'était pas seulement son jeu d'actrice, mais la façon dont elle jouait en utilisant la voix. Chaque note avait une signification. La forme de la phrase musicale et le geste dramatique étaient liés. De ce moment-là j'ai pensé, c'est cela que doit être l'opéra.»

J'espère que tu vas bien, et je suis encore très malheureuse de vous avoir manqués tous deux à l'aéroport de Londres. J'espère sincèrement vous voir à New York. Embrasse Ben pour moi, et je t'embrasse aussi.

Affectueusement
Maria

Dans les Alpes, chez Herbert Weinstock (debout, à gauche) et son compagnon Ben Meiselman (à droite). De dos, on distingue Ferruccio, le majordome de Maria Callas, et Bruna, sa femme de chambre, les deux personnes dont elle était le plus proche et qu'elle considérait comme sa famille.

A MATILDE STAGNOLI[1] – *en italien*

Paris, 16 novembre 1970

Chère Matilde,
Je t'envoie Mademoiselle Teresa D'Addato, un amie chère, pour que tu lui racontes quelque chose de vrai et de divertissant sur notre

---

1. Son ancienne femme de chambre à Vérone.

vie ensemble. Tu peux tout lui raconter car elle est de confiance et tout ce matériel est seulement pour moi. Je rassemble mes souvenirs pour ma biographie personnelle. C'est un long travail et je pense que tu sais des choses qui peut-être m'échappaient ou dont je n'avais peut-être pas connaissance, mais qui peuvent être intéressantes en tant que psychologie objective de ladite «Callas» de l'histoire, mais qu'on ne connaît pas en tant que femme. Et c'est cela qui m'intéresse. Evidemment, je ne peux pas parler de moi-même, ce serait manquer de modestie. Et puis je me connais à travers mes propres yeux et pas ceux de ceux qui ont vécu avec moi, comme toi dans mes premières meilleures années de jeune fille simple, etc.

Je pense beaucoup à toi et aimerais avoir de tes nouvelles. Teresa te donnera des miennes. Je vais bien et suis tranquille comme jamais.

Bien des choses et porte-toi bien

Ta Maria

A Pier Paolo Pasolini – *en italien*

20 novembre 1970

Cher P.P.P.

Heureusement tu as appelé juste au moment où j'étais à la porte et j'ai pu te parler au moins ce peu.

Qui sait combien de belles choses tu avais à me raconter. Je l'espère du moins. Ça aurait été si bien si tu avais pu venir. J'ai décidé à la dernière minute. Mon dos allait mieux et Anastasia[1] avait l'air si déprimée que j'ai pensé aller lui remonter le moral, vu que mon amie la pianiste [Vasso Devetzi] n'est pas là jusqu'au 30 du mois. Mais je pense rentrer d'ici 10 jours maximum.

Comment vas-tu? Comment s'est passé ton vol? J'ai l'impression que nous avions encore tant de choses à nous dire. Ce qui est certain, c'est qu'ensemble nous ne nous ennuyons pas une seule seconde, n'est-ce pas? J'espère m'amuser. Tu m'écriras? Beaucoup de choses. Rappelle-toi, je suis au Regency Hotel, je crois que c'est sur Madison Avenue – si je ne me trompe.

---

1. Son amie Anastasia Gratsos.

Si j'ai des choses intéressantes je t'écrirai. Evidemment ne t'attends pas à des chefs-d'œuvre de ma part. Je ne suis pas Pasolini !
Je t'embrasse fort fort
ta Maria
depuis l'avion[1] !!!

---

1. La compagnie Olympic Airways appartient à Aristote Onassis.

1971

A Pier Paolo Pasolini – *en italien*

2 février 1971

Mon cher,
Je t'écris depuis les nuages. On dirait vraiment un beau tapis, doux, on pourrait marcher dessus. Mais pour aller où !? Moi, à New York, toi à ta visionneuse[1]. L'esprit, lui, là où il veut. Lui qui est libre. A l'esprit personne ne commande. Du moins pas au mien. Ni au tien. C'est là une grande force, Pier Paolo, ne crois-tu pas ? Je voulais te téléphoner avant de partir mais ton téléphone était toujours occupé.

Essaye d'aller bien. Essaye d'avoir de la patience avec les faibles du type d'Alberto. Sache, cher ami, que de <u>vrais</u> amis, ou vrais tout court, tu en trouveras peu, pour ne pas dire aucun. Tu penses que si, je sens cela, mais le temps te montrera. Et je tiens à ta vérité et sincérité. Nous sommes très liés psychiquement, comme rarement dans une vie je peux le dire. C'est rare tu sais et c'est beau. Cependant il faut que ça dure. Et qu'est-ce qui dure ?

Jusqu'à présent je sais que je suis, mais ensuite, avec le temps, petit à petit, on voit les autres. Alberto ne m'a jamais beaucoup convaincue tu sais. Pardonne-moi. Mais je suis désolée pour toi car tu souffres, il était ton ami. Fais cependant comme disait Dante. Regarde et passe. Tu es supérieur à eux. Je sais que ce sont des mots et les mots sont des mots et rien de plus. Mais je pense à toi et à ta santé.

---

1. Pour le montage de son nouveau film.

Je voudrais avoir de tes nouvelles. Les miennes sont que j'avais pris l'avion mais l'esprit commande tant que le corps peut suivre. Et là mon corps m'a frappée et fort.

Cependant les tragédies il n'y a pas besoin d'en faire ailleurs que sur scène. La vie c'est nous qui nous la faisons, dans la mesure de nos possibilités. A présent je connais les miennes. Tu as raison aussi quand tu dis « Qui a vaincu, a vaincu pour toujours ». Merci de ces sacro-saintes paroles. Mais je ne désespère pas encore, tu sais. Je pense que le contact avec les jeunes[1] – perdus dans le brouillard, sans pouvoir croire, sans beaucoup d'exemples – espérons pourra faire du bien. Du moins j'essaierai. Au retour j'aurai de quoi te raconter.

Je t'embrasse avec l'affection de toujours, tu le sais
Ta Maria

FÉV. 3	Rencontre publique et questions-réponses avec les élèves de la Juilliard School of Music	NEW YORK
FÉV. 8 & 9	Master class	PHILADELPHIE Curtis Institute of Music

A ROCK HUDSON[2] – *en anglais*

Non datée, mars 1971

Cher Ami,
Cette année, le célèbre et traditionnel Gala de l'Union des Artistes aura lieu au Cirque d'Hiver de Paris le 23 avril.

Ce Gala exceptionnel, qui sera télévisé en couleurs en France et dans d'autres pays, est donné au bénéfice des associations caritatives du milieu du spectacle français.

Lors de cette soirée spéciale, les plus grands artistes du monde de la scène et de l'écran participent à des numéros de cirque (trapèze, chevaux, éléphants, clowns, etc.), spécifiquement choisis en fonction de leurs talents et de leur disponibilité.

---
1. Référence aux premières master classes qu'elle s'apprêtait à donner.
2. Acteur américain.

Ceux qui n'ont pas beaucoup de temps pour les répétitions acceptent pour cette soirée de venir seulement incarner certains personnages de cirque (Monsieur Loyal, entraîneurs de piste, participants dans le public, partenaires pour un numéro), ou tout simplement pour vendre des programmes ou des confiseries aux spectateurs[1].

Nous connaissons votre générosité, et avons pensé à vous... Si vous pouviez, par chance ou par volonté, vous rendre disponible, et si vous acceptiez d'être avec les artistes français ce soir-là, vous contribueriez à faire de ce gala le plus beau jamais offert par des artistes du monde entier.

Vous savez certainement à quel point les Français vous aiment; vous leur feriez un immense plaisir en participant au Gala de l'Union des Artistes. Et ce serait une bonne occasion pour nous de vous apprécier encore plus.

Dès que nous recevrons votre réponse, nous ferons de notre mieux pour faciliter votre déplacement et votre séjour à Paris.

Sincèrement vôtre
Maria Callas

A Alberta Masiello[2] – *en italien*

Paris, 9 mars 1971

Très chère Alberta,

J'ai été navrée de devoir partir sans au moins te saluer, mais mon temps en Amérique était compté. Je t'ai cherchée mais je ne t'ai pas trouvée, mais je voudrais encore une fois te remercier – si tant est que ce soit possible, car je ne le pourrai jamais assez – pour toute ton affection et le temps précieux que tu m'as dédié. Les années en Amérique, comme je te l'ai dit, représentent pour moi peut-être les plus beaux moments de ma vie artistique, et travailler avec toi est comme un tonique. J'espère revenir bientôt aux Etats-Unis, et si tu le crois

---

1. La soirée incluait notamment Jerry Lewis, Vittorio De Sica, Omar Sharif, et Maria Callas en était la maîtresse de cérémonie.
2. Pianiste/répétitrice.

opportun et si tu veux bien être près de moi et me donner un peu de ton temps, j'en serai infiniment heureuse et reconnaissante.

Je t'embrasse et que Dieu te bénisse pour l'amour que tu me portes.

Avec toute mon affection
Ta Maria

A BEN MEISELMAN – *en anglais*

Paris, 11 mars 1971

Cher Ben,

Quel dommage que nous ne soyons pas arrivés à nous voir, mais quand tu sauras pourquoi tu seras ravi, peut-être. Puisque ça n'a pas été un succès au Curtis Institute[1], j'ai travaillé un peu pour la Juilliard School, à auditionner de jeunes chanteurs, et j'ai profité du fait que Juilliard me prête leurs salles de répétition et leurs pianistes pour travailler de mon côté et exercer ma propre voix. Ainsi j'ai fait beaucoup de travail toute seule et j'étais épuisée. Ensuite j'ai dû partir plus tôt que prévu ; mais qui sait, je devrai peut-être revenir au printemps. Je te dirai en avance.

Toute mon affection à toi et Herbert[2]
Maria

A IRVING KOLODIN – *en anglais*

Paris, 17 mars 1971

Très cher Irving,

J'ai reçu ta lettre et j'ai déjà parlé à Peter[3] et on y travaille. De manière générale je suis d'accord avec ta conception et la façon dont les choses

---
1. Callas confessa plus tard que les élèves proposés n'étaient pas de bon niveau.
2. Herbert Weinstock décédera le 23 octobre de la même année.
3. Peter Mennin, directeur de la Juilliard School à New York.

devraient être gérées. Je suis aussi d'accord sur le fait que Peter devrait trouver une façon d'aborder le financement. Nous devons être à la fois pratiques et idéalistes, c'est vrai ; car l'objectif j'en suis sûre en vaut la peine. Je ferai de mon mieux de mon côté, connaissant très bien les limites de Juilliard, mais comme je l'ai dit à Peter il y a moi-même aussi à prendre en considération. J'espère dans tous les cas arriver à un accord afin de venir et auditionner pour la Juilliard School à la fin avril ou début mai, c'est très important tu as raison, mais évidemment nous devons parvenir à un accord auparavant. Cela dépend de Peter désormais et j'espère que nous aurons de ses nouvelles bientôt.

Merci, cher Irving, pour ton amour et estime que j'échange avec la plus profonde affection.

Comme toujours bien à toi
Maria

A ROBERT CRAWFORD – *en anglais*

17 avril 1971

Cher Bob,

J'espère que cette lettre vous trouvera en bonne forme. Je n'ai pas eu de vos nouvelles depuis si longtemps ! J'écris à présent pour vous demander une faveur : je voudrais recevoir les comptes détaillés de ce qui m'est facturé, c'est-à-dire du bureau d'Olympic à Artemission. J'aimerais aussi les comptes d'Artemission de manière générale ; cela n'a pas besoin d'être pour les autres, c'est seulement de façon privée pour moi, car je dois savoir exactement ce qui m'est facturé, ce que je dépense, et ce que je gagne ; alors s'il vous plaît, envoyez-moi cela dès que possible. A l'avenir, j'apprécierais de recevoir ces comptes, si possible, au moins tous les six mois.

Mes amitiés à vous et votre épouse.
Sincèrement vôtre
Maria Callas

A Monica Wiards[1] – *en italien*

Paris, 17 juin 1971

Chère Monica,
C'est vrai que je suis en train de chercher mes critiques de journaux et du matériel pour <u>ma</u> biographie, et vu que Meneghini me les a piquées, si tu peux envoie-moi des copies ici à Paris.
Comment vas-tu ? Bien j'espère.
Moi je suis très occupée avec mon chant et les cours de perfectionnement à la Juilliard School de New York pour cet Automne, octobre-novembre, et à nouveau au Printemps.
Plein de bonnes choses et merci d'avance
Maria Callas

A Pier Paolo Pasolini – *en italien*

Tragonissi[2], 21 juillet 1971

Cher Pier Paolo,
J'ai reçu le livre et ta gentille lettre. Je suis malheureuse pour toi, mais contente que tu te sois confié à moi. Cher ami, je suis malheureuse de ne pouvoir être proche dans ces moments difficiles pour toi. Tu savais bien au fond que ça se passerait ainsi. Te souviens-tu à Grado dans la voiture on parlait d'amour avec Ninetto[3] et je sais qu'au fond de moi – mes antennes comme tu dis – me le disaient, quand Ninetto a dit qu'il ne tomberait jamais amoureux, je savais qu'il parlait de choses qu'il était trop jeune pour comprendre. Et toi au fond, homme si intelligent, tu devais le savoir. Au lieu de cela tu t'es attaché toi aussi à un rêve, fait par toi seul, car tu es ainsi, même si je te fais souffrir avec cette petite <u>prédication</u>. La réalité est celle que tu <u>dois</u> affronter mais ne le peux car tu ne le <u>veux</u> pas.

---
1. Admiratrice et amie.
2. Île grecque où Maria Callas aimait passer ses vacances à cette époque.
3. Ninetto Davoli, amant de Pasolini et acteur principal de son film *Le Décaméron*.

Tu y arriveras. J'y suis bien arrivée moi, femme, avec tant de sensibilité, et pourtant j'ai compris que nous ne pouvions compter que sur nous-même. Oui hélas, ne te moque pas de moi. C'est triste aussi et surtout pour moi de le dire. On ne peut pas se fier aux autres à la longue. C'est une loi de la nature. Nous devons à l'intérieur de nous trouver la force, au moins apparente. Je ne joue pas à la mère, chéri, ni ne te considère jamais comme mon père. Pier Paolo, les livres connaissent beaucoup de choses oui, mais pas la dure réalité, et ils n'enseignent pas ces choses auxquelles je crois, et mourrai en les croyant. A savoir que l'homme seul peut faire, de pure volonté, amour justement, et orgueil. C'est ce que j'essaye de faire. Dans la réalité, si tu vois ce que je veux dire. Mais au fond, je le vois, tu ne le comprends peut-être pas.

Il faut toujours avoir les pieds sur terre, et ensuite rêver oui. Mais c'est du rêve, pas la réalité. La réalité est création, dignité, pas bourgeoise comme tu dis, ou peut-être ai-je mal compris le livre. Moi je vis dans la bourgeoisie en me servant d'elle car l'artiste a besoin d'elle. Mais en réalité je vis seule, dans la foi que je peux, dois, car je suis regardée de tous. Et oui, on a le devoir de faire, une fois portée en haut. On ne peut pas faire ce qu'on veut. Moi aussi je voudrais, évidemment, mais alors il faut accepter d'être critiqué parce que quand tu réussis les gens te placent très haut, et alors tu as des devoirs. Autrement on laisse tomber et on fait ce qu'on veut. Il n'y a pas d'excuses pour nous, même si les autres ont tort.

Bien sûr les mots sont des mots, faciles à écrire, etc., mais quand vas-tu grandir, P.P.P ? N'est-il pas temps d'être plus riche et mature, même si on reste toujours des enfants Grâce à Dieu !

Je sais que tu me haïras pour ce que je t'écris. Mais je t'ai toujours dit la vérité, et excuse-moi si au lieu de te consoler je t'écris ces mots stupides. Je te les avais déjà dits, et je te demande pardon.

Je suis ici, dommage que tu ne viennes pas, et qui sait pour quelle raison. Les amis sont là pour les moments difficiles ; je te l'ai toujours dit. Je reste ici tout le mois d'août aussi. Je voudrais avoir de tes nouvelles.

Je suis toujours à toi chèrement avec l'amitié de toujours. Ecris-moi ici. Tragonissi Petalli Marmari. Merci du télégramme de Londres.

Maria (fillette)

A Bruna Lupoli – *en italien*

New York, Hôtel Plaza, 4/9/71

Chère Bruna,
J'ai tout reçu excepté le petit ensemble blanc. J'essayerai les collants en 9 et t'écrirai.

Ici il fait encore chaud mais il y a l'air climatisé et on ne sent pas la chaleur. Je travaille chaque jour, calmement, avec la Masiello, et je dois dire que ça se passe très bien. Les premiers jours je croyais que mon diaphragme allait se fendre en deux, j'avais des douleurs, mais désormais plus rien ! Ce week-end je suis de repos et bien mérité. Peter est venu pour trois jours. Il va bien, il a maigri et il s'est coupé la moustache, il vit. Il est bien sans, mais évidemment je te dis pas que d'efforts pour être beau !!!

J'ai ma petite pièce où je travaille déjà pour moi tout seule. Elle est très belle, avec de grandes baies vitrées, ça me rappelle un peu *La Bohème* sauf que le mur est droit. Il y a des rideaux de velours jaune d'or tout autour. Je peux les tirer comme je veux. Il m'ont mis un divan et un fauteuil noir avec une table et une lampe, et aujourd'hui je sors acheter des coussins de multiples couleurs pour décorer. Mais je suis confortable ici. Je suis la seule, à part la femme de ménage, à avoir la clé, donc c'est très privé.

Ici à l'hôtel j'ai un appartement très isolé avec boudoir et une petite salle à manger et petite cuisine. Naturellement la télévision en couleurs dans le salon et la chambre à coucher. La chambre est très grande. J'ai un petit piano dans le salon et le Capitaine Giorgio vient toujours faire les dépenses pour moi. C'est si cher. Ils sont tous très gentils avec moi.

J'ai vu le morceau tourné pour Jerry Lewis[1] et il est beau sauf que je dois dire que Perrin, c'est dommage, a coupé trop court la scènette où Cassel me regardait étrangement de haut en bas, ce qui justifiait la scène comique et mes paroles *(qu'est-ce qu'il y a, quelque chose qui ne va pas ?)*. J'irai lundi[2] et je ferai à Lewis la même blague qu'il m'a

---
1. Du Gala de l'Union des Artistes, qui avait été filmé à Paris.
2. A la télévision américaine pour le Téléthon animé par Jerry Lewis.

faite lui [lors du Gala], en demandant un autographe, ainsi ce sera comique. Il n'en sait rien encore, ce sera une surprise.

Pour le moment rien d'autre. Je t'envoie seulement une liste de choses à m'envoyer encore.

La dernière classe sera le 18 novembre. Je travaillerai le lundi et jeudi de 17:30 à 19:30, ainsi les autres jours je travaillerai pour moi. J'ai encore des auditions le 18 septembre.

Donc voici la liste :

1. « Lauria » Orlane, le produit démaquillant (j'en ai je crois dans ma petite boîte en or dans ma coiffeuse)
2. Vitamine C celle qui me plaît
3. Lunettes claires (j'ai oublié la deuxième paire)
4. La grande brosse pour les cheveux
5. Recharge pour mon parfum Hermès Calèche (le petit)
6. L'arbre à spirale pour mes boucles d'oreilles
7. Ce liquide blanc oxygéné pour mes cheveux

Dis d'accord à Alain pour le design du chinchilla s'il y tient tant. Ecris-moi toutes les nouvelles et embrasse pour moi mes petits chiens mais ils doivent maigrir.

Je vous embrasse fort,
Votre
M.C.

PS : Affection toute spéciale à ma Bruna

A Pier Paolo Pasolini – *en italien*

5/9/71

Très cher P.P.P.

J'ai reçu ta chère lettre ici à New York, où je suis partie, lassée de la mer et de Paris, car cette année je me suis pris du repos plus tôt que d'habitude, et Paris offre peu de possibilités de travailler ma musique, qui est au fond l'unique [chose] qui ne trahit pas.

La paix que tu penses que j'ai, je l'ai véritablement. Je me l'impose. Je t'ai dit mon très cher ami que je crois en nous, créatures humaines. Moi et moi seule ai fait ce qui m'incombe dans la société, le respect, évidemment je suis comme tu dis *saine*, c'est vrai, mais je sais aussi que l'orgueil me sauve de tant de choses.

Tu sais que c'est la voie la plus dure dans l'immédiat à subir, <u>mais</u> à la longue c'est l'<u>unique</u>.

Je n'attends rien de personne, que de l'amitié s'ils le <u>peuvent</u>, et c'est beaucoup, mais je sais aussi rester beaucoup seule. Je suis bien avec moi. Rarement je me trahis.

Tu vas encore dire que je fais des prédications. <u>Non</u>, P.P.P. je ne t'en fais pas. Je suis juste peinée que tu souffres. Tu dépendais tant de Ninetto, et ce n'était pas juste. Ninetto a le droit de vivre <u>sa</u> vie. Laisse-le faire. Essaye de rester fort, tu le <u>dois</u>, comme nous sommes tous passés par là d'une manière ou d'une autre, je sais quelle immense douleur c'est. Plus les désillusions qu'autre chose sans doute. Evidemment les mots ne valent rien pour te consoler, je le sais.

J'aurais voulu que tu ressentes le besoin de venir à moi, passer quelque 5 minutes dures – car ce sont seulement 5-10 minutes de douleur atroce, après ça devient un <u>peu</u> moins – mais tu n'as pas ressenti le besoin de mon amitié et je suis peinée de cela.

Mais je comprends aussi cette réaction qui est la tienne.

Mon ami, je voudrais avoir de tes nouvelles. Notre amitié mérite cela au moins, ne crois-tu pas ? Je serai ici jusqu'à la fin novembre environ, après je retourne à Paris. Ici j'ai tant de bons amis, et je vis littéralement dans la musique, donc je suis assez tranquille. Je le serai encore plus si tu me donnes de tes nouvelles souvent. Confie-toi à moi, comme je me suis confiée moi à toi si souvent.

Je t'embrasse fort avec tant d'affection et je suis toujours crois-moi ta meilleure amie (présomption peut-être)

Maria

A Teresa D'Addato – *en italien*

New York, 5/9/71

Chère Teresa,

J'ai reçu le café et je t'en remercie beaucoup. Comment vas-tu ? Quel temps avez-vous ?

Moi je vais bien, et j'étudie avec la Masiello <u>chaque</u> jour pour moi toute seule à l'école [Juilliard] où il n'y a pas une âme (c'est encore les vacances) et on travaille bien ainsi.

Je suis dans mon petit enclos, une belle grande salle [de répétition] qui a d'immenses baies vitrées donc pleine de lumière. J'ai ma clé, moi seule, c'est celle du ménage, et j'y vais quand je veux pour étudier. C'est l'idéal car quand l'école ouvrira j'aurai trop de distractions. Mais il y aura la Alberta [Masiello] qui ne me laissera pas en paix et je serai, ne serait-ce que pour ne pas avoir honte, obligée de travailler.

Comme tu le vois je fais régime Callas, et il est temps. Je le fais avec calme et rigueur et je peux dire qu'Alberta et moi sommes contentes. On a vu un énorme progrès rien qu'en une semaine. Evidemment je n'ai <u>pas</u> reporté, même quand j'étais fatiguée.

Je suis assez tranquille. Nancy t'envoie bien ses salutations et moi je t'embrasse. Qui sait si tu as eu le temps de chercher ces pupitres en velours dont je t'avais parlé, pour poser mes partitions quand j'étudie.

Chaleureusement
MCallas

A Bruna Lupoli – *en italien*

New York, Hôtel Plaza, 7/9/71

Chère Bruna,

Je n'ai jamais autant écrit de ma vie, ne t'évanouis pas de surprise !!! Mais les choses sont calmes ici et puisque je ne suis pas mordue de travail j'en profite pour t'écrire.

Hier je suis allée voir Jerry Lewis[1], et ce fut un triomphe. Imagine que nous avons récolté pour cette cause (atrophie musculaire) 8 (huit) millions de dollars des gens de l'Amérique tout entière. Trois de plus que l'année dernière. Tu vois que malgré la crise ici les gens sont très généreux. En Europe les journaux n'écrivent que sur les mauvaises choses, ils ne parlent <u>jamais</u> de ces bonnes choses, et je le regrette tant !

---
1. En invitée surprise lors du Téléthon qu'il animait en direct à la télévision.

J'ai mis mon ensemble bayadère et je me suis maquillée-coiffée comme la fameuse fois chez « David Frost[1] ». J'étais vraiment belle et mignonne dit-on. Lui (Lewis) s'est presque évanoui lorsque immédiatement après le petit film je suis apparue sur scène en lui demandant un autographe, comme lui l'avait fait avec moi au Gala [de l'Union des Artistes]. Il m'a embrassée et ne me lâchait plus ! Penses-tu je pleurais d'émotion. Puis quand on a vu le chiffre sur le cadran c'était la folie totale. J'ai rencontré son épouse et deux de ses fils, le sixième est adopté, mais c'est un garçon splendide de 22 ans et il fait de la mise en scène de théâtre.

Je vais te faire rire à présent – comme quoi il y a toujours une justice – « David Frost » tu te souviens, qui m'avait posé des questions privées sur tu sais qui [Onassis], était dans la salle et voulait participer à l'émission. Jerry Lewis (qui ne sait rien de moi et Frost) a fait semblant de ne pas le voir, et quand Frost au dernier moment est venu derrière pour monter [sur le plateau] de vive force, l'homme de sécurité de Lewis (qui ne l'avait pas reconnu) l'a repoussé. Puis à la fin de l'émission, alors que j'étais en train d'embrasser la famille de Lewis, Frost s'est présenté devant moi, m'embrassant, etc. ! Lewis ne l'a même pas regardé ! Je me suis tant divertie, tu vois comme il l'a payé !!!

Ici il fait chaud et humide mais il y a l'air climatisé on ne sent la chaleur que quand on sort. Je travaille tous les jours. Peter viendra demain et il restera là désormais mais rien d'autre ! Quelle lutte !!

Je t'ai dit que les moustaches étaient parties, non ?

J'ai écrit à Vallone, disant qu'il ne soit pas têtu comme tu dis. Chère Bruna, je sais désormais à qui je peux me fier. Peut-être que son épouse a compris (finalement) ou peut-être que lui n'allait pas bien, mais...

Donne-moi de tes nouvelles quand tu en auras envie.

Plein de bonne choses

Maria

PS : Envoie-moi les épingles à cheveux en os s'il te plaît et le petit sac à main feuilles d'or. Et mon pied pour poser les partitions, le grand. Bonjour à Consuelo et Ferruccio pour moi.

---

1. Journaliste à qui Callas donna une longue interview en direct à la télévision américaine, en décembre 1970.

| OCT.
du 9 au 20 | Première série de douze master classes
(tous les jours du lundi au jeudi à 17 h 30 précises) | **NEW YORK**
Juilliard School
of Music |

Octobre 1971, l'une des master classes de Juilliard avec la jeune Barbara Hendricks et le pianiste accompagnateur Engine Rohn.

DE TERRENCE MCNALLY[1] – *en anglais*

10 octobre 1971

Chère Maria Callas,

Tout d'abord je dois vous dire quel grand plaisir ce fut de vous rencontrer la semaine dernière. Je crois que Michael Cacoyannis avait dû vous parler de mon immense admiration pour vous. Il n'aurait pas pu l'exagérer !

Les classes sont absolument merveilleuses. Je dirais même que

---

1. Célèbre auteur de théâtre américain. Des années plus tard, en 1995, il écrivit la pièce *Master Class*, inspirée des cours auxquels il avait assisté à la Juilliard School.

vos étudiants sont les jeunes chanteurs les plus chanceux au monde. Comme vous êtes généreuse avec eux et comme ils sont réactifs avec vous ! Mes semaines récemment semblent consister à compter les jours du lundi au jeudi au lundi à nouveau. Ce que j'essaye en fait de vous dire, c'est « merci ».

J'ai dîné avec Michael hier soir avant son départ aujourd'hui et il a dit que vous aviez exprimé votre intérêt à voir ma pièce *Où est passé Tommy Flowers ?* J'adorerais que vous veniez la voir. J'en suis très fier et l'acteur principal (un jeune Grec-Américain Robert Orivas) donne une représentation absolument magnifique. Nous jouons tous les soirs sauf lundi et il a une matinée les dimanches après-midi. Michael pense que vous aimeriez la pièce. Je n'en suis pas si sûr mais nous sommes tous deux d'accord sur le fait que vous ne vous ennuieriez pas.

S'il vous plaît, ne pensez pas que c'est bête mais j'ai une belle photo de vous et Zeffirelli qu'il m'a offerte comme une incitation à écrire le scénario de son *Saint François*. Je ne voulais pas faire le film mais j'ai encore la photo. Peut-être que si je la déposais à votre hôtel, vous pourriez me la dédicacer. C'est la première et probablement dernière fois que j'ai jamais demandé à quelqu'un une telle faveur, mais je suis bien trop vieux pour prétendre que cela ne représenterait pas une énorme signification pour moi.

Si nous ne nous revoyons pas avant votre retour à Paris, au revoir et merci pour les classes. J'espère pouvoir être autorisé à y assister de nouveau lorsqu'elles reprendront [l'année prochaine]. Mon téléphone est 929-1389. Mon adresse est 218 West 10th St., NYC, 10014.

Bien à vous
Terrence McNally

A HELEN ARFARAS[1] – *en anglais*

18 octobre 1971

Très chère Helen,
J'étais si heureuse de recevoir de tes nouvelles. Vois-tu, quand j'étais enfant j'étais toujours en train de t'admirer, une magnifique

---

1. Sa cousine de Floride.

femme, et quand je vois tes enfants, en particulier Maria, tellement chic, adorable, qui d'une certaine façon me ressemble aussi. Peut-être que je fais erreur.

Merci pour ton invitation. Je serais enchantée de venir dès que possible. Je travaille très dur, surtout sur ma propre voix, pour essayer de retrouver, si j'y parviens, la voix que j'avais jadis, avant que je ne la sacrifie pour <u>un</u> homme !

Je te considère comme quelqu'un de très proche, j'espère que toi aussi. J'espère que tu resteras en contact plus souvent. Téléphone-moi aussi. Avec ta Maria, nous nous sentons très proches. Je l'aime tendrement même si nous nous sommes si peu vues.

Alors souviens-toi que même si j'écris rarement tu m'es très chère, et ce que tu m'as écrit m'a émue. Tu me vois en tant que Maria, et cela compte énormément pour moi. La célébrité c'est formidable mais si terrifiant et solitaire. D'autant que j'ai été si malchanceuse dans ma vie familiale et ma vie privée. Nous aurions tant à nous dire, j'espère que nous en aurons bientôt l'occasion.

Toute mon affection à toi et George

Maria

1972

| FÉV. du 7 au 16 MARS | Deuxième série de master classes | **NEW YORK** Juilliard School of Music |

DE SHEILA NADLER[1] – *en anglais*

10 janvier 1972

Chère Madame Callas,
Merci. Vous êtes belle et gentille. Vous m'avez donné du courage, et m'avez rendue très heureuse.
Je vous promets que je vais travailler très dur. Je vais aussi essayer de ne pas être morose !
Savez-vous que vos yeux chantent aussi, autant que votre belle voix ! Ils chantent de profondes éternelles chansons.
Affectueusement
Sheila

---

1. Soprano américaine, élève des master classes.

A Alberta Masiello – *en italien*

San Remo, 9 juillet 1972

Chère Alberta,
Cela fait longtemps que je n'ai pas donné signe de vie, et je te demande de m'en excuser. En rentrant j'ai eu tant de choses à faire, et tant de problèmes. En plus la fille de Di Stefano[1] est tombée gravement malade d'un cancer des ganglions et je dois rester proche pour lui donner un peu de courage, à lui et à sa femme. La fillette a été opérée, ils ont enlevé la rate. On espère que peut-être avec de nouveaux médicaments elle pourra guérir. <u>Mais</u> !

A présent c'est l'été et nous sommes ici à San Remo où ils ont deux appartements. Le petit est à ma disposition. Nous aurons un peu de vacances on espère, mais le climat est très mauvais. De temps en temps on voit le soleil mais il y a souvent un vent enragé !

Je voudrais avoir de tes nouvelles. Que fais-tu, quel est ton programme ? Pour pouvoir m'organiser aussi. J'ai dit non à Juilliard [pour de nouvelles master classes] car ce fut un travail trop laborieux cette fois-ci, et je ne le sens pas. Je dois aussi rester chez moi de temps en temps, sinon je perds le personnel et tout.

Si tu veux écris-moi à Capo Pino, Giuseppe Di Stefano, San Remo, Italia. Je t'embrasse très tendrement et j'espère que tu peux avoir la paix avec ta mère.
Ta Maria

---

1. Callas retrouve à cette époque, après de nombreuses années, le ténor Giuseppe Di Stefano (qui avait chanté avec elle en 1952 à Mexico et fut son partenaire à la Scala et pour de nombreux enregistrements, jusqu'en 1957). C'est à cette période que va se décider entre eux et leur manager Gorlinsky l'idée d'une tournée piano-voix en duo : la tournée du « comeback », le grand retour de Callas sur scène après huit ans d'absence, qu'on appellera à titre posthume la « tournée d'adieu ». Ils vont par ailleurs décider de retourner ensemble en studio pour un album de duos, et passent de nombreuses vacances ensemble, notamment l'été 1972 à San Remo.

A Irving Kolodin – *en anglais*

21/7/72

Cher Irving,
Je suis vraiment désolée de ne pas t'avoir écrit depuis tout ce temps mais j'ai eu beaucoup de choses à faire et je suis lente pour répondre. Comment vas-tu, cher ami ? Est-ce que tout se passe comme tu le souhaites ?

J'espérais revenir en mai [à New York] mais j'ai dû rester à la maison pour m'occuper de choses qui se sont passées en mon absence et j'ai été absente trop longtemps cette année. Et puis il y a eu la fille des Di Stefano, 18 ans, qui a dû se faire opérer – un cancer des glandes ! Alors je suis restée avec eux autant que possible car ils avaient besoin de mon amitié. C'est dur pour eux. Quel dommage, ce sont de belles personnes. Et aussi, mon majordome a eu un sérieux problème de colonne vertébrale.

A présent j'essaye de prendre un peu de repos, s'il s'arrêtait de pleuvoir et si la météo se décidait à passer à l'été. C'est une saison moche jusqu'à présent. J'ai été choquée en apprenant la mort de Gentele[1]. Que vont-ils faire [le Met] ? On m'avait proposé la direction artistique comme tu le sais probablement mais j'ai abandonné l'idée. Cela me prendrait trop de temps et je ne peux pas être absente de chez moi aussi longtemps que l'année dernière et cette année. As-tu d'autres nouvelles ?

Toute mon affection, et j'espère avoir de tes nouvelles bientôt
Maria

---

1. Goran Gentele, directeur du Metropolitan, qui avait succédé à Rudolf Bing début 1972.

A Nadia Stancioff[1] – *en anglais*

21/7/72

Chère Nadia,
Je suis si triste pour ton père. Tu l'aimes tendrement et toi-même tu as eu une période difficile dernièrement. Comment vas-tu, chère Nadia ? Nous ne nous sommes pas vues depuis si longtemps, un an je crois. Que fais-tu de ta vie ? T'es-tu remise de ton histoire d'amour avec le médecin ? Je l'espère en tout cas.

Je vais bien. Quand je te verrai on parlera, on a beaucoup de choses à se raconter et à rire ensemble. J'ai eu beaucoup de travail cette année à Juilliard et ça m'a plu. J'ai aussi étudié et travaillé sur ma propre voix, cela s'est très bien passé, seulement le monde de l'opéra est en train de sombrer encore plus dans les bas-fonds. C'est une approche non professionnelle et plus que médiocre, et j'ai été si gâtée, alors je ne suis vraiment pas impatiente d'y retourner. Quoi qu'il en soit, on verra.

Si tu veux m'écrire je serai à San Remo, Capo Pino, c/o Di Stefano, jusqu'au 8 août et ensuite j'irai probablement en Espagne rendre visite à George Moore et sa femme à Sottogrande. Et ensuite à nouveau San Remo ou Paris. Mon téléphone à San Remo est le 60212.

J'espère que tout ira pour le mieux et donne-moi de tes nouvelles.
Toute mon affection et amitié
Maria

S'il te plaît transmets toute mon affection à ta famille et mon profond chagrin pour la maladie de ton père. Et embrasse Andrew !!

NOV. du 30 au 10 **DÉC.**	Premier enregistrement pour Philips, *Duos avec Giuseppe Di Stefano*, dir. Antonio de Almeida • *L'Elisir d'amore* « Una parola, o Adina… Per guarir di tal pazzia » • *Otello* « Già nella notte densa » • *Don Carlo* « Io vengo a domandar »	**LONDRES** Église St Giles Cripplegate

Décès du père de Maria, George Callas, à Athènes.

---

1. Attachée de presse du film *Médée* de Pasolini, devenue une amie proche.

1973

A Leo Lerman – *en anglais*

Paris, 14/1/73

Cher Leo,

Je suis désolé que nous n'ayons pas réussi à nous voir depuis le printemps de l'année dernière, mais j'ai été si occupée. J'ai été à l'opéra une fois voir deux actes d'*Otello* – Makraken ? Et Milnes – mise en scène de Zeffirelli[1]. Très mauvais, en tout. Le ténor ne devrait pas chanter et Milnes avale sa voix. Nom du ciel, qu'est-ce qui ne tourne pas rond chez eux ! Mes élèves chantaient mieux en comparaison.

J'ai beaucoup de nouvelles à te raconter mais j'attends des propositions plus précises. Entre-temps je chante des duos pour un disque avec Di Stefano. Je dois dire que travailler ensemble a rendu mon comeback sur disque moins difficile que si j'avais été seule. Nous terminons d'enregistrer mi-février, avec Philips, puis je dois terminer quelques airs avec Emi-Angel. Puis le Japon, un très bon contrat, fin mai. Je ne crois pas que je ferai Turin. Ils n'ont pas respecté notre accord et c'est trop tard pour préparer une bonne mise en scène. Travailler en Italie est de nos jours très difficile. Tout n'est que politique.

Je lutte avec mon poids. L'année dernière j'étais trop maigre. Cette

---

1. Nouvelle production d'*Otello* de Verdi au Met en 1972, avec dans les rôles principaux le ténor James McCracken et le baryton Sherrill Milnes. L'opéra était en quatre actes, la phrase laisse présumer que Callas est partie à l'entracte.

année c'est <u>dur</u> de faire régime, mais je dois perdre 3 kilos. Pourquoi les médecins ne peuvent-ils pas inventer une pilule qui ne fait aucun mal mais te ferait consumer <u>tout</u> ce que tu manges ! On va jusqu'à la lune mais ils ne savent pas guérir un rhume ni faire fonctionner nos glandes correctement ! Je suis si heureuse que tout aille bien pour toi. Je t'aime beaucoup, cher Leo, et s'il te plaît ne t'inquiète pas pour moi. Ça va. Je me disais que tu n'avais jamais vu mon appartement ici, n'est-ce pas ?

Comment vont nos amis mutuels Howard, Luigi, et mon cher et beau Gray ? Au fait, la glace de Luigi était fantastique, mais m'a fait grossir. Vous me manquez tous. Je t'aime et espère que tu m'écriras vite avec toutes les nouvelles, et potins, mon si cher et meilleur ami.

Bien à toi comme toujours

PS : Howard et les autres peuvent m'écrire. J'adorerais avoir de leurs nouvelles. Baisers.

Si j'avais dans le futur quelque chose à faire avec le Met, est-ce que Howard m'aiderait ? Je suis sûre que oui. Je n'en dis pas plus !

A Bruna Lupoli – *en italien*

Paris, 3/4/73

Ma chère Bruna,

Je suis désolée pour hier au téléphone. Au lieu de te donner du courage je te torture, comme si tes soucis ne te suffisaient pas[1]. Mais tu peux comprendre combien tu me manques, et combien je souffre de te savoir enfermée là-bas. Tu verras que cela aussi passera, Bruna. Tu verras que si tu lui parles toi et les amis elle comprendra elle-même aussi que tu ne peux rester comme ça.

Moi j'essayerai de penser que <u>bientôt</u> tu seras auprès de moi. En attendant pendant une semaine encore je serai ici, peut-être deux, puis j'irai à San Remo et Monte-Carlo pour terminer le disque[2].

---

1. Bruna était retournée pour plusieurs mois en Italie au chevet de sa mère malade.
2. Les enregistrements de duos avec Giuseppe Di Stefano pour la maison de disques Philips, album que Callas refusera finalement de sortir pour des raisons d'état vocal.

Je suis en train d'étudier et cette fois-ci toute seule. J'avais tellement besoin d'être tranquille et chez moi. Je prends soin de faire un peu de régime car je grossis et ça ne me plaît pas, mais c'est dur, comme toujours le régime, et les deux premières semaines les kilos en moins ne se voient pas!

En attendant je fais la paraffine[1]. J'ai trouvé Orlane avenue Victor-Hugo. Pour te dire, vers le garage où on prend l'essence, de notre côté, deux rues après « Melia ». Donc j'y vais à pied, et ça m'évite de passer par cette infernale place Vendôme avec les taxis, etc. Je suis mieux apprêtée qu'avec Arden, et je crois que je serai très contente.

J'ai signé pour beaucoup de concerts avec piano, cet automne. Que Dieu me vienne en aide! Je commence avec Londres le 22 septembre. Je chanterai avec Di Stefano, ainsi je serai moins fatiguée jusqu'à ce que je me refasse les os [*sic*].

J'essaye d'étudier seule ici, j'espère que je ne vais pas de nouveau reprendre les mauvais vices [vocaux], mais je n'en peux plus de vivre toujours avec des gens. Ce voyage fut beau mais c'est dur pour moi de l'avoir <u>elle</u>[2] toujours avec nous. Elle est si gentille, mais nous ne sommes pas habitués à être toujours avec des gens. Evidemment je lui ai déjà dit [à Di Stefano] que pour les concerts je ne voulais pas qu'elle soit avec nous. Qu'il s'arrange pour lui dire ça! Je pense que quand on travaille ensemble, il n'y a pas besoin d'avoir une seule excuse en plus, ne te semble-t-il pas? En ce moment je sais que je veux juste être seule et travailler. Je ne vois pas clair vocalement, c'est-à-dire me sentir sûre de moi. Je suis encore en train de chercher. Mais!

Pippo a chanté divinement à Londres et a un paquet de contrats en conséquence. Je suis heureuse pour lui. Lui a du mal à être sans moi. J'espère seulement que je réussirai à reprendre mon instrument bien en main, seule ces jours-ci, autrement je serai contrainte d'aller chez lui, et je suis bien ici.

Je me demande comment va finir cette histoire. Probablement en rien. Sauf que lui est <u>très épris</u> de moi. Et j'espère que tout ira pour le mieux. Evidemment si elle s'en rend compte, je serai maudite. Par chance elle ignore tout. Je me demande comment, mais c'est ainsi, par chance. En attendant on vit au jour le jour.

---

1. Soin pratiqué dans les salons de beauté.
2. Maria Di Stefano, l'épouse de Giuseppe (Pippo).

Je t'embrasse fort, ne te fatigue pas trop. J'espère tant te revoir bientôt. Dis-moi si tu as besoin de quoi que ce soit. Ecris-moi ici. Avant de partir je te donnerai un coup de téléphone.

Je t'aime tant et je te suis reconnaissante pour tous les sacrifices que tu as faits pour moi.

Ciao ma chérie, à bientôt
Ta Maria

A WALTER LEGGE – *en anglais*

Milan, le 19 avril 1973

Cher Walter,
Merci pour tes bons vœux et pour ta lettre. Je suis désolée d'apprendre que tu ne parviens pas à trouver la paix et le calme. Je sais, j'imagine comme tu t'ennuies avec toi-même, et je suis d'accord que tu n'aurais pas dû t'arrêter de travailler. Mais comme tout est destin, tu ne devrais pas te sentir aussi agité, car tu as fait un magnifique travail durant ta vie. Souviens-toi aussi que le niveau artistique était bien supérieur à maintenant.

J'espère te voir bientôt. Embrasse Elisabeth pour moi, et toute mon affection à toi comme toujours
Maria

MAI du 2 au 7	Enregistrements pour Philips, *Duos avec Giuseppe Di Stefano*, dir. Antonio de Almeida • *La Forza del Destino* « Ah, per sempre, o mio bell'angiol » • *Don Carlo* « Io vengo a domandar » • *Aida* « Pur ti riveggo, mia dolce Aida… Sì, fuggiam da queste mura » • *Otello* « Già nella notte densa » • *I Vespri siciliani* « Quale, o prode, al tuo coraggio »	**LONDRES** Église St Giles Cripplegate

L'album ne sera jamais publié (même si des copies pirates circulent aujourd'hui), probablement du fait de l'état vocal des deux artistes.

A Walter Cummings – *en anglais*

Monte-Carlo, 21/7/73

Cher Walter
J'étais très heureuse d'avoir de tes nouvelles. Tes enfants doivent être grands désormais, matures, et j'espère que tu vas bien et que tu es heureux. On a tant de choses à se dire. Au fait, Hurok s'occupe de la tournée Américaine. Comment va-t-on gérer ça !!! Te souviens-tu ?

Il propose $10 000 par concert, avec piano, toutes dépenses à sa charge (frais, hôtels haut de gamme, pour moi et ma femme de chambre, déplacements, etc.). Je trouve que c'est peu. S'il y a tant d'années j'avais cette somme plus pourcentage, pourquoi moins maintenant ? Que conseilles-tu ?

Je serai à Paris en août et septembre. Viens-tu en Europe cette année ? Ce serait agréable de te voir après si longtemps. Envoie-moi quelques nouvelles et ton programme si tu en as un.

Toute mon amitié à toi et ta famille,
Je t'embrasse
Maria

A Bruna Lupoli – *en italien*

Monte-Carlo, 25/7/73

Ma chère Bruna,
J'étais contente de t'entendre un peu tranquille au téléphone. Je t'envoie un peu d'argent, je crois que tu en auras besoin.

J'espère que tout se passera comme on le voudrait. Qui sait si ta mère n'aura pas un instant de raisonnement. Evidemment il faut aussi que tu te montres un peu ferme, autrement elle naturellement ça lui va bien de t'avoir là tout le temps. Mais toi aussi tu dois vivre et travailler, surtout comme tu dis pour la santé de tes nerfs. Tu es habituée à une vie active, pas une vie de village. Les années passent. Ta mère a déjà fait la sienne mais tu es encore jeune et pleine de force. Cette vie là-bas ne te fait pas de bien.

Je pense tellement à toi. Je t'aime tellement et voudrais que tu sois sereine. Je ne prie pas d'habitude mais cette fois-ci je prierai que tu trouves la solution juste. C'est à toi de prendre les décisions et tu le sais. Moi j'ai confiance en toi.

Si tu trouves une femme pour s'occuper de ta mère – essaye d'en trouver une – paye-la ce qu'elle veut. Je la paierai moi.

Je t'attends avec tant de joie, et je t'embrasse tendrement.

Tu sais que pour moi tu es une sœur précieuse.

Tout le monde te salue, les <u>chiens</u>, les amis

Ta Maria !

A Elvira de Hidalgo – *en italien*

Monte-Carlo, 31/7/73

Chère Elvira,

Aujourd'hui j'ai appris la mort de ta sœur par le *Corriere* et je me hâte de t'écrire et te dire combien je suis proche dans votre douleur. Qu'a-t-elle eu ? Et comment allez-vous avec Luis ?

La prochaine fois que j'irai à Milan, je viendrai te voir.

Comment vas-tu, Elvira ? On m'a dit que hier tu étais venue à Turin[1], je ne l'ai pas cru car si tu étais venue tu aurais essayé de me voir, n'est-ce pas ? Je voudrais avoir de tes nouvelles.

Je vais dans quelques jours à Paris, fini les vacances, pour reprendre le travail. J'ai tellement de concerts prévus cet hiver. J'espère arriver à vaincre ma panique et à être en forme.

J'espère avoir de tes nouvelles bientôt et je te prie de me considérer comme ta chère amie même si je suis si peu douée pour écrire.

Je t'aime tant et je t'embrasse tendrement, ainsi que Luis

Ta Maria

---

1. Callas et Di Stefano y mettaient en scène *I Vespri siciliani* (unique expérience de Callas en tant que metteur en scène).

A Leonidas Lantzounis – *en anglais*

Paris, 1/9/1973

Très cher Leonida,
Je voulais t'écrire depuis tout ce temps mais je n'avais pas ton adresse en Grèce. Je reçois maintenant ta lettre de Southampton et je me hâte de te répondre.
Cher Leo, je suis désolée de n'avoir pu aider ton amie mais tu dois te rendre compte que je reçois beaucoup de lettres de gens que je ne connais pas, demandant de l'aide, et je ne savais pas qu'elle était une amie à toi. Comment puis-je juste donner de l'argent à qui que ce soit qui appelle et dit qu'elle est ton amie et demande $500 ? Tu dois comprendre cela aussi.
Je me prépare pour ma tournée de concerts et je suis morte de peur, mais j'espère arriver à être calme et en forme d'ici ma première date le 22 septembre car on attend beaucoup de moi et bien sûr je ne suis pas ce que j'étais à 35 ans. Espérons pour le mieux.
Cher Leo, je suis heureuse que tu ailles mieux. J'aimerais avoir plus de nouvelles de ta part. Je serai ici à Paris jusqu'au 18 septembre puis à Londres à l'hôtel Savoy.
Les Di Stefano t'envoient leurs amitiés et te remercient de toujours penser à eux. Je t'envoie tout mon amour et s'il te plaît aime-moi comme je crois le mériter. Toutes mes pensées t'accompagnent,
Ta filleule
Maria

A Leo Lerman – *en anglais*

1/9/73

Très cher Leo,
Je suis désolée d'avoir tardé à te répondre mais j'ai été occupée à rassembler mes <u>nerfs</u>, ne pas fermer ma gorge en chantant, et combattre la chaleur ! On dirait que quand je dois travailler il fait toujours chaud, et je déteste ça, surtout la fatigue que la chaleur me cause !

Eh bien mon chéri, dans vingt jours, ce sera l'instant de vérité ! Dans l'immédiat je ne suis pas nerveuse, car c'est un risque si grand que je ne peux pas le prendre au sérieux. Probablement ce soir-là je mourrai de peur, mais pour le moment tout ce que je peux faire c'est étudier les mots. (Mon habituelle terreur !)

Ce week-end je dois décider du programme, c'est-à-dire mes morceaux à moi, et je les trouve tous si éprouvants. C'est probablement la peur déguisée !

Comment vas-tu, mon cher ami ? D'après ta lettre tu es bien et heureux, c'est le plus important ! Tu es si bon que tu mérites tout le meilleur de la vie. Tu sais, Leo, tu fais partie des quelques personnes que j'aime et peut-être celui que j'aime le plus. Ecris-moi. Je serai à Paris jusqu'au concert, deux jours avant. Ensuite je serai probablement à l'hôtel Savoy après le 19 septembre. Embrasse tous nos amis, et appelle-moi quand tu en as envie.

Prie pour moi. Je t'aime
Maria

A BRUNA LUPOLI – *en italien*

Paris, 4/9/73

Chère Bruna,
Cela fait si longtemps que je n'ai pas de tes nouvelles. Comment vas-tu ma chère ? Je pense à toi et de la même façon tout le monde ici pense à toi. Je ne me vois pas sans toi. Et à présent que je vais commencer les concerts cela me semble tellement tellement étrange. Même Onassis l'autre nuit m'a demandé de tes nouvelles.

Je suis ici, je travaille, j'écris les paroles (comme d'habitude[1]) sous cette chaleur infernale, 34 degrés à Paris, ça n'est jamais arrivé ! Justement maintenant alors que je dois travailler ! Le pianiste est arrivé aujourd'hui et nous avons commencé. Evidemment la chaleur et de trop chanter ces trois derniers jours m'ont un peu fatiguée, mais je dois être bien entraînée.

---

1. Pour mémoriser les airs qu'elle devait interpréter, Callas écrivait les paroles et les apprenait par cœur.

Je crois que la voix se porte bien, je ne sais pas de façon sûre tant que je ne suis pas devant le public, tu sais comment je suis. Je suis en train de décider des morceaux que je chanterai seule, à la fin de la semaine je dois donner le programme.

Nous ferons des duos : *Faust, Cavalleria, Vespri, Don Carlo, Carmen*, et dernière partie : des airs à moi je pense *Manon* (Puccini), *Mefistofele, Vespri*, « Arrigo ah parli a un core », *Forza del Destino* (aria I). Et puis quelques autres que je dois décider encore. Je les mets sur le programme et je déciderai à la dernière minute.

Je suis rentrée vendredi de Milan pour être un peu tranquille car à ce stade, bien ou mal, je dois chanter d'une manière qui me donne de l'assurance. Et Pippo m'irrite avec sa façon de faire. J'avais un complexe avec lui mais ce n'est plus le cas. Nous nous sommes un peu disputés car il continue à jouer au casino, et moi j'ai dit clairement et fermement que le jeu ne me plaît pas et l'amour en pâtit. Il s'est fâché et nous avons décidé de rester amis, collègues et c'est tout.

Depuis 3 jours il ne téléphone pas. Je le regrette mais c'est peut-être mieux ainsi. Je verrai s'il réussit, lui ! Moi je téléphone à sa femme comme toujours car elle ne suspecte rien, et j'avoue que j'ai tant de paix à la maison. Que c'est bon de faire ce qu'on veut, au lieu d'avoir toujours quelqu'un à côté.

Bruna, je voudrais tellement avoir de tes nouvelles, et te savoir en bonne santé. Je ne te dis pas combien je voudrais que tu sois ici, en ces moments.

Ecris-moi vite, et je t'embrasse
Ta Maria

PS : J'ai réussi à maigrir. Je suis maintenant à 65 kilos. A présent je suis contente. Et puis les massages m'ont fait beaucoup de bien. Je suis attentive aux repas. Et puis je ne crois pas avoir la volonté de me faire faire de nouveaux vêtements. Je suis devenue superstitieuse, tu sais. Et puis j'en ai tellement que je n'ai jamais mis. Je verrai !

Elena est arrivée aujourd'hui de Milan, en voiture avec Ferruccio avec la voiture cabossée. Téléphone quand tu pourras.

	Début de la tournée « Callas & Di Stefano », piano Ivor Newton	
OCT. 25	Programme incluant[1] :	HAMBOURG Congress Centrum
29	• *Carmen* « C'est toi ? C'est moi » • *Faust* « Il se fait tard !… Ah ! partez » • *I Vespri siciliani* « Quale, o prode, al tuo coraggio » • *Cavalleria rusticana* « Tu qui, Santuzza ?… No, no Turiddu » • *La Forza del Destino* « Ah, per sempre, o mio bell'angiol »	BERLIN Philharmonie
NOV. 2	• *La Gioconda* « Suicidio ! » • *Don Carlo* « Io vengo a domandar » • *L'Elisir d'amore* « Una parola, o Adina… Per guarir di tal pazzia » Bis • Gianni Schicchi « O mio babbino caro »	DÜSSELDORF Rheinhalle

A GRACE KELLY – *en anglais*

Munich, 4 novembre 1973

Chère Grace,
Mon majordome[2] est venu à Düsseldorf et m'a apporté le courrier de Paris. J'ai trouvé ta gentille lettre et j'ai de nouveau la preuve de ton amitié.

Les choses se sont très bien passées. Les Allemands m'adorent et comprennent les petites faiblesses que j'ai montrées. Ils savent bien sûr que je ne peux pas être ce que j'étais il y a 10 ou 15 ans, mais j'ai pu arriver à stabiliser la voix ces dix dernières années.

Durant cette longue tournée je vais évidemment acquérir davantage de confiance et m'améliorer. Le reste, la présence scénique, etc., est toujours là et peut-être même plus qu'avant, donc je travaille vraiment de la bonne façon maintenant, à la fois sur scène et pour un public qui aime les artistes et apprécie leurs efforts.

J'espère être à Paris d'ici le 15 novembre avant d'aller à Madrid le 20 novembre et je t'appellerai. Mes deux concerts de Londres auront lieu les 26 novembre et 2 décembre, si Dieu veut !

Toute mon affection à vous tous et sois bénie pour être si merveilleuse.

Bien à toi, affectueusement
Maria

---

1. Ne sont pas indiqués les morceaux chantés par Di Stefano seul.
2. En l'absence de Bruna, Ferruccio (à ses côtés depuis 1958) l'accompagnait durant une partie de ses tournées.

| NOV. 6 | Concert, piano Ivor Newton | **MUNICH**
Deutsches Museum |

A Leonidas Lantzounis – *en anglais*

Francfort, 9/11/1973

Cher Leo,

J'ai tardé à répondre à ta lettre car je voulais commencer ma tournée de concerts. Tout va bien, je n'étais même pas trop nerveuse. Ce soir je chante mon cinquième concert, si Dieu veut.

Je suis assez heureuse, cher Leo. Les gens m'aiment. Bien sûr, ils savent bien que je ne suis plus comme j'étais il y a 15 ans, mais ils sont extrêmement contents, alors pourquoi me plaindre ?

Nous serons aux Etats-Unis vers la fin du mois de janvier.

J'ai été heureuse d'apprendre que tu étais amoureux, même si tu dois sans doute souffrir si elle ne partage pas cet amour.

J'aimerais avoir de tes nouvelles. Ecris à Paris. Tout mon courrier est réexpédié. Je serai à Paris le 13 novembre pour une semaine, ensuite nous allons à Madrid pour un concert le 20, et puis Londres pour les concerts du 26 et du 2 décembre (le jour de mon anniversaire !)

Enfin, travailler me fait du bien en tout cas. J'espère te lire bientôt avec <u>beaucoup</u> de nouvelles.

Je t'aime, porte-toi bien, <u>ma personne très spéciale</u>.

Ta Maria

NOV. 9	Concert, piano Ivor Newton	**FRANCFORT** Jahrhundert
NOV. 20	Concert, piano Robert Sutherland	**MADRID** Placio de Congresos
NOV. 26	Concert, piano Ivor Newton	**LONDRES** Royal Festival Hall

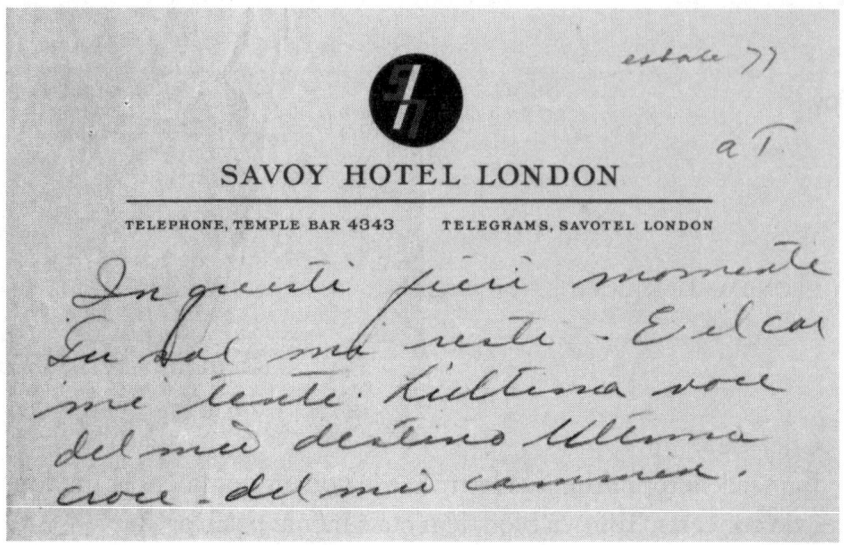

Note manuscrite de Maria Callas écrite à la veille du concert de Londres, reprenant la première strophe de l'air «Suicidio» de La Gioconda. *On sait qu'elle avait pour habitude d'écrire sur des bouts de papier les paroles des airs afin de les mémoriser. Cette note, qui aurait pu rester anodine, fut utilisée comme prétendue preuve d'une hypothèse (reprise par de nombreux biographes) de suicide de la Callas. A l'origine de cette théorie fantaisiste, l'annotation en haut à droite («Été 77, à T.») vraisemblablement ajoutée par Meneghini* post mortem. *Meneghini, qui savait à la quasi-perfection imiter l'écriture de Callas, affirma par la suite que cette note lui aurait été adressée («T.» pour «Tita», le surnom que Maria lui donnait à l'époque de leur mariage) comme un «message» annonçant le suicide imminent de son ex-femme. Cependant, on note une différence d'écriture entre cette partie-là et le reste; par ailleurs les registres de l'hôtel Savoy indiquent bien que le dernier séjour de la Callas chez eux remonte à 1973, au moment des concerts de Londres, et elle n'y fit aucun séjour ensuite. Enfin, le suicide était contraire à la foi et aux convictions profondes de Maria Callas, comme elle l'a dit elle-même à plusieurs reprises, notamment dans une interview à la radio RTL en 1970 aux côtés de Pasolini. Il s'agit donc bien là d'un simple pense-bête à la veille d'un concert, et aucunement d'une note à Meneghini.*

DÉC. 2	Concert, piano Ivor Newton	**LONDRES** Royal Festival Hall
DÉC. 7	Concert, piano Robert Sutherland	**PARIS** Théâtre des Champs-Élysées
DÉC. 11	Concert, piano Robert Sutherland	**AMSTERDAM** Concertgebouw

1974

Boston, 27 février. Ce soir-là, Di Stefano étant indisposé, Callas chanta seule avec un programme un peu différent (notamment l'air de Tosca qu'elle n'avait pas chanté en public depuis 1965, l'air de Don Carlos depuis 1962, et l'air de Manon Lescaut pour la toute première fois sur scène), en alternance avec des morceaux au piano joués par Vasso Devetzi, qui se trouvait être à Boston au même moment. Le critique musical Richard Dyer termina son article dans The Nation par les mots suivants : «Bien que le concert ait apporté des illuminations musicales que l'on attendait mais n'osions espérer, il m'a ému surtout car ce fut un triomphe si humain, le triomphe d'une personnalité artistique, le triomphe d'une détermination, encore audacieuse et risquant beaucoup lorsqu'elle entreprend de dominer des moyens [vocaux] toujours plus réfractaires... Callas a longtemps inspiré notre attention, notre gratitude, notre émerveillement. A présent, dans sa lutte et son épuisement, elle inspire et mérite, à ses dépens et aux nôtres, ce dont elle n'avait jamais l'air d'avoir besoin auparavant, notre amour.»

Date	Événement	Lieu
	Suite de la tournée avec Di Stefano	
JANV. 20	Concert privé pour les malades du cancer, Istituto Nazionale per lo Studio alla Cura dei Tumori	MILAN
JANV. 23	Concert, piano Robert Sutherland	STUTTGART Liederhalle
FÉV. 11		PHILADELPHIE Academy of Music
21		TORONTO Massey Hall
24		WASHINGTON Constitution Hall
27		BOSTON[1] Symphony Hall
MARS 2	Tournée américaine, piano Robert Sutherland	CHICAGO Civic Opera
5	Programme incluant (selon les dates) : Maria Callas (solo) :	NEW YORK[2] Carnegie Hall
9	• *Tosca* « Vissi d'arte »	DETROIT[1] Masonic Auditorium
12	• *La Gioconda* « Suicidio ! » • *Werther* « Air des lettres »	DALLAS[2] State Fair Music Hall
21	• *Don Carlo* « Tu che le vanità » • *Manon* « Adieu, notre petite table »	MIAMI BEACH Auditorium
AVRIL 9	• *Gianni Schicchi* « O mio babbino caro » • *Carmen* « L'amour est un oiseau rebelle »	BROOKVILLE Long Island
15	• *Manon Lescaut* « Sola, perduta, abbandonata » • *Cavalleria rusticana* « Voi lo sapete o mamma »	NEW YORK Carnegie Hall
18	• *I Vespri siciliani* « Quale, o prode, al tuo coraggio » Duos avec Di Stefano :	CINCINNATI Music Hall
24	• *Carmen* « C'est toi ? C'est moi » • *Don Carlo* « Io vengo a domandar »	SEATTLE Opera
27	• *Cavalleria rusticana* « Tu qui, Santuzza ?… No, no Turiddu » • *L'Elisir d'amore* « Una parola, o Adina… Per guarir di tal pazzia »	PORTLAND Civic Auditorium
MAI 1er		VANCOUVER Queen Elisabeth Theatre
5		LOS ANGELES Shrine Auditorium
9		SAN FRANCISCO War memorial Opera
13		MONTRÉAL Place des Arts
OCT. 5, 8		SÉOUL University for women
12, 19	Tournée de concerts en Asie avec Di Stefano, piano Robert Sutherland (même programme)	TOKYO NHK Hall
24		FUKUOKA Shimin Kaikan
27		TOKYO[3] Bunka Kaikan

1. Di Stefano était indisposé ces soirs-là.
2. Concert caritatif pour le Metropolitan Opera Guild.
3. Même programme à l'exception de *La Gioconda*, que Callas remplace par *La Bohème*, « Si. Mi chiamano Mimi » qu'elle n'avait pas chanté en public depuis 1959 et qu'elle ne chantera jamais plus.

Note à Giuseppe Di Stefano – *en italien*

Non datée

Pippo,
Il est 6 heures ! Je n'arrive pas à dormir ! La barbe !
Si je pouvais dormir jusqu'à tard ce serait si <u>bon</u>.
J'espère que tu as pu bien te reposer.
Bonjour, cher collègue. Tu as chanté comme un dieu, félicitations !

A Leonidas Lantzounis – *en anglais*

Tokyo, 27/oct/1974

Cher Leo,
Je n'ai pas eu de tes nouvelles depuis si longtemps. Comment vas-tu ? Que fais-tu, est-ce que tu voyages ?
Je suis ici au Japon, je chante, assez bien ! En d'autres mots je termine ce qui reste du contrat de l'année dernière. Je ne sais pas si je passerai par N.York ou irai directement à la maison après le dernier concert le 11 novembre à Sapporo, Japon.
J'aimerais bien passer par quelque part où il y a un bon soleil, sur le chemin du retour. Je déciderai dans quelques jours. Les prochains jours je serai à Osaka, de là j'irai à Hiroshima une journée pour un concert et le 11 à Sapporo. Si tu as le temps, envoie-moi des nouvelles à l'hôtel Okura, Osaka, Japon, jusqu'au 9 novembre, ou télégramme, même mieux. Je suis impatiente d'avoir de tes nouvelles.
Tout se passe bien. Di Stefano te fait ses plus sincères amitiés (sa fille ne va pas si bien, comme tu l'imagines) mais de façon générale les choses sont paisibles jusqu'à présent.
Toute mon affection et j'espère sincèrement que tout va bien de ton côté. Si je change de programme je te le ferai savoir mais j'aimerais avoir de tes nouvelles.
Ta filleule Maria

A Helen Arfaras – *en anglais*

Tokyo, 28/10/1974

Chère Helen,
Cela fait si longtemps que je n'ai pas eu de nouvelles de vous tous. Comment allez-vous ? Je suis ici au Japon, je travaille et ça se passe merveilleusement. Mille fois mieux que la saison dernière. Je m'améliore de jour en jour.

Je quitte Tokyo le 31 octobre pour Osaka, hôtel Okura, au Japon, si tu veux m'écrire. Je crois que nous partirons autour du 10 à Sapporo pour le dernier concert. Ensuite je ne sais pas si je prends un avion pour rentrer directement à la maison ou si je m'arrête quelque part en chemin. C'est un long voyage et beaucoup de vols ont été annulés.

J'aimerais avoir de tes nouvelles. Demain je vais voir quels vols ils proposent. Je garde l'envie de te rendre visite, Helen, quand tu pourras me recevoir. J'espère que tout va bien pour toi et la famille. Je te revois toujours si belle dans ton élégante robe noire. Essaie de m'écrire – hôtel Okura à Osaka, Japon. J'y serai jusqu'au 9 ou au 10.
Je t'embrasse affectueusement
Ta Maria

NOV. 2		**OSAKA**	Festival Hall
7	Fin de la tournée au Japon avec Di Stefano, piano Robert Sutherland, même programme.	**HIROSHIMA**	Yubin Chokin Hall
11		**SAPPORO**[1]	Hokkaido Koseinenkin Kaikan

Note à Giuseppe Di Stefano – *en italien*

[Non datée, pendant la tournée au Japon]

Pippetto,
Je n'arrivais pas à dormir cette nuit, j'ai donc pris courage et je me suis écouté le concert du 8. Je suis restée bouche bée ! La voix, tu as raison, a fait des pas de géant. Et imagine si je n'avais eu mon maudit

---

1. Ultime apparition de Maria Callas sur scène.

estomac. Ma voix est tellement plus en feu, et <u>ferme</u> ! Et je suis sur le bon chemin, enfin – bon sang !!! Je suis en train de m'habituer au <u>bon</u> vieux son. Je n'arrive pas à y croire. Grâce à Dieu nous avons les bandes pour preuve ! Peut-être que maintenant je dormirai plus tranquille. Diable ! il est 3 heures...

NOTE À FERRUCCIO MEZZADRI – *en italien*

Paris, non datée, fin 1974

Ferruccio,
J'ai parlé à Onassis. Gorlinsky peut venir déjeuner s'il le souhaite mais appelle la Devetzi et dis-lui de se débrouiller pour venir aussi. J'ai bien dormi mais je me suis réveillée à deux heures du matin et j'ai téléphoné à Onassis.

Téléphone à Christian (jeudi s'il peut faire les vernis des mains et pieds vers quatre heures – sinon demain à l'heure de déjeuner – et aussi l'épilation). Téléphone à Lancôme pour les bougies cette semaine après-demain. Si d'autres personnes téléphonent, dis que je suis fatiguée du voyage, prends les messages et je rappellerai quand je pourrai. S'il te plaît convie la Devetzi et Pylarinos[1] ensemble avec Gorlinsky à la maison.

Je me suis réveillée à midi. Je me suis bien reposée. Dis à tous ceux qui appellent que je suis fatiguée du voyage et de la tournée magnifique mais dure, et j'ai besoin de quelques jours de tranquillité.

---

1. Son ami grec Constantin Pylarinos.

1975

A Olive Haddock[1] – *en anglais*

Paris, non daté

Chère Olive,

Merci pour ton affection comme toujours et je t'écrirai davantage plus tard. J'ai écrit une lettre il y a quelque temps, l'as-tu reçue ? Je pense à vous tous avec tant d'affection et j'espère vous voir bientôt.

Le morceau de *Butterfly* n'est pas vrai. J'ai toujours chanté sous mon propre nom[2].

S'il te plaît écris-moi et pardonne mes longs silences, tu me connais à présent.

Bien à toi
Maria

---

1. Une admiratrice.
2. Référence à un enregistrement de 1935 qui a fait surface à cette époque-là, un air de *Butterfly* chanté par une certaine Nina Foresti, qu'aurait été, d'après des rumeurs, Callas chantant sous un pseudonyme à l'âge de douze ans.

A WALTER CUMMINGS – *en anglais*

Paris, 1/5/75

Cher Walter,
Voici par retour de courrier. Je viens de recevoir ta lettre. Tout nous arrive avec retard à Paris.
Comment va tout le monde chez vous ? Comment vas-tu ? Tu songes toujours à te marier[1] ? Si c'est le cas, je t'admire ! J'ai des idées différentes après toutes les complications dont j'ai souffert dans la vie. Bien sûr, tout le monde n'est pas aussi malchanceux que moi, ou peut-être ne suis-je pas du genre à me marier. (J'ai pratiquement épousé Aristo O. mais le jour approchant j'ai fui !) C'est ce qui l'a poussé en réalité à épouser sa femme actuelle ! C'est plutôt idiot mais on ne devrait jamais se marier par dépit. Pas même avec une ex-première dame !!!
J'espère te voir bientôt,
Je t'embrasse
Maria

A HELEN ARFARAS – *en anglais*

Paris, 8/1/75

Très chère Helen,
Ta lettre du 19 novembre m'est parvenue en janvier, il y a moins de dix jours. La grève a été sérieuse ici et je n'ai jamais reçu tes lettres du Japon. Je me demandais comment vous alliez tous. Alors j'ai été si heureuse d'apprendre que tout le monde va bien et que vous m'aimez encore et pensez à moi. Tu sais Helen, je considère que vous êtes les seuls parents proches qui comptent vraiment pour moi et dont je me sois sentie proche, même après toutes ces années où nous n'avons pas communiqué, et je vous aime tendrement.
J'espérais te rendre visite à Noël ou peu après mais je n'y suis

---
1. Son épouse Teedy était décédée.

pas arrivée. Je cherchais une maison sur la Côte d'Azur, et j'ai été séduite par une maison. Il semble qu'elle soit enfin à moi (je dois encore signer les papiers). Donc si nous signons, je serai occupée à l'arranger, mais j'espère quand même pouvoir venir te voir, peut-être début février si tu peux me recevoir, et si j'arrive à m'arracher de chez moi, et de la nouvelle maison (si elle devient à moi). D'ici la fin du mois je saurai.

J'adorerais voir ta maison. Aurais-tu des photos à m'envoyer ?
Toute mon affection. Ecris-moi
Maria

A Leo Lerman – *en anglais*

8/1/75

Cher Leo,
J'ai reçu ta chère lettre, avec beaucoup de retard bien sûr. Tout est toujours en retard. Le monde se détraque. Quel dommage, c'était si bien les années cinquante, te souviens-tu ? La musique, les gens, le théâtre peut-être. A présent c'est la crise partout !

J'essaye de vivre dans mon monde à moi. A la maison si je ne voyage pas pour le plaisir ou le travail. Et je suis très paisible pour le moment.

Mon travail au Japon s'est très bien passé, beaucoup mieux qu'aux Etats-Unis ; bien que j'aie eu une mauvaise attaque de ma hernie d'estomac. Elle m'avait laissée tranquille pendant des années. Probablement car je travaille davantage mon diaphragme est mieux, c'est pour ça qu'elle commence à me lancer. J'essaye de l'ignorer mais la douleur est assez sévère pendant les crises de deux semaines, et la nourriture devient alors un problème.

Maintenant je me sens bien, j'ai aussi repris le poids que j'avais perdu. J'étais devenue <u>trop</u> maigre. A présent je dois à nouveau faire un régime pour perdre les quelques kilos indésirables. On doit toi et moi toujours se battre pour quelque chose, non ?! Mais j'adore avoir de tes nouvelles surtout quand tu vas bien, car tu es mon meilleur ami et je veux que tu ailles bien, cher Leo. Je t'écrirai bientôt et te donnerai plus de détails sur ma vie (rien de sentimental, amour, c'est

plus paisible ainsi!!!). Embrasse Gray pour moi. Je t'embrasse avec toute mon affection. Amitiés à nos amis communs. Reste en contact.
Je t'aime
Maria

A ALBERTA MASIELLO – *en italien*

Paris, 15/1/75

Chère Alberta,
J'ai reçu ta gentille lettre que j'ai lue avec tant de joie. Je n'ai pas eu de tes nouvelles depuis si longtemps que je croyais que tu ne te rappelais plus de moi. J'ai beaucoup travaillé, et surtout au Japon, bien que j'aie été prise à nouveau d'une attaque de hernie.

En Amérique [pendant la tournée de 1974] il y avait tant de confusion, et je n'étais pas tranquille[1], donc j'ai donné le moins bon de moi. Boston fut le meilleur. A présent je ne sais pas ce que je vais faire. Je sais que je ferai *Tosca* au Japon en novembre & décembre cette année.

Et toi, comment vas-tu? Ecris-moi si tu en as l'envie.

Je viens de recevoir un télégramme de <u>Bing</u> qui me prie de chanter avec piano en mémoire de Tucker[2] et une soirée de charité pour le <u>Met</u>.

Volontiers pour Tucker mais <u>pourquoi</u> pour le Met? Qu'a-t-il fait pour <u>moi</u>, le Met! Qu'en penses-tu?

J'attends de tes nouvelles vite, je t'embrasse fort
Ta Maria

---

1. Référence aux disputes régulières avec Di Stefano qui parfois à la dernière minute refusait de chanter, comme ce fut le cas à Boston par exemple.
2. Le ténor Richard Tucker, qui avait souvent chanté avec Callas, notamment dans *La Gioconda* de Vérone (1947) et une des deux *Tosca* du Met (1965).

Au Dr Louis Parish[1] – *en anglais*

Paris, 23/1/75

Cher Louis,
Je suis désolée d'avoir tardé à répondre à votre lettre mais comme d'habitude j'ai été très prise, cette fois-ci avec des problèmes dentaires. Un abcès à une dent avec pour conséquence une semaine à la maison enflée hors de proportions et une douleur au-delà d'éprouvante pour avoir les idées claires. A présent tout va bien.

La dernière fois, ou plutôt les deux dernières fois que je suis allée faire le contrôle habituel chez l'ophtalmologue, les résultats étaient excellents. Imaginez 17 et 18, j'ai des yeux <u>d'adolescente</u> !

Je dois y aller ces jours-ci de nouveau. Je parlerai au médecin de ce nouveau traitement. On verra ce qu'il en pense.

Ma dernière tournée a été fantastique du début à la fin. Je veux dire que tout s'est bien passé, <u>bien</u> avec Pippo. Il a très bien chanté aussi. Il n'y avait <u>personne</u> autour de nous donc pas de commérages ou autres absurdités, que même Mario[2], malgré sa bonne foi, a parfois laissés échapper l'année dernière. (Ne lui répétez pas cela, s'il vous plaît.) C'est très délicat de côtoyer des artistes sans que cela porte à conséquence, malheureusement.

J'ai aussi eu droit à une attaque de ma vieille hernie à l'estomac. Donc toute ma tournée a été un supplice de faiblesse et de grande douleur. J'étais terriblement amincie, et bien que <u>j'adore</u> être mince, j'ai été effrayée de me voir si mince et pâle. Car en plus évidemment la maudite hernie faisait une hémorragie interne.

J'ai très bien terminé la tournée mais en arrivant à Paris je me suis écroulée et je ne plaisante pas. Ils n'arrivaient pas à me réveiller (et je n'avais pas pris de cachets). Je n'en prends plus car ils ne sont plus vendus, et en revenant d'un si long voyage on n'a certainement pas besoin de pilules pour dormir. Au contraire, on a besoin de quelque chose pour se maintenir éveillé, on a tellement sommeil avec le décalage horaire.

---

1. Médecin de Maria Callas pendant la tournée américaine en 1974.
2. Mario de Maria, le manager qui s'occupait des deux artistes pendant la tournée.

Mais aussi en quittant Tokyo, j'ai pris un mauvais coup de froid à la tête et il m'est arrivé une chose désagréable. A cause du coup de froid, dit-on, mon <u>oreille interne</u> a été perturbée. Je ne pouvais pas tenir droite, être assise droite, j'avais perdu tous mes réflexes et ne voyais plus rien pendant près de 12 heures. Je suis encore terrifiée en y repensant.

A présent je vais bien, je n'ai jamais été aussi bien. Car mon médecin ici a appelé un neurologue, le Dr <u>Labet</u>. Grâce au ciel j'ai récupéré tous mes réflexes en 2 ou 3 jours donc aucune hospitalisation nécessaire. Il m'a prescrit un médicament appelé Tempesta le jour, un demi le matin, un demi le midi et un le soir, pendant les repas. Et une heure (environ) avant d'aller dormir, un cachet de Nozinam, avec un de Merinax, et presque systématiquement je dors comme jamais depuis des années.

Les pilules du jour me permettent de rester calme de façon que le soir venu je ne sois pas tout agitée comme je l'étais (surexcitée comme le médecin a dit et il avait raison.) Je suis très calme, l'esprit clair, et même ma mémoire s'est améliorée.

Ma décision de me remettre à chanter, cher Louis, est très incertaine, en conséquence de ce que j'ai traversé à mon retour.

Si je n'avais pas cette hernie et ses conséquences, peut-être. Mais cela en vaut-il vraiment la peine ? Je ne serai jamais plus ce que j'étais ! Pourquoi me torturer, franchement ? Oui, je l'ai dit, je ne veux pas moisir. Mais je peux m'occuper autrement sans risquer ma santé.

Je n'ai plus la résistance à présent. Et aussi j'exige trop de mon chant pour arriver à me satisfaire même de ces bons résultats.

Evidemment, si je décide de faire encore quelques concerts, si je maintiens Tokyo, ce sera seule avec un orchestre. Mais dans l'immédiat, calme et lucide comme je suis, je crois que je vais décider de doubler certains de mes meilleurs enregistrements et les interpréter pour des films, pour qu'ils puissent voir Callas sur scène (ou presque), et cela restera pour la postérité, puisque tous disent qu'il faut que je laisse une trace de mes capacités de jeu. Les films saisiront peut-être ma présence scénique. Ainsi je resterai occupée et la tension sera réduite au minimum.

Je n'arriverai jamais à faire mieux que ces disques, même s'il survenait un miracle.

C'est ce que je pense pour le moment. J'aimerais avoir votre avis, mais s'il vous plaît, n'en dites rien à personne. Pas même Mario qui m'aime tant, mais qui, en bon Italien, ne peut s'empêcher de tout répéter.

J'espère que tout va bien pour vous, dans votre vie personnelle je veux dire ! Au sujet de l'émission télévisée sur le glaucome, je suis plus que prête à coopérer de quelque façon. J'aurais bien voulu faire une spéciale, même brève, sur cette maladie. Je trouve aussi qu'elle est ignorée par la majorité alors que c'est une maladie dangereuse pour les yeux. Elle ne vous donne même pas de symptômes avant comme dans mon cas.

Donnez-moi de vos nouvelles.

Toute mon affection

Maria

A LEONIDAS LANTZOUNIS – *en anglais*

Paris, 8 février 1975

Cher Nonné[1],

Je n'ai pas eu de tes nouvelles depuis longtemps. Comment vas-tu ? Où es-tu ? Pourquoi ne me dis-tu pas ? Tu sais que je t'aime très tendrement et me soucie de toi, avec mon étrange façon de le montrer. Quels sont tes projets si tu en as ? As-tu déjà vendu la maison de Southampton ?

Je suis encore ici à Paris. Tu sais qu'après la tournée au Japon je suis rentrée complètement en lambeaux. Ma hernie à l'estomac a commencé juste avant que je ne parte là-bas. J'avais des douleurs terribles et cela a causé une hémorragie interne. Donc deux mois de tournée dans cet état étaient juste tuants.

Quoi qu'il en soit, quand je suis rentrée j'ai eu une sorte d'écroulement, et mon médecin a appelé un neurologue, qui était merveilleux !

A présent, avec son traitement, je suis beaucoup plus calme, ma mémoire est revenue, et je dors bien avec ses remèdes. Des pilules bien sûr mais des bonnes, pas des médicaments lourds.

J'ai repris du poids et je suis en colère car cela demande un sérieux

---

1. « Parrain », en grec.

régime et je n'ai pas encore vu un kilo de moins. Persévérance est ma devise dans la vie <u>mais</u> c'est dur !

Comment va ta santé, Leo ? Donne-moi des nouvelles et beaucoup s'il te plaît !

Tout mon amour
Maria

A Leonidas Lantzounis – *en anglais*

Paris, 24 février 1975

Très cher Leo,

Ma lettre de décembre a probablement été perdue. J'étais étonnée d'apprendre que, paraît-il, j'étais attendue en Grèce. Ma mère et ma sœur t'ont dit ça ? Je n'ai même jamais pensé y aller. Encore une histoire inventée !

Je suis si contente de savoir que tu vas bien, moi aussi à présent. J'ai repris du poids et j'ai perdu toute volonté pour le régime, n'est-ce pas terrible ? Je suis impatiente d'avoir de tes nouvelles et de Madame Deherani (ai-je bien compris son nom, c'est difficile pour moi, pardonne-moi). Es-tu heureux ?

Je suis paisible, pas de grand amour en vue. Je crois que je préfère la vie ainsi. Pippo, bien sûr, est amoureux, et moi aussi jusqu'à un certain point. Peut-être trois années d'habitudes et rien d'autre comme tentation. Les hommes, les vrais hommes, sont difficiles à trouver. Imagine le genre d'homme pour être mon compagnon. Quoi qu'il en soit, c'est la situation pour le moment. Je passerai peut-être quelques jours à N. York sur mon trajet vers la Floride où je vais voir ma cousine Helen Arfaras à Tarpon Springs. Ils ont une nouvelle grande maison et ils veulent tant que je vienne leur rendre visite. Si je passe autour du milieu de mars, est-ce que tu seras là ? Je détesterais venir à N. York et ne pas te voir !

La fille de Pippo ne va pas très bien, comme tu peux l'imaginer. Elle a perdu beaucoup de poids, a du mal à respirer, mais elle a une grande volonté de vivre et elle se bat. J'ai bien peur que ce ne soit un combat perdu, ne crois-tu pas ? Quel tristesse, une fille si jeune, intelligente, belle. La vie est tellement étrange parfois.

Tout mon amour, Leo, et j'espère avoir de tes nouvelles et de tes projets.

Maria, ta filleule !!

A LEONIDAS LANTZOUNIS – *en anglais*

Paris, 1er mars 1975

Très cher Leo,

J'ai l'intention d'aller à Palm Beach, Floride (si Dieu veut). J'ai loué une grande maison et j'emmène mes 3 employés. J'aimerais beaucoup que tu me rendes visite, tu peux rester chez moi aussi longtemps que tu le souhaites. J'aurai la maison pour un mois. Ils souhaitent la vendre. Si elle me plaît, je l'achèterai, si ce n'est pas trop compliqué. Mais ce serait tellement sympathique si tu venais séjourner avec moi quelque temps. Je pars le 10 mars à 13 heures de Paris, je fais escale, et à 18 heures je prends l'Eastern Airlines pour Palm Beach.

L'adresse est Golf Road, Palm Beach, et le téléphone est 6591157. Téléphone-moi après le 11 et on parlera.

Maria Callas avec son parrain Leonidas Lantzounis, Palm Beach, 1975.

Toute mon affection, cher Leonida, j'espère te voir bientôt bientôt !
Maria

Annotation en bas de page (ajoutée par Leonidas Lantzounis) : « Elle a appelé le 15 mars, le jour où Onassis est mort. »

De Bob Crawford – *en anglais*

21 mars 1975

Chère Maria,
J'imagine que nous ressentons tous deux le choc de la mort d'Ari. Quoi qu'on puisse imaginer être préparé à un tel événement, lorsqu'il arrive, c'est quand même un choc.
J'étais à l'étranger quand j'ai appris la nouvelle et, à mon retour, j'ai pensé vous téléphoner pour voir si vous vouliez un soutien, de quelque manière, nous pourrions participer ensemble. Néanmoins quand j'ai appris la façon dont ont été organisées les funérailles j'en ai conclu qu'il n'y avait aucune raison pour moi de venir à Paris, puisqu'il était peu probable qu'on me donne l'occasion de lui présenter mes respects avant que le cercueil ne parte pour la Grèce et je n'avais certainement pas envie de m'ajouter aux personnes qui s'accrocheraient tout autour.
En revanche, lorsqu'ils organiseront la cérémonie 40 jours après sa mort, j'y assisterai certainement. J'ai cru comprendre qu'aucune décision n'avait encore été prise sur l'endroit où elle aurait lieu.
Malgré les vicissitudes de votre relation avec Ari, je peux imaginer que sa disparition vous laisse avec un sentiment de deuil et je vous envoie mes condoléances.
Il faudra que je vous voie à un moment donné et je vous téléphonerai la semaine prochaine pour savoir quand nous pouvons nous rencontrer.
Comme toujours, affectueusement,
Bien à vous
Bob

A Ben Meiselman – *en anglais*

Palm Beach, 9 avril 1975

Cher Ben,
Tu te plains que je ne t'écris jamais alors me voici. Juste quelques lignes pour te dire que je t'aime tendrement, même si je n'écris pas aussi souvent que je le souhaiterais moi-même. Je suis juste une mauvaise correspondante. Ton dévouement m'est si précieux, tu n'imagines pas à quel point.

Je suis ici à Palm Beach, dans une jolie maison et je pense que je devrais l'acheter. Je n'en ai pas vraiment besoin, mais peut-être qu'avoir une maison de campagne me ramènera dans mon pays de naissance plus souvent. J'aime vraiment l'Amérique.

C'est une très belle maison. Plus grande que nécessaire. C'est une responsabilité, mais je voulais une maison dans un endroit où il fait toujours beau, et dans un pays civilisé, tu me connais, moi et mon amour de la télévision. Et elle est en centre-ville. Si tu connais Palm Beach, tu dois connaître Worth Avenue. Eh bien, c'est juste au coin de la rue, en face de l'Everglades Golf Club. Et à cinq minutes à pied de la plage et de l'océan.

La maison est de style espagnol, <u>beaucoup</u> de magnifiques mosaïques, une belle piscine, et <u>plein</u> de buissons de gardénias. Ma fleur préférée comme tu le sais. Et cet hiver, tu pourras venir me voir un week-end. J'aimerais beaucoup te recevoir, et tu adorerais la maison. John Coveney[1] est venu, il te racontera, et aussi Mario de Maria.

Je vais partir la semaine prochaine pour Paris, même si je n'en ai vraiment pas envie. L'air ici est tellement moins pollué, et il y a la brise océanique, et l'air frais du terrain de golf.

J'avais dit que cette lettre serait de quelques lignes, mais tu vois, quand je commence je ne m'arrête jamais.

Toute mon affection Ben et <u>à bientôt</u>
Maria

---

1. Directeur artistique de la maison de disques américaine Angel Records.

A Helen Arfaras – *en anglais*

Paris, 29/4/1975

Très chère Helen,
Je ne t'ai pas écrit avant d'être rentrée à Paris car c'était assez imprévu. Je devais rester au moins deux semaines de plus à Palm Beach, mais les affaires m'ont rappelée.

Alors me voici à t'écrire, de ma chambre à coucher, assise sur mon canapé, [les feuilles de papier] sur mes genoux (tu as vu comment j'écris assise avec mes jambes en l'air), folle que je suis !

Quoi qu'il en soit je ne sais pas si je vais y retourner. Cela dépend de la météo. Si à la mi-mai il ne fait pas trop chaud, j'irai.

J'ai acheté la maison. J'espère que ça va me porter chance !

C'est très loin mais pour ce prix-là, je ne pourrai trouver quelque chose d'aussi joli et dans un endroit où il fait un temps merveilleux. J'espère pouvoir faire confiance à l'homme de ménage, je vais le laisser habiter dans la maison jusqu'à cet hiver, ainsi je serai plus tranquille pour la maison. Il lui faudra du temps pour trouver un appartement. Je serai plus rassurée s'il reste dans les parages. Qu'en dis-tu ?

Mon séjour chez toi est de nouveau tombé à l'eau. J'espérais sur le chemin du retour passer par ta maison pour le week-end mais me voilà déjà rentrée chez moi !

J'espère que tout va bien, les enfants, ton mari, et toi-même, chère Helen. J'ai tellement apprécié ton séjour. Je ne sais pas ce que j'aurais fait si tu n'avais pas été là à ce moment-là. J'espère que je ne t'ai pas trop fatiguée avec mon régime et mon mode de vie inintéressant. Quand je me repose, je suis comme ça. Maintenant tu sais tout. Comme invitée, tu vois, je n'ai pas besoin de grand-chose, n'est-ce pas ?

J'aimerais avoir de tes nouvelles,
Toute mon affection à vous tous
Maria

A Leonidas Lantzounis – *en anglais*

Paris, 29/4/1975

Cher Leo,
Comment vas-tu, mon cher ami ? Je suis de retour à Paris. J'avais des obligations. J'ai décidé d'acheter la maison. Je sais que c'est cher, mais je ne crois pas pouvoir trouver quelque chose d'aussi beau et solidement construit. Toutes les belles mosaïques, l'état parfait de la maison. Après tout je pourrai toujours la louer si je n'ai pas envie de l'utiliser tellement. Quelle est ton opinion ? Je t'ai vu si heureux là-bas !
Je serai ici donc s'il te plaît écris si tu en as l'envie.
Je t'embrasse
Maria

A un destinataire inconnu – *en anglais*

13 juin 1975

La foi est tout dans la vie. Sans foi on ne peut exister. Je n'aurais jamais fait une telle carrière si je n'avais pas eu une foi absolue en moi-même, je me répète, parce qu'on ne peut pas attendre grand-chose des autres. Si nous sommes forts à l'intérieur nous serons aussi capables de pardonner les faiblesses des autres – et beaucoup sont faibles et irresponsables – mais il y a aussi beaucoup de bonnes et belles personnes.
Quant à la sagesse, elle est très rare. C'est un don que Dieu a donné à très peu de personnes. Il devrait y avoir beaucoup plus de sagesse, mais là aussi nous devons prendre la vie comme elle vient, mais sans jamais perdre foi en <u>nous-même</u>. Et ne jamais oublier l'<u>intégrité</u>, l'honnêteté et la <u>gratitude</u>.
Dieu vous bénisse tous
Maria Callas avec amour

A Leonidas Lantzounis – *en anglais*

Paris, 26 juin 1975

Cher Leo,
Je suis si heureuse que tu sois content et que tu prennes du bon temps !
Je travaille dur, car cette année, je dois être soit bien meilleure ou rien. J'irai seulement deux semaines à Ibiza, îles Baléares, chez une amie, c'est tout.
Mes nouvelles c'est que je suis encore avec Pippo, je ne trouve personne de mieux. Plus riche sans doute, mais plus pauvre en sentiments et pour tout ce qui va avec l'esprit. Il a beaucoup d'esprit, il ne le montre pas. Il adore jouer au playboy qu'il n'est absolument pas. J'aurais seulement aimé qu'on soit tombés amoureux quand il était célèbre, et avait une voix fabuleuse, car il a beaucoup de qualités humaines. Quant à sa femme, je parle très peu avec elle. Elle a été blessée de ne pas être invitée à Palm Beach ! Je n'avais même pas invité Pippo !
Mais c'est mieux ainsi.
Comment va ta vie ? Quels sont tes projets si tu en as ? Ecris-moi je serai ici.
Toute mon affection
Maria

PS : J'ai loué la maison [Palm Beach] pour un an mais je pense que je vais l'acheter.

A Leonidas Lantzounis – *en anglais*

Paris, 18 juillet 1975

Très cher Leonida,
Je n'ai pas eu de tes nouvelles depuis un long moment et je me demande comment tu vas. J'imagine que tu t'amuses. Aimes-tu vivre là-bas ? Je suis impatiente de savoir.

J'ai pris une grande décision. J'arrête de chanter. J'en ai assez de tout ça!

Je devrais m'absenter pour presque <u>trois</u> mois, en Californie, puis au Japon, et après ma dernière tournée je suis rentrée tellement malade que je suis terrifiée maintenant que les mois se rapprochent de la date de départ. Mes nerfs ne supportent plus la tension.

Bien sûr, je dois à présent trouver quelque chose à faire, pour rester active. Je ne sais pas quoi! Pour le moment je me repose ici à Paris.

Puisque je devais travailler tout l'été au Japon, je me trouve à présent sans nulle part où aller pour l'été! Le mois d'août est plein de monde! Donc je suis coincée à Paris. Il fait chaud. Je n'imagine pas comme il doit faire chaud là-bas.

J'aimerais avoir de tes nouvelles. Je t'embrasse.

Affectueusement

Maria

A Walter Cummings – *en anglais*

Paris, 6 août 1975

Cher Walter,

Je vois que tu as décidé de faire le grand plongeon, alors je suis confiante, tu seras heureux. Elle doit être une femme formidable, j'en suis sûre. C'est une grande décision, mais tu es un homme plus âgé qu'il y a quelques années donc tu es seul <u>juge</u> de ta vie à présent. Je suis désolée de ne pouvoir être là, mais je le serai spirituellement, même beaucoup. Tout cela me semble si étrange. Se marier et tout. Je suppose que j'ai été tellement brûlée par mes relations précédentes que, pour moi, se marier, c'est comme une prison, mais c'est seulement <u>pour moi</u>. Mais je suis passionnée, romantique, sentimentale, toutes ces qualités qui n'existent plus beaucoup ces derniers temps, ne crois-tu pas?

J'aimerais trouver quelqu'un d'aisé, de beau, avec des manières parfaites et toutes ces choses. Très dur à trouver en effet!

Ne dis pas à ta fiancée toutes les bêtises que je t'écris. Je suis encore tellement vieux jeu, j'en ai honte. Elle ne le croirait pas de toute façon. Tout le monde pense que je suis si sûre de moi, etc.

En tout cas je vous souhaite vraiment à tous les deux très sincèrement une relation saine, compréhensive, et durable.

Félicite aussi pour moi ton fils. Il est déjà marié, n'est-ce pas ?

Ecris-moi si tu as un peu de temps. J'aimerais tout savoir à ton sujet, etc.

Tu as ma plus sincère amitié, cher Walter. Mon roc, comme je te surnomme. Tu es si solide, tranquille et posé, toujours.

Je t'embrasse
Maria

A ROBERT SUTHERLAND[1] – *en anglais*

Paris, 27 août 1975

Cher Robert,
Merci pour ton livre. Dès que j'aurai fini mon livre sur les *Forsyte*, j'attaquerai le tien.

Je te remercie de penser à moi. J'espère que tout va bien pour toi.

Je ne pratique pas et je ne vais pas chanter au Japon, en tout cas pas cette année. Voilà mes nouvelles. Je crains, cher Robert, de ne plus supporter les efforts et usures de s'exercer au quotidien. Mes nerfs ne tiennent pas. C'est comme ça.

Toute mon affection
Maria

PS : Je suis à Paris maintenant et j'y reste.

A CARLOS DIAZ DU-POND[2] – *en anglais*

Paris, 27 août 1975

Cher Carlos,
J'ai reçu ta lettre avec une immense joie. Je sais ton affection pour moi et je me souviens toujours de toi et des bons moments que nous

---

1. Pianiste accompagnateur de la dernière tournée.
2. Ancien assistant du directeur de l'Opéra de Mexico.

avons eus ensemble à Mexico. Je te considère un ami précieux. Je suis heureuse d'apprendre que tu travailles comme régisseur et je me demandais où et quand nous pourrions nous revoir après si longtemps.

J'aimerais avoir de tes nouvelles. J'aimerais aussi savoir comment va Caraza Campos. Voilà qui était vraiment un grand homme de théâtre. Il savait reconnaître le talent, prendre des risques, payer, et avoir les meilleurs que cette époque pouvait lui offrir. J'aimerais qu'il y ait plus d'hommes comme lui aujourd'hui. Si tu le vois, rappelle-moi à son souvenir.

Et à toi toute mon affection
Maria

A HARRY F. CISLER[1] – *en anglais*

Paris, 29 août 1975

Cher Harry Cisler,
Je suis très contente de voir d'après votre lettre que vous menez une vie active plutôt qu'une attitude de fuite. J'ai de la force de caractère mais pas toujours. Je suis aussi un être humain comme n'importe qui d'autre mais je suis d'accord avec votre bataille pour devenir libre et indépendant. Naturellement, il y a de précieuses intentions tout autour mais on doit savoir ce qu'on veut. Si vous faites quelque chose de bien, en le voulant, vous serez très heureux. C'est là mon expérience de la vie.

Je vous souhaite tout le meilleur,
Sincèrement
Maria Callas

---

1. Critique musical au journal américain *The Billboard*.

A Leonidas Lantzounis – *en anglais*

Paris, non datée

Cher Leo

Tu sais que je suis très heureuse quand je reçois de tes nouvelles, et j'ai particulièrement aimé ta dernière, longue lettre. Tu as raison, j'ai eu une longue et fantastique carrière. Je ne pourrai jamais surpasser ça. Mon système nerveux ne peut plus supporter les efforts et usures d'une carrière, donc j'essayerai comme par le passé d'aider les jeunes gens, et bien sûr ce sera gratuitement. Seulement mes frais payés car les hôtels, etc. coûtent trop cher pour moi. Seulement je ne t'ai jamais raconté que le directeur de la Juilliard School, Peter Mennin, est tombé amoureux de moi. Alors évidemment comme je ne ressentais pas la même chose pour lui, il est contre moi désormais. C'est dommage qu'une telle chose soit arrivée. En tout cas, on verra. Je reçois toujours des propositions. Peut-être que quelque chose d'intéressant se profilera.

Quant à P., il m'importe toujours mais bien sûr plus comme avant, mais comment lui dire? Après la mort de sa fille il ne vit que pour notre amour. J'espère que le destin fera en sorte que la rupture et le choc ne lui fassent pas trop de mal. Il n'est pas du genre à tomber amoureux d'une autre femme. Je l'aurais espéré mais j'en doute. Peut-être que je pourrais rencontrer quelqu'un, ce serait la situation idéale. De cette façon je ne m'inquiéterais pas de savoir s'il souffre ou pas. (C'est affreux de ma part, n'est ce pas?)

A Umberto Tirelli[1] – *en italien*

1er septembre 1975

Cher Umberto,

J'ai beaucoup regretté de ne pas avoir pu venir à Capri. Cette année les voyages me semblent tellement compliqués (ce serait une crise) que je me suis privée de vacances joyeuses, tranquilles, où

---

1. Fondateur de l'atelier de costumes Tirelli à Rome, qui a fabriqué les costumes de Callas pour *La Traviata* à la Scala et ceux du film *Médée*.

tu m'aurais tellement gâtée (ce que j'adore). Vous avez eu du bon temps, je crois. Il a fait tellement chaud partout.

Je suis ici, à Paris, au milieu de belles partitions de Rossini et Donizetti, travaillant toute seule, sans autre but que de chercher la juste proportion dans chaque morceau et, si l'envie me revenait, mettre sur disque ce sur quoi je travaille. Je dois retrouver mon enthousiasme pour le chant. Mais pour l'instant il est éteint, sauf de cette façon, juste pour le plaisir de découvrir combien de belles choses existent et combien on les gâche, en chantant comme on chante aujourd'hui.

Et pourtant c'est tellement facile, simple comme voir [sic] la musique, pourquoi est-ce si difficile pour eux ? Et puis, même si j'enregistre un disque avec ces beaux airs, quel directeur d'orchestre va t'aider plutôt que t'enfoncer ? Il n'y en a plus, c'est fini. Il ne reste plus que des batteurs de mesure et encore souvent mal prise par rapport au rythme. Ainsi moi je suis sans enthousiasme. Je n'ai plus mes vingt ou trente ans où j'entraînais tout le monde avec moi. Aujourd'hui, j'ai besoin de soutien malgré le fait que je crois absolument en ma musicalité. A part cela, je vais bien. Je suis en train de faire un petit régime et j'attends que le destin m'offre quelque chemin lumineux qui en vaille la peine.

Cher ami, c'est si bon de savoir qu'il existe des personnes aussi chères que toi, qui croient en moi et qui m'aiment. Tu sais que tu es très spécial pour moi. Ne parlons même pas de Piero (Tosi)[1]. La dernière fois que je l'ai vu, une lumière irradiait en lui si intensément qu'encore maintenant je le sens près de moi. Voilà les belles choses de la vie. L'amitié, le respect. Pour moi cela veut tout dire. Pense, Umberto, comme les gens me connaissent peu et comme je me laisse peu connaître. Celui qui pénètre en moi, dans mon monde, trouve tant de belles choses. Aucune trahison, toutes les choses ressenties, peu de mots mais des sentiments durables, pas terre à terre comme dans la vie hélas. C'est cela mon vrai monde et il est tout entier dans mon chant. Ce n'est pas seulement la voix, mais il y a l'âme dans cet instrument.

Je te salue et te remercie de ton affection. J'espère avoir de tes nouvelles bientôt, et embrasse les amis de ma part tendrement

Maria

---

1. Créateur des costumes de la Scala et du film *Médée*.

A Helen Arfaras – *en anglais*

Paris, 14 septembre 1975

Chère Helen,
Je n'ai pas eu de tes nouvelles depuis si longtemps. Comment allez-vous tous ? Qu'as-tu fait cet été ? Es-tu allée en Grèce ? Je suis seulement allée 10 jours à San Remo[1], tout le reste du temps je suis restée à Paris. Je ne me souviens pas si je t'ai écrit ma décision de ne pas chanter cette année. J'ai vraiment senti que ça prenait le dessus sur moi à tel point que je devenais une boule de nerfs. Donc je me suis dit que cela ne valait pas toute cette peine.

Je n'ai pas acheté la maison de Palm Beach, mais je l'ai louée pour un an jusqu'en mai avec une option d'achat jusqu'au 15 janvier 76. J'y serai autour de la fin novembre.

J'espère avoir bientôt de tes nouvelles et je t'embrasse très fort
Maria

A Joan Crawford – *en anglais*

Paris, 19 septembre 1975

Joan très chère,
Ne crois pas toutes ces bêtises... Je n'ai pas de mots pour te dire le choc que j'ai eu en voyant l'article[2]. Comment peuvent-ils être aussi méchants et pourquoi ? Je prends soin de moi et j'ai l'air plutôt bien ces jours-ci.

Paris revient à la vie après l'été et il y a les habituels dîners de gala, etc. Ne viens-tu jamais faire tes achats à Paris ? Je te donne mon numéro de téléphone au cas où, car il n'est pas dans l'annuaire. C'est le 553-2589. J'espère te voir bientôt et j'espère que tout va bien pour toi. Je crois que tu es aussi forte qu'un roc.

Toute mon affection
Maria

---

1. Où habitait Di Stefano.
2. Sur des rumeurs de tentative de suicide, sans fondement.

A Leonidas Lantzounis – *en anglais*

Paris, 29-10-75

Très cher Leo,
J'ai reçu ta très chère lettre et j'admets avoir souri. Moi aussi j'adorerais trouver un merveilleux compagnon, comme tu l'as été pour Sally, mais mon cher Leo, de tels hommes sont impossibles à trouver. Si tu as de tels amis, j'adorerais les rencontrer. Dans mon état, il faut qu'il soit intelligent, aisé, et quelqu'un sur qui je puisse me reposer avec confiance et dévouement. Il doit être honnête, généreux, et ne pas essayer de me changer, comme notre ami mort [Onassis].

Où sont de tels hommes? Je sais que si je ne sors pas fréquemment, je ne pourrai pas en rencontrer, mais je sors et je trouve des hommes superficiels et présomptueux qui n'ont aucun intérêt pour les jolies choses qui rendent notre vie vivable. Je ne crois pas qu'il en existe aujourd'hui mais j'adorerais trouver un tel homme. Ce serait la solution à mes problèmes psychologiques.

Je suis heureuse que tu sois calme à nouveau. J'imagine que tu vas retourner en Grèce l'été prochain. Je ne sais pas quoi faire. Je sais que je dois travailler, mais quoi. Peut-être recommencer à pratiquer et enregistrer toute seule. Il se pourrait que j'aime chanter à nouveau mais je dois chanter seule, et avec un orchestre. Les propositions sont nombreuses, mais je dois regarder profondément en moi, et savoir ce que je veux.

Quoi qu'il en soit, je sors tout juste de l'hôpital. J'avais un kyste à un endroit inconfortable, pas interne, externe, mais il grandissait, et je n'aimais pas ça. Tout est fini désormais, c'était bénin, et je souffre seulement des effets secondaires de l'anesthésie.

Di Stefano est profondément amoureux de moi, mais je le refroidis parce que, eh bien, qui sait. Je veux juste qu'il comprenne petit à petit.

La mort de sa fille lui a donné un coup terrible. Il sait déjà que je ne suis plus la même avec lui, mais, patience. Si nous étions tombés amoureux il y a 15 ans, quand il gagnait une immense fortune, et chantait comme un dieu, les choses auraient pu bien se passer, mais il dit lui-même que je suis plutôt aisée, il n'a rien d'autre à m'offrir que de l'amour, parce que ni lui ni moi ne voudrions qu'il divorce. C'est donc devenu une triste aventure amoureuse. Il est attaché à moi à cause de la mort de sa fille (je crois), peut-être pas. Mais j'ai tous ces soucis personnels à résoudre, et en plus je dois trouver quelque chose d'intéressant à faire dès que j'irai mieux.

J'aimerais avoir ton conseil et bien sûr de tes nouvelles.
Toute mon affection
Maria

---

2 novembre : décès de Pier Paolo Pasolini

1976

A Stelios Galatopoulos[1] – *en anglais*

Non datée, début 1976

Cher Galatopoulos,
Un autre livre sur moi, Dieu du ciel! Je me sens terriblement embarrassée et comme si j'étais déjà morte et enterrée. Tout cela est merveilleux, sans doute, je l'avoue, mais c'est trop, je crois. Cela me donne l'impression d'une extrême exagération alors que je suis seulement une interprète de grande musique, ayant en fait une opinion très modeste de moi-même, et me rongeant les sangs car je me suis placé la barre à un niveau quasi impossible à tenir, puisque à chaque représentation je trouve que j'aurais pu faire beaucoup mieux, et pourtant le public est enthousiaste. Bonne chance à vous. J'espère que vous remettrez les choses à leur place au moins. Je sais que vous admirez l'art avec sincérité et dévotion, mais vous êtes en train d'endosser une sacrée responsabilité, ne croyez-vous pas?
Bien sincèrement
Maria Callas

PS : Teresa pourra vous donner quelques informations. Herman aussi.

---

1. Admirateur et auteur d'un premier livre *Callas : La Divina* en 1963, il s'apprêtait à en écrire un deuxième.

A Robert Crawford – *en anglais*

Paris, 18 février 1976

Cher Bob,
J'ai reçu votre lettre et j'ai été abasourdie d'apprendre que nous devons mettre le bateau en cale sèche. Je pensais que c'était tous les trois ans. J'aimerais en tout cas que vous m'envoyiez l'estimation. Je n'ai en fait jamais vraiment vu de factures ; et celles-ci seraient bien sûr pour mes propres comptes. En revanche je n'aime pas devoir payer cette réparation dans un délai si court.

Il m'est naturellement impossible de venir à Hong Kong ou Singapour pour remonter le moral des membres de l'équipage qui sont payés pour maintenir l'état du bateau du mieux qu'ils peuvent et je tiens le capitaine pour responsable personnellement. Je n'ai pas pris en compte la lettre de salutations que notre capitaine m'a envoyée il y a quelque temps mais je trouve tout à fait ridicule l'idée que je m'y rende pour renforcer l'intérêt de l'équipage. J'ai pris la décision de chanter en juin prochain et de m'exercer. Qui pense à venir me remonter le moral à moi ?

Je voudrais savoir quand vous pensez venir pour que je puisse essayer d'être à Paris parce que nous devons discuter sérieusement.
Comme toujours, bien à vous
Maria

---

17 mars : décès de Luchino Visconti

A Helen Arfaras – *en anglais*

Paris, 3 mai 1976

Chère Helen,
Tu as raison, j'ai été une affreuse correspondante. J'ai voulu t'écrire et tout ce temps a passé. Je suis désolée. Je suis heureuse d'apprendre

que tout va bien pour toi et les enfants. J'ai été très occupée à travailler sur ma voix. J'ai décidé de faire un concert à Londres, avec l'orchestre dans la fosse, et bien sûr, toute seule. Seulement, je veux être certaine de pouvoir chanter le mieux possible. Alors cette semaine, c'est la grande décision pour le concert de mi-juin ou fin octobre.

Aujourd'hui je vais chez l'oto-rhino car j'ai attrapé froid, une <u>trachéite</u> il y a un mois, et je chante par-dessus ce coup de froid.

En tout cas, c'est dommage que je n'aie pas utilisé la maison de Palm Beach du tout, seulement 20 jours en janvier et je suis repartie, il faisait trop froid. Je paye un gros loyer, et je l'utilise à peine. Je verrai ce que je ferai. Je ne peux me décider à l'acheter, car je garde à l'esprit tout ce que tu m'as dit à propos de l'entretien. C'est une très jolie maison, mais je n'aime pas être obligée de toujours devoir y aller parce que je l'aurai achetée. Et ensuite si je veux la vendre. Je ne pense pas que je vais acheter une si grande maison.

Pour le moment je travaille toujours. Je te ferai part de ma décision, dès que possible.

Toute mon affection à vous tous et pardonne-moi de ne pas écrire.
Embrasse tout le monde pour moi.
Affectueusement
Maria

En mai, dans le plus grand secret, Callas répète au théâtre des Champs-Elysées, seule avec le pianiste Jeffrey Tate, en vue de prochains concerts. Elle demande à Bruna d'enregistrer les répétitions, toujours dans l'optique de s'écouter et s'améliorer. Son travail sur l'air de Beethoven « Ah! Perfido » (un des tout premiers airs que lui avait fait travailler de Hidalgo à Athènes en 1938) est ainsi préservé, et en l'écoutant aujourd'hui on peut se rendre compte que Callas n'avait pas, contrairement à ce qui a été souvent raconté, « perdu sa voix », et qu'elle aurait été prête à remonter sur scène. Malheureusement un jeune photographe s'infiltra dans le théâtre vide et prit quelques clichés, publiés dans la presse dès le lendemain avec des titres comme « Elle a encore raté son contre-*ut* ». Callas ne retourna plus au théâtre et décida d'annuler les concerts à venir. Elle continua néanmoins à travailler, seule, dans le huis-clos de son appartement.

A Peter Mennin[1] – *en anglais*

Paris, le 16 juin 1976

Cher Peter,
Je suis désolée d'avoir à vous écrire pour une raison désagréable mais je dois attirer votre attention sur le fait que John Ardoin est en train d'utiliser les bandes pour un livre – qu'il a écrit ou qu'il va écrire – sur mes cours. Puis-je vous rappeler que vous n'êtes pas censé prêter ou vendre ces bandes sans mon accord. Alors j'apprécierais beaucoup que vous puissiez me donner une explication et j'attends une réponse immédiate.

C'est dommage que vous ayez laissé sortir ou vendu ces bandes car cela m'a gâché toute envie de faire des master classes à nouveau.

Dans tous les cas, je suis sûre que vous répondrez rapidement.
Maria

A John Ardoin – *en anglais*

Paris, le 16 juin 1976

Cher John :
Je n'ai pas répondu à ta lettre car je pensais qu'un homme intelligent aurait compris, avant de faire ce que tu as fait, que je pouvais être mécontente à propos de ton livre et le fait que tu aies utilisé mes bandes sans ma permission. Tu aurais au moins pu, par correction, m'informer de tes intentions et me demander si je pouvais être d'accord avec une telle idée.

Au lieu de cela, tu continues à te cacher derrière l'étendard des prétendus droits d'auteur. Je dois dire que tu as été inconscient de penser qu'en me versant une part de tes royalties, je te considérerais un excellent ami.

Mon sentiment est donc que John Ardoin n'a jamais compris et ne comprendra probablement jamais Maria Callas.
Maria Callas

---
1. Directeur de la Juilliard School, New York.

A Helen Arfaras – *en anglais*

Paris, 22 août 1976

Chère Helen,
Je suis impatiente de savoir comment va Maria. Le bébé doit être déjà ou bientôt arrivé mais je suis impatiente. Si tu as le temps donne-moi des nouvelles.

Comment allez-vous tous ? Qu'avez-vous fait tout ce temps ?

J'ai passé une semaine à Ibiza dans la maison d'une amie, et deux semaines en Grèce, à Halkidiki, au nord de Salonique[1]. Magnifique eau transparente et temps <u>sec</u>. Ce fut un séjour fantastique mais calme. Je suis bronzée très foncé, et en superforme. Je n'ai pas de programme futur. J'adorerais avoir de tes nouvelles dès que possible.

Toute mon affection à vous tous
Maria

A Leonidas Lantzounis – *en anglais*

Paris, 22 août 1976

Cher Leonida,
Je n'ai pas eu de tes nouvelles depuis longtemps. Comment vas-tu ? Qu'as-tu fait ? Je vais très bien après un petit accident, rien de grave, mais je me suis fait mal au cou. Maintenant ça va. J'ai passé des vacances merveilleuses. Une semaine à Ibiza, et deux semaines à Halkidiki, au-dessus de Salonique en Grèce. Je n'ai pas de programme. Je n'ai rien décidé pour mon avenir, mais je ferai seulement ce qui me fait envie. Je n'ai pas acheté la maison de Palm Beach, et j'ai cessé de fréquenter qui tu sais.

J'aimerais avoir de tes nouvelles, et tes futurs projets. Surtout comment tu vas ! J'espère que ta santé va bien. Comment va ta vie ?

---

1. Invitée par Vasso Devetzi et Constantin Pylarinos.

Toute mon affection très cher Leonida et essaye de m'écrire bientôt, avec beaucoup de détails.
Bien à toi
Maria

A Oscar Coltellacci[1] – *en italien*

Paris, 31/8/76

Cher Oscar,
Vous n'imaginez pas combien les disques que vous m'avez envoyés m'ont fait plaisir[2]. Dieu que je chantais bien ! Je les ai reçus la veille du 15 août, le jour de ma fête dans ma religion (orthodoxe). Mais on n'a pas encore trouvé les *Variations de Proch*[3]. Etrange, n'est-ce pas ? Néanmoins je suis contente de la *Lakme*. J'écouterai le reste à la fin de la semaine, j'aurai plus de temps.
Plein de bonnes choses et merci.
Bises à votre famille et je vous embrasse, cher Oscar
Maria Callas

A Maria Fajardo-d'Annecy[4] – *en anglais*

Paris, 10/9/76

Très chère Maria,
Je viens juste de recevoir une lettre de ta mère m'annonçant la bonne nouvelle de ton nouveau-né. Je suis si heureuse pour vous deux. Je suis désolée d'apprendre la mort de ta belle-mère. S'il te plaît, transmets mes condoléances à Jaimie.
Je n'ai rien de spécial à te raconter. Je commence à étudier toute

---

1. Choriste de la Scala.
2. Il s'agissait d'enregistrements «pirates» de son concert à Turin, en 1952.
3. Air d'équilibriste vocal que très peu de sopranos sont capables de chanter, Callas ne l'a chanté que deux fois, lors d'un concert en 1951. Une bande amateur de mauvaise qualité fut retrouvée quelques années plus tard.
4. Fille de Helen Arfaras.

seule, juste pour continuer à m'exercer. Si je suis satisfaite de ma voix, je donnerai peut-être un concert ou quelque chose comme ça. Sinon je continuerai simplement à vivre. Je suis heureuse quoi qu'il en soit.

Toute mon affection, chère Maria, et embrasse Jaimie et les enfants
Maria

A Leonidas Lantzounis – *en anglais*

Paris, 2 octobre 1976

Cher Leo,
J'étais navrée d'apprendre la mauvaise nouvelle en ce qui concerne ta famille. J'avais espéré que tu sois plus heureux et profites de la vie. J'espère que tu m'écriras davantage de nouvelles à ton propos.

Que fais-tu? Et tes <u>petites amies</u>? J'espère au moins que tu es heureux! Je t'aime infiniment et je voudrais te savoir heureux.

Je suis paisible. La relation que j'entretenais est définitivement terminée. Tout ce qui me reste à faire est de réclamer mes quelques possessions qui sont chez lui à San Remo, mais je n'ai même pas envie de le faire. Alors je laisse les choses comme elles sont.

Quel est ton programme? J'aimerais venir à NYork fin octobre sur la route de Palm Beach. Je n'ai pas acheté la maison mais elle est probablement en train d'être vendue, donc s'ils signent la semaine prochaine ils ont 50 jours pour tout préparer et puisque j'ai à peine utilisé la maison l'année dernière, ils me proposent d'être leur invitée pour 2 ou 3 semaines avant de partir. Ainsi je pourrai rapporter les affaires que j'y ai laissées. Je te dirai. J'aimerais de tes nouvelles.

Toute mon affection
ta Maria

A Leonidas Lantzounis – *en anglais*

Paris, 11 décembre 1976

Cher Leonida,
Comment vas-tu? J'envoie cette lettre à NYork, mais je suppose

que tu es à SHampton. Je suis ici à Paris, paisible et ne faisant rien. Je n'ai même pas envie de chanter pour le moment. Je crois avoir assez chanté dans ma vie pour durer. Quoi qu'il en soit l'année prochaine sera peut-être plus excitante.

Palm Beach a été vendu, et j'ai déjà récupéré mes affaires. Elles ont été envoyées ici. Par ailleurs l'autre chose qui t'embêtait (P.)[1] ne fait plus partie de ma vie. Dieu merci. J'en avais vraiment marre.

J'espère avoir de tes nouvelles avec des détails te concernant. Pars-tu en vacances pour Noël ? Je reste ici. Je suis bien à la maison.

Toute mon affection cher Leo

Ta Maria

PS : Joyeux Noël et Bonne Année.

A LEO LERMAN – *en anglais*

Paris, 24 décembre 1976

Cher Leo,

Enfin te voilà. J'ai appelé à Milan où tu m'avais dit que tu serais mais tu ne m'as jamais rappelée. J'ai pensé que tu avais été de nouveau malade. Cher Leo, sois moins mystérieux et donne-moi de tes nouvelles. Je ne vais pas à Palm Beach cette année. Je n'ai pas acheté la maison et elle a été vendue. Je te remercie de penser à moi, comme toujours, pour mon anniversaire et je suis heureuse qu'ils aient pensé à moi à la radio aussi.

Tu me manques et j'aimerais te voir. Je te souhaite un Joyeux Noël et Bonne Année.

Toute mon affection à toi et Gray

Maria

---

1. Pippo, Di Stefano.

1977

A Leonidas Lantzounis – *en anglais*

Paris, 21 février 1977

Cher Leo,
J'ai reçu ta lettre il y a quelques semaines, mais je ne t'ai pas répondu plus tôt car je n'étais pas bien. Tension artérielle basse 80 max – 50 min. Maintenant on me fait des injections, etc. Ça me rend faible et sans désir pour quoi que ce soit. Mais dans une semaine je serai de retour à la normale.
De ta lettre je comprends que tu penses que j'étais à Palm Beach mais je n'y suis pas allée. Pas depuis que nous y étions ensemble la dernière fois. Comment vas-tu ? Quels sont tes projets pour les vacances de Pâques ? Tu es comme ma famille de sang. C'est étrange à quel point les liens du sang ne sont finalement pas si forts. Ma famille ne m'a jamais rien apporté que des malheurs. Et toi tu n'as été que source de joie et de bonheur. Quant à ma mère et ma sœur, comment ma sœur peut-elle acheter et meubler une jolie maison toute seule et venir mendier une bonne à mi-temps auprès de moi, je n'arrive pas à comprendre. Je donne aussi de l'argent à ma sœur tous les mois et je sais qu'elle n'en a pas besoin. Elle a eu l'héritage d'Embiricos, alors pourquoi me supplier pour $200. Elles me disent qu'ils n'arrivent pas à vivre avec l'argent que je leur envoie mais j'entends dire qu'elles vivent très confortablement. Ma sœur m'écrit aussi qu'elle a des soucis cardiaques et ne peut travailler (nettoyer sa maison, c'est tout ce qu'elle fait et qu'elle a jamais fait). C'est la mesquinerie de leur âme

que je ne supporte pas ! Ils ne disent jamais *Maria, comment vas-tu ? As-tu besoin de quelque chose ? Es-tu malade ?* Tout le monde se soucie de moi mais elles n'en ont jamais rien eu à faire de moi. Ce n'est pas nouveau mais je n'arrive toujours pas à m'y habituer. Elles n'écrivent que quand elles ont besoin d'argent. Peu importe. Pardonne-moi de me plaindre mais c'est dommage que nous ne soyons pas une famille unie. Nous aurions tous été moins seuls.

Je t'écrirai bientôt. En attendant, envoie-moi de tes nouvelles.
Toute mon affection
Maria

EXTRAIT DU JOURNAL PERSONNEL DE LEO LERMAN

Juillet à Paris. On sait qu'il n'y a personne, mais cet été Maria était là dans son appartement, et Marlene était dans le sien[1].

L'après-midi, Gray et moi sommes allés passer quelques heures avec Maria. Nous nous sommes rendus dans son impeccable résidence de l'avenue Georges-Mandel, et son impeccable gouvernante [Bruna] nous a fait entrer dans un très grand appartement rempli de choses et de vide. C'était l'un des lieux les moins occupés où j'aie jamais été.

Maria est entrée. Elle était dans une ample robe de chambre vert bouteille. Ses cheveux longs, ses yeux grands et interrogatifs. Son sourire aimant. Elle était fragile – quelque chose était absent. Je crois que c'était son esprit. Je n'arrivais plus à entendre le son des applaudissements. Depuis le premier jour où j'avais vu Maria, il y a tant d'années à Venise[2], j'avais toujours entendu le son des applaudissements. Elle s'installa dans son sofa. On s'assit près d'elle. Elle prit ses gouttes pour les yeux et les versa dans ses yeux[3]. Maria nous a souri et, le temps d'un instant, c'était l'ancienne Maria. C'était le grand sourire, désinhibé, confiant, d'une très jeune fille. C'était le

---

[1]. Marlene Dietrich habitait avenue Montaigne. Leo et son compagnon Gray allaient dîner chez elle le soir du même jour, 6 juillet 1977. D'où le titre ajouté par Lerman à ce passage : « Une perspective de monstres sacrés. »

[2]. Pour *La Traviata*, le 8 janvier 1953.

[3]. Les gouttes qu'elle devait s'appliquer à heure fixe depuis le début des années 70 pour le traitement de son glaucome.

sourire de Maria, qui avait toujours réussi à anéantir toute angoisse, toute incertitude, toute intuition que tout n'était pas radieux, avec lequel elle pouvait au moins pour quelques instants s'élever au-delà du temps. « Raconte-moi tout sur tout », dit-elle.

On s'est mis à parler de qui chantait quoi et où. Maria a raconté qu'elle avait entendu ceci et cela, et qu'on lui avait demandé de faire ceci et cela, mais elle dit : « Pour quoi faire ? J'ai déjà tout fait. » Elle nous fit visiter chaque recoin de cet appartement avec fierté. Tout était très luxueux, et il était vide à force d'attendre – tout espoir évanoui, mort. Il n'y avait qu'une seule photo dans sa chambre à coucher. C'était Meneghini, posé sur sa cheminée[1]. Elle dit : « Je n'ai jamais détesté Jackie [Kennedy], mais je hais Lee [sa sœur]. Je la hais. J'ai un rêve récurrent. Je rêve de lui, Onassis, tout le temps. Je veux l'aider, mais je n'y arrive pas. » Il y avait cette sorte de vibration dans sa voix, une brillance métallique, presque cuivrée. Lorsque Maria ressentait quelque chose profondément, sa voix parlée était plus dans la section des cuivres de l'orchestre que des cordes ou des vents. Le rêve de Maria : elle et Onassis étaient dans une chambre d'hôtel, et ils rangeaient plein de choses dans leurs valises. Ils regardaient par la fenêtre, et tout était désert. Aussi loin qu'ils pouvaient voir, tout n'était qu'un paysage couvert de boue. Ils étaient très affectés par cela et déprimés. Puis le téléphone sonnait, soit la voix au bout du fil disait que c'était un appel de Churchill, soit c'était Churchill lui-même au téléphone. Toute l'atmosphère était imprégnée de désespoir. Maria ressentait une désolation aiguë, et puis elle se réveillait. Elle faisait le même rêve, ou des variantes, très souvent. Elle le voyait comme un signe de mauvais augure. Elle nous dit cela calmement, mesurément, et semblait si sereine.

---

1. Il est possible que Leo Lerman ait confondu avec le portrait de Serafin (p. 416) qui, de loin, ressemblait à Meneghini. Il est en effet peu probable que Maria ait conservé une photo de son ex-mari, avec lequel elle n'avait plus aucun contact depuis des années.

A Maurice Béjart – *en français*

Paris, non datée, 1977

Mon très cher Ami,
Je suis désolée de ce malentendu. Mon maître d'hôtel va expliquer comment ça s'est passé. Pour la semaine à venir je pourrai vous voir avec joie et santé. Pour maintenant je suis <u>ordonnée</u> une semaine de repos <u>complet</u>. Ecrivez-moi si vous ne pouvez pas.
Avec amitié
Maria

PS : Vous voyez par mon écriture comme je suis fatiguée.

Une des dernières photos connues de Maria Callas, sortant de son immeuble avenue Georges-Mandel, accompagnée de Bruna et de ses deux caniches.

Le matin du 16 septembre, Maria Callas se réveille avec une forte douleur à la poitrine. Bruna l'aide à se lever, Ferruccio va lui chercher du café. Le temps qu'il revienne, « Madame » est sans connaissance. Elle vient de succomber à une crise cardiaque. Elle avait 53 ans. Ce jour-là, elle avait rendez-vous avec son agent, Gorlinsky, qui venait de Londres pour essayer de la convaincre d'enregistrer, enfin, *La Traviata*.

FRAGMENTS DE MÉMOIRES[1]

1977

« Je dois consolider mes forces, et en premier lieu mes forces spirituelles. Dans la vraie vie, vous savez, je ne suis ni Norma ni Violetta. Ça aurait été bien d'avoir leur force plutôt que leurs faiblesses. »

---

1. Durant l'année 1977, toujours dans l'idée d'écrire ses mémoires, de la même manière qu'elle l'avait fait vingt ans plus tôt, Maria se décida de nouveau à dicter ses souvenirs, en anglais cette fois-ci, à son ami et compatriote Stelios Galatopoulos. En voici la transcription précise et inaltérée (seuls les intertitres ont été ajoutés).

Ma famille

Vous ne choisissez pas vos parents, mais vous pouvez choisir votre famille adoptive. Bruna, qui a seulement deux ans de plus que moi, a été une mère et une sœur pour moi. Elle a même été mon infirmière dévouée. Quand j'étais hospitalisée, elle ne laissait personne faire ce qu'elle pouvait faire elle-même. Elle me lavait et me réconfortait comme une mère le ferait pour son enfant. Même si je n'étais pas étonnée de la dévotion de Bruna pour laquelle j'étais si reconnaissante, je ne pouvais pas en même temps m'empêcher de sentir que ce n'était pas vraiment juste. Ma mère et ma sœur, pas Bruna, auraient dû être là. A l'hôpital, et plus tard à la maison, je me demandais pourquoi elles n'étaient pas auprès de moi. Bruna a dû lire dans mes pensées, car avec sa sagesse et sa simplicité elle ne me laissait pas ruminer. Malgré mes défauts, elles [sa mère et sa sœur] auraient quand même pu être fières de moi ; il y a des parents sur cette terre, j'ose le dire, qui auraient pu être heureux d'avoir une fille comme moi. Au lieu de cela nous avons passé la majeure partie de nos vies d'adultes – et encore aujourd'hui – misérablement seules, chacune dans sa maison, isolées les unes des autres.

Il y a longtemps, quand mon père vivait encore, ma sœur m'écrivait sans cesse que nos parents vieillissaient. Bien sûr, je le savais, et cela s'applique à moi aussi, à nous tous. Ce que tout cela sous-tendait, c'était qu'elle me demandait encore plus d'argent. Mais pourquoi ma mère et ma sœur n'ont-elles jamais demandé si j'allais bien ou pas ? Même des inconnus le font ! Ça me fait très mal. Vous savez, je n'arrive pas à m'en remettre, même si, avec le temps, j'ai été capable d'oublier des choses terribles qu'on m'a dites dans des moments de colère. Moi aussi, je me suis montrée dure quand on me poussait trop loin. D'abord, ne disons pas que j'ai raison sur tout. Personne n'est parfait. Evidemment, j'ai aussi fait des erreurs, même si mes intentions étaient bonnes, surtout au début. J'ai toujours agi correctement et de manière responsable, notamment dans l'objectif principal de mes efforts qui était de garder mes parents ensemble. Si j'avais réussi, sûrement à la longue ils auraient été reconnaissants et on aurait pu espérer que ma mère en vienne à accepter que sa fille cadette ait un peu plus en elle qu'une belle voix avec un grand pouvoir de gagner de l'argent. Cependant, compte tenu du résultat de mes efforts, il aurait mieux valu qu'ils aient divorcé plus tôt, mais pour les Grecs, le divorce était à cette époque un scandale honteux, en tout cas je ne regrette pas d'avoir essayé [de les en empêcher].

Ma mère m'a écrit qu'elle regrettait de m'avoir misc au monde et m'a maudite de façon ignoble, et tout cela parce que je refusais de lui donner plus d'argent. Elle a même été jusqu'à me déclarer cliniquement folle, à la suite d'un accident mineur que j'ai eu enfant. Et pourtant je l'aurais gardée près de moi si seulement elle avait cessé de parler à la presse, cessé de me faire du chantage, et je parle d'une période où je devais me dévouer corps et âme à mon travail et au champ de bataille du théâtre. Cependant, j'aurais dû accepter de la voir quand certains de ses amis ont essayé d'intervenir. Lorsque j'y repense, la situation n'aurait pas pu être pire, vraiment. Mais j'étais plus blessée qu'indignée et à l'époque ma fierté bafouée, ou quel que soit le nom qu'on lui donne, a pris le dessus sur mon discernement. En conséquence, pendant un temps j'ai été faible plutôt qu'assez forte pour me croire capable d'oublier que j'avais un jour eu une mère. Eh bien, tôt ou tard on découvre que, même si le lien familial n'est pas l'invention la plus parfaite de l'homme, c'est la meilleure dont on dispose. Pendant un certain temps, alors, j'ai trouvé refuge auprès de mon mari et dans mon art, mais quand mon mariage a commencé à s'effondrer, je me suis rendu compte que j'étais seule, comme je l'avais toujours été en réalité, depuis aussi longtemps que je me souvienne. Puis il y eut Aristo et, comme vous le savez, j'avais aussi d'autres soucis, des problèmes vocaux qui me préoccupaient.

Quand, en 1961, mon père a emmené ma sœur voir *Médée* à Epidaure, soudain tout a semblé aller bien entre nous. Il n'y avait aucun signe de ma mère mais cela aurait été trop demander. Aucun développement significatif dans ma relation avec ma sœur n'a suivi. Nous étions vraiment revenues à la case départ. Peut-être que je n'ai pas bien joué mon rôle ou peut-être que je l'ai joué trop bien. Dans un effort d'être naturelle et pas du tout condescendante, comme nous l'étions dans notre adolescence, j'ai peut-être semblé un peu brusque. Voyez-vous, en pratique, rompre avec ma mère signifiait que je ne verrais plus ma sœur non plus. Les retrouvailles d'Epidaure étaient dues à l'initiative de mon père. Donc on se dit encore qu'on devrait essayer. Beaucoup d'eau avait coulé sous les ponts et on se dit peu importe si je suis rejetée.

Quelques années après que ma mère a écrit son livre, j'ai été informée de façon inattendue par la sécurité sociale de New York qu'elle avait atteint l'âge de la retraite et réclamait une pension de l'Etat. Cependant, ils ont aussi dit que j'étais tenue de fournir une aide financière à ma pauvre mère. Immédiatement, j'ai autorisé mon parrain à New York à régler l'affaire en mon nom comme il l'entendait. En présence de l'assistante sociale, mon parrain a proposé à ma mère 200 dollars par mois à condition qu'elle cesse d'approcher les médias pour me provoquer en faisant de la publicité contre moi ; l'allocation serait augmentée si, après six mois, elle s'était conformée à cette condition. Bien qu'elle ait promis fidèlement qu'elle le ferait, quelques mois plus tard elle avait repris ses vieilles ruses, en donnant une interview au magazine italien *Gente*. Certaines personnes ne changent jamais.

Il n'y a pas grand-chose que je puisse ajouter à propos de ma mère. Peut-être aurais-je dû faire plus d'efforts, mais à l'époque je pensais avoir fait tout ce que je pouvais. Parce qu'elle était ma mère, j'avais évidemment sous-estimé jusqu'où elle irait et combien de dégâts elle était capable de causer. Quant à ma sœur, c'est une histoire différente. A aucun moment par le passé elle n'a montré le moindre signe de solidarité vers moi et elle devait savoir que j'en avais terriblement besoin. Certes, elle était occupée, comme elle l'avait toujours été, avec sa propre vie et ses propres problèmes. Mais qu'en est-il de mes problèmes ? Au lieu de cela, ma sœur semblait avoir complètement pris le parti de ma mère, qui a sans aucun doute empoisonné son esprit. Lorsque mes difficultés, précisément avec ma mère, ont atteint une impasse, après la publication de son livre invraisemblable me dénigrant faussement (encore une fois parce que je ne lui donnais pas plus d'argent), ma sœur n'a même pas essayé de jouer le rôle du médiateur impartial. Pourtant, j'avais bel et bien donné beaucoup d'argent à ma mère au début, dès que j'ai commencé à en gagner, mais elle ne l'a probablement jamais dit à ma sœur ; elle a continué plutôt à m'accuser d'être avare, une fille sans cœur qui laissait sa mère mourir de faim et ainsi de suite. Elle avait utilisé la même tactique en Grèce avant l'Occupation, quand elle nous a dit que mon père n'avait jamais envoyé d'argent, pour que nous nous retournions contre lui. Quoi qu'il en soit, je n'ai rien contre ma sœur.

L'Art

J'ai eu la chance de travailler avec beaucoup de grands chefs mais sans vouloir sous-estimer leur capacité ou talent artistique, je ne peux, en toute sincérité et humilité, considérer aucun d'eux de la même façon que Tullio Serafin. Ce n'est pas une question de comparaison mais c'est lui qui a eu la plus grande influence sur moi. Tout comme ma professeur Elvira de Hidalgo.

J'ai commencé ma formation vocale très tôt. Autant que je le sache, beaucoup de grands chanteurs, en particulier les femmes, ont également commencé très tôt. Une formation vocale experte est essentielle car elle forme ce qu'ils appellent votre « colonne vertébrale ». L'instrument vocal est comme un enfant. Si on lui enseigne correctement comment lire et écrire dès le début et s'il est bien élevé en général, il aura de bonnes chances de réussir plus tard. En revanche, si vous n'apprenez pas exactement ce que vous êtes censé faire, vous serez toujours handicapé.

Comme je crois que la carrière d'un chanteur est largement basée sur la jeunesse, il est nécessaire que nous commencions notre formation le plus tôt possible. De plus, puisque cette carrière est relativement courte (beaucoup plus courte que celle d'un chef) et qu'on atteint la sagesse en général tardivement, longtemps après sa formation, plus celle-ci est accomplie tôt, mieux c'est. C'est encore plus urgent pour les Méditerranéens (je suis grecque et ma professeur est une Espagnole), surtout des filles qui, généralement, grandissent plus vite, ou mûrissent plus vite que celles des climats nordiques.

Quoi qu'il en soit, j'ai eu la chance d'avoir commencé très jeune, et surtout avec de Hidalgo, qui était, peut-être, la dernière à avoir eu la véritable formation vocale, d'après la grande discipline du bel canto. Alors que j'étais une jeune fille de quinze ans, j'ai été jetée dans ses bras, ce qui signifie que j'ai appris les secrets, les chemins du bel canto, un terme grossièrement trompeur qui littéralement signifie « beau chant ». Le bel canto est la méthode de formation musicale la plus efficace (le mot beau ici est hors de propos), préparant une chanteuse à surmonter toutes les complexités de la musique opératique et, à travers ces complexités, à exprimer les émotions humaines avec profondeur. Cette méthode requiert un énorme contrôle du souffle, une ligne solide et la capacité de produire un son pur et fluide, en même temps que les fioritures.

Le bel canto est une camisole de force que l'on doit apprendre à porter qu'on le veuille ou non. Ce n'est pas différent d'apprendre à lire et à écrire. Dans le chant, qui est aussi une langue, bien que plus précise et complexe, vous devez apprendre à former des phrases musicales, aussi loin que votre force physique peut aller. De plus, lorsque vous trébuchez, vous devez pouvoir vous remettre sur pied selon les règles du bel canto. La flexibilité de la voix, et par conséquent la coloratura, est vitale pour tous les chanteurs d'opéra, qu'ils l'utilisent ou non en représentation. Sans cette formation, le chanteur restera limité, voire boiteux. C'est la même chose si un athlète, disons un coureur, entraîne seulement les muscles de ses jambes. Un chanteur doit également acquérir le bon goût, ce qui est essentiel, et une qualité qui se transmet de professeur à élève. Donc le bel canto est l'éducation complète sans laquelle on ne peut pas chanter vraiment bien, quel que soit l'opéra, même le plus contemporain.

Il n'est pas correct de définir certaines œuvres de Rossini, Bellini, Donizetti comme des opéras de bel canto. En réalité, il n'en est rien. Cette différenciation plutôt superficielle fut vraisemblablement inventée vers la fin du siècle précédent, lorsque la méthode du bel canto commença à être négligée ou enseignée moins rigoureusement. Comme la nouvelle musique (le vérisme réaliste) ne reposait plus sur la coloratura en soi ou d'autres embellissements (que le bel canto enseigne essentiellement) pour exprimer le drame, beaucoup de chanteurs quittèrent prématurément l'école pour la scène afin de devenir rapidement riches et célèbres. C'était un mauvais choix, car ces chanteurs avaient encore besoin d'une formation complète. Au lieu de cela, certains enseignants avaient concocté des cours de chant dangereusement abrégés, avec des répercussions inévitables ; dans les œuvres véristes, par exemple celles de Puccini, les chanteurs peuvent survivre, quoique dans une mesure très limitée, mais dans les opéras plus anciens (ces opéras mal étiquetés *bel canto*), ils n'y arrivent pas – si tant est qu'ils restent fidèles à la partition, et ils le doivent. La crédibilité ne peut être atteinte qu'avec la plus grande sincérité de la part de l'interprète.

Bien que j'aie commencé avec une étendue vocale courte (probablement celle d'une mezzo-soprano), le registre aigu s'est développé naturellement, presque immédiatement. Ainsi je peux dire que ma voix était dès le début celle d'une soprano dramatique et très tôt j'ai chanté Santuzza dans *Cavalleria rusticana* et le rôle-titre dans *Suor Angelica* dans des spectacles d'étudiants, puis *Tosca* avec l'Opéra d'Athènes. Cependant, de Hidalgo dans son tutorat a continué à garder ma voix du côté plus léger car c'est, bien sûr, l'une des règles de base du bel canto : quelle que soit la lourdeur de la voix, elle doit rester légère (ce n'est pas recommandé tout le temps pour tout le monde, mais ma voix étant un instrument plutôt étrange, elle avait davantage besoin de ce traitement) – c'est-à-dire que sa flexibilité doit non seulement être constamment maintenue à tout prix mais également accrue. Cela est réalisé en pratiquant les gammes, les trilles, les arpèges et tous les embellissements du bel canto. Les pianistes utilisent la même approche. J'ai appris tout cela grâce aux exercices inestimables composés par Concone et Panofka – de merveilleuses petites mélodies qui font d'un dur travail un plaisir. Bien que vous soyez obligé de pratiquer ces exercices toute votre vie, il est absolument nécessaire de les apprendre avant de commencer à chanter sur scène, sinon vous serez confronté au désastre.

D'autre part, si vous êtes préparé, ils aident grandement à vous accomplir en tant que chanteur. La science et l'art du bel canto, un langage en soi, est énorme – plus on apprend, moins on sait que l'on a appris. Plus de problèmes surgissent, et plus de difficultés. Vous devez lui donner plus d'amour, plus de passion, car c'est quelque chose de fascinant et d'intangible.

Je peux dire que lorsque j'ai quitté la Grèce, j'avais terminé ma scolarité et une période préparatoire précoce de représentations. D'ici là, j'avais compris, plus ou moins, jusqu'où je pouvais aller, ce que je devais faire. En bref, j'étais prête à commencer ma carrière, ce qui signifiait que j'étais diplômée de l'Atelier. Etudier avec de Hidalgo était semblable à l'éducation scolaire et universitaire, et avec Serafin aux écoles supérieures et à la fin des études. J'ai appris de Serafin que dorénavant mes ressources vocales ne devraient pas se limiter à l'étude du bel canto, mais qu'il fallait utiliser celles-ci comme moyen de réunir la note avec l'expression et le geste. « Vous avez un instrument, m'a-t-il dit, avec lequel vous étudiez pendant les répétitions, comme le fait un pianiste avec son piano, mais pendant la représentation, essayez d'oublier que vous avez étudié, profitez de votre chant, exprimez votre âme à travers lui. » J'ai aussi appris que je devais faire attention à ne pas devenir obsédée par la beauté d'une représentation ; si vous vous détendez trop, vous perdez le contrôle. Vous devez viser à devenir l'instrument principal de l'orchestre (ce qui est la définition de *prima donna*), et vous dédier au service de la musique et de l'art, et il s'agit vraiment de cela. L'art est la capacité d'exprimer la vie de l'émotion. C'est la même chose dans tous les arts – la danse, la littérature, la peinture. Tout comme un peintre a appris techniquement à peindre, il n'aura rien fait tant qu'il n'arrivera pas à produire une peinture qui soit une œuvre d'art.

C'est Serafin qui m'a appris le sens de l'art et qui m'a guidée à le découvrir par moi-même. Musicien de talent et grand chef d'orchestre, Serafin était aussi un professeur de la plus haute subtilité – non pas de solfège mais du phrasé et de l'expression dramatique. Sans son enseignement et ses conseils, qui sont toujours restés en moi, je n'aurais peut-être pas trouvé le sens de l'art. Il m'a ouvert les yeux, en me montrant qu'il y avait une raison pour toute chose en musique : les fioritures, les trilles et tous les autres embellissements permettent au compositeur d'exprimer l'état d'esprit du personnage dans l'opéra – c'est ce qu'il ressent à ce moment-là, les émotions passagères qui s'emparent de lui. Si, cependant, ces embellissements sont utilisés superficiellement pour créer une prouesse vocale, alors ils seront contre-productifs. Ils vont simplement détruire la caractérisation que l'on devrait être en train d'essayer de construire.

Rien n'échappait à l'attention de Serafin. Il avait tout d'un renard rusé – chaque mouvement, chaque mot, chaque souffle, chaque petit détail était important. Une des premières choses qu'il m'ait dites (qui est en fait un principe de base du bel canto), c'était de toujours préparer une phrase dans votre âme avant de la chanter ; le public la voit sur votre visage – puis vous la chantez et sans jamais attaquer une note par en dessous ou par-dessus. Il m'a appris aussi que les pauses sont souvent plus importantes que la musique, qu'il y a un rythme, une mesure pour l'oreille humaine, et que si une note est trop longue, elle perd toute valeur après un certain temps. Quand on parle, on ne s'accroche pas aux mots ou aux syllabes. La même chose s'applique au chant aussi. Serafin m'a enseigné l'importance du récitatif – son élasticité, son équilibre si subtil que parfois seul l'interprète peut le percevoir. Il a ajouté que pour trouver le geste et l'action adéquats sur scène, il suffit d'écouter la musique – le compositeur a déjà tout prévu. J'agis en fonction de la musique, d'une pause, d'un accord, d'un crescendo.

Et donc j'ai appris exactement la profondeur et la justification de la musique. C'est pourquoi j'ai essayé d'absorber, comme une éponge, tout ce que je pouvais de ce grand homme. Même si Serafin était un professeur très strict, lors des représentations il vous laissait libre de vos propres initiatives et ressources vocales, mais il était toujours là pour aider. Si vous n'étiez pas en forme, il accélérait le tempo pour vous aider avec la respiration – il respirait avec vous, il vivait la musique avec vous, il aimait avec vous. L'art de la musique est si grand qu'il peut vous envelopper et vous garder dans un état de quasi perpétuelle anxiété et de torture. Mais tout cela n'est pas en vain. C'est un honneur et un grand bonheur de servir la musique avec amour et humilité.

La musique est aussi le facteur décisif dans le choix d'un rôle opératique. D'abord je lis la musique, de la même façon que je lirais un livre. Puis je lis toute la partition et si je décide de chanter le rôle, je me demande : « Qui est-elle, est-ce que la caractérisation est en accord avec la musique ? » C'est souvent le cas. Par exemple, l'Anne Boleyn des livres d'histoire est assez différente de celle de Donizetti. Le compositeur en a fait une femme sublime, une victime des circonstances, presque une héroïne. La musique elle-même justifie le livret.

Le chant est la plus haute, la plus noble manifestation de la poésie ; par conséquent une bonne diction est d'une importance primordiale, non seulement parce qu'un chanteur doit être intelligible mais, plus important encore, parce que la musique ne doit pas subir de mutilation. Le fait que j'essaie toujours de trouver la vérité dans la musique ne rend en rien les mots superflus. Quand j'ai auditionné pour *Norma*, Serafin m'a dit : « Vous connaissez très bien la musique. Maintenant, rentrez chez vous et dites-vous [le livret] à vous-même. Voyons avec quelles proportions et rythmes vous me reviendrez demain. Continuez à vous le dire, en prenant note des accents, des pauses, des petites tensions qui créent du sens. Chanter c'est parler en tonalités. Essayez d'atteindre le juste équilibre entre les différents accents de la parole et de la musique, en gardant à l'esprit le style de Bellini bien sûr. Respectez les valeurs mais soyez libre de cultiver votre propre expression. »

Très souvent, les mots dans l'opéra sont naïfs, voire dénués de sens en tant que tels, mais ils acquièrent une énorme puissance avec la musique. Dans un sens, l'opéra est aujourd'hui une forme d'art démodée, alors qu'avant vous pouviez chanter *Je t'aime* ou *Je te hais*, ou d'autres mots exprimant n'importe quel sentiment, désormais si voulez être convaincant, il est absolument nécessaire d'exprimer le sentiment correspondant à travers la musique plutôt qu'à travers les mots et faire participer le spectateur à ce que vous dites et ressentez. La musique crée un monde à un niveau supérieur, mais l'opéra a besoin de mots pour accomplir cela. Voilà pourquoi moi, en tant qu'interprète, je commence par la musique. Le compositeur a déjà trouvé sa vérité dans le livret. « La musique commence là où s'arrêtent les mots », comme le disait E. T. A. Hoffmann.

Mais pour revenir à mon étape préparatoire : on prend la musique et on l'apprend comme si on était un élève au conservatoire – en d'autres termes, exactement comme elle est écrite, rien de plus et rien de moins, et tout cela à ce stade sans se laisser entraîner dans le joli monde de la création. C'est ce que j'appelle la « camisole de force ». Le chef d'orchestre vous donne ses coupes, ses possibilités, ses idées sur ce que pourrait être la cadence – un chef consciencieux devrait toujours construire les cadences selon le style et la nature du compositeur.

Ayant découpé la partition, vous avez alors besoin d'un pianiste qui ne laissera aucune erreur dans les valeurs des notes vous échapper. Après environ deux semaines, vous avez besoin de la troupe et du chef d'orchestre pour les répétitions au piano. Durant mes jeunes années, j'assistais aussi, de ma propre initiative, aux répétitions de l'orchestre seul. Je suis myope et je ne peux pas dépendre des départs qui me sont donnés soit par le chef d'orchestre soit par le souffleur. J'y assistais aussi pour vivre la musique. Donc, quand j'arrivais à la première répétition avec orchestre, j'étais assez préparée, c'est-à-dire que j'étais prête à commencer la création de mon rôle.

Naturellement, cela vient avec les répétitions et grandit avec les représentations. Parfois, la technique vocale vous barre la route. Aujourd'hui une phrase ne sort pas, mais demain, pour votre plus grand plaisir, ça fonctionne. Puis, progressivement, la familiarité avec la musique et le personnage vous permet de développer toutes les minuscules nuances que vous pouviez seulement deviner au début. Vous modelez le personnage : les yeux, les membres, tout l'aspect physique. Cela devient une étape d'identification parfois si complète que j'ai l'impression d'être elle.

Toute la musique italienne est toujours un mouvement fluide, quelle que soit la lenteur rythmiquement. Quand vous maîtriserez cela, l'interprétation continuera de progresser. Votre subconscient aura mûri et vous aidera toujours. Tout doit être logique, ça doit faire sens.

Enfin, vous construisez tout ensemble – la scène, les collègues, l'orchestre – et finalement vous arrivez au moment de jouer l'opéra en entier, vous devez le faire trois ou quatre fois pour mesurer votre force et apprendre où vous pouvez vous reposer. Il y a une chose que vous devez faire lors des répétitions orchestrales : chanter à pleine voix pour le bien de vos collègues, et surtout pour évaluer vos propres possibilités. A ce stade, à environ vingt jours de travail, vous avez la dernière répétition générale ; il n'y a pas d'interruption, c'est exactement comme une représentation. Là vous êtes presque malade, tellement vous êtes fatigué ; le lendemain vous vous détendez et le troisième jour, vous êtes prêt à y aller. Après la première représentation le vrai travail solide commence à remplir les blancs. Vous avez fait une ébauche – à moins, bien sûr, que vous ayez eu beaucoup de temps, mais dans tous les cas il n'y a rien de tel que les représentations sur scène devant un public pour peaufiner les détails, les choses intangibles, qui sont si belles.

Le perfectionnement d'un rôle peut prendre bien longtemps. Eventuellement, je changerai la coiffure, les costumes et ainsi de suite. Bien que mon jeu naisse de la musique, l'instinct y participe aussi. Ce doit être mon côté grec qui parle car je n'ai rien fait en dehors de la scène opératique. J'ai été assez surprise lorsqu'une fois je regardais l'acteur-producteur grec Minotis répéter le chœur grec dans la *Medea* de Cherubini dans laquelle j'apparaissais. (Médée elle-même n'est pas grecque.) Soudain, je me suis aperçue qu'ils faisaient les mêmes mouvements que ceux que j'avais faits dans *Alceste* quelques années auparavant. Je n'avais jamais vu de tragédie grecque. Quand j'étais en Grèce, c'était surtout pendant la guerre et j'étudiais le chant. Je n'avais pas beaucoup de temps ni d'argent pour quoi que ce soit d'autre et pourtant mes mouvements dans le rôle de la Grecque Alceste étaient similaires à ceux du chœur grec dans *Medea*. Ça doit être l'instinct.

Je me souviens que, même enfant, je n'ai jamais beaucoup bougé, alors que j'observais énormément. Durant mes jeunes années au Conservatoire d'Athènes, je ne savais pas quoi faire de mes mains. A l'époque, vers l'âge de quatorze ans, Renato Mordo, le metteur en scène italien d'opérettes au Conservatoire, a dit deux choses qui sont restées dans mon esprit depuis lors. L'une était que vous ne devriez jamais bouger votre main à moins de la suivre avec votre esprit et votre âme, une façon étrange de le dire, mais tellement vraie. L'autre était que lorsque votre collègue sur scène vous chante sa partie, vous devez essayer à ce moment-là d'oublier que vous connaissez d'avance (car c'est un rôle que vous avez répété) ce que vous êtes censé répondre. Bien sûr, vous répondrez ce qui est écrit dans le livret, mais faites comme si cette réaction avait lieu pour la toute première fois. Naturellement, ce n'est pas assez de connaître ces choses-là, c'est ce que vous en faites qui compte.

C'est pareil avec les gestes. Aujourd'hui, vous avez envie de faire un geste qui demain ne viendra peut-être pas naturellement ; et si cela ne vous vient pas naturellement, vous ne pouvez pas espérer convaincre le public. Mes gestes ne sont jamais prémédités. Ils sont liés à nos collègues, à la musique, à la manière dont vous avez bougé avant : un geste naît de l'autre comme les répliques dans une conversation. Ils doivent toujours être le produit authentique du moment.

Néanmoins, même si cette logique de spontanéité est essentielle, la condition préalable la plus importante pour un acteur (les chanteurs d'opéra sont des acteurs) est de s'identifier au personnage, tel qu'il a été créé par le compositeur et le librettiste, autrement votre représentation restera peu convaincante et indigne, même si elle est belle superficiellement et impressionnante. Indiscutablement, vous devez étudier chaque inflexion vocale, chaque geste, chaque coup d'œil – votre instinct est l'ami abstrait qui vous permettra de garder le cap. Cependant, vous n'aurez rien accompli si vos études ne se traduisent pas, une fois sur scène, par une transfiguration totale en une nouvelle manière de ressentir, une nouvelle façon de vivre. Parfois c'est si difficile que vous désespérez presque – c'est comme essayer d'ouvrir un coffre-fort sans connaître la combinaison. Mais vous ne devez pas abandonner. Vous devez continuer à explorer toutes les possibilités. C'est l'un des aspects les plus fascinants de l'art : il y a toujours de nouveaux détails, de nouvelles révélations qu'une recherche approfondie peut mettre au jour.

Il est de notre devoir de moderniser notre approche afin que nous puissions donner à l'opéra une bouffée d'air frais. Coupez les mouvements redondants et certaines répétitions trop longues (la répétition d'une mélodie est rarement vraiment bien), parce que le plus tôt vous atteignez l'objectif, le mieux c'est – et vous devez toujours avoir un objectif à atteindre. En règle générale, la première fois que vous dites quelque chose est la seule fois – essayez de ne pas risquer une seconde fois.

Nous devons toujours chanter fidèlement ce que le compositeur a écrit, mais de telle manière que le public écoute. C'est ainsi parce qu'il y a cent ans le public était différent, il avait l'habitude de penser différemment, de s'habiller différemment. Aujourd'hui nous devons agir en conséquence. Nous faisons des changements pour faire de l'opéra un succès, tout en gardant l'atmosphère, la poésie, le mysticisme qui fait marcher la théâtralité. Il n'y a rien de démodé en cela, le sentiment a toujours été réel et profondément ressenti, un sentiment honnête le sera toujours. Chanter n'est pas un acte de fierté, mais une tentative de s'élever vers les hauteurs où tout n'est qu'harmonie.

Il ne suffit pas d'avoir une belle voix. Qu'est-ce que ça veut dire ? Quand vous interprétez un rôle, vous devez avoir mille couleurs pour représenter le bonheur, la joie, le chagrin, la colère, la peur.

Comment peut-on faire cela avec seulement une belle voix ? Même si vous chantez parfois durement, comme je l'ai fait, c'est une nécessité d'expression. On doit le faire, même si les gens ne comprennent pas. Mais à long terme, ils comprendront, car vous devez les persuader de ce que vous faites.

C'est un fait que certains prétendent que l'art du chant est avant tout une tonalité parfaite, des notes aiguës brillantes et rien d'autre. Bien qu'en principe je sois la dernière personne à désapprouver ces exécutions vocales, elles sont plutôt superficielles si on les considère isolées du reste. A mon avis, c'est ce que tout élève devrait apprendre jusqu'à la dernière, non, la pénultième année au conservatoire. Ensuite, l'étudiant doit fidèlement employer la technique pour servir l'expression (la seule raison pour laquelle cette technique est acquise). Mais pendant le processus de sa transformation, de technicien à artiste, il y aura forcément des moments où la tonalité ne peut et ne doit pas être parfaite. En tout cas, c'est une impossibilité physique de maintenir une tonalité parfaite tout en étant juste dans ce que vous devez exprimer. En outre, même certaines notes élevées seront stridentes, parfois délibérément et parfois c'est le prix à payer pour le bien de l'expression. Cela, bien sûr, selon que vous vous souciez plus de l'art lui-même ou de votre succès personnel égoïste, ce qui n'est vraiment pas le succès. La voix humaine, lorsqu'elle sert l'art avec une honnêteté absolue, ne peut pas toujours produire physiquement des notes aiguës sans stridence. Vous ne pouvez pas utiliser l'expression artistique comme prétexte pour une intonation mal produite et des notes élevées. Ce qui nous intéresse, c'est de savoir si ce qu'on valorise est bien l'expression artistique, le seul but de tous les artistes.

Les notes élevées sont aussi importantes que les autres notes. Elles sont écrites par le compositeur pour exprimer le sentiment du moment, quand le sommet de l'émotion est atteint. Par conséquent ces notes élevées ne doivent pas nécessairement être chantées de la même manière ; ce n'est pas suffisant qu'une note élevée sonne seulement juste et avec une bonne résonance.

Une grande partie de la musique des opéras modernes dérange plutôt qu'elle ne calme le système nerveux, ce qui m'empêche de chanter ces opéras. Il est évident que certains opéras modernes ont un certain attrait, mais je pense que cela ne devrait pas être appelé musique. Même la musique la plus dramatique devrait essentiellement dépendre de la simplicité et de la beauté de la ligne mélodique.

Norma

J'aime tous mes rôles. Il y a Violetta, Anne Boleyn, Médée… Eh bien, à une époque j'étais folle de Fedora, la liste est longue, vous voyez, j'aime toujours le rôle que je suis en train de chanter le plus. Avec Norma, c'est différent. Elle est comme moi à bien des égards. Norma peut paraître très forte, parfois féroce, mais en réalité, elle est un agneau qui rugit comme un lion ; la femme qui grogne et qui est très fière de montrer ses sentiments et qui prouve à la fin qu'elle ne peut pas être méchante ou injuste dans une situation dont elle-même est fondamentalement responsable. Mes larmes dans Norma étaient réelles.

Je me réveille la nuit et j'y pense. Dans la première scène de *Norma*, il est vital de représenter le personnage à travers la sublime mélodie de Bellini, mais pas avec de beaux sons isolés. Norma est beaucoup plus une femme frénétique et mère des fils de son amant romain que la demi-déesse prophétique que seuls les druides connaissent. A-t-elle vraiment la prémonition que les Romains entraîneront leur propre destruction ? En tant que philosophe, peut-être oui, en tant que demi-déesse, je ne pense pas, même si on lui donne raison plus tard. Elle-même ne croit pas qu'elle est une demi-déesse. Si elle l'a jamais cru, c'est parce qu'elle a été élevée pour le croire, mais tout cela était terminé quand elle est tombée amoureuse d'un Romain, et a brisé ses vœux de chasteté en devenant mère. Elle ne fait qu'essayer de gagner du temps, utilisant son autorité et sa philosophie pour pacifier les druides féroces qui réclament la guerre contre leurs oppresseurs romains. Quand elle les domine enfin, le « Casta diva » suit comme une conséquence, une prière pour la paix dans laquelle Norma demande aussi à la déesse chaste aide et conseil. Dans le dernier acte, Norma pensait qu'elle avait toute la situation sous contrôle mais elle a complètement perdu la tête quand ses émotions ont pris le dessus. Néanmoins elle reste une personne noble jusqu'à la fin et suffisamment noble pour se libérer sans devenir une imbécile sentimentale traumatisée. C'est là sa purification.

Médée

D'abord, je voyais Médée comme une figure statique et barbare qui sait ce qu'elle veut depuis le début. Avec le temps, cependant, j'en suis venue à mieux la comprendre; Médée a certainement été un personnage très méchant mais Jason était encore pire qu'elle. Elle avait raison dans ses motivations mais pas dans ses actions. Avec une coiffure plus douce, j'ai essayé de lui donner une apparence plus humaine afin de pouvoir la dépeindre davantage comme une femme vivante. Je la voyais fougueuse, calme en apparence mais très intense. Les jours heureux avec Jason étaient passés; désormais elle était dévorée par la souffrance et la fureur. Quand j'ai chanté pour la première fois le rôle, il m'a semblé important que Médée ait une mâchoire émaciée et une rigidité dans le cou. J'étais beaucoup plus ronde à l'époque et c'était extrêmement frustrant pour moi de ne pas pouvoir représenter cela. J'ai fait ce que j'ai pu pour le suggérer par un maquillage assombrissant le cou. Médée n'est pas grecque, soyons claire. Beaucoup de gens, même des critiques, ont fait l'erreur de dire que ma Médée n'a absolument rien de grec en elle, bien que mon sang, puis-je le rappeler, soit purement grec. Médée est le seul personnage non grec de l'opéra. Elle est une princesse colchidienne barbare – les Grecs civilisés ne l'acceptaient pas sur un pied d'égalité. Une Médée grecque annulerait le drame. Le meurtre des enfants n'est pas seulement un acte de vengeance, mais surtout un moyen d'échapper à un monde qui lui est étranger et dans lequel elle ne peut plus vivre. Pour Médée et sa race, la mort n'est pas la fin mais le début d'une nouvelle vie. Jason hérite d'un monde chaotique à la place de la richesse et du pouvoir.

Traviata

J'ai aimé Violetta parce qu'elle acquiert une grande dignité et de la noblesse et elle est finalement purifiée sans jamais devenir une imbécile sentimentale traumatisée. Elle est jeune et belle, mais son malheur ne cesse de lui revenir tout le temps dans le premier acte. «Oh, mon amour, qui s'en soucie ?» dit-elle avec ironie et en riant, même si elle ne trouve pas ça amusant. Quand les invités partent, elle ne cesse de s'interroger. Elle n'a jamais connu l'amour auparavant parce qu'elle craignait que cela détruise sa vie de plaisirs égoïstes et superficiels. Quand l'amour s'impose à elle, au début elle résiste, mais elle découvre rapidement qu'elle aussi est capable de donner.

Au second acte, elle ne rit plus, bien que ce soit son seul moment de véritable bonheur. J'ai toujours essayé de la faire apparaître plus jeune et pleine d'espoir au début de cet acte jusqu'à environ un tiers de la scène avec Germont, après quoi elle se rend compte qu'elle est perdue : «Je me suis battue mais j'aurais dû savoir que ça ne pourrait pas marcher.» Elle a consenti au sacrifice qu'on lui demande parce que à cette époque il était impossible pour une demi-mondaine d'être acceptée, mais aussi parce que, à cause de sa maladie, elle n'avait pas la force de se battre. Au fur et à mesure que le drame progresse, Violetta devrait moins bouger à cause de sa maladie. De cette façon, la musique provoque un plus grand impact. Bien sûr, je peux me permettre un peu de mouvement. Dans le dernier acte, j'ai utilisé une sorte de geste inutile, comme d'essayer d'attraper quelque chose sur la coiffeuse mais en laissant tomber la main parce que je n'y arrivais pas vraiment. Egalement à cause du type de maladie de Violetta, et c'est de la plus haute importance dans ce rôle, la respiration doit être un peu plus courte, la couleur de la voix légèrement fatiguée. J'ai travaillé très dur pour faire transparaître cet état du personnage. Tout est une question de souffle. On a vraiment besoin d'une gorge très claire pour maintenir cette façon de chanter fatiguée – un travail très dangereux, mais on doit le faire. Tout véritable art est dangereusement difficile. En ce cas, je suis fière d'avoir réussi. Un certain critique[1], je crois à Londres en 1958, m'a fait par inadvertance le plus grand des compliments quand il a dit que «Callas dans *La Traviata* semblait fatiguée», surtout dans le dernier acte. J'avais cherché pendant des années à créer précisément cette couleur fatiguée et malade dans la voix de Violetta.

---

1. Evan Senior, dans *Music & Musicians*.

Aïda

Pour le genre de chanteuse que je suis, qui a reçu la formation du bel canto, *Aida* est vocalement facile. Bien sûr, vous avez besoin de l'endurance nécessaire. J'ai bien aimé le personnage, mais j'avais pour elle une empathie limitée. Elle n'est pas très imaginative, peut-être trop passive, et par conséquent pas assez stimulante. On peut faire quelque chose d'elle, mais les possibilités s'épuisent rapidement. Si une chanteuse ne fait que produire une tonalité fluide, cela plaira bien sûr, mais pour peu de temps, et Aïda elle-même deviendra insignifiante dans un drame dont elle devrait être le personnage central, malgré son manque d'imagination, le drame doit émaner d'elle. C'est pourquoi si souvent l'accent est déplacé à tort sur Amneris.

Tosca

Tosca est trop réaliste. Le deuxième acte est ce que j'appelle « grand-guignol ». Le premier fait appel à une femme qui est, sinon hystérique, du moins très nerveuse et anxieuse. Elle arrive en appelant : « Mario, Mario ! » Si vous la regardez objectivement, elle est casse-pieds. Oui, elle est très amoureuse. Tout ce qui l'intéressait était de trouver Cavaradossi. Elle n'est fondamentalement pas sûre d'elle. C'est pourquoi avec les années j'ai fait transparaître une impatience en elle. Une fois que j'ai trouvé la justification de son comportement, je l'ai vue sous un jour différent.

J'aime Puccini mais je dois dire que je ne peux pas l'aimer autant que Bellini, Verdi, Donizetti, Rossini ou Wagner. A une époque, j'étais folle de *Madama Butterfly* et j'ai aimé enregistrer Mimi [*La Bohème*] et *Manon Lescaut*. Tous les artistes apprécient le grand sens du théâtre de Puccini, mais je dois dire que, même maintenant, alors que je n'ai pas chanté *Tosca* depuis plus de dix ans, le second acte est trop « grand-guignol » pour moi. Mais quand je suis sur scène, j'aime tout ce que j'ai accepté de faire.

Turandot

Turandot c'est une autre histoire. Les gens voulaient que je chante ce rôle à cause de ma grande voix de soprano dramatique. A l'époque, il était difficile de trouver une chanteuse pour cet opéra car il n'y avait pas beaucoup de sopranos qui pouvaient le faire. C'était un défi et comme j'étais jeune et totalement inconnue, c'était une très bonne occasion de m'établir un nom. J'ai chanté le rôle dans plusieurs endroits en Italie et en Argentine, mais Dieu merci pour l'avènement, ou devrais-je dire le miracle, de *Puritani* à Venise. Peu de temps après, j'ai laissé tomber *Turandot*, comme je l'ai fait avec d'autres rôles. Mais ne vous méprenez pas. Je n'ai pas détesté *Turandot*. Disons que je ne l'ai pas aimée passionnément et qu'elle ne faisait pas beaucoup de bien à mes cordes vocales dans mes jeunes années. En outre, c'est un rôle trop statique. Bien sûr, vous devez jouer le personnage avec votre voix, mais là encore c'est restreint. Et il y avait tellement d'autres rôles ouverts à moi dans lesquels je pouvais m'identifier musicalement et psychologiquement.

Mozart

Mozart doit être chanté par de grandes voix dramatiques. Les petites voix ne font pas justice à sa musique. Don Giovanni est beaucoup plus intéressant que Donna Anna. Je ne rabaisse pas sa musique, mais vraiment cette femme est d'un ennui écrasant. Donna Elvira est plus intéressante – mais pas beaucoup plus. Elle n'admet pas qu'on lui dise non. Je n'ai jamais songé à chanter la Reine de la nuit, ni la Comtesse. Cela ne signifie pas que ce ne sont pas de bons rôles. Un artiste doit ressentir et être en empathie avec ces personnes pour les interpréter avec intégrité. Mozart était sans aucun doute un génie extraordinaire et je ne peux pas imaginer le monde sans lui. Mais d'une manière générale, ses opéras ne m'élèvent pas vraiment aux cieux. C'est le Mozart des concertos pour piano que j'aime passionnément.

Onassis

C'est le destin, qui a fait naître mon amitié avec Aristo. Alors que j'étais très fatiguée et malheureuse à l'époque [1959], je suis allée sur le *Christina* avant tout pour faire plaisir à mon mari qui en avait très envie. Peut-être dans mon subconscient j'espérais que le changement et le repos dans un environnement différent (mon médecin insistait d'ailleurs sur le fait que j'avais besoin d'air marin) seraient bénéfiques à la fois à ma santé et à mes sentiments envers mon mari à cette époque-là. Mais tout s'est passé bien autrement.

Presque dès le début de la croisière j'ai vu en Aristo le type d'ami que je recherchais. Pas un amant (pensée qui n'a jamais effleuré mon esprit durant toutes les années où j'étais mariée), mais quelqu'un de puissant et sincère sur qui je pourrais compter pour m'aider à affronter les problèmes que j'avais depuis quelque temps avec mon mari. Je ne connaissais personne d'autre capable ou prêt à m'apporter ce soutien. Peut-être parce que j'ai toujours abordé mon travail avec une totale dévotion, je n'avais eu ni le temps ni l'inclination de me faire des amis proches. Je croyais que mon mari s'occuperait de toutes mes affaires autres qu'artistiques – c'était strictement mon domaine – et qu'il me rassurerait et me protégerait de manière générale, afin que je puisse m'isoler des tracas quotidiens. Cela peut sembler égoïste de ma part. C'est probablement le cas, mais c'était la seule façon possible afin que je puisse servir l'art avec amour et sincérité. En retour, j'ai donné à mon mari, depuis le début de notre relation, tout l'amour et la considération attendus d'une épouse dévouée. Ce type de relation était essentiel pour moi, mais seulement à condition d'être implicitement honoré des deux côtés.

Quelques mois avant la croisière, j'ai en fait essayé de me confier à un ami (qui était en rapport avec mon travail), espérant qu'il pourrait m'aider, non pour me débarrasser de mon mari, mais pour lui retirer le contrôle absolu de mes finances. Je ne suis pas sûre que ce soit par incapacité ou par réticence à s'impliquer dans les affaires d'autrui, mais il a évité mon appel à l'aide en banalisant mon problème et en essayant de me persuader de ne pas trop m'inquiéter. Vous pouvez donc comprendre l'état d'esprit dans lequel j'étais quand j'ai commencé à percevoir les qualités extraordinaires d'Aristo. J'avais été plutôt indifférente à son égard lors de nos rencontres précédentes – il y en eut quatre ou cinq. A Monte-Carlo, où débuta la croisière, j'étais très impressionnée par son charme mais plus que tout par sa puissante personnalité et la façon dont il captivait l'attention de tout le monde. Non seulement il était plein de vie, il était une source de vie. Même avant d'avoir eu l'occasion de lui parler seule ne serait-ce que quelques instants (nous étions environ une douzaine à bord du yacht et Aristo était très attentif à sir Winston Churchill, l'homme qu'il vénérait), j'ai commencé à me sentir étrangement détendue. J'avais trouvé un ami, un genre d'ami que je n'avais jamais eu auparavant et dont j'avais si urgemment besoin à ce moment-là. Au fil des jours j'ai eu le sentiment qu'Aristo était un homme qui écouterait les problèmes d'autrui d'une façon positive. Notre amitié a dû attendre deux semaines avant d'être scellée. Plusieurs fois sur le *Christina* nos conversations relativement brèves se terminèrent par la promesse réciproque que nous parlerions plus tard.

Un soir après une longue dispute plutôt énervante avec mon mari, qui parlait encore et encore de mes contrats à venir, je me suis levée et suis allée sur le pont prendre un peu l'air et aussi pour m'isoler. C'était la première fois que je laissais mon mari seul tard la nuit, mais je n'en pouvais plus. Depuis mes désaccords avec les grands théâtres, qui avaient commencé environ dix-huit mois auparavant, Battista ne parlait plus que de mes contrats – davantage des rémunérations exceptionnellement élevées que du niveau artistique des productions correspondantes – en se vantant d'être un brillant homme d'affaires.

Au même moment, j'ai découvert, accidentellement, que mon mari faisait en secret des investissements très substantiels pour son propre profit avec de l'argent provenant de notre compte commun qui était entièrement provisionné par mes revenus. Quand je l'ai confronté à ce sujet – pas pour l'argent mais pour connaître la raison –, il s'est contenté de me faire taire, me disant que tout cela n'était que le fruit de mon imagination et que les affaires financières ne regardaient que lui. Comme j'avais beaucoup d'autres problèmes, j'ai essayé – et j'y réussis jusqu'à un certain point – d'ignorer ce comportement étrange de mon mari. Mais ma confiance en lui était presque perdue. Tout ce dont j'avais besoin, c'était de quelqu'un pour m'aider à gérer ma situation.

Quoi qu'il en soit, pour revenir au *Christina*, lorsque je suis arrivée sur le pont ce soir-là, j'ai trouvé Aristo contemplant la mer sombre. Il a pointé du doigt l'île de Mytilène, je crois, au loin. Pendant un moment, nous avons juste apprécié le silence. Puis – je pense avoir parlé la première – nous avons tous deux commencé à philosopher sur la vie en général. Bien qu'il ait obtenu de la vie tout ce qu'il voulait – c'était un homme très travailleur avec une détermination incroyable –, il sentait que quelque chose de vital lui échappait. Il était marin dans l'âme.

J'écoutais, et je pouvais trouver beaucoup de parallèles avec ma propre vie dans ce qu'il disait. C'était l'aube quand je suis retournée dans ma cabine. Je suis sûre que notre amitié a vraiment commencé ce soir-là. Soudain mon désespoir et cette irritabilité terrible que j'avais depuis plusieurs mois se sont presque envolés. Mes querelles avec les théâtres ne m'avaient procuré aucun plaisir, elles m'avaient désillusionnée et affligée car elles auraient pu être évitées. Même si j'avais la conscience tranquille et n'avais jamais agi par caprice, Battista aurait dû gérer ces situations avec plus de diplomatie. C'était cela le début de la fin de notre mariage, ce n'était pas Onassis et pas l'argent.

Que fait-on, lorsqu'on ne peut pas avoir confiance en sa mère ou son mari ? Je le considérais [Meneghini] comme un écran pour moi – pour me protéger du monde extérieur… C'est ce qu'il a fait, au début, jusqu'à ce que ma célébrité lui monte à la tête. Battista ne s'intéressait qu'à l'argent et au statut. Il a vraiment créé de nombreux problèmes pour moi… des problèmes auxquels il ne pouvait faire face… Il n'était pas fin psychologue, il manquait de diplomatie. En fin de compte, ses méthodes m'ont explosé à la figure, et j'ai dû en payer les conséquences.

Lorsque j'ai dit à mon mari sur le *Christina* que j'avais trouvé en Onassis un grand ami spirituel, il n'a pas fait le moindre commentaire direct, même si j'ai ressenti qu'il était simplement furieux ; pas tant envers moi mais envers l'idée que j'avais trouvé le soutien spirituel qui manquait à ma vie depuis quelque temps. Ce qui s'est produit par la suite relève de l'histoire.

Aristo m'a soutenue et j'étais convaincue d'avoir enfin trouvé un homme en qui je pouvais avoir confiance, qui serait de bon conseil, impartial. Rappelez-vous que j'avais presque perdu confiance en mon mari ; personne n'est heureux en étant apprécié, même aimé, seulement pour son potentiel d'« investissement ». Il m'était devenu impossible de continuer de cette façon. D'un autre côté j'avais besoin de la sécurité d'un véritable ami – et, je dois le répéter, pas d'un amant.

Notre amitié fut renforcée d'autant plus que les confrontations avec mon mari se compliquaient. (Après avoir tourné un peu autour du pot, Battista a montré son vrai visage avec des termes sans équivoque : il a exigé catégoriquement un contrôle financier total sur moi.) Par la suite notre relation [entre Aristo et moi] est devenue passionnée, mais elle n'inclut d'amour physique qu'après la rupture avec mon mari – ou plus exactement après que mon mari eut rompu avec moi – et après que Tina Onassis eut décidé de mettre fin à son mariage.

J'ai été élevée selon les principes moraux grecs des années 20 et 30 et la liberté sexuelle, ou l'absence de celle-ci, n'avait jamais été un problème. Par ailleurs, j'ai toujours été une vieux-jeu romantique.

Oui, notre amour était réciproque. Aristo était adorable, droit et téméraire, et son espièglerie de garçon le rendait irrésistible et très rarement difficile et inflexible. Contrairement à certains de ses amis, il savait être généreux (et je ne veux pas dire seulement de façon matérielle), extrêmement, et jamais mesquin. Obstiné, il l'était, et très chamailleur comme la plupart des Grecs, mais même dans ces cas-là, il finissait toujours par se calmer et entendre le point de vue de son interlocuteur.

Il est vrai que j'ai eu un certain nombre de disputes avec Aristo. Pendant un temps je n'arrivais simplement pas à y faire face, et j'étais en colère et malheureuse. La situation empirait parce que je devenais susceptible et un peu hautaine, et j'ai probablement perçu à tort certaines choses comme un signe de rejet. Le vieil adage selon lequel la familiarité engendre le mépris était très présent dans mon esprit. Voyez-vous, avant de rencontrer Aristo, je n'avais jamais vraiment connu de querelles amoureuses et étant de nature plutôt timide et introvertie (lorsque je ne suis pas sur scène), je commençais à perdre mon sens de l'humour – non que j'en aie beaucoup. Quand on ne peut pas rire de soi-même, la vie devient sinistre. Cela a pris du temps, mais une fois que j'ai eu compris cette autre facette de sa personnalité, j'ai fini par plus ou moins l'accepter, même si je la désapprouvais en partie.

L'éducation d'Aristo avait été inhabituelle. Sa famille était aisée et cultivée et, bien que grecque, assez importante dans la société turque jusqu'à la catastrophe de Smyrne. Jeune homme, il avait vu et connu la souffrance et se servait de son intelligence pour survivre. Alors qu'il était devenu mature en tant qu'homme d'affaires exceptionnel, par d'autres aspects, dans les relations personnelles, il ne l'était pas – relativement parlant. Il aimait taquiner, mais si on osait lui faire la même chose, dans un effort de pêche aux compliments, il ripostait parfois comme un écolier agaçant.

Lors d'un dîner, je crois que c'était chez Maxim's, alors que nous passions un moment agréable et que tout le monde semblait être d'humeur joviale, l'une de nos plus proches et chères amies, Maggie Van Zuylen, a fait une remarque taquine : « Vous les tourtereaux, je suis certaine que vous faites souvent l'amour », ou des mots de ce genre. « Non, nous jamais », commentai-je en souriant et faisant un clin d'œil à Aristo. Sa réaction a été incroyable. Brusquement, mais heureusement en grec, il déclara que si c'était le cas, il ferait l'amour à n'importe quelle femme sauf moi, même si j'étais la dernière femme sur terre. J'étais très contrariée, pas tellement de ce qu'il avait dit mais de la façon dont il l'avait dit – surtout quand j'ai senti que d'autres personnes à table étaient susceptibles de parler grec. Le pire était que plus j'essayais de le faire taire, plus il renchérissait. Il m'a fallu plusieurs jours avant d'oser lui parler de cet incident. Il a dit que c'était lui qui était embarrassé en premier lieu. J'ai expliqué que ce que j'avais dit était clairement un euphémisme normal qui traduit plus efficacement le sens opposé. « Bien, répondit-il, et ma réponse était une exagération normale qui transmet également, même plus efficacement que toi, le sens opposé. »

Il y eut d'autres incidents similaires. Bien que son anglais soit bon, surtout en affaires, dans une conversation ordinaire, quand il se disputait, il pouvait sembler abrupt, et parfois brutalement abrupt ; son anglais était une traduction littérale du grec, la langue dans laquelle il pensait, avec une mentalité orientale. Cela expliquait aussi son manque relatif de sophistication lorsqu'il était avec des amis proches. Il considérait ce type de sophistication sociale comme de l'affectation, si ce n'est de la pure hypocrisie, et il s'attendait à ce que je lui résiste et lui rende la pareille. Ce n'était pas parce qu'il était machiste. Au contraire, il aimait beaucoup la compagnie des femmes et en vérité, toute sa vie durant, il leur a fait davantage confiance et préférait se confier à elles plutôt qu'aux hommes. Il y a peut-être une explication psychologique à cela. Il avait perdu sa mère adorée quand il avait environ six ans et il a été principalement élevé par sa merveilleuse grand-mère paternelle, apparemment une sacrée philosophe et une femme formidable. Avec son père c'était différent. Ils avaient de bonnes relations jusqu'à ce qu'ils se brouillent quand son père a critiqué, injustement, les efforts énormes et couronnés de succès d'Aristo pour obtenir leur libération du camp de concentration turc. Aristo a été accusé de corrompre inutilement les gardes turcs avec trop d'argent.

Aristo voulait s'occuper lui-même de ce contrat de film et, avec un clin d'œil, a fait cette remarque grossièrement exagérée[1] afin de me donner l'excuse de sortir et de le laisser s'occuper de la situation. Nous avions répété la scène mais il m'a surprise quand il a mentionné les boîtes de nuit. Après nous en avons ri, surtout quand il a dit qu'il essayait seulement de m'imiter – c'est-à-dire la façon dont j'improvise mes mouvements sur scène. Regardons les choses en face : en affaires, il était incomparable. Je suis plutôt naïve comme femme d'affaires, donnant toujours une importance primordiale aux valeurs artistiques. Les professionnels du cinéma, y compris les producteurs, ont naturellement préféré traiter avec moi. Ils ont pris pour acquis que si j'étais impliquée, Aristo mettrait n'importe quelle somme d'argent. Et il l'aurait fait, à condition que ce soit un investissement judicieux. C'est moi qui me suis retirée. Il ne s'est jamais mêlé de mon art, sauf pour me dire que je ne devrais pas me sentir obligée de poursuivre ma carrière de chanteuse. Evidemment, a-t-il soutenu, le stress était devenu trop important, et puisque j'avais plus que rempli mon devoir (ses mots, pas les miens), j'avais le droit de me détendre et profiter de mon argent bien mérité. Il aurait aimé que je fasse des films, car il pensait que la tension n'aurait pas été aussi forte pour moi. En tout cas, en ce qui concerne ma carrière artistique, j'ai toujours pris les décisions. Ni Aristo ni personne d'autre n'aurait pu m'influencer à ce stade de ma carrière.

---

1. Référence à un épisode où Callas, en pleine discussion contractuelle pour un film, avait été interrompue par l'irruption d'Aristo qui dit : « Tu ne connais rien aux contrats, tu n'es qu'une chanteuse de boîte de nuit. » Callas quitta la pièce, semblant furieuse.

Je ne lui reprochais en fin de compte qu'une seule chose. Il m'était impossible d'admettre sa soif insatiable de tout conquérir. J'ai une immense estime pour le besoin de s'accomplir (à une époque, je considérais même que c'était la seule raison de vivre, mais j'étais jeune et immature), mais avec lui ça s'est transformé en autre chose. Ce n'était pas l'argent – il en avait plein et vivait comme l'homme le plus riche du monde. Je pense que son problème était cette recherche continuelle, son agitation pour accomplir quelque chose de nouveau, mais plus pour la bravade que pour l'argent. Il le pensait quand il disait que l'argent est très facile à gagner : « La difficulté est de faire le premier million, le reste vous tombe dans la main. »

Cette bravade pouvait en partie s'appliquer aux gens. Il aimait certainement ce genre de chose, mais seulement avec des gens qu'il aimait ou admirait vraiment. Aristo, par exemple, n'avait pas besoin d'être l'infirmier de Churchill. A bord du *Christina*, Churchill avait tout, bien sûr, des infirmiers, ainsi que sa femme et d'autres. Il était vieux et plutôt faible, mais Aristo était beaucoup plus que l'hôte parfait pour lui. Il était l'ami parfait, toujours prêt à jouer aux cartes et l'amuser et l'aider de toutes les manières possibles. Moi aussi, j'admirais le grand vieil homme et une fois, quand j'ai dit à Aristo à quel point je trouvais sa vénération pour Churchill touchante, j'obtins cette réponse merveilleuse : « Nous devons nous rappeler que c'est lui, l'homme de notre siècle, qui a sauvé le monde en 1940. Où serions-nous tous aujourd'hui et dans quel état sans cet homme ! » Donc, vous voyez qu'il y avait bien plus chez Aristo que l'apparence. Et laissez-moi ajouter qu'il était aussi amical et généreux envers les pauvres ou les anonymes, à condition qu'il les aime. Il n'oubliait jamais un vieil ami, surtout s'il était tombé dans l'échelle sociale. Il n'y a jamais eu de médiatisation autour de cet aspect de sa personnalité, car généralement ce genre de chose ne fait pas vendre les journaux. En revanche, la question sur laquelle je ne peux m'exprimer avec autorité, c'est à quel point ses affaires commerciales étaient honnêtes.

A la mort de son fils[1], il a perdu le besoin de conquérir, qui avait été sa raison d'être. Cette attitude était fondamentalement la cause de toutes nos disputes. Bien sûr, j'ai essayé de le changer mais j'ai

---

1. En janvier 1973, à l'âge de vingt-quatre ans, dans un accident d'avion.

compris que ce n'était pas possible, pas plus que lui ne pourrait me changer. Nous étions deux personnes indépendantes, avec notre propre état d'esprit, et des points de vue différents sur certains aspects fondamentaux de la vie. Malheureusement, nous n'étions pas complémentaires, mais nous nous comprenions suffisamment pour que notre amitié soit possible à terme. Après sa mort je me suis sentie veuve.

Il m'a permis de me sentir libérée, une femme très féminine, et j'en suis arrivée à l'aimer très fort, mais mon intuition – ou quel que soit le nom qu'on lui donne – me disait que je l'aurais perdu instantanément si je l'épousais. Son intérêt se serait alors tourné vers quelque autre jeune femme, et je sentais que lui aussi savait que je ne changerais pas ma vision de la vie pour m'aligner sur la sienne, et notre mariage n'aurait pas tardé à se transformer en une longue et sordide dispute. A l'époque, en revanche, je n'étais pas aussi philosophe sur notre relation que je le suis maintenant – quand les émotions humaines s'apaisent, il est plus facile de voir clairement d'autres points de vue et de mettre toute l'affaire (saga est un meilleur mot) dans une perspective rationnelle. Si seulement on pouvait faire cela dès le début ! Ne vous méprenez pas, lorsqu'il s'est marié je me suis sentie trahie, comme n'importe quelle femme l'aurait été, toutefois j'étais plus déconcertée qu'en colère, car je ne parvenais absolument pas à comprendre pourquoi, après tant d'années passées ensemble, il en épousait une autre. Ma colère n'était aucunement dirigée contre sa femme. Cela aurait été déraisonnable.

Non, il ne s'est pas marié par amour et je crois que sa femme non plus. C'était une sorte de mariage d'affaires. Je vous ai déjà dit qu'il était atteint d'une prédilection pour tout conquérir. Une fois qu'il avait décidé de quelque chose, il était déterminé à l'obtenir. Je n'ai jamais vraiment réussi à admettre cette philosophie. Restons-en là.

Au début, je ne le laissais pas entrer chez moi[1], mais un jour, est-ce que vous le croyez ? il s'est mis à siffler de manière persistante devant

---

1. Les proches de Maria Callas racontent que, près de trois semaines après le mariage, Onassis était revenu frapper à sa porte en larmes, la suppliant de lui pardonner. A cette époque, de nombreux photographes étaient souvent postés devant l'immeuble de l'avenue Georges-Mandel ; leurs clichés témoignent des allées et venues régulières d'Onassis.

mon appartement, comme le faisaient les jeunes Grecs il y a cinquante ans, qui chantaient la sérénade à leurs bien-aimées. Donc j'ai dû le laisser entrer avant que la presse ne se rende compte de ce qui se tramait avenue Georges-Mandel.

A son retour, si peu de temps après son mariage, ma confusion s'est transformée en un mélange de joie et de frustration. Même si je ne lui ai jamais avoué que je croyais qu'il allait divorcer de sa femme, j'avais le sentiment que malgré la faiblesse de ses fondations, notre amitié au moins avait survécu à son mariage. Ses principes sur les relations humaines étaient en train de changer. Quoi qu'il en soit, j'ai continué à le voir de temps en temps, et durant mes tournées de concerts en 1973-74, il m'envoyait toujours des fleurs et téléphonait occasionnellement.

Le mot veuve est une façon de parler. Naturellement il me manque. D'autres gens m'ont manqué dans ma vie, comme tout le monde. Mais c'est la vie et nous ne devons pas faire une tragédie de ceux que nous avons perdus. Personnellement, je préfère me souvenir des bons moments, si peu nombreux soient-ils. L'une des meilleures choses que j'ai apprises dans la vie est que les gens devraient être évalués en tenant compte à la fois de leurs bons et mauvais côtés. J'espère que je le serai aussi. C'est la chose la plus facile au monde de détruire n'importe qui en ne prenant en compte que ses défauts.

Donc je ne ressens absolument aucune amertume envers lui. J'aurais pu, si j'étais disposée à de tels sentiments. Dans la vie, tout le monde peut trouver une raison d'être amer au sujet de ses amis, de sa famille et même de ses parents. Mais il y a deux sortes de gens : ceux qui restent amers et ceux qui ne le sont pas, je suis heureuse d'appartenir à la deuxième catégorie. La plupart de l'amertume que j'ai éprouvée avait plus à voir avec ma carrière. Les prétendus « scandales Callas », en particulier pendant la période où je chantais *Anna Bolena* à la Scala, étaient des expériences traumatisantes. Cependant, même celles-là sont désormais oubliées. Par ailleurs, j'ai fait la paix avec les gens concernés et cela n'a aucune importance de savoir de quel côté la faute était plus grande... Quant à Aristo, bien sûr qu'il me manque, mais j'essaie vraiment de ne pas devenir une totale imbécile sentimentale, vous savez !

Tout ce que j'ai dit à propos d'Aristo est vrai, même s'il y avait plus. Pendant un certain temps, au début de notre relation, nous étions divinement heureux. Je me sentais aussi en sécurité et même insouciante au sujet de mes problèmes vocaux – enfin, pour un moment. Comme je vous l'ai déjà dit, j'apprenais, pour la première fois de ma vie, à me détendre et à vivre pour moi-même, et j'ai même commencé à remettre en question ma croyance selon laquelle il n'y avait pas de vie au-delà de l'art. Cet état d'esprit a été de courte durée car j'ai découvert que de nombreux principes d'Aristo, son code de conduite, étaient sérieusement en contradiction avec les miens. Je me suis sentie perplexe. Comment un homme qui vous aime vraiment peut-il en même temps avoir des aventures avec d'autres femmes ? Il ne pouvait pas réellement les aimer toutes. Pendant un certain temps, ce n'était qu'un soupçon, que j'essayais d'écarter, mais évidemment je ne pouvais pas et il était hors de question de l'accepter dans mon code moral, sous aucun prétexte. En outre, j'étais trop fière pour confier une situation si personnelle à qui que ce soit, jusqu'à ce que je trouve l'amie idéale en Maggie qui a rapidement senti mon problème et, étant la personne authentique qu'elle était, m'a aidée à m'ouvrir à elle. Comme une mère, une sœur, une amie, elle m'a expliqué qu'il y a des hommes qui se trouvent dans l'impossibilité d'être physiquement fidèles à une seule femme, en particulier à leur épouse. Mais ça, je ne pouvais pas à ce moment-là l'accepter, mon raisonnement étant que je n'étais ni française ni l'épouse d'Aristo ; le rôle de la femme trahie n'était pas dans mon répertoire. Je n'ai simplement pas compris ce que voulait dire Maggie et bien que je n'aie jamais pu me décider à en discuter avec Aristo, je suis certaine qu'il était conscient de mon incapacité à accepter toute infidélité que mon conjoint pourrait commettre. Nous n'étions donc pas compatibles pour le mariage l'un avec l'autre. Vous pouvez comprendre pourquoi ma philosophie du mariage était fausse en pratique, mais vraie selon moi en théorie.

Etant plus pratique que je ne l'étais sur ces sujets, et plus expérimenté, Aristo, qui m'aimait vraiment mais savait aussi que tôt ou tard nous aurions été à couteaux tirés si nous nous étions mariés (cela peut sembler plutôt excentrique mais je dois admettre que c'était sa façon de penser et donc pas nécessairement faux), en a épousé une autre. Mais c'était un mariage inhabituel à tout point de vue. Néanmoins, à l'époque j'étais très en colère et j'ai pensé qu'il était vraiment une ordure et j'ai utilisé d'autres qualificatifs que je n'ai pas envie de répéter. C'est plus tard, quand il est revenu et quand évidemment j'ai commencé à retrouver ma fierté bafouée, que j'ai pu replacer les choses dans une perspective plus sage et réaliste. Bien sûr, son explication immédiate était que son mariage avait été une erreur – son erreur et pas celle de sa femme, comme je le lui ai dit en face, il avait obtenu exactement ce qu'il avait cherché et ne pouvait s'en prendre qu'à lui-même. Son prétendu contrat de mariage était un arrangement bizarre que je n'ai jamais pu saisir. Heureusement pour moi, il y avait Maggie, qui m'a encore aidée à me débarrasser suffisamment de mes blocages moraux, alors je l'ai repris. Voilà comment ma grande amitié avec Aristo est née. Une amitié passionnée, disons.

Après son mariage, on ne s'est plus jamais disputés. On s'est mis à parler de choses de manière constructive. Il a cessé de discutailler sur tout. Il n'y avait plus besoin de prouver quoi que ce soit, ni à nous-même, ni l'un à l'autre. En outre, ses affaires ont pris un mauvais tournant ; les armateurs étaient confrontés à une grave récession et il perdait également Olympic Airlines au profit du gouvernement grec – une expérience traumatisante pour lui parce qu'il avait toujours considéré Olympic comme sa création toute particulière. De plus, sa santé déclinait et la mort de son fils lui a certainement porté le coup de grâce. Pendant cette période difficile, il venait toujours me voir avec ses soucis. Il avait un grand besoin de soutien moral, que je lui ai donné du mieux que je pouvais. Je lui ai toujours dit la vérité et j'ai essayé de l'aider à faire face à la réalité – il appréciait cela. En outre, il était absolument décidé à divorcer, le plus vite possible, mais le temps a joué contre lui. Je vais dire une dernière chose... Oui, ma liaison avec Onassis a été un échec mais mon amitié avec lui un succès. Non, mon attitude envers lui ne pouvait pas être la même qu'avant son mariage. Il faut beaucoup de temps pour comprendre profondément un autre être humain, ou vous-même d'ailleurs. On pense que les gens essaient de vous changer, mais on n'accepte pas facilement qu'on puisse être en train d'essayer de les changer eux encore plus. Si vous n'êtes pas prêt à accepter les manières des autres parce qu'ils ne se conforment pas aux vôtres, alors vous ne pourrez jamais être objectif. Mon amitié consécutive avec Aristo parle pour nous deux. Cela m'a appris beaucoup plus. Bien sûr, avec les années je suis devenue plus mature et comme, non par choix, je ne vivais plus si complètement pour ma carrière artistique, j'ai acquis plus d'expérience et plus de compréhension de la communication humaine.

Lorsque j'ai vu Aristo sur son lit de mort à l'hôpital[1], il était calme et je crois en paix avec lui-même. Il était très malade et il savait que la fin était proche, même s'il s'efforçait de l'ignorer. Nous n'avons pas parlé du bon vieux temps ni de grand-chose d'autre d'ailleurs ; nous avons surtout communiqué l'un avec l'autre en silence. Alors que je m'apprêtais à partir (je lui avais rendu visite à sa demande, mais les médecins m'ont priée de ne pas rester trop longtemps), il a fait un effort particulier pour me dire : « Je t'ai aimée, pas toujours bien, mais autant et aussi bien que je l'ai pu. J'ai fait de mon mieux. » C'était ainsi.

*

J'ai écrit mes mémoires. Ils sont dans la musique que j'interprète – la seule langue que je connaisse vraiment. La seule façon dont je puisse parler de mon art et de moi-même. Et mes enregistrements, pour ce qu'ils valent, ont préservé mon histoire.

---

1. L'Hôpital américain de Neuilly-sur-Seine.

Épilogue

A Maria Callas survécurent sa mère, sa sœur, Meneghini et Elvira de Hidalgo. Vasso Devetzi, la pianiste grecque et amie des dernières années, se chargea de prévenir la famille et d'organiser les funérailles. Une cérémonie eut lieu à l'église orthodoxe de la rue Bizet à Paris. Ce jour-là il n'y avait pas foule. La princesse Grace de Monaco fut la seule personnalité présente. Une centaine d'admirateurs étaient réunis dans la rue, dans un silence absolu. Au moment de la sortie du cercueil de l'église, une voix s'écria de la foule « Brava ! » et des applaudissements éclatèrent spontanément. Selon son désir, ses cendres furent dispersées dans la mer Egée par les autorités grecques, en présence de sa sœur Jackie, Vasso Devetzi ainsi que Bruna et Ferruccio, à qui Maria avait prévu de tout léguer, mais le testament n'avait pas été préparé à temps. L'héritage fut divisé entre sa mère Evangelia et Meneghini. A leur décès, les deux collections furent dispersées aux enchères.
Vasso Devetzi créa la Fondation Maria Callas, à qui revient l'initiative de plusieurs événements culturels et éducatifs en mémoire de l'artiste. Elle fut soutenue par l'ami fidèle Christos Lambrakis, qui perpétua également la Bourse Maria Callas à Athènes, créée pour aider de nombreux jeunes artistes grecs à poursuivre leurs études et pour promouvoir leur carrière sur les scènes lyriques internationales. À la mort de Vasso Devetzi en 1987, la Fondation Callas cessa toute activité. En 2018, fut créé le Fonds de dotation Maria Callas à l'initiative de Tom Volf, avec le soutien de Georges Prêtre (président d'honneur), Ferruccio Mezzadri et Bruna Lupoli (membres fondateurs) et de nombreux autres proches de Maria Callas. Le Fonds a pour but de rassembler tous documents et archives relatifs à l'artiste, de perpétuer et préserver sa mémoire à travers des événements culturels et éducatifs, en attendant, dans un futur proche, la création du musée Maria Callas à Paris. L'intégralité des droits d'auteur de cet ouvrage sont reversés au Fonds de dotation Maria Callas (www.mariacallas.fr).

Un chant d'un autre siècle
par Teodoro Celli[1]

Lors de la première de *La Sonnambula* l'année dernière à la Scala, j'ai croisé une dame, une connaissance, qui depuis des années fréquentait assidûment les spectacles scaligères. Nous sortions du théâtre ; l'opéra s'était achevé dans l'enthousiasme général, et la protagoniste, Maria Callas, avait reçu des acclamations triomphales, amplement méritées, selon moi. La dame en question s'approcha, me fixant d'un regard renfrogné, et commença à commenter et protester : les applaudissements étaient exagérés, elle n'en pouvait plus de toutes ces acclamations à la Callas, elle trouvait que le public aurait pu se comporter un peu plus sérieusement, etc. Je demandai : «La Callas ne vous a-t-elle donc pas plu ? Vous avez l'impression qu'elle a mal chanté ?» Elle me gratifia d'un regard qui en disait long sur sa pitié envers mon «ingénuité», puis me dit avec dédain : «Non, non, elle a très bien chanté, elle était formidable. Mais elle ne méritait pas tant d'applaudissements : elle est tellement méchante !» Je pensai : «Qu'est-ce que cela a à voir avec le chant !», puis je demandai timidement : «Pardonnez-moi mais vous la connaissez ? Elle vous a fait quelque chose de mal ?» La dame haussa les épaules : «Je ne la connais pas, et je n'en ai pas besoin, car tout le monde le dit qu'elle est très méchante, vraiment par nature !»

Un instrument d'un autre temps

A de tels arguments il n'y avait pas grand-chose à répondre, et d'ailleurs je ne répondis rien. J'ai cependant repensé à cet épisode en janvier dernier, lorsqu'il fut tant dit et tant écrit sur Maria Callas : qu'elle avait été trop grosse et qu'elle était désormais maigre ; qu'elle

---

1. Écrit à la suite du «scandale» de Rome et publié en trois parties dans la revue *Oggi* entre mars et avril 1958. Maria Callas aimait particulièrement ce texte auquel elle fit référence dans plusieurs de ses lettres, et elle avait un grand respect pour Teodoro Celli qui fut le seul à entreprendre cette étude approfondie sur les origines et caractéristiques uniques de la voix de Maria Callas. (D. R.)

avait donné des coups de pied dans les tibias de ses collègues ; qu'elle ne supportait aucune remarque, qu'elle était avare ; qu'elle mangeait la polenta avec des gants ; qu'elle exigeait des sommes astronomiques pour chaque représentation, qu'elle était envieuse ; qu'en interrompant *Norma* à l'Opéra de Rome elle avait démontré qu'elle n'avait jamais su chanter, même dans le passé ; qu'elle jetait des tabourets sur les gens. En résumé : qu'elle était méchante.

Cependant, le seul sujet pertinent qu'on a évité de traiter est celui-ci : comment chante-t-elle ? Notez que puisqu'on parle ici d'une chanteuse, cela devrait être le sujet principal, si ce n'est l'unique. S'agissant, de plus, d'une chanteuse qui a atteint une célébrité sans égale, et dont le nom sur le fronton d'un théâtre dans n'importe quelle ville au monde (y compris Rome) suffit pour afficher « complet », il devrait être évident que c'est dans son chant qu'il faut chercher, plus que n'importe où, les raisons d'une carrière aussi extraordinaire. Il est tout de même improbable qu'une telle chanteuse puisse accéder à une renommée planétaire simplement en perdant du poids, ou en s'habillant de façon élégante, ou en donnant lieu, volontairement ou involontairement, à des épisodes sensationnalistes. Évidemment, ce genre de choses peut servir, parfois, à monter une « campagne publicitaire » autour d'une personne dont la notoriété finit par s'évaporer, rapidement remplacée par d'autres célébrités du même type. Cependant l'attitude de « fans », que certains spectateurs d'opéra assument, empêche précisément qu'une opération aussi triviale puisse fonctionner. Il y a les personnes pour qui la Callas est toujours, sans exception, « divine » ; et il y a ceux pour qui elle est toujours « méchante ».

Un autre élément vient compliquer les choses, même pour les plus objectifs des auditeurs (heureusement, la majorité) ; c'est que le chant de Maria Callas n'a presque rien de commun avec celui de tant d'autres admirables artistes que nous avons été habitués à entendre. La voix de Maria Callas a toutes les caractéristiques d'un « instrument vocal » d'un autre temps : elle, chante probablement comme on chantait il y a plus d'un siècle ; ou du moins, c'est à cette façon de chanter qu'elle s'apparente le plus. C'est ce qui rend plus compliqué un jugement immédiat. Si vous faites écouter une sonate de Domenico Scarlatti exécutée au clavecin, les auditeurs peu experts trouveront probablement que les sons sont trop « faibles », et que l'interprétation manque de « couleurs » : ces couleurs qui s'obtiennent facilement au piano. Et pourtant les sonates de Scarlatti furent composées pour le clavecin, et les exécuter au piano est un acte arbitraire, un anachronisme auquel pourtant l'usage concertique d'année en année nous a habitués. De façon analogue, les rôles de soprano dans certains opéras de Rossini, de Bellini, de Donizetti et de la première moitié de la carrière de Verdi, furent composés pour des « instruments vocaux », aujourd'hui devenus très rares, dont la Callas se rapproche énormément ; mais nous avons été habitués pendant des années à entendre ces rôles chantés par des artistes possédant des voix « différentes », voix pour lesquelles en revanche Puccini, Mascagni et Giordano avaient composé leurs opéras. En d'autres mots : le « cas » vocal (tout d'abord, et puis artistique) de Maria Callas est si peu commun, aujourd'hui, qu'il a pu et peut encore donner lieu à d'interminables discussions, bien plus intéressantes et dignes de considération que celles au sujet de son régime alimentaire ou de son nombre de fourrures. C'est donc à ce « cas » que cet article est dédié, afin d'aboutir, au moyen d'arguments persuasifs, à une conclusion que, du reste, les lecteurs de mes « chroniques musicales » publiées dans ce journal connaissent déjà : à savoir que Maria Callas est une grande, une merveilleuse artiste du chant, une interprète d'une prodigieuse et émouvante efficacité, dans toutes les circonstances où elle applique son « instrument vocal » au répertoire qui est le sien et aux drames musicaux pour lesquels, en outre, sa subtile sensibilité est si poétiquement destinée.

Laissons de côté, pour le moment, le « cas artistique » de la Callas, et occupons-nous seulement de son « cas vocal ». Maria Callas est une soprano ; mais quelle soprano ? Depuis plus d'un demi-siècle, les voix de soprano – qui sont, comme on le sait, les voix humaines capables des notes les plus aiguës – ont été divisées en trois catégories : *soprani leggeri*, *soprani lirici* et *soprani drammatici*. Les premières sont celles de moindre *volume*, dont le registre grave est plus faible, et qui gagnent en brillance et pénétration lorsqu'elles montent vers l'aigu, pouvant atteindre le *mi* naturel suraigu et même le *fa* naturel (cette ultime note requise, par exemple, dans l'air « Der Hölle Rache » de *La Flûte enchantée* de Mozart). Ce sont des voix adaptées à l'exécution de passages de virtuosité, d'une extraordinaire agilité. Les *soprani lirici*, en revanche, présentent un volume d'une grande consistance et surtout des couleurs vocales adaptées aux inflexions tendres, affectueuses, même dans les registres graves et médiums ; étant évident qu'elles s'étendent beaucoup moins dans l'aigu, où elles dépassent rarement le *do* naturel supérieur, et que leur aptitude à l'agilité est très relative. Enfin, les *soprani drammatici* sont des voix puissantes, uniformément pénétrantes tout au long de la gamme, des voix volumineuses, généralement peu adaptées aux passages d'agilité, et elles aussi limitées, dans l'aigu, au *do* naturel supérieur. Il ne faut pas voir ces trois catégories comme des compartiments totalement séparés : les voix de soprano entrent souvent dans plus d'une catégorie : il y a des sopranos «lyrico-légers» et des sopranos «lyrico-dramatiques» – ou «lyrico-*spinto*», comme les appellent les professeurs de chant. Il est utile de clarifier avec des exemples connus de tous cette subdivision qui peut apparaître complexe. Par exemple, la voix de Lina Pagliughi est celle d'une *soprano leggero*; celle de Toti Dal Monte une *lirico-leggero*; Mafalda Favero une *soprano lirico*; Renata Tebaldi une *soprano lirico-spinto*; Gina Cigna une *soprano drammatico*. Toutes ces voix sont ou furent instrumentalement admirables, c'est pourquoi elles peuvent nous servir d'exemple. A noter que des mutations notables se produisent dans la voix avec l'âge : ainsi ces exemples que nous venons de donner sont valables lorsque ces chanteuses étaient, ou sont encore, dans leur meilleure forme vocale.

Or, la voix de Maria Callas n'appartient à aucune de ces catégories, et c'est ce qui explique la perplexité et aussi ce qui déconcerte tant d'auditeurs. Pour retrouver le prototype de cette voix, il faut remonter loin dans l'histoire du chant et du mélodrame ; il faut remonter aux années autour de 1830, lorsque Rossini, Bellini et Donizetti étaient vivants et actifs, alors que Verdi n'avait pas encore commencé son immense carrière.

Qu'est-ce que le «bel canto»?

Jusqu'à cette époque, l'art du chant était pratiqué, la plupart du temps, par des «virtuoses» particuliers, les *castrati*, à la fois sopranos et contraltos, qui par la suite sont devenus de grands professeurs de chant. Ils étaient maîtres du *stile fiorito*, le style fleurissant, qui avait du reste dominé tout le dix-huitième siècle ; c'est-à-dire un style où la ligne mélodique était «ornée» d'une énorme quantité d'*embelli*-

menti : roulades, arpèges, fragments de gammes, mordants, appoggiatures simples et doubles, gammes chromatiques, trilles : tout ce qu'effectuent aujourd'hui encore les *soprani leggeri*, bien que dans une « adaptation » particulière. Ce style connu précisément pour son grand nombre d'*embellimenti* fut celui sur lequel se fonda le *bel canto*, et reste l'une des gloires de l'histoire de l'art italien, grâce aussi aux chefs-d'œuvre qu'il a inspirés à tant de compositeurs. (Il devrait être clair, de fait, que lorsqu'on parle aujourd'hui de *bel canto* en faisant référence à des voix qui n'ont rien à voir avec le *stile fiorito*, c'est une expression erronée : on devrait dire, pour être correct, *bella voce*, « belle voix », ou *bel cantare*, « beau chant ».) La pratique de tous ces embellissements constituait alors le sommet de l'art ; un célèbre théoricien, Pier Francesco Tosi[1], dans son célèbre traité publié en 1723, avait affirmé péremptoirement, faisant référence aux « trilles », que « celui qui ne les exécute pas ne sera jamais un grand chanteur, même s'il a de grandes connaissances ». Ainsi, du point de vue de ce théoricien, une voix comme celle de Beniamino Gigli, qui bien sûr ne fait pas, ou très rarement, des *embellimenti* comme ceux que nous avons décrits, et qui n'a jamais excellé en « trilles », n'aurait jamais été celle d'un grand chanteur. J'entends par là certes la voix d'un grand chanteur – mais d'un chanteur totalement étranger au *bel canto* dans son sens véritable, d'un chanteur magnifiquement équipé pour chanter les opéras de Puccini, Mascagni et Giordano, ou de la seconde moitié de la carrière de Verdi, opéras dans lesquels il y a peu ou pas de passages d'*agilità*.

Parmi les plus grands élèves de ces éminents maîtres du *bel canto*, émergèrent des femmes avec des voix de contralto : car tandis que les *castrati* excellaient dans les voix « artificielles » [de soprano], les femmes avec des voix naturelles de soprano ne s'imposèrent que très rarement, sauf dans des cas exceptionnels qui ne firent que confirmer la règle. Rossini choisissait des voix de contralto, pour les protagonistes de tant de ses opéras ; Rosine dans *Il Barbiere di Siviglia* est une contralto, même si aujourd'hui le rôle se trouve interprété plus fréquemment dans la « transcription » pour *soprano leggero* (mais il

---

1. Castrat, compositeur et essayiste romain (1653-1732), auteur du traité *Opinions des chanteurs antiques et modernes, ou observations sur le chant figuratif*, sur l'évolution des modes de chant au début du dix-huitième siècle.

y a aussi une belle édition phonographique où le rôle est sublimement interprété dans sa version originale par Giulietta Simionato); Isabella dans *L'Italiana in Algeri* est une contralto également, tout comme Angelina dans *La Cenerentola*. Ce timbre de contralto, similaire à celui des enfants ou jeunes adolescents, restait néanmoins peu caractérisé psychologiquement ; il ne transformait que partiellement en sons l'âme passionnée et pure des héroïnes de ce monde fantastique rossinien, toujours prêt à s'envoler dans les ciels de bravoure et à se déguiser sous des voiles d'ironie.

Une origine française

Du fait de la disparition progressive des castrats et de la percée du sentiment romantique, qui commençait à se diffuser dans tous les arts et intégrer au mélodrame l'exigence de l'individualisation psychologique des personnages, à un certain moment le théâtre musical – le théâtre rossinien, les premiers opéras de teinte pathétique, et puis celui de Bellini et de Donizetti – a ouvert la voie à des protagonistes qui seraient, vocalement, plus femmes, plus féminins de caractère. Il était urgent et nécessaire d'avoir dès lors un « registre » véritablement féminin, plus aigu. Alors il se passa une chose extraordinaire, un fait qui reste des plus stupéfiants et significatifs de l'histoire du chant : il se passa que certaines femmes à la voix de contralto réussirent à étendre leur gamme vers l'aigu, devenant ainsi *également* sopranos. Ne perdant rien, ou quasiment rien, de leurs capacités dans le registre grave, et en même temps s'enrichissant de notes aiguës et suraiguës. Le « cas » le plus extraordinaire fut celui de Maria Felicita Malibran[1] – un nom qui précisément pour cela et à juste titre est devenu mythique –, qui arriva à avoir une étendue vocale (selon les témoignages de ses contemporains) allant du *sol* grave jusqu'au *mi* naturel suraigu. Une étendue presque identique à celle d'une autre chanteuse, devenue alors très célèbre : Giuditta Pasta[2]. Il est facile

---

1. Née Maria Felicita Garcia, dite Maria Malibran, ou la Malibran. On pourrait en effet faire le rapprochement entre cette interprète et la Callas, mais davantage sur le plan vocal que sur celui du répertoire.
2. La Pasta est sans aucun doute la chanteuse dont la configuration scénico-vocale est le plus comparable à la Callas : les observations et les critiques détail-

d'imaginer qu'une telle étendue vocale ne pouvait être accompagnée d'une homogénéité de couleur : et d'ailleurs les voix de ces chanteuses (et de tant d'autres qui ont reproduit leurs prouesses) ne furent pas de couleur homogène, selon les témoignages de leurs contemporains ; c'est-à-dire qu'elle ne présentaient pas les mêmes caractéristiques de « timbre » pour chaque note. En compensation, elle conservaient la plus extraordinaire capacité à se produire dans le *canto fiorito* ; et, en même temps, se montraient aptes aux inflexions pathétiques, aux accentuations dramatiques et aux « accents » émouvants. Ainsi, même les « passages d'agilité » furent réalisés par ces voix avec toute la couleur mélancolique, pleine d'intime émotion, qui provenait de leur nature d'origine de « contralto ».

Leurs contemporains définiront ces chanteuses d'un nouveau genre, d'abord comme des *soprani sfogati* ; puis comme des *soprani drammatici d'agilità* – lorsque ce type de voix fut adopté par Verdi et employé dans ses premiers opéras. Ce qui donna des interprétations encore plus passionnées, pour transfigurer en son des personnages traversés par les sentiments les plus exacerbés. Ces *soprani drammatici d'agilità* – on peut le supposer – possédaient une gamme incroyablement étendue ; une grande capacité à la virtuosité héritée des champions du *bel canto* ; une efficacité du volume vocal notable mais pas aussi manifeste que celui des *soprani drammatici* modernes (autrement elles n'auraient pas pu conserver l'agilité) ; et complétaient ces qualités avec la *mezzavoce* : qualité que possèdent également tant de chanteuses « modernes » mais avec laquelle les chanteuses d'alors savaient aussi exécuter des « passages » d'extrême agilité. L'agilité dans la *mezzavoce* étant l'épreuve techniquement la plus difficile que l'on puisse demander à un chanteur de quelque époque que ce soit.

Eh bien, la voix de Maria Callas est celle d'une *soprano drammatico d'agilità* : elle en a toutes les caractéristiques d'étendue, de virtuosité et d'émotivité à la fois ; elle a même ce qui à nos oreilles habituées aux chanteuses « modernes » apparaît comme un « défaut », c'est-à-dire le manque d'homogénéité du timbre. Par quelles études la Callas a-t-elle pu se « construire » un instrument vocal d'exception, nous ne sommes pas en mesure de le dire ; nous pouvons seulement en

---

lées de Stendhal, Scudo, Escudier et tant d'autres à propos de la voix et du style de la Pasta pourraient être écrites à propos de la Callas.

constater les résultats. Son étendue vocale, comme nous avons pu en avoir la preuve à maintes occasions, va du *la* grave (qu'elle a atteint encore récemment à la Scala, dans *Un Ballo in Maschera*) jusqu'au *mi* bémol suraigu (dans *Lucia di Lammermoor*) et même, exceptionnellement, jusqu'au *mi* naturel suraigu (qu'elle atteint dans *Armida* de Rossini); soit la même étendue que possédait la Malibran. Peut-être – s'il est possible d'avancer une hypothèse – la voix de la Callas était-elle à l'origine celle d'une contralto, ou mieux, d'une mezzo-soprano. Ses études avec Elvira de Hidalgo, qui fut une grande *soprano leggero*, héritière des secrets du *canto fiorito*, conduisirent petit à petit Maria Callas – inconsciemment, selon toute probabilité – à répéter le même tour de force que ces chanteuses du début du dix-neuvième siècle, qui avaient justement «réuni» la voix de contralto avec celle de soprano, et l'agilité avec l'accent passionné[1]. Evidemment, son instrument vocal est à considérer comme le plus adapté pour chanter les opéras qui furent justement composés pour *soprani sfogati* ou pour *soprani drammatici d'agilità*. Alors que les sopranos des temps modernes – celles que nous avons précédemment citées, c'est-à-dire les *leggeri*, les *lirici* et les *drammatici* –, ne peuvent et ne pourront proposer qu'une «adaptation» dans l'exécution de ces rôles; et cela peut, parfois, être une magnifique adaptation. Ces trois types de voix sont arrivées, en réalité, beaucoup plus tard dans le mélodrame italien, et sont, comme nous le verrons, d'origine française.

Une femme baryton

Du reste, le cas de la Callas n'est pas le seul que notre siècle a connu. Une autre grande chanteuse a réhabilité, dans une époque récente, le style vocal *drammatico d'agilità*, avec des effets artistiques impressionnants: Giannina Arangi-Lombardi (1891-1951). Elle avait

---

1. L'hypothèse selon laquelle les couleurs obscures que la Callas montre dans le registre grave reposerait sur le fait qu'elle possède un authentique registre mezzo-soprano, est aujourd'hui mise en doute par de nombreux critiques, Celletti en tête, ceux-ci définissant la Callas comme étant au départ une *soprano lirico spinto*. Cependant, nombre de ses célèbres enregistrements des premières années de carrière (*Parsifal, La Gioconda, Macbeth, Cavalleria,* parmi d'autres) prouvent une consistance dans le grave qui ne saurait être attribuée exclusivement à des talents techniques ou coloristes.

d'ailleurs commencé sa carrière comme contralto, et devint par la suite une des interprètes majeures de rôles de soprano du répertoire du dix-neuvième (sans pour autant atteindre le registre suraigu), dans lesquels elle conserva justement toute l'agilité requise que les « sopranos dramatiques » communes ne possèdent pas.

Enfin, une curiosité. Parmi les grandes chanteuses du dix-neuvième, il y en eut une qui réussit un tour de force pouvant être considéré comme l'exact inverse de celui qu'accomplirent la Malibran, la Pasta, etc., ces chanteuses à l'origine contraltos (devenues *également* sopranos). Celle-ci, en revanche, s'est attelée tout au long de sa carrière à conquérir toujours plus de notes dans le registre grave. Ce fut Maria Alboni (une autre Maria!), née en 1826 et morte en 1894. Non seulement elle atteignait le *sol* grave, mais plus d'une fois elle le surpassa ; finalement un soir, elle se mit en tête de chanter justement le rôle du baryton, en incarnant don Carlo dans *Ernani*. C'était un caprice vraiment extraordinaire de la part d'une chanteuse dont l'histoire du mélodrame se souvient également comme d'une immense artiste, qui fut l'une des plus admirées d'un « critique » des voix aussi terrible que Gioacchino Rossini.

Dans le « monde vocal » qui aujourd'hui domine l'opéra – un monde dans lequel les voix féminines de registre aigu se limitent justement aux *soprani leggeri*, *lirici*, *drammatici* et à leurs sous-catégories comme nous les avons définies – la voix de Maria Callas, celle d'une *soprano drammatico d'agilità*, est apparue comme un astre s'égarant dans un système solaire qui n'est pas le sien. Provoquant stupéfaction et enthousiasme ; mais aussi qui irrite et crée de la confusion. Une voix qui semblait produire des sonorités polémiques et arbitraires ; et qui n'était rien d'autre qu'un instrument « inactuel », un chant d'un autre siècle. Elle atteignait cependant une émotion indéniable, précisément en vertu de ses capacités, qui correspondaient à celles des chanteuses pour lesquelles les opéras du début du romantisme mélodramatique avaient été composés.

Le critique mexicain

Au départ, ils ne furent pas nombreux à comprendre. Peut-être qu'au tout début Maria Callas elle-même ne comprenait rien de tout cela ; elle avait commencé sa carrière, comme tant d'autres, en interprétant toutes les partitions qui lui étaient proposées : une chanteuse qui souhaite se faire une place dans le monde lyrique ne peut, malheureusement, se montrer trop difficile ; encore aujourd'hui, beaucoup de débutantes en font l'expérience. Mais avec l'avènement de sa célébrité, Callas comprit évidemment à quels opéras son instrument vocal particulier devait être consacré afin d'obtenir le meilleur rendu artistique, et elle réalisa alors ses plus grandes interprétations. Néanmoins, la difficulté à définir une voix aussi inhabituelle persista longtemps : les admirateurs, impressionnés par cette «étendue» si vaste et par cette virtuosité si raffinée, qui allait aussi de pair avec la possibilité de notes volumineuses et puissantes, crièrent au miracle, et assurèrent que «la Callas peut chanter n'importe quel opéra». Les adversaires, eux, soulignant que cette voix avait une grande inégalité dans les couleurs (inégalité qui, fatalement, se manifestait, comme nous l'avons vu, pour ces voix d'une grande étendue), feignirent l'indignation et garantirent que «la Callas chante mal n'importe quel opéra». Le comble de la confusion fut atteint par Antonio Caraza Campos, directeur de l'Opéra national de Mexico (un théâtre parmi tant d'autres où Maria Callas avait obtenu de superbes succès), qui en 1954 publia dans le quotidien local *Excelsior* un article enthousiaste où la chanteuse était définie comme *soprano assoluto*, c'est-à-dire *soprano leggero*, *lirico* et *drammatico* à la fois. D'appréciations sans équivoque comme celle-ci devaient également dériver les ennuis que l'art de Maria Callas a dû successivement affronter : ces tentations auxquelles la Callas n'a pas toujours résisté, celles d'interpréter des opéras de styles vocaux radicalement différents, comme *Norma* et *Tosca*.

La polémique apparaissait quoi qu'il en soit comme inévitable. Cependant, à l'exception d'épisodes isolés qui, malheureusement, eurent peu d'écho, le «cas Callas», malgré toutes les discussions qu'il a suscitées, non seulement n'a pas été clarifié mais au contraire se trouve encore plus controversé. Se basant sur les définitions

« modernes » des catégories de soprano, les adversaires de la Callas traduisaient en acte d'accusation l'enthousiaste jugement mexicain que nous avons évoqué, et en résumé trouvaient illégitime qu'une seule et même chanteuse interprète, par exemple, le rôle d'Amina dans *La Sonnambula* (présumée *soprano leggero*) et celui de Norma (présumée *soprano drammatico*). Pourtant ces attributions sont inexactes : Norma n'était pas plus *drammatico* qu'Amina n'était *leggero* : deux appellations inexistantes en 1831, lorsque ces deux chefs-d'œuvre furent composés par Bellini. Il est vrai que dans la seconde moitié du dix-neuvième siècle, puis dans le nôtre [vingtième], avec ces nouvelles « attributions » (établies sous l'influence du mélodrame français, comme nous le verrons), le rôle d'Amina vint à être « assuré » par des *soprani leggeri*, ou *lirico-leggeri*, et celui de Norma par des *soprani drammatici*. Mais en 1831, non seulement cette distinction n'existait pas dans le théâtre musical, mais Bellini lui-même n'en avait aucunement l'intention : à tel point que les deux rôles furent composés pour la même chanteuse, qui en fut justement la première interprète, Giuditta Pasta.

Ayant évoqué les inégalités de « coloration » chez les voix aux tessitures les plus étendues, je pense que cela vaut la peine de regarder de plus près les caractéristiques vocales de ces grandes chanteuses du siècle dernier, dont Callas répète aujourd'hui les prouesses. Ne disposant pas du témoignage idéal qu'est l'enregistrement, nous devons nous référer aux écrits les plus fidèles de leurs contemporains ; certains sont rapportés dans l'un des magistraux articles qu'Eugenio Gara – un expert reconnu dans ce domaine – a consacrés aux plus grands noms du chant du dix-neuvième siècle. Giuditta Pasta, ainsi, selon Paolo Scudo, avait « une voix feutrée et voilée de mezzo-soprano, sur laquelle les notes de soprano étaient artificiellement greffées ». Mais écoutons aussi l'opinion de Stendhal selon qui elle avait « l'art suprême de tirer un grand nombre d'effets plaisants et piquants de l'union des deux voix ». Quant à la Malibran (elle aussi une des premières interprètes de *La Sonnambula* et de *Norma*), on peut justement écouter l'opinion de Verdi, qui l'a entendue à la Scala en 1834. Voici les mots de Verdi à son sujet : « Une très grande [artiste], mais pas toujours égale. Parfois sublime et parfois étrange. Son style de chant n'était pas des plus purs, la voix était stridente dans les aigus. Malgré tout, une immense artiste, merveilleuse. »

Mais alors, ces chanteuses qui sont restées dans l'histoire comme « sublimes » et « inégalables » avaient-elles toutes des voix « laides », bien que de tessiture si étendue ? La nature les avait-elle si mal dotées quant au « timbre » ? Et qu'y avait-il de légitime dans la célébrité qui encore aujourd'hui entoure leurs noms ?

Deux types d'auditeurs

A ce stade, nous devons reconnaître qu'il existe deux modes différents pour juger le chant ; et ce sont deux modes qui correspondent à deux manières différentes de percevoir le mélodrame. Il existe justement deux types d'auditeurs différents. Il y a ceux qui aiment ce qu'on appelle « les belles voix » pour ce qu'elles ont d'agréable à l'oreille, pour le plaisir « physique » qu'elles suscitent ; et il va de soi que la première qualité nécessaire à une voix qui semble « plaisante » est l'homogénéité des couleurs. Ceux qui aiment les voix qui procurent un plaisir « physique » ne pourront jamais supporter ni « aigus stridents » ni notes « sourdes » ou « voilées ». En revanche, ils accueilleront toujours avec enthousiasme une note aiguë projetée avec une puissance retentissante : car une note aiguë qui sonne est pour eux un « événement » source d'émotion ; et ils seront moins disposés à se demander si cet aigu si puissant, à ce moment de la mélodie, à ce moment du drame musical, correspond [ou pas] à l'intention du compositeur, si tant est qu'on s'y intéresse. Un aigu puissant est toujours, pour ce type d'auditeurs, un motif de satisfaction. Ce mode d'appréciation des voix a conduit, souvent, les chanteuses à des décisions arbitraires que rien ne devrait justifier. Je citerai un seul exemple éloquent : celui de l'air verdien « Celeste Aida ». Cet air représente par sa mélodie un sentiment d'errance chez le guerrier Radamès qui au milieu de ses rêves de gloire, pense à la belle Aïda qu'il aime et pour qui il voudrait « ériger un trône près du soleil. » D'après le livret, cette image présuppose une douce respiration, un mouvement de l'âme, qui se manifeste par un soupir. Et en effet Verdi conclut l'air en conduisant la voix du ténor du *fa* naturel au *si* bémol aigu, indiquant : *pianissimo* et *morendo*. Eh bien, ce *si* bémol aigu vient, pourtant, à être régulièrement « projeté » comme une canonnade par les ténors, lesquels, justement, ne veulent pas priver le public d'une telle source de satisfaction, et sont sûrs de recevoir à leur tour, en échange, la satisfaction des applaudissements. Tout le monde est ainsi satisfait; mais une intention dramatique précise de Verdi a cependant été ignorée.

L'opinion de Verdi

L'autre type d'auditeurs ne va pas à l'opéra pour « entendre de belles voix » ou ressentir des émotions comme celles que nous venons de décrire, qui relève plus d'une sorte de « sport vocaliste » que de l'art. Il ne va même pas à l'opéra pour entendre un ténor, une soprano ou un baryton; mais pour assister à un drame et pour contempler des personnages. Des personnages « construits par les sons », si on est attentif, puisque nous sommes dans le registre de la musique et du mélodrame; mais des personnages précis, qui ne pourraient être différents de ce qu'ils doivent être selon les intentions clairement indiquées du compositeur. Pour cet auditeur-là, pour ce mode de perception du mélodrame (c'est-à-dire un « drame réalisé au moyen de la musique »), même les mélodies ne comptent pas, si ce n'est lorsqu'elles servent à représenter l'état d'esprit ou l'état d'âme du personnage. Et pour cet auditeur, une voix est *belle* seulement quand elle est complètement *expressive* (c'est-à-dire qu'elle doit posséder les indispensables requis d'exactitude musicale : intonation parfaite et « quadrature » rythmique irréprochable). L'expression peut être accomplie avec tout moyen vocal, tant que celui-ci est en harmonie avec les intentions du compositeur : et l'inégalité des couleurs, opérée volontairement, est un moyen incroyablement efficace, comme le prouvent les mots de Stendhal. Même une note stridente (pourvu qu'elle sonne juste) peut servir efficacement à représenter un état d'esprit particulier, la cruauté, la perversité.

Ce que je dis ici semblera paradoxal aux auditeurs qui exigent des voix « plaisantes » à tout prix; et pourtant cela correspond à l'intention de nos plus illustres compositeurs d'opéras du dix-neuvième, lesquels voulaient justement créer des « drames en musique » et non des occasions pour exhiber des voix agréables. Lorsque Verdi fut prêt à donner son *Macbeth*, on lui proposa pour le rôle de la terrible Lady Macbeth une chanteuse célèbre, Eugenia Tadolini. Voici les mots qu'il écrivit (le 28 novembre 1848) en la refusant : « La Tadolini a un beau physique et une bonne présence, mais moi je voudrais une Lady Macbeth laide et terrifiante. La Tadolini a une voix sublime, claire, limpide et puissante ; alors que je voudrais pour Lady Macbeth une voix âpre, étouffée et sombre. La voix de la Tadolini a quelque chose d'angélique ; mais moi je voudrais que la voix de Lady Macbeth ait quelque chose de diabolique... »

En réalité, les grands compositeurs d'opéras furent géniaux précisément parce qu'ils avaient pour but d'incarner le drame à travers la musique, et pas seulement de composer de la bonne musique. Et naturellement ils voulaient des interprètes qui ne fassent pas que chanter, mais qui chantent pour incarner leur personnage. Et c'est justement du fait de la pénurie de ce type d'interprètes que l'opéra, en tant que forme artistique, a subi un lent et continuel déclin ; d'autant qu'une voix de soprano en tant que telle intéresse de moins en moins ; il existe des sports provoquant des émotions bien plus fortes, alors qu'on était, et que l'on est toujours, intéressé et ému d'écouter Violetta ou Leonora, Norma ou Amina. Pourtant, Vincenzo Bellini en particulier (du fait des nombreuses « adaptations » que ses rôles ont subies entre les mains de chanteuses dotées de moyens trop différents de ceux de ses premières interprètes) est considéré certes comme un sublime créateur de mélodies mais un dramaturge plutôt pauvre, incapable de mettre en relief les grands contrastes d'une tragédie. Mais alors, comment sont nées ces mélodies qui semblent avoir été créées d'un seul jet, sous l'impulsion d'une seule et même irrésistible inspiration ? On peut le deviner en lisant cette lettre du grand Bellini : « J'étudie attentivement le caractère des personnages, leurs passions prédominantes et leurs sentiments : puis, envahi par les sentiments de chacun d'eux, j'imagine que je suis devenu moi-même celui d'entre eux qui s'exprime ; et ainsi enfermé dans ma chambre je commence à déclamer les paroles de ce personnage avec tout le feu de la passion, et j'observe en même temps les inflexions de ma voix, la hâte ou la langueur de la prononciation à ce moment-là, en somme l'accent et la tonalité de l'expression qui viennent naturellement sous l'emprise des passions, et j'y trouve les motifs et les tempi adaptés pour les traduire en musique. » Cette lettre ne semble-t-elle pas indiquer implicitement les attitudes qu'une chanteuse bellinienne devrait adopter ? Elle devrait savoir comment varier les inflexions de sa voix, devrait atteindre cette « hâte » ou « langueur » de prononciation, devrait rechercher l'accent et le ton d'expression, pour chaque phrase de la mélodie. Alors on entendra cette mélodie, continue et extatique seulement en apparence, divisée, pour ainsi dire, en de multiples accents et couleurs, parfois même contrastés ; mais tous ensemble réunis pour former un ensemble dramatique efficace.

Analogie avec le cinéma

Je ne voudrais pas que tout ce discours apparaisse comme un éloge des « voix laides », ni qu'on y perçoive une affirmation selon laquelle la voix de la Callas serait « laide ». Nous essayons seulement d'expliquer les caractéristiques vocales de la Malibran, de la Pasta (et de tant d'autres que nous pourrions évoquer), comme elles avaient été décrites par leurs contemporains, cela n'empêchant pas pour autant ces chanteuses d'être d'immenses artistes, merveilleuses, malgré tout, selon les mots de Verdi. « Malgré tout », c'est-à-dire malgré leurs qualités vocales, qui étaient placées au service de l'*expressivité*, qui est la seule « beauté » admissible dans l'art. La voix de Maria Callas atteint aujourd'hui des résultats analogues, grâce à l'utilisation d'une gamme de couleurs extrêmement vaste, dans laquelle chaque accent se trouve doté de l'inflexion artistique la plus vraie. Peut-être pourrions-nous clarifier ce concept en utilisant une analogie empruntée au monde du cinéma. Une « belle voix », qui produit un plaisir « physique », est comparable à une diva du grand écran qui est une femme magnifique en soi, et donc agréable à regarder. Mais il n'est pas dit qu'une femme magnifique soit nécessairement une actrice expressive ; d'ailleurs, l'histoire du cinéma est pleine d'exemples qui prouvent le contraire. Il y a ensuite le cas, plus rare, d'immenses actrices qui, si on les prenait hors de la réalité magique créée justement par leur art, ne seraient pas considérées comme de « belles femmes » agréables à contempler. Leur beauté consiste entièrement dans leur art, dans la force d'expression qu'elles atteignent. Et c'est à ce cas que l'on peut comparer les voix comme celles de Maria Callas. Certains diront qu'il existe des actrices qui sont à la fois agréables à regarder et expressives ; ainsi ont existé, et existent encore, des voix à la fois agréables à écouter et parfaitement adaptées pour incarner les personnages musicaux et leur drame. C'est vrai (l'histoire du chant, cependant, n'en a que peu d'exemples), néanmoins leur authentique beauté consiste toujours plus dans leur aptitude à l'expressivité. Et une voix est d'autant plus expressive – il est facile de le concevoir – qu'elle est enrichie des caractéristiques nécessaires à la «partition» qu'elle affronte, au personnage qu'elle interprète. On pourrait de ce fait ajouter que les voix «agréables» risquent même une certaine monotonie, et ne sont pas capables d'interpréter des «caractères» [personnages] très différents et très variés.

Les caractéristiques vocales des *soprani drammatici d'agilità* furent désavantagées par les nouveaux «rôles» créés dans l'opéra français et ensuite imités par les musiciens italiens. Déjà dans *Les Huguenots* (1836), Giacomo Meyerbeer a sciemment divisé et séparé les caractéristiques des *drammatici d'agilità* italiennes, attribuant à un personnage (Marguerite de Valois) tous les «passages de bravoure», auxquels a été enlevée toute inflexion dramatique; et à un autre personnage (Valentine) toutes les accentuations dramatiques sans aucun passage d'agilité. Ainsi sont nées la *soprano leggero* et la *soprano drammatico* quasiment telles qu'on les connaît aujourd'hui. La première était un vague instrument chargé de créer de continuelles arabesques sonores, sans vrai rapport intime avec des états d'âme particuliers, et donc pratiquement incapable de véritable expression dramatique. La seconde, avec son puissant volume vocal, avec la robustesse de ses accents, et complètement dépourvue de la pure, virginale passion de la vocalise, présentait des personnages animés de sentiments plus terre à terre, et se prêtait ainsi admirablement à un usage courant lorsque, progressivement, dans la seconde moitié du siècle, le romantisme bascula dans le naturalisme. D'un côté, on avait une voix «joueuse»; et de l'autre, une voix non plus d'héroïne romantique mais de femme, protagoniste d'événements dignes d'une chronique. Ce changement, évidemment, fut graduel; jusqu'au moment où le théâtre mélodramatique découvrit qu'il ne disposait plus des voix féminines qui pouvaient chanter, par exemple (comme la Leonora du *Trovatore*), l'air «D'amor sull'ali rosee» avec toute la ligne éthérée du *canto fiorito* (incluant ces merveilleux trilles qui représentent l'anxiété de l'héroïne et son languissement douloureux), et puis, soudain, la phrase «Quel suon, quelle preci – solenni funesto» du *Miserere*, où l'accent dramatique est essentiel. Et il se trouva alors dépourvu de voix comme celles qui avaient su conserver dans la virtuosité d'Amina de *La Sonnambula* tous ces accents passionnés sans lesquels ce « rôle » devient un simple prétexte pour de l'exhibition vocale.

Naissance de la soprano lirico

Les rôles rossiniens, belliniens et donizettiens, et ceux des premiers opéras de Verdi, dans lesquels les passages d'agilité sont abondants, furent alors «assurés» par des *soprani leggeri*; tandis que les *soprani drammatici* assurèrent ceux où les accents passionnés étaient plus fréquents. Ainsi, les *drammatici* chantèrent Norma, Leonora de *Trovatore*, Abigaille de *Nabucco*; et les *leggeri* chantèrent Amina et Lucia di Lammermoor. C'est alors que Charles Gounod, en créant la Marguerite de son *Faust* (1859), proposa un type de soprano dit «lyrique», apte aux inflexions tendres, affectueuses, dont allaient dériver les personnalités vocales des héroïnes de Massenet et certaines de Puccini, telles que Mimi dans *La Bohème*. Le «monde vocal» des débuts du romantisme fut enterré, remplacé par ces nouveaux «rôles»; raison pour laquelle justement ces opéras, manquant d'interprétations vraiment efficaces (cette discussion pourrait être étendue aux autres voix, ténor, basse, etc.), finirent par sembler ingénus sur le plan dramatique et «dépassés».

Maria Callas rendit à l'opéra romantique ses véritables héroïnes; c'est pourquoi certaines de ses interprétations restent mémorables. Et c'est là son authentique gloire, qui ne pourra lui être retirée, et qui est attestée par de nombreux enregistrements. Ce qui reste à analyser, ce sont les moyens particuliers qu'elle a employés dans ce but; il nous reste aussi à comprendre de quelle façon elle utilisait son instrument vocal (qui semble désormais avoir été clairement défini) au service de l'expressivité.

Igor Stravinsky a dit que dans l'art, il faut toujours faire un choix, se donner des limites. Et effectivement définir veut dire délimiter; d'ailleurs, ce qui n'est pas définissable signifie que ce n'est pas digne d'appréciation. En définissant la voix de Maria Callas comme celle d'une *soprano drammatico d'agilità*, nous avons indiqué ses limites vocales, qui coïncident heureusement avec les meilleures aptitudes interprétatives; mais implicitement nous avons indiqué l'erreur dans laquelle la Callas tombe lorsqu'elle accepte de sortir de son cadre.

En d'autres mots : autant son chant résonne comme « authentique » et expressif lorsqu'il est appliqué aux opéras de la première ère du mélodrame romantique italien, autant il peut avoir des conséquences désastreuses lorsqu'il est chargé des rôles d'opéras post-romantiques, du répertoire dit « vériste », de Puccini, Mascagni, Giordano. Ces rôles, oui, furent écrits pour *soprano lirico* ou *drammatico*, comme nous l'avons évoqué ; on peut donc comprendre qu'une *drammatico d'agilità* qui se met à chanter *Tosca* ou *Fedora* donne un résultat esthétiquement encore plus absurde que Marietta Alboni qui chante un rôle de baryton. La voix de Callas ne possède en effet pas la puissance de volume nécessaire aux rôles du répertoire « vériste » (précisément puisqu'elle possède toute l'agilité indispensable pour chanter le rôle de Norma) ; et elle ne peut produire l'égalité de couleurs nécessaire pour interpréter des personnages aussi « réalistes », pour lesquels d'ailleurs un instrument d'une aussi exceptionnelle étendue est inutile.

De graves dangers

Avec une grande précision et une grande acuité, Faust Torrefranca[1], un illustre musicologue, a qualifié les mélodies du mélodrame romantique italien, et en particulier les mélodies de Bellini, de *symphoniques*. « Le symphonisme, écrivait-il, veut dire unité, par contraste ou par consentement, de multiples éléments expressifs ; raison pour laquelle même une simple mélodie peut être symphonique ; et telles sont les divines mélodies de Bellini. » C'est en effet ainsi qu'elles apparaissent – tout comme les mélodies donizettiennes ou verdiennes – lorsque Callas les chante avec toute la variété de couleurs qu'elle est capable de présenter, brillamment appliquées aux fins d'une réalisation dramatiquement cohérente avec le caractère de la protagoniste. « Cette femme chante comme un orchestre ! » s'exclama un admirateur de la Scala l'année dernière après la scène finale d'*Anna Bolena*. Mais les mélodies des opéras de Puccini ou Giordano ne sont pas « symphoniques » ; elles n'admettent qu'une seule couleur vocale, quelle que soit la modulation de l'intensité. Ces personnages,

---

1. Aristocrate de Calabre (1883-1955), célèbre notamment pour son pamphlet contre Puccini, et pour son étude de la musique du dix-huitième siècle.

substantiellement « réalistes », en fin de compte ne supportent pas d'être représentés par une voix « irréelle » comme celle de la Callas. Par ailleurs, ces rôles exposent la voix de cette artiste à des dangers de nature purement « physiologique » : chanter l'opéra « vériste », souvent fortement martelé, durement syllabisé même à travers des *intervalles* entonnés à toute vitesse, fait courir un grave danger aux cordes vocales de la *soprano drammatico d'agilità*, au risque même d'une « déchirure musculaire ». Lorsque la Callas chante des phrases comme « Quel grido e quella morte.... » dans *Turandot*, ou « Io quella lama gli piantai nel cor..... » dans *Tosca*, elle met inutilement en péril sa précieuse « organisation vocale », acquise à l'issue de nombreuses années d'études extrêmement difficiles.

Son monde poétique

Une autre limitation (de « sensibilité » cette fois-ci) est celle qui exclut la voix de la Callas du registre *comique*. Pas un seul « accent » de toute la palette qu'elle possède n'a de résonance psychologique joueuse, ou même simplement humoristique ; un fond de mélancolie, une tristesse impossible à éliminer l'éloignent d'une nature joviale ; bien qu'il ne lui soit pas interdit d'avoir des inflexions terriblement ironiques, qui peuvent même avoir une efficacité dramatique précisément exceptionnelle. C'est pourquoi *Il Barbiere di Siviglia* chanté par Maria Callas à la Scala reste une de ses expériences les plus malheureuses. Enfin, une véritable « mésaventure artistique » à retenir est celle qui porta cette grande musicienne à collaborer aussi souvent avec le metteur en scène Luchino Visconti. Nous n'allons pas ici analyser point par point les résultats que ce metteur en scène obtint dans ses spectacles ; mais il suffira de noter la manière dont son esthétique réaliste, sa technique perfectionniste, minutieuse, la conception éminemment « visuelle » qu'il a du spectacle – qui lui vient de ses expériences cinématographiques – sont aux antipodes de la musicalité de Maria Callas, entièrement concentrée sur la résonance intérieure de l'« accent », et capable ainsi de donner vie à des personnages soustraits à la réalité du quotidien et immergés dans une atmosphère de rêverie romantique, dans une « mise en scène » de pur son. Le problème le plus grave de cette collaboration se manifesta dans *La Traviata* d'il y a trois ans [1955] à la Scala, lorsque le personnage de Violetta fut obligé de faire une mimique vraiment exagérée, qui fatalement porta tort aux résultats vocaux. Et pourtant *La Traviata* (un rôle de *soprano drammatico d'agilità* dans lequel les diverses aptitudes de ce type de voix sont utilisées séparément : l'*agilité* au premier acte, pour représenter l'« instant futile » du personnage, et l'*accent dramatique* ou pathétique dans les actes suivants) est sans doute l'opéra idéal pour la voix et l'art de Maria Callas. La Violetta verdienne, qui dans les « adaptations » de la fin du dix-neuvième et du vingtième siècle, ne se composait plus que de deux traditions interprétatives, celle des *soprani leggeri* (qui chantaient bien le premier acte et insuffisamment les autres) et celle des *drammatici* (qui chantaient mal le premier et mieux les suivants) – cette Violetta à qui la voix et l'art de la Callas auraient pu donner une interprétation véritablement insurpassable, si elle n'avait pas été perturbée par une mise en scène inadaptée. Sans doute était-ce ainsi, à en croire les articles, dans la production récente du Metropolitan Opera de New York.

C'est donc là le cadre de l'art de Maria Callas, un cadre dont elle ne s'est en vérité que rarement éloignée. A l'intérieur – dans ce vaste « monde poétique » s'étendant des prémices romantiques des opéras de Gluck, de Spontini et de Cherubini (ce fut Richard Wagner qui établit le lien unissant ces compositeurs à la naissance du romantisme de Bellini, lorsqu'il écrivit que chez Bellini « toutes les passions acquièrent un fondement équilibré de majesté et forment un cadre grand et clair rappelant les créations de Gluck et de Spontini »), au « pathétique » de Rossini, et à l'ardent romantisme, outre celui de Bellini, de Donizetti et des premiers Verdi – les accomplissements de la Callas s'imposent, semble-t-il, comme le phénomène artistique le plus révélateur que l'interprétation mélodramatique de notre siècle ait connu, après la grande époque de Toscanini. La « personnalité » de cette artiste intervient avec une admirable intuition dans la représentation des personnages ; son interprétation est toujours un acte qui emploie chacune de ses ressources vitales, balayant ainsi tout soupçon d'une reconstruction « à froid », archéologique, d'un « style » antique. Cela vaut la peine à présent d'observer de près les caractéristiques de cet art, pour en comprendre pleinement les effets.

Thème avec variations

La Callas approche chaque personnage du mélodrame de façon infiniment scrupuleuse, comme s'il s'agissait d'une « première exécution absolue ». Le personnage lui arrive, pour ainsi dire, recouvert de poussière et d'incrustations déposées sur lui par le maniérisme et une fausse tradition ; et il se trouve étudié dans sa dimension dramatique, non pas tant d'après sa dimension dans le livret que d'après celle de la musique. En premier lieu, il y a évidemment chez cette interprète une exigence de caractère philologique : elle s'attelle à respecter le texte « à la lettre », sans jamais esquiver aucune des difficultés techniques inhérentes à l'interprétation. Puis vient le moment où elle se prépare à rendre en son l'esprit du personnage, son caractère ; et c'est là que la Callas sélectionne probablement parmi sa riche « palette » la couleur de voix la plus indiquée pour l'héroïne qu'elle incarne : la « couleur fondamentale ». Ce sera la couleur immaculée d'Elvira des *Puritani*, la couleur ardente et pathétique de Leonora du *Trovatore*, la couleur fantastique et triste de *Lucia*, la couleur sombre de *Medea*, et ainsi de suite. Chacune de ces « couleurs vocales » est prise comme le « thème », que l'art de l'interprète va se charger de « varier », selon les situations du drame en musique, utilisant toutes les ressources d'une technique hautement raffinée. Mais c'est précisément du fait de la résonance psychologique à laquelle chaque élément de cette technique se prête, que l'auditeur finit par oublier justement toute cette prouesse, au moment même où il en perçoit les résultats. Ainsi, le « phrasé *legato* » que la Callas emploie avec une extraordinaire vigueur, symbolise toujours un état d'esprit passionné, manifeste ou caché, selon que le volume de la voix est plein ou diminué ; de même, ses « trilles », magiquement exécutés, ne sont jamais une exhibition de virtuosité mais représentent toujours une aspiration en sons, un admirable mouvement de l'âme ; de même, pour une « montée chromatique », chantée note après note, avec une précision et une agilité incroyables, donnant vie à une vibration sentimentale particulière de l'héroïne, triste ou heureuse ; presque comme l'« ultime pâleur du visage » dont parle Leopardi[1]. Et une note « filée » (c'est-à-dire

---

1. Giacomo Leopardi, « Chant nocturne d'un berger errant de l'Asie » (1831).

«attaquée» à plein volume vocal pour être ensuite lentement et délibérément réduite à l'état d'un souffle, d'un mince filet de voix) peut constituer un «accent» dramatique d'une extraordinaire efficacité : souvenez-vous comment cela arrive dans le dernier acte de *Norma* chanté par la Callas, quand l'héroïne finit par s'accuser elle-même. Le chœur exige de savoir qui est la prêtresse responsable du sacrilège. Norma répond : «Son io.» Cette note longuement tenue et lentement conduite de l'intensité maximale à la plus infime, représente d'une manière inoubliable la triste déchéance d'une âme qui plie sous l'humilité en reconnaissant une erreur qu'elle va payer de sa vie.

Il pourrait sembler exagéré de citer un épisode si bref pour évoquer l'importance du sens dramatique ; et pourtant ceux qui, avec un état d'esprit éloigné de toute polémique, ont entendu les meilleures interprétations de Maria Callas, savent avec quelle minutie le caractère du personnage mélodramatique de Norma est incarné, par ce chant, justement à travers l'association d'«accents» aussi variés ; et ils savent combien certains d'entre eux restent inoubliables. Quiconque a entendu la Norma de Callas ne pourra jamais oublier l'accent incroyablement pathétique que l'interprète a trouvé pour la phrase de son duo avec le ténor, dans le dernier acte : «Pel tuo Dio, pei figli tuoi…» Norma essaie désespérément de faire renoncer Pollione à sa passion pour Adalgisa et, espérant vainement atteindre son but, rappelle au «cruel Romain» ses enfants qui sont leur lien secret, la preuve de leur amour d'autrefois. C'est un argument suprême, que Norma finit par utiliser avec retenue et pudeur. Cet état d'esprit complexe, dans lequel s'affrontent des passions contrastées, est exprimé de façon stupéfiante, par cette phrase que la Callas chante avec un *mezzavoce* inattendu, d'une couleur indiciblement triste. Mais c'est un exemple assez évident : d'autres sont plus difficiles à relever, produisant néanmoins leur effet sur l'auditeur sans qu'il s'en rende compte. La Callas, qui a si souvent accordé des interviews sur divers sujets, et qui accepte toujours avec plaisir de parler de «technique vocale» (quasiment comme s'il s'agissait d'un jouet compliqué qu'elle a réussi à construire pour son propre amusement et celui des autres), n'a jamais révélé à travers quelles considérations, à travers quelles recherches et quelles méditations elle réussit à «construire en sons» les personnages qu'elle interprète. Une fois, cependant, elle laissa échapper un indice. L'enregistrement de *Rigoletto* venait de paraître [1955], et, l'écoutant attentivement à plusieurs reprises, j'avais été frappé, entre autres, par un très bref « accent », seulement quatre notes, que Gilda chante dans la deuxième scène. La situation dramatique est connue de tous : le Duc, étant entré furtivement dans le jardin de la maison de Gilda, reste seul en présence de la jeune fille et lui déclare son amour, avec d'ardentes phrases. Et Gilda, troublée, répond d'abord au « Io v'amo » [je vous aime] du Duc en l'invitant à s'en aller : le terme du livret est « Uscitene! ». Eh bien, ce mot d'une jeune fille déjà amoureuse résonne dans la voix de la Callas avec une étrange accentuation, entre timidité et ferveur : un *mezzavoce* d'une particulière candeur, dont il est impossible de ne pas relever le charme mais que je n'arrivais pas à m'expliquer. Alors j'ai demandé à la Callas pourquoi elle avait donné un accent si particulier à un mot apparemment peu important ; et la Callas me répondit : « Car Gilda dit "Va-t'en" mais veut dire "Reste !" » Voilà : ceux qui comprennent toute la justesse psychologique dans cette intuition, à quel point elle correspond au caractère à la fois ingénu et passionné de l'héroïne verdienne et au moment particulier du drame, et à quel point il est véritablement « incarné » au moyen de cette pudique couleur vocale, pourront imaginer tout le travail, la minutieuse exploration du texte musical que la Callas entreprend avant de commencer à le chanter.

Un art si raffiné, dans lequel le drame est rendu intégralement au moyen de la musique, mériterait une étude méticuleuse qui dépasserait le cadre de cet article ; une telle étude conclurait probablement que l'instinct et la connaissance s'unissent, chez cette chanteuse, dans une incarnation d'art interprétatif qui n'est pas seulement la reconstruction du chant romantique, mais une façon de le repenser complètement, avec une sensibilité moderne. Et peut-être que si la psychologie pouvait venir en aide au musicologue, il serait possible d'établir, par l'analyse de toutes les capacités de cette voix et les utilisations qu'elle en fait, ce qui dans ce chant provient de l'instinct et ce qui provient de la connaissance, et ainsi pouvoir définir la véritable nature de cette artiste, qui a fait si souvent l'objet de polémiques. Peut-être qu'en écoutant tout ce qu'il y a de tristesse et de terrible nostalgie, de violence et de désespoir dans cette voix, nous pourrions conclure que celle-ci est non seulement admirablement adaptée à la matérialisation du drame en musique, mais aussi qu'elle « contient un drame » en elle-même, signe d'un état d'esprit contrasté, tourmenté, s'exprimant et se purifiant au travers des sons ; et que c'est en fait l'humanité même de Maria Callas, ni toujours « divine » comme ses admirateurs les plus extravagants le prétendent, ni toujours « méchante » comme ses ennemis irrationnels l'affirment.

Nous touchons ainsi à la conclusion habituelle de ce genre de discussion : c'est-à-dire que le secret des grandes interprétations de la Callas, comme celui de tout grand artiste, réside dans une concordance idéale non seulement entre un « moyen technique » et un « texte », mais aussi entre un être humain et un personnage, tel qu'il fut créé par le génie d'un compositeur. Quand cela arrive (et cela arrive tant de fois – la plus récente étant à la Scala, l'année dernière, lorsque Callas donna vie au personnage d'Anne Boleyn, l'une de ses interprétations les plus impressionnantes et les plus poétiques), alors tout argument technique semble oblitéré par la réalité de l'art ; on ne se préoccupe plus de la voix que l'on entend chanter et de ses caractéristiques, tant elle est transfigurée en poésie, dissoute en expressivité. Me revient à l'esprit, dans ces moments-là, ce que Richard Wagner écrivit dans son pénétrant *Über Schauspieler und Sänger* [Acteurs et chanteurs] (1872) à propos de Wilhelmine Schröder-Devrient[1], une grande interprète qu'il avait entendue dans sa jeunesse ; des mots qui expliquent, en des termes paradoxaux, une expérience que l'art de Maria Callas nous a tant et tant de fois procurée. Voici les mots de Wagner : « Au sujet de cette artiste, il m'a été souvent été posé la question si sa voix, puisque c'est ce qui l'a rendue célèbre, était véritablement exceptionnelle ; sous-entendant par cette question qu'au fond la chose essentielle était justement là. Sincèrement j'ai toujours eu du mal à répondre car j'avais horreur de voir cette grande artiste tragique placée au même rang que les habituelles chanteuses d'opéra. Si aujourd'hui encore quelqu'un me le demandait, je lui ferais plus ou moins cette réponse : "Non, elle n'avait pas exactement *une voix*. Mais elle savait si bien manier sa respiration et par ce moyen transmettre, dans une merveilleuse musicalité, l'âme pure d'une femme, que personne ne pensait plus ni au chant ni à la voix." »

---

1. Soprano de Hambourg (1804-1860), elle fut admirée de tous les plus grands musiciens allemands de son époque, y compris Beethoven. Wagner composa pour elle les rôles d'Adriano dans *Rienzi*, Vénus dans *Tannhäuser* et Senta dans *Fliegende Holländer*.

Meurs donc ! ta mort est douce, et ta tâche est remplie.
Ce que l'homme ici-bas appelle le génie,
C'est le besoin d'aimer ; hors de là tout est vain.
Et, puisque tôt ou tard l'amour humain s'oublie,
Il est d'une grande âme et d'un heureux destin
D'expirer comme toi pour un amour divin !

Alfred de Musset, 1836
Extrait des « Stances à la Malibran »

INDEX DES CORRESPONDANTS

Andry, Peter, *429*
Ardoin, John, *418, 425, 435, 436, 454, 530*
Arfaras, Helen, *480, 502, 506, 516, 524, 528, 531*
Arfaras, Maria, *532*

Bagarozy, Edoardo, *73, 76, 80*
Barbieri, Paolo, *335, 458*
Bastias, Costis, *332, 380*
Béjart, Maurice, *538*
Beler, Lola, *294*
Bernstein, Leonard, *192, 404*
Bing, Rudolf, *200, 209, 212, 227, 239, 245, 278, 279, 281, 283, 423*
Bischoff, Cohleen J., *257*
Bicknel, David, *372*
Callas, George, *241*
Carfora, Michael, *258*
Cisler, Harry F., *521*
Citio, Rino de, *265*
Coleman, Emily, *270, 319, 347, 355*
Coltellacci, Oscar, *532*
Costa, Nino, *443*
Coveney, John, *429*
Crawford, Joan, *524*
Crawford, Robert, *445, 471, 514, 528*

Crosfield, Lady Domini, *230, 316, 340*
Cummings, Teedy, *271, 275, 291, 296, 315, 318, 415, 427*
Cummings, Walter, *225, 242, 243, 275, 291, 296, 315, 318, 321, 322, 323, 326, 333, 335, 339, 342, 351, 356, 364, 370, 379, 383, 389, 397, 410, 415, 455, 491, 506, 519*

D'Addato, Teresa, *359, 383, 411, 428, 433, 445, 476*
Dardick, Henry, *113, 115, 116*
Devetzi, Vasso, *457*
Diaz Du-Pond, Carlos, *520*
Di Stefano, Giuseppe, *501, 502*
Failoni, Nelly, *216*

Galatopoulos, Stelios, *527*
Gara, Eugenio, *223, 290, 347, 388, 408*
Gastel Chiarelli, Cristina, *280, 369, 405*
Gheusi, Jacques, *393*
Haddock, Olive, *505*
Hidalgo, Elvira de, *69, 97, 98, 109, 113, 115, 134, 155, 178, 185, 237, 253, 349, 363, 382, 398, 402, 408, 417, 420, 425, 426, 437, 440, 448, 449, 492*

Hudson, Rock, *468*
Hume, Paul, *336, 339, 371*
Johnson, Charles, *241*
Johnson, Gertrude, *356*
Julien, A.-M., *337*
Kalogeropoulos, Litza, *179*
Kelly, Grace, *346, 402, 496*
Kelly, Lawrence, *252, 325, 329, 338, 352, 358, 365, 381, 404, 429, 450*
Kennedy, Jacqueline, *374, 375, 376*
Kolodin, Irving, *293, 439, 470, 485*
Konrad, Edward, *354*
Kyriakides, Aristides, *328*
Lambrakis, Christos, *380*
Lantzounis, Leonidas, *181, 343, 345, 361, 366, 368, 377, 390, 392, 394, 396, 493, 497, 501, 511, 512, 513, 517, 518, 522, 525, 531, 533, 535*
Lauri-Volpi, Giacomo, *359, 363, 448*
Legge, Walter, *211, 446, 447, 490*
Lerman, Leo, *198, 224, 229, 252, 271, 275, 311, 329, 354, 385, 393, 487, 493, 507, 534, 536*
Lomazzi, Giovanna, *385*
Lorenz, Max, *443*
Lupoli, Bruna, *313, 314, 395, 413, 424, 428, 474, 477, 488, 491, 494*
Masiello, Alberta, *469, 484, 508*
Maxwell, Elsa, *254, 312*
McNally, Terrence, *479*
Meiselman, Ben, *272, 276, 277, 295, 319, 349, 357, 470, 515*
Meneghini, Giovanni Battista, *78, 82, 85, 89, 91, 92, 93, 94, 95, 100, 102, 103, 104, 106, 110, 111, 117, 118, 119, 120, 122, 123, 124, 128, 130, 132, 135, 137, 138, 141, 142, 145, 147, 149, 151, 152, 153, 156, 158, 159, 162, 164, 166, 168, 169, 171, 172, 173, 175, 176, 179, 314*
Mennin, Peter, *530*
Mezzadri, Ferruccio, *503*
Morfoniou, Kiki, *353*
Nadler, Sheila, *483*
Onassis, Aristote, *421*
Parish, Louis, *509*
Pasolini, Pier Paolo, *456, 464, 467, 472, 475*
Price, Leontyne, *444*
Robier, Christian, *401*
Robinson, John, *226, 368*
Sabata, Eliana de, *419*
Savvidi, Lena, *353*
Serafin, Tullio, *330, 331, 343, 415*
Serafin, Vittoria, *423*
Simionato, Giulietta, *417*
Spanoudi, Athina, *231*
Stagnoli, Matilde, *327, 463*
Stancioff, Nadia, *486*
Sutherland, Robert, *520*
Tebaldi, Renata, *435*
Tirelli, Umberto, *522*
Toscanini, Wally, *332, 346, 387*
Verrett, Shirley, *462*
Visconti, Luchino, *207, 438, 441*
Weinstock, Herbert, *267, 272, 276, 277, 295, 319, 324, 341, 344, 349, 389, 398, 399, 462*
Wiards, Monica, *472*
Wildsmith, Fred, *357*
Winston, Harry, *434*
Zeffirelli, Franco, *214, 273*

REMERCIEMENTS

Tom Volf souhaite remercier de tout cœur :
Les proches, amis et admirateurs de Maria Callas pour leur soutien et générosité inconditionnelle durant les cinq années de travail nécessaires à la réalisation de cet ouvrage. En particulier, Ferruccio Mezzadri et Bruna Lupoli, Vicky Anthopoulou, Alexandre Hummel et Sergio Segalini, Arnaud Kientz, Gregor Benko, Monica Wiards, Nadia Stancioff, Robert Sutherland, Giovanna Lomazzi, David Crothers, Andrea Castello, Pablo Berruti, Frank Hamilton, Karl van Zoggel, Tom Whitmore, Lydia Annexy-Arfaras, Dimitri Pyromalis, Bruno Tosi, Bruno Antoniolli, Nikos Haralabopoulos, Ilario Tamassia, Marco Galletti.

Les Editions Albin Michel, en particulier Gilles Haéri et Jean Mouttapa, pour avoir cru en ce projet pharaonique et m'avoir permis de le mener à bien dans les meilleures conditions possibles, Thérèse-Marie Mahé pour sa correction minutieuse, et surtout Marie-Pierre Coste-Billon pour sa constante bienveillance et son perfectionnisme absolu (digne de celui de la Callas).

Mathilde Gamard pour son talent et sa méticulosité dans la mise en forme de la chronologie.

Alessandro Patalini, Janice Jones, Christos Markogiannakis et Flaviano Pisanelli, pour leur aide précieuse et collaboration amicale aux traductions.

Catherine et Jean-François Rod de Verchère, grâce à qui cet ouvrage voit le jour, pour leur amitié indéfectible et leurs conseils précieux tout au long de cette épopée.

Pierre Lautier et Thierry Messonnier pour leur accompagnement enthousiaste depuis le début.

Merci également à Emma Lepers et Jean-Luc Choplin sans qui le film et l'exposition *Maria by Callas* n'auraient pas existé.

Margo Orlinskaya pour sa formidable contribution à la préparation et coordination.

OUVRAGES DE TOM VOLF

Maria by Callas
Éditions Assouline, 2017

Callas Confidential
Éditions La Martinière, 2017

Composition : IGS-CP à L'Isle-d'Espagnac (16)
Impression : Normandie Roto Impression s.a.s. en septembre 2023
Éditions Albin Michel
22, rue Huyghens, 75014 Paris
www.albin-michel.fr
ISBN : 978-2-226-43714-3
N° d'édition : 23144/03
Dépôt légal : novembre 2019
N° d'impression : 2302167
Imprimé en France